DK Vis-à-Vis

KALIFORNIEN

INHALT

Viktorianische Häuser in San Francisco

KALIFORNIEN ENTDECKEN 6

KALIFORNIEN ERLEBEN 52

REISE-INFOS 520

KALIFORNIEN
ENTDECKEN

Downtown San Francisco am Abend

WILLKOMMEN IN KALIFORNIEN

Schier endlose Strände, weltberühmte Surfspots und hohe Berge mit schneebedeckten Gipfeln. Weite stille Wüsten und dichte Wälder mit gigantischen Redwood-Bäumen. Exzellente Weine, Food-Trucks für Feinschmecker und scharfe mexikanische Küche. Kalifornien ist ein kulturell und landschaftlich vielfältiges Abenteuer für die Sinne. Stellen Sie sich einfach Ihre ganz persönliche Traumreise zusammen!

1

2

3

1 *Blick auf den Mount Whitney in der Sierra Nevada*

2 *Beim Einkaufen auf einem kalifornischen Markt*

3 *Cable Car an einem steilen Hügel in San Francisco*

4 *Perfekt zum Surfen: ein Strand in San Diego*

4

Der Golden State bietet eine fantastische Vielfalt an Landschaften. Vom Surfen an der Küste von San Diego bis zum Wandern in der Hochsierra – Naturerlebnisse und Outdoor-Aktivitäten haben in Kalifornien große Bedeutung. Hier können Sie auf einen der höchsten Berge der USA, den Mount Whitney, steigen und im Death Valley die am tiefsten gelegene Wüste der Welt erkunden. Im Süden breiten sich Traumstrände vor attraktiven Städten aus, im Norden ist die Küste wild und landschaftlich eindrucksvoll. Im Landesinneren ragen im Redwood National Park Mammutbäume in den Himmel, in der Mojave-Wüste riesige Kakteen.

Filmikonen am Hollywood Boulevard, weltberühmte Kunst im Getty Center, lässige Strandkultur in Venice Beach – Los Angeles gehört weltweit sicherlich zu den spannendsten Metropolen. Auch San Francisco hat weitaus mehr zu bieten als historische Cable Cars und die berühmte Golden Gate Bridge: Hier trifft sich das kreative Kalifornien, hier lebt eine selbstbewusste LGBTQ+ Community, hier begeistern Farm-to-Table-Restaurants mit innovativer Bio-Küche. Das Silicon Valley ist Standort vieler visionärer Hightech-Unternehmen.

Um Ihnen die Planung zu erleichtern, stellen wir Ihnen Kalifornien vom Mount Shasta bis San Diego in einzelnen Kapiteln vor – samt Tourenbeschreibungen, Expertentipps und detaillierten Karten zur schnellen Orientierung vor Ort. Viel Spaß in Kalifornien!

LIEBENSWERTES KALIFORNIEN

Herrliche Naturlandschaften, malerische Städte, glamouröse Filmstars, sonnenverwöhnte Strände und innovative Küche – der Golden State hat unglaublich viel zu bieten. Wir stellen Ihnen unsere Favoriten vor.

1 Kultiges Hollywood

Seit der Stummfilmzeit ist Hollywood das Epizentrum der internationalen Filmindustrie. Auf den Spuren der großen Stars spaziert man am Walk of Fame *(siehe S. 97)*.

Sensationelle Surfspots *2*

Ob in Huntington Beach *(siehe S. 222)* oder Malibu *(siehe S. 73)* – Kalifornien surft seit über 100 Jahren. Mehr dazu erzählt das California Surf Museum *(siehe S. 245)*.

3 Die Mojave-Wüste

Gespenstische Silhouetten längst verlassener Bergbauhütten, Tankstellen aus den 1950er Jahren, bizarre Joshua Trees und die Salzpfannen des Death Valley – die Mojave-Wüste ist atemberaubend *(siehe S. 260–269)*.

Großartige Küche 4

Kaliforniens Küche profitiert von Einflüssen aus aller Welt und einer Fülle bester frischer Produkte. Vom Foodtruck bis zum Sternerestaurant – ein kulinarisches Paradies!

Wine Country 5

Vom spritzigen Sauvignon blanc bis zum fruchtigen Zinfandel – auf den Weingütern im Wine Country können Sie Ihre Lieblingsweine verkosten und neue Tropfen entdecken.

Panoramareisen 6

Kalifornien ist ideal für Roadtrips und für Zugreisen: Im *Coast Starlight* von Amtrak haben Sie Panoramablick auf Schneegipfel, Redwood-Wälder und neblige Küstenabschnitte.

Skifahren in den Sierras 7

Wenn im Winter die Hochsierra tief verschneit ist, zieht es Ski- und Snowboardfahrer in Scharen zum Lake Tahoe *(siehe S. 490f)* und zum Mammoth Mountain *(siehe S. 494)*.

Modernismus in Palm Springs 8

Von Charles Dubois' A-Frame-Häusern bis Richard Neutras Stahlskelettbauten – Palm Springs ist ein Mekka modernistischer Architektur *(siehe S. 250f)*.

9 Gigantische Redwoods

Kaliforniens *coastal redwoods* oder Küstenmammutbäume sind die höchsten Bäume der Welt. Einzelne Exemplare werden über 1000 Jahre alt.

10 Cooles San Francisco

Nebel an der Golden Gate Bridge, ratternde Cable Cars, Chinatowns Märkte, Tortillas im Mission District – willkommen in der »kühlen grauen Stadt der Liebe«.

Grandiose Küste 11

Unberührte Surfstrände, Klippen, Redwoods, spannende Küstenorte, Otter, See-Elefanten und viele andere Wildtiere – Kaliforniens Küste bietet alles.

Yosemite National Park 12

Vom Half Dome und El Capitan bis zu den Wasserfällen und Mammutbäumen von Mariposa – Yosemite ist ein Reich voller Naturwunder *(siehe S. 484–487)*.

KALIFORNIEN AUF DER KARTE

In diesem Reiseführer wurde Kalifornien in die vier Bereiche Los Angeles, Südkalifornien, San Francisco und Bay Area sowie Nordkalifornien gegliedert, die auf den folgenden Seiten beschrieben werden. Die Regionen sind in zwölf Kapitel unterteilt, denen jeweils eine Farbe zugeordnet wurde.

USA
KANADA
Seattle
Boston
Chicago
New York
Denver
Washington, DC
Kalifornien
U S A
Atlanta
Atlantischer Ozean
Houston
Golf von Mexiko
Miami
Pazifischer Ozean
MEXIKO
Reno
Fallon
NEVADA
UTAH
Cedar City
St. George
Hochsierra
Seiten 480–495
Bishop
Las Vegas
Tulare
Mojave-Wüste
Seiten 260–269
Baker
Kingman
Bakersfield
Südliches Zentralkalifornien
Seiten 180–203
Mojave
Barstow
Needles
SÜDKALIFORNIEN
ARIZONA
Oxnard
San Bernardino
Los Angeles
Seiten 54–169
Anaheim
Palm Springs
Blythe
Orange County
Seiten 204–223
Temecula
Inland Empire und Colorado-Wüste
Seiten 246–259
Escondido
San Diego County
Seiten 224–245
El Centro
Yuma
San Diego
Tijuana
MEXIKO

←

1 *Buntes Treiben am Muscle Beach, Venice, Los Angeles*

2 *Der* Coast Starlight *am Bahnhof in Santa Barbara*

3 *Frühstück im Ferry Building, San Francisco*

4 *Das historische Ahwahnee Hotel, Yosemite National Park*

Herrliche Natur, großartige Kultur, fabelhafte Küche – Kalifornien hat all dies und noch mehr im Überfluss zu bieten. Die folgenden Touren sind eine perfekte Einführung in den Golden State.

2 WOCHEN

in Kalifornien

Tag 1

Starten Sie in Downtown L.A. Dort erkunden Sie El Pueblo *(siehe S. 116f)*, den historischen spanischen Siedlungskern, und Little Tokyo *(siehe S. 122)*. Dann genießen Sie Kunst und das Mittagessen im The Broad *(siehe S. 114f)*, fahren mit der LA Metro nach Hollywood/Vine und bummeln am Hollywood Boulevard *(siehe S. 96f)*. Nach dem Dinner in The Musso & Frank Grill *(siehe S. 97)* übernachten Sie im Sunset Tower Hotel *(siehe S. 98)*.

Tag 2

Mit der LA Metro fahren Sie nach Santa Monica *(siehe S. 68f)*. Dort spazieren Sie zum Santa Monica Pier, an der Promenade zum Venice Beach *(siehe S. 70)* und zum Muscle Beach. Nach einem Burger im Hinano Café *(siehe S. 71)* fahren Sie mit dem Taxi zur Kunstsammlung im Getty Center *(siehe S. 80–83)*. Abends stehen am Sunset Strip *(siehe S. 98f)* Dinner im Rainbow Bar & Grill *(siehe S. 99)* und eine Live-Show auf dem Programm.

Tag 3

Von Union Station fahren Sie mit dem *Coast Starlight* (www.amtrak.com) in 2,5 Stunden die hügelige Pazifikküste entlang nach Santa Barbara *(siehe S. 184–187)*. Entdecken Sie die Stadt sowie ihre spanische Vergangenheit im El Presidio. Nach einem selbst zusammengestellten Salat im Savoy *(siehe S. 187)* bewundern Sie in der State Street die Spanish-Revival-Gebäude. Nach einem Besuch im Santa Barbara Maritime Museum *(siehe S. 186)* genießen Sie in der Santa Barbara Shellfish Company *(siehe S. 187)* ein Seafood-Dinner. Übernachten Sie im Hotel Californian (www.hotelcalifornian.com).

Tag 4

Weiter geht es mit dem *Coast Starlight* elf Stunden lang Richtung Norden nach San Francisco – Meile für Meile an unberührten Sandstränden der Pazifikküste entlang. In Emeryville steigen Sie aus und nehmen den kostenlosen Bus in die Downtown von San Francisco *(siehe S. 282–305)*. Nach dem Essen im Tadich Grill, Kaliforniens ältestem ständig betriebenen Restaurant *(siehe S. 299)*, übernachten Sie im Hotel G (www.hotels-g.com/san-francisco).

Tag 5

Nach dem Frühstück im Ferry Building *(siehe S. 290f)* spazieren Sie durch die Market Street und an der Transamerica Pyramid vorbei nach Chinatown *(siehe S. 307–323)*. Nach einem Stopp in der Golden Gate Fortune Cookie Factory *(siehe S. 316f)* fahren Sie ab Powell/Jackson Street nach Fisherman's Wharf. Dort schmecken am PIER 39 frische Krabben, dann führt ein Spaziergang durch den Maritime National Historical Park zur Golden Gate Bridge *(siehe S. 384–387)*. Zurück in Cow Hollow lockt ein Dinner im Atelier Crenn (www.ateliercrenn.com).

Tag 6

Per Mietwagen fahren Sie 320 Kilometer nach Westen in den Yosemite National Park, mittags essen Sie unterwegs in der Kleinstadt Oakdale. Nachmittags wandern Sie im Yosemite *(siehe S. 484–487)* zu Wasserfällen, verschneiten Gipfeln, riesigen Granitmonolithen und auf jeden Fall zu den Lower Yosemite Falls sowie zum Mirror Lake. Für Abendessen und Übernachtung eignet sich das The Ahwahnee *(siehe S. 484)*.

→

1

2

3

Tag 7

Nach dem Sonnenaufgang am Tunnel View *(siehe S. 484f)* spazieren Sie zu den Bridalveil Falls, ehe es weitergeht zu den Mammutbäumen im Mariposa Grove. Nach dem Essen in Wawona fahren Sie auf der malerischen Tioga Road (Hwy-120; Nov–Mai geschl.) durch den Yosemite National Park nach Lee Vining am Mono Lake *(siehe S. 492)*. Dort spazieren Sie zu den Tuffformationen, essen im Nicely's (US 395 4th St) und übernachten im El Mono Motel (www.elmonomotel.com).

Tag 8

Von Lee Vining fahren Sie durch das Owens Valley *(siehe S. 494)* 277 Kilometer nach Panamint Springs, samt Abstecher zum Devils Postpile National Monument *(siehe S. 492)*. Nach einem Imbiss in Erick Schat's Bakkery (www.schatsbakery.com) in Bishop geht es zum Eastern California Museum *(siehe S. 494)* in Indipendence, das sich Pionieren des 19. Jahrhunderts widmet. Abends essen und übernachten Sie im Panamint Springs Resort *(siehe S. 265)* am Rand des Death Valley.

Tag 9

Heute erkunden Sie den Death Valley National Park *(siehe S. 264–267)*. Von Panamint Springs fahren Sie zu den Mesquite Flat Sand Dunes und dann nach Norden zu einer Führung durch Scotty's Castle *(siehe S. 266)* und einer Wanderung am Ubehebe Crater. Mittags essen Sie etwas südlich in Furnace Creek. Nachmittags geht es zu Dante's View und Zabriskie Point (perfekt bei Sonnenuntergang). Essen und übernachten Sie im Inn at Death Valley *(siehe S. 265)*.

Tag 10

Durch die Mojave-Wüste geht es 435 Kilometer zum Joshua Tree National Park *(siehe S. 252f)*. Von Furnace Creek fahren Sie auf der Badwater Road zu den bunten Formationen der Artist's Palette und zum tiefsten Punkt der USA, dem Badwater Basin *(siehe S. 264f)*. Im Mojave National Preserve fahren Sie nach Amboy, wo an der Route 66 das Schild von Roy's Motel & Café aufragt *(siehe S. 268)*. In Twentynine Palms übernachten Sie im 29 Palms Inn (www.29palmsinn.com).

4

6

5

1 Tuffformationen am Mono Lake ↑

2 Erick Schat's Bakkery, Bishop

3 Unterwegs im Death Valley National Park

4 Joshua Tree National Park

5 Spanish Village Art Center, Balboa Park, San Diego

6 Tacos im South Beach Bar & Grill, San Diego

Tag 11

Entspannt geht es heute durch den Joshua Tree National Park: Vom Eingang in Joshua Tree schlängelt sich die Hauptstraße um die riesigen Felsen von Hidden Valley und Skull Rock und südwärts nach Cottonwood Spring – schön zum Picknicken. Vom Südtor des Parks fahren Sie dann auf der I-10 nach Palm Springs *(siehe S. 250f)* und zum Movie Colony Hotel (www.moviecolonyhotel.com).

Tag 12

Im Palm Springs Art Museum *(siehe S. 251)* genießen Sie europäische und indigene Kunst, danach ein Mittagessen im Pinocchio in the Desert (www.pinocchiops.com). Nachmittags erkunden Sie die Indian Canyons *(siehe S. 251)* – grüne Täler mit Palmen in trockenem Hugelland. Nach dem Dinner im Spencer's (www.spencersrestaurant.com) lockt das Nachtleben.

Tag 13

Auf in die San Jacinto Mountains! In Idyllwild stöbern Sie durch Läden, trinken Kaffee im Red Kettle *(siehe S. 256)* und fahren weiter durch den San Bernardino National Forest und zum Pazifik, ein Abstecher führt zur Mission San Antonio de Pala Asistencia *(siehe S. 240)*. Elf Kilometer weiter essen Sie in Nessy Burgers (www.nessyburgers.com) zu Mittag, von dort erreichen Sie auf dem Hwy 76 die Mission San Luis Rey *(siehe S. 240)* und dann Oceanside *(siehe S. 245)* mit dem California Surf Museum. Nach Soulfood-Dinner bei Miss Kim's by That Boy Good (www.thatboygoodbbq.com) geht es auf der I-5 nach San Diego, wo Sie im Horton Grand Hotel *(siehe S. 231)* übernachten.

Tag 14

Starten Sie in San Diego bei den Kolonialbauten und Läden im Old Town State Historic Park *(siehe S. 232f)*. Nach dem Mittagessen im Old Town Mexican Café *(siehe S. 233)* bummeln Sie durch den Balboa Park *(siehe S. 234–237)* mit seinen Museen und dem Spanish Village Art Center. Dinner mit Sonnenuntergang genießen Sie im South Beach Bar & Grille (www.southbeachob.com).

1

2

3

7 TAGE
entlang der Küste Kaliforniens

Tag 1
Mit dem *Coast Starlight* (www.amtrak.com) fahren Sie ab der Union Station in Los Angeles in 2,5 Stunden nach Santa Barbara *(siehe S. 184–187)*. Dort machen Sie sich nachmittags mit einer Epoche spanischer Geschichte vertraut, am besten im El Presidio de Santa Bárbara State Historic Park und in der Santa Barbara Mission. Übernachten Sie im Hotel Indigo Santa Barbara (www.ihg.com).

Tag 2
Mit einem Mietwagen fahren Sie ins Landesinnere nach Solvang *(siehe S. 196f)* mit seinen dänischen Häusern und Bäckereien. Den restlichen Vormittag verbringen Sie im Wine Country bei Santa Ynez *(siehe S. 202f)*, mittags essen Sie im Los Olivos Wine Merchant Café (www.winemerchantcafe.com). Weiter geht es zum Pismo Beach *(siehe S. 195)* zu einem Spaziergang in den berühmten Sanddünen und dann nach San Luis Obispo *(siehe S. 194)*. Nach dem Abendessen mit Tri-Tip-Steak im Firestone Grill (www.firestonegrill.com) übernachten Sie im Garden Street Inn (www.gardenstreetinn.com).

Tag 3
Frühmorgens fahren Sie eine Stunde nach San Simeon zu einer Führung durch Hearst Castle® *(siehe S. 188–191)* des Medien-Tycoons William Randolph Hearst. Nach dem Mittagessen in San Simeon schauen Sie bei den See-Elefanten in Piedras Blancas *(siehe S. 193)* vorbei. Dann fahren Sie an der rauen Küste von Big Sur *(siehe S. 510–513)* nach Carmel-by-the-Sea *(siehe S. 506)*, das Sie abends erreichen. Buchen Sie lange vorab einen Tisch im Mission Ranch Restaurant (www.missionranchcarmel.com) des hier ansässigen Filmstars Clint Eastwood. Es bietet (vor allem bei Sonnenuntergang) einen Traumblick auf das Meer und die Berge, amerikanische Küche und Gästezimmer.

Tag 4
In der restaurierten Carmel Mission *(siehe S. 508f)* gewinnen Sie einen Eindruck vom spanischen Missionsalltag im 18. Jahrhundert. Dann geht es nach Monterey *(siehe S. 502–507)* mit dem Monterey Bay Aquarium und der Cannery Row am Ufer, die John Steinbeck in seinen Romanen verewigte. In

4

5

1 *Santa Barbara Mission* ↑
2 *Küstenabschnitt von Big Sur*
3 *Cannery Row, Monterey*
4 *Trolley-Bus in San Francisco*
5 *Der berühmte Drive-Thru Tree im Leggett Valley*

die Lagerhäuser sind heute Läden und Lokale eingezogen. Nach entspanntem Lunch im Lalla Oceanside Grill (www.lallaoceansidegrill.com) fahren Sie auf der atemberaubenden Küstenstraße Richtung Norden zum Surfspot Moon Bay und weiter nach San Francisco. Dort übernachten Sie im YOTEL San Francisco in SoMa *(siehe S. 293)*.

Tag 5

Entdecken Sie San Francisco – entweder mit unserer Erkundungstour *(siehe S. 278f)* oder auf dem 49 Mile Scenic Drive (www.sftravel.com/article/49-mile-scenic-drive) durch die ganze Stadt.

Tag 6

Über die Golden Gate Bridge *(siehe S. 384–387)* fahren Sie zum Strandbummel in Sausalito *(siehe S. 410)*, dann geht es weiter auf dem Panoramic Highway via Muir Woods über die Marin Headlands und an der Küste von Tomales Bay nordwärts nach Bodega Bay *(siehe S. 458)*. Seafood mit Aussicht bietet Tides Wharf & Restaurant (www.innatthetides.com). Danach genießen Sie die Aussicht auf der 156 Kilometer langen Fahrt auf der Küstenstraße (Hwy 1) nach Mendocino *(siehe S. 456)* mit seiner New-England-Architektur – und abends Cocktails und regionale Küche im eleganten MacCallum House am Pazifik, wo Sie auch übernachten (www.maccallumhouse.com).

Tag 7

Starten Sie möglichst früh nordwärts nach Fort Bragg, weiter ins Leggett Valley *(siehe S. 457)* und zum Drive-Thru Tree – einem riesigen Redwood, durch den Autos fahren können. 72 Kilometer weiter bestaunen Sie an der Avenue of the Giants *(siehe S. 442f)* die höchsten Bäume der Welt. Danach locken in Eureka *(siehe S. 442)* in einem schön erhaltenen Queen-Anne-Gebäude im Café Waterfront (www.cafewaterfronteureka.com) Austern und gebratener Fisch. Nachmittags besichtigen Sie die opulente Carson Mansion und fahren dann an den Mammutbäumen im Redwood National Park *(siehe S. 436f)* vorbei zu Ihrem Zielort Crescent City, wo Sie im Ocean View Inn (www.oceanviewinncrescentcity.com) übernachten.

Kaliforniens Superblüte

In der Wüste des Inland Empire *(siehe S. 247)* und im Anza-Borrego Desert State Park *(siehe S. 256f)* ereignet sich von Zeit zu Zeit eine spektakuläre *super bloom*. Diese »Superblüten« treten auf, wenn es einige Jahre trocken ist, dann eine ausgeprägte Regenzeit und starke Hitze folgen. Die *super bloom* 2018 war sogar vom Weltraum aus zu sehen.

So hoch wie Berge sind die Mesquite Flat Sand Dunes im Death Valley ↑

KALIFORNIENS UNGLAUBLICHE LANDSCHAFT

Wandern Sie zwischen Kakteen durch weite Wüsten, steigen Sie auf schneebedeckte Berge, bestaunen Sie gigantische Mammutbäume, paddeln Sie auf grünen Seen – die faszinierenden Landschaften und Naturwunder Kaliforniens bieten unvergessliche Erlebnisse.

Märchenhafte Wälder

Wie Wolkenkratzer aus Holz mit gewaltigen Stämmen ragen Kaliforniens Baumriesen in den Himmel. Mammutbäume sehen Sie am besten im Redwood *(siehe S. 436f)* sowie im Sequoia und Kings Canyon National Park *(siehe S. 488f)*. Die Grannen-Kiefern in den White Mountains *(siehe S. 494)* gehören zu den ältesten Bäumen der Welt. Viele alte Redwoods stehen auch im Muir Woods National Monument *(siehe S. 410)*.

←

Wandern unter riesigen Mammutbäumen im Redwood National Park

Weite Wüsten

Kaliforniens Wüsten gehören zu den trockensten Regionen Nordamerikas – und sind leicht erreichbar. Erleben Sie Salzpfannen, sonnenverbrannte Felsen und Gluthitze im Death Valley *(siehe S. 264–267)*, wandern Sie zwischen Riesenkakteen im Joshua Tree National Park *(siehe S. 252f)* oder fahren Sie durch die Mojave-Wüste *(siehe S. 261)* zu verlassenen Goldminen, Geisterstädten und Kratern.

Schon gewusst?

In keinem US-Bundesstaat gibt es mehr aktive Vulkane als in Kalifornien.

Mächtige Berge

Eisbedeckte Gipfel, uralte schlafende Vulkane und schroffe, mit Kiefern bestandene Bergrücken – Kaliforniens Berge versprechen echte Abenteuer. Erklimmen Sie Granitgiganten wie den berühmten Half Dome in Yosemite *(siehe S. 484–487)*, den Gipfelkegel des Mount Shasta *(siehe S. 445)* oder den Mount Whitney *(siehe S. 494)*, um hoch über den Wolken einen traumhaften Panoramablick zu genießen.

← *Blick vom Glacier Point zum Half Dome im Yosemite National Park*

Wunderbare Seen

Mit mehr als 3000 Seen in allen Größen bietet Kalifornien tolle Wassersportmöglichkeiten. Bei einer Kajaktour auf dem Lake Tahoe *(siehe S. 490f)* paddelt man mit Blick auf Schneegipfel und idyllische Fichtenwälder. Am Salton Sea *(siehe S. 257)* sieht man unzählige Vögel, im Mono Lake *(siehe S. 492)* bizarr anmutende Kalksteinsäulen. Zum Kanufahren ist der Big Bear Lake besonders schön.

↑ *Kajakfahrt im Sonnenuntergang auf dem Lake Tahoe*

Literaturfeste

Erleben Sie Lesungen, entdecken Sie aufstrebende Schriftsteller und die neuesten Bücher auf Literaturfestivals. Beliebte Festivals finden alljährlich in Long Beach, Pasadena, San Francisco und sogar in Hesperia in der Mojave-Wüste statt. Das Fest der Feste ist jedoch das LA Times Festival of Books auf dem Campus der University of Southern California *(siehe S. 144–147)*, zu dem alljährlich an einem Wochenende im April 150 000 Literaturfans aus aller Welt strömen. Der Eintritt und die Veranstaltungen auf der Hauptbühne sind frei.

→ *Reiche Auswahl an einem Bücherstand auf dem LA Times Festival of Books*

KALIFORNIEN FÜR BÜCHERFANS

Literaturfans finden im Golden State reichlich Gelegenheit, ihrer Leidenschaft in Buchläden, auf Buchmessen und Literaturfestivals nachzugehen - und die Schauplätze zu entdecken, die einige der berühmtesten Autoren Amerikas zu ihren Werken inspirierten.

Beat Generation

Protagonisten der in San Francisco konzentrierten Beatniks waren Allen Ginsberg (1926–1997), Jack Kerouac (1922–1969) und William Burroughs (1914–1997). Die Beat-Ära begann 1955 mit Ginsbergs Lesung seines Gedichts *Howl* in San Franciscos Six Gallery. Verlegt wurde es von Lawrence Ferlinghetti, Inhaber der Buchhandlung City Lights. 1957 machte Kerouacs Roman *Unterwegs* die Bewegung bekannt. Kerouacs Romane *Engel der Trübsal*, *Big Sur* und *Gammler, Zen und hohe Berge* spielen in Kalifornien.

If You're Going to San Francisco...

In der »kühlen grauen Stadt der Liebe«, wie sie der Dichter George Sterling nannte, spielen viele Romane. Wandeln Sie im Russian Hill auf den Spuren von Armistead Maupins *Stadtgeschichten* oder entdecken Sie in den Teehäusern von Chinatown *(siehe S. 306–323)* Menschen wie in Romanen von Amy Tan, Lisa See und Maxine Hong Kingston.

→ *Maupins* Stadtgeschichten *spielen in San Franciscos Stadtteil Russian Hill*

Es war einmal in Los Angeles

In Los Angeles findet man leicht Orte, die die vielen berühmten Schriftsteller der Stadt inspirierten. Entfesseln Sie Ihren inneren Charles Bukowski in dessen Lieblingskneipe Frolic Room *(siehe S. 105)* oder trinken Sie Martinis in The Musso & Frank Grill *(siehe S. 97)*, wo Nathanael West *Tag der Heuschrecke* schrieb. Raymond Chandlers hartgesottener Kult-Detektiv Philip Marlowe durchstreifte Downtown, James Ellroys Neo-Noir-Krimis zeigen dunkle Seiten von Los Angeles.

← *Literatenlokal The Musso & Frank Grill*

Buchläden

Book Soup
Ein Wahrzeichen am Sunset Strip mit turmhohen Regalen, kundigen Mitarbeitern und Autorenlesungen.
G3 8818 Sunset Blvd, West Hollywood booksoup.com

The Last Bookstore
Eine gigantische Buchhandlung in Downtown Los Angeles mit Antiquariat und Schallplattenabteilung.
O4 453 S Spring St, Los Angeles lastbookstorela.com

Jack Londons Cottage im Jack London State Historic Park ↑

Klassiker

Wandeln Sie auf den Spuren von Literaturtitanen an Orten, wo sie lebten und arbeiteten. Besuchen Sie John Steinbecks Heimatstadt Salinas *(siehe S. 517)*, folgen Sie dem *Ruf der Wildnis* – oder besser Jack London – nach Oakland *(siehe S. 404f)* und in den Jack London State Historic Park *(siehe S. 459)*. Spazieren Sie wie einst Robert Louis Stevenson durch die Straßen von Monterey *(siehe S. 502–507)* und finden Sie Schauplätze aus Joan Didions Kindheit in Sacramento *(siehe S. 464–467)*.

Kunst der Native Americans

Einen Überblick über indigene Kunst und Kultur bietet das State Indian Museum *(siehe S. 467)* in Sacramento. Umfassender wird Kaliforniens indigene Kunst im Autry Museum of the American West *(siehe S. 135)* präsentiert. Volkskunst zeigt das Antelope Valley Indian Museum (www.avim.parks.ca.gov).

←

California Hall im Antelope Valley Indian Museum

KALIFORNIENS KUNSTSZENE

Von der Künstlerkolonie Carmel bis zu David Hockneys ikonischen Swimmingpools – für Künstler ist Kalifornien ein Sehnsuchts- und ein Inspirationsort. Bewundern Sie meisterhafte Kunst in Museen, lassen Sie sich zu Streetart führen und entdecken Sie die neuesten Trends in Indie-Galerien.

Bay Area Figurative Movement

Die Bay Area Figurative Movement gilt als die erste international bedeutende Kunstschule der Westküste der USA. Ausgehend von der California School of Fine Art in Oakland, war sie in der Nachkriegszeit der 1940er bis 1960er Jahre eine Gegenbewegung zum Abstrakten Expressionismus. Beispielhaft für den figurativen und doch abstrahierten Stil sind Werke von Elmer Bischoff, Richard Diebenkorn und David Park.

Streetart

Streetart besitzt in Kalifornien vor allem in den Städten lange Tradition. Entdecken Sie Murals und Graffiti in San Franciscos Mission District bei einer Führung mit Precita Eyes Muralists *(siehe S. 370)* oder bei einem Spaziergang durch Fresnos Mural District *(siehe S. 516f)*. In Los Angeles ist die Melrose Avenue *(siehe S. 107)* seit den 1980er Jahren Hotspot der Streetartists.

→

Bill Webers Jazz Mural, Broadway Street in San Francisco

Zeitgenössische Kunst in der Volakis Gallery in Napa

Topaktuelle Kunstgalerien

In den großen Museen sind weltberühmte Werke zu sehen, spannende aufstrebende Talente präsentieren hingegen zahlreiche private Galerien. Entdecken Sie Künstlerateliers, spezialisierte Kunstmuseen und kleine Galerien für innovative Kunst im LA Arts District *(siehe S. 152)*, lebhafte Kunstszenen in Palm Springs *(siehe S. 250f)* und Napa *(siehe S. 450f)*, Galerien im Künstlerort Carmel-by-the-Sea *(siehe S. 506)* und in San Diegos Künstlerviertel La Jolla *(siehe S. 238f)*.

Expertentipp
Oakland Art Walks

An jedem ersten Freitag im Monat führt der kostenlose Oakland Art Murmur First Friday Art Walk (www.oaklandartmurmur.org) zu 50 Galerien, die extra von 18 bis 21 Uhr geöffnet haben.

Star-Museen

Fast jede kalifornische Stadt besitzt ein exzellentes Kunstmuseum. In L.A. können Sie im Getty Center *(siehe S. 80–83)* Gauguins und David Hockneys bewundern, im The Broad *(siehe S. 114f)* Andy Warhols *Single Elvis* und im Huntington *(siehe S. 140–143)* die englische Sammlung. Französische Impressionisten präsentiert in San Francisco das Legion of Honor *(siehe S. 382f)*, Renaissance-Meister das Timken Museum of Art *(siehe S. 234f)* in San Diego.

Frans Hals' Porträt eines Mannes, Timken Museum of Art; Legion of Honor (Detail)

Yoga einmal anders

Yogakurse gibt es überall, doch für Strand-Yoga ist Los Angeles die erste Wahl. In Santa Monica finden die Kurse von Beach Yoga Socal direkt am Strand statt (www.beachyogasocal.com) und in Long Beach bietet Yogalution Movement täglich kostenloses Yoga auf der Klippe über dem Pazifik (www.yogalutionmovement.com). In Marina del Rey (www.yogaqua.com) wird Yoga auf Stand-up-Paddleboards angeboten, in San Francisco vergnügt sich eine bunte Szene bei Trap Yoga Bae beim Yoga mit Live DJs (www.itsyogabae.com).

Yoga im Freien direkt am Pazifik in Long Beach, Los Angeles ↑

KALIFORNIEN FÜR DIE GESUNDHEIT

Hier gibt es die neuesten Diäten, Hot Yoga und selbst Gwyneth Paltrows Firma Goop hat ihren Sitz in L.A. - in Sachen Gesundheit und Wellness ist Kalifornien weltweit Spitzenreiter. Besucher können gesunde Produkte probieren, Yoga- und Meditationskurse besuchen und viel Sport treiben.

Schräge Workouts

Beachvolleyball ist in Südkalifornien die beliebteste Sportart und perfekt, um Kalorien zu verbrennen. Wer Ungewöhnlicheres ausprobieren möchte, versucht sich kostenlos im Unterwasserhockey bei den San Francisco Sea Lions (www.sfuwh.org), im Fahrrad-Polo in L.A. (www.facebook.com/labikepolo) oder beim lustigen (und erstaunlich anstrengenden) Trampolin-Völkerball in San Francisco (www.houseofair.com). Discgolfen ist in San Franciscos Golden Gate Park angesagt – der 18-Loch-Platz kann kostenlos genutzt werden (www.sfdiscgolf.org).

← *Konzentration beim Discgolfen im Golden Gate Park, San Francisco*

Großartiges Essen

Natürlich, biologisch, vegan – Kalifornien macht bei gesunder Ernährung keine halben Sachen. In San Francisco boomt die Farm-to-Table-Küche. Das bedeutet, viele Restaurants richten ihre Speisekarte nach dem saisonalen Angebot der regionalen Produzenten aus. Vegetarier und Veganer finden überall ein reiches Angebot – das einzige Problem ist in diesem Fall die Qual der Wahl. Probieren Sie doch einmal den fleischlosen »blutenden« Impossible Burger von Impossible Foods aus Redwood City (www.impossiblefoods.com) und natürlich auch die milchlosen Vanille-Milkshakes von Monty's.

←

Vegetarische Impossible Burgers von Impossible Foods in Redwood City

Expertentipp
Spa-Apps

Buchen Sie individuelle Massagen und andere Anwendungen per App. Sehr populär ist die App von Squeeze in Studio City, Los Angeles (www.squeezemassage.com).

New-Age-Nirwanas

Auf der Suche nach Yoga- und Meditations-Retreats wird man in Kalifornien leicht fündig. Das Self-Realization Fellowship Encinitas Retreat (www.yogananda.org), eine Gründung des indischen Gurus Paramahansa Yogananda *(siehe S. 244)*, bietet Programme zur spirituellen Erneuerung, das Krishnamurti Visitor Center *(siehe S. 198f)* in Ojai Kurse auf Grundlage der Lehren des indischen Philosophen, in Big Sur das Esalen Institute Yoga-Workshops und heiße Quellen *(siehe S. 513)*.

→

Die Thermalquellen des Esalen Institute, eines Retreats für alternative humanistische Bildung in Big Sur

Spanisches Erbe

Die vielen verbliebenen spanischen Missionen aus dem 18. Jahrhundert sind meist so schön restauriert wie die Mission San Diego de Alcalá *(siehe S. 238)*. Aus der Frühzeit europäischer Kolonialisierung stammen Old Monterey *(siehe S. 502–505)* und in Los Angeles El Pueblo *(siehe S. 116f)*. Santa Barbara *(siehe S. 184–187)* wurde nach dem Erdbeben von 1925 großteils im jüngeren Mission-Revival-Stil wiederaufgebaut.

→ *Blick über die Mission-Revival-Dächer von Santa Barbara*

KALIFORNIENS ARCHITEKTUR

Elegante spanische Missionen, Adobe-Ranches, viktorianische Herrenhäuser - Kalifornien hat in relativ kurzer Zeit eine erstaunliche architektonische Vielfalt entwickelt. In seinen sich ständig wandelnden dynamischen Städten entdeckt man an jeder Ecke kühne Architektur und Design.

Zeitgenössische Bauten

Der Golden State ist ein Zentrum zeitgenössischer Architektur – dank hiesiger »Starchitekten« wie Frank Gehry und den Architektenschmieden Southern California Institute of Architecture, University of California LA und University of Southern California. Sehenswert sind Frank Gehrys Walt Disney Concert Hall *(siehe S. 120f)*, Diller Scofidio + Renfros Broad *(siehe S. 115)* und Renzo Pianos Academy Museum of Motion Pictures *(siehe S. 107)* in Los Angeles sowie Norman Fosters »Raumschiff« Apple Park in Cupertino, die Zentrale von Apple Inc.

Schon gewusst?

Frank Gehry wollte die Walt Disney Concert Hall eigentlich aus Stein bauen, nicht aus Metall.

Die futuristische Walt Disney Concert Hall, Los Angeles ↑

Hoch und höher

Von den Art-déco-Hochhäusern aus den 1930er Jahren bis zu den Wolkenkratzern des 21. Jahrhunderts – seit rund 100 Jahren sind Kaliforniens Städte beliebte Wirkungsorte international führender Architekten. Zu den jüngeren Highlights gehören in San Francisco etwa die Transamerica Pyramid *(siehe S. 293)* und der Salesforce Tower *(siehe S. 298)* von César Pelli. Architektonische Wahrzeichen in Los Angeles sind das Wilshire Grand Center – Kaliforniens höchstes Gebäude – und der US Bank Tower *(siehe S. 124)*.

← *Die Transamerica Pyramid in Downtown San Francisco*

Desert Modernism

Elegant und minimalistisch – Pioniere des Desert Modernism, der in den 1950er Jahren seinen Höhepunkt erreichte, waren Richard Neutra, Robert Wexler und John Lautner. Palm Springs *(siehe S. 250f)* ist mit seinen vielen privaten und öffentlichen Gebäuden in diesem Stil Welthauptstadt des Desert Modernism.

Viktorianische Ikonen

Von San Diegos Gaslamp Quarter *(siehe S. 230f)* im Italianate-Stil bis zu San Franciscos »Painted Ladies« im Queen-Anne-Stil *(siehe S. 354f)* präsentiert Kalifornien eine Fülle kunstvoller viktorianischer Architektur. Dazu gehören auch das extravagante Winchester Mystery House in San Jose mit seinen bunten Tiffany-Glasfenstern *(siehe S. 408f)* und die fantastische Carson Mansion in Eureka *(siehe S. 442)*.

↑ *Im Queen-Anne-Stil – Winchester Mystery House in San José*

Das Leben ist ein Strand
(Fast) immer milde Temperaturen, Meeresbrisen, der Duft von Sonnencreme, die Schreie der Volleyballer – Südkaliforniens Strandkultur kitzelt alle Sinne. Ein Mustsee in Los Angeles ist die Promenade zwischen Santa Monica *(siehe S. 68f)* und Venice *(siehe S. 70)*, auf der sich Inline-Skater, Jogger, Straßenkünstler und Muscle-Beach-Fans tummeln. Im Süden sind San Diegos Strände die Hauptattraktion, im Norden die Fischerhäfen Morro Bay *(siehe S. 195)* und Monterey *(siehe S. 502–507)*.

← *Surfer und Sonnenanbeter an einem Strand in San Diego*

KALIFORNIENS KÜSTEN

Kaliforniens Küste zieht sich von den nebligen Klippen im Norden bis zu den sonnigen Sandstränden im Süden mehr als 1600 Kilometer am Pazifik entlang. Hier kann man u. a. fantastisch surfen und Wale beobachten - kein Wunder, dass die Küste ein Lieblingsort der Bewohner und Besucher ist.

Seafood
Dank reicher Fischgründe ist Seafood in Kalifornien so frisch wie fast nirgendwo in Nordamerika. Hier ist die Heimat der (vermutlich in Los Angeles erfundenen) California Roll und die Wahlheimat des Fisch-Tacos. Spezialitäten sind Cioppino (Fischeintopf) in San Francisco und Lachs in ganz Nordkalifornien. Seafoodfans zieht es zu den vielen Fischbuden in Morro Bay oder zum Dory Fleet Seafood Market (www.doryfleet.com) in Newport Beach.

Schon gewusst?
Cioppino wurde in San Francisco im 19. Jahrhundert von italienischen Einwanderern erfunden.

↑ *Eingang zum berühmten Dory Fleet Seafood Market in Newport Beach*

Kajaktour in den klaren Gewässern rund um Santa Cruz Island

Inselhüpfen

Die Channel Islands *(siehe S. 199)* vor der Südküste sind als unberührte Naturschutzgebiete ein Paradies für stressfreie Erkundungstouren. Hier können Sie Braunpelikane beobachten, auf Naturpfaden über Anacapa Island wandern, vor Santa Cruz Island schwimmen, tauchen, schnorcheln und Kajak fahren, auf Santa Rosa Island archäologische Stätten der Chumash entdecken und auf San Miguel Island See-Elefanten und Seelöwen sehen.

Expertentipp

Whale-Watching

Jedes Jahr ziehen ungefähr 20 000 Grauwale auf ihrer weiten Reise vom Beringmeer nach Baja California (und wieder zurück) vor Kaliforniens Küste vorbei. Im Norden sieht man sie vom Land aus am besten in Mendocino *(siehe S. 456)*. Sehr gut lassen sie sich außerdem in der San Francisco Bay Area, Santa Cruz und Monterey beobachten.

Beeindruckende Meerestiere

Wale sieht man an der ganzen kalifornischen Küste: Jedes Jahr ziehen Grauwale, Buckelwale, Blauwale und Orcas auf ihrem Weg von Alaska nach Mexiko und wieder zurück vor der Küste vorbei. Ein häufiger Anblick sind auch Robben und Seelöwen. Südlich von Big Sur ist eine lautstarke See-Elefantenkolonie zuhause *(siehe S. 510–513)*. Bei Monterey *(siehe S. 502–507)* hat man die seltene Gelegenheit, neben Seeottern Kajak zu fahren.

Eine Buckelwalmutter mit Kalb in der Monterey Bay; Seeotter (Detail)

Expertentipp
Genusstouren
Geführte Gourmet-Spaziergänge sind in Kalifornien der letzte Schrei. Gehen Sie auf Genusstour mit Sidewalk Food Tours (www.sidewalkfoodtours.com) in Los Angeles oder Bite San Diego (www.bitesandiego.com).

Märkte
Marktbummel sind in Kalifornien eine sehr beliebte Wochenendbeschäftigung. Man ist stolz auf die erlesenen regionalen Produkte – seien es Olivenöl oder frisch gepflückte Erdbeeren. Donnerstagabends wird das Zentrum von San Luis Obispo zum riesigen Straßenmarkt, dienstagnachmittags Santa Barbara.

→

Stand mit Erdbeeren und Frühlingszwiebeln am Santa Barbara Farmers' Market

KALIFORNIEN FÜR FOODIES

Ob Googie-Diners oder Weltklasse-Restaurants - Kaliforniens großartige pulsierende Gastroszene ist ein Highlight auf Reisen im Golden State. Entdecken Sie den spannenden Mix aus verschiedenen Kulturen und Aromen sowie eine fantastische Fülle hochwertiger regionaler Produkte.

Neue kalifornische Küche
In den 1970er Jahren begann Alice Water im Chez Panisse (www.chezpanisse.com) in Berkeley französische Gerichte aus frischen regionalen Zutaten zu kreieren – diese neue kalifornische Küche machte dann in Los Angeles Wolfgang Puck im Spago *(siehe S. 87)* populär. Ein besonderes Sterneküchen-Erlebnis bietet die neue kalifornische Küche in Thomas Kellers French Laundry in Yountville im Napa Valley *(siehe S. 451)*. Es gilt weithin als das beste Restaurant in den USA.

←

Perfekt angerichtetes Gericht in Wolfgang Pucks Spago in Los Angeles

Googie-Diners

Die futuristischen Restaurants mit den bunten Neonreklamen verkündeten in den 1950er Jahren das kommende Raumzeitalter. Googie-Ikonen sind z. B. in Los Angeles Mel's Drive-in am Sunset Boulevard (www.melsdrive-in.com) und Pann's (www.panns.com), in Burbank Bob's Big Boy (www.bobs.net).

Delikate Cal-Mex-Küche

Cal-Mex ist Kaliforniens Version der mexikanischen Küche – nicht so pikant und deftig wie Tex-Mex, dafür mit viel frischem Gemüse und Seafood. Exzellente Burritos gibt es in San Franciscos Mission District. Fisch-Tacos wurden in Baja California erfunden, machten aber schnell den Weg nach Norden. Mit die besten bekommt man in kleinen Taco-Lokalen wie El Metate in San Francisco (2406 Bryant St).

←

Cal-Mex Fish-and-Shrimp-Tacos, ein kalifornischer Klassiker

Kalifornische Spezialitäten

Kalifornien ist Heimat berühmter Fastfood-Ketten wie In-N-Out Burger und King Taco, hat aber auch lokale Spezialitäten zu bieten: üppigen Apfelkuchen im rustikalen Gebirgsstädtchen Julian *(siehe S. 242)*, French Dip Sandwiches in Los Angeles oder Tri-Tip-Steak in Santa Maria. Und nicht zu vergessen Avocado-Toast – der beliebte Hipster-Klassiker wurde in San Francisco populär.

→

Im In-N-Out in Los Angeles lassen sich die Gäste Burger schmecken

▷ Surf's Up
Ende der 1950er Jahre wurde die Surfkultur in Malibu, Huntington Beach und Oceanside zum Mainstream. Von San Diego bis zur kühlen Half Moon Bay bietet Kalifornien Wellen für jedes Surferherz. Die Profis treffen sich jeden Sommer zu den US Open of Surfing in Huntington Beach *(siehe S. 222)*.

Schon gewusst?

Surfen ist ein polynesischer Sport, hawaiianische Prinzen brachten ihn um 1920 nach Kalifornien.

KALIFORNIENS OUTDOOR-AKTIVITÄTEN

Mächtige Gebirge, weite Wüsten, Strände und Flüsse - Kaliforniens Landschaften sind ideal für Outdoor-Abenteuer. Wandern Sie in der Hochsierra, surfen Sie auf hohen Wellen vor Traumstränden oder flitzen Sie bei strahlendem Wetter Skipisten hinunter.

▽ Höhen erklimmen
Felsklettern ist ein beliebter Sport in Kalifornien. Hier bieten Agenturen wie Cliffhanger Guides (www.cliffhangerguides.com) im Joshua Tree National Park Touren auch für Anfänger. Furchtlose versuchen sich am atemberaubenden Half Dome im Yosemite National Park *(siehe S. 484 – 487)* – schwindelerregenden Blick in die Tiefe inklusive.

▷ Wandern

Kalifornien ist ein Wanderparadies. In den State und National Parks kann man auf markierten Wegen Tageswanderungen und Wildnis-Treks unternehmen. Der John Muir Trail führt vom Yosemite National Park 340 Kilometer durch Wälder und über verschneite Hochflächen zum Mount Whitney *(siehe S. 494)*.

◁ Pistenglück

In der Hochsierra kann man hervorragend Ski fahren. Weltklasse-Skigebiete finden Sie am Lake Tahoe *(siehe S. 490f)* und über 150 Pisten am Mammoth Mountain *(siehe S. 494)*. Anfänger können am Big Bear Lake *(siehe S. 259)* üben, Snowboarder bevorzugen die Pisten des Mount Shasta Ski Park *(siehe S. 445)*.

▷ Wildwasser-Abenteuer

Kalifornien bietet Paddel-Action in allen Variationen, von trägen Flüssen bis zu Wildbächen. Sehr reizvoll sind die Stromschnellen der Klassen II bis V im Kern River *(siehe S. 199)* und im schönen Tuolumne River (the »T«) sowie die auch für Kinder geeigneten Touren auf dem American River (South Fork). Durch unberührte Wildnis paddeln Sie auf dem Lower Klamath und dem Smith River an der Grenze zu Oregon.

◁ Auf zwei Rädern

In vielen State Parks darf man auf den Wanderwegen mountainbiken, in der Hochsierra kann man im Sommer auf den Skipisten von Mammoth Lakes und anderen Skigebieten radeln. In Squaw Valley, Lake Tahoe, fährt man mit der Seilbahn 610 Meter hinauf zum High Camp und saust dann auf einem spektakulären Trail downhill zum Shirley Lake. Für entspanntere Radtouren eignet sich der Jedediah Smith Memorial Trail, der von Folsom nach Sacramento *(siehe S. 464–467)* parallel zum American River verläuft.

Schon gewusst?

Als Erste pflanzten spanische Missionare in Kalifornien Reben an, um Messwein zu keltern.

Feine Tropfen

In den USA ist Kalifornien der größte Weinproduzent – vor allem von Chardonnay, Sauvignon blanc, Cabernet Sauvignon, Merlot und Zinfandel aus dem Central Valley und den Coastal Ranges. Feine Tropfen können Sie auf Führungen im Napa und im Sonoma Valley *(siehe S. 450–453)* sowie in Paso Robles *(siehe S. 192)* verkosten.

KALIFORNIENS DRINKS

Sonnige Weinberge, grüne Hopfenfelder, ertragreiche Obsthaine, kaltes Bergwasser: Kalifornien besitzt alle Zutaten für hochklassige Getränke. Ob Craftbeer, eine erfrischende Frozen Margarita, ein Glas Napa Zinfandel oder ein gesunder Smoothie aus frischen Früchten - die Auswahl ist riesig.

Cocktail-Kultur

Im Golden State wurden schon einige Cocktails kreiert, z. B. Appletini, White Russian, Tequila Sunrise und der (alkoholfreie) Shirley Temple. In ganz Kalifornien servieren Strandbars den Lokalfavoriten Margarita (Tequila, Orangenlikör und Limettensaft). Mai Tais (Rum und Curaçao) trinkt man am besten in kitschigen Tiki-Bars, klassischen Martini (Gin und Wermut) im ehrwürdigen The Musso & Frank Grill in Los Angeles *(siehe S. 97)*.

→ *Cocktails im Restaurant Nepenthe mit Blick auf Big Sur*

← *Weinprobe im Napa Valley; Wegweiser zu Weingütern im Sonoma Valley* (Detail)

Saftbars

Im gesundheitsbewussten Kalifornien stehen Säfte hoch im Kurs, und Saft- und Smoothiebars sind fast so gängig wie Fastfood-Lokale. Von Erdbeeren bis Grünkohl wird hier alles mögliche frische Obst und Gemüse auf Bestellung zu Smoothies gepresst oder zerquetscht und häufig mit nährstoffreichen Samen oder Spirulina angereichert.

Die Craftbeer-Szene

Craftbeer aus oft kleinen Brauereien mit schlichten Schänken boomt in Kalifornien. Am gängigsten sind fruchtige (und starke) IPAs, dazu kreieren die Braumeister Sorten in allen möglichen Geschmacksrichtungen und Farben – von trüben und klaren Bieren mit Pfirsicharoma bis hin zu malzigen Stouts und Porters. Verkosten Sie ein paar in der nächsten Brauerei – San Diego hat über 150 – oder bestellen Sie einen »flight« aus meist fünf kleinen Probiergläsern.

→ *Schankraum der Ballast Point Brewing Company in San Diego*

Einfach zum Lachen

Tiffany Haddish verfeinerte ihre Comedy-Künste in L.A., der Stadt der Live-Shows. Mit Glück erleben Sie Jay Leno im Comedy & Magic Club (www.comedyandmagicclub.com) oder andere Stars im Second City Studio Theater *(siehe S. 109)*. In San Francisco empfehlen sich Cobb's Comedy Club (www.cobbscomedy.com) oder Punch Line (www.punchlinecomedyclub.com).

←

Publikum bei einer Stand-up-Vorstellung im Cobb's Comedy Club

KALIFORNIENS EVENTS

Von den Beach Boys bis Billie Eilish - Kaliforniens exzellente Musikszene ist breit aufgestellt. Natürlich gibt es hier auch Theater, Comedy, Filme - und Sport - auf großartigem Niveau zu erleben. Rocken Sie ab bei einem Live-Konzert, lachen Sie sich schlapp in einem Comedy Club oder fahren Sie ins Autokino.

TOP 4 Orte für Live-Musik

Casbah
W casbahmusic.com
Kleine Rockbühne in San Diego seit 1989.

Santa Barbara Bowl
W sbbowl.com
In dem Freiluft-Amphitheater treten von April bis Oktober verschiedenste Acts auf.

Great American Music Hall
W gamh.com
Historische Jazz-/Rockbühne in San Francisco.

The Troubadour
W troubadour.com
Eine Legende in L.A., hier starteten Elton John und James Taylor.

Zuschauersport

Im Sommer geht man zum Baseball in San Franciscos Oracle Park *(siehe S. 301)* und ins Dodger Stadium von Los Angeles *(siehe S. 153)*. Spitzenspiele der NFL sieht man im Levi's Stadium in Santa Clara und SoFi Stadium in LA County, NBA-Spiele im Chase Center in San Francisco und in L.A.'s Staples Center.

→

Baseball-Spiel im Dodger Stadium in Los Angeles

Live!

Kalifornien ist perfekt für Live-Musik-Fans. In L.A. gibt es viele berühmte Locations, vom Whisky a Go-Go am Sunset Strip *(siehe S. 99)* bis zur Jazz- und Bluesbühne Harvelle's (www.santamonica.harvelles.com) in Santa Monica. Für klassische Musik ist die Walt Disney Concert Hall *(siehe S. 120f)* einsame Spitze. Entdecken Sie San Franciscos Musikszene im Fillmore (www.thefillmore.com), hätscheln Sie Ihren inneren Cowboy im Buck Owens' Crystal Palace in Bakersfield (www.buckowens.com). Fantastisch ist jeden April das Coachella-Festival in Indio *(siehe S. 255)*.

↑ *Green Day beim Auftritt im Whisky a Go-Go in West Hollywood*

Theater

Im Filmland Kalifornien spielt auch Theater eine große Rolle. Das Golden Gate Theatre (www.broadwaysf.com) in der San Francisco Bay Area präsentiert tourende Broadway-Shows, Cal Shakes Openair-Aufführungen und The Marsh (www.themarsh.org) Indie-Produktionen. Spitzentalente treten im Geffen Playhouse *(siehe S. 85)* in L.A. auf. Ein Sommerhit ist das Lake Tahoe Shakespeare Festival (www.laketahoeshakespeare.com).

← *Inszenierung von Bertolt Brechts* Der gute Mensch von Sezuan *im Cal Shakes*

Nachts im Kino

Das etwas andere Kino-Erlebnis: Reisen Sie im Autokino zurück in die 1950er Jahre (www.electricduskdrivein.com), schauen Sie in L.A. im Sommer Filme beim Cinespia auf dem Hollywood Forever Cemetery *(siehe S. 104)* an oder erleben Sie authentische Oldschool-Kinovorstellungen samt Orgelspiel im Castro Theatre in San Francisco *(siehe S. 367)*.

→ *Picknick zum Film beim Cinespia in Los Angeles*

Kleinstadtkulissen ▷

Kalifornische Kleinstädte sind beliebte Drehorte. In Ventura *(siehe S. 197)* wurde im Jahr 2000 der Blockbuster *Erin Brockovich (rechts)* über die gleichnamige Umweltaktivistin gedreht, die Schlussszene von *Die Goonies* (1985) am Goat Rock Beach der Kleinstadt Jenner in der Bodega Bay, Sonoma County.

◁ Der Golden State im Film

Filmkulissen gibt es hier überall. Das Bagdad Café aus *Out of Rosenheim* (1988) steht in Newberry Springs in der Mojave-Wüste. In Sacramento *(siehe S. 464–467)* finden Sie einige Schauplätze aus Greta Gerwigs Film *Lady Bird (links)* von 2017.

KALIFORNIEN IM FILM

Selbst wenn man Kalifornien zum ersten Mal bereist, kann es mancherorts irritierend vertraut wirken. Kein Wunder, wurden hier doch schon von Dramen wie *Milk* bis zu Blockbustern wie *Top Gun* Tausende Kino- und TV-Filme gedreht. Ganz sicher entdecken Sie unterwegs Locations aus einem Ihrer Lieblingsfilme.

◁ Locations in San Francisco

San Francisco ist eine beliebte Kulisse. In Castro spielt das Drama *Milk* (2008) über den ersten Schwulen, der in Kalifornien in ein Amt gewählt wurde *(siehe S. 281)*. Auf Alcatraz Island *(siehe S. 328–331)* wurden 1979 Szenen für *Flucht aus Alcatraz* gedreht. Unter der Golden Gate Bridge *(siehe S. 384–387)* entstanden Szenen des Hitchcock-Klassikers *Vertigo* (1958).

◁ Ein Hoch auf Hollywood

Natürlich ist auch die Traumfabrik selbst eine beliebte Kulisse. Die berühmte Tanzszene in *La La Land (links)* z. B. entstand auf dem Mount Hollywood im Griffith Park *(siehe S. 134)*. Ebenfalls im Griffith Park diente das Greek Theatre 2018 als Location für eine große Bühnenszene im Remake von *A Star is Born*.

◁ Stadt der Engel?

Nicht nur Glamour: Berühmte Filme thematisieren z. B. die Korruption, die im frühen 20. Jahrhundert die Stadt beherrschte. Locations aus Roman Polanskis *Chinatown* (1974) liegen in Echo Park *(siehe S. 153)* und Catalina Island *(siehe S. 218f)*. L.A.s dunkle Seite zeigt auch der Thriller *Der Tod kennt keine Wiederkehr (links)* von 1973. Dort hat Philip Marlowe ein Apartment im High Tower in Hollywood.

TOP 3 Filmtouren

San Francisco
Bei dieser Bustour stellen Schauspieler berühmte Locations vor (www.sanfranciscomovietours.com).

Warner Bros.
Bei der Studiotour in Los Angeles sieht man Kulissen von Kultfilmen *(siehe S. 149)*.

Sony Pictures
Das Studio in L.A. bietet geführte Spaziergänge hinter die Kulissen (www.sonypicturesstudiostours.com).

△ San Diego auf der Leinwand

Traumstrände, sonnenverwöhnt, stimmungsvolle Bars und Restaurants – San Diego ist ein echter Leinwandstar. Am Strand von Coronado *(siehe S. 242f)* spielen einige Szenen aus *Manche mögen's heiß* (1958). Tom Cruise spielte in *Top Gun* unter anderem in der Sportbar Kansas City Barbecue (www.kcbq.net) am Rand des Gaslamp Quarter *(siehe S. 230f)*. Sie sieht noch genauso aus wie im Film von 1986. Ein anderer Drehort des Films ist der New Point Loma Lighthouse beim Cabrillo National Monument *(oben, siehe S. 239)*.

DAS JAHR IN KALIFORNIEN

Januar

△ **Rose Parade & Rose Bowl Game** *(1. Jan).* Pasadena feiert mit einer Parade blumengeschmückter Festwagen und dem Rose Bowl, einem wichtigen Spiel im College-Football.

Napa Truffle Festival *(Ende Jan).* Ein Genuss-Event im Napa Valley mit Trüffel-Touren, Gourmet-Lunches und Wildpilzesammeln.

Februar

Chinesisches Neujahr *(Ende Jan oder Anfang – Mitte Feb).* Das größte chinesische Neujahrsfest der USA wird in San Francisco mit Umzügen und Aufführungen gefeiert.

△ **Riverside County Fair und National Date Festival** *(Mitte – Ende Feb).* Fahrgeschäfte, Dattelgerichte und Live-Musik in Indio.

Mai

△ **Cinco de Mayo** *(5. Mai).* Mit großen Straßenfesten wird in Los Angeles und San Francisco Mexikos Sieg von 1862 über Frankreich gefeiert.

Redwood Coast Music Festival *(Anfang Mai).* Eureka tanzt zu Live-Musik, von Jazz und Swing über Blues und Soul bis Country und Rockabilly.

Bay to Breakers *(Ende Mai).* Volkslauf (12 km) in San Francisco mit Tausenden Teilnehmern.

Juni

△ **Pride Week** *(variabel, Juni).* San Francisco und Los Angeles feiern Amerikas größte und bunteste Feste der LGBTQ+ Kultur.

Tuolumne Lumber Jubilee *(Ende Juni).* Das beliebte dreitägige Festival feiert die Geschichte von Kaliforniens Holzindustrie mit Volksfest, Armdrücken, Axtwerfen und Live-Musik.

September

△ **Monterey Jazz Festival** *(3. Wochenende im Sep).* Bei dem gigantischen Jazz-Event treten rund 500 Musiker auf neun Bühnen auf.

Los Angeles County Fair *(ganzer Monat).* Der riesige Jahrmarkt in Pomona bietet auch Pferderennen, eine bewirtschaftete Farm, eine Miniatur-Eisenbahn und Live-Unterhaltung.

Oktober

△ **Black Cowboy Parade** *(Anfang Okt).* Das Festival mit Parade in Oakland erinnert an die afroamerikanischen Siedler im US-Westen.

Sonoma County Harvest Fair *(Anfang Okt).* Beliebte Agrarmesse in Santa Rosa.

Grand National Rodeo *(Mitte Okt).* In Daly City bietet das größte zweitägige Rodeo der USA Rodeowettbewerbe und Viehausstellungen.

März

△ **Los Angeles Marathon** *(Anfang März)*. Mehr als 25 000 Läufer nehmen an diesem Marathon teil, der seit 1986 im Zentrum von Los Angeles veranstaltet wird.

St. Patrick's Day Parade *(Mitte März)*. In San Franciscos Bars drängen sich grün gekleidete Gäste, in der Market Street findet eine der ältesten Paraden der USA statt.

April

△ **Coachella Music & Arts Festival** *(Mitte Apr)*. Das riesige Musik- und Kunstfestival findet in Indio an zwei aufeinanderfolgenden Wochenenden statt. Hier treten die bekanntesten internationalen Künstler aus Rock, R&B, Hiphop und Pop auf.

San Francisco International Film Festival *(Mitte Apr)*. Zwei Wochen lang werden täglich in der ganzen Stadt Filme vorgeführt.

Northern California Cherry Blossom Festival *(Mitte – Ende Apr)*. San Franciscos Japantown feiert mit japanischer Kunst, Handwerk, Essen, Aufführungen und einer farbenfrohen Parade.

Juli

California State Fair *(Mitte Juli)*. Von Stars und Entertainment bis zu Kochvorführung gibt es auf dieser Messe in Sacramento alles zu sehen.

Comic-Con International: San Diego *(Mitte – Ende Juli)*. Ein fantastisches viertägiges Festival der Popkultur mit Ausstellungen, Filmen, Foren und Tausenden verkleideten Fans.

△ **International Surf Festival** *(Ende Juli/Anfang Aug)*. Bodyboarding- und Surfevents in Torrance, Redondo Beach, Hermosa Beach und Manhattan Beach in Los Angeles.

August

Old Spanish Days *(Anfang Aug)*. Santa Barbara feiert sein spanisch-mexikanisches Erbe.

△ **Outside Lands** *(Mitte Aug)*. Ökobewusstes Festival im Golden Gate Park, San Francisco.

Bigfoot Daze *(letzter Sa im Aug)*. Willow Creek feiert mit Paraden und Holzfällerwettbewerben Kaliforniens legendären Sasquatch (Bigfoot).

November

Dia de los Muertos *(2. Nov)*. Am mexikanischen Tag der Toten finden in Los Angeles in El Pueblo und in San Franciscos Mission District Prozessionen statt.

△ **Doo Dah Parade** *(Ende Nov)*. Die lustige Kostümparade in Pasadena ist eine respektlose Satire.

Dezember

Hollywood Christmas Parade *(1. So nach Thanksgiving)*. Das Spektakel mit vielen Prominenten am Hollywood und Sunset Boulevard ist seit 1931 ein Besuchermagnet.

△ **Newport Beach Christmas Boat Parade** *(Mitte Dez)*. Fast hundert glitzernde Boote erhellen fünf Nächte lang Newports Uferfront.

Silvester *(31. Dez)*. San Francisco feiert mit einem spektakulären Feuerwerk am Hafen.

1

KURZE GESCHICHTE

Kalifornien wurde schon vor Jahrtausenden besiedelt und besitzt eine lange spannende Vergangenheit. Schlüsselmomente seiner jüngeren Geschichte sind unter anderem der Goldrausch von 1848, die Geburt Hollywoods kurz nach 1900 und das Aufblühen der LGBTQ+ Community in den 1960er Jahren.

Frühzeit

Über die Zeit vor Ankunft der Europäer ist wenig bekannt. Mehr als 300 000 Menschen könnten in der Region gelebt haben. Als La Jolla und Pauma werden heute bedeutende frühe Kulturen bezeichnet, die um etwa 6000 v. Chr. entstanden. Im 16. Jahrhundert lebten im heutigen Kalifornien mehrere Ethnien (u. a. die Chumash im Süden, die Paiute im Great Basin und die Hupa im Nordwesten) in Hunderten von kleinen autonomen Gemeinschaften. Sie trieben Handel, sprachen verschiedene Sprachen und praktizierten unterschiedliche Religionen.

1 *Karte von Kalifornien aus dem Jahr 1652* ↑

2 *Felsbilder der Kumeyaay im Anza-Borrego Desert State Park*

3 *Spanier feiern die Messe in Monterey (1876)*

4 *Goldsucher beim Goldwaschen (1849)*

Chronik

um 6050 v. Chr.
Prähistorische Kulturen im heutigen Kalifornien

1542
Als erster Europäer erreicht der Spanier Juan Cabrillo die San Diego Bay

1775
Monterey wird Hauptstadt von Spanisch-Kalifornien

1769
Gaspar de Portolá landet in der San Francisco Bay, in San Diego wird Kaliforniens erste Mission gegründet

1777
Mitglieder der Expedition de Anza gründen die Mission Dolores (San Francisco)

2

3

4

Spanische Kolonialisierung

1542 landeten erstmals Spanier im heutigen Kalifornien, das sie jedoch erst im 18. Jahrhundert kolonialisierten. Die spanische Herrschaft wurde über drei Institutionen durchgesetzt: Mission (Kirche), Presidio (Fort) und Pueblo (Siedlung), wobei die Mission die größte Macht ausübte. Ab 1769 gründeten Franziskanermönche entlang des El Camino Real von San Diego bis Sonoma 21 Missionen. Als Mexiko 1821 von Spanien unabhängig wurde, fiel Kalifornien offiziell an die neue Nation.

Schon gewusst?

Der Name »California« erschien erstmals im 16. Jahrhundert in einem Roman García de Montalvos.

Amerika im Goldrausch

Nach dem Mexikanisch-Amerikanischen Krieg (1846–48) kam Kalifornien 1848 zu den USA. Im selben Jahr wurde im Sacramento Valley Gold gefunden, was der Zeitungsverleger Sam Brannan mit der Schlagzeile »Gold! Gold!« verkündete. Der folgende Goldrausch sollte Kalifornien für immer verändern. 1850 explodierte San Franciscos Einwohnerzahl von 812 auf etwa 25 000. Sacramento, das näher an den Goldfeldern lag, wurde Hauptstadt des 1850 gegründeten US-Bundesstaats Kalifornien. Ende des 19. Jahrhunderts siedelte die US-Regierung die indigene Bevölkerung gewaltsam in Reservationen um.

1821
Mit Mexikos Unabhängigkeit endet Spaniens Herrschaft in Kalifornien

1835
Der englische Seefahrer William Richardson lässt sich in Yerba Buena (später: San Francisco) nieder

1846
Die USA unter John Frémont fordern Kalifornien von Mexiko

1848
Die USA annektieren Kalifornien, bei Sutter's Mill wird Gold gefunden

1850
Kalifornien wird 31. Staat der USA

1

2

Die Boom-Jahre

Ende des 19. Jahrhunderts florierte Kalifornien dank der 1869 fertiggestellten Eisenbahnlinie, die Ost- und Westküste verband. Die Züge brachten kalifornische Orangen bis zu den New Yorker Märkten und auf der Rückreise europäische Einwanderer, die auf ein besseres Leben an der Westküste hofften. Im Norden wurden 1850 Eureka und 1852 Mendocino gegründet. Sie entwickelten sich schnell zu »Holzhauptstädten« sowie zu Zentren für Fischerei und Schifffahrt. In den 1860er Jahren erlebte San Francisco dank der Comstock-Lode-Silberminen in Nevada einen noch stärkeren Boom. Die Minen gehörten meist Kaliforniern, die ihren Reichtum mit prächtigen Herrenhäusern am Nob Hill zur Schau stellten. 1900 zählte San Francisco mehr als 300 000 Einwohner, 1906 zerstörte ein schweres Erdbeben die Stadt, die sich davon jedoch erstaunlich schnell erholte.

Hollywoods Aufstieg

Eigentlich wollte der Prohibitionist Harvey Henderson Wilcox aus Kansas 1887 seine Farm und den angrenzenden Vorort von Los Angeles »Figwood« nennen, weil er hier Feigen anbaute. Seiner Frau gefiel jedoch der Name einer Stadt in Ohio besser,

Indigene in Kalifornien

Von den Machthabern Spaniens und der USA misshandelt, versklavt und durch eingeführte Krankheiten reduziert, zählte Kaliforniens indigene Bevölkerung um 1900 nur noch rund 16 000 Angehörige. Sie wurden in Reservationen zwangsumgesiedelt, wo ihre Nachfahren noch heute leben: Hupa (Nordwestküste) Cahuilla (Palm Springs) und Paiute-Shoshone (Owens Valley).

Chronik

1861–65
Kalifornien kaum vom US-Bürgerkrieg betroffen

1869
Transkontinentale Eisenbahn fertiggestellt

1882
US Congress beschränkt Einwanderung aus China

1890
Yosemite wird Nationalpark

1906
Das bisher schwerste Erdbeben in den USA (8,3 auf der Richterskala) erschüttert San Francisco

3

4

den sie bei einer Zugfahrt gehört hatte: »Hollywood.« Ab 1911 zog die aufstrebende US-Filmindustrie von der Ostküste in dieses Gebiet um, wo sie dank des milden Klimas ganzjährig im Freien drehen und auf dem relativ billigen Land preisgünstig große Studios bauen konnte. Nach Stummfilmstars wie Mary Pickford und Charlie Chaplin stiegen in den 1920er und 1930er Jahren Mae West, Errol Flynn und andere zu Ikonen eines glamourösen Hollywood auf.

Weltwirtschaftskrise und Zweiter Weltkrieg

Während der Great Depression der 1930er Jahre zogen Tausende aus allen Teilen der USA in das Hoffnungsland Kalifornien. Im von Dürren gebeutelten Dust Bowl des Mittleren Westens packten Familien ihre ganzen Habseligkeiten zusammen und machten sich auf den schier endlosen Weg zu den Farmen im Central Valley. Das Schicksal dieser sogenannten Okies schilderte John Steinbeck in seinem Roman *Früchte des Zorns*.

Im Zweiten Weltkrieg kam die Schwerindustrie nach Kalifornien, Werften und Flugzeugfabriken entstanden. Die meisten blieben nach dem Krieg bestehen, und noch heute sind kalifornische Firmen Zulieferer für US-Militär und -Raumfahrt.

1 *Eisenbahnbau bei Mendocino (ca. 1890er Jahre)* ↑

2 *Dreharbeiten in Hollywood (1922)*

3 *Camp von Wanderarbeitern (1935)*

4 *Werft in Los Angeles (1943)*

Schon gewusst?

Als erster Filmstar hinterließ Norma Talmadge 1927 ihre Fußabdrücke vor dem Chinese Theatre.

1911
The Law of the Range, produziert von William und David Horsley, wird als erster Film in Hollywood gedreht

1917
USA nehmen am Ersten Weltkrieg teil

1929
Der Börsencrash läutet die Weltwirtschaftskrise ein

1932
Olympische Spiele in Los Angeles

1941
Japans Angriff auf Pearl Harbor führt die USA in den Zweiten Weltkrieg

1945
Ende des Zweiten Weltkriegs, in San Francisco werden die Vereinten Nationen gegründet

Nachkriegszeit und Bürgerrechte

Durch Kino und Fernsehen wurde Kalifornien in den 1950er Jahren zum Symbol des Wiederaufstiegs der USA nach dem Krieg. Mit der »Beat Generation« in San Francisco begann eine Ära experimenteller Kunst, Drogenkonsums und sexueller Befreiung, die 1967 im Summer of Love ihren Höhepunkt erreichte. Die liberale Atmosphäre brachte gesellschaftlichen Fortschritt. Das Erstarken der Bürgerrechtsbewegung zeigte sich z. B. in der Free Speech Movement an der University of California in Berkeley, in der Gründung der Black Panther Party in Oakland und in der Besetzung von Alcatraz durch die Indians of All Tribes. San Francisco wurde ein Zentrum der Schwulenrechtsbewegung. Als 1992 Polizisten den Afroamerikaner Rodney King zusammenschlugen und im folgenden Prozess freigesprochen wurden, brachen in Los Angeles Unruhen aus. Bis heute ist Rassismus in der Strafverfolgung ein Problem.

Stadterneuerung und Technologieboom

Ab den 1970er Jahren wurden in den großen Städten ganze Stadtteile – vor allem Arbeiter- und nichtweiße Viertel – abgerissen und neu bebaut. Die Lebenshaltungskosten stiegen dra-

1 *Summer of Love in Haight-Ashbury, San Francisco (1967)* ↑

2 *Los Angeles Riots im April 1992*

3 *Kamala Harris, 49. Vizepräsidentin der Vereinigten Staaten*

Schon gewusst?

Kalifornien ist heute der bevölkerungsreichste Staat der USA.

Chronik

1955
Disneyland eröffnet in Anaheim

1966
Gründung der Black Panther Party, einer Black-Power-Organisation, in Oakland

1976
Steve Jobs und Steve Wozniak gründen Apple

1978
San Franciscos Bürgermeister George Moscone und sein Stellvertreter Harvey Milk werden ermordet

1991
AIDS wird in San Francisco eine Haupttodesursache für Männer

1992
Aufstände in L.A. nach Rodney Kings Misshandlung durch die Polizei

3

matisch an und in den 1980er Jahren klaffte die Schere zwischen Arm und Reich immer weiter auseinander. Nicht einmal das verheerende Loma-Pietra-Erdbeben 1989 bei Santa Cruz stoppte die Sanierungen in San Francisco und der Bay Area. Zeitgleich zog Hightech-Industrie in das Silicon Valley zwischen San Jose und San Francisco: Der dot.com-Boom begann.

Kalifornien heute

Stete Entwicklung neuer Technologien, Investitionen in saubere Energien und eine klimafreundliche Wirtschaft, die auch die Bedrohung durch zerstörerische Waldbrände und Dürren reduziert – Kalifornien stellt sich den Herausforderungen des 21. Jahrhunderts. Seit Anfang der 1990er Jahre ist der Bundesstaat eine Hochburg der Demokraten und progressiver Politik: San Franciscos ehemaliger Bürgermeister Gavin Newsom wurde 2018 zum Gouverneur gewählt, 2021 die in Oakland geborene Kamala Harris zur Vizepräsidentin der USA ernannt.

Kalifornien gehört zu den mächtigsten Wirtschaftsregionen der Welt, hat aber trotz seiner Stärke mit explodierenden Immobilien- und Mietpreisen sowie steigender Obdachlosigkeit zu kämpfen – drängende Probleme, die es zu lösen gilt.

Das Silicon Valley

Als Wiege des Silicon Valley gilt die Garage in Palo Alto, in der die Studenten William Hewlett und David Packard 1938 ihre ersten Produkte herstellten. 1976 läutete Apple die Ära des Personal Computer ein. Die Internet-Ära begann 1994 mit Yahoo!, 1998 folgte Google, 2004 Facebook und 2005 YouTube. Sie alle wurden in Kalifornien gegründet und haben dort ihren Sitz.

1998
Die Studenten Larry Page und Sergey Brin gründen Google

2003
Martin Eberhard und Marc Tarpenning gründen in San Carlos den E-Autohersteller Tesla

2004
Mark Zuckerberg gründet Facebook

2013
Kalifornien legalisiert gleichgeschlechtliche Ehe, zwei Jahre vor US-weiter Legalisierung

2018
Tödlichste Waldbrandsaison in Kalifornien seit Beginn der Aufzeichnungen

2021
Kamala Harris wird Vizepräsidentin der Vereinigten Staaten

KALIFORNIEN
ERLEBEN

Santa Monica Boulevard, Los Angeles

LOS ANGELES

Strandfeeling am Santa Monica Beach (siehe S. 68)

LOS ANGELES
AUF DER KARTE

Dieses Kapitel gliedert Los Angeles in sechs Gebiete, die auf den folgenden Seiten vorgestellt werden.

Kalifornien

0 Kilometer 10
0 Meilen 10
N
SAN FERNANDO
SUN VALLEY
Verdugo Mountains
ALTADENA
BURBANK
VAN NUYS
PASADENA
Griffith Park
GLENDALE
SAN GABRIEL
Hollywood und West Hollywood
Seiten 92–109
Beverly Hills, Bel Air und Westwood
Seiten 76–91
Downtown
Seiten 110–125
MONTEREY PARK
SANTA MONICA
CULVER CITY
Rund um Downtown
Seiten 126–153
VENICE
MARINA DEL REY
SOUTHGATE
DOWNEY
INGLEWOOD
WATTS
HAWTHORNE
PARAMOUNT
COMPTON
BELLFLOWER
REDONDO BEACH
CARSON
TORRANCE
SIGNAL HILL
Long Beach, San Pedro und Palos Verdes
Seiten 154–169
LONG BEACH
PALOS VERDES
NAPLES
SAN PEDRO
San Pedro Bay

DIE STADTTEILE VON LOS ANGELES

L.A. ist die sonnige, autoverstopfte, Surf- und Promi-verrückte Entertainment-Hauptstadt und (nach New York) zweitgrößte Metropole der USA. Von den Bergen bis zu den goldenen Pazifikstränden zieht sich die City of Angels als ein gigantischer Fleckenteppich aus dynamischen multikulturellen Stadtteilen.

Seiten 64–75

Santa Monica Bay

Sonnenschein, Meeresbrisen, lange Sandstrände, hervorragende Brandung – Santa Monica Bay verkörpert den kalifornischen Küstentraum. In Santa Monica sind der Strand und der Pier Hauptattraktionen, der Stadtteil ist jedoch auch wegen seiner Restaurants, der vielen Läden (außerhalb von Shopping Malls) und der aktiven Kunstszene völlig zu Recht extrem populär. Weiter südlich ist das exzentrische Venice das Revier der Skater, Bodybuilder, Streetballer, Straßenkünstler und Streetartists. Malibu im Nordwesten ist ein Surfer-Hotspot, hier leben auch viele Hollywoodstars.

Entdecken
Strände, Surfen, Shopping

Sehenswert
Santa Monica

Genießen
Typische Strandkultur bei einem Spaziergang auf der Promenade von Santa Monica nach Venice Beach

Seiten 76 – 91

Beverly Hills, Bel Air und Westwood

Beverly Hills und Bel Air stehen für Reichtum und Luxus, seit den 1920er Jahren sind sie die beliebtesten Wohnviertel der Unterhaltungsindustrie. Heute drängen sich am Rodeo Drive und im Golden Triangle schicke teure Restaurants, Boutiquen und Coffee Bars. Südlich des mondänen Bel Air liegt das Shopping- und Studentenviertel Westwood Village, auf dem Campus der UCLA lohnen faszinierende Museen einen Besuch. Hoch über allem thront das Getty Center mit seinen fantastischen Kunstschätzen.

Entdecken
Luxus-Shopping, Promis und Restaurants

Sehenswert
Getty Center, UCLA und Westwood Village

Genießen
Geführte Tour zu den Häusern der Stars in Beverly Hills

Seiten 92 – 109

Hollywood und West Hollywood

Hollywood ist auf ewig mit dem Golden Age des Kinos verbunden. Am Hollywood Boulevard reihen sich historische Filmtheater, der Walk of Fame und mit Film verbundene Attraktionen. Im Partyviertel West Hollywood sind unzählige Bars, Clubs und Comedy-Bühnen sowie eine große LGBTQ+ Community zuhause. An der trendigen Melrose Avenue locken Vintage-Läden und Boutiquen, an der Miracle Mile, einem Abschnitt des Wilshire Boulevard, exzellente Museen.

Entdecken
Museen, Nachtleben, Kinogeschichte und klassische Filmandenken

Sehenswert
Historic Hollywood Boulevard, Sunset Strip, Los Angeles County Museum of Art

Genießen
Eine Comedy-Show im Groundlings

→

Seiten 110 – 125

Downtown

In Downtown erinnert Los Angeles' ältester Stadtteil, El Pueblo de Los Angeles, an die spanischen Wurzeln der Stadt. Im Norden drängen sich in der quirligen Chinatown Läden und Restaurants, im Süden bildet Little Tokyo das Zentrum der größten japanischstämmigen Community Nordamerikas. Im Finanzviertel an der Flower und der Figueroa Street erheben sich viele Wolkenkratzer, Broad Museum und Arts District bieten faszinierende Kunst und der riesige Komplex L.A. Live großartiges Entertainment und Sport.

Entdecken

Kunst, chinesische und japanische Küche, beeindruckende Wolkenkratzer, ältestes Gebäude von Los Angeles

Sehenswert

The Broad, El Pueblo de Los Angeles

Genießen

Ein Heimspiel der Los Angeles Lakers im Staples Center

Seiten 126 – 153

Rund um Downtown

Rund um das Zentrum breitet sich L.A. in einem riesigen Siedlungsteppich aus Stadtteilen und Distrikten aus. Hauptattraktionen sind die schicke Stadt Pasadena, Kunstausstellungen in der Huntington Library, der hügelige Griffith Park mit seinem unbezahlbaren Grün und dem Griffith Observatory. Im nahen Burbank, das Hollywood als Hauptsitz der Film- und TV-industrie abgelöst hat, bieten die Universal Studios Touren durch die Kulissen und einen Themenpark. Südlich von Downtown finden sich im Exposition Park Museen und die University of Southern California.

Entdecken

Hollywoodstudios und Themenparks, koreanische Küche, Natur im Park

Sehenswert

Universal Studios Hollywood, Griffith Park, Pasadena, Exposition Park und University of Southern California

Genießen

Fahrt auf dem Mulholland Drive mit spektakulärer Aussicht auf die Metropole

Seiten 154–169

Long Beach, San Pedro und Palos Verdes

Los Angeles' südliche Küstendistrikte bieten reichlich Abwechslung. Auf der wohlhabenden Palos Verdes Peninsula erstrecken sich in den Hügeln über der traumhaft schönen Küste ausgedehnte Villenviertel, im Südosten liegen im Arbeiterviertel San Pedro der Port of Los Angeles und Museen mit maritimen Themen. Die Stadt Long Beach heißt passenderweise nach ihrem neun Kilometer langen weißen Sandstrand, bekannt ist sie vor allem als Liegeplatz des Ozeandampfers *Queen Mary*.

Entdecken
Strände, Museen und Seefahrtgeschichte

Sehenswert
Queen Mary, Battleship USS Iowa Museum

Genießen
Wanderungen an der zerklüfteten Küste von Palo Verdes

←

1 *Historische Standseilbahn Angels Flight*

2 *The Getty Center*

3 *Comedy Store am Sunset Strip*

4 *Academy Museum of Motion Pictures*

5 TAGE
in Los Angeles

Tag 1
Ihre Tour beginnt an L.A.s Ursprungsort El Pueblo de Los Angeles *(siehe S. 116f)*. Dann geht es nach Süden in das quirlige Little Tokyo *(siehe S. 122)* und ins Japanese American National Museum. Nach dem Essen im Daikokuya *(siehe S. 122)* bummeln Sie durch den Financial District, fahren mit der Standseilbahn Angels Flight *(siehe S. 118)* und entdecken fantastische Kunst im The Broad *(siehe S. 114f)*. Danach haben Sie die Wahl: ins Grammy Museum *(siehe S. 120)* oder ins Staples Center *(siehe S. 120)* zu einer Show oder einem Basketballspiel. Abschließend schmecken Drinks im Freien in der Spire Bar (www.spire73.com) auf dem höchsten Gebäude von Los Angeles.

Tag 2
Starten Sie mit Kunstgenuss im Getty Center *(siehe S. 80–83)*, dann fahren Sie mit dem Taxi nach Santa Monica zur Third Street Promenade *(siehe S. 68f)*, zum Shoppen und danach zum Seafood-Lunch. Dann spazieren Sie auf dem Santa Monica Pier und auf der Promenade vorbei an Skatern, Bodybuildern und Straßenkünstlern nach Venice Beach *(siehe S. 70)*. Nach einem Burger im Hinano Café *(siehe S. 71)* bummeln Sie zurück nach Santa Monica zu Live-Blues im Harvelle's (www.santamonica.harvelles.com).

Tag 3
Morgens geht es zu Fuß oder mit dem Bus zum Griffith Observatory *(siehe S. 134)* mit einmaligem Blick auf das Hollywood Sign. Beim Abstieg kehren Sie im The Trails (2333 Fern Dell Dr) ein. Dann fahren Sie zum Hollywood Boulevard *(siehe S. 96)*, zum Hollywood Walk of Fame und zu den Abdrücken der Stars am TCL Chinese Theatre. Nach einem Drink in The Musso & Frank Grill *(siehe S. 97)* besuchen Sie am Sunset Strip eine Show im Comedy Store *(siehe S. 99)*.

Tag 4
Nach einer Reise in L.A.s Urgeschichte im La Brea Tar Pits and Museum *(siehe S. 109)* genießen Sie im Los Angeles County Museum of Art *(siehe S. 100–103)* Kunst und essen dort in der Ray's and Stark Bar. Nebenan steht das 2021 von Renzo Piano entworfene Academy Museum of Motion Pictures *(siehe S. 107)*. Nachmittags fahren Sie mit dem Bus auf dem Wilshire Boulevard nach Beverly Hills zum Schaufensterbummel am Rodeo Drive. Abends geht es mit Bus oder Taxi nach Westwood, wo Sie über den UCLA Campus *(siehe S. 84f)* spazieren und im Geffen Playhouse *(siehe S. 85)* eine Show besuchen.

Tag 5
Mit der Metro fahren Sie nach Pasadena *(siehe S. 136–143)*, zu den Cafés, Galerien und Theatern in Old Pasadena und den Gemälden im Norton Simon Museum *(siehe S. 138f)*. Nach dem Mittagessen im Museumscafé spazieren Sie auf dem Orange Grove Boulevard entweder zum Pasadena Museum of History *(siehe S. 137)* oder zum Gamble House *(siehe S. 136)*, einem Arts-and-Craft-Juwel. Abends steht Live-Musik im Pasadena Pavilion for the Performing Arts (85 E Holly St) auf dem Programm.

SANTA MONICA
66
End of the Trail
PierBurger

Endpunkt der legendären Route 66 (siehe S. 268)

Santa Monica Bay

Als der im Auftrag der spanischen Krone segelnde portugiesische Entdecker Juan Rodríguez Cabrillo 1542 hier landete, lebten die Chumash und Tongva in dem Gebiet – seit Jahrtausenden. Ab Ende des 18. Jahrhunderts kolonisierten die Spanier die Region systematisch und teilten sie in mehrere Ländereien auf, darunter Rancho San Pedro (1784) und Rancho Topanga Malibu Sequit (1804). Das gesamte Gebiet wurde 1848 von den USA übernommen, aber die Entwicklung verlief bis zur Eröffnung einer Eisenbahnlinie zwischen dem Zentrum von Los Angeles und Santa Monica im Jahr 1875 nur schleppend.

Ende des 19. Jahrhunderts wurden die Strände und Piers der Santa Monica Bay schnell zu touristischen Sehenswürdigkeiten. Venice wurde 1905 nach dem Vorbild des italienischen Venedig als Ferienort mitten im hier vorherrschenden Marschland angelegt. Das Netzwerk aus Kanälen und Häusern am Wasser wurde immer dichter, immer mehr Menschen zogen in diesen Vorort. Ab den 1950er Jahren kamen immer mehr Autoren der Beat Generation hierher, im folgenden Jahrzehnt auch Rockbands wie The Doors.

Ab den 1990er Jahren erfolgte die Gentrifizierung eines großen Teils der Küstenregion, den Anfang machte Santa Monica. Mit dieser Umgestaltung entstanden wohlhabende Gemeinden, die heute das Bild weiter Küstenabschnitte prägen.

Santa Monica Bay

Highlight

1. Santa Monica

Sehenswürdigkeiten

2. Venice
3. Museum of Flying
4. Topanga State Park
5. Will Rogers State Historic Park
6. Getty Villa
7. Malibu Lagoon State Beach
8. Malibu Colony
9. Adamson House und Malibu Lagoon Museum
10. Malibu Creek State Park

Bars

① High Rooftop Lounge
② Hinano Café
③ Venice Ale House

T
U
V
3
4
5
6
7
TOPANGA CANYON BLVD
TAMPA AVENUE
RESEDA BLVD
SAN DIEGO FREEWAY
VAN NUYS BLVD
PANORAMA CITY
VICTORY BOULEVARD
BURBANK BOULEVARD
VAN NUYS
VALLEY GLEN
VENTURA FREEWAY
TARZANA
VALLEY VILLAGE
ENCINO
VENTURA BOULEVARD
SHERMAN OAKS
Rund um Downtown
Seiten 126–153
San Vicente Mountain 598 m
SYLVIA PARK
Theatricum Botanicum
Temescal Peak 648 m
BEL-AIR
TOPANGA
Topanga State Park
Beverly Hills, Bel Air und Westwood
Seiten 76–91
BEVERLY HILLS
TOPANGA CANYON ROAD
Goat Peak 527 m
WESTWOOD
Will Rogers State Historic Park
SUNSET BOULEVARD
SANTA MONICA BLVD
Getty Villa
BRENTWOOD
PACIFIC PALISADES
CHEVIOT HILLS
BIG ROCK
CASTELLAMARE
Eames House
WILSHIRE BOULEVARD
Will Rogers State Beach
SANTA MONICA FREEWAY
CULVER CITY
Santa Monica
Museum of Flying
Santa Monica State Beach
Santa Monica Pier
MAR VISTA
Venice
Venice Beach
CULVER BOULEVARD
MARINA FREEWAY
MARINA DEL REY
PLAYA VISTA
Santa Monica Bay
PLAYA DEL REY
Los Angeles International Airport
0 Kilometer 5
0 Meilen 5
N

Stimmung bei Sonnenuntergang am Santa Monica Pier ↑

❶

Santa Monica

U5 · 90 000 · 13 km südöstl. · 4th St u. Colorado Blvd · 1400 Ocean Ave (+1-310-393-7593) · Santa Monica Festival (Mai) · santamonica.com

Frische Meeresbrisen, das milde Klima und fußgängerfreundliche Straßen sind für Urlauber geradezu ideal. Die früher verschlafen wirkende Küstenstadt war gleichzeitig Zentrum der Glücksspielschiffe. In den 1920er und 1930er Jahren erwarben hier Filmstars wie Cary Grant und Mary Pickford Grundstücke und begründeten die »Goldküste«. Strand und Pier sind nun Besucherattraktionen. Santa Monica ist auch für seine Restaurants und seine Kunstszene berühmt.

①

Santa Monica Pier

Colorado Ave u. Ocean Ave · santamonicapier.org

Santa Monicas Wahrzeichen ist der älteste Vergnügungspier (1909) der Westküste. Am westlichen Ende gibt es im Pacific Park ein Riesenrad mit der Höhe eines elfstöckigen Gebäudes. Eine weitere Attraktion für die ganze Familie ist das 1922 angefertigte Looff Carousel mit seinen 44 handgefertigten Pferden. Das Heal the Bay Aquarium unter dem Pier zeigt mehr als 100 Arten heimischer Meerestiere.

②

Palisades Park

Ocean Ave zw. Colorado Ave & Adelaide Dr · tägl. 6–23

Zu den schönsten Grünflächen der Stadt gehört der 2,5 Kilometer lange Palisades Park am Rand der Steilküste mit subtropischen Pflanzen. Hier kann man fantastische Sonnenuntergänge, den rauschenden Ozean und mächtige Palmen genießen. Am nördlichen Ende des Parks bietet Inspiration Point einen atemberaubenden Blick auf die Bucht von Malibu bis Palos Verdes.

③

Santa Monica Beach

Dutzende von Filmen und TV-Sendungen wurden an dem weltberühmten Strand gedreht. Der International Chess Park und der Muscle Beach grenzen an den Pier. Der Strand hat Volleyballplätze und lädt zu langen Spaziergängen oder Radtouren ein. Kinder lieben den North Beach Playground.

④

Third Street Promenade

Die Fußgängerzone säumen Geschäfte, Cafés, Restaurants, Buchläden und Kinos. Abends herrscht hier eine grandiose Stimmung. In der nahe gelegenen Arizona Avenue findet samstags und mittwochs ein Markt statt.

Eine weitere beliebte Shopping-Meile ist die Main Street, die im Süden nach Venice *(siehe S. 70)* verläuft. Hier findet man zahlreiche Läden, ausgezeichnete Restaurants und Kunstgalerien ersten Ranges. Ein charmantes Beispiel für spanische Kolonialarchitektur befindet sich an der Ecke Main Street und Pier Avenue. In der Nähe erhebt sich das 1991 von Frank Gehry entworfene Binoculars Building.

⑤ ♿

Bergamot Station

🏠 2525 Michigan Ave
🕒 Di–Fr 10–18, Sa 11–17:30
W bergamotstation.com

Die Bergamot Station ist ein Kunstkomplex auf dem Gelände des einstigen Red-Line-Trolley-Bahnhofs. Mehr als 25 Galerien und ein kleines Museum präsentieren die neuesten Arbeiten zeitgenössischer Künstler aus Bereichen wie Malerei, Bildhauerei, Fotografie, Möbeldesign, Glaskunst und afrikanische Kunst.

⑥ ♿

California Heritage Museum

🏠 2612 Main St 🕒 Mi–So 11–16 1. Jan, 4. Juli, Thanksgiving, 25. Dez
W californiaheritage museum.org

Der Architekt Sumner P. Hunt errichtete 1894 das Gebäude im Queen-Anne-Stil für Roy Jones, den Sohn des Gründers von Santa Monica. Unten vermitteln ein viktorianisches Speisezimmer, ein Arts-and-Crafts-Wohnzimmer und eine Küche aus den 1930er Jahren den Lebensstil in Südkalifornien. Das Obergeschoss zeigt Sonderausstellungen zu Themen wie Surfen, Hollywood-Western, Quilts oder Möbel im Monterey-Rancho-Stil.

⑦

Santa Monica History Museum

🏠 1350 7th St 🕒 Di, Do 12–20, Mi, Fr, Sa 10–17
W santamonicahistory.org

Der berühmte Comiczeichner Elzie Segar ist Erfinder von Popeye. Die Dauerausstellung zu dieser Figur ist die faszinierendste des Museums. Seine sechs Ausstellungsbereiche sind randvoll mit Exponaten, die alles von den amerikanischen Ureinwohnern und der Gründung von Santa Monica bis hin zum Vergnügungspier und der modernen Skaterkultur zeigen.

Raymond Chandler

Der Romancier und Drehbuchautor Raymond Chandler (1888–1959) – bekannt für Romane wie *Leb wohl, mein Liebling*, *Der tiefe Schlaf* und *Der lange Abschied* – schrieb einige Werke in Santa Monica. Dabei schilderte er auch Schattenseiten von Los Angeles, u. a. Korruption und Verbrechen. Auf einigen Schiffen wurde illegales Glücksspiel betrieben.

Darstellung des Straßennetzes von Santa Monica mit Strand und Pier

↑ *Mit bunten Glaselementen behängte Bäume an einem Kanal in Venice*

SEHENSWÜRDIGKEITEN

2

Venice

U6 **visitveniceca.com**

Venice ist seit Langem ein beliebter Tummelplatz der Lebenskünstler. Zwischen 1910 und 1920 füllten ausgelassene Massen die Tanzhallen. In den 1950er Jahren kamen die Beatniks. Heute säumen Künstlerateliers, Restaurants, Bars und Läden die Straßen.

Der Tabak-Tycoon Abbot Kinney gründete den Ort 1905 als amerikanische Version von Venedig. Bis zur Eingemeindung durch Los Angeles 1926 blieb er unabhängig. Kinney ließ ein Kanalsystem bauen und importierte Gondeln sowie Gondolieri. Doch er hatte bei den Plänen die Gezeiten nicht berücksichtigt, daher war das Gebiet ständig mit Abwasserproblemen konfrontiert. Heute existieren nur noch ein paar der ursprünglich elf Kilometer langen Kanäle. Die anderen wurden aufgefüllt. Am besten sieht man die Kanäle an der Dell Avenue, wo es noch alte Brücken gibt und Boote und Enten sanft auf dem Wasser schaukeln.

Heutige Top-Attraktionen sind der Venice Pier, der Strand und die Promenade. Am Wochenende sausen spärlich bekleidete Männer und Frauen auf Rädern und Skates die Promenade entlang. Jongleure, Akrobaten und Ein-Mann-Bands locken Zuschauer in Scharen an. Muscle Beach ist das Mekka der Bodybuilder.

Die Venice Art Walls, mit Wandgemälden und Graffiti verzierte Wände, säumen die Promenade und den Abbot Kinney Boulevard mit seinen vielen Shops und Galerien.

Schon gewusst?

Am Muscle Beach trainierten schon berühmte Bodybuilder wie Arnold Schwarzenegger.

3

Museum of Flying

V5 **3100 Airport Ave**
Fr – So 10 –17
museumofflying.org

Das Museum beschäftigt sich mit der Geschichte des Santa Monica Airport, in dem es nun untergebracht ist. Ein weiterer Schwerpunkt ist die Rolle der Douglas Aircraft Company für die Entwicklung der zivilen und Militärflugfahrt. Zudem werden weitere südkalifornische Airlines präsentiert sowie ca. 25 Flugzeuge – vom Nachbau eines Doppeldeckers der Brüder Wright bis hin zum Düsenjet. Es gibt auch viele interaktive Exponate. Besucher des Museums erhalten außerdem Zugang zu einer Aussichtsplattform mit Blick auf die Landebahn.

4

Topanga State Park

T4 – 5 **20825 Entrada Rd, Topanga** **tägl. 8 bis Sonnenuntergang** **parks.ca.gov**

Vor etwa 5000 Jahren lebten hier die Tongva/Gabrielino und Chumash. Heute praktizieren die Bewohner der Eichenwälder einen alternativen Lebensstil.

Die Entrada Road, die vom Highway 27 abzweigt, führt zum nördlich von Topanga gelegenen Parkeingang. Der überwiegende Teil des Parks liegt innerhalb der Stadtgrenzen von Los Angeles und macht das Areal damit zum größten Stadtpark der USA – mit viel Platz zum Wandern und Radfahren.

Kaliforniens Obdachlose

Wegen zunehmender Armut und Mangels an bezahlbarem Wohnraum breitet sich in kalifornischen Städten seit einigen Jahren Obdachlosigkeit immer weiter aus. Viele Menschen leben in Zelten oder unter freiem Himmel. In Los Angeles sind alle Teile der Stadt, auch Downtown und Venice Beach, davon betroffen.

Wenn man die Santa Monica Mountains hochsteigt, reicht der Blick weit über Canyons, Klippen und Wiesen bis zum Meer und zum San Fernando Valley. Insgesamt führen über 50 Kilometer Wege durch den Park. Am Parkzentrum Trippet Ranch beginnen vier Routen: ein 1,6 Kilometer langer Naturlehrpfad, der Dead Horse Trail, der Musch Ranch Trail, der zum Campingplatz führt, und die East Topanga Fire Road zur Eagle Junction. Sehr beliebt ist auch der vier Kilometer lange Eagle Rock / Eagle Spring Trail.

Rad fahren darf man auf den Feuerwehrwegen, reiten fast überall.

5

Will Rogers State Historic Park

U5 1501 Will Rogers State Park Rd, Pacific Palisades tägl. 8 bis Sonnenuntergang 1. Jan, Thanksgiving, 25. Dez parks.ca.gov

Der ehemalige Cowboy Will Rogers (1879–1935) wurde Filmstar, Radiokommentator und Zeitungskolumnist. Der »Cowboy-Philosoph« war für seinen derben Humor und seine scharfsinnigen Kommentare bekannt, die er bei der Vorführung von Seiltricks von sich gab. Seine Karriere dauerte von 1905 bis zu seinem Tod. Als seine Witwe Betty Rogers 1944 starb, vermachte sie das Haus und das umliegende Land dem Staat. Laut Testament durfte nichts verändert werden. An den Wochenenden sollten Polospiele stattfinden (Rogers war Polospieler).

Wanderwege führen von der Ranch weg. Der Rasen an der Ostseite des Hauses ist gut für ein Picknick. Führungen durch das Haus zeigen das Wohnzimmer, in dem Rogers seine Seiltricks übte.

Bars

High Rooftop Lounge

Genießen Sie mit einem Cocktail in der Hand den Sonnenuntergang über dem Meer.

U6 Hotel Erwin, 1697 Pacific Ave hotelerwin.com

Hinano Café

Die Café-Bar am Pier war Jim Morrisons Favorit. Es gibt eine Jukebox, Billardtische und kostenloses Popcorn.

U6 15 Washington Blvd hinanocafevenice.com

Venice Ale House

Diese Bar an der Promenade ist wegen ihrer Auswahl an Craft-Bieren sehr beliebt.

U6 2 Rose Ave venicealehouse.com

Mountainbiker auf einem Trail nahe Eagle Rock, Topanga State Park ↑

Peristyl der Getty Villa mit Bassin; Kinder bei einer Führung (Detail) ↑

6 Getty Villa

T5 · 17985 Pacific Coast Hwy · Mi–Mo 10–17 · 1. Jan, Thanksgiving, 25. Dez · getty.edu

Die Getty Villa ist die Heimstatt der Antikensammlung des J. Paul Getty Museum im Getty Center *(siehe S. 80f)*. Das Museum präsentiert auf zwei Stockwerken ungefähr 1200 griechische, etruskische und römische Artefakte von etwa 6500 v. Chr. bis 400 n. Chr. Das Haus ist der Villa dei Papiri nachgebildet, dem Landhaus eines römischen Konsuls. Der äußere Garten des Peristyliums besitzt ein Bassin, das von Bronzeplastiken umgeben ist.

J. Paul Gettys originales Heim auf dem Gelände, der Sitz des ersten Getty-Museums, beherbergt heute unter anderem eine Forschungsbibliothek, Seminar- und Leseräume, Unterhaltungsbereiche und Büros für Studenten und Personal. Im Amphitheater kann man griechische Dramen und Tanzaufführungen sehen.

Das gemütliche Cáfe ist ein beliebter Treffpunkt. Der Eintritt in die Getty Villa ist frei, die Tickets müssen jedoch für ein bestimmtes Zeitfenster gebucht werden.

Entdeckertipp
Eames House

Das 1949 auf einer Klippe am Meer in Pacific Palisades errichtete Gebäude ist ein perfektes Beispiel für die modernistische Architektur in Los Angeles (www.eamesfoundation.org).

7 Malibu Lagoon State Beach

S5 · tägl. 8 bis Sonnenuntergang · parks.ca.gov

Die Chumash errichteten an den Ufern der Lagune Humaliwo ihr größtes Dorf. Im 16. Jahrhundert lebten hier etwa 1000 Menschen – das war die höchste Einwohnerzahl nördlich des heutigen Mexiko.

In der Bucht, die ein wichtiger Futterplatz für 200 verschiedene Arten von Zugvögeln ist, lebt eine Vielzahl von Meerestieren.

Östlich der Lagune ist der 14 Hektar große Surfrider County Beach den Wellenreitern vorbehalten. Malibu gilt als einer der besten Surfplätze Südkaliforniens. Nahe dem Pier sollen sich die idealen Wellenkämme für Surfer mit Longboards brechen.

8 Malibu Colony

S5 · 23554 Malibu Colony Rd

May Rindge verkaufte einen Teil des Ufergrundstücks

Die Wälder, Wiesen und Felsen im Malibu Creek State Park lassen bei Besuchern den Eindruck entstehen, man sei meilenweit von der Zivilisation entfernt.

1928 an Hollywood-Stars wie Bing Crosby, Gary Cooper und Barbara Stanwyck, um mit dem Geld den Rechtsstreit um Malibu zu finanzieren. Heute ist die Kolonie ein privates Anwesen, das immer noch Stars anlockt. Vom Strand aus gibt es nur eingeschränkten Zugang zur Kolonie, doch auf der Malibu Colony Plaza beim Eingang kann man gelegentlich Filmstars sehen.

9 Adamson House und Malibu Lagoon Museum

S5 23200 Pacific Coast Hwy Führungen: Fr, Sa 11–15; Garten: tägl. 8–18 1. Jan, 4. Juli, Thanksgiving, 25. Dez adamsonhouse.org

Das Adamson House wurde 1930 für das Ehepaar Merritt und Rhoda Adamson gebaut. Rhoda war die Tochter von Frederick und May Rindge, den letzten Besitzern des Rancho Malibu. Bis 1928 besaß die Familie ein 39 Kilometer langes Landstück an der Küste von Malibu.

Von dem idyllischen Haus am Strand mit dem 2,5 Hektar großen Garten sieht man den Pier von Malibu und die Malibu Lagoon. Stiles Clements entwarf das Haus im spanischen Kolonialstil mit Fliesen aus der Keramikfabrik Malibu Potteries, die May Rindge gegründet hatte. Alle Fliesen in und am Haus sowie auf dem Grundstück sind Unikate. Auf Böden, Wänden, Türrahmen und Brunnen prangen komplizierte Muster. Zur Ausstellung gehört auch das Mobiliar aus den 1920er Jahren.

In der umgebauten Garage ist das Malibu Lagoon Museum untergebracht, das sich der Geschichte von Malibu widmet. Zahlreiche Artefakte, Dokumente und Fotografien erzählen die Historie der Familie Rindge sowie die der Chumash und von José Tapia, der 1802 Malibus erster spanischer Landbesitzer wurde.

10 Malibu Creek State Park

S4 tägl. Sonnenaufbis Sonnenuntergang parks.ca.gov

Der rund 4000 Hektar große State Park war bis Mitte des 19. Jahrhunderts Siedlungsgebiet der Chumash. Seine Wälder, Wiesen und Felsen lassen bei Besuchern den Eindruck entstehen, man sei meilenweit von der Zivilisation entfernt.

Etwa 800 He[...] gehörten einst[...] tury Fox, die i[...] nutzte. *M.A.S.*[...] *Cassidy und Su*[...] (1969) und *Planet der Affen* (1968) entstanden hier. Der Staat kaufte das Land 1974 von der Filmgesellschaft zurück.

Das Informationszentrum am Parkplatz erläutert Flora, Fauna und Geschichte des Gebiets. Der überwältigende Gorge Trail führt zu einem Gezeitenbecken, das in den Filmen *South Pacific* (1958) und *Tarzan* (1959) als eine Art pseudo-tropische Kulisse diente.

Abseits der Crags Road leben im und am sumpfigen Century Lake Zwergwelse, Barsche, Büffelkopfenten, Wasserhühner, Stockenten und Rotdrosseln. Im Frühling bedecken Wildblumen die Wiesen. Immergrüne Eichen sowie Redwood- und Hartriegelhaine finden sich überall auf dem Gelände.

Innerhalb des Parks gibt es etwa 20 Wege, auf denen man wandern, Rad fahren oder reiten kann, ein Naturzentrum und viele Picknickbereiche.

Malibus Surfer

In den 1920er Jahren wagten sich die ersten Surfer aufs Wasser, »wo die Wellen … wie … Raketenbomben gegen die Küste krachen« – wie Frederick Kohner 1957 in *Gidget* schrieb. Dieser Roman über einen surfenden Teenager machte Malibu berühmt. Surfrider Beach gilt als Wiege der Surfkultur von Los Angeles. Vor allem früh am Morgen und spät am Nachmittag tummeln sich hier viele Surfer in den Wellen.

Tour entlang der Santa Monica Bay

Länge 50 km **Rasten** In der Getty Villa gibt es ein Restaurant und einen Kaffeestand. Malibu, Santa Monica und Venice haben viele Strandrestaurants und Cafés.

An der Küste nördlich von Los Angeles passiert man neben kulturell interessanten Orten auch verlockende Sandstreifen, darunter die berühmten Stadtstrände von Santa Monica und Venice. Wenn man den Pacific Coast Highway entlangfährt, werden die Städte allmählich von exklusiven Strandgemeinden wie Pacific Palisades und Malibu abgelöst, die von trockenem Hügelland begrenzt werden. Malibu Pier, Leo Carrillo und Topanga sind beliebte Surf-Hotspots. Die zerklüfteten Santa Monica Mountains und der Malibu Creek State Park im Landesinneren sind über weite Strecken noch kaum erschlossen. Auf Wanderwegen, die Panoramablicke auf das Meer bieten, kann man diese Naturräume erkunden.

Der **Leo Carrillo State Park** ist ideal zum Schwimmen und Surfen sowie Ausgangspunkt für Wanderungen in den Santa Monica Mountains.

Die berühmte, wohlhabende Gemeinde **Malibu** ist bekannt u. a. für ihren Pier und das Adamson House im spanischen Revival-Stil *(siehe S. 73)* am Malibu Lagoon State Beach.

←

Ein Hauch von Hawaii – Paradise Cove Beach an Malibus Küste

↑ *Pacific Wheel, das weltweit erste solarbetriebene Riesenrad, Santa Monica Pier*

Zur Orientierung
Siehe Stadtteilkarte S. 66f

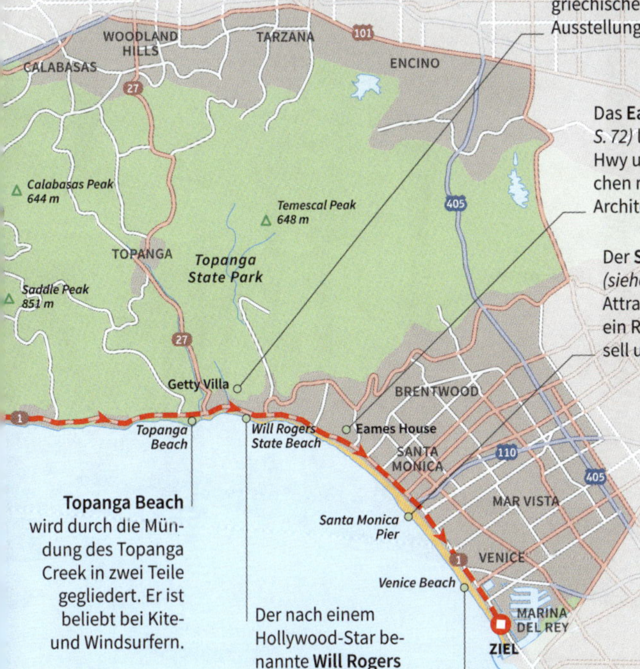

Hoch über der Küste thront die **Getty Villa** *(siehe S. 72)* mit kostbaren etruskischen, griechischen und römischen Ausstellungsstücken.

Das **Eames House** *(siehe S. 72)* liegt direkt am Coast Hwy und ist ein Wahrzeichen modernistischer Architektur.

Der **Santa Monica Pier** *(siehe S. 68)* ist voller Attraktionen, darunter ein Riesenrad, ein Karussell und ein Aquarium.

Topanga Beach wird durch die Mündung des Topanga Creek in zwei Teile gegliedert. Er ist beliebt bei Kite- und Windsurfern.

Der nach einem Hollywood-Star benannte **Will Rogers State Beach** *(siehe S. 70)* eignet sich zum Surfen und Volleyballspielen.

Venice Beach *(siehe S. 70)* ist bekannt für Sandstrände, Straßenkünstler, Skater und Bodybuilder, die am Muscle Beach trainieren.

Palmen säumen den Rodeo Drive (siehe S. 88)

Beverly Hills, Bel Air und Westwood

Heute ist Beverly Hills eine eigenständige Stadt, unabhängig von Los Angeles und mit eigener Geschichte. Ab Ende des 19. Jahrhunderts erlebte das damals von Viehzüchtern bewirtschaftete Gebiet einen rasanten Aufschwung. Ein Meilenstein für die Entwicklung war die Eröffnung des Beverly Hills Hotel im Jahr 1912. Die Umgebung des Hotels wurde schlagartig attraktiv, ab den 1920er Jahren siedelte sich die Filmindustrie hier an. Immer mehr Wohlhabende, darunter auch Filmstars, kauften sich Grundstücke. Wer Rang und Namen im Showbiz hatte, war hier vertreten. Daran hat sich bis heute nichts geändert. Die Entwicklung des Rodeo Drive zur glamourösen Shopping-Meile begann 1961 mit Eröffnung der ersten Luxus-Boutique.

Ähnlich wohlhabend ist das benachbarte Bel Air, ein Stadtteil von Los Angeles. Das Gebiet wurde 1923 vom Ölmagnaten Alphonzo Bell gegründet – er baute zwei Jahre später auch den luxuriösen Bel Air Country Club, der noch heute ein exklusiver Golf- und Tennisclub ist.

Typisch für den Stadtteil Westwood sind die vielen niedrigen Gebäude im spanischen Stil, die in den 1920er Jahren rund um die Broxton Avenue errichtet wurden. Der Campus der University of California Los Angeles (UCLA) zog 1929 von East Hollywood hierher. Heute ist Westwood ein wohlhabendes Viertel sowie ein Zentrum der persischen Gemeinde in Los Angeles.

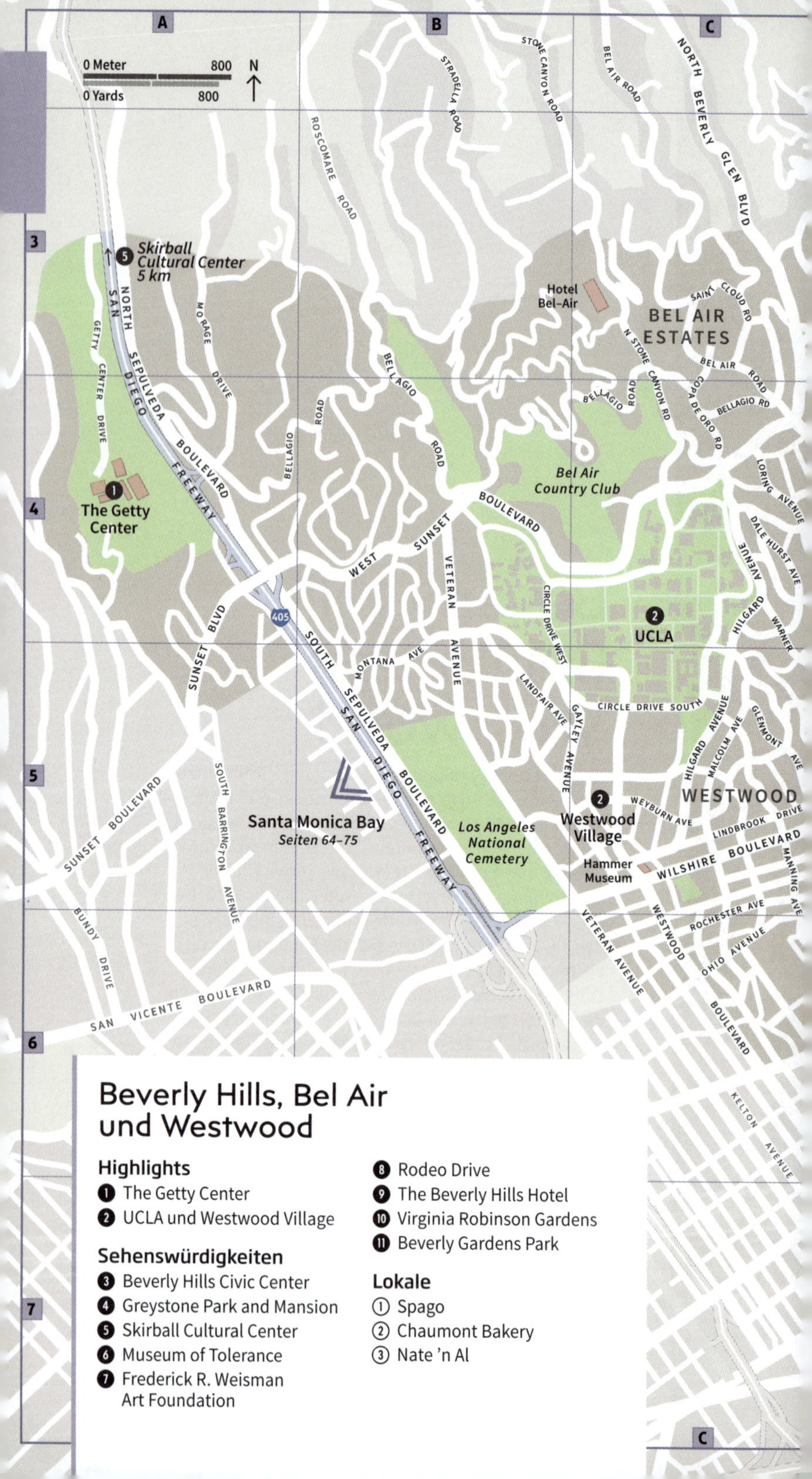

Beverly Hills, Bel Air und Westwood

Highlights

1. The Getty Center
2. UCLA und Westwood Village

Sehenswürdigkeiten

3. Beverly Hills Civic Center
4. Greystone Park and Mansion
5. Skirball Cultural Center
6. Museum of Tolerance
7. Frederick R. Weisman Art Foundation
8. Rodeo Drive
9. The Beverly Hills Hotel
10. Virginia Robinson Gardens
11. Beverly Gardens Park

Lokale

① Spago
② Chaumont Bakery
③ Nate 'n Al

D
E
F
2
3
4
5
6
7
Greystone Park and Mansion 4
Hollywood und West Hollywood
Seiten 92–109
Virginia Robinson Gardens 10
The Beverly Hills Hotel 9
7 Frederick R. Weisman Art Foundation
Los Angeles Country Club
Beverly Gardens Park 11
3 Beverly Hills Civic Center
BEVERLY HILLS
Rodeo Drive 8
6 Museum of Tolerance
CENTURY CITY
Beverly Hills, Bel Air und Westwood
SUNSET BOULEVARD
WEST
SANTA MONICA BLVD
WILSHIRE BOULEVARD
CHARLEVILLE BOULEVARD
WEST OLYMPIC BOULEVARD
WEST PICO BOULEVARD
SOUTH BEVERLY DRIVE
NORTH BEVERLY DRIVE
NORTH CANON DRIVE
NORTH CRESCENT DRIVE
NORTH RODEO DRIVE
NORTH CAMDEN DRIVE
NORTH BEDFORD DRIVE
NORTH ROXBURY DRIVE
NORTH LINDEN DRIVE
NORTH ELEVADO AVENUE
NORTH HILLCREST DRIVE
NORTH MAPLE DRIVE
NORTH ALTA DRIVE
NORTH DOHENY DRIVE
NORTH FOOTHILL ROAD
NORTH REXFORD DRIVE
NORTH LOMITAS AVENUE
CARMELITA AVENUE
WALDEN DRIVE
MOUNTAIN DRIVE
LOMA VISTA DR
BENEDICT CANYON DRIVE
SAN YSIDRO DRIVE
TOWER ROAD
BROOKLAWN DRIVE
ANGELO DRIVE
N CAROLWOOD DRIVE
DELFERN DRIVE
LADERA DR
S MAPLETON DR
MAPLETON DRIVE
SOUTH BEVERLY GLEN BOULEVARD
CLUB VIEW DR
COMSTOCK AVE
LINDBROOK DRIVE
ASHTON AVENUE
WELLWORTH AVE
WARNER AVE
FAIRBURN AVE
WILKINS AVENUE
WEST HOLME AVENUE
EASTBORNE AVENUE
PANDORA AVENUE
S BEVERLY GLEN BLVD
WARNALL AVENUE
COMSTOCK AVENUE
SANTA MONICA BOULEVARD
CENTURY PARK WEST
AVENUE OF THE STARS
BEVERLY BLVD
ALDEN DRIVE
WEST 3RD ST
BURTON WAY
DAYTON WAY
CLIFTON WAY
CIVIC CENTER DRIVE
SOUTH SPALDING DRIVE
S ROXBURY DRIVE
SOUTH PECK DRIVE
S RODEO DRIVE
S CANON DRIVE
S ELM DRIVE
S MAPLE DRIVE
GREGORY WAY
SOUTH DOHENY DRIVE
CASHIO STREET
BEVERWIL DRIVE
MONTE MAR DRIVE
MOTOR AVENUE
SOUTH BEVERLY GLEN BLVD
PROSSER AVENUE
OVERLAND AVENUE
WEST OLYMPIC BOULEVARD
WESTWOOD BOULEVARD
WEST PICO BOULEVARD
PATRICIA AVENUE
MANNING AVENUE

1

The Getty Center

A4 1200 Getty Center Dr +1-310-440-7300 Di – So 10 –17
Feiertage getty.edu

Spektakuläre Kunst, atemberaubende Architektur, idyllische Gärten und die wundervolle Lage auf einem Hügel machen dieses Kunstzentrum zu einem der beliebtesten Reiseziele von Los Angeles. Das von Richard Meier entworfene Getty Center wurde 1997 eröffnet. Es zeigt europäische Kunst, von illuminierten Manuskripten bis zu zeitgenössischer Fotografie.

J. Paul Getty, der sein Vermögen im Ölgeschäft erwarb, war ein leidenschaftlicher (und besonderer) Kunstsammler. Ihm bereitete das Streben nach einem Objekt fast mehr Spaß als der Besitz. Getty wollte seine bemerkenswerte Sammlung, die sich auf europäische Kunst von der Renaissance bis zum Postimpressionismus konzentriert, kostenlos der Öffentlichkeit präsentieren.

Der Komplex inmitten der wilden Schönheit der Santa Monica Mountains beherbergt außer dem Museum auch Forschungs- und andere Einrichtungen der Getty Foundation. Hunderte von Gemälden, Skulpturen und Zeichnungen sowie Kunsthandwerk werden abwechselnd ausgestellt. Die Getty Villa in Malibu zeigt griechische, etruskische und römische Artefakte *(siehe S. 72)*.

Kurzführer

Eine Tram pendelt zwischen Parkplatz und Gebäuden. Das großzügige Foyer öffnet sich zu einem zentralen Innenhof, umgeben von fünf Pavillons. Robert Irwin legte westlich des Museums einen Garten an. Gegenüber der Tramhaltestelle gibt es ein Café und ein Restaurant. Ein weiteres Café und ein Buchladen sind im Museum untergebracht.

Schon gewusst?

Der Bau des Getty Centers dauerte zehn Jahre und kostete etwa eine Milliarde US-Dollar.

Der leuchtend weiße Komplex des Getty Centers ist auch architektonisch interessant ↑

Highlight

1 *Vincent van Gogh malte das Bild* Schwertlilien *(1889) in der Klinik von St-Rémy.*

2 *Paul Cézanne experimentierte beim* Stillleben mit Äpfeln *(1893) mit Form, Farbe und Licht.*

3 *Die Büste der* Maria Capranica *(um 1640) von Alessandro Algardi*

Getty Museum: Sammlungen

Der Nordpavillon präsentiert Skulpturen aus Mittelalter und Renaissance, Kunsthandwerk und Gemälde bis 1600 sowie illuminierte Manuskripte vom 6. bis zum 16. Jahrhundert – von byzantinischer Zeit bis zur Renaissance. Die Exponate im Ostpavillon umfassen barocke niederländische, flämische, französische und spanische Gemälde aus dem 17. Jahrhundert sowie Skulpturen und italienisches Kunsthandwerk von 1700 bis 1800. Der Südpavillon zeigt Gemälde aus dem 18. Jahrhundert und eine umfangreiche Sammlung von europäischem Kunsthandwerk, einschließlich überbordend möblierter Zimmer. Der Westpavillon präsentiert Skulpturen und Kunsthandwerk verschiedener Epochen sowie Fotografien. Der fünfte Pavillon ist Wechselausstellungen vorbehalten. Auf dem gesamten Gelände stehen viele moderne Skulpturen.

→ *Der Schmuckschrank (1675–80) wird dem Franzosen André-Charles Boulle zugeschrieben*

Ein Brunnen mitten im imposanten Gebäudekomplex des Getty Centers ↑

Expertentipp
GettyGuide

Mit dem GettyGuide, einem Audioguide, können Sie sich auf eigene Faust auf einen Rundgang begeben und erhalten von Künstlern und Kuratoren wertvolle Informationen zu den Werken im Getty Center. Die in mehreren Sprachen verfügbaren kostenlosen Mobilgeräte sind in der Haupteingangshalle erhältlich.

Europäische Malerei und Bildhauerei

▷ Diese Sammlung präsentiert europäische Gemälde vom 13. bis zum späten 19. Jahrhundert – von italienischen, flämischen und niederländischen Werken aus Renaissance und Barock bis zu Werken des Impressionismus und des Postimpressionismus. Schwerpunkte europäischer Skulpturen (16.–19. Jh) liegen auf Hochrenaissance, Manierismus und Barock.

Zeichnungen

◁ Rembrandts Rötelzeichnung *Nackte Frau mit Schlange* (um 1637) ist ein Highlight der grafischen Sammlung mit über 400 Werken vom 15. bis 19. Jahrhundert. Leonardo da Vincis *Drei Skizzen eines Kindes mit Lamm* (um 1503–06) sind freier gehaltene Studien. Unter den Porträtzeichnungen findet sich *Koreanischer Mann* von Peter Paul Rubens. Das *Selbstporträt* (um 1857/58) von Edgar Degas wurde in Öl auf Papier ausgeführt und zeigt den jungen Künstler am Anfang seiner Karriere.

Kunsthandwerk

Gettys erste Sammlerliebe galt dem Kunsthandwerk. Ursprünglich konzentrierte sich die Sammlung auf Möbel der Zeit von Louis XIV bis zur napoleonischen Ära (1643–1815), umfasste also Régence, Rokoko und Empire. Unter Louis XIV erlebte das französische Kunsthandwerk seine Blütezeit. Führend war André-Charles Boulle (1642–1732), der komplizierte Furnier- und Einlegearbeiten kreierte. Das Museum besitzt einige Stücke des französischen Königshauses. Zu sehen sind auch Glasarbeiten aus Italien und Spanien sowie Metallarbeiten aus Frankreich, Deutschland und Italien von 1650 bis 1900.

Fotografien

▷ Die Abteilung konzentriert sich auf europäische und amerikanische Fotografien von den Anfängen bis in die 1950er Jahre. Von den Pionieren besitzt die Sammlung vor allem Werke aus den frühen 1840er Jahren.

Der Engländer William Henry Fox Talbot (1800–1877) machte als Erster Abzüge von Negativen, u. a. *Eiche im Winter* (um 1845). Weitere Höhepunkte sind Werke von Hippolyte Bayard (1801–1887), der Porträtistin Julia Margaret Cameron (1815–1879), des Kriegsfotografen Roger Fenton (1819–1869) und Gustave Le Gray (1820–1882).

Wichtige Fotografen des frühen 20. Jahrhunderts sind Edward Weston (1886–1958) und Walker Evans (1903–1975), der einen bedeutenden Einfluss auf die amerikanische Dokumentarfotografie ausübte.

2

UCLA und Westwood Village

C4 20, 21, 22 UCLA-Campus +1-310-825-4321 ucla.edu
Westwood Village 2990 S Sepulveda Blvd +1-310-481-0600
thewestwoodvillage.com

Die University of California Los Angeles (UCLA) genießt einschließlich des renommierten UCLA Hospital einen guten akademischen Ruf. Die Anlage mit dem schön gestalteten Park wurde 1925 im Stil der südeuropäischen Romanik begonnen. Die ersten vier Gebäude wurden auf diese Weise errichtet, doch als die Universität expandierte, verlegte man sich auf modernere Stile. Der Campus erstreckt sich über eine Fläche von rund 170 Hektar.

①

Royce Quadrangle

Dickson Plaza tägl.

Diese vier Gebäude aus roten Ziegeln, die ältesten auf dem Campus der UCLA in Westwood, sind der Romanik nachempfunden. Die Royce, Kinsey und die Haines Hall sowie die Powell Library gelten als schönste Gebäude der UCLA. Glanzstück ist die Royce Hall. Ihr Grundriss basiert auf dem der Basilika von San Ambrogio in Mailand. Die Rotunde der Powell Library wurde nach dem Vorbild von San Sepolcro in Bologna gestaltet.

②

Hammer Museum

10899 Wilshire Blvd Di – Fr 11 – 20, Sa, So 11 – 17 1. Jan, 4. Juli, Thanksgiving, 25. Dez hammer.ucla.edu

Das Hammer Museum zeigt eine Auswahl der illustren Sammlung des Geschäftsmanns Armand Hammer (1899 – 1990). Ein Schwerpunkt liegt auf Werken von (Post-)Impressionisten, darunter sind so einflussreiche Künstler wie Mary Cassatt (1845 – 1926), Claude Monet (1840 – 1926), Camille Pissarro (1830 – 1903) und Vincent van Gogh (1853 – 1890).

③

Franklin D. Murphy Sculpture Garden

245 Charles E. Young Dr E tägl.

Der größte Skulpturenpark an der Westküste zeigt mehr als 70 Skulpturen (20. Jh.).

Schon gewusst?

Marilyn Monroe und Hugh Hefner sind im Westwood Memorial Park nebeneinander bestattet.

Highlights der Sammlung sind Henry Moores *Two-Piece Reclining Figure, No. 3* (1961) und Jacques Lipchitz' *Badende* (1923–25).

④ ♿

Mildred E. Mathias Botanical Garden

707 Tiverton Av · Di–Fr 8–16, Sa, So 9–16 · Feiertage · botgard.ucla.edu

Der ruhige, in 13 thematische Sektionen gegliederte Garten wurde in einem schattigen Canyon angelegt. Auf diesem Areal gedeihen über 3000 Arten lokaler, tropischer und subtropischer Pflanzen aus mehreren Kontinenten. Zu den spektakulären Gehölzen des Botanischen Gartens gehören beachtliche Eukalyptusbäume und einige äußerst seltene Redwood-Arten.

↑ *Springbrunnen vor der Royce Hall auf dem UCLA-Campus*

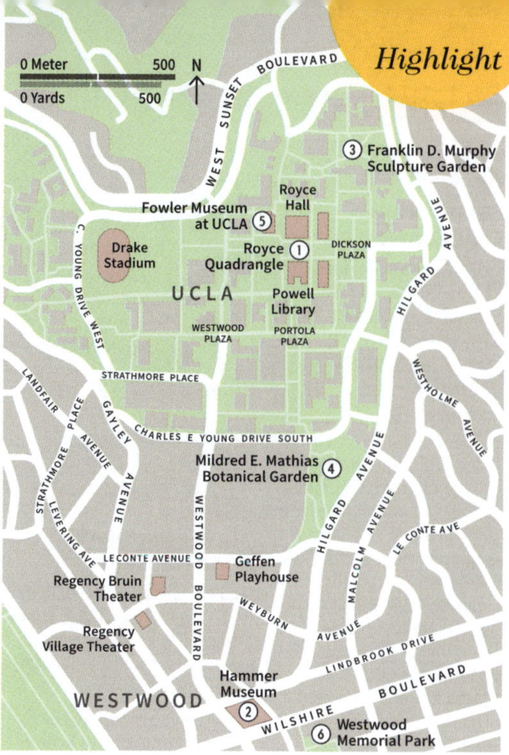

⑤ 🛍

Fowler Museum at UCLA

+1-310-825-4361 · Mi 12–20, Do–So 12–17 · Feiertage · fowler.ucla.edu

Das Fowler gehört zu den führenden Universitätsmuseen der USA. Die in Qualität und Vielfalt bestechenden Exponate konzentrieren sich auf prähistorische, historische und zeitgenössische Ethnien in Afrika, Asien, Amerika und Ozeanien.

⑥ ♿

Westwood Memorial Park

1218 Glendon Ave · +1-310-474-1579 · tägl. 8–17

Der kleine Friedhof versteckt sich hinter Kinos und dem Parkplatz des iPic Theater. Hier fanden Prominente wie Dean Martin, Peter Lorre, Buddy Rich, Natalie Wood und Marilyn Monroe ihre letzte Ruhe. Noch viele Jahre nach ihrem Tod ließ Joe DiMaggio, der zweite Ehemann von Marilyn Monroe, jede Woche sechs rote Rosen auf Marilyns Grab legen.

Historische Theater und Kinos in Westwood

Westwood Village ist berühmt für historische Bühnen. Hier erlebt man oft Filmstars, die zu Premieren im Regency Village Theatre eintreffen. Gegenüber davon steht mit dem Regency Bruin Theatre ein Kulturdenkmal von Los Angeles. Das Geffen Playhouse ist eines der ursprünglich zwölf Gebäude, die in Westwood Village gebaut wurden. Seit 1995 zeigt man hier zeitgenössische und klassische Theaterstücke.

SEHENSWÜRDIGKEITEN

3

Beverly Hills Civic Center

F4 455 N Rexford Dr Mo – Do 7:30 –17:30, Fr 8 –17 Feiertage laconservancy.org/locations/beverly-hills-civic-center

Die City Hall wurde von der in Beverly Hills ansässigen Firma Koerner and Gage 1932 entworfen. Den majestätischen, hoch aufragenden Turm bedeckt eine gekachelte Kuppel. Heute ist das Civic Center ein Symbol für das elegante, von Europa inspirierte Beverly Hills.

Architekt Charles Moore verband das Gebäude 1990 geschickt mit einem neuen Civic Center durch eine Reihe von diagonalen, zu Fuß erreichbaren Innenhöfen. Die Balkone und Korridore der oberen Stockwerke sind im spanischen Kolonialstil gehalten. Die neuen Gebäude beherbergen neben einer öffentlich zugänglichen Bibliothek auch eine Polizeistation und die Feuerwehr.

Die City Hall dominiert die Silhouette, kein anderes Gebäude darf höher als 14 Meter bzw. drei Etagen sein.

Expertentipp
The Manor im Theatre 40

Dieses Stück wird im Februar in Greystone mit Schauspielern in historischen Kostümen aufgeführt. Es ist eine Nachstellung der tragischen Ereignisse (www.theatre40.org).

4

Greystone Park and Mansion

E3 905 Loma Vista Dr +1-310-285-6830 Park: tägl. (Details tel. erfragen); Mansion: nur für Veranstaltungen

1928 ließ der einflussreiche Ölmillionär Edward L. Doheny für seinen Sohn das Herrenhaus mit 55 Zimmern im Tudorstil erbauen. Drei Wochen nach dem Einzug der Familie fand man den Sohn mit seinem Sekretär tot im Schlafzimmer – wohl Mord und Selbstmord.

Greystone gehört heute der Stadt Beverly Hills und dient als Kulisse für Filme wie den im Jahr 2007 produzierten Streifen *There Will Be Blood*. Vor allem die Treppe des Hauses wurde zu einer der gefragtesten Kulissen von Hollywood.

Mit Ausnahme von Veranstaltungen wie dem Kammermusikprogramm Music in the Mansion (Jan – Juni: So), ist das Gebäude für die Öffentlichkeit geschlossen. Den sieben Hektar großen Park mit schönem Blick auf Los Angeles kann man besuchen.

5

Skirball Cultural Center

A3 2701 N Sepulveda Blvd Di – Fr 12 –17, Sa, So 10 –17 skirball.org

Das moderne Kulturzentrum illustriert rund 4000 Jahre jüdische Geschichte in den Vereinigten Staaten. Daneben wird aber auch der Ein-

↑ *Beverly Hills Civic Center, im Hintergrund die von einer Kuppel bekrönte City Hall*

↑ *Markante Skulptur im Innenhof des Museum of Tolerance*

fluss aller anderen Einwanderer auf die amerikanische Gesellschaft und ihre Institutionen dokumentiert. Spannende Wechselausstellungen umfassten die Kunst von Roy Lichtenstein, die Mode von Rudi Gernreich und die Entwicklung der amerikanisch-jüdischen Fusionsküche.

Das ganze Jahr finden Konzerte und andere Veranstaltungen statt. Die Arche Noah aus recycelten Materialien ist ein interaktiver Spielbereich für Kinder.

6

Museum of Tolerance

E6 9786 W Pico Blvd So – Fr 10 – 17 1. Jan, Thanksgiving, 25. Dez, wichtige jüdische Feiertage museumoftolerance.com

Das Museum steht im Zeichen der Toleranz und Völkerverständigung und beschäftigt sich mit der Geschichte von Rassismus und Diskriminierung in den USA sowie mit dem Holocaust.

Der Rundgang durch die beliebte Kulturstätte beginnt im Tolerancenter, in dem Besucher mit interaktiven Exponaten zum Thema Rassismus und Engstirnigkeit konfrontiert werden. Eine Videowand mit insgesamt 16 Bildschirmen zeigt den Kampf der Bürgerrechtsbewegung in den 1960er Jahren.

Am Anfang der Holocaust-Abteilung bekommt jeder Besucher das Foto und Informationen zu einem Kind, dessen Leben durch diese Zeit verändert wurde. Während des Rundgangs wird die Geschichte des Kindes aktualisiert und sein Schicksal im Dritten Reich aufgezeigt: In der Holocaust-Abteilung ist die Wannsee-Konferenz nachgebildet, bei der über die »Endlösung der Judenfrage« entschieden wurde. In der »Hall of Testimony« gibt es Videos, in denen KZ-Überlebende ihre erschütternden Erfahrungen schildern. Zu den Exponaten zählen Anne Franks Originalbriefe und Erinnerungsstücke aus den Konzentrationslagern.

Vor einem Besuch sollte man sich besser mit dem Museum in Verbindung setzen, da die Tickets nur für bestimmte Zeitfenster und Abteilungen gelten. Einige Bereiche und verschiedene Exponate sind für Kinder unter zwölf Jahren nicht geeignet.

7

Frederick R. Weisman Art Foundation

D3 – 4 265 N Carolwood Dr Mo – Fr 10:30 – 13:30 weismanfoundation.org

Frederick R. Weisman, Sohn russischer Einwanderer, war erfolgreicher Unternehmer. Seine wahre Leidenschaft galt jedoch der Kunst, so wurde er einer der weltweit führenden Sammler moderner und zeitgenössischer Kunst.

Dieses Museum in einem Anwesen aus den 1920er Jahren und einem angrenzenden zeitgenössischen Nebengebäude zeigt einen jeweils wechselnden Teil von Weismans Sammlung rund 400 außergewöhnlicher Kunstwerke. Besucher können Kunstgeschichte des 20. Jahrhunderts anhand der Werke von über 150 Künstlern erleben, darunter etwa Cézanne, Kandinsky, Picasso, Miro und Magritte. Es gibt auch eine große Pop-Art-Abteilung mit Künstlern wie Warhol, Lichtenstein, Oldenburg und Rosenquist und einen Skulpturengarten.

Lokale

Spago

Das Flagship-Restaurant von Wolfgang Puck garantiert ein vollkommenes kulinarisches Erlebnis. Reservieren Sie frühzeitig.

F5 176 N Canon Dr So u. Mo mittags wolfgangpuck.com/dining/spago-2

$$$

Chaumont Bakery

Die französische Bäckerei mit Café serviert köstliche Croissants und Sandwiches.

F5 143 S Beverly Dr chaumontbakery.com

$$$

Nate 'n Al

Das Deli wurde 1945 eröffnet und hält an Traditionen fest. Zu den Klassikern auf der Speisekarte gehört das typische Corned Beef Reuben Sandwich.

E4 414 N Beverly Dr natenals.com

$$$

8

Rodeo Drive

E5

Mit seinen italienischen Boutiquen, der besten französischen Mode und Weltklasse-Juwelieren ist der Rodeo Drive eine exklusive Shopping-Meile.

Der mit Bronzetafeln verzierte Walk of Style ist dem noch weitaus berühmteren Walk of Fame in Hollywood nachempfunden und ehrt die großen Namen der Modebranche. Etwa in der Mitte des Drive, an der Kreuzung mit dem Dayton Way, ragt eine markante vier Meter hohe Aluminiumskulptur empor. An der Ostseite des Rodeo Drive befindet sich das 1990 erbaute Two Rodeo, eines der exklusivsten Shopping-Center der Welt.

Mit seinen Straßenlaternen im viktorianischen Stil wirkt der Rodeo Drive fast schon wie eine Filmkulisse. Schicke Shops wie Versace und Jimmy Choo säumen die Via Rodeo, eine gepflasterte Gasse, die vom Rodeo Drive abzweigt und sich nach Süden zur Spanischen Treppe schlängelt. Sie führt hinunter zum Wilshire Boulevard.

Seine breiten, von Bäumen gesäumten Gehsteige sind mit Bronzetafeln verziert, die dem Hollywood Walk of Fame nachempfunden sind.

Unter den Luxusboutiquen am Rodeo Drive befinden sich solche von Modezaren wie Louis Vuitton (Nr. 295) für Accessoires, Gucci (Nr. 347) für italienische Lederwaren und farbenfrohe Schals, Valentino (Nr. 324) für elegante italienische Mode und House of Bijan (Nr. 420), der teuerste Herrenausstatter der Welt.

Liebhaber von **Sprinkles**-Cupcakes können sich rund um die Uhr an einem Automaten bedienen, der nur ein paar Häuserblocks vom Rodeo Drive entfernt ist und Nachtschwärmer anzieht.

Sprinkles
9635 S Santa Monica Blvd **sprinkles.com**

9

The Beverly Hills Hotel

E4 **9641 Sunset Blvd**
tägl **dorchester collection.com**

Das extravagante Hotel im Mission-Revival-Stil trägt den Spitznamen »Pink Palace«. Burton E. Green ließ es 1912 errichten, noch bevor Beverly Hills eigenständig wurde. In dem Hotel übernachten seit über einem Jahrhundert Hollywood-Größen. Im großzügig gestalteten Polo

← *Den eleganten Rodeo Drive säumen Boutiquen weltberühmter Modedesigner*

Lounge Restaurant wurden schon viele Deals zu Filmproduktionen abgeschlossen. Die abgelegenen Bungalows des Hotels inmitten von hübsch angelegten Gärten sind der perfekte Zufluchtsort für Stars, die Einsamkeit suchen.

↑ *Das berühmte Beverly-Hills-Schild im ausgedehnten Beverly Gardens Park*

10 Virginia Robinson Gardens

D3 · 1008 Elden Way
Mo – Fr 9 –16 Uhr; Reservierung erforderlich
robinsongardens.org

Der Kaufhauserbe Harry Robinson und seine Frau Virginia erwarben im Jahr 1908 ein Grundstück in Beverly Hills. Drei Jahre später war auf diesem das erste Haus der Stadt entstanden – inmitten einer insgesamt sechs Hektar großen, aufwendig gestalteten Gartenanlage, deren Charakter Terrassen, Teiche und Brunnen prägten.

VIrginia Robinson wurde als »First Lady of Beverly Hills« bekannt, legendär waren ihre verschwenderischen Partys, die von viel Prominenz besucht wurde.

Das Anwesen gehört dem Los Angeles County, der Garten ist seit 1982 öffentlich zugänglich. Sehr schön ist der ein Hektar große Palmenwald mit den größten Königspalmen außerhalb Australiens.

Bei Führungen durch das Haus sieht man noch die originalen Möbel. Beachten Sie, dass eine Besichtigung nur nach frühzeitiger Reservierung möglich ist.

11 Beverly Gardens Park

E4 · Santa Monica Blvd, zwischen Doheny Dr u. Wilshire Blvd

Der große, von Bäumen beschattete Park erstreckt sich mit seiner Gesamtlänge von fast drei Kilometern über 23 Häuserblocks. Die mit Skulpturen geradezu übersäten zentralen Bereiche wurden 1911 rund um einen Seerosenteich mit dem ikonischen Beverly-Hills-Schild angelegt. In den 1920er Jahren kamen weitere Bereiche hinzu, darunter Palmen-, Rosen- und Kakteengärten.

Zu den schönsten kunsthistorischen Ergänzungen gehört am südlichen Ende der Electronic Fountain, ein Brunnen, der mit Szenen aus der reichen kalifornischen Geschichte geschmückt ist.

Im Mai und Oktober findet im Park die Beverly Hills Art Show statt.

Expertentipp
Celebrity Home Tours

Starline Tours bietet zweistündige Touren durch einige besondere Viertel in den Hügeln von Beverly Hills an. Dabei passiert man viele opulente Villen (www.starlinetours.com).

Spaziergang im »Goldenen Dreieck«

Länge 2,5 km **Bus** 20, 720, 786 **Dauer** 40 Min.

Das Areal zwischen Santa Monica Boulevard, Wilshire Boulevard und North Crescent Drive wird »Goldenes Dreieck« genannt. Hier ist das Geschäftsviertel von Beverly Hills. Die zahlreichen hier ansässigen Läden, Restaurants und Kunstgalerien gehören zu den teuersten der Welt. Am Rodeo Drive, der das Viertel durchschneidet, befinden sich viele internationale Designerboutiquen. Am Wilshire Boulevard bieten die besten amerikanischen Department Stores eine unglaubliche Auswahl an Waren. Im Norden liegen der wunderschön gepflegte Beverly Gardens Park und das elegante Civic Center mit der City Hall.

↑ *Die golden schimmernde Electric Fountain im Beverly Gardens Park*

Zu den Attraktionen im **Beverly Gardens Park** *(siehe S. 89)* gehört der mit historischen Szenen verzierte Brunnen Electric Fountain.

Die **Creative Artists Agency** (1989) mit den gewölbten Spiegelglas- und Marmorwänden stammt von I. M. Pei.

Saks Fifth Avenue ist eines der vier großen Kaufhäuser am Wilshire Boulevard.

↑ *Fußgängerzone in einer Straße mit farbenprächtigen Fassaden*

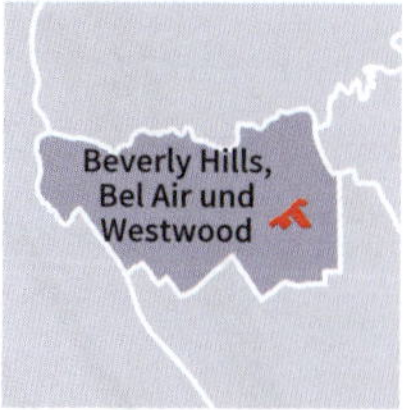

Zur Orientierung
Siehe Stadtteilkarte S. 78f

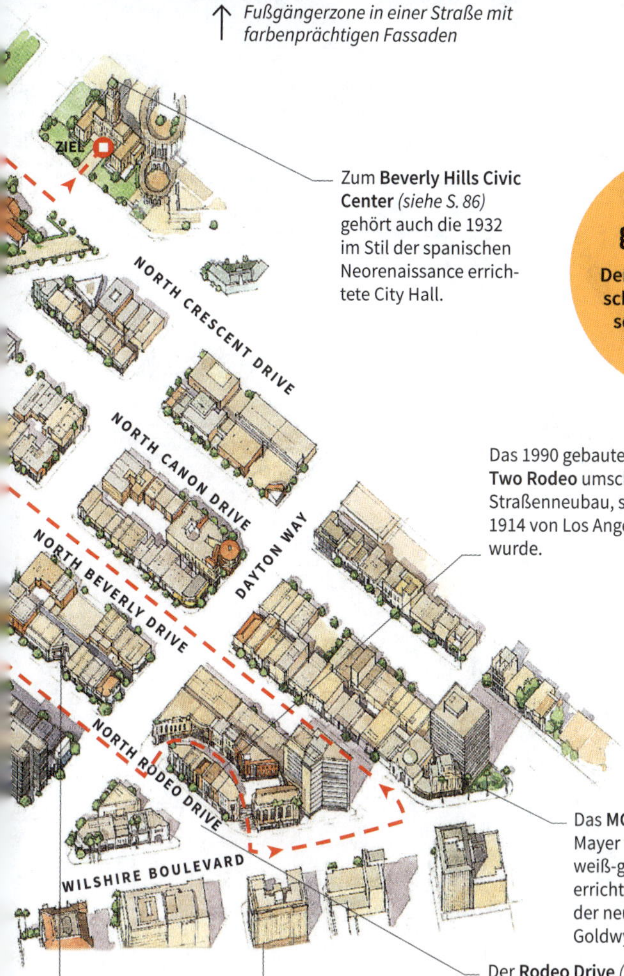

Zum **Beverly Hills Civic Center** *(siehe S. 86)* gehört auch die 1932 im Stil der spanischen Neorenaissance errichtete City Hall.

Schon gewusst?

Der Rodeo Drive war schon oft Filmkulisse, u. a. für *Pretty Woman*.

Das 1990 gebaute Shopping-Center **Two Rodeo** umschließt den ersten Straßenneubau, seit Beverly Hills 1914 von Los Angeles unabhängig wurde.

Das **MGM Building** ließ Louis B. Mayer in den 1920er Jahren in weiß-goldenem Art-déco-Stil errichten. Es war die Zentrale der neu gegründeten Metro-Goldwyn-Mayer-Filmstudios.

Anderton Court Shops entwarf Frank Lloyd Wright 1953.

Das **Beverly Wilshire** wurde 1928 eröffnet. Eine Privatstraße verbindet das Hotel mit dem 1970 hinzugefügten zweiten Flügel.

Der **Rodeo Drive** *(siehe S. 88)* zählt zu den berühmtesten Shopping-Meilen der Welt. Halten Sie Ausschau nach dem Walk of Style, an dem Bronzetafeln an Persönlichkeiten aus der Modebranche erinnern.

Fassade des Petersen Automotive Museum (siehe S. 108)

Hollywood und West Hollywood

Harvey Henderson und seine Ehefrau Daeida Wilcox gründeten 1887 in einem Vorort westlich von Los Angeles eine Gemeinde – Hollywood. Sie war ursprünglich streng christlich konzipiert und frei von Versuchungen wie Saloons und Glücksspielen – Alkohol, Billardhallen und sogar Bowlingbahnen wurden 1904 offiziell verboten. Ironischerweise ließ sich hier die seinerzeit skandalträchtige Filmindustrie nieder. Ermuntert durch niedrige Steuern und eine wohlwollende Regierung, wurde 1911 das erste Hollywood-Filmstudio eröffnet – zwei Jahre später begann Cecil B. DeMille mit den Dreharbeiten zu *The Squaw Man*, bald erschien Charlie Chaplin auf der Bildfläche. Die Filmindustrie brachte viel Geld und Glamour.

Nach einigen Jahrzehnten des Erfolgs zogen viele große Filmstudios nach Burbank im Südosten von Los Angeles, ab den 1970er Jahren war Hollywood »out«. Erst in den 1990er Jahren ging es wieder aufwärts, als die Gegend zu einem Touristenmagneten und einem Zentrum des Nachtlebens von Los Angeles wurde. West Hollywood wurde 1984 eine unabhängige Stadt, bekannt für Nachtleben und Business. Auch der südlich von West Hollywood gelegene Wilshire Boulevard erlebte zwischen La Brea und Fairfax Avenue eine Art Renaissance und gilt heute wegen seiner zahlreichen Kulturstätten als »Miracle Mile« bzw. »Museum Row«.

Hollywood und West Hollywood
F
G
H
2
3
4
5
6
LAUREL CANYON BLVD
MOUNT OLYMPUS DRIVE
HERCULES DRIVE
NICHOLS CANYON ROAD
Wattles Garden Park
FRANKLIN
HILLSIDE AVE
HOLLYWOOD
GRAND VIEW DRIVE
WEST HOLLYWOOD
SELMA AVENUE
HAWTHORN
HOLLYWOOD BLVD
Chateau Marmont
WEST SUNSET
Andaz West Hollywood
The Comedy Store
2 Sunset Strip
FOUNTAIN AVENUE
Rainbow Bar and Grill
Whisky a Go-Go
SUNSET PLAZA
SUNSET BLVD
WEST SUNSET
HOLLOWAY DRIVE
SANTA MONICA BOULEVARD
The Viper Room
NORTH HARPER AVE
NORTH LAUREL AVE
NORTH HAYWORTH AVE
NORTH FAIRFAX AVENUE
NORTH ORANGE GROVE AVE
NORTH GENESEE AVE
CURSON AVENUE
NORTH VISTA STREET
ROMAINE STREET
WILLOUGHBY AVE
NORTH OGDEN DRIVE
MAK Center for Art and Architecture
16
NORTH CROFT AVE
WARING AVE
NORTH HAVENHURST DR
NORTH CRESCENT HEIGHTS BOULEVARD
Melrose Avenue
12
MELROSE PLACE
MELROSE AVENUE
Pacific Design Center
NORTH DOHENY DRIVE
SAN VICENTE BLVD
WEST KNOLL DRIVE
NORTH LA CIENEGA BOULEVARD
MELROSE AVENUE
NORTH ROBERTSON BOULEVARD
NORTH SAN VICENTE BLVD
WESTBOURNE DRIVE
NORTH ORLANDO AVE
NORTH KINGS RD
NORTH SWEETZER AVE
NORTH LA JOLLA AVE
NORTH SPAULDING AVE
SIERRA BONITA AVE
NORTH GARDNER AVENUE
NORTH MARTEL AVENUE
ROSEWOOD AVENUE
FAIRFAX
OAKWOOD AVENUE
NORTH BEVERLY BLVD
BEVERLY BOULEVARD
BEVERLY GROVE
WEST 1ST STREET
Los Angeles Museum of the Holocau
13
Beverly Hills, Bel Air und Westwood
Seiten 76–91
BURTON WAY
WEST 3RD STREET
10 Farmers Market und The Grove
WEST 4TH STREET
S CRESCENT HEIGHTS BLVD
CLIFTON WAY
DREXEL AVENUE
MARYLAN DRIVE
CAPISTRANO WAY
WEST 6TH STREET
SOUTH FAIRFAX AVE
W CURSON AVE
LA BREA
WILSHIRE BOULEVARD
S ROBERTSON BLVD
SOUTH LA CIENEGA BLVD
SAN VICENTE BOULEVARD
Los Angeles County Museum of Art
3
Academy Museum of Motion Pictures
11
17
La Brea Tar P and Museum
WILSHIRE
Petersen Automotive Museum
14
15
Craft Contemporary
MIRACLE MILE
SOUTH DOHENY DR
WEST OLYMPIC BOULEVARD
0 Meter 800
0 Yards 800
N
WEST OLYMPIC BOULEVARD

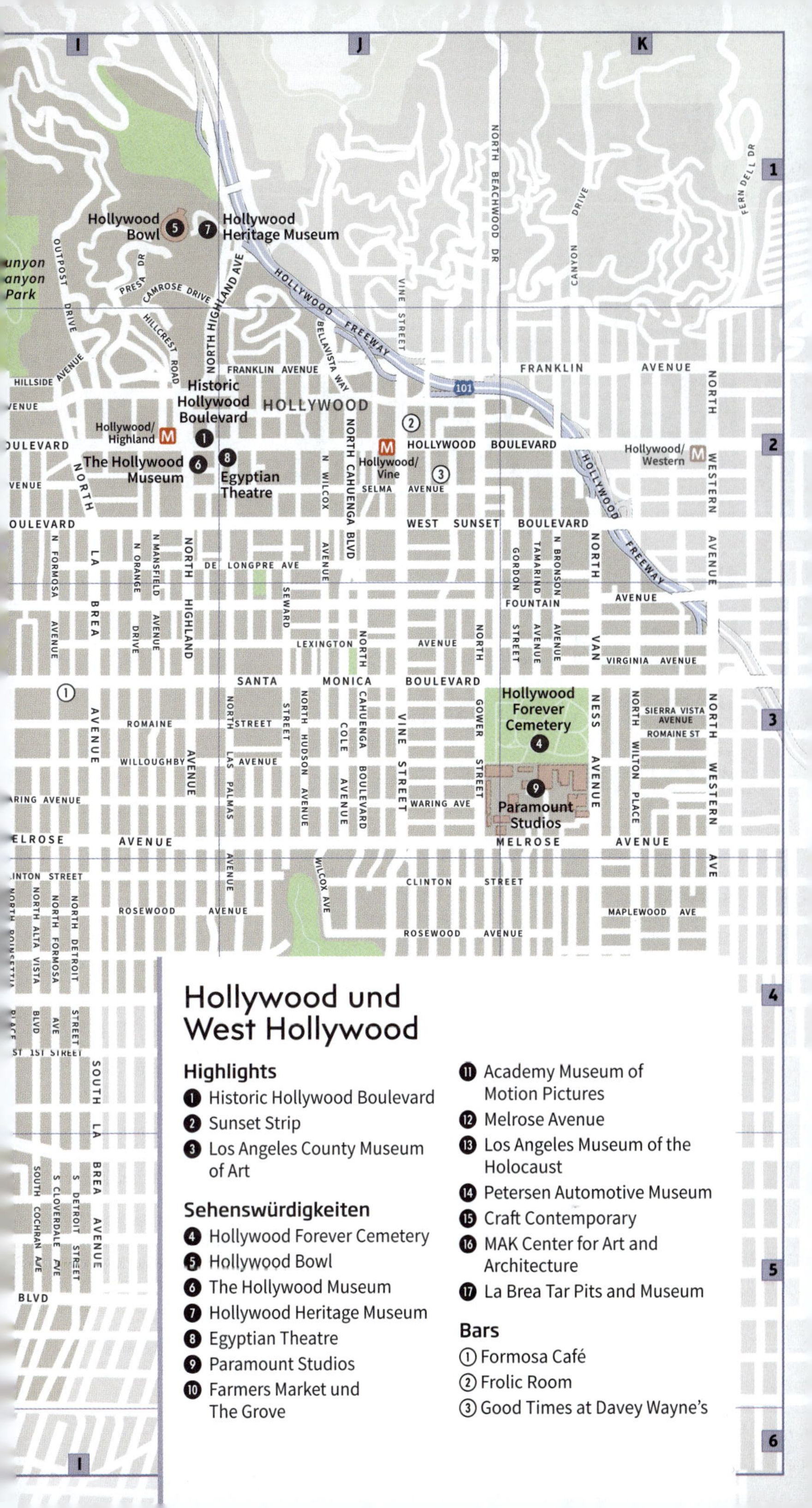

Hollywood und West Hollywood

Highlights

1. Historic Hollywood Boulevard
2. Sunset Strip
3. Los Angeles County Museum of Art

Sehenswürdigkeiten

4. Hollywood Forever Cemetery
5. Hollywood Bowl
6. The Hollywood Museum
7. Hollywood Heritage Museum
8. Egyptian Theatre
9. Paramount Studios
10. Farmers Market und The Grove
11. Academy Museum of Motion Pictures
12. Melrose Avenue
13. Los Angeles Museum of the Holocaust
14. Petersen Automotive Museum
15. Craft Contemporary
16. MAK Center for Art and Architecture
17. La Brea Tar Pits and Museum

Bars

① Formosa Café
② Frolic Room
③ Good Times at Davey Wayne's

Historic Hollywood Boulevard

I2

Der Hollywood Boulevard zählt zu den berühmtesten Straßen der Welt und steht noch immer für Glanz und Glamour. Hier kann man auf den Spuren des Goldenen Zeitalters des Kinos wandeln. Besuchen Sie das TCL Chinese Theatre mit den Abdrücken der Stars in Zement und den Walk of Fame mit Sternen von Idolen wie Marilyn Monroe und James Dean.

①

The Hollywood Roosevelt Hotel

7000 Hollywood Blvd **thehollywoodroosevelt.com**

Die schlichte Fassade des 1926 eröffneten Hotels steht in markantem Kontrast zu seiner beeindruckenden Lobby im spanischen Neokolonialstil und seiner glamourösen Vergangenheit als Treffpunkt der Filmstars. Besucher können The Magic Show, eine Behandlung im Massage Garden und ein Essen im Tropicana Pool & Café mit Blick auf das Wandgemälde von David Hockney genießen.

②

El Capitan Theatre

6838 Hollywood Blvd
elcapitantheatre.com

Das traditionsreiche Kino wurde 1926 – ursprünglich als Theater – errichtet und schon nach kurzer Zeit umfunktioniert. In diesem Haus fanden Premieren wie Orson Welles' *Citizen Kane* (1941) statt. Im Jahr 1942 wurde es in Hollywood Paramount umbenannt. Disney erwarb El Capitan 1991 und restaurierte das Art-déco-Interieur.

③

Madame Tussauds™

6933 Hollywood Blvd
tägl. 11–18
madametussauds.com

Der dreistöckige Bau zeigt in elf Bereichen (z. B. »Roter Teppich«) über 80 Wachsfiguren von Berühmtheiten wie Barack Obama, Taylor Swift, Tom Hanks, Lady Gaga, Clarke Gable und Marilyn Monroe.

Expertentipp
Jimmy Kimmel

Die überaus beliebte Late-Night-Talkshow *Jimmy Kimmel Live!* wird um 17:00 Uhr im El Capitan Entertainment Center neben dem El Capitan Theatre aufgezeichnet. Tickets unter www.1iota.com/show/1/jimmy-kimmel-live.

←

Hollywood Boulevard – eine der berühmtesten Straßen der Welt

④

TCL Chinese Theatre

6925 Hollywood Blvd
tägl. tclchinesetheatres.com

Eine der berühmtesten Sehenswürdigkeiten Hollywoods hat sich über die Jahrzehnte kaum verändert: TCL Chinese Theatre, das 1927 eröffnet wurde. Sein Äußeres, eine überaus opulente Mischung aus chinesischen Tempeln, Pagoden, Löwen und Drachen, verkörpert die Geisteshaltung seines Schöpfers Sid Grauman: Im Showgeschäft muss man auffallen.

Grauman dachte sich auch einen der langlebigsten Werbetricks Hollywoods aus: Er lud Filmstars ein, ihre Hand- und Fußabdrücke sowie Autogramme im Hof des Kinos in Zement zu hinterlassen. Alle können den Hof, aber nur Kinobesucher das Interieur der verschiedenen Kinosäle bewundern.

⑤

Hollywood and Highland

6801 Hollywood Blvd
Mo – Sa 10 – 22, So 10 – 19
hollywoodandhighland.com

Der Shopping- und Unterhaltungskomplex umfasst Restaurants, Clubs, Boutiquen, ein Hotel und ein Kino. Hier werden auch Konzerte und Theaterstücke aufgeführt. Im Dolby Theatre, Schauplatz der Academy-Awards-Verleihung, kann man einen Blick hinter die Kulissen werfen.

⑥

Walk of Fame

7018 Hollywood Blvd
walkoffame.com

Auf dem 1960 eröffneten Walk of Fame sind mittlerweile rund 2600 Berühmtheiten aus Film, Fernsehen, Theater und Musik mit polierten Marmorsternen verewigt. Anwärter auf einen Stern müssen dafür von der Handelskammer für würdig befunden werden und 40 000 US-Dollar bezahlen.

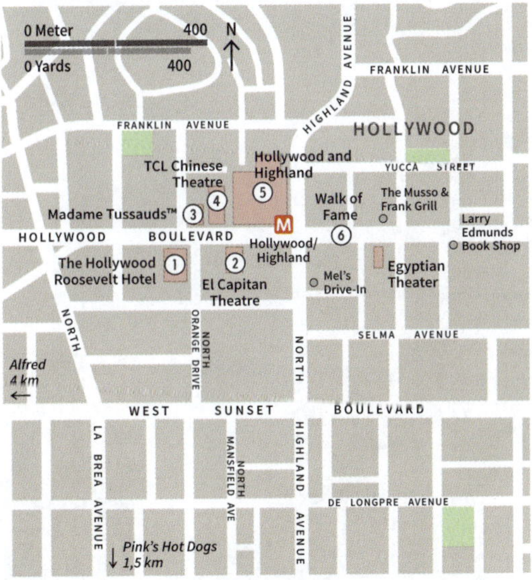

Restaurants

Pink's Hot Dogs
An dem Imbissstand steht auch Prominenz für Hotdogs Schlange.
709 N LaBrea Ave
pinkshollywood.com
$

Alfred
Angesagter Imbiss in West Hollywood mit Burritos, Gebäck und Getränken.
8428 Melrose Place
alfred.la
$

Mel's Drive-in
Die wohl berühmteste 24/7-Drive-in-Kette der Welt ist perfekt für Nachtschwärmer mit Appetit auf Burger.
1660 North Highland Ave
melsdrive-in.com
$$

The Musso & Frank Grill
Hollywoods ältestes Restaurant serviert perfekte Steaks und Koteletts.
6667 Hollywood Blvd
mussoandfrank.com
$$

Shop

Larry Edmunds Book Shop
Der Laden bietet ein buntes Sortiment filmbezogener Bücher, Fotos und Poster.
6644 Hollywood Blvd
larryedmunds.com

Sunset Strip

G3 Sunset Blvd zwischen Crescent Heights Blvd und Doheny Dr

Der 2,7 Kilometer lange Abschnitt des Sunset Boulevard zwischen Hollywood und Beverly Hills ist voller Restaurants, Luxushotels, Clubs, Musikbars und Boutiquen. Seit der Zeit der Prohibition eine Oase für Ausschweifungen, wird er seinem Ruf als Zentrum des Nachtlebens immer noch gerecht.

Der Sunset Strip ist seit den 1920er Jahren untrennbar mit der Filmindustrie verbunden, aber erst nach dem Ende der Prohibition 1933 begann seine Blütezeit. Zwischen den 1930er und 1950er Jahren trafen sich die Stars im Chateau Marmont, feierten im Trocadero und fachsimpelten in Schwab's Pharmacy. Von glamourösen Bars bis hin zu legendären Comedy-Clubs gibt es hier Unterhaltung für jeden Geschmack.

Hotel

Sunset Tower Hotel
In Hollywoods großer Zeit war das Art-déco-Hochhaus ein Apartmentkomplex, in dem Jean Harlow, Clark Gable und andere Größen der Branche wohnten. Heute ist es ein stilvolles Hotel mit einer grandiosen Bar und einem Restaurant.

8358 Sunset Blvd
W sunsettowerhotel.com
$$$

← *Chateau Marmont – Hotel im Stil eines französischen Schlosses*

Sunset Strip: ein Hotspot des Nachtlebens mit zahlreichen Restaurants, Bars und Clubs ↑

Highlight

Reklametafeln

Auffälligste Kunstwerke am Sunset Strip sind die riesigen Reklametafeln, die teilweise die besten Künstler Hollywoods gestalteten. Sie werben, oft dreidimensional, für Filme, Platten und Stars, aber auch für bestimmte Artikel. Die Technik kam 1953 auf, als das Sahara Hotel in Las Vegas eine Reklametafel mietete. In den 1960er Jahren nutzte die Plattenindustrie die Tafeln – die Größe des Werbeplatzes war mit manchen Stars sogar vertraglich vereinbart. Heute werben sie hauptsächlich für Luxusmarken und neue TV-Shows.

The Comedy Store

▷ Der für Stand-up-Comedy berühmte, 1972 eröffnete Club liegt auf dem Gelände des Clubs Ciro's (1940er Jahre).

Sunset Plaza

Hier findet man eine ganze Reihe von Restaurants im europäischen Stil und Designerboutiquen, die sich vor Kundschaft kaum retten können.

Andaz West Hollywood

▽ Im früher als »Riot Hyatt« (Nr. 8401) bekannten Hotel stiegen oft Rockstars ab. In den 1960er und 1970er Jahren war es ein Partyzentrum für britische Bands, die Musiker von Led Zeppelin fuhren sogar auf Motorrädern durch die Hallen.

Whisky a Go-Go

Im 1963 eröffneten Club (Nr. 8901) spielten u. a. The Doors, Jimi Hendrix und Janis Joplin.

The Viper Room

Der Viper Room, ein beliebter Musikclub in Nr. 8852, wurde von Johnny Depp mitgegründet. Früher befand sich hier der Melody Room, in dem auch der Gangster Bugsy Siegel zu Gast war.

Chateau Marmont

Das 1929 eröffnete Hotel (Nr. 8221) ist der Nachbau eines Loire-Schlosses. Hier residierten einst Errol Flynn und Greta Garbo, auch Humphrey Bogart, Howard Hughes und Mick Jagger sah man hier.

Rainbow Bar & Grill

▷ In diesem Lokal (Nr. 9015) in der früheren Villa Nova machte Vincente Minnelli Judy Garland 1945 einen Heiratsantrag.

3

Los Angeles County Museum of Art

H5 5905 Wilshire Blvd +1-323-857-6000 Mo, Di, Do 11–17, Fr 11–20, Sa, So 10–19 Thanksgiving, 25. Dez lacma.org

Das LACMA ist das größte Kunstmuseum der USA westlich von Chicago und besitzt eine der besten und reichhaltigsten Sammlungen des Landes. Seine umfangreichen Bestände umfassen Kunstwerke aus Europa, Amerika, Asien und dem Nahen Osten.

Das im Jahr 1910 gegründete LACMA zog 1965 an den noch heute genutzten Standort. Besucher erhalten einen umfassenden Überblick über die Kunstgeschichte der ganzen Welt – mehr als 140 000 Objekte sind hier zu finden, von der Vorgeschichte bis zur Gegenwart. Zu den Höhepunkten zählen präkolumbische Funde, amerikanische und lateinamerikanische Kunst und die größte islamische Kunstsammlung im Westen der USA. Die umfangreiche Sammlung von Kunsthandwerk mit Werken vom Mittelalter bis zur Gegenwart ist neben Gemälden und Skulpturen aus derselben Zeit untergebracht. Darüber hinaus gibt es ein umfangreiches Programm mit Konzerten, Vorträgen und Filmvorführungen. Wegen der laufenden Bauarbeiten ist Kunst aus der ständigen Sammlung des LACMA derzeit im Resnick Pavilion und im Broad Contemporary Art Museum im LACMA ausgestellt.

Urban Light, *eine Installation von Chris Burden, steht im Außenbereich des LACMA* ↑

1 *Hübsch mit tropischen Pflanzen geschmückte Terrasse*

2 *Die Fassade des Broad Contemporary Art Museum im LACMA wurde nach Plänen von Renzo Piano gestaltet.*

3 *Gemälde und Skulpturen aus unterschiedlichsten Kunstepochen sind im LACMA zu sehen.*

Lokale

C+M (Coffee + Milk)
Ein Traum von einem Café: Kaffeespezialitäten, Milkshakes und unwiderstehliches süßes und pikantes Gebäck.

5905 Wilshire Blvd
patinagroup.com/cm-lacma

$

Ray's and Stark Bar
Nehmen Sie auf der Terrasse dieses gehobenen Restaurants Platz und genießen Sie ein wunderbares Gericht aus saisonalen Zutaten.

5905 Wilshire Blvd
patinagroup.com/rays-and-stark-bar

$$

LACMA: Sammlungen

Im Rahmen der aktuellen Erweiterung sind die vier Hauptgebäude des LACMA geschlossen. Bis 2024 werden sie von einem neuen Komplex, den David Geffen Galleries, abgelöst, in denen die ständigen Sammlungen untergebracht sein werden. Während der Bauarbeiten sind Dauer- und Wechselausstellungen im Resnick Pavilion und in den Gebäuden des Broad Contemporary Art Museum zu sehen. The Broad, gestaltet von Renzo Piano, wurde 2008 hinzugefügt, um die private Sammlung zeitgenössischer Kunst zu präsentieren, die der Mäzen Eli Broad gespendet hatte. Der riesige, lichtdurchflutete Resnick Pavillon, ebenfalls von Renzo Piano entworfen, wurde 2010 für Dauerausstellungen eröffnet.

Expertentipp
Führungen

Jeden Samstag und Sonntag finden mittags kurze Führungen zu den wichtigsten Exponaten statt. Weitere Informationen liefert die Website des Museums. Private Führungen durch die Sammlung und Führungen für behinderte Besucher sind ebenfalls verfügbar – fragen Sie dazu vorab nach.

↑ John the Baptist *von Jeff Koons im Ausstellungsbereich The Broad*

Raum mit zeitgenössischer Kunst im Los Angeles County Museum of Art ↑

Highlight

»Miracle Mile«

Das LACMA liegt an einem Abschnitt des Wilshire Boulevards, der »Miracle Mile« genannt wird. Sie wurde 1921 von A. W. Ross ins Leben gerufen – als erste Shopping-Meile von Los Angeles außerhalb von Downtown und als erste mit Zugang für Rollstuhlfahrer. Die Idee war ein Erfolg, viele Kaufhäuser siedelten sich hier an. Mit der »Miracle Mile« begann die Dezentralisierung der Metropole. Die Erfindung der Shopping-Mall in den 1960er Jahren führte zum Niedergang der »Miracle Mile«. Heute locken hier Galerien.

Sammlungen

Amerikanische Kunst

Die Abteilung zeigt amerikanische Kunst vom 18. Jahrhundert bis ca. 1940. Berühmt sind vor allem John Singleton Copleys *Portrait of a Lady* (1771), Mary Cassatts *Mother About to Wash her Sleepy Child* (1880) und Childe Hassams *Avenue of the Allies* (1918).

Europäische Malerei, Bildhauerei und Kunsthandwerk

▷ Die Sammlung zeigt europäische Kunst vom 12. bis 20. Jahrhundert. Highlights sind Rembrandts *Auferstehung des Lazarus* (um 1630) und Anthonis van Dycks *Andromeda am Felsen* (1637/38). Die Sammlung europäischer Skulpturen zeigt 40 Werke von Auguste Rodin (1840–1917). Unter den kunsthandwerklichen Objekten findet sich ein emaillierter und vergoldeter Wasserkrug aus blauem Glas (um 1500).

Moderne und zeitgenössische Kunst

Das vom Kunstmäzen Eli Broad gestiftete Gebäude umfasst insgesamt etwa 200 Werke seiner Privatsammlung und einen Bestand moderner Kunstwerke des LACMA – Bilder, Skulpturen und Installationen von 1945 bis heute.

Fotografien, Drucke und Zeichnungen

Die fotografische Sammlung reicht von Daguerreotypien (frühes 19. Jh.) über Albuminabzüge bis zu abstrakten Collagen. Zum Bereich Drucke und Zeichnungen gehört die Robert Gore Rifkind Collection deutscher Expressionisten.

Antike und islamische Kunst

◁ Bei der antiken Kunst finden sich eine seltene ägyptische Bronzeplastik aus der 25. Dynastie und kostbare persische Figuren (3000 v. Chr.). Die islamische Kunst deckt einen Zeitraum von 1400 Jahren ab. Stark vertreten sind Persien und die Türkei.

Asiatische Kunst

Mit mehr als 5000 Objekten, von denen einige aus dem 3. Jahrhundert v. Chr. stammen, bietet das Museum eine der größten Sammlungen außerhalb Asiens. Zur indischen Kunst gehören zum Beispiel Skulpturen und Aquarelle auf Textilien und Papier. Glanzpunkt der fernöstlichen Sammlung ist die Shin'enkan Collection mit 200 Wandschirmen und Rollbildern aus der Edo-Zeit (1615–1868).

Kleidung und Textilien

▷ Über 300 Kulturen sind hier zu sehen. Die ältesten Stücke sind ein besticktes Leichentuch aus Peru (etwa 100 v. Chr.) und eine koptische Tunika (5. Jh.) aus Ägypten. Bedeutend ist auch ein persischer Teppich (16. Jh.).

↑ *Grabstätte auf einer kleinen Insel des Hollywood Forever Cemetery*

SEHENSWÜRDIGKEITEN

4 Hollywood Forever Cemetery

K3 6000 Santa Monica Blvd tägl. 8:30–17 Feiertage hollywoodforever.com

Im vorderen Büro des Friedhofs kann man einen Lageplan kaufen, der sich wie eine frühe Geschichte des Films liest. Im Osten an einem Teich befindet sich Tyrone Powers weißes Grabmal. Marion Davies' Mausoleum daneben trägt ihren Familiennamen Douras. Cecil B. De Mille, Nelson Eddy und zahlreiche andere Hollywood-Größen ruhen hier.

Das Grabmal von Douglas Fairbanks senior soll angeblich von seiner Exfrau, dem Stummfilmstar Mary Pickford, bezahlt worden sein. Die größte Attraktion befindet sich im Inneren des düsteren Cathedral Mausoleum: das Grab von Rudolph Valentino. Lange Zeit kam am 23. August, seinem Todestag, eine »Dame in Schwarz« hierher.

Die Rückseite des Filmgeländes der Paramount Studios bildet die südliche Wand des Friedhofs, Columbia lag im Norden. Columbia-Boss Harry Cohn hat sein Grab so ausgewählt, dass er sein Studio im Auge behalten kann.

Samstags werden Führungen durch den Friedhof angeboten, die um 10 Uhr beginnen.

Expertentipp
Cinespia

Von Mai bis Oktober ist Fairbanks Lawn auf dem Hollywood Forever Cemetery der Ort für Filmgenuss unter freiem Himmel. Buchen Sie früh und bringen Sie Decken und Picknick mit (www.cinespia.org).

5 Hollywood Bowl

I1 2301 N Highland Ave Ende Juni – Ende Sep; Tickets: Di–Sa 12–18; Hollywood Bowl Museum: Zeiten der Website entnehmen hollywoodbowl.com

Die Hollywood Bowl liegt in einem natürlichen Amphitheater, das die Cahuenga-Pass-Gabrielino-Indigenen als heiliges Land verehrten. Heute wird sie von den Bewohnern der Stadt »verehrt«. Seit 1922 ist sie das Sommerdomizil der LA Philharmonic. An warmen Abenden lauschen Tausende von Musikliebhabern den Klängen unter dem Sternenhimmel. Während der Saison finden hier auch Jazz-, Country-, Folk- und Popkonzerte statt. Beliebt sind die hier veranstalteten Events, darunter das große Feuerwerk am 4. Juli, die Ostermesse und die Tschaikowski-Galarevue mit Feuerwerk, Kanonen und Militärkapelle.

Die muschelförmige Bühne wurde 1929 von Lloyd Wright entworfen, dem Sohn von Frank Lloyd Wright. Die Bowl hat 18 000 Sitzplätze, darunter die heiß begehrten Privatlogen in der ersten Reihe.

Das Hollywood Bowl Museum dokumentiert die Geschichte der Bowl anhand von zahlreichen Videos, alten Programmen, Plakaten und Memorabilien von Stars – von Jascha Heifetz bis zu den Beatles.

6 The Hollywood Museum

I2 1660 N Highland Ave Mi–So 10–17 thehollywoodmuseum.com

Das Museum ist in einem wunderschön restaurierten Art-déco-Gebäude aus den 1930er Jahren untergebracht, in dem der Visagist Max Factor sein Studio unterhielt.

Auf drei Stockwerken werden fabelhafte Kleider gezeigt, die Stars wie etwa Marilyn Monroe, Judy Garland, Elizabeth Taylor und Jodie Foster trugen. Auch Sylvester Stallones Boxhandschuhe und andere Accessoires werden präsentiert. Im Untergeschoss liegt Hannibal Lecters Zelle.

Schon gewusst?

Die DeMille Barn ist eines der ältesten Gebäude aus dem Goldenen Zeitalter Hollywoods.

7

Hollywood Heritage Museum

I1 2100 N Highland Ave
Sa, So 12–16
hollywoodheritage.org

Cecil B. De Mille und die Jesse L. Lasky Feature Play Company mieteten im Jahr 1913 die einstige Scheune, die zu jener Zeit an der Vine Street gleich nördlich des Sunset Boulevard stand. Noch im selben Jahr drehte De Mille hier *The Squaw Man*, den ersten Spielfilm Hollywoods. 1935 wurde die Filmgesellschaft in Paramount Pictures umbenannt.

Die DeMille Barn genannte Scheune wurde 1983 auf den Parkplatz der Hollywood Bowl *(siehe S. 104)* versetzt. 13 Jahre später wurde sie nach einem Brand renoviert. Heute ist in dem Gebäude ein Museum untergebracht, das Requisiten, Kostüme und Fotografien aus den Kindertagen des Films zeigt.

8

Egyptian Theatre

J2 6712 Hollywood Blvd americancinematheque.com

Das Egyptian Theatre aus den 1920er Jahren, einer der ältesten Filmpaläste des Hollywood Boulevard, war der Geburtsort der glitzernden Hollywood-Premiere. Heute ist es Standort der American Cinematheque, einer Organisation, die Vorführungen, Retrospektiven und Diskussionen mit Hollywood-Schauspielern und -Regisseuren veranstaltet. Zu den hochkarätigen Gästen gehörten Martin Scorsese, Julianne Moore und Clint Eastwood.

Bars

Formosa Café
In dieser Café-Bar trifft man sich gern auf einen Martini.

I3 7156 Santa Monica Blvd
theformosacafe.com

Frolic Room
Gedämpftes Licht, coole Drinks und ein buntes Publikum.

J2 6245 Hollywood Blvd
+1-323-462-5890

Good Times at Davey Wayne's
Die Retro-Bar ist für ihre fantastischen Cocktails berühmt.

J2 1611 N El Centro Ave goodtimesatdaveywaynes.com

↑ *Ein Ausstellungsraum im Hollywood Museum zeigt eine Sammlung alter Fotografien*

↑ *Eines der berühmten Tore am Eingang zu den Paramount Studios*

9

Paramount Studios

K3 · 5555 Melrose Ave; Besucherzentrum und Tickets: 860 N Gower St · für Führungen: Mo–Fr 9–18 (Reservierung obligatorisch; Start der letzten Führung: 15:30) · 1. Jan, Ostersonntag, Thanksgiving, 25. Dez · W paramountstudiotour.com

Paramount ist heute nicht nur das letzte Studio, das in Hollywood liegt, es war auch das erste, das hier produzierte. Cecil B. DeMille, Jesse Lasky und Samuel Goldwyn taten sich 1914 mit Adolph Zukor zu dem »Regisseursstudio« zusammen. Zu den bekanntesten ihrer Stars gehörten Gloria Swanson, Rudolph Valentino, Mae West, Marlene Dietrich, Gary Cooper und Bing Crosby.

Schauspieler umarmen die schmiedeeisernen Tore an der Bronson Avenue und Marathon Street und zitieren die angeblich Glück bringende Endzeile Norma Desmonds aus *Boulevard der Dämmerung*: »I'm ready for my close-up, Mr DeMille.«

Klassiker wie etwa *Die Zehn Gebote*, *Kampf der Welten* und *Der Pate I*, *II* und *III* entstanden auf dem 25 Hektar großen Gelände. Im Rahmen von drei Führungen (Studio Tour, VIP Studio Tour und Paramount After Dark Tour) können Besucher hinter die Kulissen blicken und den Glanz der Filmwelt spüren.

10

Farmers Market und The Grove

H4 · 6333 W 3rd St · Mo–Fr 9–21, Sa 9–20, So 10–19 · 1. Jan, Ostersonntag, Memorial Day, 4. Juli, Labor Day, Thanksgiving, 25. Dez · W farmersmarketla.com

Während der Wirtschaftskrise 1934 *(siehe S. 49)* begannen einige Landwirte, ihre Erzeugnisse auf einem Feld am damaligen Stadtrand direkt zu verkaufen. Seither ist der Farmers Market ein beliebter Treff. Hier werden unter anderem frische Blumen, Fleisch, Käse, Obst, Gemüse, Brot und Delika-

TOP 3

LGBTQ+ Hotspots

Fubar
7994 Santa Monica Blvd · W fubarla.com
Dunkle Bar, gute Drinks.

The Abbey
692 N Robertson Blvd · W theabbeyweho.com
Sehr beliebte Gay-Bar mit Dancefloor.

Micky's
8857 Santa Monica Blvd · W mickys.com
Bekannt für Partynächte.

tessen verkauft. In mehr als 100 Läden kann man von Antiquitäten über T-Shirts bis hin zu Gartengeräten alles erwerben.

Zu den empfehlenswertesten der zahlreichen Cafés und Restaurants zählen Bob's Donuts, Magee's Kitchen, wo vor allem Corned Beef und Truthahn- sowie Schinkengerichte serviert werden, und The Gumbo Pot mit süßen *beignets* (Schmalzgebäck) und scharfer Cajun-Küche. Nahe dem Markt liegt das Shopping- und Unterhaltungszentrum The Grove.

11

Academy Museum of Motion Pictures

H5 6067 Wilshire Blvd Zeiten der Website entnehmen academy museum.org

Das 2021 eröffnete Museum widmet sich der Geschichte, der Kunst und dem Business des Filmemachens. Es stützt sich auf die Sammlung der Academy of Motion Picture Arts & Sciences von rund zwölf Millionen Fotografien und 61 000 Postern sowie Kostümen, Requisiten und anderen filmbezogenen Objekten. Zu den bekanntesten gehören Bela Lugosis Umhang aus *Dracula* und das Raumschiffmodell Aries 1B aus *2001: Odyssee im Weltraum*. Der italienische Architekt Renzo Piano gestaltete das May Company Building (1939) um, womit für die Ausstellung zwei Etagen zur Verfügung standen. Sein Entwurf umfasst die schier atemberaubende Glaskuppel The Sphere, die das hochmoderne, 1000 Sitzpätze umfassende David Geffen Theatre bekrönt.

12

Melrose Avenue

H3 melroseavenue-shop.com

Die Melrose Avenue, die zwischen Silver Lake und Santa Monica Boulevard verläuft, wurde in den 1980er Jahren als Zentrum der Underground-Kultur berühmt. Seither ist es ruhiger geworden, aber die Straße ist immer noch voller Vintage-Läden und skurriler Lokale. Am westlichen Ende befindet sich der Design District von Los Angeles mit dem architektonisch beeindruckenden Pacific Design Center, das blaue, grüne und rote Gebäude umfasst. Ganz in der Nähe befindet sich Hamilton-Selway Fine Art mit einer beeindruckenden Sammlung von Drucken und Gemälden von Andy Warhol.

Schon gewusst?

Die Melrose Avenue wurde nach einer Stadt in Massachusetts benannt.

Den Melrose Place weiter im Osten säumen Designerboutiquen und Alfred Coffee (Nr. 8428). In diesem Abschnitt der Straße findet man Nobelboutiquen für Mode und Schmuck.

Hinweise auf die Punk-Historie der Melrose Avenue bieten der Shop Vivienne Westwood (Nr. 8320) und der sonntägliche Flohmarkt. Am Melrose Place findet sonntags ein Bauernmarkt statt.

13

Los Angeles Museum of the Holocaust

H4 100 The Grove Dr Mo, Fr 10–14, Do, Sa, So 10–17 holocaustmuseumla.org

Das 1961 von Holocaust-Überlebenden gegründete Los Angeles Museum of the Holocaust (LAMOTH) zog 2010 an seinen jetzigen Standort. Seine acht Säle beherbergen ein riesiges Archiv mit Dokumenten, Fotos und Videos zum Holocaust und gedenken der rund sechs Millionen Juden, die im Zweiten Weltkrieg von Nazis ermordet wurden. Der Baum der Zeugnisse zeigt fast 51 000 Wortbeiträge von Überlebenden. An Wochenenden werden Führungen angeboten. Vor dem Museum bilden sechs Säulen aus schwarzem Granit das Holocaust-Denkmal.

← *Stände zu beiden Straßenseiten flankieren den sehr beliebten Farmers Market*

Futuristische Fassade des Petersen Automotive Museum; rot leuchtende Stahlbandstruktur des Gebäudes (Detail)

14 Petersen Automotive Museum

H5 6060 Wilshire Blvd
Di–So 10–17 1. Jan, Thanksgiving, 25. Dez
petersen.org

Die Entwicklung von Los Angeles von einem beschaulichen Städtchen zu einer bedeutenden Wirtschaftsmetropole ist unmittelbar mit dem rasanten Aufstieg der Automobilindustrie verbunden.

Dioramen und Wechselausstellungen schildern die Geschichte der Autokultur in den Vereinigten Staaten. Im Untergeschoss sieht man Raritäten wie den amerikanischen Hänger »Stuck in the Mud« (1911) und Earl Coopers »White-Squadron«-Rennwagen (1915). Ein Ford-T-Modell von 1922 erscheint in einer Filmszene mit Stan Laurel und Oliver Hardy. Drei Oldtimer zieren eine nachgestellte Straßenszene der 1920er Jahre.

Zu sehen sind darüber hinaus eine Autowerkstatt aus den 1920er Jahren und ein Autosalon aus den 1930er Jahren, dessen opulente Ausstattung die damalige Wirtschaftskrise leugnete. Eine Reklametafel aus den 1930er Jahren zeigt, wie der Autohandel für sich warb.

Im Obergeschoss gibt es frisierte Autos und Motorräder, Oldtimer und Autos von Prominenten, darunter auch Rita Hayworths 53er Cadillac oder Clark Gables 41er Cadillac.

15 Craft Contemporary

H5 5814 Wilshire Blvd
Mi–So 11–17 1. Jan, Thanksgiving, 25. Dez
cafam.org

Das Museum, das auf eine Initiative der Volkskunstsammlerin Edith Wyle zurückgeht, wurde im Jahr 1965 ursprünglich als kleiner Galerieraum eröffnet. Die sehenswerte Sammlung präsentiert über 3000 Volkskunst- und Handwerksobjekte aus der ganzen Welt – von Quilts aus dem 19. Jahrhundert über zeitgenössische Möbel bis hin zu afrikanischen Masken. Dauerausstellungen zeigen Design bei Spielzeug, Glas und Textilien. In der mexikanischen Abteilung werden Pappmaschee-Exponate der Familie Linares präsentiert.

Zudem finden Sonderausstellungen statt. Veranstaltungen wie Kunstgespräche richten sich an unterschiedliche Altersgruppen. Mittwochs werden Führungen angeboten.

16 MAK Center for Art and Architecture

G3 835 N Kings Rd
Mi–So 11–18
makcenter.org

Das MAK Center – die kalifornische Dependance des Museums für Angewandte Kunst (MAK) in Wien – ist ein interdisziplinäres Ausstellungszentrum und Labor für die Entwicklung neuer Ideen in Kunst und Architektur.

Das MAK Center erstreckt sich über drei modernisti-

> **Im Obergeschoss gibt es frisierte Autos und Motorräder, Oldtimer und Autos von Prominenten, darunter auch Rita Hayworths 53er Cadillac oder Clark Gables 41er Cadillac.**

sche Gebäude, die nach Plänen des österreichisch-amerikanischen Architekten Rudolph M. Schindler gestaltet wurden. Seinen Hauptsitz hat es im markanten Schindler House, seinem ehemaligen Wohnhaus und Atelier in West Hollywood. Dieses Anwesen wurde 1922 erbaut, in den 1920er und 1930er Jahren erlangte es Bekanntheit als Zentrum sozialer und politischer Aktivitäten. Die beiden anderen Standorte – die Mackey Apartments (1939) in Mid-City und das L-förmige Fitzpatrick-Leland House (1936) in den Hollywood Hills – werden von Künstlern, Architekten und Studenten genutzt. Alle drei Gebäude sind typische Beispiele für modernistische Architektur.

Das MAK organisiert das ganze Jahr über Vorträge, Diskussionen und Konzerte. Am Freitagnachmittag und an Schindlers Geburtstag, dem 10. September, ist der Besuch kostenlos.

17

La Brea Tar Pits and Museum

H5 5801 Wilshire Blvd tägl. 9:30–17 1. Jan, 4. Juli, Thanksgiving, 25. Dez tarpits.org

Die alten Teergruben im Hancock Park entstanden in den letzten rund 50 000 Jahren. Während dieser Zeit stieg aus einem unterirdischen Ölfeld eine riesige klebrige Asphaltmasse an die Erdoberfläche. Zahllose Tiere der letzten Eiszeit, darunter Mammuts, Faultiere und Säbelzahntiger, wurden im Teer konserviert. Zu den Höhepunkten dieser bemerkenswerten Stätte gehört das Modell eines gefangenen Mammuts im Lake Pit.

Die Gruben enthalten die größte Sammlung von Fossilien der letzten rund zwei Millionen Jahre, die jemals an einem Ort gefunden wurden. Im Sommer können Besucher den hier tätigen Wissenschaftlern dabei zusehen, wie sie Knochen aus einer Grube ausgraben und ihre Entdeckungen dann in einem Labor mit Glaswänden im angegliederten Page Museum analysieren. Seine Galerien zeigen Fossilien sowie lebensgroße Nachbildungen von Mammuts, Faultieren und weiteren Arten, sodass Besucher die Größe der alten Verwandten heutiger Arten erkennen können.

TOP 4 Comedybühnen

Improv
8162 Melrose Ave
improv.com/hollywood
Comedians wie Ellen DeGeneres und Richard Pryor starteten hier ihre Karriere.

Comedy Store
8433 Sunset Blvd
thecomedystore.com
Comedian Marc Maron ist mit diesem Kleinkunstmekka verbunden.

Groundlings
7307 Melrose Ave
groundlings.com
Melissa McCarthy und Kristen Wiig standen hier auf der Bühne.

Second City Studio Theater
6560 Hollywood Blvd
secondcity.com
Bekannte Acts: Tina Fey und Stephen Colbert.

↑ *Lebensgroße Modelle in La Brea Tar Pits zeigen die Tierwelt vergangener Zeiten*

Kronleuchter in der Los Angeles Central Library (siehe S. 118)

Downtown

1781 kamen spanischsprachige Siedler in die Gegend und gründeten eine erste Siedlung. Nach heftigen Überschwemmungen wurde sie 1818 an den heutigen Standort verlegt. Nach dem Mexikanisch-Amerikanischen Krieg (1846–48) wurde die Stadt US-Territorium, blieb aber weiterhin relativ unbedeutend. Erst der Anschluss an das Netz der transkontinentalen Eisenbahn im Jahr 1876 brachte Los Angeles einen enormen Aufschwung. Tausende von Siedlern aus östlichen US-Bundesstaaten kamen hierher. Zwischen 1870 und 1900 stieg die Einwohnerzahl auf 100 000, im Jahr 1920 lebten bereits mehr als eine halbe Million Menschen in Los Angeles.

In den 1920er Jahren wurde der Broadway zum Shopping- und Entertainmentviertel der Stadt, ab den 1930er Jahren entstand das Regierungsviertel Civic Center. In den 1960er Jahren wurden die viktorianischen Gebäude von Bunker Hill durch Wolkenkratzer ersetzt, heute befindet sich hier der Financial District von Los Angeles. Nach einer Zeit des Niedergangs erlebte Downtown mit der Eröffnung des Staples Center im Jahr 1999 und der Wiederbelebung des Arts District im 21. Jahrhundert eine Art Wiedergeburt.

Downtown

Highlights
1. The Broad
2. El Pueblo de Los Angeles

Sehenswürdigkeiten
3. Angels Flight
4. Los Angeles Central Library
5. Grand Central Market
6. Broadway Historic Theater District
7. L.A. Live
8. Museum of Contemporary Art
9. Walt Disney Concert Hall
10. Geffen Contemporary at MOCA
11. Chinatown
12. Little Tokyo
13. Japanese American National Museum
14. Cathedral of Our Lady of the Angels
15. Fashion Institute of Design and Merchandising Museum
16. Los Angeles City Hall

Lokale
① Original Pantry Café
② Philippe the Original
③ Daikokuya
④ Mitsuru Café
⑤ Sushi Gen
⑥ Fugetsu-Do Bakery Shop
⑦ Sugarfish

Bars
⑧ Traxx Bar
⑨ Upstairs at the Ace Hotel

Hotel
⑩ Hotel Figueroa

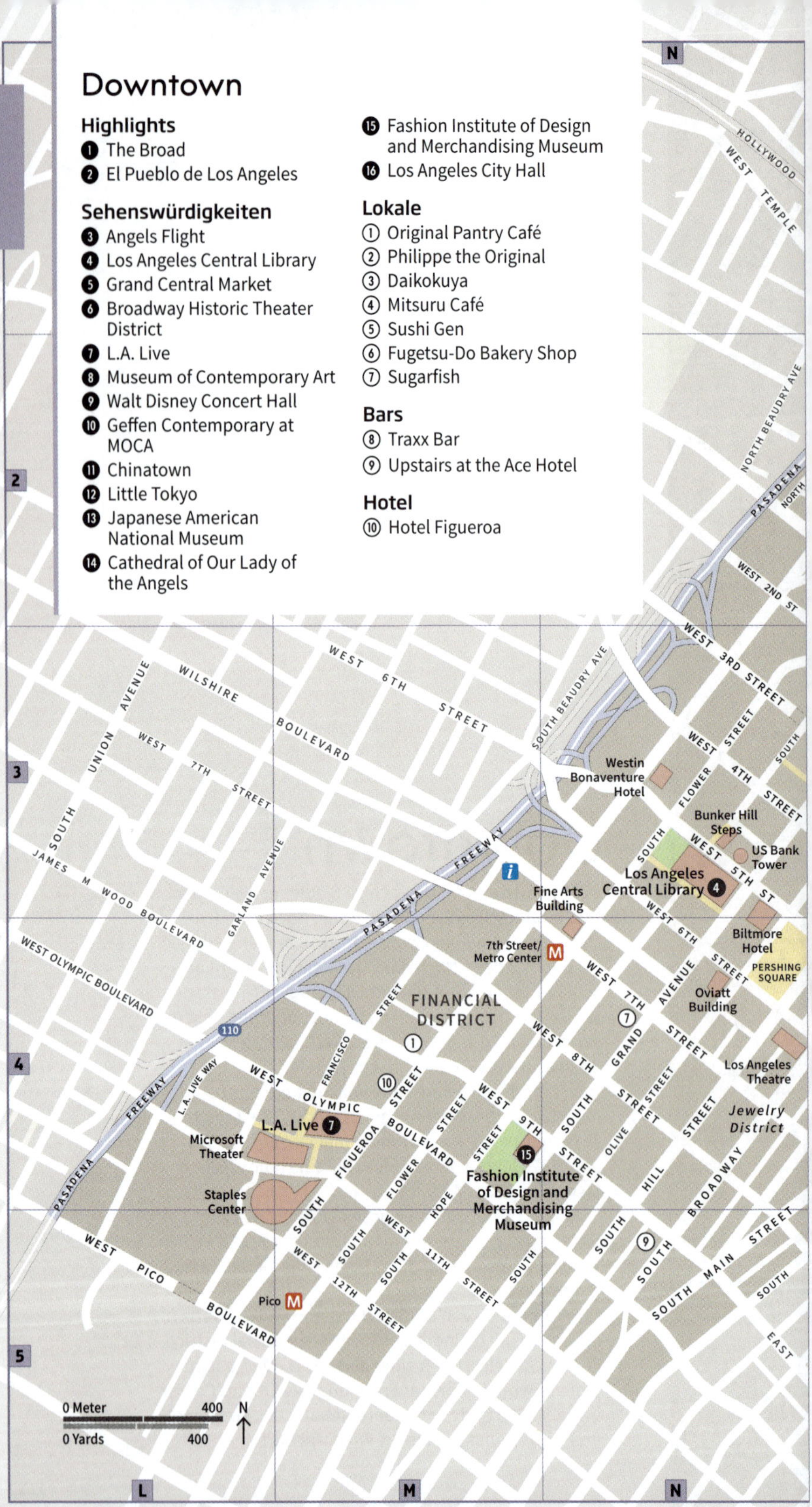

O
P
Q
1
2
3
4
5
Los Angeles State Park
Bamboo Lane
11 Chinatown
Chinatown
Pasadena Freeway
110
101
West Sunset Blvd
Freeway
Street
West College Street
Hill Avenue
Alpine Street
Yale Street
North Broadway
North Spring St
North Main Street
W Elmyra St
North Figueroa St
West Cesar E Chavez Avenue
Bunker Hill
North Gran Ave
North Hill Place
Ord St
Teed St
Hill Street
North Hill Street
New High St
North Spring St
Vignes Street
Fremont Avenue
North Figueroa St
Dewap Road
West Temple Street
North Grand Avenue
14 Cathedral of Our Lady of the Angels
North Hope Street
Music Center
Grand Park
West 1st Street
Arcadia Street
West Aliso St
El Pueblo de Los Angeles
2
North Alameda Street
8
Union Station
Patsaouras Transit Plaza
9 Walt Disney Concert Hall
Civic Center/Grand Park
1 The Broad
Hope St
Olive St
Museum of Contemporary Art
8
Santa Ana Freeway
North Spring St
16 Los Angeles City Hall
East Temple St
North Los Angeles
East Commercial Street
South Broadway
South Hill Street
3 Angels Flight
5 Grand Central Market
Million Dollar Theater
Bradbury Building
Main Street
East 2nd Street
6
3
Koyasan Buddhist Temple
10 Geffen Contemporary at MOCA
Little Tokyo/Arts District
East Temple Street
Vignes Street
4
13 Japanese American National Museum
Pershing Square
South Spring St
South Main
12 Little Tokyo
Japanese American Cultural and Community Center
East 1st Street
6 Broadway Historic Theater District
5
South Alameda St
Rose Street
South Hewitt Street
South Garey St
South Vignes St
North Santa Fe Avenue
East 4th Street
East 3rd St
South Central Ave
East 3rd Street
San Pedro Street
Arts District
East 5th Street
South Street
Los Angeles Street
East 6th Street
South Central Avenue
East 7th Street
9th St
Downtown

1

The Broad

O3 221 S Grand Ave +1-213-232-6200 Di, Mi 11–17, Do, Fr 11–20, Sa 10–20, So 10–18 Thanksgiving, 25. Dez thebroad.org

Das in einem hochmodernen Gebäude untergebrachte Museum beherbergt eine der weltweit führenden Kunstsammlungen von den 1950er Jahren bis heute. Unter den hier ausgestellten Objekten finden sich Werke von Künstlern wie Jean-Michel Basquiat, Barbara Kruger, Kara Walker und Andy Warhol.

Das auch architektonisch spannende Museum präsentiert insgesamt rund 2000 Kunstwerke von mehr als 200 etablierten und aufstrebenden Künstlern aus der umfangreichen Sammlung von Eli und Edythe Broad. Das Ehepaar finanzierte das 2015 eröffnete Museum, um zeitgenössische Kunst der Öffentlichkeit zugänglich zu machen. Die Werke werden auf zwei Ebenen ausgestellt. Das Gebäude beher-

←

Museumsbesucher in einem der Ausstellungssäle mit zeitgenössischen Werken

Eindrucksvolle Fassade des Museums; mehrfarbige Ausstellungstafeln (Detail) ↑

bergt auch die Leihbibliothek der Broad Art Foundation. An der Südseite des Museums befindet sich eine große öffentliche Plaza mit rund 100 Jahre alten Olivenbäumen und einer ausgedehnten Grünfläche – ein schöner Ort, um das Erlebte Revue passieren zu lassen.

Architektur des Museums

Das nach Entwürfen des New Yorker Architekturbüros Diller Scofidio + Renfro in Zusammenarbeit mit Gensler gestaltete Gebäude vereint zwei Funktionen: Ausstellungsfläche und Depot für Kunst. Durch Fenster können die im Depot lagernden, aktuell nicht ausgestellten Kunstwerke auch von außen betrachtet werden – ein ungewöhnlicher Effekt. Das Museum wird von einer wabenartigen Struktur überspannt, die viel Licht einfallen lässt und damit ein hohes Maß an Transparenz schafft.

Pavillon auf der Plaza von El Pueblo de Los Angeles, dem ältesten Teil von Los Angeles

2

El Pueblo de Los Angeles

P2 125 Paseo de la Plaza Avila Adobe, 10 Olvera St (+1-213-485-6855) elpueblo.lacity.org

Die Stätte befindet sich nahe der Stelle, an der 44 Siedler aus Mexiko im Jahr 1781 El Pueblo de Los Angeles gründeten, die Keimzelle der späteren Metropole. Ein Jahrhundert später ließen sich hier chinesische und italienische Einwanderer nieder, El Pueblo spiegelt die verschiedenen Kulturen wider.

①

Our Lady Queen of the Angels Church

535 N Main St

Seit 1822 versammeln sich Gläubige in der Kirche. Höhepunkte sind die bemalte Decke, der mit Blattgold umrahmte Altar und das Mosaik *The Annunciation* (1981).

②

Avila Adobe

10 Olvera St
tägl. 9–16

Das älteste erhaltene Haus (1818) von Los Angeles diente verschiedenen Zwecken, u. a. als militärisches Hauptquartier und als Pension. Heute ist hier ein Besucherzentrum untergebracht, das Interieur ist im Stil der 1840er Jahre gehalten.

③

La Plaza de Cultura y Artes

501 N Main St Mi–Mo 12–17 lapca.org

Das auch unter dem Namen LA Plaza bekannte Museum und Kulturzentrum zeigt Objekte, die die Geschichte und den kulturellen Einfluss von Mexikanern und allen anderen Lateinamerikanern auf Los Angeles dokumentieren. Zum Programm gehören Konzerte, Tanzdarbietungen, Kochkurse und andere Veranstaltungen.

Wiederbelebung der Olvera Street

Christine Sterling (1881–1963), eine Bürgeraktivistin aus Los Angeles, war bestürzt über die Schäbigkeit von El Pueblo de Los Angeles. 1926 startete sie eine Kampagne zur Wiederbelebung der Gegend. 1930 wurde die Olvera Street als bunter lebensfroher mexikanischer Markt wiedergeboren. Das Avila Adobe zeigt eine Ausstellung darüber.

④

Chinese American Museum

425 N Los Angeles St
Di–So 10–15
camla.org

Chinesen ließen sich Ende des 19. Jahrhunderts in diesem Gebiet nieder. Das Museum ist im Garnier Building (um 1890), dem ältesten erhaltenen Gebäude in Chinatown, untergebracht. Es illustriert die Geschichte der chinesischen Community und widmet sich anhand von Ausstellungen und Vorträgen den Beiträgen der ostasiatischen Einwanderer zur Kultur der USA.

Schon gewusst?

2015 wurde die Olvera Street offiziell zu einem »Great Place of America« ernannt.

⑤

Italian American Museum of Los Angeles

644 North Main St
Di – So 10 – 15
iamla.org

Die 1908 errichtete Italian Hall diente als Treffpunkt für die italienische Gemeinde. Das Italian American Museum of Los Angeles (IAMLA) wurde 2016 darin eröffnet und beleuchtet mit Ausstellungen und einem abwechslungsreichen Veranstaltungsprogramm die italienischen Wurzeln Südkaliforniens.

⑥

América Tropical Interpretive Center

125 Paseo de la Plaza
Di – Sa 10 – 15 (Nov – März: 10 –12)
theamericatropical.org

Das Kulturzentrum widmet sich Leben und Werk des mexikanischen Künstlers David Alfaro Siqueiros (1896 –1974). Im Zentrum steht sein umstrittenes Wandbild *América Tropical* von 1932, in dem er die Ausbeutung mexikanischer Arbeiter in den Vereinigten Staaten thematisierte.

⑦

Old Plaza Firehouse

501 N Los Angeles St
tägl. 10 –15

Das zweistöckige Backsteingebäude (1884) ist die älteste Feuerwache der Stadt, ihre ehrenamtlichen Mitarbeiter betrieben sie bis 1897. Heute ist in dem Gebäude ein Museum eingerichtet, das Feuerwehrgeräte aus dem späten 19. und frühen 20. Jahrhundert zeigt.

Kaliforniens letzter mexikanischer Gouverneur, Pío Pico, baute 1870 das dreistöckige **Pico House**.

Sepulveda House

Das **Wandgemälde** *América Tropical* von David Alfaro Siqueiros entstand 1932.

Ort des ersten **Friedhofs** der Stadt

Plaza Methodist Church

Die Fußgängerzone **Olvera Street** ist ein mexikanischer Markt voller bunter Stände, Restaurants, Cafés und Souvenirläden.

Neben dem schmiedeeisernen Pavillon in der Mitte des **Plaza** steht eine Statue von Felipe de Neve.

↑ *Übersichtsplan von El Pueblo de Los Angeles*

SEHENSWÜRDIGKEITEN

3 Angels Flight

O3 Zwischen Grand, Hill, 3rd u. 4th St tägl. 6:45–22 angelsflight.org

Die 1901 erbaute Bahn mit dem Beinamen »kürzeste Eisenbahn der Welt« transportierte nahezu 70 Jahre lang Fahrgäste auf den 96 Metern zwischen Hill Street und Bunker Hill. Die Standseilbahn war bei den Einheimischen außerordentlich beliebt.

1969 war sie jedoch in miserablem Zustand. Die Stadt ließ die gesamte Anlage demontieren und versprach, sie nach Sanierung des heruntergekommenen Bunker Hill wieder in Betrieb zu nehmen. 1996, also erst 27 Jahre später, wurde das Versprechen eingelöst. Derzeit ist sie jedoch wieder außer Betrieb.

Angels Flight taucht in einigen Blockbuster-Filmen auf – von *The Muppets* bis *La La Land*.

4 Los Angeles Central Library

N3 630 W 5th St Mo–Do 10–20, Fr, Sa 10–17:30, So 13–17 Feiertage lapl.org

Das 1926 errichtete städtebauliche Schmuckstück wurde 1986 durch Brandstiftung verwüstet. Sieben Jahre dauerte die 214 Millionen US-Dollar teure Renovierung, die eine Erweiterung mit einschloss. Durch diese umfangreichen baulichen Maßnahmen konnte die Kapazität der Bibliothek auf mehr als 2,1 Millionen Bände verdoppelt werden.

Das Gebäude kombiniert würdevolle Architektur mit byzantinischen, ägyptischen und römischen Elementen sowie mit Inschriften und Skulpturen zum Thema »Aufklärung und Wissen«. Die sehenswerten Fresken von Dean Cornwell (1892–1960) am Rundbau dokumentieren die Geschichte des Bundesstaats Kalifornien.

Beeindruckend sind die Details im Tom Bradley Wing, darunter auch die drei Atriumlüster von Therman Statom, die Natur, Metaphysik und Technik symbolisieren.

Der schön gestaltete Garten mit seinen Brunnen, Bänken und Restaurants am Eingang Flower Street wird von Besuchern gern für eine Pause genutzt. In der Bibliothek finden viele Veranstaltungen statt, z. B. Prosa- und Lyriklesungen, Vorträge, Konzerte und Theateraufführungen.

Expertentipp
Walking Tours

Die gemeinnützige LA Conservancy (www.laconservancy.org), die sich um die Erhaltung der einzigartigen Architektur der Stadt kümmert, bietet samstagvormittags Rundgänge durch Downtown an. Zu den Themen gehören etwa der Glamour des Art déco, die Geschichte und Architektur von Downtown sowie die Union Station.

Angels Flight – Standseilbahn zum Bunker Hill

↑ *Stände mit einer bunten Auswahl an Obst und Gemüse auf dem Grand Central Market*

5

Grand Central Market

O3 · 317 S Broadway · tägl. 9–21 · 1. Jan, Thanksgiving, 25. Dez · grandcentralsquare.com

Seit 1917 besteht die beliebte Markthalle, in der mehr als 40 Stände sorgfältig arrangiert ein großes und buntes Sortiment an Waren anbieten. Bauernstände verkaufen günstig frisches Obst und Gemüse, freundliche Verkäufer offerieren kostenlose Proben.

Unter den zahlreichen Cafés und Imbissbuden befinden sich das China Café, das sein beliebtes *chow mein* seit den 1930er Jahren serviert, und Roast-to-Go, das seit den 1950er Jahren mexikanisches Streetfood anbietet. An den mexikanischen Ständen werden mit Fleisch oder Seafood gefüllte *tacos* und *burritos* serviert. Gäste können beobachten, wie eine wacklige Maschine die *masa* (Maismehlteig) in schmackhafte Tortillas verwandelt. Am Tresen kann man außerdem kostenlos naschen.

6

Broadway Historic Theater District

O4 · Zwischen 3rd u. 9th St

Der District war früher eines der bedeutendsten Shopping- und Entertainmentviertel von Los Angeles. Von diesem Flair hat er sich einiges bewahrt. Seine zwölf Kinos, die zwischen 1910 und 1931 eröffneten, bilden die weltweit höchste Dichte an Filmtheatern. Am üppigsten verziert ist das opulente French Baroque Los Angeles Theatre (Nr. 615). Das vom Spiegelsaal in Schloss Versailles inspirierte Theater eröffnete am 30. Januar 1931 mit der Premiere von Charlie Chaplins Meisterwerk *City Lights*.

Das Million Dollar Theatre von 1918 (Nr. 307) hat eine reich verzierte Fassade, das restaurierte Bradbury Building (Nr. 304) gegenüber einen lichtdurchfluteten viktorianischen Innenhof mit geschmiedeten Eisengeländern sowie Eichenvertäfelungen, verglaste Wände und ein Glasdach.

Lokale

Original Pantry Café
Berühmtheiten aus Showbusiness und Politik wie Marilyn Monroe und Martin Luther King jr. aßen in diesem historischen 24/7-Café schon zu Abend. Die Pfannkuchen, das gebratene Hähnchen und die Burger sind besonders gefragt.

M4 · 877 S Figueroa St · pantrycafe.restaurant

$$$

Philippe the Original
Spezialität des Hauses ist das French Dip Sandwich, das hier mit würzigem Krautsalat, Kartoffelsalat und Eiern serviert wird.

Q2 · 1001 N Alameda St · philippes.com

$$$

Bars

Traxx Bar
Die Bar in der wunderschönen Union Station serviert Bier, Wein und Cocktails.

Q2 · 800 N Alameda · traxxunion.com

Upstairs at the Ace Hotel
Genießen Sie von der Rooftop-Bar eines alten Broadway-Gebäudes Drinks mit Blick auf Downtown.

N5 · 921 S Broadway · acehotel.com

7

L.A. Live

M4 lalive.com

Downtown Los Angeles hatte lange Zeit das Image eines reinen Wohn- und Shopping-Viertels. Doch Downtown verändert sich rasend schnell und gewinnt dadurch zunehmend an Attraktivität. In der Gegend um Los Angeles Convention Center und Staples Center entstanden im Rahmen des inzwischen vollendeten Großprojekts zahlreiche Theater, Hotels und Restaurants.

Hier befindet sich auch das Grammy Museum (www.grammymuseum.org), in dem man die Geschichte der Musikindustrie erleben und sogar einen eigenen Song performen kann.

8

Museum of Contemporary Art

O3 250 S Grand Ave
Mo, Mi, Fr 11–18, Sa, So 11–17 1. Jan, 4. Juli, Thanksgiving, 25. Dez
moca.org

Das Museum of Contemporary Art (MOCA) wurde 1986 von dem japanischen Architekten Arata Isozaki entworfen. Es ist eine Kombination aus Pyramiden, Zylindern und Würfeln.

Das 1979 gegründete MOCA hat in kurzer Zeit eine anerkannte Sammlung von Kunstwerken aus der Zeit nach 1940 zusammengetragen, darunter Werke von Piet Mondrian, Jackson Pollock, Louise Nevelson und Julian Schnabel.

Die Panza Collection präsentiert 80 Arbeiten aus Pop-Art und abstraktem Expressionismus, etwa von Robert Rauschenberg, Mark Rothko und Claes Oldenburg. 1995 erwarb das MOCA die 2100 Fotografien der Freidus Collection, darunter Arbeiten von Diane Arbus und Robert Frank. Für den Besuch des MOCA muss man Tickets mit bestimmten Zeitfenstern vorab buchen.

Basketball im Staples Center

Im schnelllebigen Betrieb der National Basketball Association (NBA) hat das überragende Team von Los Angeles, die LA Lakers, die größte Fangemeinde. Mit einer Serie von 33 Siegen in Folge hält es einen NBA-Rekord. So berühmte Spieler wie Magic Johnson, Kareem Abdul-Jabbar und der verstorbene Kobe Bryant waren maßgeblich am 16-maligen Gewinn der NBA-Meisterschaft beteiligt. Auch die LA Clippers spielen in der höchsten US-Basketballliga, waren aber bisher noch kein NBA-Titelträger. Das Frauenteam The Sparks hat sich häufiger als jedes andere Team der Liga für die Playoffs der Women's National Basketball Association qualifiziert. Alle drei Teams spielen im hochmodernen Staples Center (www.cryptoarena.com) neben L.A. Live.

9

Walt Disney Concert Hall

O3 111 S Grand Ave
musiccenter.org

Der frühere Music Center genannte Komplex gehört zu den drei größten Veranstaltungsorten für darstellende Künste in den USA. Die Walt Disney Concert Hall bietet Platz für 2265 Besucher. Sie wurde von Frank Gehry entworfen, 2003 eröffnet und ist die Heimstätte von Los

Hotel

Hotel Figueroa
Das Boutique-Hotel wurde 1926 für alleinreisende Frauen gegründet. Die Zimmer verströmen zeitgenössischen spanischen Charme, zudem bietet das Figueroa eine Bar und einen Pool.

M4
939 S Figueroa St
hotelfigueroa.com
$$$

Angeles Philharmonic und Los Angeles Master Chorale. Eine von Schauspieler John Lithgow kommentierte Audiotour bietet Infos zur Architektur der Halle.

Das 1964 eröffnete Dorothy Chandler Pavilion, das älteste und größte Theater des gesamten Komplexes, ist Bühne für die Los Angeles Opera. Das Ahmanson Theatre zeigt Musicals und Broadway-Stücke, das Mark Taper Forum als kleinste der Bühnen präsentiert zeitgenössisches Theater.

10 Geffen Contemporary at MOCA

P3 · 152 N Central Ave · Mo, Mi, Fr 11–18, Sa, So 11–17 · 1. Jan, 4. Juli, Thanksgiving, 25. Dez · moca.org

Die einstige Polizeigarage diente dem MOCA *(siehe S. 120)* im Jahr 1983 als vorübergehende Ausstellungsfläche, bis das Museum an der California Plaza fertiggestellt war. In den 1980er Jahren renovierte Frank Gehry die Halle, die zur festen Einrichtung wurde. Wechselausstellungen zeigen nun Teile der Sammlungen des MOCA.

↑ *Typische Straße in Chinatown mit bunten Läden und roten Lampions*

11 Chinatown

Q1 · 727 N Broadway, Suite 208 · chinatownla.com

Die ersten chinesischen Einwanderer kamen während des Goldrauschs, um in den Minen und beim Eisenbahnbau zu arbeiten. Vielen von ihnen schlug Rassismus entgegen. Die erste Chinatown entstand 1870 auf dem Gelände der heutigen Union Station. 1920 wurde sie gut 800 Meter nach Norden verlegt. Heute wohnen und arbeiten in diesem Viertel über 21 000 Menschen.

Das verzierte East Gate am North Broadway führt zum Gin Ling Way und zur New Chinatown Central Plaza, einer Fußgängerzone, die bunte Häuser mit pagodenartigen Dächern säumen. Die Läden bieten alles an, von exquisitem Jadeschmuck bis zu billigem Krimskrams.

Restaurants servieren chinesische Spezialitäten wie etwa Dim Sum (gefüllte Teigtaschen) und scharfe Gerichte der Szechuan-Küche.

Beim Neujahrsfest Anfang Februar *(siehe S. 44)* sieht man Drachen- und Löwentänzer, begleitet von Trommeln und Festwagen.

↓ *Walt Disney Concert Hall, entworfen von Frank Gehry*

Lokale

Daikokuya
Das kleine Lokal ist sehr beliebt wegen seiner *ramen* (Nudelsuppen).
P3 327 E 1st St
daikoku-ten.com
$$$

Mitsuru Café
Ein guter Ort für japanisches Fingerfood wie *imagawayaki* (warme Kuchen gefüllt mit roter Bohnenpaste).
P4 117 Japanese Village Plaza Mall
Mo mitsuru.top-cafes.com
$$$

Sushi Gen
Gäste stehen in diesem riesigen Restaurant Schlange, um das köstliche Sashimi-Special oder *omakase* (Essen nach Wahl des Küchenchefs) zu genießen.
P4 422 E 2nd St
So, Mo
sushigen-dtla.com
$$$

Fugetsu-Do Bakery Shop
In dem familienbetriebenen Lokal dreht sich alles um *mochi* – kleine, runde Reiskuchen.
P3 315 E 1st St
fugetsu-do.com
$$$

Sugarfish
Beliebtes Sushi-Restaurant mit sehr großer Auswahl.
N4 W 7th St
sugarfishsushi.com
$$$

12 Little Tokyo

P4 244 S San Pedro St
visitlittletokyo.com

Little Tokyo befindet sich in einem sehr belebten Areal zwischen 1st, 3rd, Los Angeles und Alameda Street. Der Andrang ist groß, die Märkte, Läden, Restaurants und Tempel des Viertels ziehen Scharen von Besuchern an.

Die ersten Japaner siedelten sich 1884 hier an. Herz des Viertels ist das Japanese American Cultural and Community Center (244 South San Pedro Street), das Kulturveranstaltungen und Festivals wie die Nisei Week organisiert. Im fächerförmigen Japan America Theater treten Künstler und Gruppen aus Japan auf. Dort kann man traditionelles Kabuki-Theater sehen.

Der Japanese Village Plaza (335 East Second Street) wurde im Stil eines japanischen Bauerndorfs errichtet, mit blauen Dachziegeln, Holzrahmen, Teichen und Pfaden. Ein Feuerturm markiert den Eingang an der 1st Street. Hier befinden sich auch der Nijiya Market und der Mikawaya Candy Store. In der Nähe der San Pedro Street gibt es in der Onizuka Street weitere Shops.

13 Japanese American National Museum

P4 100 N Central Ave
Di–So 11–17 1. Jan, Thanksgiving, 25. Dez
janm.org

Das Museum im Stadtviertel Little Tokyo dokumentiert die Geschichte der in den USA lebenden Japaner von den ersten Einwanderern, die 1882 kamen, bis heute. Die Hauptausstellung »Common Ground: The Heart of Community« bietet einen historischen Überblick mit einem Schwerpunkt auf der erzwungenen Inhaftierung von 120 000 hier lebenden Japanern während des Zweiten Weltkriegs. Es zeigt die Rekonstruktion einer Kaserne aus dem Internierungslager Heart Mountain im Norden von Wyoming. Videos präsentieren Wortbeiträge zu diesem Thema. Wechselausstellungen vermitteln Wissenswertes über den Beitrag der Japaner zum kulturellen Leben in den USA.

Das Go For Broke National Education Center (355 E 1st St) gegenüber dem Eingang organisiert Ausstellungen und Veranstaltungen zu den amerikanischen Veteranen japanischer Abstammung im Zweiten Weltkrieg.

↑ *Filmkostüme im Fashion Institute of Design and Merchandising Museum*

↑ *Los Angeles City Hall – fast drei Jahrzehnte lang das höchste Bauwerk in Downtown*

Entdeckertipp

Koyasan Temple

Am Ende einer namenlosen Gasse nahe der East 1st Street steht dieser unter anderem mit Laternen, buddhistischen Statuen und Bildnissen verzierte schöne Tempel (www.koyasanbetsuin.org).

14

Cathedral of Our Lady of the Angels

O2 · 555 W Temple St
frühmorgens bis 18
olacathedral.org

Die katholische Kathedrale von Los Angeles ist ein kubistisches Gebäude, das nach Plänen des spanischen Architekten José Rafael Moneo gestaltet wurde. Es umfasst monumentale Bronzetüren, schlanke Alabasterfenster, eine Orgel mit 6109 Pfeifen, einen Altar aus Carrara-Marmor und ein vergoldetes spanisches Altarbild (17. Jh.). Der Schauspieler Gregory Peck ist ebenso in der Krypta begraben wie die heilige Vibiana (4. Jh.), eine Märtyrerin und Schutzpatronin von Los Angeles.

15

Fashion Institute of Design and Merchandising Museum

M4 · 919 S Grand Ave
Di – Sa 10 –17
fidmmuseum.org

Das Institut widmet sich der Mode, Grafik, Innenausstattung und der Unterhaltungsindustrie. Die insgesamt rund 12 000 Exponate der Sammlung reichen vom späten 18. Jahrhundert bis in die Gegenwart. Zu sehen sind die Entwicklung von der Schneiderei bis zur Haute Couture, Theater- und Filmkostüme, Textilien und Accessoires. Auch weltberühmte Marken und Couturiers wie Commes des Garçons, Christian Dior, Issey Miyake und Yves Saint Laurent werden hier präsentiert. Viele Kleidungsstücke stammen von den Schönen und Berühmten, unter ihnen auch Marlene Dietrich, Fred Astaire und Carole Lombard.

16

Los Angeles City Hall

P3 · 200 N Spring St
+1-213-485-2121
Mo – Fr 8 –17 · Feiertage

Bis 1957 war das 28-stöckige Bauwerk das höchste Gebäude in Downtown – alle anderen waren auf zwölf Etagen begrenzt. Heute wird die 1928 errichtete City Hall von den umliegenden Wolkenkratzern überragt, doch der charakteristische Turm ist immer noch ein Wahrzeichen. Sie ist einer der beliebtesten Schauplätze für Film und TV, u. a. von Szenen für *Superman* mit Clark Kent.

Der Rundbau hat eine schön geflieste Kuppel mit exzellenter Akustik. Die acht Figuren symbolisieren Erziehung, Gesundheit, Gesetzgebung, Kunst, Dienstleistung, Verwaltung, Schutz und Vertrauen.

Bei 45-minütigen Führungen (Tel. +1-213-978-1995) steigt man zu einer Aussichtsfläche des Turms auf, von der man einen schönen Panoramablick genießt.

Viele Kleidungsstücke stammen von den Schönen und Berühmten, unter ihnen auch Marlene Dietrich, Fred Astaire und Carole Lombard.

Spaziergang durch den Business District

Länge 2,5 km **U-Bahn** 7th Street/Metro Center
Dauer 40 Min.

Im 20. Jahrhundert dehnte sich Los Angeles weiter Richtung Meer aus. In der Folgezeit spielte Downtown zeitweise nur eine Nebenrolle im Gefüge der Stadt. Heute befindet sich ein neu belebtes Geschäftsviertel rund um die Flower Street. Auf den Gehwegen drängeln sich wieder Einheimische und Urlauber. Hier ist das Zentrum des kalifornischen Bankenwesens. Dessen Macht symbolisieren Wolkenkratzer wie das Wells Fargo Center. Weiter östlich haben sich Juwelen-, Spielzeug-, Lebensmittel- und Textilgroßhandel angesiedelt. Das Museum of Contemporary Art (MOCA), die Walt Disney Concert Hall und die Los Angeles Central Library haben ein kulturelles Umfeld geschaffen, das die Menschen wieder hierher zieht.

Der **US Bank Tower** ist mit 310 Metern das höchste Gebäude in Los Angeles.

Am **Westin Bonaventure Hotel** sind die Fahrstühle außen. Der Blick über das Geschäftsviertel ist grandios.

Die **Los Angeles Central Library** *(siehe S. 118)* zieren Steinmetzarbeiten und Inschriften zum Thema »Aufklärung und Wissen«.

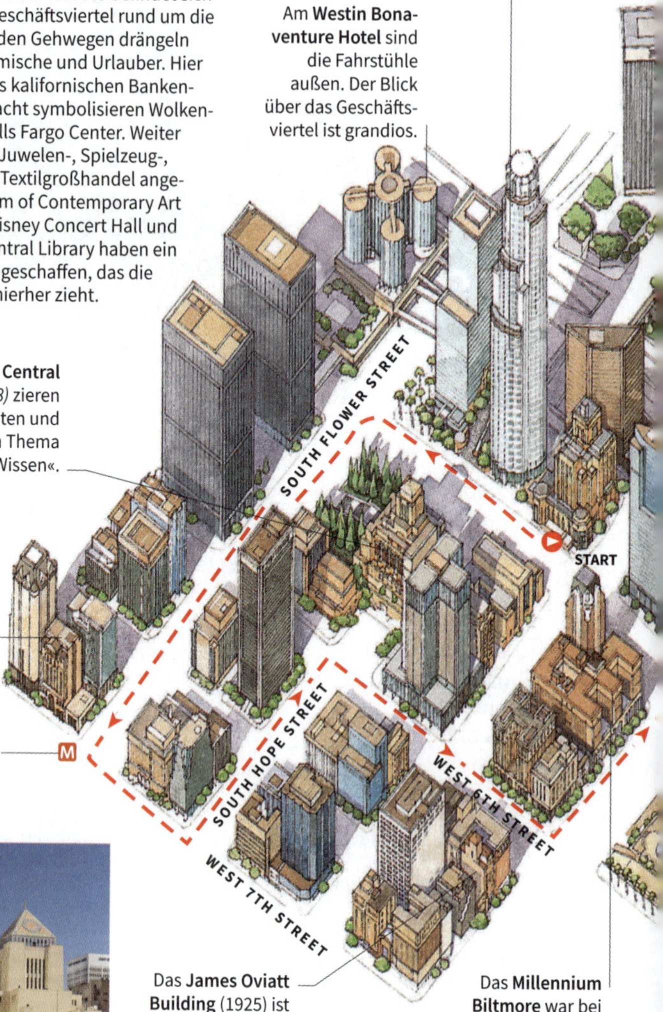

Fine Arts Building

7th Street/ Metro Center

Das **James Oviatt Building** (1925) ist ein schönes Art-déco-Gebäude.

Das **Millennium Biltmore** war bei seiner Eröffnung 1923 eines der luxuriösesten Hotels in Los Angeles.

←
Los Angeles Central Library – ein Wahrzeichen von Downtown

Im **Wells Fargo Center**, einer Filiale des kalifornischen Unternehmens, befindet sich ein Skulpturenhof mit Werken von Künstlern wie Jean Dubuffet.

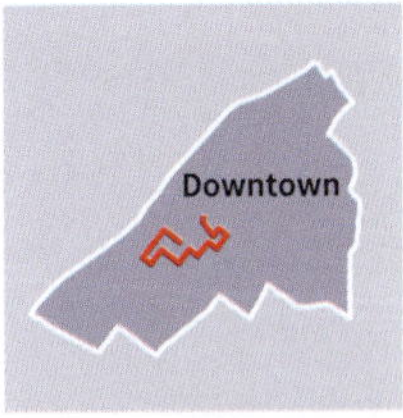

Zur Orientierung
Siehe Stadtteilkarte S. 112f

Im **Museum of Contemporary Art** *(siehe S. 120)* wird eine aufsehenerregende Sammlung von Kunst nach 1940 präsentiert.

Die Standseilbahn **Angels Flight** *(siehe S. 118)* führt von der South Hill Street nach Bunker Hill.

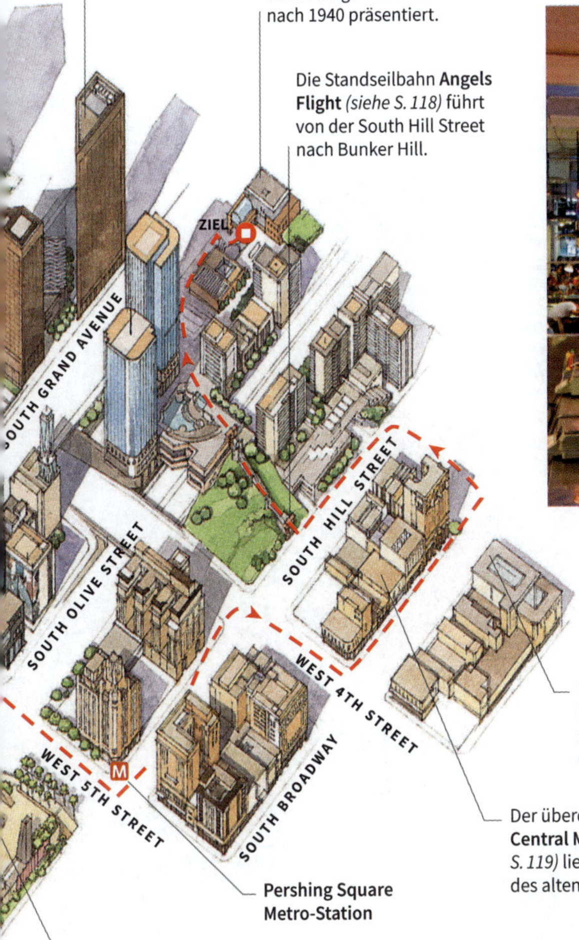

Stände im Grand Central Market, einer traditionsreichen Markthalle ↑

Das Atrium des unauffälligen **Bradbury Building** gehört zu den schönsten der Vereinigten Staaten.

Der überdachte **Grand Central Market** *(siehe S. 119)* liegt im Herzen des alten Theaterviertels.

Pershing Square Metro-Station

Der **Pershing Square** war 1866 der erste öffentliche Park der Stadt. Der heutige Platz ist immer noch ein beliebter Treffpunkt und wurde mit Bäumen, Bänken und Statuen gestaltet.

0 Meter 200
0 Yards 200
N ↑

Auf dem East Ridge Trail im Griffith Park (siehe S. 134f)

Rund um Downtown

Das San Gabriel Valley nordöstlich von Los Angeles wurde nach der Mission San Gabriel Arcángel benannt, die Franziskanerpriester Junípero Serra 1771 gegründet hatte. Die hier lebenden Tongva wurden durch Krankheiten, die die spanischen Siedler aus Europa mitgebracht hatten, stark dezimiert. Etwa 6000 Mitglieder dieses indigenen Volks sind nahe der Mission begraben.

Rund um Downtown gibt es zahlreiche Attraktionen, die von den Freeways aus kaum zu würdigen sind. Doch schon ein wenig abseits des Zentrums von Los Angeles lockt manche Sehenswürdigkeit. Die größte Stadt im Tal ist Pasadena, das Zuwanderer aus dem Mittelwesten – angezogen vom milden Klima – 1887 gründeten. In der vornehmen Stadt, einer kulturellen Hochburg mit hübscher Altstadt, locken u. a. das exzellente Norton Simon Museum und der Komplex The Huntington.

Die Universal Filmstudios Hollywood bieten Touren durch spektakuläre Filmkulissen. Eine herausragende Attraktion im Süden von Downtown ist der Exposition Park neben der University of Southern California mit seinen spannenden Museen. Der Mulholland Drive führt durch ausnehmend schöne Bergszenerien und bietet einzigartige Ausblicke auf Los Angeles und das San Fernando Valley.

T
U
V
Rund um Downtown
SAND CANYON
Contract Point 1108 m
The Pinnacle 1094 m
Südliches Zentral-kalifornien
Seiten 180–203
GOLDEN STATE FREEWAY
SYLMAR
SAN FERNANDO
SIMI VALLEY
PORTER RANCH
Mission San Fernando Rey de España
6
PACOIMA
210
CHATSWORTH
NORTH HILLS
405
5
SHADOW HILLS
TAMPA AVENUE
NORTHRIDGE
SAN DIEGO FREEWAY
VAN NUYS BLVD
PANORAMA CITY
SUN VALLEY
WEST HILLS
TOPANGA CANYON BLVD
HOLLYWOOD FREEWAY
WINNETKA
VICTORY BOULEVARD
BURBANK BOULEVARD
BURBANK BOULEVARD
BURBANK
VAN NUYS
VALLEY VILLAGE
7
Warner Bros. Studio Tour
CALABASAS
TARANA
101
VENTURA FREEWAY
SHERMAN OAKS
9
Universal Studios Hollywood
1
8
Mulholland Drive
HOLLYWOOD HILLS
405
BEL AIR
TOPANGA
Topanga State Park
TOPANGA CANYON RD
WEST SUNSET BOULEVARD
Hollywood und West Hollywood
Seiten 92–109
Beverly Hills, Bel Air und Westwood
Seiten 76–91
BRENTWOOD
MALIBU
PACIFIC PALISADES
MID CITY
10
SANTA MONICA FREEWAY
PALMS
SANTA MONICA
Santa Monica Bay
Seiten 64–75
405
CIENEGA
LADERA HEIGHTS
Santa Monica Bay
VENICE
SUNKIST PARK
4
PARK MESA HEIGHTS
MARINA DEL REY
SAN DIEGO FREEWAY
WESTCHESTER
3
WEST
Los Angeles International Airport
INGLEWOOD
LENNOX
105
Dockweiler State Beach
EL SEGUNDO
0 Kilometer 5
0 Meilen 5
N
Manhattan Beach
GARDENA
2
3
4
5
6
7

Rund um Downtown

Highlights
1. Universal Studios Hollywood
2. Griffith Park
3. Pasadena
4. Exposition Park und University of Southern California

Sehenswürdigkeiten
5. Glendale
6. Mission San Fernando Rey de España
7. Los Angeles Police Museum
8. Mulholland Drive
9. Warner Bros. Studio Tour
10. Hollyhock House
11. Lummis House
12. Koreatown
13. The Southwest Museum of the American Indian
14. El Mercado
15. Watts Towers Arts Center
16. L.A. Arts District
17. Echo Park und Silver Lake
18. Dodger Stadium

Lokale
① Original Tommy's Hamburgers
② Langer's Deli
③ Randy's Donuts
④ Pann's

Hotels
⑤ The Bissell House
⑥ The Glenmark
⑦ Safari Inn

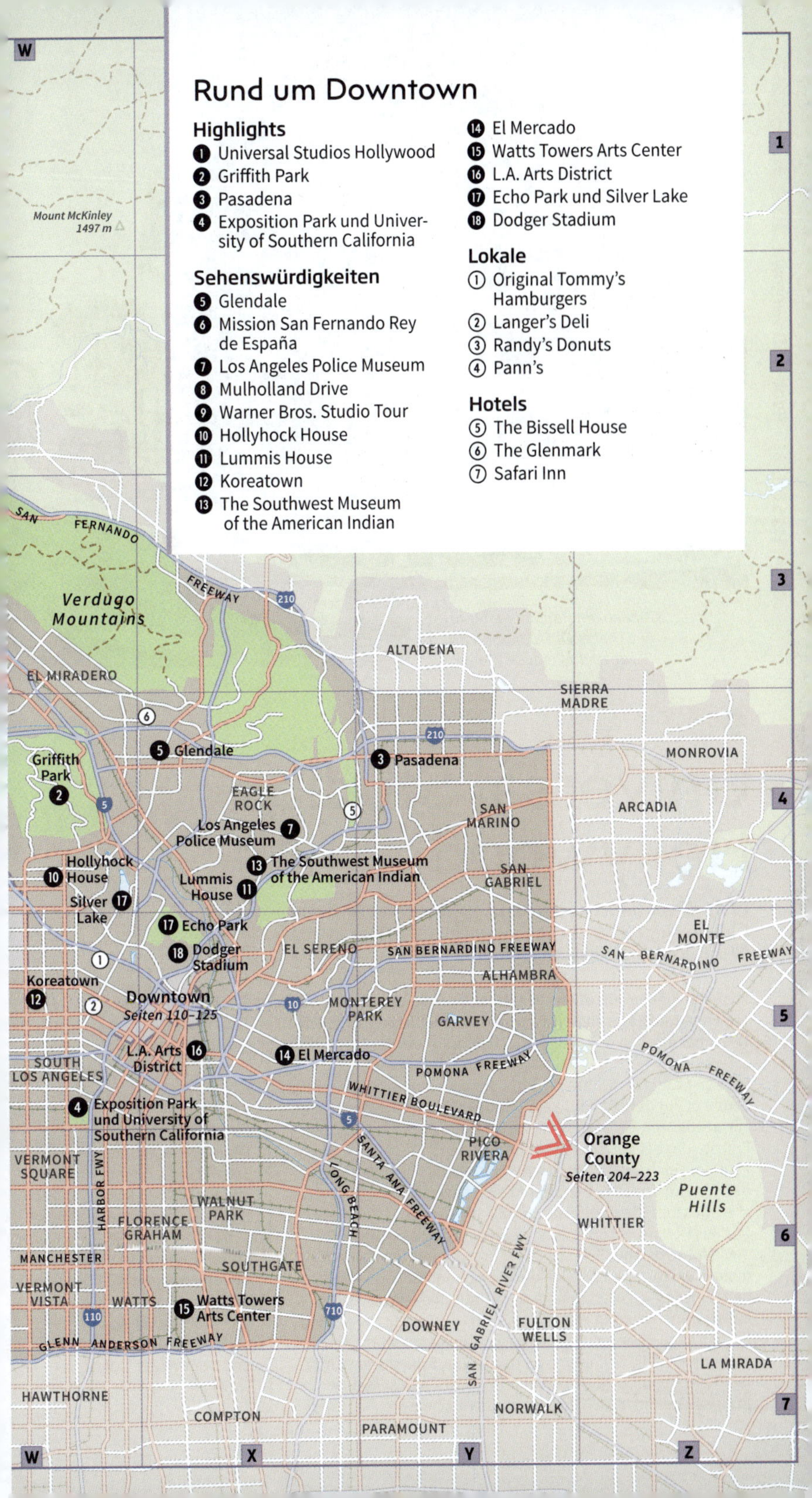

Brunnen am Haupteingang zu den Universal Studios; Busse auf dem Gelände (Detail) ↑

❶

Universal Studios Hollywood

W4 · 100 Universal City Plaza, Universal City · +1-800-864-8377
Juni – Aug: tägl. 9 – 20; Sep – Mai: tägl. 10 –18 (Zeiten können variieren)
universalstudioshollywood.com

Mit einer Fläche von etwa 169 Hektar sind die Universal Studios Hollywood die größten Film- und Fernsehstudios weltweit und bieten zusätzlich einen Themenpark. Besucher erleben hier eine fantastische Welt voller Magie und Hollywood-Glamour.

Mit den Studios erfüllte sich Carl Laemmle einen Traum. 1915 kaufte er auf dem Gelände eine Hühnerfarm und verlegte sein Filmstudio von Hollywood hierher. Besucher zahlten 25 Cent Eintritt, um bei den Dreharbeiten zusehen zu dürfen – und kauften gleich Laemmles frische Eier. Mit dem Aufkommen des Tonfilms ab 1927 benötigten die Studios Ruhe – die Besucher mussten draußen bleiben. Seit 1964 sind die Universal Studios Hollywood im Rahmen einer Tour zu besichtigen.

Ein futuristischer Fahrstuhl, der Starway, verbindet den oberen und unteren Bereich des Filmgeländes. Direkt hinter dem Eingang wandert man durch »Straßen der Welt« – Filmkulissen von Amerika von 1950 bis hin zu europäischen Orten. Einzige Möglichkeit, das Gelände von Universal Studios zu erkunden, ist die Teilnahme an der Studio Tour, die am Entertainment Center beginnt. Im unteren Bereich des Studiogeländes befinden sich die Hauptattraktionen.

Expertentipp
Tickets

Das Universal Express Ticket bietet Zugang zu allen Attraktionen. Mit dem VIP Experience Ticket kann man Bereiche erkunden, die nicht öffentlich zugänglich sind. Die Universal-Studios-Hollywood-App bietet Übersichtspläne und zeigt WLAN-Hotspots an.

STUDIO TOUR

Die klassische Studio Tour gibt Besuchern einen ganz persönlichen Einblick in die Vergangenheit, Gegenwart und Zukunft des Filmgeschäfts in Hollywood. Die Besucher sitzen in Bussen, die mit neuester Technik ausgerüstet sind (HD-Monitore, digitales Soundsystem). Während der Fahrt erläutern Berühmtheiten wie der Comedian Jimmy Fallon die Kulissen. Es gibt darüber hinaus Hunderte von Clips von bekannten Filmen oder Top-TV-Shows zu sehen.

Besucher erleben ein Erdbeben, treffen King Kong, den Weißen Hai und Dinosaurier, überleben den Einsturz einer Brücke, eine Springflut und eine Schneelawine. Die Tour führt auch an Bates Motel vorbei, Kulisse für Hitchcocks *Psycho* (1960), und Wisteria Lane aus *Desperate Housewives*.

Ein beliebter Teil der Tour sind Montagefilme von Filmstars »Before They Were Stars« und die Demonstration spezieller Wettereffekte. 35 Soundbühnen, die TV- und Filmkulissen, Kameras, Lichter und viel Action vermitteln eine Vorstellung von Realität und Illusion des Films. Spezielle Installationen wie »The Mummy«, »Earthquake – The Big One«, »King Kong« oder »Jaws Lake« versetzen den Zuschauer direkt in die jeweilige Filmszene.

↑ *King Kong 360 – 3D: Show mit spektakulären visuellen Effekten*

UNIVERSAL CITYWALK

Architekt Jon Jerde entwarf 1993 eine Reihe von festlichen Fassaden für die Läden und Restaurants der Promenade von CityWalk. Mit zahlreichen Attraktionen, darunter Bars, Clubs und Theater, gehört der CityWalk zu den Unterhaltungsmekkas in Südkalifornien. Ein riesiger neonbeleuchteter Baseballspieler schwingt seinen Schläger über einem Sportgeschäft. Um in ein Eiscafé zu kommen, muss man unter einem umgedrehten pinkfarbenen Cabrio hindurchgehen, das in ein Hollywood-Freeway-Straßenschild gerast ist. Das siebenstöckige IMAX® 3D Theater zeigt die neuesten Filme. Das virtuelle iFLY-Indoor-Skydiving bildet einen starken Kontrast zu den modernen Boutiquen, Läden mit Markenkleidung und Restaurants. Hier macht man einen Abstecher ins bunte Reich kalifornischer Fantasie und Unterhaltung.

← *CityWalk: Glitzernde Promenade in den Universal Studios Hollywood*

FAHRTEN UND SPECIAL EFFECTS

Themenparks sind für ihre aufregenden Fahrten und aufwendig produzierten Shows bekannt. Dies bieten auch die Universal Studios Hollywood. Die atemberaubenden Special Effects machen die *thrill rides* besonders realistisch. Zu den gefragtesten Attraktionen gehört »Revenge of the Mummy – The Ride«, ein spannender Mix aus Hochgeschwindigkeitsschlitten und viel Technologie. Bei einigen der beliebtesten Shows – darunter auch WaterWorld – wird das Publikum in das Geschehen mit einbezogen. Auch King Kong ist zu sehen. Man kann zudem einen Blick auf eine aktuelle Filmproduktion werfen. Jede der aufwendig gestalteten Attraktionen ist einen Besuch wert. Die Faszination Film hat bisher noch jeden in ihren Bann gezogen.

Pyrotechnik, Kampfszenen und fantastische Stunts gehören zur Show WaterWorld® ↑

↓ *Dinosaurier in Jurassic World – The Ride*

Revenge of the Mummy™ – The Ride

Dies ist die beste Hochgeschwindigkeitstour in Kalifornien. Neueste Techniken und Animationseffekte machen eine Fahrt zu einem Gruselerlebnis. Die Lichteffekte mit dem Wechsel von taghell und stockdunkel steigern die Spannung.

Attraktionen

Transformers™: The Ride-3D

△ Dieses Spektakel orientiert sich am gleichnamigen Action-Film und ist wahrlich nichts für schwache Nerven. Besucher werden in die Höhe katapultiert und erleben dabei die ultimative Schlacht zwischen guten und bösen Transformers. Ob man will oder nicht: Wer hier dabei ist, wird unweigerlich Teil des Geschehens.

The Simpsons Ride™

△ Homer, Marge, Bart, Lisa und Maggie Simpson – die Stars der Fernsehserie – begleiten Besucher durch die Mega-Attraktion. Die spektakuläre Reise mit der ganzen Familie Simpson wird zu einem fast unvorstellbaren Abenteuer. Besucher erleben bei einer rasanten Fahrt mit einer Simulator-Achterbahn einen bislang noch völlig unbekannten Teil von Springfield.

Highlight

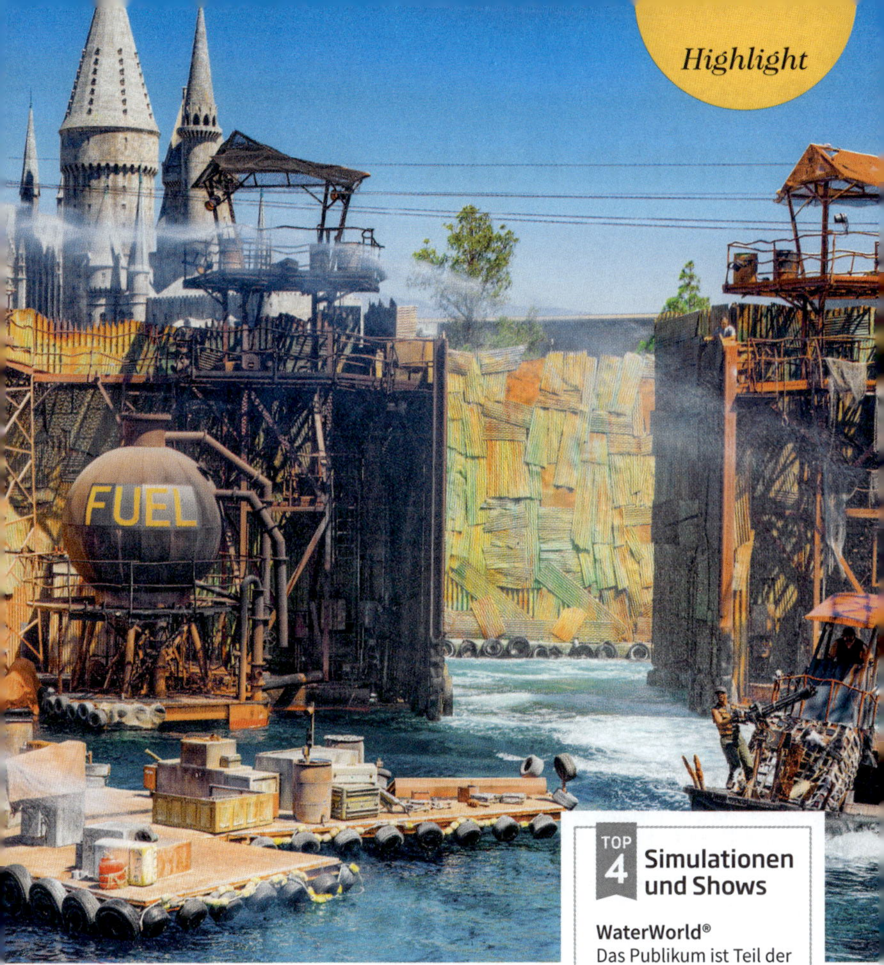

TOP 4 Simulationen und Shows

WaterWorld®
Das Publikum ist Teil der mitreißenden Hightech-Show nach dem gleichnamigen Film von 1995.

Despicable Me Minion Mayhem
Mit 3D-Animationen wird man in die Welt von »Ich – Einfach Unverbesserlich« entführt.

Shrek 4D™
Diese Show setzt da an, wo der gleichnamige Film endete. Zu den Highlights gehört die Animation »Ogre Vision«.

Special Effects Stage
Bei dieser Live-Show werden Geheimnisse hinter den Spezialeffekten heutiger Blockbuster gelüftet.

The Wizarding World of Harry Potter™

▽ Die hochauflösenden Bilder schaffen ein geradezu magisches Erlebnis. Höhepunkt der Attraktion ist eine Fahrt mit der Achterbahn Flight of the Hippogriff über Hogwarts.

Jurassic World – The Ride

△ Steven Spielbergs Filmepos wird mithilfe von Computern und Robotern Realität. Im dunstigen Jurassic Park werden Besucher von Angesicht zu Angesicht mit meterhohen Dinosauriern konfrontiert.

2

Griffith Park

W4 4730 Crystal Springs Dr (+1-323-913-4688)
96 tägl. 5–22:30 laparks.org/griffithpark

Der Griffith Park ist eine 1600 Hektar große Wildnis mit Hügeln, bewaldeten Tälern und grünen Wiesen inmitten von Los Angeles. Man kann im Park entspannen, Sehenswürdigkeiten besichtigen, picknicken, wandern oder reiten.

①

Griffith Observatory

2800 Observatory Rd Di–Fr 12–22, Sa, So 10–22 griffithobservatory.org

Das Art-déco-Observatorium auf dem Mount Hollywood bietet atemberaubende Ausblicke. Es gliedert sich in drei Hauptabteilungen: das Hall-of-Science-Museum, den Vorführsaal des Observatoriums und die verschiedenen Teleskope.

Das Planetarium ist mit modernster Technik ausgestattet, Besucher können durch Raum und Zeit reisen, Gestirne werden an die Decke projiziert. In der Rotunde der Hall of Science demonstriert das Foucault'sche Pendel die Erddrehung. An der gewölbten Decke sind mythologische Figuren dargestellt. In klaren Nächten ist das Zeiss-Teleskop auf dem Dach öffentlich zugänglich.

②

Travel Town Museum

5200 W Zoo Dr Do–Di 10–17 25. Dez traveltown.org

Die Museumszüge und -waggons beschwören den Geist des Eisenbahnzeitalters herauf. Kinder und Erwachsene können auf Güterwaggons klettern oder mit einem kleinen Zug fahren.

③

Greek Theatre

2700 N Vermont Ave für Aufführungen lagreektheatre.com

Die Open-Air-Bühne im Stil eines griechischen Amphitheaters hat eine exzellente Akustik. Über 6000 Menschen können in Sommernächten Pop- oder auch Klassikkonzerten lauschen. Nehmen Sie einen Pullover mit, die Abende sind oft kühl.

④

Los Angeles Zoo

5333 Zoo Dr tägl. 10–17 25. Dez lazoo.org

In dem 46 Hektar großen hügeligen Gehege leben mehr als 1200 Säugetiere, Reptilien und Vögel in Nachbildungen ihrer natürlichen Umgebung.

Im »Kinderhort« gibt es viele neugeborene Tiere, auch aus dem Zuchtprogramm seltener und gefährdeter Tierarten. Das Koalahaus ist schwach erleuchtet, um die Nachttiere zur Aktivität anzuregen. Schwerpunkt von Adventure Island sind die Tiere des Südwestens. Einen Besuch lohnen auch

Hollywood Sign

Hollywood Sign, ein weltberühmter Schriftzug, ist ein Symbol des Filmgeschäfts. Die in den Hollywood Hills angebrachten Buchstaben sind etwa 14 Meter hoch und kilometerweit sichtbar. Drei Wege führen zum Schild hinauf: Mt. Hollywood, Brush Canyon und Cahuenga Peak. Von oben hat man einen wundervollen Blick auf Downtown Los Angeles (www.hollywoodsign.org).

↑ *Das Griffith Observatory thront auf einem Hügel, von dem man auf Downtown Los Angeles blickt.*

der Rainforest of the Americas und das Insektenzentrum. Auf lange Fußwege sollte man sich einstellen. Der Safari-Shuttlebus bringt Besucher auch an die entfernteren Stellen des Zoos.

⑤

Autry Museum of the American West

4700 Western Heritage Way (gegenüber dem Zoo)
Di – So 10 –16
Thanksgiving, 25. Dez
theautry.org

Das von Gene Autry (der »singende Cowboy«) gegründete Autry Museum präsentiert die zahlreichen Kulturen, die den amerikanischen Westen geprägt haben.

Bilder und Skulpturen von Künstlern wie Albert Bierstadt und Frederic Remington spiegeln das Leben romantisch wider. Werkzeuge, Feuerwaffen, Stammeskleidung und religiöse Abbildungen verdeutlichen die kulturelle Vielfalt der Stämme. Das Museum beherbergt auch Film- und TV-Memorabilien.

Im Garten des Museums gibt es Feuchtgebiete, einen Teich, einen Wasserfall und Basaltsäulen.

Expertentipp

Fahrradverleih Spokes 'N Stuff

Für Radtouren durch den Park gehen Sie zu Spokes 'N Stuff am Crystal Springs Drive, wo Sie Gefährte von Kinder-Mountainbikes bis hin zu Lastenrädern mieten können (www.spokes-n-stuff.com).

⑥

LA Live Steamers Railroad Museum

5202 Zoo Dr So 11 –15 (Walt's Barn: 3. So im Monat) lalsrm.org

Das 1956 von einer Gruppe Eisenbahnfans gegründete Museum illustriert die Historie der Eisenbahn. Das Museum beherbergt auch Walt's Barn, wo Walt Disney eine Werkstatt für seinen eigenen Zug hatte.

↑ *Palmen säumen die Straßen von Pasadena vor schöner Bergkulisse*

3

Pasadena

Y4 140 000 79 von Downtown L.A. 300 E Green St (+1-626-795-9311) Tornament of Roses Parade (1. Jan) visitpasadena.com

Mit Fertigstellung der Santa-Fe-Bahnstrecke 1887 entwickelte sich Pasadena von einem Zentrum des Orangenanbaus zu einem Winterresort für wohlhabende Besucher. Der Immobilienboom schmückte die aufstrebende Stadt mit viktorianischen, spanischen Revival- und Art-déco-Gebäuden.

Rosenparade

1890 entschied sich der Pasadena Valley Hunt Club, mit der Tournament of Roses Parade die milden Winter der Region zu feiern. Man ahnte damals nicht, dass sich die Parade der mit Rosengirlanden geschmückten Pferdekutschen einmal zu einem weltbekannten Neujahrsspektakel entwickeln würde.

①

Old Pasadena

oldpasadena.org

Old Pasadena ist ein Modell für gelungene Revitalisierung eines alten Zentrums. Die Straßen werden von angesagten Boutiquen und Shops, erstklassigen Restaurants und wiederbelebten Kinos flankiert, auch viele Gassen und Plätze wurden verschönert. Die Organisation Pasadena Heritage bietet Führungen an.

②

Rose Bowl

1001 Rose Bowl Dr
rosebowlstadium.com

Das Stadion wurde 1922 für das jährlich stattfindende Rose-Bowl-American-Footballturnier gebaut. Hier trägt das Footballteam der UCLA, die Bruins, seine Heimspiele aus. Viele Super-Bowl-Spiele, die Fußball-WM 1994 und das Fußballturnier der Olympischen Sommerspiele von 1984 fanden hier statt.

Viele Super-Bowl-Spiele, die Fußball-WM 1994 und das Fußballturnier der Olympischen Sommerspiele von 1984 fanden in diesem Stadion statt.

③

Gamble House

4 Westmoreland Pl Di 10:30–13, Do–Sa 11:40–15, So 12–15 Feiertage gamblehouse.org

Das Holzhaus (1908), ein Meisterstück seiner Zeit, vertritt die Arts-and-Crafts-Bewegung, die das einfache Design mit Handwerkskunst verband.

Das Haus ist dem warmen Klima angepasst. Geräumige Terrassen und Veranden machen das Leben drinnen und draußen angenehm. Dachvorsprünge spenden Schatten.

④

Pacific-Asia Museum

46 N Los Robles Ave
Mi – So 11 – 17 (Do bis 20)
pacificasiamuseum.usc.edu

Das von Grace Nicholson gegründete und 1924 im traditionellen nordchinesischen Stil erbaute Pacific-Asia Museum präsentiert Sammlungen fernöstlicher Kunst. Wechselausstellungen zur Kunst Asiens und des pazifischen Raums ergänzen die Dauerausstellung. Der Garten im Innenhof ist einer von wenigen chinesischen Gärten in den USA.

⑤

Pasadena Museum of History

470 W Walnut St
Mi – So 12 – 17
pasadenahistory.org

Das Museum in einem Haus des ungarischen Arztes und Insektenkundlers Dr. Adalbert Fenyes illustriert das frühere Leben in Südkalifornien. Einstündige Führungen durch die palastartige Beaux-Arts-Villa (1905) mit ihrer prächtigen Einrichtung und Kunstsammlung geben einen Einblick in das einstige Leben auf dem South Orange Grove Boulevard, der früher als »Millionaire's Row« bekannt war. Später diente das Gebäude als finnisches Konsulat. Ein Gartenhaus beherbergt ein Museum zu Finnischer Volkskunst.

⑥

Mount Wilson Observatory

Mt Wilson Rd tägl. 10 – 16 mtwilson.edu

Das Observatorium wurde 1904 in den San Gabriel Mountains eröffnet, über Jahrzehnte gelangen Astronomen wie Edwin Hubble mit den leistungsstarken Teleskopen bahnbrechende Entdeckungen, die unser Verständnis des Alls revolutionierten.

Das Observatorium kann gratis besichtigt werden. An Wochenenden finden zweimal täglich Führungen statt. Gelegentlich gibt es Konzerte, Vorträge und andere kulturelle Veranstaltungen.

Lokale

Fair Oaks Pharmacy & Soda Fountain
Retro-Dekor und altmodische Favoriten wie Patty Melts (Sandwiches mit Rinderhackfleisch und Käse).
1526 Mission St
fairoakspharmacy.net
$$$

La Grande Orange Café
Klassiker der amerikanischen Küche.
260 S Raymond Ave
lgostationcafe.com
$$$

Urth Caffé
Bio-Kaffee und -Tee, gesunde Suppen und köstliche Desserts.
594 E Colorado Blvd
urthcaffe.com
$$$

7

Norton Simon Museum

411 W Colorado Blvd +1-626-449-6840 180, 181
Do – Mo 12 – 17 1. Jan, Thanksgiving, 25. Dez
nortonsimon.org

Das Norton Simon Museum, eine der bemerkenswertesten privaten Kunstsammlungen der Welt, ist voller unschätzbarer Werke Raffaels, Rembrandts, Van Goghs und Picassos.

Norton Simon (1907 – 1993) war ein Geschäftsmann, der die Leitung eines multinationalen Unternehmens mit dem Aufbau einer international anerkannten Kunstsammlung verband. Von den 1950er bis zu den 1980er Jahren trug er Exponate aus über 2000 Jahren westlicher und asiatischer Kunst zusammen. Nachdem er 1974 das Pasadena Art Museum übernommen hatte, wurde seine Sammlung in den 1980er Jahren weiter ausgebaut. In der europäischen Abteilung sind die alten Meister und Impressionisten stark vertreten, aber auch Renaissance, Postimpressionismus, deutscher Expressionismus und moderne Kunst. Die Skulpturen aus Indien und Südostasien gehören zu den schönsten außerhalb ihrer Ursprungsländer, sie bieten Einblick in Kunst und Religion in diesen Kulturen.

Kurzführer

Europäische Malerei, Drucke, Skulpturen und Wandteppiche von der Renaissance bis zum 20. Jahrhundert finden sich auf der Hauptebene. Die untere Ebene beherbergt Norton Simons Sammlung indischer und südostasiatischer Arbeiten. Im Außenbereich gibt es einen ausgedehnten Skulpturengarten mit einem Teich.

Eine Auswahl der herausragenden Sammlung europäischer Gemälde des Museums ↑

Highlight

TOP 5 Kunst im Norton Simon

Frau mit Buch **(1932)**
Marie-Thérèse Walter war Motiv vieler Bilder von Picasso.

Stillleben mit Zitronen, Orangen und einer Rose **(1633)**
Francisco Zurbarán schuf exzellente kontemplative Stillleben.

Selbstporträt **(um 1636–38)**
Rembrandt malte während seines Lebens fast 100 Selbstporträts.

Buddha **(8. Jh.)**
Die Statue stammt aus Kaschmir, Intarsien sind aus Silber und Kupfer.

Die Heiligen Paul und Frediano **(um 1483)**
Tafelbild von Filippino Lippi aus Florenz.

1 *Skulpturengarten mit Teich*

2 *Die zeremonielle Maske von Bhairava stammt aus Nepal.*

3 *Diese antiken Skulpturen zeigen hinduistische Gottheiten.*

8

The Huntington

1151 Oxford Rd +1-626-405-2100 Mi – Mo 10 – 17 (Voranmeldung empfohlen, am Wochenende erforderlich) Feiertage huntington.org

Die Huntington Institution fasziniert Besucher wie Wissenschaftler gleichermaßen. Der Komplex umfasst eine umfangreiche Forschungsbibliothek, eine Kunstsammlung und botanische Gärten mit Pflanzen aus allen Kontinenten.

Die stilvolle, auch architektonisch interessante Villa wurde zwischen 1909 und 1911 für Henry Huntington (1850 – 1927) errichtet, der durch den Bau eines Straßenbahnnetzes in Los Angeles ein Vermögen verdient hatte. 1913 heiratete er Arabella, die Witwe seines Onkels. Mit ihr trug er eine der weltweit bedeutendsten Bibliotheken sowie Kunst- und Pflanzensammlungen zusammen. 1919 übertrugen Henry und Arabella ihr Haus und ihre Gärten einer Stiftung und gründeten eine gemeinnützige Forschungseinrichtung.

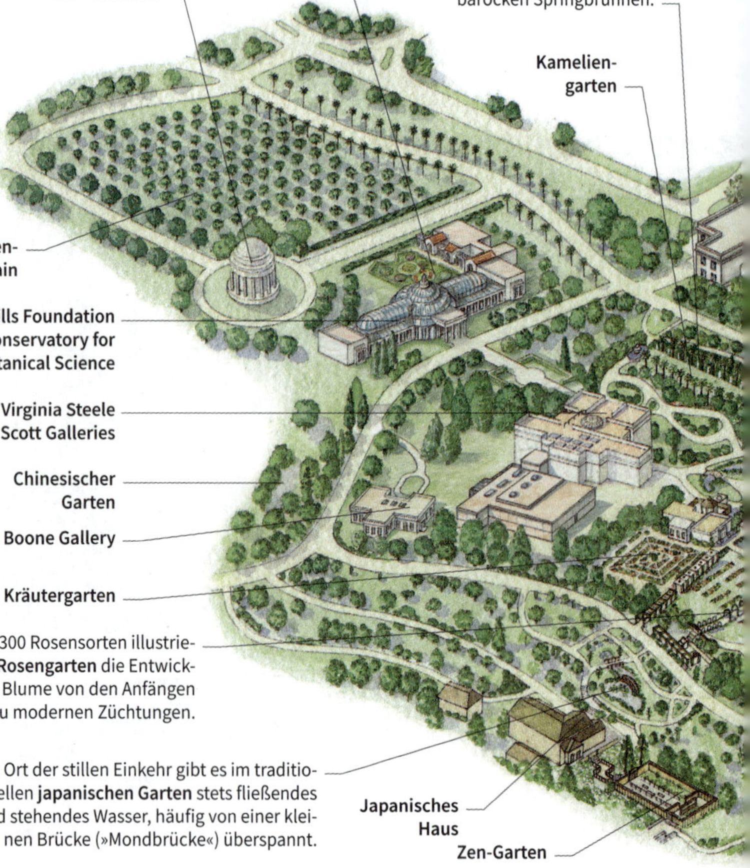

Highlight

↑ *Der traumhafte Chinesische Garten auf dem Gelände ist der größte seiner Art außerhalb Chinas*

→ *Besucher betrachten in der weitläufigen Kunstgalerie die ausgestellten Bilder*

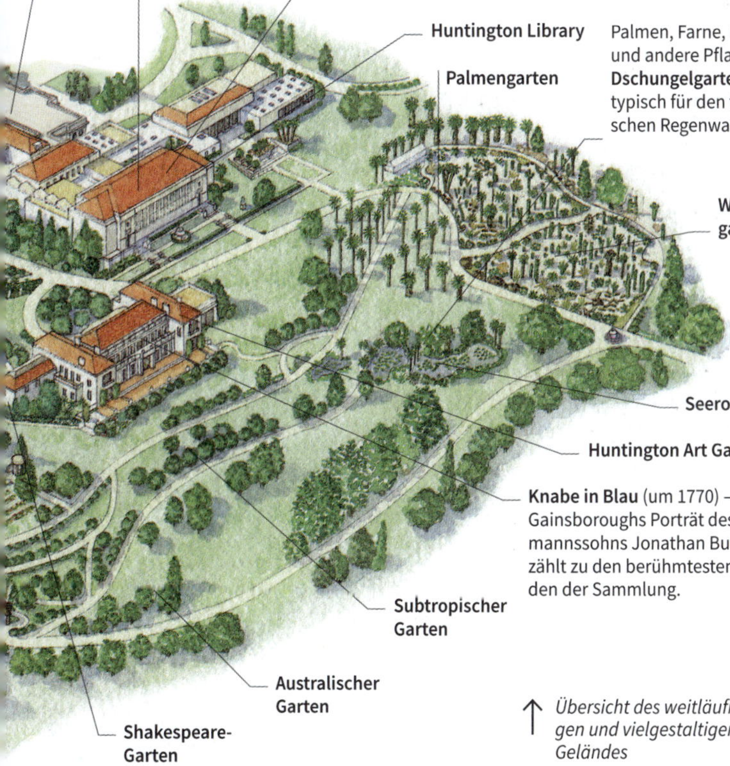

↑ *Übersicht des weitläufigen und vielgestaltigen Geländes*

THE HUNTINGTON: SAMMLUNGEN

Huntington Library

Seit 1920 widmet sich die Bibliothek britischer und amerikanischer Geschichte und Literatur. Sie zieht jährlich etwa 2000 Wissenschaftler an. Besondere Werke und Sonderausstellungen sind in der Exhibition Hall zu sehen.

Unter den insgesamt rund 600 000 Büchern und sechs Millionen Manuskripten sind die Autobiografie von Benjamin Franklin und das Ellesmere-Manuskript von Chaucers *Canterbury-Erzählungen* (um 1410). Zu den vor 1501 gedruckten Büchern gehört eine Gutenberg-Bibel (um 1455) – eines von nur noch zwölf Exemplaren.

Zu den aus der Zeit vor 1501 gedruckten Büchern gehört eine Gutenberg-Bibel (um 1455) – eines von nur noch zwölf Exemplaren.

Es gibt Erstausgaben und Manuskripte von Mark Twain, Charles Dickens und Lord Tennyson, zudem Ausgaben von Shakespeares Theaterstücken, Briefe von George Washington, Benjamin Franklin und Abraham Lincoln.

Dibner Hall of the History of Science

Die Ausstellung in der Dibner Hall zielt darauf, die Wissenschaft zu würdigen und zu zeigen, wie bestimmte historische Durchbrüche die Welt verändert haben. Die Burndy Library, früher im MIT untergebracht, und Huntingtons eigene wissenschaftliche Sammlung präsentieren hier in vier Abteilungen Erfindungen von weltberühmten Wissenschaftlern – von Ptolemäus bis Einstein.

Besucher können in einem Lesesaal Übersetzungen und Neuausgaben studieren.

Virginia Steele Scott Galleries of American Art

Nach einer Erweiterung stehen über 15 000 Quadratmeter Ausstellungsfläche mehr zur Verfügung. Dafür wurden die Virginia Steele Scott Gallery sowie die Lois and Robert F. Erburu Gallery verbunden. Hier findet sich eine der größten Sammlungen amerikanischer Kunst Südkaliforniens. Sie reicht von der Kolonialzeit bis etwa 1950. Unter den bekannten Werken sind *The Meeting of Lear and Cordelia* (1784) von Benjamin West (1738–1820), *Chimborazo* (1864) von Frederic Edwin Church (1826–1900) und →

Skulptur der römischen Göttin Diana, Virginia Steele Scott Galleries

↑ *Gemälde und Möbel in the Huntington Art Gallery*

Breakfast in Bed (1897) von Mary Cassatt (1844–1926). In der Abteilung steht auch die Marmorstatue *Zenobia in Chains* (1859) von Harriet Hosmer (1830–1908). Sie wurde in einer Privatsammlung entdeckt, nachdem sie lange als verloren oder zerstört galt. Weitere Werke stammen von Edward Hopper (1882–1967). Von Edward Henry Weston (1886–1958) sind bahnbrechende Fotos zu sehen.

Huntington Art Gallery

Die Huntington-Villa zeigt den Großteil der Sammlung, u. a. britische und französische Kunst aus dem 18. und frühen 19. Jahrhundert. Am bekanntesten sind die Porträts in der Thornton Portrait Gallery – wohl mit der beste Ort, um britische Kunst zu studieren. Zu den Hauptwerken zählen Thomas Gainsboroughs *Knabe in Blau* (um 1770), *Pinkie* (1794) von Thomas Lawrence sowie Werke von Constable, Romney, Reynolds, van Dyck und Turner. Mobiliar aus dem 18. Jahrhundert schmückt den Large Library Room, darunter befinden sich auch zwei für Louis XIV angefertigte schöne Savonnerie-Teppiche und fünf Beauvais-Gobelins.

Im Obergeschoss des palastartigen Bauwerks sind Gemälde aus der Renaissance zu sehen. Auch Bronzen britischer und französischer Künstler sind hier ausgestellt.

Boone Gallery

Die Boone Gallery präsentiert Sonderausstellungen zu Themen britischer und amerikanischer Kunst, daneben auch seltene Bücher und Manuskripte sowie einzelne Stücke der Dauerausstellung.

Das 1911 im Stil des Neoklassizismus errichtete Gebäude wurde zunächst als Garage genutzt. Seit der von Mary-Lou und George Boone finanzierten Renovierung 2000 dient es als Ausstellungsareal.

Botanical Gardens

Im Jahr 1904 beauftragte Henry Huntington den Landschaftsgärtner William Hertrich mit der Gestaltung des inzwischen 15 Gärten umfassenden Geländes.

Der Wüstengarten beherbergt auf fünf Hektar Fläche über 4000 dürreresistente Arten aus aller Welt. Im Rosengarten wird die Geschichte der Rosenzüchtung erläutert. Die ältesten findet man im Shakespeare-Garten.

Der japanische Garten mit Mondbrücke, Zen-Garten und japanischen Pflanzen gehört zu den beliebtesten Gärten auf dem Gelände.

Huntingtons Big Red Cars

Henry E. Huntington machte sein riesiges Vermögen mit Immobilien und öffentlichen Verkehrsmitteln. Als größter Landbesitzer in Südkalifornien gründete er 1901 die Pacific Electric Railway, um die Menschen in die weit entfernten neuen Vororte zu bringen. Bald wurde seine Flotte roter Überland-Trolleys (»Big Red Cars«) zum weltweit größten Nahverkehrssystem, das Orte in ganz Südkalifornien verband. Als er 1910 den größten Teil seines Besitzes an die Southern Pacific Railroad verkaufte, lebten in Los Angeles mehr als 300 000 Menschen. Der letzte Trolley war bis 1961 in Betrieb.

↑ *Verschiedene Arten von Kakteen und anderen Sukkulenten im Wüstengarten*

Die Doheny Memorial Library im Zentrum der University of Southern California

4

Exposition Park und University of SouthernCalifornia

W5 DASH-Shuttlebus F vom Business District, 81
+1-213-740-2311 usc.edu

Im Exposition Park fanden in den 1880er Jahren zunächst Volksfeste, Märkte und Pferderennen unter freiem Himmel statt. Ende des 19. Jahrhunderts blühten hier aber Trinkerei, Glücksspiel und Prostitution. Heute ist es ein Kulturort mit mehreren spannenden Museen. Im zentralen Rosengarten wachsen insgesamt mehr als 19 000 Rosensträucher. Die University of Southern California (USC) mit ungefähr 28 000 Studenten erstreckt sich gegenüber dem Park über 62 Hektar. Sie wurde 1880 gegründet und ist die älteste und größte Privatuniversität im Westen der USA.

Modell eines Tyrannosaurus im Natural History Museum of Los Angeles County

①

Natural History Museum of Los Angeles County

900 Exposition Blvd, Exposition Park tägl. 9:30–17 1. Jan, 4. Juli, Thanksgiving, 25. Dez nhm.org

Das Museum gehört zu den bedeutendsten Museen für Naturkunde und Kulturgeschichte der USA. Mit ungefähr 35 Millionen Objekten aus rund 4,5 Milliarden Jahren Erdgeschichte würdigt es die Natur- und Kulturschätze Südkaliforniens. Highlights

Schon gewusst?

Der Glockenturm der Mudd Memorial Hall war Drehort des Films *Der Glöckner von Notre-Dame*.

sind die Age of Mammals Hall und die Dinosaur Hall. Im Nature Lab erfährt man Wissenswertes über die Tier- und Pflanzenwelt von Los Angeles. Die Nature Gardens zeigen Vegetation aus Kalifornien und der ganzen Welt und umfassen den saisonal geöffneten Schmetterlingspavillon (Sep/Okt) und den Spinnenpavillon (Okt/Nov).

②

Frank Sinatra Hall and Hugh Hefner Hall

900 West 34th St, USC
Mo – Fr 10 – 16
cinema.usc.edu

Die Frank Sinatra Hall befindet sich im Eileen Norris Theaterkomplex und zeigt Erinnerungsstücke aus der Karriere des legendären Sängers und Schauspielers. Hier befindet sich auch die Hugh Hefner Hall mit Ausstellungen klassischer Hollywood-Devotionalien.

③

Doheny Memorial Library

3550 Trousdale Pkwy, USC +1-213-740-2924

Die Hauptpräsenzbibliothek der USC mit italienisch-romanischen, ägyptischen und maurischen Einflüssen entstand 1932 zum Gedenken an Edward L. Doheny jun., einen Kurator der Universität. Sie beeindruckt durch eine monumentale Marmortreppe am Eingang und kunstvolle Stein- und Holzarbeiten.

④

Mudd Memorial Hall

3709 Trousdale Pkwy, USC

Die Halle der philosophischen Fakultät ist ein spannender Stilmix aus Renaissance- und italienischen Elementen. Statuen der großen Philosophen sind im Außenbereich zu sehen – der Kyniker Diogenes wacht über dem Eingang.

Highlight

Restaurants

Chichen Itza

USC-Studenten und andere Gäste strömen in Scharen in dieses mexikanische Restaurant mit guter Küche.

3655 S Grand Ave
chichenitza restaurant.com
$$$

Jacks N Joe

In diesem Restaurant im hawaiianischen Stil gibt es den ganzen Tag Frühstück. Flapjacks (Pfannkuchen) locken mit Namen wie Pudgie Elvis, Fight On und Totally LA. Das Restaurant serviert auch köstlichen French Toast.

2498 S Figueroa St
jacksnjoe.com
$$$

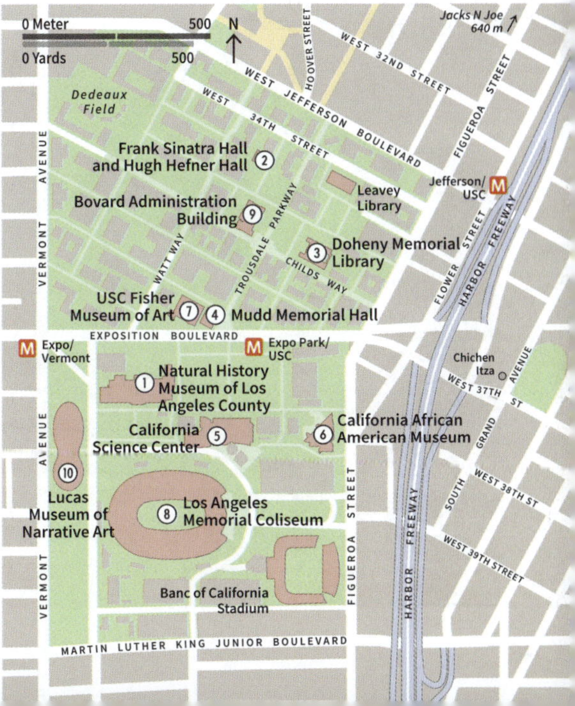

⑤

California Science Center

700 Exposition Park Dr
tägl. 10–17 1. Jan, Thanksgiving, 25. Dez
californiasciencecenter.org

Das California Science Center ist eines der größten seiner Art in den USA. »World of Life« in der Kinsey Hall of Health erklärt, wie Lebewesen funktionieren. Hier steht »Body Works«, eine 15 Meter hohe, transparente menschliche Gestalt mit erleuchteten Organen. »The Creative World« zeigt, wie Menschen Dinge produzieren. In »Ecosystems« kann man acht Lebensräume erkunden. Das IMAX®-Kino zeigt auf seiner sieben Stockwerke hohen Leinwand Naturfilme.
An der Fassade des von Frank Gehry entworfenen Aerospace Museum ist ein F-104-Starfighter befestigt. Ausgestellt sind Fluggeräte, vom Gleiter der Gebrüder Wright bis zur Weltraumkapsel *Gemini 11.* Das Spaceshuttle *Endeavour* ist im Samuel Oschin Pavilion zu sehen. Tickets müssen im Voraus für einzelne Zeitfenster gebucht werden.

↑ *Skulpturen und Gemälde im California African American Museum*

⑥

California African American Museum

600 State Dr, Exposition Park Di–Sa 10–17, So 11–17 1. Jan, Thanksgiving, 25. Dez
caamuseum.org

Anhand von über 4000 Objekten von 1800 bis heute erforscht dieses Museum die Geschichte, Kunst und Kultur der Afroamerikaner, ein besonderer Schwerpunkt liegt auf dem Westen der USA. Die Dauerausstellung präsentiert Arbeiten von Künstlern wie Martin Pierré, Betye Saar, Noah Purifoy und Robert Duncanson, dem Land-

↓ *Space Shuttle* Endeavour; *Hof des California Science Center* (Detail)

schaftsmaler (19. Jh.). Darüber hinaus zeigt die Sammlung Skulpturen, Fotografien, Filme und historische Dokumente. Der Skulpturenhof ist oft Schauplatz von Sonderausstellungen und weiteren Veranstaltungen.

⑦

USC Fisher Museum of Art

823 S Exposition Blvd, USC
Di–Fr 12–17, Sa 12–16
Feiertage, im Sommer
fisher.usc.edu

Die nach ihrer Mäzenin, der Frau von Walter Harrison Fisher, benannte Sammlung präsentiert französische und amerikanische Landschaftsmalerei (19./20. Jh.) und einige Werke von Peter Paul Rubens.

Anhand von über 4000 Objekten von 1800 bis heute erforscht dieses Museum die Geschichte, Kunst und Kultur der Afroamerikaner.

Highlight

USC Trojans

Die University of Southern California gilt als bedeutendes Zentrum des Hochschulsports. USC-Studenten haben mehr Meisterschaften der National Collegiate Athletic Association für Männer gewonnen (insgesamt 84) als jedes andere College in den USA und die meisten männlichen und weiblichen Olympiateilnehmer hervorgebracht.
Als nationale Meister im Fußball (11 Mal), Wasserball (9 Mal) und Frauenbasketball (3 Mal) sind die USC Trojans – so lautet der Name aller Teams – schon seit Jahrzehnten sehr erfolgreich (www.usctrojans.com).

⑧

Los Angeles Memorial Coliseum

3911 S Figueroa St, Exposition Park **für Veranstaltungen** **lacoliseum.com**

Das Stadion wurde 1923 zu Ehren der Veteranen des Ersten Weltkriegs eröffnet. In dem Bau von 1928 fanden zweimal Olympische Spiele (1932 und 1984), zwei Super Bowls und eine Weltmeisterschaft statt. Er ist Heimstatt des USC-Footballteams. Als Bühne diente er auch für Rockkonzerte, die USA-Tour von Nelson Mandela, die Messe mit Johannes Paul II. von 1987 und die Rede von John F. Kennedy für seine Kandidatur 1960. Seit der Renovierung 2008 gibt es ein modernes Soundsystem, Videowände und Sitze.

Expertentipp
Coliseum Tours

Das Los Angeles Memorial Coliseum bietet geführte Touren an, bei denen Sie mehr über die Geschichte des Stadions erfahren, Zugang zu den Katakomben haben und einen Blick auf das Feld erhalten.

⑨

Bovard Administration Building

3551 Trousdale Parkway, USC

Der architektonisch interessante italienisch-romanische Bau ist nach George Bovard, dem vierten USC-Präsidenten, benannt. Den früheren Glockenturm zieren acht Skulpturen berühmter Männer, darunter auch John Wesley, Abraham Lincoln, Theodore Roosevelt, Cicero und Platon. Das Norris Auditorium bietet 1600 Plätze.

Roger Nobel Burnham schuf 1930 die Statue *Tommy Trojan*, das Symbol der USC.

⑩

Lucas Museum of Narrative Art

Bill Robertson Lane, Exposition Park **Zeiten der Website entnehmen**
lucasmuseum.org

Dieses vom Filmemacher George Lucas gegründete Museum ist eine Hommage an das visuelle Geschichtenerzählen durch Illustrationen, Gemälde, Fotografien, digitale Kunst und Filme.

SEHENSWÜRDIGKEITEN

5

Glendale

X4 200 000
613 E Broadway
glendaleca.gov

Glendale, eine weitläufige Stadt im östlichen San Fernando Valley, wird von den üppigen Verdugo Mountains eingerahmt und von malerischen Schluchten durchzogen. Die Stadt hat ein gut erhaltenes Zentrum mit elf Gebäuden, die im National Register of Historic Places gelistet sind.

Das unkonventionelle Museum of Neon Art (216 S Brand Blvd; www.neonmona.org) bietet eine leuchtende Hommage an die Welt der Neonschilder. Es organisiert auch den Neon Cruise, eine Tour im Doppeldeckerbus zu den Sehenswürdigkeiten von Los Angeles. Für ein weiteres beeindruckendes Retro-Erlebnis können Sie sich im Electric Dusk Drive-In (236 N Central Ave) einen Film unter freiem Himmel ansehen, es ist einer von nur drei verbleibenden Veranstaltungsorten dieser Art in Los Angeles.

Glendales bemerkenswertester Ort ist jedoch Forest Lawn (1712 S Glendale Ave), ein riesiger Friedhof mit vielen Kirchen. Hier sind zahlreiche Berühmtheiten begraben – von Walt Disney bis Humphrey Bogart. Ein Kunstmuseum zeigt Statuen und Gemälde, darunter auch Werke alter Meister. Verpassen Sie nicht die Bleiglasnachbildung des *Letzten Abendmahls* im Großen Mausoleum und das 60 Meter lange Gemälde *Die Kreuzigung* des polnischen Künstlers Jan Styka in der Hall of the Crucifixion-Resurrection.

6

Mission San Fernando Rey de España

U2 15151 San Fernando Mission Blvd, Mission Hills tägl. 9–16:30
Thanksgiving, 25. Dez

San Fernando Rey de España wurde 1797 als eine von 21 Franziskaner-Missionen in Kalifornien gegründet. Die Kirche ist eine Nachbildung des Originals, das ein Erdbeben 1971 zerstörte. Der *convento* (Wohntrakt) mit seinem Portikus aus 21 Bogen ist das größte erhaltene Missionsgebäude in Kalifornien. Bei einer Führung erlebt man, wie die Mission zur Zeit der spanischen Herrschaft bewirtschaftet wurde.

7

Los Angeles Police Museum

X4 6045 York Blvd
Mo–Fr 10–16, dritter Sa im Monat 9–15 laphs.org

Das in einem 1925 im Highland Park eingerichteten Polizeirevier untergebrachte Museum dokumentiert sämtliche Facetten des Polizeiwesens in Los Angeles. Zu den hier gezeigten Objekten

←

Innenraum und Eingang (Detail) *der wiederaufgebauten Mission San Fernando Rey de España*

↑ *Atemberaubende Aussicht vom Mulholland Drive über das Lichtermeer von Los Angeles*

gehören unter anderem Schusswaffen, Handschellen und Autos mit Einschusslöchern. Besucher können Zellen besichtigen und von sich ein »Fahndungsfoto« machen lassen.

8

Mulholland Drive

V4 An den Highways 1 u. 27 vom Hollywood Fwy zum Leo Carrillo State Beach Malibu Chamber of Commerce, 23805 Stuart Ranch Rd, Ste 100 (+1-310-456-9025)

Der Mulholland Drive, eine der bekanntesten Straßen von Los Angeles und Kulisse zahlreicher Filmproduktionen, erstreckt sich über etwa 32 Kilometer von Nord-Hollywood bis zur Küste von Malibu *(siehe S. 74f)*. Da er sich entlang den Santa Monica Mountains windet, bietet er spektakuläre Ausblicke auf die Stadt, das San Fernando Valley und einige exklusive Gebäude. David Hockney hielt diese Eindrücke auf dem Gemälde fest, das jetzt im LACMA *(siehe S. 100 – 103)* hängt.

Die Straße ist nach William Mulholland benannt. Obwohl er besser für seine Arbeit am L. A. Aqueduct bekannt ist, beaufsichtigte er die Fertigstellung des Mulholland Drive im Jahr 1924.

Entdeckertipp

Six Flags Magic Mountain

Der Themenpark etwa 40 Kilometer nördlich des Mulholland Drive bietet mit Achterbahnen und weiteren Attraktionen jede Menge Fahrspaß (www.sixflags.com/magicmountain).

9

Warner Bros. Studio Tour

W4 3400 Warner Blvd, Burbank Do – Mo 9 –15:30 Thanksgiving, 25. Dez wbstudiotour.com

Nehmen Sie an einer Bustour über das 45 Hektar große Gelände des berühmten Studios teil, das 1923 am Fuß der Hollywood Hills gegründet wurde. Vielleicht entdecken Sie einige Ihrer Lieblingsstars, während Sie Dutzende von Film- und Fernsehkulissen erleben – von *Casablanca* bis *Friends*.

Die Studiotour führt auch hinter die Kulissen, so erhalten Sie Einblick in die Requisitenabteilung und das zweistöckige interaktive Archiv mit faszinierenden Filmerinnerungsstücken. Bei der sechs Stunden langen Deluxe Tour erhalten Sie spannende Einblicke in die einzelnen Schritte der Filmproduktion.

Lokale

Original Tommy's Hamburgers

Der Imbiss an der belebten Kreuzung von Beverly und Rampart St hat nur Sitzgelegenheiten im Freien.

W5 2575 Beverly Blvd
originaltommys.com

$$$

Langer's Deli

Ein koscheres Deli, das für sein Pastrami-Roggenbrot-Sandwich bekannt ist. Sandwich Nr. 19 wird von einer Schüssel Matzo-Kugelsuppe begleitet.

W5 704 S Alvarado St
langersdeli.com

$$$

Randy's Donuts

Dieser berühmte Drehort aus den 1950er Jahren mit einem riesigen Donut auf dem Dach ist sehr populär. Kein Wunder, die Donuts hier sind eben eine Klasse für sich.

V6 805 W Manchester Blvd, Inglewood
randysdonuts.com

$$$

Pann's

Das Café aus den 1950er Jahren bietet Retro-Gerichte wie etwa Buttermilch-Frühstück, Leber mit Zwiebeln und Pudding.

V6 6710 La Tijera Blvd abends
panns.com

$$$

Wie ein Maya-Tempel: Frank Lloyd Wrights Hollyhock House

10

Hollyhock House

W4 4800 Hollywood Blvd Park: tägl. 6–22; Gebäude: Di–So 11–16 (nur zu Führungen) barnsdall.org/hollyhock-house

Der amerikanische Architekt Frank Lloyd Wright entwarf zahlreiche Häuser in Los Angeles. Hollyhock House war das erste und ist immer noch eines der bekanntesten. Es zeigt Wrights Vorliebe für den präkolumbischen Stil. Das auf einem Hügel gelegene, um einen zentralen Innenhof errichtete Haus ähnelt einem Maya-Tempel.

Das Anwesen wurde 1921 für die Ölerbin Aline Barnsdall erbaut, die ihre Lieblingsblume, die Malve, als durchgängiges dekoratives Motiv haben wollte. Daher ziert ein Band stilisierter, aus Beton geformter Malven die Außenfront. Die Blumen finden sich im Inneren als Verzierungen wieder, z. B. an den Esszimmerstühlen und anderen von Wright entworfenen Möbeln. Der angrenzende Barnsdall Park ist ein Kunstpark mit Galerien.

Schon gewusst?

Hollyhock House ist das einzige Haus in Los Angeles, das Frank Lloyd Wright im »Prairie-Stil« baute.

11

Lummis House

X4 200 E Ave 43 Sa, So 10–15 laparks.org/historic/lummis-home-and-gardens

Das Haus baute Charles Fletcher Lummis (1859–1928) aus Zement und Steinen aus dem Flussbett. Die unterschiedlichen Stilelemente – indigene Kunst, Mission Revival und Arts and Crafts – zeugen von den wichtigen Einflüssen in Lummis' Leben.

Charles Fletcher Lummis war Herausgeber einer Zeitung, Schriftsteller, Fotograf, Künstler und Historiker. 1885 durchquerte er zu Fuß die USA von Ohio nach Los Angeles, wo er sich niederließ. Als Herausgeber der *Los Angeles Times* spielte er eine zentrale Rolle im kulturellen Leben der Stadt. Als Mitbegründer des California Landmark Club unterstützte er die Erhaltung der Missionen. Seine Sammlung indigener Artefakte war der Grundstock des Southwest Museum.

Im Garten wachsen in Südkalifornien beheimatete Pflanzen.

12

Koreatown

W5

Vor einer Generation war das westlich von Downtown und südlich von Hollywood gelegene »K-Town« ein sozialer Brennpunkt. Bei den Unruhen vom April 1992 ging der überwiegende Teil des Viertels in Flammen auf. Heute ist das acht Quadratkilometer große Areal eine der angesagtesten und vielfältigsten Gegenden von Los Angeles mit einer lebendigen koreanischen Kultur. Neben vielen K-Pop-Läden, Einkaufszentren, Restaurants und Clubs gibt es auch ruhigere, von Palmen gesäumte Straßen.

Ein Besuch im **Koreatown Galleria Supermarket** ist ein Erlebnis. Die kulturelle Bedeutung der koreanischen Community wird im **Korean American National Museum** gewürdigt. Im Südwesten steht der buddhistische Tempel Thal Mah Sah. Weiter westlich, im benachbarten Brookside, beherbergt das **Korean Cultural Center** ein Museum und bietet auch Perfomances.

Koreatown Galleria Supermarket

3250 W Olympic Blvd Mo–Sa 10–20, So 11–19 koreatowngalleria.com

Korean American National Museum
🛍 ⌂ 3727 W 6th St No. 519
🕒 Mo–Fr 10–18
W kanmuseum.org

Korean Cultural Center
⌂ 5505 Wilshire Blvd
🕒 Mo–Fr 9–17 W kccla.org

13

The Southwest Museum of the American Indian

📍 X4 ⌂ 234 Museum Dr
🕒 Sa 10–16 W theautry.org

Das Museum, eines der ältesten von Los Angeles, heißt offiziell Historic Southwest Museum Mt. Washington Campus. Charles Fletcher Lummis, ein Fotograf, Amateur-Anthropologe und Historiker, begründete die herausragende Sammlung.

1884 wanderte Lummis von Ohio nach Kalifornien, um einen Job als Reporter für die *Los Angeles Times* anzutreten. Dabei bekam er einen tiefen Einblick in die zahlreichen Naturschönheiten und die kulturelle Vielfalt des Südwestens. Diese Eindrücke prägten ihn für den Rest seines Lebens.

1903 begann Lummis mit seinem Plan, ein »großes, charakteristisches Museum für Südkalifornien« zu errichten. Als das Museum 1914 eröffnet wurde, beherbergte es Abteilungen zu schalentragenden Weichtieren sowie zu asiatischer und europäischer Kunst – neben archäologischen Artefakten des Südwestens und Kaliforniens. Hinzu kamen mit der Munk Library of Arizoniana und der Lummis Library zwei bedeutende Bibliotheken. In den 1920er Jahren verlagerte das Museum seinen Schwerpunkt auf Anthropologie, hauptsächlich auf das indigene Erbe.

← *Mit Mustern versehene Vase im Southwest Museum of the American Indian*

14

El Mercado

📍 X5 ⌂ 3425 E 1st St 📞 +1-323-268-3451 🕒 tägl. 9–20

East Los Angeles ist das Zentrum der mexikanisch-amerikanischen Bevölkerung, und dieser Markt versorgt sie. Auf drei Ebenen drängen sich Taco-Verkäufer, *mariachis* (Straßenmusikanten) und Familien, die gut essen wollen. El Mercado orientiert sich nicht wie die Olvera Street *(siehe S. 116f)* an Urlaubern. Daher sind Essen und Musik hier noch sehr authentisch.

Auf der Hauptebene bieten viele Stände Köstlichkeiten jeglicher Art. *Tortillarías* verkaufen frische, heiße Tortillas, in Bäckereien gibt es traditionelles mexikanisches Brot und Gebäck, Delikatessenläden bieten Fleischsorten an, die Sie vielleicht noch gar nicht kennen. Auf dem Zwischengeschoss spielen zwischen den Restaurants *mariachis* auf.

Im Bezirk Whittier im Südosten erinnert der Latin American Walk of Fame mit kreisförmigen Tafeln auf den Gehsteigen des Whittier Blvd an lateinamerikanische Persönlichkeiten – vom Aktivisten César Chávez bis zum Baseball-Star Fernando Valenzuela.

Hotels

The Bissell House
Das gemütliche B & B strahlt Romantik und Charme aus.
📍 X4 ⌂ 201 Orange Grove Ave, South Pasadena
W bissellhouse.com
$$$

The Glenmark
Das moderne Hotel zieren Kunstwerke lokaler Künstler. Die Bar auf dem Dach bietet einen atemberaubenden Blick.
📍 X4 ⌂ 1100 N Brand Blvd, Glendale
W marriott.com
$$

Safari Inn
Das Motel bietet einen kostenlosen Shuttle-Service zu den Studios von Universal und Warner Bros.
📍 W4 ⌂ 1911 W Olive Ave, Burbank
W safariburbank.com
$

↑ *Wie ein Kaleidoskop – buntes Wandgemälde im LA Arts District*

15 Watts Towers Arts Center

X6 · 1727 E 107th St, Watts · wegen Renovierung · wattstowers.org

Die Watts Towers sind ein Meisterwerk der Volkskunst. Sie bilden die Vision von Simon Rodia, einem Einwanderer aus Neapel, ab. Von 1921 bis 1954 formte der Fliesenleger ein riesiges Skelett aus Stahlrohren, Leitungen und sonstigen Fundstücken. Der größte der Türme ist 30 Meter hoch. Rodia verzierte sie unter anderem mit Fliesen-, Muschel-, Porzellan- und Glasstücken. Bemerkenswerterweise gab er keinerlei Begründung für seine Tätigkeit an. Nach der Fertigstellung der Türme vermachte er einem Nachbarn das Grundstück und verließ die Stadt.

Es gab wiederholt Versuche, die Türme abzureißen, doch nun stehen sie unter Denkmalschutz und werden renoviert. In dem Stadtteil, in dem 1965 die schlimmsten Rassenunruhen von Los Angeles tobten, sind sie ein Symbol der Hoffnung. Neben den Türmen stellt das Watts Towers Arts Center zeitgenössische Werke afroamerikanischer Künstler der Gemeinde aus und bietet Workshops für Künstler.

Während das Gelände bis auf Weiteres renoviert wird, finden außerhalb des Zauns kostenlose Führungen statt (Do bis So).

South Central Los Angeles, zu dem auch das Gebiet um die Watts Towers gehört, war früher für seine hohe Kriminalitätsrate bekannt. Heute ist es eine relativ sichere Gegend, Besucher sollten dennoch die üblichen Vorsichtsmaßnahmen treffen.

← *Die hoch aufragenden Watts Towers stehen unter Denkmalschutz*

Expertentipp
Flower Market

Schon vor Sonnenaufgang kommen Händler zu diesem Blumengroßmarkt. Die Vielfalt an Blumen ist überwältigend: Kalifornische Sorten konkurrieren hier mit Pflanzen aus Kolumbien, Neuseeland, Frankreich und den Niederlanden. Die Bestände sind schnell ausverkauft.

16 LA Arts District

X5 · East of Downtown

Der kunterbunte Arts District zwischen Little Tokyo im Osten und dem LA River im Westen zählt zu den angesagtesten Kunstarealen an der Westküste der Vereinigten Staaten. In den früheren Fabriken und Lagerhäusern hielten Galerien, Ateliers und Boutiquen Einzug. Die Fassaden mancher Gebäude zieren eindrucksvolle Wandgemälde. Das Areal ist reich bestückt mit Restaurants und Bars, von denen einige zu den renommiertesten der Metropole gehören.

Die Anziehungskraft des LA Arts District ist ungebrochen, der Zuzug von Künstlern weiterhin stark.

Zu den sehenswerten Orten gehört das A+D Architecture & Design Museum (900 E 4th St), das vielseitige themenübergreifende Ausstellungen organisiert. Gleich um die Ecke bietet die Galerie Hauser & Wirth (901 E 3rd St) in einer ehemaligen Getreidemühle ein reiches Veranstaltungsprogramm, das von Künstlergesprächen bis zu Filmvorführungen reicht. Die Galerien des Institute of Contemporary Art (1717 E 7th St) etwa eine Meile südlich können kostenlos besichtigt werden, dies gilt auch für den Project Space von ArtMovement (2049 S Santa Fe Ave), der für seine Pop-up-Ausstellungen bekannt ist.

17 Echo Park und Silver Lake

W4 & X5

Diese beiden Stadtviertel nördlich von Downtown sind voller cooler Cafés, Bars und Restaurants und bieten eine Reihe von Sehenswürdigkeiten, die es zu entdecken gilt.

Echo Park ist berühmt für das Dodger Stadium. Attraktionen im Zentrum sind Echo Park Lake, auf dem man mit dem Tretboot fahren kann, und Baxter Stairs, eine im Zickzack verlaufende Treppe mit 231 Stufen zum Elysian Park, wo Wanderwege und das Chavez Ravine Arboretum einen grandiosen Blick über Los Angeles bieten.

In Silver Lake kann man auf einem Pfad um das Silver Lake Reservoir spazieren und sich Neutra VDL Studio and Residences (2300 Silver Lake Blvd) ansehen: das bemerkenswerte Haus des berühmten Architekten Richard Neutra ist ein historisches Wahrzeichen.

18 Dodger Stadium

X5 1000 Vin Scully Ave (am Stadium Way)
Tickets: +1-323-224-1471
nur für Spiele und andere Events mlb.com/dodgers

Das Baseballstadion verfügt über rund 56 000 Sitzplätze. 1962 wurde es für das Brooklyn-Team gebaut, das 1958 nach Los Angeles gekommen war. Die Konsolenform garantiert von jedem Sitzplatz aus freien Blick auf das Spielfeld.

Das Stadion bietet darüber hinaus eine imposante Sicht auf die Stadt. Im Süden liegt Downtown, im Norden und Osten sind die San Gabriel Mountains zu sehen. Im Rahmen der im Jahr 2008 abgeschlossenen Umbauarbeiten wurde das Stadion modernisiert und zählt nun zu den eindrucksvollsten in Kalifornien.

Los Angeles Dodgers

Die Dodgers wurden 1890 in Brooklyn, New York, gegründet. Seit ihrem Umzug nach Los Angeles 1958 sind sie eine der erfolgreichsten Baseballmannschaften der Vereinigten Staaten. 1955 gewannen sie erstmals die World Series, was ihnen seither noch insgesamt fünfmal gelang. Heute ist der Besuch des Dodger Stadium ein Frühjahrsritus der großen Fangemeinde.

Im Lauf der Jahre hatte das Team herausragende Spieler wie Sandy Koufax und Roy Campanella. 1947 machten die Dodgers Schlagzeilen, als sie Jackie Robinson verpflichteten, den ersten Afroamerikaner in der oberen Liga. 1995 kam der japanische Pitcher Hideo Nomo, der ebenfalls Publikumsliebling wurde.

→ *Statue am Ufer des von Palmen gesäumten Echo Park Lake*

Point Vicente Lighthouse, Palos Verdes Peninsula (siehe S. 165)

Long Beach, San Pedro und Palos Verdes

Der ursprünglich von Tongva, einer indigenen Gruppe, besiedelte Küstenabschnitt mit der Palos Verdes Peninsula genannten Halbinsel wurde in den 1780er Jahren von Spaniern aufgeteilt und landwirtschaftlich genutzt. 1897 wurde eines dieser Gebiete – Rancho Los Cerritos – Long Beach eingegliedert, Rinder- und Schafzucht wurden von der Industrie abgelöst. Der 1911 gegründete Hafen von Long Beach bildet heute zusammen mit dem angrenzenden Hafen von Los Angeles, der 1907 in San Pedro entstand, den größten Umschlagplatz für Container in den USA.

San Pedro entstand im 19. Jahrhundert als kleiner Fischerort mit Hafen, 1868 wurde die Bahnverbindung mit Downtown Los Angeles fertiggestellt. Der Bau des Hafens brachte einen enormen Zustrom ausländischer Arbeitskräfte mit sich. Heute ist die Stadt stolz auf ihr multikulturelles Erbe – hier gibt es die größte italienische Community Südkaliforniens, auch viele Kroaten und Norweger leben hier.

Die hügeligen Gebiete auf der Palos Verdes Peninsula wurden später erschlossen. Palos Verdes Estates – die auf der Halbinsel gelegene Stadt – wurde in den 1920er Jahren nach Plänen des berühmten amerikanischen Architekten Frederick Law Olmsted jr. gestaltet. Auf der Halbinsel entstanden einige wohlhabende Gemeinden.

V
W
Long Beach, San Pedro und Palos Verdes
LENNOX
WATTS
HARBOR FREEWAY
HAWTHORNE
WEST RANCHO DOMINGUEZ
GARDENA
SAN DIEGO FREEWAY
GARDEN
HERMOSA BEACH
LA FRESA
HARBOR GATEWAY
REDONDO BEACH
CLIFTON
TORRANCE
CARSON
S CAMINO REAL
WEST CARSON
KEYSTONE
EAST SEPULVEDA BOULEVARD
HOLLYWOOD RIVIERA
8
LOMITA
PACIFIC COAST
HARBOR CITY
PALOS VERDES ESTATES
ROLLING HILLS ESTATES
WILMINGTON
PALOS VERDES DRIVE WEST
PALOS VERDES DRIVE NORTH
SOUTH WESTERN AVE
ROLLING HILLS
MORMON ISLAND
RANCHO PALOS VERDES
11 Wayfarers Chapel
Point Vicente Interpretive Center und Point Vicente Lighthouse 12
Battleship USS Iowa Museum 2
Los Angeles Maritime Museum 8
PALOS VERDES DRIVE
9
SAN PEDRO
SS Lane Victory 9
Cabrillo Beach
10 Cabrillo Marine Aquarium
Point Fermin Park 13
Pazifischer Ozean
10
0 Kilometer 5
0 Meilen 5
N
Catalina Island

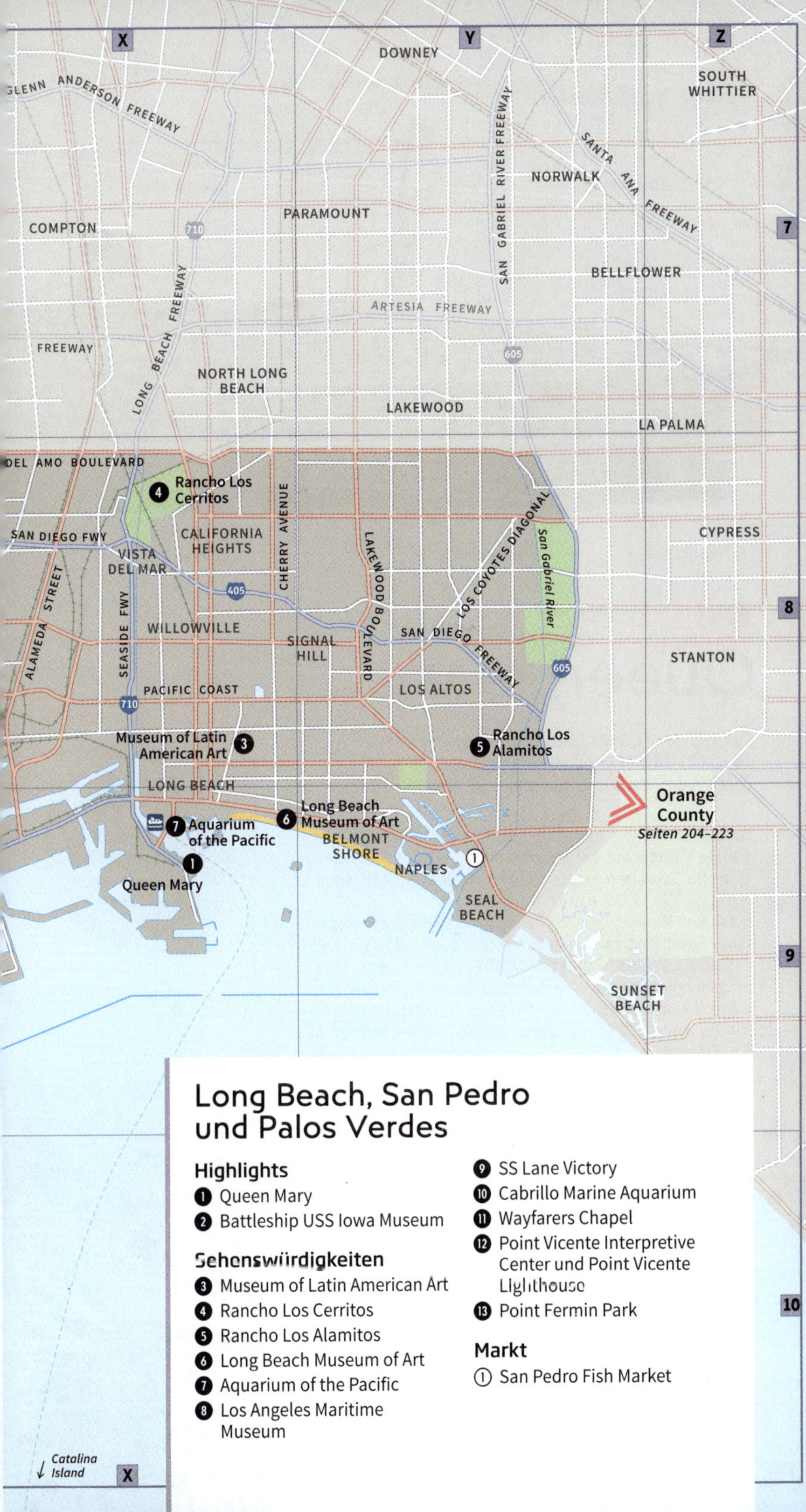

Long Beach, San Pedro und Palos Verdes

Highlights

1. Queen Mary
2. Battleship USS Iowa Museum

Sehenswürdigkeiten

3. Museum of Latin American Art
4. Rancho Los Cerritos
5. Rancho Los Alamitos
6. Long Beach Museum of Art
7. Aquarium of the Pacific
8. Los Angeles Maritime Museum
9. SS Lane Victory
10. Cabrillo Marine Aquarium
11. Wayfarers Chapel
12. Point Vicente Interpretive Center und Point Vicente Lighthouse
13. Point Fermin Park

Markt

① San Pedro Fish Market

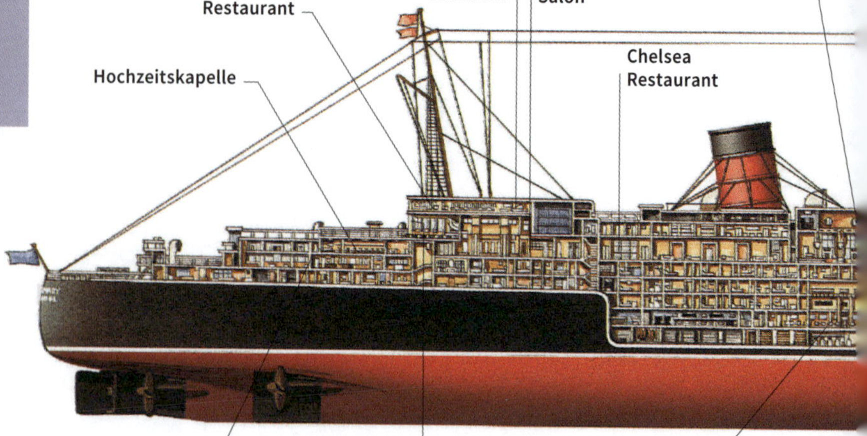

1

Queen Mary

X9 Pier J, 1126 Queens Hwy, Long Beach
+1-877-342-0738 wegen Renovierung (Details der Website entnehmen) queenmary.com

Das Schiff mit dem Namen der Gattin des britischen Königs George V setzte auf der Jungfernfahrt am 27. Mai 1936 Maßstäbe für Seereisen. Heute dient es als Museum und Hotel.

Die *Queen Mary* verkehrte für die Cunard White Star Line zwischen Southampton und New York. Auf den fünftägigen Reisen beförderte sie durchschnittlich 3000 Passagiere und Besatzungsmitglieder. Ihnen standen zwei Schwimmbecken, Turnhalle, Tanzsaal und Kinderspielzimmer zur Verfügung. Und alle, ob königliche Familie oder Hollywood-Stars, kamen auf die *Queen Mary*.

Von 1939 bis 1946 diente sie als Kriegsschiff und transportierte als *Grey Ghost* mehr als 800 000 Soldaten. Am Ende des Kriegs brachte sie im Rahmen der »Operation Diaper« über 22 000 Kriegsbräute und deren Kinder in die USA.

Die Stadt Long Beach kaufte das Schiff 1967. Fest am Kai vertäut, dient es heute als Hotel und Besucherattraktion. Man kann einige Bereiche des originalen Maschinenraums sowie Kajüten und eine Ausstellung über die Kriegsjahre besichtigen. Das Innere zieren Art-déco-Werke von über 30 Künstlern. Der Grand Salon und die Observation Lounge (heute Restaurants) spiegeln den Stil der damaligen Zeit.

1001

Anzahl der Transatlantiküberquerungen der *Queen Mary* zwischen 1936 und 1967.

→ *Die in Long Beach an der Mündung des Los Angeles River festgemachte* Queen Mary

↑ *Illustration der Queen Mary, der berühmtesten Attraktion von Long Beach*

← *Originale Instrumente im Maschinenraum der* Queen Mary

Expertentipp
Führungen und Events

Die einstündige Glory Days Historical Tour führt Besucher durch einige der ältesten Räume des Schiffes. Außerdem finden regelmäßig Krimi-Dinnershows, Sonntagsbrunch und andere Veranstaltungen statt (Buchung über die Website).

2

Battleship USS Iowa Museum

W9 250 S Harbor Blvd, San Pedro +1-877-446-9261
tägl. 10–17 Thanksgiving, 25. Dez pacificbattleship.com

Dieses Schlachtschiff aus der Zeit des Zweiten Weltkriegs lief am 27. August 1942 vom Stapel. Es war eines der letzten seiner Art, das die US Navy in Auftrag gab. Die USS *Iowa* war im Atlantischen und Pazifischen Ozean und später auch im Koreakrieg im Einsatz und ist nun an ihrem Liegeplatz zu besichtigen.

Mit einer Länge von 270 Metern war die 55 450 Tonnen schwere und mit einer über 30 Zentimeter dicken Panzerung versehene USS *Iowa* bei ihrer Fertigstellung nach der *Yamato* das zweitgrößte Schlachtschiff der Welt. Mit einer Geschwindigkeit von 33 Knoten (61 km/h) war sie bis 1994 und damit über 50 Jahre lang in Betrieb. Heute dient sie als Museum mit vielen interaktiven Exponaten. Im Rahmen einer Besichtigung erreicht man Brücke, Geschütztürme und Raketendecks. Bei einer geführten Tour mit einem Veteranen der US Navy erhält man einen guten Einblick in das Leben auf See.

Expertentipp
Flugsimulator

Halten Sie an Deck Ausschau nach dem Piasecki HUP-2 Retriever Helicopter. Battleship Flight – A Naval Aviation Experience lässt Sie in einem Simulator einen HUP-Helikopter mit zwei Rotoren »fliegen«. Darüber hinaus gibt es fünf weitere Virtual-Reality-Flugerlebnisse.

1 *Die USS* Iowa *ist mit neun je 20 Meter langen Kanonenrohren bestückt.*

2 *Führung über das Schiff mit einem Veteranen*

3 *Das Schlachtschiff an seiner festen Anlegestelle*

Transport eines Präsidenten

Bei einer der wichtigsten Missionen der *Iowa* wurde Präsident Franklin D. Roosevelt 1943 nach Algerien gebracht. Von da reiste er weiter, um auf der Konferenz von Teheran Winston Churchill und Josef Stalin zu treffen. Eine geführte 45-minütige President's Tour bietet Einblick in diese streng geheime Reise. Vor der Reise mussten Änderungen an der *Iowa* vorgenommen werden. Als Rollstuhlfahrer konnte Roosevelt die Dusche der Kapitänskajüte nicht benutzen, so wurden eine Badewanne – die einzige an Bord eines Schiffes der US Navy – sowie ein Aufzugsschacht zwischen den Decks installiert.

↑ *Die riesige USS* Iowa *dient heute als wichtiges Museum für Militärgeschichte*

SEHENSWÜRDIGKEITEN

3

Museum of Latin American Art

X8 628 Alamitos Ave, Long Beach Mi–So 11–17 (Do bis 21) molaa.org

Das Museum of Latin American Art (MOLAA) widmet sich moderner und zeitgenössischer Kunst und Kultur Lateinamerikas. Untergebracht ist es in einem sonnendurchfluteten Gebäude, das vom mexikanischen Architekten Manuel Rosen im East Village Arts District gestaltet wurde. Das Gebäude ist in eine Rollschuhbahn aus den 1920er Jahren integriert, daher stammen die hohe Gewölbedecke und der Holzboden. Die ständige Sammlung umfasst über 1600 Werke. Das Herzstück bildet die Long Gallery, die ein Werk eines Künstlers aus jedem lateinamerikanischen Land präsentiert. Zudem gibt es regelmäßig Wechselausstellungen und Sonderveranstaltungen.

Das MOLAA ist in eine Rollschuhbahn aus den 1920er Jahren integriert, daher stammen die hohe Gewölbedecke und der Holzboden.

4

Rancho Los Cerritos

X8 4600 Virginia Rd Mi–So 13–17 (Sa ab 10) 1. Jan, Ostersonntag, Thanksgiving, 25. Dez ranchoIoscerritos.org

Rancho Los Cerritos war Teil des 121 400 Hektar großen Gebiets, das der spanische Soldat Manuel Nieto zwischen 1784 und 1790 geschenkt bekam. Die Mission San Gabriel beanspruchte fast die Hälfte des Landes. Der Rest ging nach Nietos Tod im Jahr 1804 an seine Kinder. 1844 kaufte John Temple Los Cerritos und baute ein Adobe-Ranchhaus. Später verkaufte er das Anwesen an Flint, Bixby & Co. 1955 kaufte die Stadt das Areal auf.

Markt

San Pedro Fish Market
Fischsuppe, Ceviche, Krabben und Austern sind auf diesem Fischmarkt am Yachthafen von Alamitos Bay ganz besonders gefragt.

Y9 6550 E Marina Dr
sanpedrofish.com
$$$

Das Haus im Monterey-Stil *(siehe S. 30)* ist mit Möbeln der 1870er Jahre eingerichtet und zeigt das Leben derer, die von 1840 bis 1940 hier lebten. Samstags und sonntags werden Führungen angeboten.

5

Rancho Los Alamitos

Y8 6400 Bixby Hill Rd
Mi – So 13 –17
1. Jan, Ostersonntag, Thanksgiving, 5. Dez
rancholosalamitos.com

Rancho Los Alamitos liegt auf einer seit 500 v. Chr. bewohnten Hochebene. 1790 war sie Teil der Landzuweisung an Manuel Nieto. Das Haus wurde 1806 errichtet. Im Jahr 1881 kaufte die Familie Bixby die Ranch, 1968 ging sie an die Stadt Long Beach.

Das Anwesen ist bis heute im Stil der 1920er und 1930er Jahre möbliert. Umgeben ist es von einem typischen Garten aus der Pionierzeit, in dem auch Kakteen wachsen.

↓ *Fassade des Kunsttempels Museum of Latin American Art*

↑ *Nachbildung eines Wals an der Decke des Aquarium of the Pacific*

6

Long Beach Museum of Art

X9 2300 E Ocean Blvd, Long Beach Di – So 11 –17
lbma.org

Das Long Beach Museum of Art (LBMA) steht auf einer Klippe über dem Hafen, untergebracht ist es in einem 1911 errichteten zweistöckigen Pavillon. Das Museum präsentiert amerikanisches Kunsthandwerk, europäische Werke von Anfang des 20. Jahrhunderts sowie zeitgenössische kalifornische Kunst. Die gesamte Sammlung des Hauses umfasst rund 3200 Objekte.

Zu den Höhepunkten gehören abstrakte Werke von Wassily Kandinsky, Skulpturen von Peter Voulkos, Möbel von Charles und Ray Eames und eine erlesene Auswahl an englischen Keramiken (17.–19. Jh.). Der Skulpturengarten zeigt Werke einiger kalifornischer Künstler.

Das Restaurant Claire's verfügt über eine Terrasse mit einer Wasserskulptur von Claire Falkenstein, der Meerblick von dort ist herrlich.

Die Niederlassung LBMA Downtown (356 E 3rd St) zeigt Werke von Künstlern aus Long Beach.

7

Aquarium of the Pacific

X9 100 Aquarium Way, Long Beach tägl. 9 –18
Grand-Prix-Wochenende (Apr), 25. Dez
aquariumofpacific.org

Das Aquarium präsentiert die Bewohner und das Ökosystem des Pazifik. Zu sehen sind Simulationen dreier Zonen des Weltmeeres: Südkalifornien, tropischer und Nördlicher Pazifik.

Long Beach Opera

Die 1979 gegründete Long Beach Opera Company (www.longbeachopera.org) brachte schon viele große Namen hervor, darunter Jerome Hines, Ruth Ann Swenson, James Morris und Jerry Hadley. Die Company ist bekannt für ihr vielseitiges Repertoire – von etablierten Klassikern bis hin zu weniger bekannten Werken sowie für künstlerische Innovationen. Gastspiele gibt es an mehreren Orten der Umgebung von Long Beach.

8 Los Angeles Maritime Museum

W9 Berth 84, 6th St, San Pedro Di–So 10–17 Ostersonntag, Thanksgiving, 25. Dez lamaritimemuseum.org

Das in einem renovierten Terminal des Fährhafens untergebrachte Schifffahrtsmuseum präsentiert maritime Gemälde und Memorabilien. Queen Victoria als Galionsfigur aus Holz ist nur eine der zahlreichen Attraktionen. Zu den Highlights gehören die große Modellschiffsammlung sowie Bug und Brücke des US-Marinekreuzers *Los Angeles*. Fischerboote, die im frühen 20. Jahrhundert in Monterey *(siehe S. 502–505)* gebaut wurden, befinden sich im Museumsdock.

9 SS Lane Victory

W9 Berth 49, 3011 Miner St, San Pedro Mi 12–18, Sa u. So 9–17 lanevictory.org

Dieses Handelsschiff wurde von der California Shipbuilding Corporation in San Pedro gebaut, der Stapellauf erfolgte am 31. Mai 1945. Das Schiff wurde im Zweiten Weltkrieg, im Koreakrieg und im Vietnamkrieg eingesetzt und diente auch als Handelsschiff.

Nach Jahren des Verfalls wurde es restauriert, heute ist es ein Museum. Besucher können es von der Brücke bis zum Maschinenraum erkunden und erfahren dabei viel über seine gefährlichen Einsätze. Videos erwecken die fesselnde Geschichte des Schiffes zum Leben.

Schon gewusst?

Die Unterwasserwelt vor der Küste Kaliforniens ist extrem artenreich.

10 Cabrillo Marine Aquarium

W9 3720 Stephen White Dr, San Pedro Mi–So 12–17 Thanksgiving, 25. Dez cabrillomarine aquarium.org

Das von Frank Gehry entworfene, von geometrischen Kettengliedern umzäunte Cabrillo Marine Aquarium birgt eine der umfangreichsten Sammlungen zur Meeresflora und -fauna Südkaliforniens. Haie, Muränen, Aale und Rochen begeistern jedes Jahr Tausende von Besuchern. Dargestellt werden drei Habitate: Felsküste, Strände und Wattenmeer sowie Ozean.

In einem Gezeitenbecken dürfen Besucher Seegurken, -anemonen, -sterne und -igel berühren. In dem kleinen Museum zirkulieren ungefähr 64 400 Liter Meerwasser. Ein Gezeitentank erlaubt Besuchern den Blick unter eine Welle. Eine weitere Ausstellung zeigt anschaulich, wie die Menschen den Hafen von Los Angeles im Lauf der Zeit veränderten.

Die steil abfallende Landspitze Point Vicente mit ihrem Leuchtturm ↑

11 Wayfarers Chapel

V9 5755 Palos Verdes Dr S, Rancho Palos Verdes tägl. 9–17 wayfarerschapel.org

Die Kapelle aus Glas und Redwood-Holz steht hoch auf einem Gipfel. Unten von der Straße aus sieht man lediglich einen schmalen Turm aus Stein und Beton im Grün.

Als der Architekt Lloyd Wright (Frank Lloyd Wrights Sohn) die Kapelle 1949 entwarf, versuchte er, einen Ort der Andacht inmitten der Natur zu schaffen. Diesem Charme erliegen noch heute viele Brautleute.

→ *Portal der aus Glas und Holz errichteten Wayfarers Chapel*

12

Point Vicente Interpretive Center und Point Vicente Lighthouse

V9 Palos Verdes Dr W, Rancho Palos Verdes +1-310-544-5375 tägl. 10–17 1. Jan, Thanksgiving, 24. u. 25. Dez

Kein anderer Ort an der südkalifornischen Küste bietet eine so weite Aussicht wie die Landspitze Point Vicente. Sie wird vom 20 Meter hohen Point Vicente Lighthouse gekrönt, der 1926 erbaut wurde. Das von ihm ausgestrahlte Licht ist vom Meer aus noch aus einer Entfernung von rund 32 Kilometern zu erkennen. Einmal im Monat werden Führungen durch den Leuchtturm angeboten.

Ein Weg führt Richtung Norden zum Point Vicente Interpretive Center, das Ausstellungen zur Natur- und Kulturgeschichte der Halbinsel Palos Verdes zeigt. Der Fokus liegt auf den pazifischen Grauwalen, die bei ihrer Winterwanderung hier vorbeikommen.

13

Point Fermin Park

W9 807 Paseo del Mar, San Pedro tägl. 6:30–22 pointferminlighthouse.org laparks.org

Dieser Park am Meer an der südlichsten Spitze von Los Angeles erstreckt sich um den Point Fermin Lighthouse. Der 1874 errichtete Leuchtturm wird seit 1941 nicht mehr genutzt und ist heute ein nationales historisches Wahrzeichen. Seit 2003 ist er öffentlich zugänglich, auf der Website können Sie sich über Öffnungszeiten und angebotene Führungen informieren.

Die sanft abfallenden Rasenflächen des Angels Gate Park hinter dem Leuchtturm sind ein beliebter Startpunkt für Drachenflieger. Hauptattraktionen hier sind jedoch die Korean Friendship Bell, eine Bronzeglocke mit beachtlichen Ausmaßen, und ein blau gekachelter Pavillon. Beides sind Schenkungen der Regierung Südkoreas zum 200-jährigen Bestehen der USA.

Der Park befindet sich am Ort von Fort MacArthur, das einst den Hafen von Los Angeles schützte. Das **Fort MacArthur Museum** veranschaulicht die Geschichte der Küstenverteidigung der Stadt.

Vom Point Fermin Park aus haben Sie einen spektakulären Blick auf Catalina Island. Im Winter kann man an der Küste vorbeiziehende Grauwale beobachten.

Fort MacArthur Museum

3601 S Gaffey St, San Pedro Di, Do, Sa, So 12–17 Feiertage ftmac.org

Expertentipp

Walbeobachtung

Zwischen Dezember und April ziehen Grauwale, von Mai bis November Blauwale von Alaska nach Baja California. Dabei passieren sie auch die Küste vor Long Beach. Harbour Breeze Cruises (www.2seewhales.com) bietet Fahrten an, um Wale und andere Meerestiere vor Long Beach und nahegelegenen Häfen beobachten zu können.

Spaziergang durch Long Beach

Länge 2,5 km **U-Bahn** 1th Street
Dauer 40 Min.

Vor dem Hintergrund aus Palmen und Meer präsentiert Long Beach eine Mischung aus sorgfältig sanierten Gebäuden und modernen Hochhäusern. Die Pine Avenue im Herzen der Stadt hat sich noch den Charme des frühen Mittleren Westens bewahrt, als die Stadt ihren Spitznamen »Iowa am Meer« erhielt. Gäste kommen, um zu entspannen, eine Tasse Kaffee oder exzellentes Essen zu genießen. Das Long Beach Convention and Entertainment Center steht dort, wo früher die Achterbahn des Pike Amusement Park lockte. Heute ziehen die Musik- und Tanzprogramme des Terrace Theater Besucher an. Die Läden und Restaurants im Shoreline Village blicken auf die *Queen Mary*.

Das Wandbild **Long Beach Municipal Auditorium Mural** (1938) stellt einen Tag am Strand dar.

Bei seiner Errichtung 1922 war der **Farmers and Merchants Bank Tower**, ein Terrakottahaus, der erste Wolkenkratzer in Long Beach. Seine Halle ist ein schönes Beispiel für das Design jener Zeit.

The Promenade ist Schauplatz des Bauernmarkts. Jeden Freitag bieten hier Stände Obst, Gemüse und Kunsthandwerk an.

Transit Mall

Das **Ocean Center Building** wurde 1929 im südländischen Stil erbaut.

Die **Pine Avenue** im Herzen des Geschäftsviertels von Long Beach säumen Läden, Cafés und Lokale. Den Masonic Temple (Nr. 230) errichteten Freimaurer 1903.

←
Die Pine Avenue zählt zu den schönsten Straßen von Long Beach

↑ *Shoreline Village zählt mit seinen bunten Fassaden zu den größten Attraktionen der Gegend*

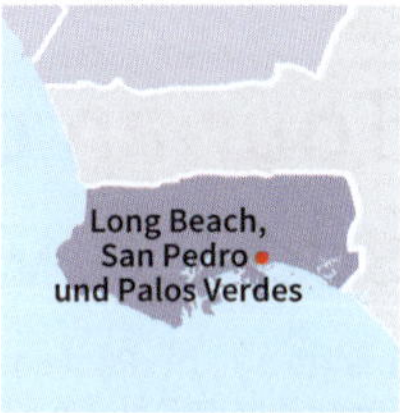

Zur Orientierung
Siehe Stadtteilkarte S. 156f

Schon gewusst?

Long Beach ist nach L. A. die zweitgrößte Stadt im Großraum Los Angeles.

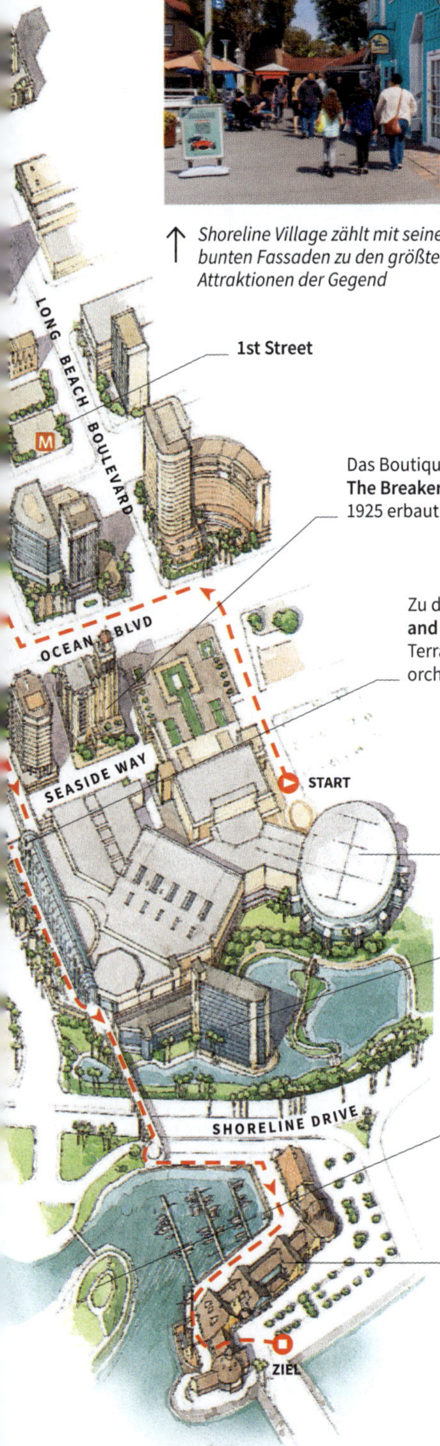

1st Street

Das Boutique-Hotel **The Breakers** wurde 1925 erbaut.

Zu dem kürzlich erweiterten **Convention and Entertainment Center** gehört auch das Terrace Theater, Heimstatt des Symphonieorchesters und der Oper.

Planet Ocean (1992), ein Werk des Künstlers Wyland, bedeckt mit lebensgroßen Meeresbewohnern als weltweit größtes Wandbild 11 000 Quadratmeter der Oberfläche der Long Beach Arena.

Das **Hyatt Regency Hotel** steht neben dem Convention Center.

Lions Lighthouse for Sight in Rainbow Harbor erinnert an eine Spendenaktion des Lions Clubs für Sehbehinderte.

Shoreline Village, ein Restaurant- und Ladenkomplex am Meer, bietet ein Looff-Karussell von 1906 und guten Blick auf die *Queen Mary (siehe S. 158f)*.

Tour an der Küste südlich von L.A.

Länge 50 km **Rasten** Manhattan Beach, Redondo Beach und Long Beach haben viele Strandrestaurants und Cafés.

Die Küste südlich von Los Angeles umfasst beliebte Stadtstrände und wildere Küstenabschnitte sowie eine ganze Reihe kultureller Attraktionen. Die Route beginnt in der Nähe von Manhattan Beach, das seichte Wasser und die weiten Sandstrände hier sind für Familien ideal. Bei der Weiterfahrt nach Süden passiert man die felsigen Klippen und die Buchten der Halbinsel Palos Verdes mit ihren Leuchttürmen und State Parks. Dahinter liegen die Museen und Aquarien von San Pedro und Long Beach – zwischen beiden erstreckt sich der Hafen von Los Angeles mit seinen Werften.

Manhattan Beach ist bekannt für gute Schwimm-, Surf- und Beachvolleyballmöglichkeiten. Das Roundhouse Aquarium befindet sich am Ende des Piers.

Der 300 Meter lange **Hermosa Beach Pier** (1913) bietet einen herrlichen Blick auf die Küste und das Meer.

Am hufeisenförmigen **Redondo Beach Pier** gibt es viele Restaurants, Shops und Unterhaltungsmöglichkeiten. In der Nähe liegen der Internationale Boardwalk, der Yachthafen von Redondo und die Seaside Lagoon.

Die **Wayfarers Chapel** *(siehe S. 164)* ist wegen der großzügigen Verwendung von Glas auch als »The Glass Church« bekannt.

Das **Point Vicente Interpretive Center** *(siehe S. 165)* liegt auf der Halbinsel Palos Verdes etwa 40 Meter oberhalb des Meeres, es zeigt Exponate zur Natur- und Kulturgeschichte der Region.

↑ *Der Redondo Beach Pier zählt zu den großen Attraktionen entlang der Route*

Long Beach wird auch von Ausflugsdampfern angesteuert ↑

Zur Orientierung
Siehe Stadtteilkarte S. 156f

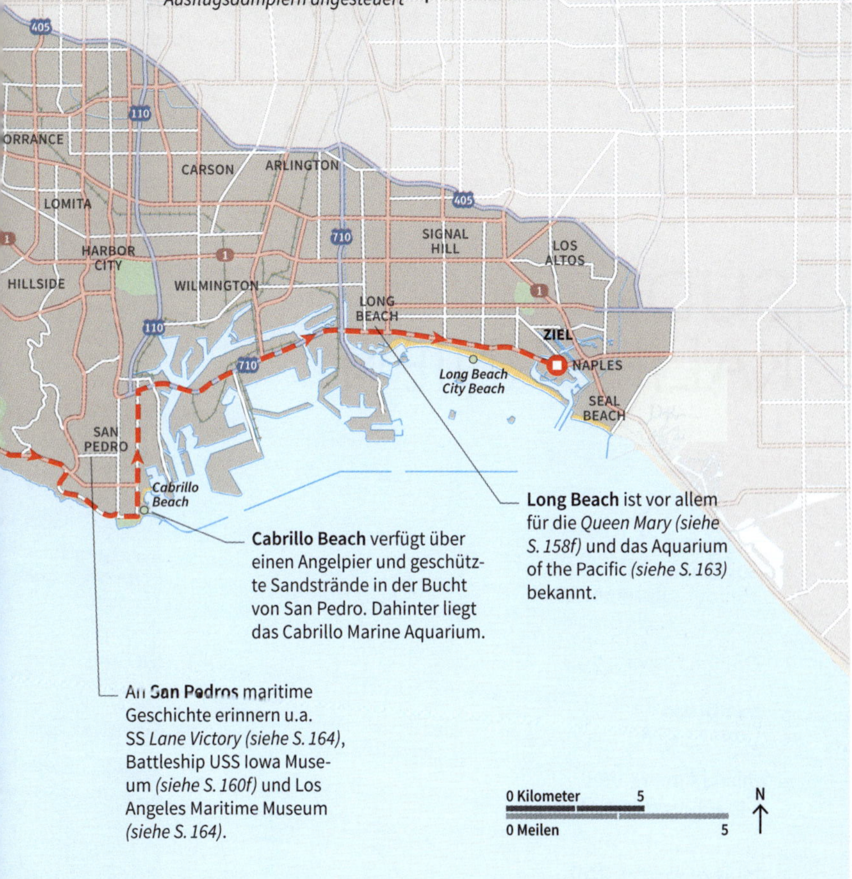

Cabrillo Beach verfügt über einen Angelpier und geschützte Sandstrände in der Bucht von San Pedro. Dahinter liegt das Cabrillo Marine Aquarium.

Long Beach ist vor allem für die *Queen Mary (siehe S. 158f)* und das Aquarium of the Pacific *(siehe S. 163)* bekannt.

An **San Pedros** maritime Geschichte erinnern u.a. SS *Lane Victory (siehe S. 164)*, Battleship USS Iowa Museum *(siehe S. 160f)* und Los Angeles Maritime Museum *(siehe S. 164)*.

SÜD-
KALIFORNIEN

Paraglider an der Küste vor La Jolla (siehe S. 238f)

SÜD-KALIFORNIEN AUF DER KARTE

Dieses Kapitel gliedert Südkalifornien in fünf Gebiete, die auf der Karte jeweils mit eigener Farbcodierung dargestellt sind.

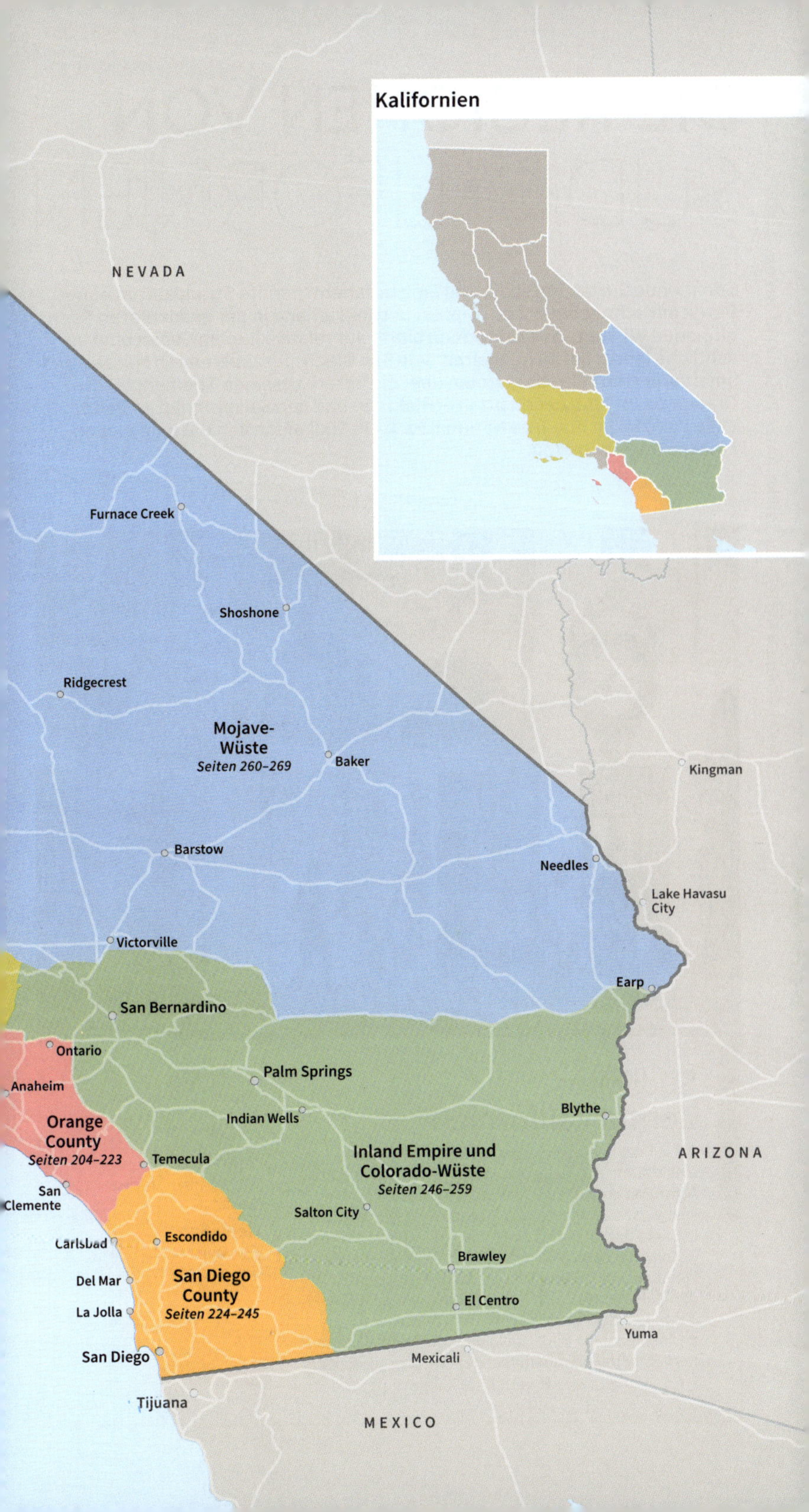
Kalifornien
NEVADA
Furnace Creek
Shoshone
Ridgecrest
Mojave-
Wüste
Seiten 260–269
Baker
Kingman
Barstow
Needles
Lake Havasu
City
Victorville
Earp
San Bernardino
Ontario
Palm Springs
Anaheim
Indian Wells
Blythe
Orange
County
Seiten 204–223
Temecula
Inland Empire und
Colorado-Wüste
Seiten 246–259
ARIZONA
San
Clemente
Salton City
Carlsbad
Escondido
Brawley
Del Mar
San Diego
County
Seiten 224–245
La Jolla
El Centro
Yuma
San Diego
Mexicali
Tijuana
MEXICO

DIE REGIONEN VON SÜDKALIFORNIEN

Spannende Surfer-Hotspots und eine tiefenentspannte Strandkultur, hohe Berge mit schneebedeckten Gipfeln und im Tiefland in der gnadenlosen Sonne glühende Wüsten – Südkalifornien bietet auf relativ kleinem Gebiet eine beachtliche landschaftliche Vielfalt. Von San Diegos faszinierenden Museen und ambitionierten Mikrobrauereien über die unterhaltsamen Themenparks in Orange County bis zu den bizarren Kakteen und den Salzpfannen im Death Valley und im Joshua Tree National Park – in Südkalifornien hat jede Region Einzigartiges zu bieten.

Seiten 180–203

Südliches Zentralkalifornien

Diese Region prägen kleine, wohlhabende Städte, eine traumhafte Küste und intensiv bewirtschaftetes Agrarland am Südende des San Joaquin Valley. Die spanische Geschichte ist allgegenwärtig, vor allem in Santa Barbara und seinen rot gedeckten Mission-Revival-Häusern. Im Norden liegt das aufstrebende Weinbaugebiet Santa Ynez, in San Simeon ist das opulente Hearst Castle® des Millionärs William Randolph Hearst ein historisches Wahrzeichen. Im Landesinneren lockt Bakersfield mit Country Music, der Kern River mit atemberaubendem Wildwasser-Rafting.

Entdecken
Strände, Seafood, Mission-Revival-Architektur und Country Music

Sehenswert
Santa Barbara, Hearst Castle®

Genießen
Eine Weintour durch das Santa Ynez Valley

Seiten 204–223

Orange County

Orange County ist die Kulisse zahlloser Filme, Dokumentationen und Reality-TV-Shows. Die Region ist vor allem ein riesiger Vorort von Los Angeles, die drei Millionen Einwohner genießen ständigen Sonnenschein und einen hohen Lebensstandard. Neben Disneyland® Resort hat O. C. breite Sandstrände, legendäre Surfspots, Marinas und Künstlerkolonien zu bieten. Im Landesinneren finden sich in den mit Chaparral bedeckten Santa Ana Mountains unbewohnte Gebiete.

Entdecken
Strände, Themenparks und Kunstmuseen

Sehenswert
Disneyland® Resort, Knott's Berry Farm and Soak City, Mission San Juan Capistrano, Catalina Island

Genießen
Surfen am Huntington Beach Pier

→

Seiten 224 – 245

San Diego County

Wohlhabende Küstenstädte, Top-Surfer, scheinbar immer perfektes Wetter – damit gilt San Diego County in der allgemeinen Vorstellung als der Inbegriff Kaliforniens. Neben berühmten Attraktionen wie Mission Beach und San Diego Zoo Safari Park gibt es hier noch mehr zu entdecken: San Diegos Old Town und Gaslamp Quarter sowie die Museen im Balboa Park, nördlich der Stadt die zerklüftete raue Pazifikküste mit kunstaffinen Städten wie Encinitas und im Hinterland historische Bergbaustädte wie Julian in den Peninsular Ranges.

Entdecken

Surfen, italienische Küche, spanische Siedlungsgeschichte und -architektur, Craftbeer

Sehenswert

San Diego, Balboa Park

Genießen

Eine Tour durch die Mikrobrauereien

Seiten 246 – 259

Inland Empire und Colorado-Wüste

Landschaftlich ist dieses Gebiet besonders abwechslungsreich. Hier sind Kiefernwälder und sengende Wüsten nur wenige Meilen voneinander entfernt. Im Herzen der Region liegt Palm Springs mit seinen Luxusresorts, Kunstmuseen und grünen Golfplätzen, im Osten der Joshua Tree National Park, ein heißes, trockenes Gebiet mit riesigen Yuccas und gigantischen Felsen. Weiter südlich sind der salzige Salton Sea und der Anza-Borrego Desert State Park reizvolle Ziele.

Entdecken

Modernistische Architektur, LGBTQ+ Kultur in Palm Springs, Shopping und Wüsten-Nationalparks

Sehenswert

Palm Springs, Joshua Tree National Park

Genießen

Camping-Übernachtung in der Wüste im Joshua Tree National Park

Seiten 260 – 269

Mojave-Wüste

Die mystische Mojave-Wüste ist eine aride, unwirkliche Landschaft aus bizarren bunten Felsen, Bergen und Sanddünen – und fantastisch schön, wenn alljährlich für einige wenige Wochen in den trockenen Hügeln die Wildblumen gelb und orange blühen. Der glühend heiße Death Valley National Park und die großartig erhaltenen Abschnitte der Route 66 sind die Hauptattraktionen der Region. Ansonsten ist die Mojave-Wüste bekannt für Geisterstädte, verlassene Bergbauhütten und riesige US-Militärstützpunkte.

Entdecken
Wüstenlandschaften, Riesendünen, Schlackenkegel, Geisterstädte

Sehenswert
Death Valley National Park

Genießen
Fahrt auf Originalabschnitten der Route 66

←

1 *Die Wüstenstadt Palm Springs, Coachella Valley*

2 *Sonnenuntergang am Zabriskie Point, Death Valley*

3 *Der unverwechselbare Alien Fresh Jerky Store in Baker*

4 *Pool im Inn at Death Valley, Furnace Creek*

4 TAGE
in der Wüste

Tag 1
Palm Springs *(siehe S. 250f)* ist der perfekte Startpunkt Ihrer Wüstentour. Hier bewundern Sie weltberühmte moderne Kunst im Palm Springs Art Museum und essen mittags Burger im Kaiser Grille (www.kaisergrille.com). Nachmittags lernen Sie im 30 Kilometer südöstlich gelegenen Living Desert Zoo and Botanical Garden *(siehe S. 255)* bei einem Spaziergang Spannendes über Wüsten-Ökosysteme. Abends entdecken Sie die Bars und Clubs in Downtown Palm Springs und übernachten im Three Fifty Hotel (www.thethreefiftyhotel.com).

Tag 2
Frühmorgens geht es los in die High Desert, via Yucca Valley *(siehe S. 255)* und die 1947 als Western-Kulisse errichtete Pioneertown. Weiter nördlich erreichen Sie den Joshua Tree National Park *(siehe S. 252f)*, wo Sie an stacheligen Joshua Trees vorbei zu bizarrren Felsformationen wandern. Etwas nördlich ist in Twentynine Palms die reizende Kitchen in the Desert (www.kitcheninthedesert.com) perfekt zum Mittagessen. Dann fahren Sie weiter nordwärts nach Amboy *(siehe S. 268)* und fotografieren die kultige Googie-Architektur des Roy's Motel & Café an der Route 66. Danach erkunden Sie das aride Mojave National Preserve, die eindrucksvollen Kelso Dunes *(siehe S. 268)* und die alten Lavaströme des Cinder Cone National Natural Landmark *(siehe S. 269)*. Im winzigen Baker decken Sie sich im Alien Fresh Jerky Store (www.alienfreshjerky.com) mit Snacks ein. Noch weiter nördlich lassen Sie den Tag mit einem wohltuenden Bad im Tecopa Hot Springs Resort (www.tecopahotsprings.org) ausklingen.

Tag 3
Durch die Mojave gen Norden erreichen Sie in Shoshone den Death Valley National Park *(siehe S. 264–267)*. Entdecken Sie von Süden nach Norden die Must-sees: Badwater Basin – Nordamerikas tiefstgelegener Punkt *(siehe S. 264)* –, die Salzpfannen des Devil's Golf Course *(siehe S. 264)*, die vielfarbige Artist's Palette *(siehe S. 267)* und das Furnace Creek Visitor Center *(siehe S. 264)*, wo Sie im Last Kind Words Saloon & Steakhouse (www.oasisatdeathvalley.com) Mittag essen. Dann fahren Sie zum Aussichtspunkt Dante's View und legen die Rückfahrt nach Furnace Creek so, dass Sie am Zabriskie Point den Sonnenuntergang erleben. Übernachten Sie im Inn at Death Valley *(siehe S. 265)*.

Tag 4
Erste Station ist das Borax Museum, wo Sie die Überreste der Harmony Borax Works besichtigen *(siehe S. 265)*. Dann fahren Sie nordwärts zu einer Führung auf der Ranch Scotty's Castle *(siehe S. 266)* aus den 1920er Jahren. Weiter geht es zu einer Wanderung am Rand des Uhebebe Crater *(siehe S. 266)* und zurück nach Furnace Creek. Schließlich verlassen Sie den Nationalpark in Panamint Springs. Von hier fahren Sie Richtung L.A., vorbei an der Geisterstadt Randsburg und zur Route 66 in Barstow *(siehe S. 268)*.

OLD TOWN
Something's Fishy
JAPANESE
STEAK HOUSE & SUSHI BAR
502

In Santa Barbaras Old Town (siehe S. 184–187)

Südliches Zentralkalifornien

Das Gebiet des heutigen Santa Barbara und der Channel Islands wurde etwa 13 000 Jahre lang von den Chumash und ihren Vorfahren bewohnt. Im 18. Jahrhundert erreichten Spanier das Gebiet. Das spanische Erbe in der Region ist unübersehbar – vor allem in Santa Barbara, das 1782 als Militärgarnison gegründet wurde. Das legendäre Gebäude, das als »Königin der Missionen« bekannt wurde, entstand vier Jahre später. Santa Barbara wurde ab Ende der 1870er Jahre ein populärer Badeort. Nach dem schweren Erdbeben von 1925 wurde es im Stil einer spanischen Stadt wiederaufgebaut. Der Mission-Revival-Stil mit seinen roten Dachziegeln wurde seitdem im ganzen Bundesstaat nachgeahmt.

Zu Beginn des 20. Jahrhunderts entstanden entlang der Küste zahlreiche Urlaubsziele, Städte wie Pismo Beach entwickelten sich zu wichtigen touristischen Destinationen. In San Simeon baute der Millionär William Randolph Hearst zwischen 1919 und 1947 mit Hearst Castle® sein eigenes Schloss.

Bakersfield im Hinterland entwickelte sich aus dem 1863 von Thomas Baker gegründeten landwirtschaftlichen Anwesen. 1899 wurde in der Umgebung Erdöl entdeckt, mittlerweile erfolgt im Kern County etwa ein Zehntel der gesamten Erdölförderung der USA. Auch der Agrarsektor bleibt weiter lukrativ, Bakersfield ist ein wichtiges Zentrum der Produktion von Orangen, Pistazien und Mandeln.

0 Kilometer 40
0 Meilen 40
N
Fresno
Tranquillity
Easton
Caruthers
Gonzales
Idria
Riverdale
Bitterwater
Greenfield
Hanford
King City
Huron
Stratford
San Lucas
Coalinga
Nördliches Zentralkalifornien
Seiten 496–519
Kettleman City
Avenal
Cape St Martin
Lockwood
Gorda
Parkfield
Mission San Miguel Arcángel
Hearst Castle®
Point Piedras Blancas
Adelaida
Cholame
Paso Robles
Shandon
San Simeon
Lost Hills
Cambria
Templeton
Harmony
Yeguas Mountain 848 m
Atascadero
Point Estero
Cayucos
Black Mountain 1085 m
Santa Margarita
Morro Bay
Simmler
McKittrick
Los Osos
San Luis Obispo
Santa Lucia Range
Soda Dry Lake
Pismo Beach
Arroyo Grande
Caliente Range
Nipomo
San Rafael Mountains
Guadalupe
Santa Maria
New Cuyama
Point Sal
Orcutt
Sisquoc
Pazifischer Ozean
Sisquoc
Purisima Point
Los Alamos
Surf
La Purísima Concepción Mission
Los Olivos
Big Pine Mt. 6,804 ft (2,074 m)
Lompoc Valley
Mission Santa Inés
Solvang
Point Arguello
Chumash Painted Cave State Historic Park
Las Cruces
Point Conception
Santa Barbara
Santa Barbara Channel
Channel Islands National Park
San Miguel Island
Santa Cruz Island
Santa Rosa Island
Südliches Zentralkalifornien

Südliches Zentralkalifornien

Highlights

1. Santa Barbara
2. Hearst Castle®

Sehenswürdigkeiten

3. Cambria
4. Paso Robles
5. Mission San Miguel Arcángel
6. Atascadero
7. San Simeon
8. Lompoc Valley
9. San Luis Obispo
10. Morro Bay
11. Pismo Beach
12. Mission Santa Inés
13. Chumash Painted Cave State Historic Park
14. Solvang
15. Ventura
16. Ronald Reagan Presidential Library
17. Ojai
18. Bakersfield
19. Channel Islands National Park

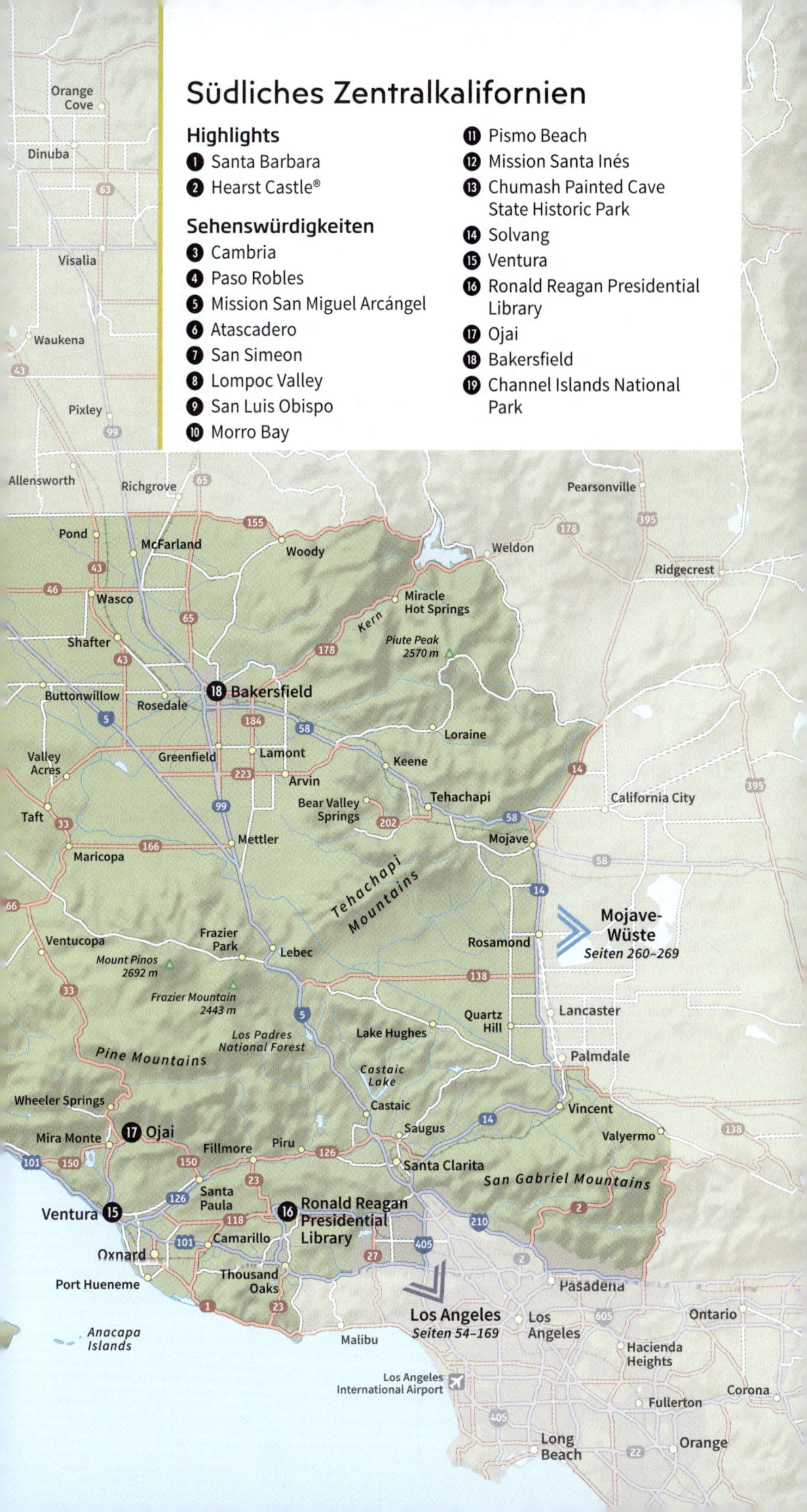

↑ *Helle Fassaden sind typisch für das an der Küste gelegene Santa Barbara*

❶

Santa Barbara

D6 90 000 13 km nördl. 34 W Carrillo Stearns Wharf 1 Garden St (+1-805-963-4364) santabarbaraca.com

Santa Barbara ist ein südkalifornisches Juwel: eine ganze Stadt in einem durchgängigen Architekturstil. Nach dem verheerenden Erdbeben von 1925 hielt man sich streng an die südländische Bauweise. Die Stadt wurde 1782 als spanische Garnison gegründet. Im 19. Jahrhundert war sie ein ruhiges Dorf mit ein paar Hundert Familien und Zentrum für die nahen Ranches. Bemerkenswert ist, dass etwa ein Dutzend Wohnhäuser die Zeit überdauert hat. Heute ist Santa Barbara ein beliebter Urlaubsort mit Sandstränden, guten Cafés, Restaurants und Kunstgalerien.

①

Santa Barbara Museum of Art

1130 State St Di–So 11–17 (Do bis 20) Feiertage sbma.net

Das sehenswerte Museum besticht durch seine außergewöhnliche Vielfalt. Es zeigt asiatische und amerikanische Kunst, Antiquitäten, Drucke, Zeichnungen und Fotografien.

②

County Courthouse

1100 Anacapa St Mo–Fr 8–17, Sa, So 10–16:30

Das Gerichtsgebäude im spanischen Kolonialstil (1929) mit tunesischen Fliesen und schmiedeeisernem Dekor wird noch genutzt. Die Wandbilder von Dan Sayre Groesbeck im Mural Room zeigen Ereignisse der kalifornischen Geschichte. Der Glockenturm bietet traumhaft schöne Ausblicke. Täglich werden kostenlose Führungen angeboten.

③

El Presidio de Santa Bárbara State Historic Park

123 E Canon Perdido St tägl. 10:30–16:30 parks.ca.gov

Als das spanische Königshaus Alta California besiedeln ließ, um das Gebiet vor russischem und britischem Vordringen zu schützen, tat es dies mit der Gründung von Missionen, Pueblos und Militärgarnisonen. Santa Barbara war wegen seiner Lage zwischen San Diego und Monterey ein idealer Standort für eine Garnison (*presidio*) – die letzte von vier, die ab 1782 in Kalifornien gebaut wurden. Sie diente bis weit ins 19. Jahrhundert als militärisches Hauptquartier und regionales Verwaltungszentrum.

Naturkatastrophen brachten die Anlage zum Einsturz, aber zwei Gebäude haben die Zeit überdauert und sind relativ gut erhalten. Im Cañedo Adobe, der ehemaligen Residenz eines Offiziers während der mexikanischen Zeit, ist heute das Verwaltungszentrum des Parks untergebracht. El Cuartel Adobe stammt aus dem Jahr 1788, damit ist es das älteste erhaltene Gebäude in Santa Barbara und das zweitälteste im Bundesstaat Kalifornien. Hier sind einige historische Exponate ausgestellt. Andere Räume bilden die recht spartanisch eingerichteten Quartiere des Kommandanten und eine *cocina* (Küche) nach.

④

Casa de la Guerra

15 E De La Guerra St
Di – So 12 – 16
sbthp.org

Das weiß getünchte Lehmziegelhaus wurde in den 1820er Jahren von José de la Guerra, dem fünften Garnisonskommandanten, errichtet. Heute ist das restaurierte Gebäude ein Museum. Zwölf um einen Innenhof angeordnete Zimmer sind mit Möbeln aus den frühen Tagen des Anwesens bestückt. Hier finden Wechselausstellungen statt, die der frühen Historie und dem spanischen Erbe Kaliforniens gewidmet sind. Im vorderen Teil der Casa, die auch Treffpunkt der Einwohner Santa Barbaras ist, finden kulturelle Veranstaltungen statt.

⑤

Santa Barbara Historical Museum

136 E De La Guerra St
Mi – Sa 12 – 17 (Do bis 19)
Feiertage
sbhistorical.org

Das Museum ist in zwei Lehmziegelhäusern untergebracht. Die Sammlungen umfassen Gemälde, Möbel,

Urban Wine Trail

Mineralreiche Böden und ein mildes Klima ermöglichen in der Umgebung von Santa Barbara einen ertragreichen Anbau von Weinreben. Mehr als 30 Weingüter verfügen im Stadtzentrum über Verkostungsräume, in denen Sie erstklassigen Pinot noir, Chardonnay und andere Weine probieren können. Die meisten befinden sich zwischen Highway 101 und Amtrak-Bahnhof sowie im historischen Stadtviertel Presidio (www.urbanwinetrailsb.com).

Sättel und Kostüme aus rund 500 Jahren – von der Zeit der Chumash über die mexikanische und spanische Herrschaft bis zur amerikanischen Ära. Zu den Artefakten gehört eine Holzstatue der hl. Barbara, einer Märtyrerin aus dem 4. Jahrhundert.

⑥

The Waterfront

132A Harbor Way
santabarbaraca.gov

Eine von Palmen gesäumte Promenade, im Hafen schaukelnde Boote, die Santa Ynez Mountains auf der einen und der weite Pazifische Ozean auf der anderen Seite: Die Waterfront von Santa Barbara ist der Inbegriff für kalifornische Idylle. Bootstouren, Kajak fahren, Surfen, Strandbaden oder Rad fahren sind nur einige der zahlreichen Outdoor-Optionen. Oder Sie spazieren bis ans Ende von Stearns Wharf. Dieser vermutlich älteste hölzerne Pier in Kalifornien geht auf das Jahr 1872 zurück.

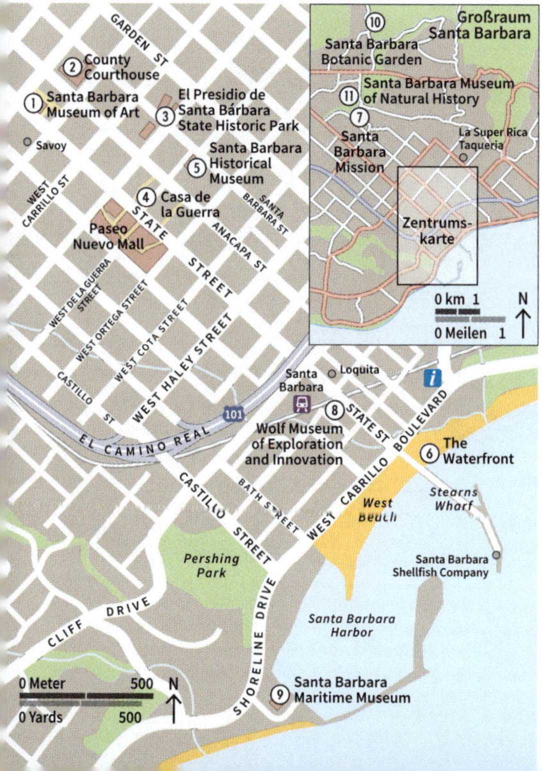

7

Santa Barbara Mission

2201 Laguna St tägl. 9:30–17 (Einlass bis 16:15) santabarbaramission.org

Santa Barbara, die »Königin der Missionen«, ist die meistbesuchte kalifornische Mission. Der Grundstein für die zehnte der von den Spaniern erbauten Missionen wurde 1786, am Tag der hl. Barbara, gelegt. Drei aus Adobe-Ziegeln gebaute Kirchen wurden durch Erdbeben zerstört. Die heutige Kirche wurde 1820 fertiggestellt. Ihr Doppelturm und die Mischung aus romanischem, maurischem und spanischem Stil inspirierten Architekten zu dem, was man heute Missionsstil nennt *(siehe S. 47)*. 1925 beschädigte ein weiteres Erdbeben Türme und Kirchenfassade. 1953 erfolgte der Neubau der gesamten Frontseite.

8

Wolf Museum of Exploration and Innovation

125 State St tägl. 10–17 (vorherige Buchung empfohlen) moxi.org

Das Museum lockt Kinder und Erwachsene zur spielerischen Auseinandersetzung mit Wissenschaft. Man kann eine Rakete bauen und starten oder ein Auto entwerfen und Rennen fahren. Sehr spannend ist die Erforschung der Gesetze von Licht, Aerodynamik oder Kinetik. Im Sky Garden kann man sich mit Wind, Geräuschen und Wasser auseinandersetzen.

9

Santa Barbara Maritime Museum

113 Harbor Way, Ste 190 So–Di, Do, Fr 10–17, Sa 9–15 sbmm.org

Das Museum an der Waterfront von Santa Barbara widmet sich der Geschichte der Küstenregion. Besucher erfahren mithilfe von interaktiven Exponaten, wie die Chumash ihre Kanus bauten, welche Umweltauswirkungen die Erdölförderung hat und vieles über die Geschichte des Surfens. Setzen Sie sich in den Simulator, wählen Sie den Fisch aus, den Sie fangen möchten, und – wenn die Rute zu ruckeln beginnt – holen Sie ihn ein. Kinder genießen den Blick durch ein Periskop und die Filme über die Tiefsee.

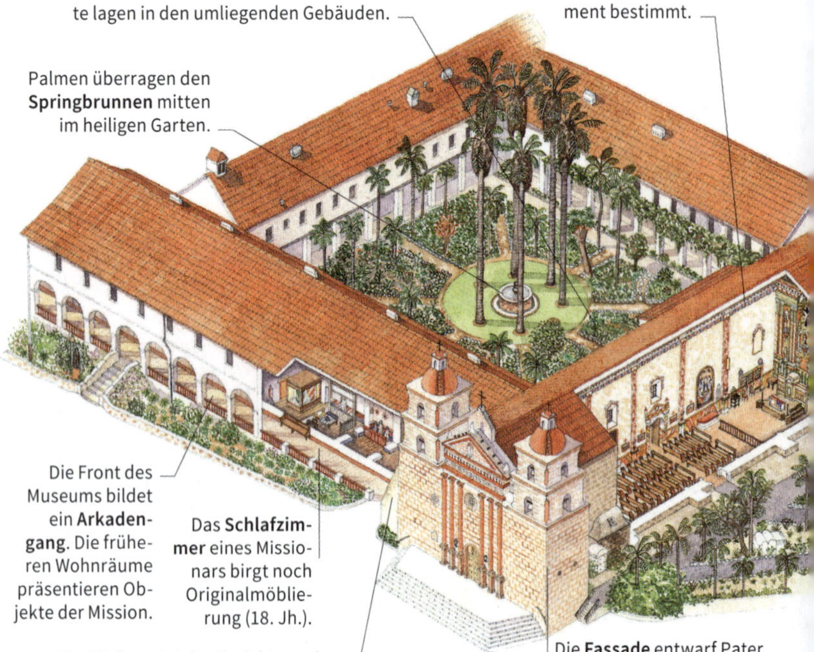

← *Forschungsgebäude und Pflanzen im Santa Barbara Botanic Garden*

⑩

Santa Barbara Botanic Garden

1212 Mission Canyon Rd
tägl. 9–17 sbbg.org

Der Botanische Garten hat sich auf die reiche Pflanzenwelt Kaliforniens spezialisiert. Entlang von Pfaden, die durch die für den Bundesstaat so typischen Wüsten- und Steppenformationen verlaufen, passiert man mehr als Tausend verschiedene Arten. Bemerkenswert ist ein kleiner Hain von Redwood-Bäumen, der so weit im Süden recht ungewöhnlich ist.

Der Frühling ist die beste Zeit für einen Besuch. Mit dem Eintrittsgeld unterstützt man die Arbeit des Botanischen Gartens bei der Erforschung der Pflanzenvielfalt und der Erhaltung seltener Arten. An Wochenenden und montags werden geführte Touren durch das Gelände angeboten.

⑪

Santa Barbara Museum of Natural History

2559 Puesta Del Sol
tägl. 10–17
sbnature.org

Das Museum widmet sich einheimischer Tierwelt sowie Meeresleben und Geologie der Region. Untergebracht ist es in einem Ensemble mehrerer Gebäude, die im spanischen Stil errichtet wurden. Displays zeigen viele ausgestopfte Tiere und Skelette – das eines Blauwals ist nicht zu übersehen.

In der geologischen Abteilung werden zahlreiche Mineralien und Edelsteine ausgestellt. Ein angrenzendes Planetarium bietet Live-Shows.

Die Breite des **Schiffs** war von der Höhe der Bäume abhängig, deren Stämme als Querbalken dienten.

Im **Friedhofsgarten** liegen ungefähr 4000 Ureinwohner und Mönche begraben.

↑ *Illustration der Mission Santa Barbara – Wegbereiter für den Missionsstil*

Lokale

La Super Rica Taqueria
Mexikanische *taqueria* mit köstlichen Tortillas und langsam gegartes Fleisch.
622 N Milpas
+1-805-963-4940
$$$

Santa Barbara Shellfish Company
Eine gemütliche Hütte am Ende von Stearns Wharf. Wählen Sie ein Krabbensandwich, Hummer-Tacos oder Muschel-Linguine.
230 Stearns Wharf
shellfishco.com
$$$

Savoy
Hier können Sie Ihren eigenen Salat zusammenstellen oder einfach von der Karte auswählen. Das Frühstück gilt als eines der besten der Stadt.
24 W Figueroa St
So savoycafe.weebly.com
$$$

Loquita
Tapas, Paella sowie Fleisch und Seafood vom Grill sind Markenzeichen des Hauses.
202 State St
loquitasb.com
$$$

2

Hearst Castle®

C5 · 750 Hearst Castle Rd · nach San Simeon · +1-805-927-2070
tägl. 9–16 · 1. Jan, Thanksgiving, 25. Dez · hearstcastle.org

Hearst Castle®, einst Privatspielplatz und Museum des Medienmagnaten William R. Hearst, thront eindrucksvoll auf einem Berg oberhalb von San Simeon. Heute ist das Anwesen eine bedeutende Besucherattraktion.

Hearst Castle® verkörpert die Extravaganz und den Glamour, den die Westküste in den 1930er und 1940er Jahren ausstrahlte. Es umfasst großzügige Gästehäuser, Gärten, Pools und sogar ein Weingut. Die drei Gästehäuser – Casa del Mar, Casa del Sol und Casa del Monte – sind großartig, doch das Highlight einer Führung ist die doppeltürmige Casa Grande (»Big House«). Sie wurde von der in Paris ausgebildeten Architektin Julia Morgan entworfen und von 1922 bis 1947 erbaut. Die 115 Zimmer enthalten zahlreiche Kunstwerke.

William Randolph Hearst

W. R. Hearst (1863–1951), Sohn eines Multimillionärs, machte sein Vermögen mit der Publikation von Printmedien. Er heiratete 1903 Millicent Willson, eine New Yorker Entertainerin. Als seine Mutter 1919 starb, erbte er den Besitz in San Simeon. Zu ihren Ehren baute er das Schloss und zog mit seiner Geliebten, der Schauspielerin Marion Davies, dort ein. In den folgenden 20 Jahren hieß das Paar in San Simeon viele Gäste fürstlich willkommen. Hearst starb 1951 in Beverly Hills.

Die Wände des **Privattheaters** bedeckt Damast. Die Leuchter vergoldeter Karyatiden erhellen die 50 Plätze.

Im **Billiardzimmer** hängt ein Gobelin mit Streublumenmuster (16. Jh.).

←
Verspielt wirkende Fassade des von Gärten umrahmten Anwesens

Chronik

1865
George Hearst kauft nahe San Simeon ein riesiges Anwesen

1919
△ W. R. Hearst erbt das Vermögen der Familie und plant ein Haus auf »Camp Hill«

1921
Fertigstellung der Casa del Mar

1922
Baubeginn der Casa Grande

1924
▽ Casa del Sol fertiggestellt

1951
Hearst stirbt in Beverly Hills

1958
Hearst Castle® wird öffentlich zugänglich

Casa Grande (»Big House«) – Highlight des Anwesens ↓

Von seinem **gotischen Arbeitszimmer** kontrollierte Hearst sein Imperium. Seine Bücher schützte er mit Gittern.

Wandteppiche, Chorgestuhl und Banner bedecken die Wände des riesigen **Speisesaals**.

Haupteingang

Die beiden Schlafzimmer der **Celestial Suite** liegen hoch im Nord- und Südturm, verbunden durch ein großzügiges Wohnzimmer.

Ein französischer Kamin (16. Jh.) beherrscht den **Gesellschaftssaal**. Italienisches Chorgestühl steht vor den Wänden mit flämischen Gobelins.

HEARST CASTLE®: HÄUSER UND GELÄNDE

Casa Grande: Haupthaus

Die Casa Grande wurde in verstärktem Beton errichtet, um den kalifornischen Erdbeben standzuhalten. Sie sollte aussehen wie eine Kathedrale des Mittelmeerraums.

Gäste übernachteten in einem der 22 Schlafzimmer, umgeben von Werken aus der Kunstsammlung des Magnaten. Hearst wohnte in der Gothic Suite auf der zweiten Etage. Sein Schlafgemach besaß eine spanische Zimmerdecke (14. Jh.). An der Wand hing die *Madonna mit Kind* aus der Schule von Duccio di Buoninsegna (um 1255–1318). Ein Wohnzimmer mit Blick aufs Meer verband es mit dem Schlafzimmer von Marion Davies.

Das gotische Arbeitszimmer auf der anderen Seite der Halle barg Hearsts wertvollste Bücher und Manuskripte. Von hier aus leitete er sein Medienimperium.

Ein französischer Kamin (16. Jh.) beherrscht den Gesellschaftssaal im Erdgeschoss. Er stammt aus dem Château des Jours der Familie d'Anglure in Burgund. Der angrenzende Speisesaal hat einen Renaissance-Esstisch sowie Chorgestühl und schöne Fliesen aus Siena. Die Gäste nahmen hier ihre Abendmahlzeiten ein.

Im Billardzimmer mit seiner spanisch-gotischen Decke gibt es einen Wandteppich (16. Jh.) mit Streublumenmuster, der eine Hirschjagd zeigt. Nebenan befindet sich das einstige Privattheater Hearsts. Hier sahen sich bis zu 50 Gäste Filmpremieren an. Die Leinwand konnte entfernt werden, wodurch eine kleine Bühne für Theateraufführungen entstand.

Der beheizte Innenpool ist mit Mosaiken aus Blattgold und venezianischem Glas ausgekleidet. Hier stehen acht Marmorstatuen.

Hearst hatte ständig neue Ideen, die er dann möglichst gleich in Renovierungs- oder Umbauarbeiten umsetzen ließ, sehr zur Bestürzung der Architektin Julia Morgan. So wurde eine tragende Wand entfernt, um eine Bowlingbahn einzurichten, die aber letztlich nie angelegt wurde.

Schon gewusst?

Casa Grande verfügt über 38 Schlafzimmer, 42 Badezimmer und 30 Kamine.

Expertentipp
Führungen

Besucher müssen an einer Führung teilnehmen, die am Besucherzentrum starten. Tour Nr. 1 (Grand Rooms Tour) ist bei der ersten Besichtigung zu empfehlen. Im Frühling und Sommer treten bei den Abendtouren Schauspieler in Kostümen der 1930er Jahre auf.

↑ *Marmorstatuen und kostbare Mosaiken umrahmen den Roman Pool*

↑ *Anleihen antiker römischer Architektur sind charakteristisch für den Neptune Pool*

Hearst hatte ständig neue Ideen, die er dann möglichst gleich in Renovierungs- oder Umbauarbeiten umsetzen ließ.

Gelände und Neptune Pool

Hearst ließ einen felsigen Hügel in einen Garten Eden verwandeln. 4,5 Meter hohe Fächerpalmen, italienische Zypressen und riesige Eichen wurden unter immensen Kosten die unbefestigte Straße hinaufbefördert. Jedes Jahr pflanzte man unzählige Blumen. Massen fruchtbarer Erde wurden für den 51 Hektar großen Park herangeschafft. Fünf Gewächshäuser sorgten das ganze Jahr über für Blütenpracht. Um die Wassertanks auf dem nahen Hügel zu kaschieren, pflanzte Hearst nicht weniger als 6000 Monterey-Kiefern in eigens herausgesprengte Felslöcher. Verschiedenste Obstbäume sorgten für frisches Obst.

Hearst sammelte auch klassische und moderne Statuen. Sie zieren die Terrassen. Zu den erlesensten gehören die vier Figuren von Sechmet, der ägyptischen Kriegsgöttin. Die ältesten Werke stammen von 1560–1200 v. Chr.

Highlight ist jedoch zweifellos der 32 Meter lange Neptune Pool aus weißem Marmor, flankiert von Säulengängen und dem Nachbau einer bemerkenswerten antiken Tempelfassade, deren Säulen mit einem authentischen Fries dekoriert sind. Die Statuen am Pool schuf der Pariser Bildhauer Charles-Georges Cassou in den 1930er Jahren.

Hearst ließ zudem einen 1,6 Kilometer langen überdachten Reitweg anlegen. So konnte er bei jedem Wetter ausreiten. Zwei Tennisplätze befinden sich auf dem Dach des Roman Pools.

Auf »Camp Hill« hatte Hearst seinen Privatzoo. Die Reste der Gehege, in denen Löwen, Bären, Elefanten, Pumas und Leoparden lebten, sind noch erkennbar. Giraffen, Strauße, Zebras und ein kleiner Elefant liefen sogar frei herum.

Gästehäuser

Bis Mitte der 1920er Jahre, bis die Casa Grande fertiggestellt war, lebte Hearst in der Casa del Mar, dem mit 20 Räumen größten der drei Gästehäuser. Er genoss die Jahre in dem kleinen Haus, gab allerdings mit Blick auf die vollendete Casa Grande zu: »Wenn ich gewusst hätte, dass sie so groß wird, hätte ich die kleinen Häuser größer bauen lassen.« Die »kleinen« Häuser sind aber selbst Herrenhäuser.

Die Casa del Sol besitzt 21 Räume, die sich über drei Stockwerke erstrecken. Den Springbrunnen auf einer großen Terrasse schmückt eine Bronzekopie des *David* von Donatello. Die Casa del Monte, mit zwölf Räumen das kleinste Haus, liegt den Bergen zugewandt.

Julia Morgan

Julia Morgan, die Architektin von San Simeon, war eine der ersten Frauen, die an der University of California at Berkeley einen Ingenieursgrad erworben hatte, und die erste mit Abschluss in Architektur an der École Nationale et Spéciale des Beaux-Arts in Paris. Sie entwarf fast alle Details und war überaus streng zu den Mitarbeitern.

SEHENSWÜRDIGKEITEN

3

Cambria

C5 6000
767 Main St
cambriachamber.org

Zwischen zerklüfteter Küste und kiefernbewachsenen Bergen liegt Cambria. Es war 1866 zunächst eine Quecksilberminen-Siedlung. Heute zieht der Ort Künstler und Kunsthandwerker an, die Main Street säumen Galerien.

Im Norden bietet Leffingwell Landing Ausblicke auf die Brandung. Bei Ebbe kann man an den Gezeitenbecken picknicken.

4

Paso Robles

C5 30 000 1225 Park St pasorobles chamber.com

Paso Robles gehörte einst zur Ranch El Paso de Robles. 1857 wurde die schwefelhaltige Quelle in ein Kurbad verwandelt. Nachdem die Southern Pacific Railway 1886 hierherführte, entwickelte sich der Ort sehr schnell.

Schon gewusst?

Etwas östlich von Paso Robles steht das James Dean Monument nahe der Stelle des tödlichen Unfalls.

Heute ist Paso Robles umgeben von Pferdehöfen, Weinbergen, Weinkellereien und Mandelbaumhainen, die im Frühjahr blühen. Die heißen Quellen sind stillgelegt, doch es gibt viel zu sehen. In der Vine Street stehen renovierte Häuser (Ende 19. Jh.). **Studios on the Park** bietet Kunstausstellungen und Führungen durch die offenen Ateliers lokaler Künstler.

Studios on the Park
1130 Pine St So–Do 12–16, Fr, Sa 12–21
studiosonthepark.org

5

Mission San Miguel Arcángel

C5 775 Mission St, San Miguel tägl. 10–16:30
missionsanmiguel.org

Die Mission war die Nummer 16 an der kalifornischen Küste. Sie wurde 1797 von Pater Fermín de Lasuén, dem Nachfolger von Pater Junípero Serra *(siehe S. 233)*, gegründet. Neun Jahre später vernichtete ein Brand

→ *Glockenturm der Mission San Miguel Arcángel*

↑ *Gezeitenbecken am Küstenabschnitt Leffingwell Landing, Cambria*

die Originalkirche. Das heutige Gebäude, das als Pfarrkirche diente, wurde 1819 vollendet.

Neben Getreideanbau und Viehzucht stellten die Mönche eigenen Opferwein her. Heute gibt es in den umliegenden Hügeln mehr als 30 Kellereien. Nach der Säkularisierung 1834 diente die Mission als Lagerhaus und Bar. Im Jahr 1928 wurde sie an die Mönche zurückgegeben und renoviert. Die Mission, die wegen der schweren Erdbebenschäden 2003 geschlossen wurde, ist mittlerweile wieder geöffnet und zu besichtigen.

Die sechs Räume des Museums sind noch im Stil des frühen 19. Jahrhunderts möbliert. Das Museum bietet außerdem einen Shop. Sehr hübsch präsentiert sich auch der Innenhofbereich.

6

Atascadero

C5 28 000 San Luis Obispo Dial-A-Ride (+1-805-466-7433) 6904 El Camino Real atascaderochamber.org

Atascadero, spanisch für »schlammiger Ort«, wurde 1913 vom Verleger Edward G. Lewis gegründet, der die 9300 Hektar große Ranch kaufte, um seine Idealstadt zu bauen. Hauptquartier war ein attraktives Haus im Stil der italienischen Renaissance, das er 1914 für fast eine halbe Million US-Dollar bauen ließ. Das Gebäude, in dem früher das Atascadero Historical Society Museum mit Hunderten Bildern von Lewis' offiziellem Fotografen sowie Artefakten der ersten Siedler aus dieser Gegend untergebracht war, wurde Ende 2003 bei einem Erdbeben stark beschädigt. Teile der Exponate sind nun im Colony House zu sehen.

Unglücklicherweise ging Lewis bankrott, bevor Atascadero fertig wurde. Seit den 1950er Jahren wächst der Ort jedoch, da sein ländliches Flair immer noch viele Menschen anlockt. 1979 wurden Atascadero Stadtrechte verliehen.

Heute besuchen Urlauber die Antiquitätenläden, Boutiquen und den wöchentlichen Bauernmarkt. Eine Woche dauert die Colony-Days-Feier, bei der die Stadt mit Paraden und Festlichkeiten an ihre Anfänge erinnert.

7

San Simeon

C5 250 San Simeon Ave visitsansimeonca.com

San Simeon begann als Walfangstation. Dies änderte sich, als der Medienmagnat William Randolph Hearst einen neuen Kai in der Bucht baute, um das wertvolle Material zu entladen, das für sein nahe gelegenes Schloss bestimmt war. Noch immer thront es auf einem bewaldeten Hügel.

Das ruhige Wasser macht den William Randolph Hearst Memorial Beach zu einem idealen Ort zum Schwimmen oder zum Kajak fahren. Das **Coastal Discovery Center** informiert über die Natur- und Kulturgeschichte der Region.

Expertentipp
See-Elefanten

Bis zu 25 000 See-Elefanten – die größten Robben der Welt – halten sich in der Piedras Blancas Elephant Seal Rookery in San Simeon auf. Die beste Zeit, um sie zu beobachten, ist Dezember bis März (www.elephantseal.org).

Restaurants

Linn's Restaurant
Zu den Spezialitäten gehören Pot Pies (Fleischpasteten) und Olallieberry (eine Kreuzung aus Brombeere und Himbeere) Pies.

C5 2277 Main St, Cambria linnsfruitbin.com

$$

Café on Bridge Street
Die Sandwiches, Salate und Burger zählen zu den besten der Gegend.

C5 4286 Bridge St, Cambria Mo, Di cafeonbridgest.com

$

Robin's
Genießen Sie Gerichte aus Asien, dem Nahen Osten und Mexiko.

C5 4095 Burton Dr, Cambria robinsrestaurant.com

$$$

Coastal Discovery Center
William Randolph Hearst Memorial Beach
Fr – So 11 –17
montereybay.noaa.gov

8

Lompoc Valley

C6 Santa Barbara Lompoc 111 S I St, Lompoc lompoc.com

Das Lompoc Valley ist einer der weltgrößten Produzenten von Blumensamen. Das Tal ist von Hügeln und ausgedehnten Blumenfeldern umgeben. Die Felder stehen vom Frühling bis zum Frühsommer in farbenprächtiger Blüte. Auf dem Civic Center Plaza zwischen Ocean Avenue und C Street zeigt ein Schaugarten alle Blumen.

La Purísima Concepción Mission, fünf Kilometer nordöstlich der Stadt, war die elfte kalifornische Mission. Seit den 1930er Jahren ist sie ein State Historic Park. Die Gebäude (frühes 19. Jh.) wurden restauriert. Die Anlage vermittelt einen guten Eindruck vom Missionsleben. Zu besichtigen sind hier insbesondere die mit originalem Mobiliar eingerichteten Zellen der Mönche. Die einfache, schmale Kirche ist mit farbenfrohen Mustern verziert. In den angrenzenden Werkstätten wurden neben Stoffen, Kerzen und Lederwaren auch Möbel für die Mission angefertigt.

Die Gartenanlage der Mission wurde originalgetreu rekonstruiert. Hier gedeihen noch die gleichen Obst-, Gemüse- und Kräuterarten wie bereits im 19. Jahrhundert.

La Purísima Concepción Mission

2295 Purísima Rd, Lompoc Di–So 10–16 (Juli u. Aug: auch Mo 11–15) 1. Jan, Thanksgiving, 25. Dez lapurisimamission.org

9

San Luis Obispo

C5 46 000 San Luis Obispo 895 Monterey St visitslo.com

Das Städtchen in einem Tal der Santa Lucia Mountains entwickelte sich rund um die **Mission San Luis Obispo de Tolosa**, die Pater Junípero Serra am 1. September 1772 gegründet hatte. Als fünfte der 21 Missionen und eine der reichsten dient sie heute noch als Pfarrkirche.

Neben der Kirche zeigt das Missionsmuseum Artefakte der Chumash, darunter Körbe, Boote, Schmuck, das Bett des Paters und den Originalaltar der Mission. Den Mission Plaza vor der Mission teilt ein baumgesäumter Bach in zwei Hälften. Hier fanden in den 1860er Jahren Bärenhatzen und Stierkämpfe statt. Heute ist der Park Schauplatz weniger blutiger Veranstaltungen.

Das San Luis Obispo Museum of Art an der Broad Street gleich neben dem Platz zeigt Werke kalifornischer Künstler. In der Nähe (800 Palm Street) befindet sich der Ah Louis Store, den 1874 ein chinesischer Koch und Eisenbahnarbeiter eröffnete. Früher diente er als Post, Bank und Gemischtwarenladen. Heute ist er ein Geschenkeladen mit unregelmäßigen Öffnungszeiten.

Zum 475 Meter hohen Bishop Peak am Rand der Stadt führen Wanderwege unterschiedlicher Schwierigkeitsgrade.

Mission San Luis Obispo de Tolosa

751 Palm St +1-805-781-8220 März–Okt: tägl. 9–17; Nov–Feb: tägl. 9–16 Feiertage missionsanluisobispo.org

Helle Fassade der Mission San Luis Obispo de Tolosa ↓

Restaurants

The Cracked Crab

Spezialität des legeren Restaurants sind Schalentiere, die in einem Eimer serviert werden. Es gibt auch Fleisch- und Gemüsegerichte.

C6 751 Price St, Pismo Beach crackedcrab.com

$$$

Hofbrau

Das für seine Roastbeef-Sandwiches bekannte traditionsreiche Restaurant hat auch Burger, Seafood und Salate auf der Speisekarte.

C5 901 Embarcadero, Morro Bay hofbraumorrobay.com

$$$

Der Hafen von Morro Bay mit Morro Rock im Hintergrund ↑

⑩ Morro Bay

C5 · 10 000 · 695 Harbor St · morrobay.org

Der Hafen entstand 1870, um die Produkte der hiesigen Milch- und Viehwirtschaft zu verschiffen. Heute ist der Tourismus die Haupteinnahmequelle. Am Wasser reihen sich u. a. Galerien, Läden, ein Aquarium und eine Reihe von Fischrestaurants. Walbeobachtungs- und Bootstouren in die Bucht sowie die Fischfangflotte starten von hier. Eine Redwood-Treppe führt vom Steinpelikan auf den Klippen hinunter zum Embarcadero. Die Aussicht vom Black Hill Lookout lohnt die Wanderung vom Parkplatz zum Berggipfel.

Die Attraktion der Bucht ist Morro Rock, ein 175 Meter hoher Vulkankegel – einer von neun in der Gegend. Juan Rodríguez Cabrillo nannte ihn 1542 »El moro«, weil er ihn an einen Mohren erinnerte. Seit 1933 verbindet ihn ein Damm mit dem Festland.

Heute ist Morro Rock ein Naturreservat. Hier nisten Wanderfalken. Im Coleman Park am Fuß des Felsens kann man gut angeln.

Der Morro Bay State Park auf der anderen Seite der Stadt bietet Optionen für Wassersport und zur Vogelbeobachtung.

Schöne Aussicht
Morro Rock

Eine der besten Aussichten auf Morro Rock und die Küste genießt man von der Spitze des Cerro Alto, einem rund 800 Meter hohen Vulkankegel 14 Kilometer östlich von Morro Bay.

Guadalupe-Nipomo Dunes National Wildlife Refuge

Das Reservat etwa 24 Kilometer südlich von Pismo Beach umfasst eines der größten Küstendünengebiete Kaliforniens. Hier finden viele Tiere – u. a. Schmetterlinge, Pelikane, Seeschwalben und Regenpfeifer – ein Refugium. Das Dunes Center (www.dunescenter.org) bietet umfassende Informationen über die Dünen und eine Ausstellung über den Stummfilm *Die Zehn Gebote*, den Cecil B. DeMille 1923 in den Dünen bei Guadalupe drehte.

⑪ Pismo Beach

C6 · 8000 · San Luis Obispo · San Luis Obispo · 581 Dolliver St · experiencepismobeach.com

Pismo Beach ist vor allem wegen der Pismo-Muschel bekannt. Ende des 19. Jahrhunderts wurden rund 40 000 Muscheln täglich geerntet. 1911 durften nur noch bis zu 200 Muscheln pro Tag und Sammler eingeholt werden. Heute braucht man eine Lizenz. Im Herbst findet am Pismo State Beach ein Muschelfest statt.

Der Strand des Orts erstreckt sich über etwa 13 Kilometer nach Süden zum Santa Maria River. Hier kann man zelten, picknicken, Boot fahren und angeln. Da der Sand hier sehr hart ist, dürfen Autos über Rampen an der Grand Avenue am Grover Beach und der Pier Avenue in Oceano den Strand befahren.

Die Dünen schützen Vögel, Füchse, Kaninchen, Kojoten sowie Salbei, Wildblumen und andere Küstenpflanzen. Muschelhügel in den Dünen, nahe dem Arroyo Grande Creek, erinnern daran, dass hier die Chumash lebten.

In den 1930er und 1940er Jahren waren die Dünen vor allem bei Künstlern, Nudisten und Mystikern Kult.

Wandbilder von Indigenen im Chumash Painted Cave State Historic Park ↑

12 Mission Santa Inés

D6 · 1760 Mission Dr, Solvang · tägl. 9–17 · Ostern, Thanksgiving, 25. Dez · mission santaines.org

Gegründet wurde Santa Inés am 17. September 1804 – als Nummer 19 der kalifornischen Missionen. Nach der Säkularisierung 1834 verließen viele die Mission. Nach dem Zweiten Weltkrieg wurden Mission und Glockenturm renoviert. Die Kosten dafür übernahm W. R. Hearst *(siehe S. 188)*. Zur Mission gehört auch ein kleines Museum mit Mobiliar der Zeit, Gewändern der ersten Mönche und originalen Wandbildern der Ureinwohner.

13 Chumash Painted Cave State Historic Park

D6 · Painted Cave Rd · von Santa Barbara · parks.ca.gov

In den Santa Ynez Mountains, 13 Kilometer nordwestlich von Santa Barbara, gibt es einige Höhlen mit Zeichnungen und Einritzungen der Chumash, einer indigenen Ethnie. Am bekanntesten ist eine sechs mal zwölf Meter große Höhle (etwas abseits vom Highway 154) mit ockerfarbenen Einkerbungen.

Manche Zeichnungen in roter, schwarzer oder weißer Farbe erinnern an Tiere wie etwa Echsen, Schlangen und Skorpione. Die Stämme tauschten die Farbpigmente untereinander. Manche Experten nehmen an, dass die Zeichnungen religiöse Symbole darstellen.

Kommen Sie am besten mit dem Bus, denn es gibt nur wenige Parkplätze.

14 Solvang

D6 · 5000 · 1639 Copenhagen Dr · solvangusa.com

1911 kauften drei Lehrer aus Dänemark 3650 Hektar Land, auf dem sie eine dänische Kolonie samt Schule gründeten. Das Schulhaus, ein zweistöckiges Holzgebäude in der Alisal Road, ist heute das Bit O'Denmark Restaurant. Das kleine **Hans Christian Andersen Museum** über dem Buchladen erinnert an den dänischen Autor. Das **Elverhøj Museum of History and Art** in einem Gebäude im Stil eines dänischen Bauernhauses (18. Jh.) zeigt Originalmöbel und Volkskunst.

→ *Typische Straße in Solvang, das 1911 von Dänen gegründet wurde*

Monarchfalter

Jedes Jahr im Oktober wandern Millionen von Faltern aus dem Westen der USA und Kanada nach Mexiko, Süd- und Zentralkalifornien, um dort zu überwintern. Man kann Exemplare im Montana de Oro State Park *(siehe S. 200)*, in Pismo Beach *(siehe S. 195)* und Ventura sehen. Nach der Paarung im Januar/Februar treten die Falter ihren Rückflug an.

Bei einem Stadtrundgang kommt man an Windmühlen, Dächern, auf denen Holzstörche stehen, und Gaslaternen vorbei. Restaurants bieten u. a. *æbleskiver*, ein dänisches Gebäck, das Krapfen ähnelt, an.

Hans Christian Andersen Museum
1680 Mission Dr
tägl. 10–18
bookloftsolvang.com/hca-museum

Elverhøj Museum of History and Art
1624 Elverhoy Way Do–Mo 11–17
elverhoj.org

15

Ventura

D6 110 000
101 S California St, Suite C
visitventuraca.com

Von der **San Buenaventura Mission**, die 1782 gegründet und 1809 vollendet wurde, blieb eine Kirche mit Garten und Springbrunnen erhalten. Ein Museum vermittelt ein Bild des Originalkomplexes. Zwei Adobe-Häuser sind in der Stadt zu sehen. Das winzige **Ortega Adobe** illustriert die früheren Lebensbedingungen. Das **Olivas Adobe** ist eine zweistöckige Hazienda im Monterey-Stil mit Rosen- und Kräutergarten.

Zum Channel Islands National Park werden Bootsfahrten organisiert.

San Buenaventura Mission
211 E Main St tägl. 10–17 1. Jan, Ostern, Thanksgiving, 25. Dez
sanbuenaventuramission.org

Ortega Adobe
215 W Main St +1-805-658-4726 tägl. 1. Jan, Ostern, Labor Day, Thanksgiving, 25. Dez

Olivas Adobe
4200 Olivas Park Dr
Haus: Sa u. So; Gelände: tägl. 1. Jan, Ostern, Thanksgiving, 25. Dez
olivasadobe.org

Bars

Clean Slate Wine Bar
In dieser Weinbar werden fünfzig Weine unterschiedlicher Produzenten im Glas serviert.
D6 448 Atterdag Rd, Solvang
+1-805-02-1787

Arrowsmith's Wine Bar
Die Inhaber Anna und Tim Arrowsmith servieren eine große Auswahl europäischer Weine.
D6 1539C Mission Dr, Solvang
arrowsmithwine.com

Poseidon Brewing Company
Diese Mikrobrauerei schenkt hochwertige Craftbeere aus.
D6 5777 Olivas Park Dr, Unit Q, Ventura
poseidonbrewingco.com

↑ *Stände am Bauernmarkt von Ojai, der jeden Sonntag veranstaltet wird*

16

Ronald Reagan Presidential Library

D6 40 Presidential Dr, Simi Valley tägl. 10–17 1. Jan, Thanksgiving, 25. Dez reaganfoundation.org

Präsident Reagans gesamte Dokumente sind in diesem Mission-Revival-Gebäude untergebracht. Eine Ausstellung in der Bibliothek dokumentiert das Leben Ronald Reagans. Hinzu kommen Wechselausstellungen mit Geschenken, Kleidung, Kunstwerken und anderen Objekten, die mit Reagans achtjähriger Amtszeit im Weißen Haus zu tun haben, darunter ein Stück der Berliner Mauer mit Graffiti. Bei der Replik des Oval Office in Originalgröße stimmt jedes Detail. Am Eingang stehen Bronzestatuen von Ronald Reagan und seiner Ehefrau Nancy. Im Air-Force-One-Pavillon kann man an Bord der Maschine gehen, mit der sechs Präsidenten flogen (1973–2001).

← *Statuen des Ehepaars Reagan am Eingang der Ronald Reagan Presidential Library*

17

Ojai

D6 8000 109 N Blanche St ojaivisitors.com

Ojai wurde 1874 gegründet, seit Jahrzehnten ist es Anziehungspunkt für Esoteriker und Spirituelle. Hier gibt es viele Meditationszentren.

Trendige Shops mit Arkaden im spanischen Stil säumen die Hauptstraße. Am Sonntagmorgen findet ein Bauernmarkt statt.

Das milde Klima begünstigt im Ojai Valley großflächigen Olivenanbau. Bei der **Ojai Olive Oil Company** können Besucher mehr über die Herstellung von Olivenöl erfahren.

Das in einer katholischen Kirche untergebrachte **Ojai Valley Museum** informiert anhand von Gemälden, Fotografien und Chumash-Artefakten über Kultur und Historie der Region.

Passend zu Ojais spiritueller Seite widmet sich das **Krishnamurti Visitor Center and Library** den Lehren des indischen Philosophen Jiddu Krishnamurti. In Pine Cottage, wo er einst lebte, können Besucher das Gelände erkunden und meditieren.

Ojai Olive Oil Company
1811 Ladera Rd tägl. 10–16 ojaioliveoil.com

Ojai Valley Museum
130 W Ojai Av
Di–Sa 10–16
ojaivalleymuseum.org

Hotels

Ojai Retreat & Inn
Ruhige Gärten sowie fantastische Ausblicke auf die Berge und das Tal tragen zur ganz besonderen Atmosphäre des Hauses bei.
D6 160 Besant Rd, Ojai
ojairetreat.com
$$

The Lavender Inn
Das frühere Schulhaus (1874) wurde in eine charmante Unterkunft mit individuell dekorierten Zimmern umgewandelt.
D6 210 E Matilija St, Ojai
lavenderinn.com
$$

Expertentipp
Kern River Rafting

Zwischen Mai und September gibt es auf dem Kern River, der durch Bakersfield fließt, Rafting- und Kajaktouren. Wenden Sie sich für Infos an Whitewater Voyages (www.whitewatervoyages.com).

Krishnamurti Visitor Center and Library
1098 McAndrew Rd
Di – Fr 10 – 16, Sa, So 10 – 17 kfa.org

18 Bakersfield

D5 380 000
515 Truxton Ave
visitbakersfield.com

Bakersfield ist nach Thomas Baker benannt, einem Siedler, der hier ab 1863 Felder bewirtschaftete und Viehzucht betrieb. Die jüngere Geschichte von Bakersfield begann mit der Entdeckung von Erdöl.

Im **Kern County Museum** veranschaulichen historische Gebäude und Exponate die Geschichte und Kultur der Region, das **Bakersfield Museum of Art** zeigt moderne und zeitgenössische Kunst.

Bakersfield bietet auch einige architektonische Besonderheiten, wie etwa das Wahrzeichen der Stadt, das sich über insgesamt vier Fahrspuren an der Sillect Avenue erstreckt, und das schuhförmige Gebäude an der 931 Chester Avenue, in dem der Big Shoe Repair Shop untergebracht ist.

Das **California Living Museum** beherbergt Tiere, die verletzt wurden und nicht wieder in die Wildnis ausgebracht werden können. Es gibt hier mehr als 200 Arten, u. a. Weißkopfseeadler, Kondore und Dickhornschafe.

Kern County Museum
3801 Chester Ave
Mi – So 9 – 16 1. Jan, Thanksgiving, 24., 25. u. 31. Dez kerncounty museum.org

Bakersfield Museum of Art
1930 R St Do – Sa 10 – 16 bmoa.org

California Living Museum
10500 Alfred Harrell Hwy tägl. 9 – 16
calmzoo.org

19 Channel Islands National Park

D6 Ventura Island Packers (+1-805-642-1393)
1901 Spinnaker Dr, Ventura nps.gov/chis

Die vulkanischen Inseln Santa Barbara, Anacapa, San Miguel, Santa Cruz und Santa Rosa bilden den Channel Islands National Park. Der Zugang zu den Inseln wird von den Rangern, die im Besucherzentrum Genehmigungen erteilen, streng überwacht. Zelten ist erlaubt. Man muss mindestens zwei Wochen im Voraus buchen und Verpflegung und Wasservorräte mitbringen, da es keine Versorgung gibt.

Die beste Zeit für einen Besuch ist Februar bis April, wenn man Delfine, Grauwale und Kalifornische Pelikane sehen kann. Zur Vielfalt der Tierwelt gehören Kormorane, Seelöwen, See-Elefanten und Möwen. Bei einer Ranger-Führung erfährt man viel darüber. Besucher müssen auf den gekennzeichneten Wegen bleiben.

Die Gezeitenbecken auf den Inseln bieten eine reiche Meeresflora und -fauna. Ein Großteil der hier lebenden Pflanzen- und Tierarten steht unter Naturschutz.

Kajakausflüge sind wegen der vielen Höhlen ein einzigartiges Erlebnis. Auch Tauchen und Schnorcheln sind beliebte Aktivitäten.

Traumaussicht von Anacapa Island, Channel Islands National Park ↓

Tour entlang der Küste

Länge 275 km **Rasten** Morro Bay ist bekannt für seine Fischbuden; Pismo Beach und Santa Barbara haben viele Restaurants und Cafés direkt am Meer.

Die Küste des südlichen Zentralkalifornien bietet breite Sandstrände und einige der besten Surfspots des Bundesstaates. Der größte Teil dieser Route folgt dem Highway 1 – von der Morro Bay über Santa Barbara bis nach Ventura. Möglichkeiten zum Schwimmen, Sonnenbaden und Surfen gibt es an vielen Stellen, auch die Auswahl an Lokalen mit feinstem Seafood und anderen Köstlichkeiten ist groß. Darüber hinaus kann man entlang der Strecke mehrere Missionen besichtigen.

Morro Rock zählt zu den markantesten Wahrzeichen Kaliforniens. Die spanischen Seefahrer nutzten ihn zur Orientierung, den schönsten Anblick bietet der Felsen bei Sonnenauf- oder -untergang.

Schroffe Klippen, Sandstrände und wilde Schluchten prägen den **Montaña de Oro State Park**. Auf einem Wanderweg erreicht man den 411 Meter hohen Valencia Peak.

Das ruhige Küstenstädtchen **Avila Beach** hat einen 1908 erbauten hölzernen Angelsteg und einen Sandstrand, an dem sich Sonnenanbeter und Surfer tummeln.

Pismo Beach *(siehe S. 195)* ist eine kleine Stadt mit einem langen Strand und hohen Sanddünen. Viele Lokale servieren Muschelgerichte.

↑ *Wandern auf einem Trail im Montaña de Oro State Park*

Schon gewusst?

In Pismo Beach dürfen Muscheln erst ab elf Zentimetern Länge geerntet werden.

Zur Orientierung
Siehe Übersichtskarte S. 182f

El Capitan State Beach vor der Kulisse grüner Hügel ↑

Der **Gaviota State Park** umfasst einen schmalen Strand mit Angelsteg unter den Klippen. Ins Landesinnere führen Wanderwege zu heißen Quellen und auf den Gaviota Peak.

Am **El Capitan State Beach** eignen sich vor allem die Gezeitenbecken zur Tierbeobachtung. Im Winter ziehen hier Grauwale vorbei.

Santa Barbaras Waterfront *(siehe S. 185)* ist voller Attraktionen wie Shops und Restaurants am Stearns Wharf, Fischmarkt und Strand.

Ventura *(siehe S. 197)* ist Standort der San Buenaventura Mission (1782). Der Pier von 1872 zählt zu den ältesten von Kalifornien.

Tour durch das Santa Ynez Valley

Zur Orientierung
Siehe Übersichtskarte S. 182f

Länge 48 km **Rasten** Im Los Olivos Wine Merchant Café kann man sehr gut essen. Die meisten Weingüter verfügen über Picknickplätze, wo man einen lokalen Wein genießen kann.

Das Santa Ynez Valley gehört zu den jüngsten und erlesensten Weinbaugebieten. Hier gibt es oft Küstennebel, was je nach Höhenlage und Entfernung zum Meer ein ganz spezielles Mikroklima fördert. Die Trauben wachsen hier länger heran als in Nordkalifornien. Diese Bedingungen und die unterschiedlichen Böden lassen viele klassische Rebsorten hervorragend gedeihen. Genießen Sie bei dieser Tour durch die Weingüter des Tals auch die wunderschöne Landschaft.

Schon gewusst?

Wegen der extrem starken Winde haben manche Bäume im Tal bizarre Formen.

Firestone Vineyard, der größte Hersteller der Region, präsentiert in seinem Degustationsraum neben der Kellerei ausgezeichneten Cabernet sauvignon, Chardonnay und Merlot.

Pinot noir, Syrah und Riesling reifen auf dem Areal der **Fess Parker Winery**. Probieren kann man sie in einem attraktiven Gebäude.

Auch **Andrew Murray Vineyards** bietet Degustationen. Die Kellerei ist vor allem für ihren Syrah bekannt.

Los Olivos beherbergt das Los Olivos Wine Merchant Café. Es serviert Gerichte aus Zutaten vom eigenen Bio-Bauernhof.

In einem Gebäude in französischem Stil mit Blick auf Weinberge bietet **Brander Vineyard** Sauvignon blanc und andere Weine an.

Inmitten der **Santa Ynez** umgebenden Weinberge und Kellereien liegen die Santa Ynez Winery und die Sunstone Vineyards and Winery.

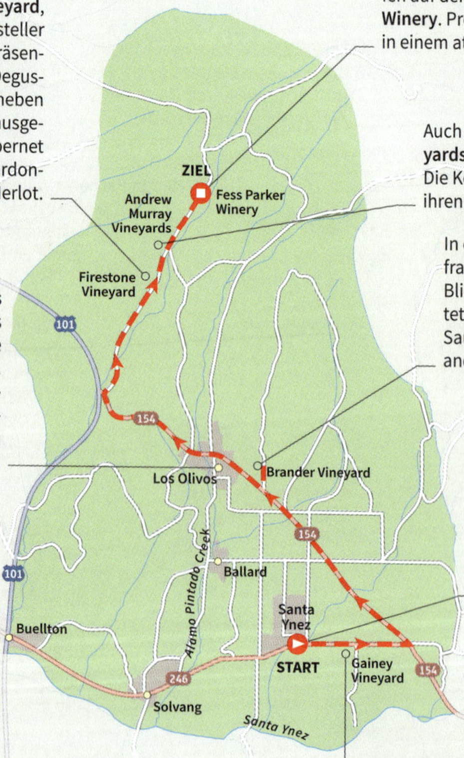

Auch die Weine der Kellerei **Gainey Vineyard**, die im Stil einer Hazienda gestaltet ist, sind ausgezeichnet.

↑ *Die Route schlängelt sich durch das malerische Santa Ynez Valley*

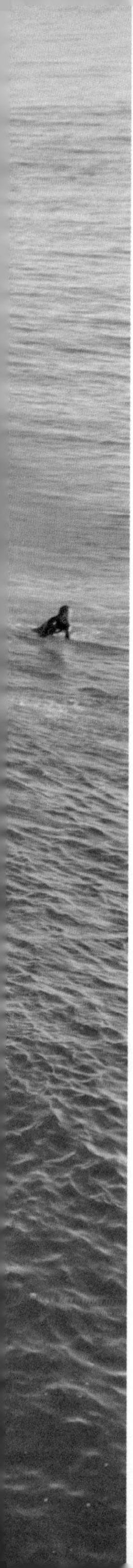

Surfer vor Huntington Beach (siehe S. 222)

Orange County

Das Gebiet wurde früher von mehreren indigenen Gruppen wie den Tongva und den Acjachemen bewohnt. 1776 gründeten Spanier die Mission San Juan Capistrano. Wie in Südkalifornien üblich, teilten die Spanier das Land in riesige Ländereien auf. Anaheim wurde 1857 von deutschen Einwanderern als Zentrum des Weinbaus gegründet.

Bis vor etwa einem Jahrhundert wurde Orange County seinem Namen gerecht, das Gebiet war von Orangenhainen bedeckt. Alles änderte sich 1955 mit der Eröffnung von Disneyland in Anaheim, die Orangenpflanzungen mussten Städten weichen. Heute besteht Orange County aus zwei Welten. Die älteren Städte im Zentrum und im Norden haben Innenstädte mit vielfältiger Architektur und multikultureller Bevölkerung, während der Süden von Orange County weniger vielfältig ist. Neben den Vergnügungsstätten mit ihren zahlreichen Attraktionen bietet Orange County aber auch kulturelle Sehenswürdigkeiten.

Pasadena
Arcadia
Temple City
El Monte
West Covina
Covina
Claremont
Ontario
Pomona
Chino
Walnut
Chino Hills
East Los Angeles
Hacienda Heights
Whittier
South Gate
Los Angeles
Seiten 54–169
La Habra
Norwalk
La Mirada
Brea
Yorba Linda
Chino Hills State Park
Nixon Presidential Library and Museum 5
Fullerton
La Palma
Knott's Berry Farm und Soak City 2
Anaheim
6 Anaheim Packing District
Villa Park
Carson
Disneyland® Resort 1
9 Christ Cathedral
Irving Lake
Long Beach
Garden Grove
Orange
Westminster
Bowers Museum 7
Seal Beach
Tustin
Santa Ana
Sunset Beach
Bolsa Chica Ecological Preserve
Fountain Valley
8 Heritage Museum of Orange County
Irvine
Huntington Beach 10
Costa Mesa
South Mesa
Lake Forest
Newport Beach 11
Balboa Island
Laguna Hills
Mission Viejo
Catalina Island ↓
Crystal Cove State Park
Pazifischer Ozean
Laguna Beach 12
Laguna Niguel
Aliso Beach
Mission San Juan Capistrano 3
Catalina Island ↓
Dana Point 13
Long Beach, San Pedro ↑
Catalina Island 4
San Clemente
Catalina Island
Silver Peak 507 m
Two Harbors
Newport Beach, Dona Point
Catalina Airport
Little Harbor
Avalon
0 Kilometer 10
0 Meilen 10
N

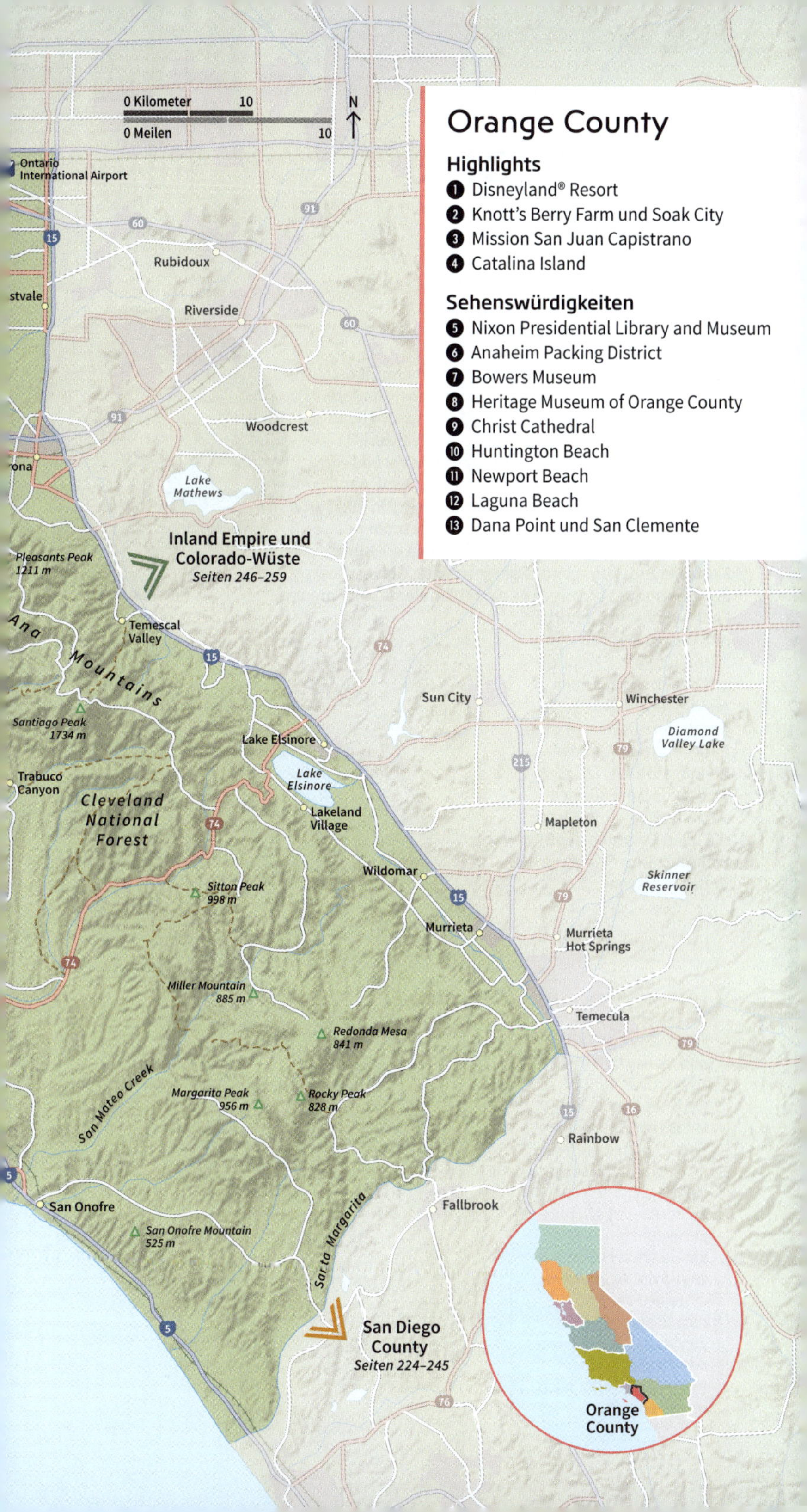
Orange County
Highlights
1 Disneyland® Resort
2 Knott's Berry Farm und Soak City
3 Mission San Juan Capistrano
4 Catalina Island
Sehenswürdigkeiten
5 Nixon Presidential Library and Museum
6 Anaheim Packing District
7 Bowers Museum
8 Heritage Museum of Orange County
9 Christ Cathedral
10 Huntington Beach
11 Newport Beach
12 Laguna Beach
13 Dana Point und San Clemente
0 Kilometer 10
0 Meilen 10
N
Ontario International Airport
Rubidoux
Riverside
Woodcrest
Lake Mathews
Inland Empire und Colorado-Wüste
Seiten 246–259
Pleasants Peak 1211 m
Temescal Valley
Ana Mountains
Santiago Peak 1734 m
Trabuco Canyon
Cleveland National Forest
Lake Elsinore
Lake Elsinore
Lakeland Village
Sun City
Winchester
Diamond Valley Lake
Mapleton
Skinner Reservoir
Wildomar
Murrieta
Murrieta Hot Springs
Temecula
Sitton Peak 998 m
Miller Mountain 885 m
Redonda Mesa 841 m
Margarita Peak 956 m
Rocky Peak 828 m
San Mateo Creek
Rainbow
Fallbrook
San Onofre
San Onofre Mountain 525 m
Santa Margarita
San Diego County
Seiten 224–245
Orange County

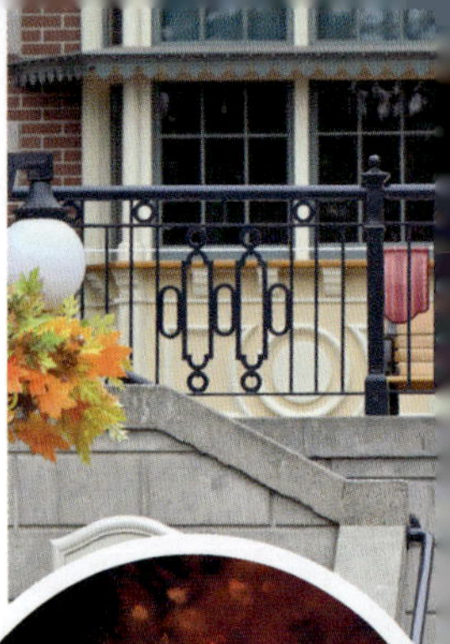

1

Disneyland® Resort

B7 Disneyland Dr, Anaheim von LAX 435
+1-714-781-4636 Juni – Aug: tägl. 8 – 24; Sep – Mai: tägl. 9 – 20 disneyland.com

Disneys® »magisches Königreich« in Anaheim ist nicht nur eine der Top-Attraktionen Kaliforniens, sondern auch Teil des »American Dream«. Der ursprüngliche Disneyland® Park, Disney's California Adventure™ und Downtown Disney® sind mittlerweile Vorbild für Vergnügungsparks auf der ganzen Welt. Disneyland® Park und Disney California Adventure™ sind in einzelne Themenbereiche gegliedert. Die Besucher dieses »glücklichsten Platzes auf Erden« erleben ein buntes Fantasieland, aufregende Fahrgeschäfte, Glitzershows und Shopping-Vergnügen in einem Ambiente mit Paraden, Feuerwerk – und natürlich mit Mickey Mouse.

Um das ganze Areal zu erleben, benötigt man mindestens drei Tage. In der Hauptsaison sind die Parks bis in den späten Abend geöffnet. Es lohnt sich auf jeden Fall, sich auch die Fireworks Show, die nach Einbruch der Dunkelheit in Disneyland® stattfindet, anzusehen.

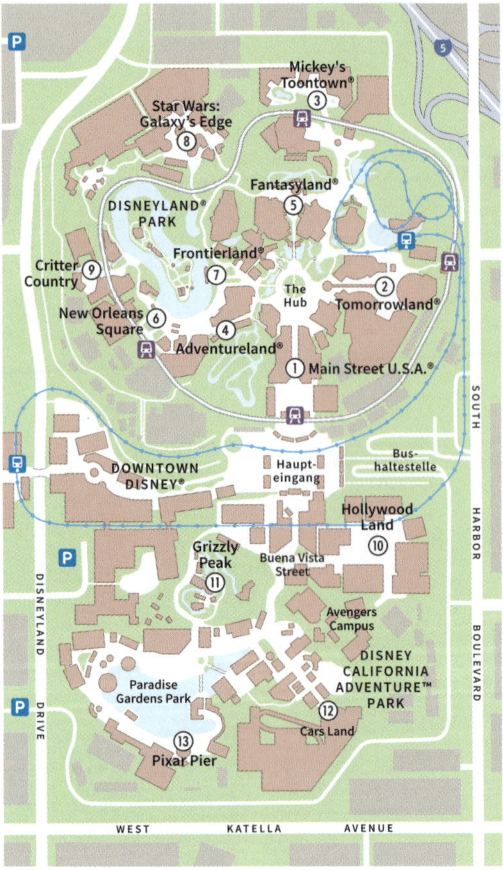

Expertentipp
Tickets

Für Disneyland Park® und Disney California Adventure™ Park gilt jeweils separater Eintritt. Mit einem Park-Hopper-Ticket können Sie beide an einem Tag besuchen, Mehrtageskarten und Jahrespässe gewähren unbegrenzten Zugang. Ein FastPass+ bietet zugewiesene Zeiten für einzelne Fahrten, sodass Sie lange Schlangen vermeiden. Sie können Tickets in jedem Disney Store oder auch online erwerben.

Highlight

↑ *Mickey und Minnie begrüßen Gäste; Feuerwerk am späten Abend* (Detail)

DISNEYLAND® PARK

① MAIN STREET U.S.A.®

Die kunterbunte Straße mit Nachbauten von Häusern aus dem frühen 20. Jahrhundert heißt die Besucher von Disneyland® willkommen. Der Platz am Rathaus ist ideal, um seine Lieblingsfiguren aus der Disney®-Welt zu treffen. Mit ein wenig Glück hat man auch die Gelegenheit, sich zusammen mit Mickey Mouse und Co. fotografieren zu lassen. Das Main Street Cinema zeigt Disney®-Stummfilme. Entlang der Main Street U.S.A.® befinden sich neben den Attraktionen auch viele Shops und Imbissstände.

← *Die Main Street U.S.A.® mit Attraktionen und Shops*

② TOMORROWLAND®

In Tomorrowland® werden ferne Zukunftsvisionen wahr. Die Angebote wechseln häufig, um der realen Technologie immer einen Schritt voraus zu sein. Eine der ersten Attraktionen war 1955 Autopia, das seither ständig erneuert wurde und nun Besucher per Auto auf eine Reise in ein Paralleluniversum mitnimmt. Die Strecke führt durch Tomorrowland® und Fantasyland®. Bei der interaktiven Tour Buzz Lightyear Astro Blasters steuern die Besucher ihre Raumschiffe selbst. Die Hochgeschwindigkeits-Achterbahn Space Mountain® katapultiert einen auf 36 Meter Höhe – in fast völliger Dunkelheit.

③ MICKEY'S TOONTOWN®

Hier sind alle Disney-Figuren zu Hause. Folglich kann man hier am ehesten auf Mickey, Goofy und andere Figuren treffen. Sie sind alle sehr nett und lassen sich mit Besuchern fotografieren.

Beliebt sind das Haus von Mickey Mouse und der Bauernhof von Minnie Mouse. Die meisten Attraktionen dieses Bereichs eignen sich für Kinder ab drei Jahren. Roger Rabbit's Car Toon Spin ist die größte und beliebteste Attraktion in Toontown. Hier begibt man sich auf eine verrückte Taxifahrt, bei der sich die herumwirbelnden Autos gefährlich nahe kommen.

↑ *Brunnenplätschern: Mickey Mouse Fountain vor Mickey's Toontown®*

↑ *Kalte Dusche im Boot beim Jungle Cruise in Adventureland®*

④ ADVENTURELAND®

Eine exotische Atmosphäre herrscht in diesem »Land«. Es bietet dunkle, feuchte Wasserfahrten unter tropischen Pflanzen. Im Enchanted Tiki Room zwitschern mechanische Vögel im Tropenwald.

Indiana Jones™ Adventure wurde von der Filmtrilogie (ab 1982) inspiriert. In einem jeepähnlichen Gefährt erkundet man den Temple of the Forbidden Eye. Packende Kulissen, ein realistischer Soundtrack und sensationelle Filmbilder machen die Fahrt zu einem unvergesslichen Erlebnis. Jungle Cruise ist eine Bootsfahrt im Safaristil durch einen Wald voller frei herumlaufender Affen und bedrohlicher Flusspferde – kommentiert von einem (lebendigen) Kapitän, der bei der ganzen Fahrt auf den dampfigen Wasserstraßen schreckliche, aber amüsante Witze erzählt. Tarzan™'s Treehouse ist ein Klettererlebnis, bei dem man Tarzan und Jane besuchen kann.

⑤ FANTASYLAND®

Die leuchtend rosafarbenen und goldenen Türme des Sleeping Beauty Castle (Dornröschenschloss) und eine Nachbildung des Matterhorns lassen nicht nur Kinderherzen höherschlagen. Beliebte Märchenfiguren wie etwa Peter Pan und Schneewittchen liefern die Motive für Fahrten in fliegenden Galeonen, Kanalbooten und den herumsausenden Tassen des Verrückten Hutmachers. Hier gibt es fast doppelt so viele Attraktionen wie in den anderen »Ländern«. Die Menschenmassen zeugen von der ungebrochenen Anziehungskraft der »alten« Figuren.

It's a Small World® bringt Passagiere in Booten an Hunderten von singenden und tanzenden Puppen vorbei, alle gekleidet in Trachten aus der ganzen Welt. Die beiden Matterhorn-Achterbahnen bieten mehr Nervenkitzel. Nach Erklimmen des Gipfels stürzen die Wagen hinunter – vorbei an Gletscherhöhlen und Wasserfällen.

⑥ NEW ORLEANS SQUARE

Der zauberhafte Platz ist dem French Quarter von New Orleans zur Zeit seiner Blüte (19. Jh.) nachgebildet. The Haunted Mansion® verspricht »999 Gespenster und Geister«. Hier steigt man hinab in die Spukwelt der bösen Geister und Totengräber. Bei Nacht ist The Pirates of the Caribbean®, die aufregende Reise durch die Welt voller Grobiane, die tanzen und jede Menge Rum schlucken, am schönsten. Diese Animationstechnik, die mithilfe elektronischer Impulse die Figuren zum Leben erweckt, wurde in Disneyland® perfektioniert.

Star Wars: Galaxy's Edge; Splash Mountain® (Detail) ↑

⑦ FRONTIERLAND®

Das Areal lässt die abenteuerliche Zeit des Wilden Westens aufleben. Auf der Bühne des Golden Horseshoe Jamboree sorgen Billy Hill and the Hillbillies für Stimmung. An den Wochenenden wird Frontierland abends zum Schauplatz von Fantasmic! – einem Feuerwerk mit Soundeffekten und Show.

Der altertümlich anmutende Schaufelraddampfer Mark Twain Riverboat fährt auf den idyllischen Rivers of America. Auf dem 15-minütigen Ausflug sieht man Elche und Hirsche aus Plastik. Nehmen Sie sich auch Zeit für Pirate's Lair auf Tom Sawyer Island.

Wer eher den Nervenkitzel liebt, wird sich dem Bann der rasanten Achterbahn Big Thunder Mountain Railroad bestimmt nicht entziehen können. Aus Big Thunder, einer Bergwerksstadt der 1880er Jahre, fahren die Wagen ab und rasen mit hohem Tempo durch den Big Thunder Mountain, vorbei an herabstürzenden Felsen.

⑧ STAR WARS: GALAXY'S EDGE

In einer weit entfernten Galaxie betreten die Besucher den Planeten Batuu. Seine herausragende Attraktion, *Star Wars:* Rise of the Resistance, besteht aus verschiedenen Fahrsystemen mit mehr als 300 animierten Objekten, der Spaß dauert etwa 18 Minuten. In Millennium Falcon: Smugglers Run übernehmen die Passagiere die Rolle des Piloten und begeben sich auf eine geheime Mission. Im Dorf Black Spire Outpost können Gäste ein Laserschwert bauen, mit Chewbacca in der Sprache der Bewohner von Batuu plaudern oder in Ogas Cantina etwas trinken. Für ein intensiveres Erleben der gesamten Galaxie sollten Sie unbedingt die Disney Play App herunterladen.

Walt Disneys Vision

Walt Disney (1901–1966) war ein Pionier der Animation. Als er seinen Kindern beim Spielen in einem normalen Vergnügungspark zusah, wurde er inspiriert, einen Ort voller Attraktionen zu gestalten, der die Fantasie von Kindern und Erwachsenen gleichermaßen anregt. Zur Eröffnung von Magic Kingdom 1955 kamen rund 28 000 Besucher.

⑨ CRITTER COUNTRY

Hier gibt es die populäre Attraktion Splash Mountain®. Die Wassertour in ausgehöhlten Baumstämmen wird u. a. von Brer Rabbit und Brer Fox begleitet. Die Tour endet mit steiler Fahrt auf einem Wasserfall in die Tiefe. Bei der ereignisreichen Kanufahrt Davy Crockett's Explorer Canoes flussabwärts im Pionierstil erzählen Führer Lehrreiches und stellen sicher, dass alles unfallfrei verläuft. Der beliebteste Bär der Welt und seine Freunde begeben sich bei Many Adventures of Winnie the Pooh auf die Jagd nach Honig.

→ *Tanzende Roadster in Cars Land, einer Attraktion für die ganze Familie*

DISNEY CALIFORNIA ADVENTURE™ PARK

⑩ HOLLYWOOD LAND

Spektakuläre Filmkulissen erinnern an das Goldene Zeitalter von Hollywood. Backstage-Vorführungen enthüllen etwas von der Magie, die im Filmemachen steckt. Für echten Nervenkitzel gehen Sie aber zu Guardians of the Galaxy – Mission: Breakout! Steigen Sie in einen Aufzug, der an einem 13-stöckigen Turm hinauf- und hinabfährt, während visuelle Effekte für Gänsehaut sorgen.

⑪ GRIZZLY PEAK

In Grizzly Peak wird die natürliche Schönheit der kalifornischen Wildnis nachgestellt – wie in einem Nationalpark. In seinem Zentrum ragt der 34 Meter hohe Grizzly Peak auf. Er hat die Form eines Grizzlybären, des kalifornischen Wappentiers. Beim Grizzly River Run durchquert man in einem Schlauchboot wilde Stromschnellen – Abkühlung ist garantiert. Ein weiteres Fahrgeschäft, Soarin' Around the World, führt Besucher auf einem simulierten Drachenflug weit über Kalifornien hinaus.

↑ *Grizzly River Run – Fahrspaß bei einer rasanten Wildwasserfahrt*

Lokale

Plaza Inn
Solide Buffets in einem historischen Ambiente.
Main St U.S.A., Disneyland® Park
$

Corn Dog Castle
Wer Corn Dogs (Würstchen in Maisteig) liebt, ist hier richtig.
Disney California Adventure™ Park
$

Pacific Wharf Cafe
Die Suppen und Chilies sind gut, um sich für Abenteuer zu stärken.
Disney California Adventure™ Park
$$

Catal Restaurant
Restaurant mit feiner mediterraner Küche.
Downtown Disney®
$$$

Highlight

⑫ CARS LAND

Hier begeben sich Besucher auf eine Zeitreise. In Cars Land betreten Sie die imaginäre Stadt Radiator Springs aus den 1950er Jahren, die irgendwo entlang der weltberühmten Route 66 liegt – am Fuße der 38 Meter hohen Cadillac Range inmitten einer faszinierenden Landschaft. Hauptattraktion sind die Radiator Springs Racers – Cabrios, die mit bis zu sechs Personen durch die Wüstenlandschaft rasen.

⑬ PIXAR PIER

Dieser Bereich zieht nicht nur Nostalgiker in seinen Bann. Mit Pixar Pier wird eine frühere Generation von Vergnügungsparks dargestellt, wie man sie an der kalifornischen Küste häufig sah. Mit dabei sind – natürlich – Figuren aus Disney-Filmen, die von den Pixar Animation Studios produziert wurden. Auch an Fahrgeschäften herrscht kein Mangel – vom rasanten Incredicoaster bis zum gemütlicheren Jessie's Critter Carousel. Toy Story Midway Mania! ist ein beliebtes interaktives Fahrgeschäft.

↑ *Im Themenbereich Pixar Pier sorgt der Incredicoaster für Nervenkitzel*

DOWNTOWN DISNEY®

Downtown Disney® liegt zwischen den Eingängen zum Disneyland® Park und zum Disney's California Adventure™ Park. Das Gelände ist voller Restaurants, Shops und Attraktionen, aber häufig überfüllt. Für den Besuch zahlt man keinen Eintritt. Ein Theater mit zwölf Sälen, die ESPN Zone™ und das LEGO Imagination Center® zählen zu den größten Besuchermagneten. Auch Imbissbuden und Restaurants sowie eine große Auswahl an Spezialgeschäften und ein Reisezentrum machen einen Aufenthalt hier sehr angenehm.

← *Carthay Circle Restaurant in Downtown Disney®*

2

Knott's Berry Farm und Soak City

B7 8039 Beach Blvd, Buena Park +1-714-220-5200
Zeiten der Website entnehmen knotts.com

Knott's Berry Farm liegt in Buena Park, zehn Kilometer vom Disneyland® Resort entfernt, und entwickelte sich von einer Boysenbeeren-Farm (Brombeerenart) von 1920 zu einem modernen Unterhaltungskomplex. Heute bietet es mehr als 160 verschiedene Attraktionen, darunter Dutzende von Live-Bühnen, Shows, Fahrgeschäfte, Einkaufsmöglichkeiten, Restaurants und ein Resort-Hotel. Unmittelbar daneben liegt Soak City, ein großer Wasser-Abenteuerpark.

①

Camp Snoopy

Das 2,4 Hektar große Camp Snoopy, ein interaktives Paradies für Kinder, ist von der grandiosen Hochsierra inspiriert. Es gibt 30 kindgerechte Attraktionen und Fahrgeschäfte.

Gastgeber sind die beliebten Peanuts-Figuren Snoopy, Lucy und Charlie Brown. Für Kinder unter zwölf Jahren ist die Timberline-Twister-Achterbahn gedacht, ebenso wie die Red-Baron's-Flugzeuge und ein altmodisches Riesenrad mit Blick auf das Areal. Charlie Brown's Kite Flyer bringt Passagiere 5,50 Meter in die Luft. Kinder jeden Alters können an Bord von Lucy's Tugboat kommen, eine Runde auf der Achterbahn Sierra Sidewinder drehen oder sich von einer Show im Camp Snoopy Theatre begeistern lassen.

②

Fiesta Village

Kaliforniens spanisches Erbe wird in diesem »Dorf« gefeiert. Fiesta Village hält Abenteuer und Nervenkitzel bereit. Sol Spin wirbelt Mutige in der Luft durcheinander, eine Fahrt mit dem Dentzel Carousel weckt angenehme, nostalgische Gefühle.

Zwei große Achterbahnen, Jaguar (die eher familiengerechte Variante) und Montezooma's Revenge (für Leute, die wesentlich abenteuerlustiger sind), bieten aufregende Fahrten.

Schon gewusst?

Knott's Berry Farm wurde 1940 – und damit 15 Jahre vor Disneyland® – eröffnet.

③

Indian Trails Stage

Bei den Vorführungen auf dieser Bühne erlebt man einen Ausschnitt aus dem reichen Repertoire an Musik, Tanz und Folklore der amerikanischen Ureinwohner wie der Navajo, der Cherokee und der Chumash.

④

Old West Ghost Town

Die Straßen der Stadt aus der Zeit des Goldrauschs (um 1880) säumen authentische Gebäude. Eine Dampfeisenbahn von 1880, die Ghost

Highlight

↑ *Timber Mountain Log Ride in Old West Ghost Town, Knott's Berry Farm*

Town & Calico Railroad, durchfährt den Park. Der ebenso beliebte Butterfield Stagecoach nimmt die Passagiere mit auf eine Reise in die Vergangenheit.

Das Gold Trails Hotel and Mercantile, ein restauriertes Schulhaus aus Kansas, und das Western Trails Museum erinnern an die Zeit des Wilden Westens. Line-Dance gibt es am Calico Square. Beim Timber Mountain Log Ride gleiten Besucher durch eine Sägemühle von 1880, bevor sie einen Wasserfall hinabstürzen.

Im Herzen von Ghost Town steht der Ghostrider, eine bemerkenswerte Holz-Achterbahn. Die Stahl-Achterbahn Silver Bullet klettert auf eine Höhe von etwa 45 Metern. Runden Sie Ihren Besuch in Old West Ghost Town am besten mit der Wild West Stunt Show sowie einem Drink und Live-Entertainment im Calico Saloon ab.

⑤

The Boardwalk

Beach Party heißt das Thema dieses populären Areals. Alles dreht sich um den ganz speziellen Lebensstil an der südkalifornischen Küste. Doch hier geht es nicht nur entspannt zu, es gibt sogar extreme Fahrgeschäfte: Supreme Scream® simuliert einen Raketenstart. Auch Perilous Plunge und Xcelerator sind nichts für Angsthasen. HangTime verfügt über den größten Höhenunterschied aller Achterbahnen in Kalifornien.

Danach können sich die Besucher bei einer großen Bühnenshow mit den Peanuts-Figuren im Charles M. Schulz Theatre entspannen.

⑥

Wild Water Wilderness

Die Magie der Wildnis zu Anfang des 20. Jahrhunderts wird mit reißenden Flüssen, Geysiren und einem imposanten Wasserfall nachempfunden. Die Calico River Rapids lassen Träume wahr werden. Die kreisförmige Fahrt mit einem Floß, das sechs Personen Platz bietet, führt durch rauschende Gewässer und Strömungen und macht dabei überraschende Drehungen und Wendungen.

⑦

Soak City

Soak City ist Südkaliforniens größter Wasser-Abenteuerpark mit 23 fantastischen Wasserrutschen, die alle der kalifornischen Surfkultur gewidmet sind. Die direkt neben Knott's Park liegende Soak City hat 5,3 Hektar Wasserfläche. Hier findet man Röhren, Wasserrutschen, Surfstrecken, eine Superrutsche mit sechs Bahnen und den entspannenden Sunset River, wo Sie sich treiben lassen können. Tidal Wave Bay ist ein Becken mit mäßiger Wellenbewegung, Gremmie Lagoon ein nasser Spielplatz, an dem sich die Kleinsten austoben können.

Es gibt Umkleidekabinen, Schließfächer sowie Pizza- und Burger-Restaurants.

Hotel

Knott's Berry Farm Hotel

Das Hotel mit 320 Zimmern hat einen Snoopy-Themenflügel, Pools, ein Fitness-Center und einen Kinderbereich.

7675 Crescent Ave, Buena Park

knotts.com/stay

$$$

3

Mission San Juan Capistrano

E7 26801 Ortega Hwy, San Juan Capistrano +1-949-234-1300
Mi–So 9–16 Thanksgiving, 25. Dez missionsjc.com

Das »Juwel unter den Missionen« wurde 1776 von Pater Junípero Serra gegründet. Heute ist das Anwesen eine der wichtigsten historischen und kulturellen Stätten in Kalifornien.

San Juan Capistrano war eine der ersten Missionen, die entlang der Küste eingerichtet wurden, ihre Kapelle ist das einzige erhaltende Gebäude in Kalifornien, in dem Pater Junípero Serra *(siehe S. 225)* predigte. Als eine der größten und wohlhabendsten hatte diese Mission als Glanzstück eine 1806 fertiggestellte Kirche aus Natursteinquadern. Sie wurde allerdings sechs Jahre später durch ein Erdbeben zerstört. Danach stand sie lange Zeit als Ruine in einer Anlage aus Lehmziegel- und Backsteinhäusern. Bei einem Spaziergang durch die Gebäude, Ziergärten und historischen Ausstellungen kann man heute den früheren Glanz der Mission erahnen.

Die **Küchen** sind mit Ecköfen und Küchenutensilien ausgestattet.

Eine **Runddachhütte** aus Holzstangen erinnert an die traditionellen Häuser der Indianerdörfer zur Missionszeit.

Die Mönche lebten in spärlich möblierten **Kammern** und schliefen auf harten Betten. Besuchern ist eine bequemere Unterkunft vergönnt.

Die vier **Originalglocken** der Kirche hängen heute in der Mauer eines kleinen Gartens. Das größere Paar stammt von 1796.

1361

Die Zahl der in der Mission lebenden Menschen erreichte im Jahr 1812 ihren höchsten Wert.

Eine **Statue** von Pater Junípero Serra mit einem Indianerjungen steht in einer Gartenecke.

Highlight

↑ *Dichte Bepflanzung rund um den Brunnen im Hof der Mission*

In der **Bodega**, dem Lagerhaus, wurden Talg, Getreide, Wolle und Felle aufbewahrt.

Der **Innenhof** war das Herzstück der Anlage und Zentrum des Missionslebens. Er ist von einem Kreuzgang umgeben, hat in der Mitte einen Brunnen, alten Baumbestand und einen schönen Garten.

← *Illustration der um einen zentralen Innenhof errichteten Mission*

Arkaden umrahmen den **Innenhof**. Geflieste Wände sorgen für Schatten und Kühle.

Der 300 Jahre alte **Altar** besteht aus Kirschholz und ist mit Blattgold bedeckt. Er wurde 1906 aus Barcelona hierhergebracht.

Nur **Ruinen** sind von der kreuzförmigen Kirche übrig. Das Gotteshaus wurde bei einem Erdbeben 1812 zerstört.

Die Schwalben der Mission

Jedes Frühjahr kehren Tausende Wanderschwalben aus Südamerika nach San Juan Capistrano zurück. Ihre Ankunft wird am 19. März, dem Tag des hl. Joseph, gefeiert. Seit mehr als 200 Jahren nisten die Vögel in den Ziegeldächern und Adobe-Mauern der Mission. Sie verwenden Lehmklumpen, um ihre geschlossenen Nester zu bauen, in denen sie vier bis fünf Eier ausbrüten. Im Herbst fliegen sie wieder nach Süden.

Boote reihen sich in der Avalon Bay auf Catalina Island aneinander ↑

4

Catalina Island

E7 von San Pedro, John Wayne Airport und Long Beach von San Pedro, Long Beach, Dana Point und Newport Beach Green Pleasure Pier, Avalon (+1-310-510-1520); Isthmus Pier, Two Harbors Catalina Arts Festival (Mitte Sep) visitcatalinaisland.com

Das nur rund 50 Kilometer vom Festland entfernte Catalina Island ist leicht zu erreichen. Ein Großteil der bergigen Landschaft ist unberührt und seit Langem ein beliebtes Wochenendziel. Die Insel ist etwa 200 Quadratkilometer groß.

①

Little Harbor

von Two Harbors oder Avalon

Der abgelegene Ort an der Westküste der Insel besitzt eine geschützte Bucht, einen hübschen Hafen, einige Wanderwege und einen schönen Campingplatz.

②

Avalon

Die mit etwa 4000 Einwohnern größte Stadt der Insel umrahmt die malerische Avalon Bay. Einheimische bewegen sich mit Golfcarts fort, die Sie bei Golf Cart Rentals (625 Crescent Ave) mieten können.

In der Crescent Avenue, die von Einheimischen als Front Street bezeichnet wird, gibt es einige der besten Restaurants und Shops. Der Pleasure Pier ist Ausgangspunkt für Bootstouren, am Tour Plaza starten Busse nach Two Harbors.

③

Catalina Island Museum

217 Metropole Ave, Avalon tägl. 8–17 catalinamuseum.org

Das Museum dokumentiert die Geschichte von Catalina Island. Zu den Objekten gehören Keramik und Fliesen aus den 1920er und 1930er Jahren. Fotografien illustrieren das Inselleben vom Ende

Tierwelt

Catalina Island wurde im Lauf der Jahrhunderte ein Refugium für Pflanzen und Tiere, die auf dem Festland nicht verbreitet waren. Es haben sich auch eigene Tierarten entwickelt wie der kleine, graue Catalina-Fuchs *(rechts)*. Einige von Siedlern mitgebrachte Tiere sind verwildert, darunter etwa Ziegen, Schweine und Hirsche.

des 19. Jahrhunderts bis heute. Es gibt auch Exponate archäologischer Ausgrabungen, darunter die weltweit größte Sammlung von Artefakten der Tongva.

④

Catalina Casino

Casino Point, Avalon
+1-310-510-0179

In diesem Art-déco-Juwel von 1929 gibt es täglich Führungen. Das Catalina Casino war nie ein Ort für Glücksspiel, sondern ein berühmter Ballsaal und enthielt auch ein Kino. Mittlerweile ist das liebevoll restaurierte Gebäude Bühne für das Catalina Film Festival (Sep) und das JazzTrax Festival (Okt).

⑤

Wrigley Memorial & Botanic Gardens

1400 Avalon Canyon Rd, Avalon tägl. 8 –17

Der große Park zu Ehren von William Wrigley jr. hat ein imposantes Denkmal für den Gründer des größten Kaugummiherstellers der Welt und eine Sammlung von Pflanzen, die nur auf der Insel wachsen.

⑥

Two Harbors

Der Ort ist eine beliebte Anlegestelle, hat ein Tauchzentrum und eignet sich zum Wandern, Rad fahren, Schnorcheln, Kajak fahren und Tauchen. Hier findet im Oktober das Buccaneer Days Festival statt, zu dem sich viele als Piraten verkleiden.

Highlight

Hotels

Zane Grey Pueblo Hotel

Atemberaubende Ausblicke über Avalon sind nur ein Highlight dieses 1926 im Hopi-Stil errichteten Gebäudes, das einst dem Autor Zane Gray gehörte.

199 Chimes Tower Rd, Avalon
zanegreyhotel.com

$$$

Mt Ada

Das ehemalige Anwesen des Unternehmers William Wrigley jr. bietet luxuriöse Unterkünfte in überaus stilvollem Ambiente. Zu den Annehmlichkeiten gehören Casino-Führungen und Weinverkostungen.

398 Wrigley Rd, Avalon catalinachamber.com

$$$

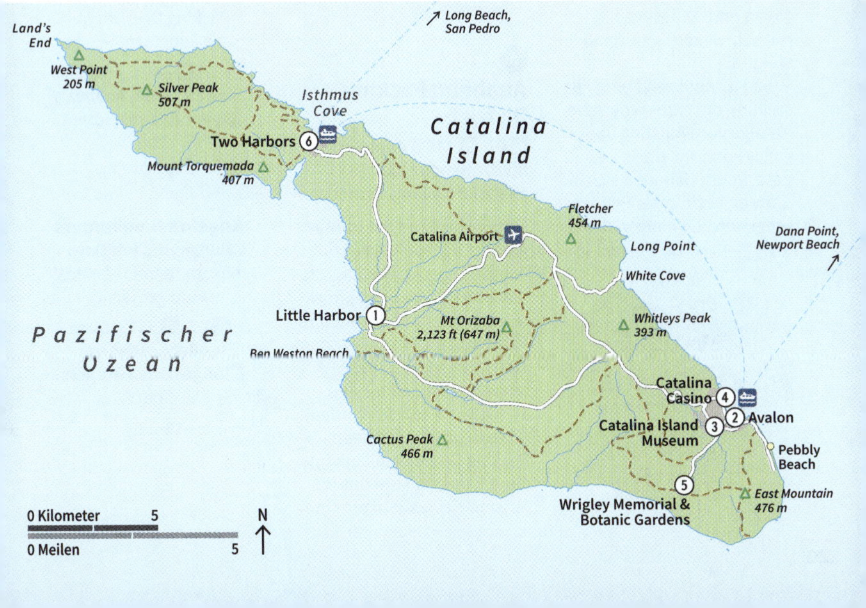

←
Nixon Presidential Library and Museum: Eingangshalle

SEHENSWÜRDIGKEITEN

5 Nixon Presidential Library and Museum

C7 18001 Yorba Linda Blvd, Yorba Linda nach Fullerton tägl. 10–17 Thanksgiving, 25. Dez nixonlibrary.gov

Die Kombination aus Museum und Archiv würdigt Leben und Wirken Richard Nixons, des republikanischen Politikers und amerikanischen Präsidenten (1969–74). Das Haus, in dem Nixon 1913 geboren wurde, steht auf gepflegtem Gelände. In der Nähe befinden sich der Pool sowie die Gräber von Nixon und seiner Frau Pat mit schwarzen Granitgrabsteinen.

Im Museum zeigt eine Ausstellung die chronologische Abfolge vom Aufstieg und Fall Nixons. Im World Leaders' Room befinden sich Statuen berühmter Politiker, umgeben von einigen der zahlreichen Geschenke, die Nixon während seiner Amtszeit erhielt. Darunter befinden sich eine Statue der Göttin Isis aus dem 6. Jahrhundert v. Chr. (vom ägyptischen Präsidenten Sadat) und ein Malachit-Schmuckkästchen (vom sowjetischen Staats- und Parteichef Leonid Brežnev).

In anderen Abteilungen befindet sich drei Milliarden Jahre altes Mondgestein, ein 3,5 Meter langes Stück Berliner Mauer und Kleider der First Lady. Man kann auch die »Watergate-Tonbänder« hören, die zu Nixons Rücktritt führten.

Schon gewusst?

Die »Watergate-Tonbänder« dürfen per Gesetzesbeschluss von 1974 nicht zerstört werden.

6 Anaheim Packing District

C7 440 S Anaheim Blvd, Anaheim anaheimpackingdistrict.com

Früher war Orange County großflächig von Orangenhainen bedeckt. Die Bauern brachten die frisch gepflückten Orangen und Zitronen zu Packhäusern, wo sie vor dem Transport sortiert, mit Etiketten versehen und für den Transport verpackt wurden.

Heute ist der Anaheim Packing District ein Einkaufsviertel, das sich um das im Mission-Revival-Stil errichtete Anaheim Packing House erstreckt. Auf dem Gelände gibt es viele Shops und Stände, die Delikatessen verkaufen.

7 Bowers Museum

C7 2002 N Main St, Santa Ana nach Anaheim 45 S Di–So 10–16 1. Jan, 4. Juli, Thanksgiving, 25. Dez bowers.org

Die Institution galt lange Zeit als führendes Kunstmuseum von Orange County. Das Gebäude im Missionsstil beherbergt hochkarätige Dauer- und Wechselausstellungen. Es gibt ein hübsches Café und einen Laden, der Kunsthandwerk und Kunstbücher anbietet.

Lokale

Georgia's

Probieren Sie in diesem Lokal im Anaheim Packing District typische Südstaatenküche.

C7 440 S Anaheim Blvd Nr. 209A, Anaheim georgias-restaurant.com

$$$

Angelo's Hamburgers

Burger und Hot Dogs bekommt man hier ans Auto gebracht.

C7 511 S State College, Anaheim angeloshamburgers.net

$$$

Das Museum wurde 1932 gegründet. Seine erstklassige Abteilung afrikanischer Masken lohnt allein schon den Besuch. Andere Abteilungen mit Schätzen präkolonialer Kulturen aus Südostasien, Ozeanien, Mexiko und anderen Teilen Amerikas verdeutlichen das Engagement des Museums für die Volkskunst. Kunsthandwerkliche Exponate illustrieren Religion und Alltag dieser Völker. Die oberen Etagen zeigen in Wandbildern aus den 1930er Jahren und Stuckarbeiten Szenen aus der Missions- und Pionierzeit Kaliforniens und des Orange County. Samstags und sonntags werden Führungen angeboten.

Ein Block weiter wurde eine ehemalige Bank in das **Kidseum** umgewandelt. In diesem Gebäude wird Kindern Kunst nahegebracht. Hier können sie Masken und Kostüme aus aller Welt anprobieren.

Kidseum
1802 N Main St, Santa Ana +1-714-480-1520 Di–Fr 12–15, Sa, So 11–15

8 Heritage Museum of Orange County

C7 3101 W Harvard St, Santa Ana nach Anaheim 45 S Fr 13–17, Sa 10–14, So 11–15 1. Jan, Ostersonntag, Thanksgiving, 25. Dez heritagemuseumoc.org

Viktorianische Zeiten werden in dem 1898 von Hiram Clay Kellogg gebauten dreistöckigen Haus wach. Der von Schiffen faszinierte Ingenieur schuf ein Wohnhaus im nautischen Design. Der kabinenähnliche ovale Speiseraum hat einen in Planken verlegten Eichen- und Walnussfußboden, der an ein Schiffsdeck erinnert.

Das Haus beherbergt ein kinderfreundliches Museum, das aber auch für Erwachsene von historischem und architektonischem Interesse ist. Besucher können altertümliche Kleider anprobieren und den Alltag um 1900 erleben.

Die oberen Räume sind mit Schulmöbeln, Puppenhäusern und Spielzeug der damaligen Zeit ausgestattet. Unten können die Besucher ein Telefon mit Handkurbel und eine altmodische Küche sehen.

9 Christ Cathedral

C7 13280 Chapman Ave, Garden Grove 45 N Mo–Fr 10–15, Sa 9–16 christcathedralcalifornia.org

Ein Konstrukt aus einem Netz weißer Stahlträger mit mehr als 10 000 versilberten Glaspaneelen – die Christ Cathedral (früher Crystal Cathedral) ist ein glitzerndes Monument, in dem Fernsehprediger Millionen von Amerikanern begeistern. Das Gotteshaus wurde 1955 von Robert H. Schuller gegründet, einem Vertreter der Reformed Church of America, der seinen Glaubensfeldzug mit Predigten in einem Autokino begonnen hatte. Die Roman Catholic Diocese of Orange kaufte die Kirche im Jahr 2012 und ließ sie anschließend renovieren.

Die 1980 von Philip Johnson entworfene schiffsförmige Kathedrale ist zugleich spiritueller Schrein und architektonisches Wunder. Die Kirche wurde in den vergangenen Jahren sorgfältig restauriert.

1990 kam ein 72 Meter hoher Kirchturm mit polierten Prismen aus rostfreiem Stahl hinzu.

←

Spiegelnde Fassade der Christ Cathedral, deren Orgel (Detail) zu den größten der Welt gehört

10

Huntington Beach

B7 200 000 325
Pacific Coast Hwy
surfcityusa.com

Ein langer Sandstrand und beständige Wellen ziehen schon seit Langem Surfer nach Huntington Beach. Im Sommer findet südlich des Piers einer der bekanntesten Surfwettbewerbe der Welt statt: die US Open of Surfing.

Das **Huntington Beach International Surfing Museum** zeigt Surfbretter, Kleidung, Poster und sogar die Kamera, mit der 1964 die Surfdokumentation *The Endless Summer* gedreht wurde. Auf dem Surfing Walk of Fame ganz in der Nähe ehren Gedenktafeln auf dem Bürgersteig berühmte Surfer.

Nahe der Stadt liegt das **Bolsa Chica Ecological Preserve**, wo sich über 200 Zugvogelarten aufhalten.

Huntington Beach International Surfing Museum
411 Olive Ave Di–So 12–17 huntingtonbeachsurfingmuseum.org

Bolsa Chica Ecological Preserve
Interpretive Center, 3842 Warner Ave
bolsachica.org

Surf City

Der Kosename von Huntington Beach als Surf City stammt von einem gleichnamigen Song aus dem Jahr 1963. Einige Strände haben ihren eigenen Ruf: Der Wedge in Newport Beach etwa ist berühmt für Shorebreaks. Mit seiner eigenen Sprache, seinem eigenen Stil und seiner eigenen Musik ist Surfen der Inbegriff des südkalifornischen Lebensstils.

11

Newport Beach

B7 85 000
visitnewportbeach.com

Newport Beach erstreckt sich entlang der Küste rund um einen Hafen und über die Hügel der Umgebung. Die Halbinsel Balboa wird von zwei Piers gegliedert – dem Newport Pier und dem Balboa Pier. Zwischen beiden verläuft ein etwa fünf Kilometer langer Strand. Die Promenade dahinter ist auch bei Joggern und Radfahrern beliebt.

Bei einer Hafenrundfahrt mit der **Fun Zone Boat Company** kann man noble Häuser und Yachten vom Wasser aus bewundern. Die Balboa Island Ferry verbindet die Halbinsel mit Balboa Island. Deren enge Gassen mit hübschen Cottages sind nach Edelsteinen benannt. Marine Avenue, die Haupteinkaufsstraße säumen Boutiquen und Cafés.

Fun Zone Boat Company
700 E Edgewater Pl
Do–Mo 11–16
funzoneboats.com

12 Laguna Beach

E7 · 23 000
381 Forest Ave
visitlagunabeach.com

Der Architekt und Maler Norman St. Clair kam 1903 hierher – angezogen von der Landschaft und dem ganz besonderen Licht von Laguna Beach. Ihm folgten bald weitere Künstler. Heute ziehen die lebendige Kunstszene und Festivals Besucher an, das **Laguna Art Museum** präsentiert eine Sammlung kalifornischer Kunst.

Der **Crystal Cove State Park** nördlich von Laguna Beach umfasst Küstenhänge mit Wanderwegen und Strände mit Gezeitenbecken. Im **Pacific Marine Mammal Center** am östlichen Rand dieses Parks erfährt man, wie gerettete Seelöwen und Robben gepflegt werden.

Laguna Art Museum
307 Cliff Dr
Di–Do 11–17
lagunaartmuseum.org

Crystal Cove State Park
8471 N Coast Hwy
crystalcovestatepark.org

Pacific Marine Mammal Center
20612 Laguna Canyon Rd
tägl. 10–16
pacificmmc.org

13 Dana Point und San Clemente

E7 · 101 W Avenida Vista Hermosa, Suite 190
sanclemente.com
danapoint.org

Der Hafen von Dana Point (33 000 Einwohner) ist ständig voller Vergnügungs-, Fischer- und Ausflugsboote. Im nahe gelegenen Ocean Institute lernt man viel über Großsegler und erfährt manches über Geheimnisse des Ozeans. Etwas südlich von Dana Point liegt San Clemente (64 000 Einwohner), eine Strandstadt mit langem Pier, an dem Angler ihr Glück versuchen.

Der Ozean vor diesem Küstenabschnitt ist eines der weltweit artenreichsten Schutzgebiete für Meeressäuger. Buckelwale, Blauwale und kalifornische Grauwale werden oft gesichtet.

←
Huntington Beach Pier – einer der längsten öffentlichen Piers an der Westküste

Lokale

Sugar Shack Café
Das gemütliche Lokal serviert üppige Omelettes, Pfannkuchen und Burritos.

B7 · 213 Main St, Huntington Beach
abends
hbsugarshack.com
$

Rasta Taco
Mexikanische Tacos mit jamaikanischen Aromen sind hier die Spezialität.

E7 · 170 Beach St, Laguna Beach
rastataco.com
$

Ruby's Diner
Diese kleine Kette ist bekannt für schmackhafte Hamburger und Shakes, die man in einem Ambiente der 1940er Jahre genießt. Jede Filiale hat ein eigenes Thema – z. B. Züge oder Oldtimer.

E7 · Balboa Pier Laguna Beach
rubys.com
$

Hotel

Crystal Cove State Park Beach Cottages
Die 21 restaurierten Strandhütten aus den 1920er bis 1940er Jahren sind stimmungsvolle Unterkünfte.

B7 · 5 Crystal Cove, Newport Coast
crystalcove.org/beach-cottages
$$

Botanical Building im Balboa Park, San Diego (siehe S. 235)

San Diego County

Das Gebiet des heutigen San Diego County war früher die Heimat der Kumeyaay. Als erster Europäer erreichte der Spanier Juan Rodríguez Cabrillo die Gegend, er landete 1542 in Point Loma. Die dauerhafte europäische Besiedlung begann 1769, als der spanische Pater Junípero Serra in San Diego die erste von insgesamt 21 Missionsstationen auf dem Gebiet des heutigen Kalifornien gründete.

Die ursprüngliche Siedlung – heute bekannt als Old Town – blieb lange recht überschaubar. Dies änderte sich nach der Angliederung Kaliforniens an die USA im Jahr 1848. Vor allem durch Goldfunde in der Umgebung und den Anschluss an das Eisenbahnnetz nahm San Diego einen rasanten Aufschwung. Zwei internationale Ausstellungen im Balboa Park begündeten die Strahlkraft der Stadt – die Panama-California Exposition (1915) und die Pacific International Exposition (1935/36).

Die Geschichte von San Diego ist eng mit der US Navy verbunden, die seit 1904 hier stationiert ist. Noch immer besitzt die Stadt eine der größten Militärbasen der Welt. In den letzten Jahren hat sich San Diego, eine Stadt mit vielfältigen kulturellen Einrichtungen, auch zu einem Zentrum der Biotechnologie entwickelt.

Ortega Oaks
Mission Viejo
Wildomar
Sage
Ladera Ranch
Murrieta
San Juan Capistrano
Temecula
Orange County
Seiten 204–223
Dana Point
Margarita Peak
972 m
Wolf Creek
San Clemente
Santa Margarita
Rainbow
San Onofre
Fallbrook
Pala
Gordon Point
1724 m
Camp Pendleton
Bonsall
Pauma Valley
Mission San Luis Rey
9
21
Rancho Guayome Adobe County Park
Valley Center
Vista
Oceanside
19
Carlsbad
20
San Marcos
Legoland® California
10
11
Escondido
8
San Diego Zoo Safari Park
Leucadia
Encinitas
17
Cardiff-by-the-Sea
Rancho Santa Fe
Rancho Bernardo
Solana Beach
Del Mar
18
Poway
Mira Mesa
Torrey Pines
Lakeside
La Jolla
5
Santee
Mission San Diego de Alcalá
3
Mission Beach
El Cajon
SeaWorld
4
Old Town State Historic Park
La Mesa
Liberty Station
6
2
Balboa Park
Spring Valley
San Diego International Airport
1
Central San Diego
14
Coronado
Point Loma und Cabrillo National Monument
7
National City
Silver Strand Beach
Living Coast Discovery Center
15
Chula Vista
San Ysidro
Tijuana
La Joya
Real de Rosarito
San Diego County

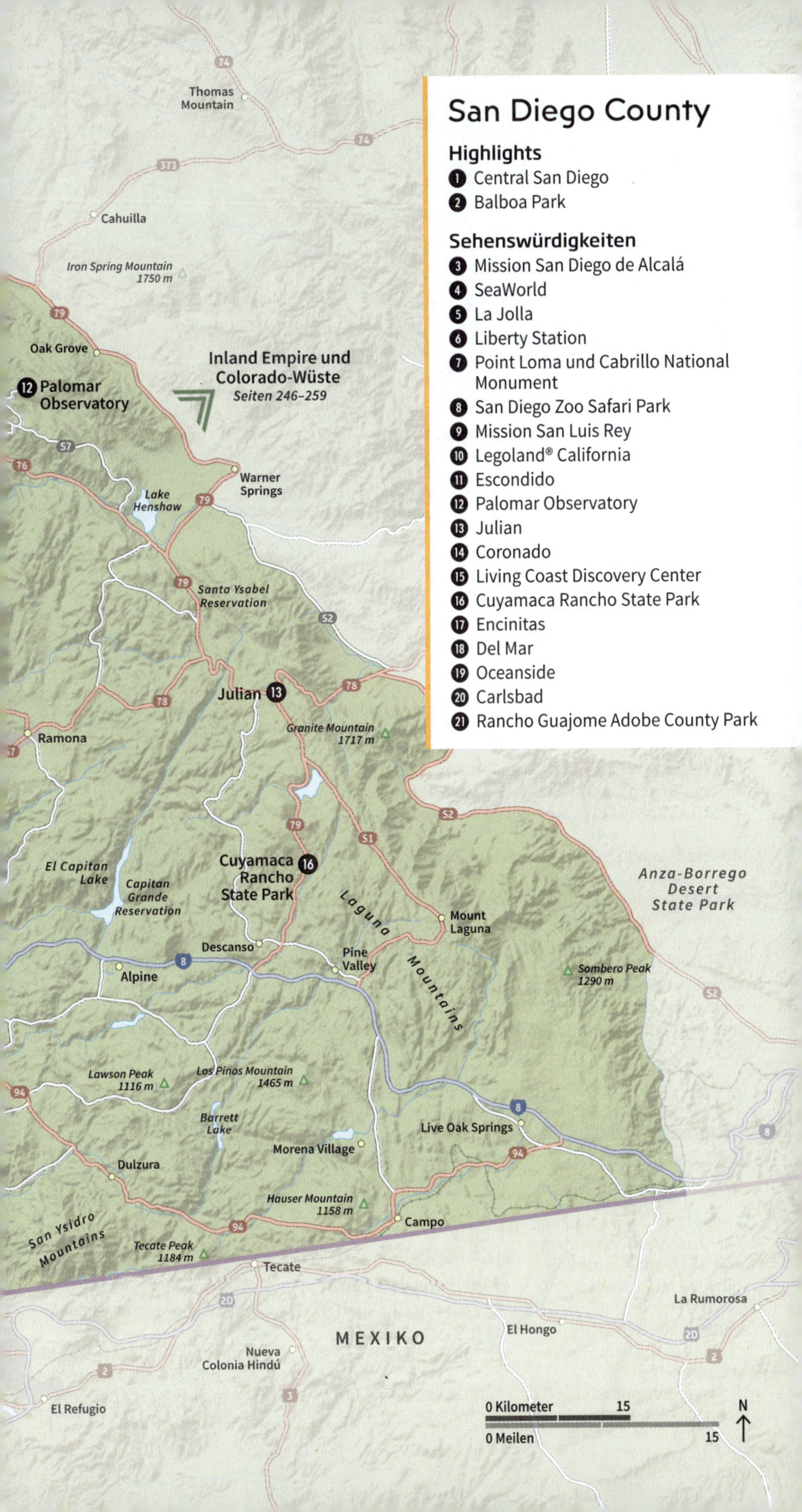
San Diego County
Highlights
1 Central San Diego
2 Balboa Park
Sehenswürdigkeiten
3 Mission San Diego de Alcalá
4 SeaWorld
5 La Jolla
6 Liberty Station
7 Point Loma und Cabrillo National Monument
8 San Diego Zoo Safari Park
9 Mission San Luis Rey
10 Legoland® California
11 Escondido
12 Palomar Observatory
13 Julian
14 Coronado
15 Living Coast Discovery Center
16 Cuyamaca Rancho State Park
17 Encinitas
18 Del Mar
19 Oceanside
20 Carlsbad
21 Rancho Guajome Adobe County Park
Thomas Mountain
Cahuilla
Iron Spring Mountain 1750 m
Oak Grove
12 Palomar Observatory
Inland Empire und Colorado-Wüste
Seiten 246–259
Warner Springs
Lake Henshaw
Santa Ysabel Reservation
Julian 13
Ramona
Granite Mountain 1717 m
El Capitan Lake
Capitan Grande Reservation
Cuyamaca Rancho State Park 16
Laguna Mountains
Mount Laguna
Anza-Borrego Desert State Park
Descanso
Pine Valley
Alpine
Sombero Peak 1290 m
Lawson Peak 1116 m
Los Pinos Mountain 1465 m
Barrett Lake
Morena Village
Live Oak Springs
Dulzura
Hauser Mountain 1158 m
Campo
San Ysidro Mountains
Tecate Peak 1184 m
Tecate
La Rumorosa
El Hongo
MEXIKO
Nueva Colonia Hindú
El Refugio
0 Kilometer 15
0 Meilen 15
N

Hoch aufragende Wolkenkratzer säumen die Uferpromenade der San Diego Bay

1

Central San Diego

E7 · 1,4 Mio. · Lindbergh Field Airport · 1050 Kettner Blvd · 102 W Bdwy · 1140 N Harbor Dr · Street Scene Festival (Aug) · sandiego.org

Die Bucht von San Diego bildet einen natürlichen Hafen, um den die zweitgrößte Stadt Kaliforniens entstand. Die Kolonialisierung begann 1769 im Gefolge einer spanischen Expedition. Das Militär errichtete eine Festung nahe dem San Diego River, in der Gegend, die heute als Old Town State Historic Park *(siehe S. 232f)* bekannt ist. Der Aufstieg San Diegos setzte um 1870 ein, als das Hafenviertel ausgebaut wurde und das Gaslamp Quarter *(siehe S. 230f)* entstand, das nun das Herzstück von San Diegos Downtown bildet.

①

Embarcadero und Seaport Village

Ecke N u. E Harbor Dr

Embarcadero präsentiert ein charakteristisches Element von San Diego – seine Verbindung mit dem Meer. Die Kreuzfahrtschiffe machen neben historischen Segelschiffen und einem Flugzeugträger fest.

Seaport Village am südlichen Ende umfasst mehr als 50 Geschäfte. Das ehemalige Hauptquartier der Polizei ganz in der Nähe beherbergt heute Restaurants und ein kleines Museum.

②

Maritime Museum

1492 N Harbor Dr · tägl. 9–20 (Sommer: 9–21) · sdmaritime.com

Das Handelsschiff *Star of India* (1863) und die *Berkeley* (1898), eine Fähre aus der San Francisco Bay, sind hier zu sehen. Weitere Highlights sind die dampfbetriebene Yacht *Medea* (1904) und HMS *Surprise*, die Nachbildung einer Fregatte (18. Jh).

Schon gewusst?

San Diego hat eine Jahresdurchschnittstemperatur von 18 °C.

③

Museum of Contemporary Art

1001 Kettner Blvd · Do–Di 11–17 · 1. Jan, 25. Dez · mcasd.org

Das spannende Museum ist das Downtown-Gegenstück zum gleichnamigen Haus in La Jolla *(siehe S. 238f)*. In vier Abteilungen werden hochrangige Wechselausstellungen mit Werken zeitgenössischer Künstler und Teile der ständigen Kunstsammlung des Hauses präsentiert.

④

USS Midway Museum

910 N Harbor Dr tägl. 10–17 Thanksgiving, 25. Dez midway.org

Zu den spannendsten Bereichen des Museumsschiffs gehören der Maschinenraum, der Kapitänsraum und der Schlafraum der Besatzung.

⑤

Little Italy

Zwischen W Laurel St u. W A St, Pacific Hwy u. Front St littleitalysd.com

Der auch unter dem Namen Middletown bekannte Stadtteil lebte früher vor allem von der Fischerei, hat sich in den letzten Jahrzehnten aber zu einem gefragten Künstlerviertel entwickelt. Im Herzen von Little Italy befindet sich die kopfsteingepflasterte Piazza della Famiglia, die von zahlreichen Geschäften und Cafés gesäumt wird und Schauplatz von Veranstaltungen ist. Hier findet samstagvormittags auch der Bauernmarkt statt.

Alte Feuerwehrwagen und andere Objetkte sind im **San Diego Firehouse Museum** ausgestellt. Bemerkenswert ist ein Stück des New Yorker World Trade Centers.

San Diego Firehouse Museum
1572 Columbia St
sandiegofirehouse museum.com

Highlight

Bars

Vin de Syrah
Die Bar im Souterrain bietet Weine, Spirituosen und Biere sowie Käseplatten.
901 5th Ave
syrahwineparlor.com

False Idol
Eine interessante Bar im Tiki-Stil mit Getränken, die es in sich haben.
675 W Beech St (im Craft & Commerce)
falseidoltiki.com

Pure Project Balboa Park
Großartige Craftbeere genießt man hier innen oder auf der Terrasse.
2865 5th Ave
purebrewing.org

THE GASLAMP QUARTER

⑥

Balboa Theatre

868 4th Ave
broadwaysd.com

Das 1500 Plätze umfassende Theater wurde 1924 im maurischen und spanischen Revival-Stil erbaut. Zu Beginn war es ein Varieté-Theater, dessen Bühne von Wasserfällen flankiert wurde. Ein Highlight ist die schön gekachelte Kuppel. Nach dem Zweiten Weltkrieg wurde das Balboa geschlossen und erst nach langer Restaurierung 2008 wiedereröffnet. Heute ist es alljährlich im Mai und Juni Veranstaltungsort des Mainly Mozart Festivals, zudem zeigt es Broadway-Produktionen.

Zu dieser Zeit war das Gaslamp Quarter berüchtigt für Prostitution, Glücksspiel und Alkoholexzesse. 1912 machte die Polizei eine Großrazzia.

⑦

Yuma Building

631 5th Ave

Das 1882 erbaute Haus war eines der ersten Backsteingebäude, das in den 1880er Jahren, der Boomzeit des Gaslamp Quarter, errichtet wurde. Hier waren viele Betriebe untergebracht, zu Beginn des 20. Jahrhunderts auch ein Bordell. Zu dieser Zeit war das Gaslamp Quarter berüchtigt für Prostitution, Glücksspiel und Alkoholexzesse. 1912 machte die Polizei eine Großrazzia im Rotlichtviertel – das Bordell im Yuma Building wurde als erstes geschlossen.

Das schöne Haus beherbergt heute unten Einzelhandelsflächen und oben Privatwohnungen.

Expertentipp
ArtsTix, Horton Plaza Park

San Diego verfügt über eine lebendige Kulturszene. Der Kiosk im Horton Plaza Park nahe dem Balboa Theatre bietet Tickets für nahezu alle Theater-, Tanz- und Musikaufführungen im County. Einige Tickets werden zum vollen Preis verkauft, doch häufig sind auch stark ermäßigte erhältlich. Hier bekommt man auch Tickets für die meisten Attraktionen der Gegend, darunter San Diego Zoo Safari Park, SeaWorld und USS Midway Museum.

⑧

Gaslamp Museum at the Davis-Horton House

410 Island Ave Di – Sa 10 – 16:30, So 12 – 15:30
gaslampfoundation.org

Das nach William Heath Davis und Alonzo Horton benannte Museum ist Sitz der Gaslamp Quarter Historical Foundation. Davis war ein Kaufmann und Händler, der 1850 erfolglos versuchte, San

←
Traditionsreiche Kulturstätte: Balboa Theatre im Herzen des Gaslamp Quarter

↑ *Reich verzierte und stark gegliederte Fassade der Louis Bank of Commerce*

Diego weiter in Richtung Küste auszubauen. Dieses Gebäude war Bestandteil des Projekts. Der Immobilienentwickler Horton, der häufig als Gründer von San Diego gilt, lebte hier von 1868 bis 1869. Es ist das älteste Holzgebäude im Stadtzentrum. Jedes Zimmer ist so eingerichtet, dass es eine Phase der Geschichte des Hauses widerspiegelt. Dazu gehören auch Bereiche, die als Kaserne, als Krankenhaus und Privatresidenz genutzt wurden.

Hotel

Horton Grand Hotel

Das luxuriöse Boutique-Hotel im Herzen des Gaslamp Quarter ist im Stil der 1880er Jahre eingerichtet. Die Zimmer (alle mit Balkon) verteilen sich auf zwei wunderschöne viktorianische Gebäude im italienischen Stil.

311 Island Ave
hortongrand.com
$$$

⑨

Louis Bank of Commerce

für Besucher

Dieses viktorianische Gebäude zählt zu den meistfotografierten im Gaslamp Quarter. Der Geschäftsmann Louis Isadore errichtete es in Zusammenarbeit mit der Bank of Commerce in den 1880er Jahren. Bis 1883 war es Hauptsitz der Bank, 1893 wurde es in eine Austernbar umgewandelt und war ein Stammlokal des Revolverhelden Wyatt Earp. Später befand sich in den oberen Stockwerken ein berüchtigtes Bordell.

Highlight

Nach umfassender Restaurierung wurde das Gebäude 2016 an ein Immobilienunternehmen verkauft, seither wird es umgestaltet.

⑩

Chinese Historical Museum

404 3rd Ave Mi–So 10:30–16 sdchm.org

Die San Diego Chinese Historical Society wurde 1896 gegründet, um chinesische und chinesisch-amerikanische Geschichte zu dokumentieren. 1996 gründete die Gesellschaft in einer Villa dieses Museum mit Schwerpunkt auf der chinesischen Community in San Diego. Die vielfältigen Exponate illustrieren chinesische Alltagskultur anhand von Kunst und Kunstgewerbe, Fotografien, Miniaturen und archäologischen Funden.

Das Museum veranstaltet auch regelmäßig Vorträge, Bildungsprogramme zur chinesischen Geschichte und weitere Veranstaltungen wie etwa Feierlichkeiten zum chinesischen Neujahr und zum Mondfest.

→ *Löwenskulptur am Eingang zum Chinese Historical Museum*

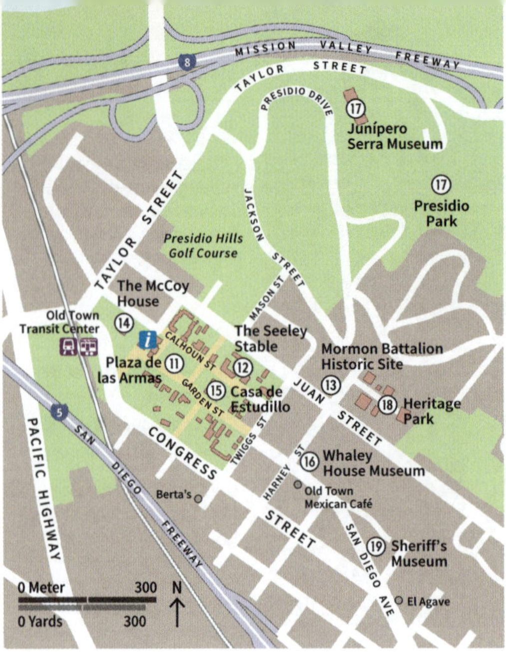

OLD TOWN STATE HISTORIC PARK

⑪

Plaza de las Armas

Den malerischen Platz säumen einige von San Diegos am schönsten restaurierten und wiederaufgebauten Gebäude aus dem 19. Jahrhundert. Früher fanden auf der Plaza de las Armas politische Veranstaltungen statt. Das Robinson-Rose House, die Nachbildung eines Hauses, das der Politiker James Robinson 1853 erbaute, beherbergt das Besucherzentrum von Old Town. Ganz in der Nähe steht das First San Diego Courthouse Museum mit Ausstellungen zur Bedeutung dieses Gebäudes für die Stadtgeschichte.

⑫

The Seeley Stable

2648 Calhoun St +1-619-220-5422 tägl. 9–17

Das in einem rekonstruierten Stall eingerichtete Museum präsentiert eine Sammlung von Pferdewagen, Kutschen und interessanten Dingen aus der Wildwest-Ära.

⑬

Mormon Battalion Historic Site

2510 Juan St +1-619-298-3317 Mo–Sa 10–20, So 13–20 (Sommer: bis 21)

Das Mormonenbataillon kämpfte im Mexikanisch-Amerikanischen Krieg. Zwischen 1846 und 1847 marschierten 500 Männer von Council Bluffs, Iowa, nach San Diego, um die Expansion der USA voranzutreiben.

In historische Kostüme gekleidete Führer erläutern bei einer Tour die Rolle dieser militärischen Einheit.

⑭

The McCoy House

4002 Wallace St +1-619-220-5422 Mo–Do 10–16, Fr–So 10–17

James McCoy, Sheriff und Senator von San Diego, baute dieses Holzständerhaus 1869 als Hochzeitsgeschenk für seine Frau Winifred. Im Inneren befindet sich ein Museum mit einem reproduzierten viktorianischen Salon.

⑮

Casa de Estudillo

4000 Mason St
+1-619-220-5422
tägl. 10–17

Unter den originalen Lehmziegel- und Holzbauten auf dem Gelände ist dies einer der schönsten. 1829 ließ ihn der Festungskommandant José María de Estudillo errichten. Das um einen Innenhof gebaute Haus ist mit Möbeln im mexikanisch-kalifornischen Stil ausgestattet.

→ *Viktorianisches Juwel: Sherman-Gilbert House im Heritage Park*

⑯

Whaley House Museum

2476 San Diego Ave Zeiten der Website entnehmen whaleyhouse.org

Einige Jahre vor dem Bau des Hauses (1857) wurde Yankee Jim, einer der berüchtigtsten Diebe von San Diego, wegen Diebstahls verurteilt und hier gehängt. Whaley House genießt den Ruf, eine der meistbesuchten historischen Stätten der USA zu sein. Abends werden Geistertouren angeboten.

⑰

Presidio Park und Junípero Serra Museum

2727 Presidio Dr
Sa u. So 10–16

Auf dem Gelände des Parks oberhalb des San Diego River befand sich einst das 1769 von den Spaniern erbaute Fort mit Missionsstation. Die Ruinen werden derzeit noch archäologisch untersucht. Einige Funde – Porzellan oder Kanonenkugeln – sind im Museum ausgestellt. Exponate im Obergeschoss beschreiben das tägliche Leben im Fort.

Das Junípero Serra Museum auf einem Hügel ist nach dem Gründer der kalifornischen Missionen benannt *(siehe S. 225)*.

⑱

Heritage Park

2454 Heritage Park Row
Mo–Fr 8–17
sandiegocounty.gov

Die schön restaurierten viktorianischen Wohnhäuser und die erste Synagoge im Osten von Old Town stammen aus anderen Teilen der Stadt. Bemerkenswert ist der Temple Beth Israel, San Diegos erste Synagoge und eines der wenigen Gebäude im Heritage Park, die man innen besichtigen kann. Das Sherman-Gilbert House von 1887 war Ort für Empfänge international bekannter Künstler wie der Tänzerin Anna Pavlova und dem Pianisten Artur Rubinstein.

⑲

Sheriff's Museum

2384 San Diego Ave Mi–So 12–17 (Sommer: 12–18) sheriffsmuseum.org

Dieses Museum gibt Einblick in die Arbeit der Strafverfolgungsbehörden in Vergangenheit und Gegenwart. Eine große Auswahl an Schusswaffen ist ausgestellt, in einer nachgebauten Gefängniszelle können sich Besucher fotografieren lassen.

Lokale

Old Town Mexican Café
Fantastische Tortillas, die hier in großer Auswahl zubereitet werden.
2489 San Diego Ave
oldtownmexcafe.com
$$$

Berta's
Lateinamerikanische Küche von Costa Rica bis Argentinien.
3928 Twiggs St
bertasinoldtown.com
$$$

El Agave
Eine große Auswahl an mexikanischen *mole* (Saucen) sowie an Tequilasorten ist das Markenzeichen des Restaurants.
2304 San Diego Ave
elagave.com
$$$

→ *Brunnen auf dem Plaza de Panama beim Balboa Park Visitor Center*

2

Balboa Park

E7 · 1549 El Prado, San Diego · 7 · +1-619-239-0512 · 1. Jan, Thanksgiving, 25. Dez · balboapark.org

In dem 1868 gegründeten Balboa Park fand 1915 eine Weltausstellung anlässlich der Einweihung des Panamakanals statt. Einige der damals im spanischen Kolonialstil erbauten Pavillons sind heute vielbesuchte Museen und Veranstaltungsorte mit einer ganz besonderen Atmosphäre.

Expertentipp
Tickets und Touren

Die Museen im Balboa Park werden jeweils unabhängig voneinander mit separatem Eintritt betrieben. Für den Besuch mehrerer Museen ist ein Balboa Park Explorer Pass für einen bzw. sieben Tage sinnvoll. Er ist online und im Besucherzentrum erhältlich. Geführte Touren starten dienstags und sonntags vom House of Hospitality. Andere Touren führen etwa durch das Botanical Building und durch den Japanese Friendship Garden.

①

San Diego Museum of Man

1350 El Prado · tägl. 10–17 · Thanksgiving, 25. Dez und bei Events · museumofman.org

Das Wahrzeichen der Panama Pacific Exposition von 1915, auch California Building genannt, beherbergt ein anthropologisches Museum zur Frühgeschichte der Menschheit. Dokumentiert wird u. a. die Kultur des alten Ägypten, der Maya und der Ureinwohner Nordamerikas.

Das Gebäude ist eines der bekanntesten im Park, der Glockenturm war ein Drehort des berühmten Films *Citizen Kane* (1941) von Orson Welles.

②

San Diego Museum of Art

1450 El Prado · Mo, Di, Do–Sa 10–17 (Fr bis 20), So 12–17 · 1. Jan, Thanksgiving, 25. Dez · sdmart.org

Die Sammlung des Museums wird von Wechselausstellungen begleitet. Im Erdgeschoss sieht man europäische und amerikanische Kunst von 1850 bis heute, ferner Arbeiten aus China, Japan und Südostasien. Im Obergeschoss werden Werke von 1300 bis 1850 gezeigt, darunter Luca Signorellis *Marienkrönung* (1508).

③

Timken Museum of Art

1500 El Prado · Di–Sa 10–16:30, So 12–16:30 · timkenmuseum.org

Das 1965 eröffnete Museum ist das einzige im gesamten Balboa Park, das ohne Eintritt zugänglich ist. Es präsentiert in einladendem Ambiente eine Reihe von exquisiten Kunstwerken, darunter auch zahlreiche Bilder europäischer Meister

Highlight

wie etwa Frans Hals (um 1581–1666), François Boucher (1703–1770) und Paul Cézanne (1839–1906), sowie Arbeiten amerikanischer Künstler (19. Jh.) wie Albert Bierstadts *The Yosemite Falls* (1864).

④

Museum of Photographic Arts

1649 El Prado Do–So 10–17 Uhr (Sommer: Fr bis 20) einige Feiertage mopa.org

Das facettenreiche Museum in der reich verzierten Casa de Balboa ist auf hochwertige Wechselausstellungen zum Thema Fotografie spezialisiert. Einen eigenen Besuch wert ist auch die gut sortierte Buchhandlung.

⑤

Mingei International Museum

1439 El Prado Zeiten der Website entnehmen mingei.org

Das Museum präsentiert eine umfangreiche Auswahl an Kunsthandwerk und Design. Die Sammlung umfasst rund 26 000 Objekte aus 141 Ländern, darunter Stücke von einigen der berühmtesten Volkskünstler Mexikos, indonesische und chinesische Textilien und bemalte Karussellpferde.

Ein Mehrzwecktheater ist Bühne für Aufführungen, Vorträge und Konzerte.

Schon gewusst?

Der Balboa Park ist nach Vasco de Balboa benannt, der 1513 als erster Europäer den Pazifik sah.

→ *Überblick über den Balboa Park mit seinen zahlreichen Kulturstätten*

⑥

San Diego History Center

1649 El Prado tägl. 10–17 Thanksgiving, 25. Dez sandiegohistory.org

Das Center in der Casa de Balboa dokumentiert die einzigartige und bunte Geschichte der Region anhand von Kostümen, Textilien, Kunstwerken, Möbeln und Fotografien. Die Bibliothek verfügt über ein umfangreiches Archiv mit Karten, architektonischen Entwürfen und einer der größten Sammlungen von Fotografien im Westen der USA.

⑦

San Diego Natural History Museum

1788 El Prado tägl. 10–17 1. Jan, Thanksgiving, 25. Dez sdnhm.org

Das Museum wurde 1874 gegründet, verfügt über eine renommierte Forschungsabteilung und ist der Erforschung der Region Baja California gewidmet.

Auf einer Riesenleinwand werden Filme gezeigt. Es gibt zudem Programme für Besucher jeden Alters. Das Museum ist die älteste wissenschaftliche Institution ihrer Art in Südkalifornien.

←

Dinosauriermodelle im San Diego Natural History Museum

⑧

Reuben H. Fleet Science Center

1875 El Prado Mo–Do 10–17, Fr–So 10–18; IMAX®-Zeiten der Website entnehmen fleetscience.org

Die große Attraktion ist das IMAX®-Kino im Space Center, das auf einer riesigen gewölbten Leinwand beeindruckende Filme sowie Laser- und Planetariumshows zeigt.

Der Komplex bietet außer dem Science Center, einem naturwissenschaftlichen Museum mit über 100 Exponaten zum Anfassen, noch ein Café und eine Buchhandlung, in der Spiele und Puzzles verkauft werden.

> **Das IMAX®-Kino zeigt auf einer riesigen gewölbten Leinwand beeindruckende Filme sowie Laser- und Planetariumshows.**

⑨

San Diego Air and Space Museum

2001 Pan American Plaza tägl. 10:30–16:30 1. Jan, Thanksgiving, 25. Dez sandiegoairandspace.org

Das Museum deckt einen Zeitraum von fünf Jahrhunderten der Luftfahrtgeschich-

↑ *Flugzeuge früherer Zeiten in der Haupthalle des San Diego Air and Space Museum*

Restaurant

Prado
Das Restaurant im Besucherzentrum bietet abwechslungsreiche Küche, die man auf der Terrasse oder im Speisesaal genießt.

1549 El Prado
cohnrestaurants.com/theprado
$$$

te ab und lässt die Besucher an der Entwicklung in diesem Bereich teilnehmen. Zu sehen sind mehr als 60 Fluggeräte und Raumfahrzeuge – sowohl Originale als auch Rekonstruktionen in voller Größe.

Die Abteilung zu Apollo 9 (»Apollo 9 Has Landed«) präsentiert eine originale Apollo-Kommandokapsel. Weitere Attraktionen sind die 3-D- und 4-D-Kinos.

⑩

San Diego Zoo

2920 Zoo Dr Sep – Juni: tägl. 9 –17; Juli, Aug: tägl. 9 – 21 sandiegozoo wildlifealliance.org

Der San Diego Zoo ist einer der bekanntesten Zoos der Welt. Er wird sowohl wegen seiner Arterhaltungsprogramme als auch wegen der besonders lehrreichen Form der Familienunterhaltung geschätzt. Angesichts von rund 4000 Tieren auf einer Fläche von 40 Hektar sollte man an der 35-minütigen Führung per Bus teilnehmen. Eine Fahrt in 55 Meter Höhe mit der Gondelbahn Skyfari im Süden des Tierparks lohnt sich ebenfalls. Anschließend kann man seine Lieblingstiere zu Fuß aufspüren. Für Kinder gibt es einen Streichelzoo.

⑪

San Diego Automotive Museum

2080 Pan American Plaza tägl. 10 –17 1. Jan, Thanksgiving, 25. Dez sdautomuseum.org

Kalifornien ist auch international für seine spezielle Autokultur bekannt. Traumwagen und -motorräder aus den Vereinigten Staaten und Europa füllen dieses Museum, das nicht nur Nostalgiker begeistert. Da die meisten Ausstellungsobjekte in Privatbesitz sind, ändert sich die Sammlung ständig, doch hochglanzpolierter Lack und Weißwandreifen sind garantiert zu sehen.

Oldsmobile aus den 1940 Jahren im San Diego Automotive Museum ↓

SEHENSWÜRDIGKEITEN

3

Mission San Diego de Alcalá

E7 10818 San Diego Mission Rd, San Diego 13, 20 tägl. 9–16:30 1. Jan, Thanksgiving, 25. Dez missionsandiego.org

Die erste der kalifornischen Missionen *(siehe S. 47)* ist heute von Freeways umgeben, doch haben sich die harmonischen Gebäude und der Garten durchaus eine friedvolle Atmosphäre bewahren können. Ein kleines Museum ehrt den ersten Märtyrer Kaliforniens, Pater Luis Jayme, der 1775 bei einem Angriff von 600 Indianern auf die Mission getötet wurde.

4

SeaWorld

E7 500 SeaWorld Dr, San Diego 9 tägl. (Details der Website entnehmen) seaworld.com

SeaWorld ist zweifellos einer der interessantesten Themenparks Kaliforniens. Hier kann man eine große Zahl an Meeresbewohnern hautnah erleben. Seit der Veröffentlichung des Dokumentarfilms *Blackfish* (2013), in dem die Haltung von Orcas (Schwertwalen) kritisiert wurde, sind die Besucherzahlen erheblich zurückgegangen. Der Themenpark hat deshalb die Zucht von Walen in Gefangenschaft eingestellt und seine Bemühungen im Bereich Tierschutz verstärkt.

5

La Jolla

E7 42 000 von San Diego 7590 Fay Ave lajollabythesea.com

Die Stadt ist ein elegantes Seebad mit schönen Klippen und Buchten, die Voraussetzungen für Wassersport wie Schwimmen, Tauchen und Schnorcheln sind ideal. Um die Natur zu genießen, nehmen Sie den Coast Walk Trail, der auf den Klippen verläuft. Über 144 Stufen gelangen Sie hinunter in die Höhle Sunny Jim.

Die hübschen Straßen werden unter anderem von Confiserien, Designerboutiquen und erstklassigen Juwelieren gesäumt. Zu den wichtigsten Kulturstätten gehört das direkt am Ozean gelegene **Museum of Contemporary Art**.

La Jolla ist auch Sitz der University of California in San Diego und des berühmten **Salk Institute for Biological Studies**, das Jonas Salk, der Entdecker des Polio-Impfstoffs, 1960 gründete.

TOP 3 Strände

Mission Beach
E7
Rad fahren und Inlineskaten an der Promenade, Beachvolleyball und Achterbahn.

Ocean Beach
E7
Surfshops und Kneipen sorgen für eine entspannte Atmosphäre.

Pacific Beach
E7
Bars und Clubs ziehen ein junges Publikum an. Nördlich des Piers ist ein breiter Strand.

Hotel

Crystal Pier Hotel & Cottages
Wachen Sie in einem Cottage aus den 1930er Jahren (mit privater Terrasse) direkt am Pier von Pacific Beach mit Meeresrauschen auf.
E7 4500 Ocean Blvd, San Diego
crystalpier.com
$$$

→ *Leuchtturm an der Landspitze Point Loma; Statue des Seefahrers Cabrillo* (Detail)

Am Scripps Beach befindet sich die Scripps Institution of Oceanography, zu der das großartige **Birch Aquarium at Scripps** mit seinen interaktiven Exponaten gehört. Hier gibt es etwa interessante Fütterungen im Seetang-»Wald«. Verschiedene Meereslebewesen aus dem Nordpazifik und den Tropen können bestaunt werden, darunter ein Riesenkrake aus Alaska.

La Jolla Historical Society organisiert spannende Ausstellungen zu Geschichte, Kunst und Kultur der Region.

Museum of Contemporary Art
700 Prospect St
wegen Renovierung
mcasd.org

Salk Institute for Biological Studies
10010 N Torrey Pines Rd Mo–Fr 8–17:30
Feiertage salk.edu

Birch Aquarium at Scripps
2300 Expedition Way
tägl. 9–17 1. Jan, Thanksgiving, 25. Dez
aquarium.ucsd.edu

La Jolla Historical Society
780 Prospect St
Mi–So 12–16
lajollahistory.org

6

Liberty Station

E7 Historic Decatur Rd, San Diego
libertystation.com

Liberty Station, ein ehemaliges Ausbildungszentrum der Marine, ist bekannt für Restaurants, Shops und Museen. Das **New Americans Museum** ist der Einwanderung gewidmet, das **Visions Art Museum** zeigt künstlerisch gestaltete Zierdecken.

New Americans Museum
2825 Dewey Rd
Mi–So 11–17
newamericansmuseum.org

Visions Art Museum
2825 Dewey Rd
Do–Sa 10–14
visionsartmuseum.org

7

Point Loma und Cabrillo National Monument

E7 Spitze der Point Loma Peninsula
tägl. 9–17
nps.gov/cabr

Am Südende der Halbinsel befindet sich der 63 Hektar große Park Cabrillo National Monument, benannt nach Juan Rodríguez Cabrillo, dem Seefahrer, der 1542 als erster Europäer kalifornischen Boden betrat. Heute ziert den Aussichtspunkt, von dem aus man die Schiffe in der Bucht sieht, eine Statue des Entdeckers.

Von Ende Dezember bis Ende Februar ist der nahe gelegene Whale Overlook ein guter Ort, um den Grauwalen bei ihrer jährlichen Wanderung nach Süden zuzusehen. Besucher können dem Bayside Trail, einem drei Kilometer langen Wanderweg rund um die Landspitze, folgen.

Ein Spaziergang führt vom Rodríguez-Cabrillo-Denkmal zum Leuchtturm. Von 1855 bis 1891 war er in Betrieb. Obwohl er eigentlich nicht öffentlich zugänglich ist, zeigen die unteren Räume das Leben eines Leuchtturmwärters um 1890.

← *Afrikanisches Habitat mit Giraffen im San Diego Zoo Safari Park*

8

San Diego Zoo Safari Park

F7 Hwy 78, 15500 San Pasqual Valley Rd Escondido tägl. 9–17 sdzsafaripark.org

Das ländliche Gegenstück zum San Diego Zoo *(siehe S. 237)* zeigt eine Vielfalt an Vögeln und Säugetieren. Die 1972 eröffnete Anlage, ein Refugium für bedrohte Tiere, betreibt zahllose Programme zur Arterhaltung. Neben der Versorgung seiner 3200 Bewohner widmet sich der Park der Aufgabe, bedrohte Tierarten wieder auszuwildern. Ein Beispiel ist der Kalifornische Kondor, der einst vor dem Aussterben stand.

Einen Besuch beginnt man am besten mit der beliebten Tour »Journey Into Africa«. Sie dauert 25 Minuten und verläuft über drei Kilometer, vorbei an afrikanischen Habitaten mit Giraffen, Nashörnern und Gazellen. Am Wasserloch sieht man Reiher, Strauße und andere Vögel.

Beliebt sind große Tiere wie Elefanten, Löwen und Nashörner. Doch auch die verschiedenen simulierten Ökosysteme des Parks, etwa der australische Regenwald oder der Dschungel, haben ihre ganz eigenen Reize. Bei Kindern populär ist vor allem das Streichelgehege.

9

Mission San Luis Rey

E7 Hwy 76 (Mission Ave), Rancho del Oro Drive, San Luis Rey von San Diego Mo–Fr 9:30–17, Sa, So 10–17 sanluisrey.org

San Luis Rey de Francia zählte einst zu den größten Missionen Kaliforniens *(siehe S. 47)*. Gegründet wurde sie 1798 vom spanischen Pater Fermín Lasuén, benannt nach dem französischen König Louis IX. Ihr Erfolg basierte auf der Kooperation der hier ansässigen Indigenen. Über 3000 von ihnen arbeiteten in der Mission. Sie hüteten Schafe und Kühe oder bauten Getreide, Gemüse und Obst an.

Besucher kommen zuerst in ein **Museum**, das die Geschichte der Mission dokumentiert und Gewänder und Kultgegenstände zeigt. Die Kirche hat einen kreuzförmigen Grundriss wie die in San Juan Capistrano *(siehe S. 216f)*, besitzt aber als einzige Missionskirche eine hölzerne Kuppeldecke. Die Holzkanzel ist original erhalten. Die Mission fungiert nach wie vor als Gotteshaus.

Museum
Am Eingang tägl.
1. Jan, Thanksgiving, 25. Dez

Entdeckertipp

Mission San Antonio de Pala Asistencia

Diese Stätte (1816) ist Kaliforniens letzte spanische Untermission *(asistencia)*. Die indigene Bevölkerung der Pala Reservation nutzt sie noch heute.

→ *Skulptur an einer Station des Kreuzwegs an der Mission San Luis Rey*

10

Legoland® California

E7 1 Legoland Drive, Carlsbad S Carlsbad tägl. (Details der Website entnehmen) legoland.com

Der Park mit über 60 Fahrbetrieben, Shows und anderen Attraktionen ist vor allem bei Familien mit Kindern beliebt. Zu den Highlights gehören Lego® Deep Sea Adventure und ein Wasserpark. Für kleinere Kinder sind in der DUPLO-Abteilung afrikanische Wildtiere wie Giraffen und Löwen aufgebaut.

Größte Attraktion ist der Bereich mit sieben Miniaturstädten der USA, die aus über 20 Millionen Legosteinen erbaut wurden.

11

Escondido

E7 150 000 235 E Grand Ave visitescondido.com

In der Innenstadt von Escondido stehen Hunderte von wunderschön erhaltenen, denkmalgeschützten Gebäuden – von viktorianischen Villen bis zu Art-déco-Häusern. Einige sind Teil des **Escondido History Center**. Hier können Sie ein Eisenbahndepot von Santa Fe aus dem Jahr 1887 oder einen authentischen Pullman-Zugwagen betreten. Dienstags und samstags werden Vorführungen geboten.

Das **California Center for the Arts** umfasst einen Konzertsaal, eine Sammlung zeitgenössischer bildender Kunst und ein Theater. Das kleine **San Diego Archaeological Center** erforscht, wie die Bewohner der Gegend um das heutige San Diego vor 10 000 Jahren lebten.

Niki de Saint Phalles **Queen Califia's Magical Circle**, eine Mosaikskulptur zu den Anfängen Kaliforniens, steht im Kit Carson Park.

Escondido History Center
321 N Broadway Di – Do, Sa 13 –16 escondidohistory.org

California Center for the Arts
340 N Escondido Blvd Di – Sa 10 –17, So 13 –17 artcenter.org

San Diego Archaeological Center
16666 San Pasqual Valley Rd Mo – Fr 9 –16, Sa 10 –14 sandiegoarchaeology.org

Queen Califia's Magical Circle
3333 Bear Valley Pkwy +1-760-839-4000 Di – Do 9 –12, 2. u. 4. Sa im Monat 9 –14

12

Palomar Observatory

F7 35899 Canfield Rd, Palomar Mountain von Julian tägl. 9 –15 24., 25. Dez sites.astro.caltech.edu/palomar

Den Gipfel des 1900 Meter hohen Palomar Mountain krönt die weiße Kuppel des Palomar Observatory. Das vom California Institute of Technology betriebene, international renommierte Observatorium wurde 1948 eröffnet. Es beherbergt ein Hale-Teleskop mit einem Spiegeldurchmesser von 5,10 Metern. Mit ihm werden Teile des Universums erforscht, die über eine Milliarde Lichtjahre entfernt sind. Insgesamt gibt es drei Teleskope, die für vielfältige astronomische Forschungen verwendet werden. Anhand einer Ausstellung und einer Fotogalerie wird ihre Funktionsweise erklärt.

Shopping

Urban Barn
Dieser Laden ist voll mit Retro-Geschenkartikeln und Kunsthandwerk.
E7 404 E Grand Ave, Escondido +1-760-233-0900

Helen's Book Mark
Der gut sortierte Buchladen führt eine große Auswahl an Taschenbüchern.
E7 153 E Grand Ave, Escondido helensbookmark.com

↑ *Palomar Observatory mit seiner surreal wirkenden weißen Kuppel*

13 Julian

F7 1500 von San Diego 2129 Main St visitjulian.com

Wenn die Einwohner von San Diego einen Ausflug machen oder ein Wochenende »auf dem Land« verbringen wollen, begeben sie sich gern in den nordöstlich gelegenen Bergort Julian. Hier wurde 1870 Gold gefunden. Die renovierten alten Holzhäuser an der Hauptstraße erinnern an diese Zeit.

Im Herbst lockt die Apfelernte Besucher an. Man probiert den berühmten Apfelkuchen und kauft Souvenirs in den netten Läden. Die **Julian Cider Mill** verwendet eine alte Presse zur Herstellung ihres Apfelweins und verkauft auch Honig. Das **Julian Pioneer Museum** quillt über vor Antiquitäten und alten Fotografien zur Stadtgeschichte.

Bei der **Eagle Mining Company** kann eine echte Goldmine besichtigt werden, ausgestellt sind Werkzeuge der Zeit des Goldrauschs. Im **California Wolf Center** kann man mehr über Naturschutz erfahren und nordamerikanische und mexikanische Grauwölfe sehen, bevor diese wieder in die Wildnis entlassen werden.

Im Herbst lockt die Apfelernte viele Besucher an. Man probiert den berühmten Apfelkuchen und kauft Souvenirs in den netten Läden.

Julian Cider Mill
2103 Main St
tägl. 9:30–17
juliancidermill.com

Julian Pioneer Museum
2811 Washington St
Apr–Nov: Fr–So; Dez–März: Sa, So julianpioneermuseum.org

Eagle Mining Company
2320 C St Zeiten der Website entnehmen
1. Jan, Ostersonntag, Thanksgiving, 25. Dez
theeaglemining.com

California Wolf Center
470 K Q Ranch Rd
tägl. 9–17
californiawolfcenter.org

14 Coronado

E7 20 000 1825 Strand Way coronado.ca.us

Das wohlhabende Coronado liegt am Ende einer Halbinsel in der San Diego Bay. Der Geschäftsmann Elisha Babcock jun. kaufte das Areal 1885, um daraus einen luxuriösen Urlaubsort zu machen. Heute sind hier die exklusivsten Villen, Boutiquen, Hotels und Restaurants in San Diego. Das **Coronado Museum of History and Art** zeigt Fotografien, frühe Karten und andere Objekte zur Geschichte der Stadt.

Bis zur Eröffnung der San Diego–Coronado Bay Bridge 1969 war die **Coronado Ferry** Hauptverbindung zum Festland. Zur Freude der Anwohner und Urlauber ist sie nun wieder in Betrieb. Die 15-minütige Fahrt zwischen dem Broadway Pier am Embarcadero (San Diego Convention Center) und dem Ferry Landing Marketplace ist abends, wenn die untergehende Sonne die Wolkenkratzer anstrahlt, besonders schön.

Das 1888 eröffnete **Hotel del Coronado** ist gut erhalten und seit 1977 ein »National Historic Landmark«. Es wurde von Architekten und Arbeitern, die vom Eisenbahnbau kamen, errichtet, was sich etwa in der hölzernen Kuppeldecke des Crown Room zeigt, in der kein einziger Nagel steckt.

Blick über den Strand auf das prachtvolle Hotel del Coronado (1888) ↑

Die umfangreiche Liste illustrer Gäste liest sich wie ein Who's who der amerikanischen Geschichte des 20. Jahrhunderts: Präsidenten von Roosevelt bis Clinton, Filmstars von Marilyn Monroe bis Brad Pitt. Das Hotel diente bei diversen erfolgreichen Filmen als Kulisse, z. B. *Manche mögen's heiß* (1959) mit Marilyn Monroe, Jack Lemmon und Tony Curtis.

Coronado Museum of History and Art
1100 Orange Ave +1-619-435-7242 tägl. 10–16 coronadohistory.org

Coronado Ferry
1050 N Harbor Dr tägl. sdhe.com

Hotel del Coronado
Orange Ave tägl. hoteldel.com

15 Living Coast Discovery Center

E7 1000 Gunpowder Point Dr, Chula Vista E St, Bay Blvd tägl. 10–17 Feiertage thelivingcoast.org

In diesem Zoo, Aquarium und 130 Hektar großen Schutzgebiet an der San Diego Bay kann man die artenreiche Tier- und Pflanzenwelt des Marschlands kennenlernen. Kostenlose Busse fahren vom Parkplatz an der I-5 und vom Busbahnhof in San Diego aus zum Nature Center.

Die Besucher erfahren viel über die Umweltbedingungen in der Region, Kinder können einer Vielzahl von Tieren nahe kommen. Zu den Vögeln, die das ganze Jahr über zu sehen sind, gehören Reiher, Fischadler und Turmfalken.

16 Cuyamaca Rancho State Park

F7 12551 Hwy 79 Zeiten der Website entnehmen parks.ca.gov

Nur rund eine Stunde Fahrzeit östlich von San Diego erstreckt sich der Cuyamaca Rancho State Park – ein wundervoller Ort, um dem Alltag zu entfliehen. Ungefähr die Hälfte seiner 10 100 Hektar Gesamtfläche ist Wildnis, in der u. a. Stinktiere, Luchse, Kojoten, Maultierhirsche (Großohrhirsche) und Pumas leben.

Neben Gelegenheiten zum Reiten, Zelten und Mountainbiken bietet der Park auch ein dichtes Netz an Wanderwegen mit einer Gesamtlänge von mehr als 210 Kilometern. Anstrengend, aber durchaus lohnenswert ist der Cuyamaca Peak Trail. Vom Gipfel aus kann man die fantastische Aussicht auf die bewaldeten Hügel des nördlichen San Diego County bis hinüber zum Palomar Mountain *(siehe S. 241)* genießen.

↑ *Blühende Wiese im Cuyamaca Rancho State Park*

Cafés

Dudley's Bakery
Die Bäckerei elf Kilometer nordwestlich von Julian ist berühmt für ihre 43 Brot- und Gebäcksorten.
F7 30218 Hwy 78, Santa Ysabel
dudleysbakery.com
$$$

Julian Pie Company
Gönnen Sie sich ein Stück Kuchen wie Boysenberry Apple Crumb serviert mit Zimteis.
F7 2225 Main St, Julian
julianpie.com
$$$

17

Encintias

E7 60 000 535 Encinitas Blvd, Suite 116 encinitasvisitorscenter.com

Diese entspannte Strandstadt etwa 40 Kilometer nördlich von San Diego ist berühmt für ihre Surfspots – Swami's Beach zieht seit den 1960er Jahren Surfer aus der ganzen Welt an, nachdem er im Beach-Boys-Hit *Surfin' USA* besungen wurde.

Möchten Sie ein wenig dem Trubel entfliehen, dann halten Sie Ausschau nach den goldenen Kuppeln des **Self-Realization Fellowship Temple**, der 1920 von Paramahansa Yogananda gegründet wurde, um Kriya Yoga zu verbreiten, das vor Jahrtausenden in Indien entstand. In diesem friedlichen Rückzugsort können Sie in aller Ruhe durch die üppig bepflanzten Gärten spazieren oder ein paar Tage mit Meditation verbringen.

Im **San Diego Botanic Garden** führen Pfade durch Bambushaine, Kakteengärten und tropische Regenwälder. Der Botanische Garten bemüht sich um die Erhaltung seltener und gefährdeter Pflanzen. Im **San Elijo Lagoon Ecological Reserve and Nature Center** kann man zu einer Flussmündung mit großer Vielfalt an Tieren und Pflanzen wandern.

Self-Realization Fellowship Temple
939 Second St
Di–Sa 9–17, So 11–17
encinitastemple.org

San Diego Botanic Garden
230 Quail Gardens Dr
tägl. 9–17
sdbgarden.org

San Elijo Lagoon Ecological Reserve and Nature Center
2710 Manchester Avd, Cardiff tägl. 9–17
sdparks.org

18

Del Mar

E7 4000
visitdelmarvillage.com

Mit seiner ländlichen Atmosphäre und dem familienfreundlichen Strand ist Del Mar ein beliebtes Reiseziel. Im Goldenen Zeitalter von Hollywood strömten Prominente zu **Del Mar Racetrack and Fairgrounds**. Die 1937 erbaute Rennstrecke, an deren Finanzierung der Sänger Bing Crosby maßgeblich beteiligt war, gilt heute als eine der schönsten der Vereinigten Staaten.

Die Del Mar Fairgrounds werden für Veranstaltungen genutzt – etwa für die große San Diego County Fair im Sommer, bei der es viele Konzerte und Theateraufführungen gibt.

Del Mar Racetrack and Fairgrounds
2260 Jimmy Durante Blvd
delmarfairgrounds.com

← *Blick vom Pacific Coast Highway auf Swami's Beach in Encinitas; Surfer auf dem Weg in die Wellen* (Detail)

19

Oceanside

E7 175 000 928 North Coast Hwy visitoceanside.org

Die Stadt verfügt über einen mehr als fünf Kilometer langen Sandstrand und einen der längsten hölzernen Piers an der Westküste (592 m). Jedes Jahr im Juli findet hier Supergirl Pro statt, ein Wettbewerb mit den besten Surferinnen der Welt.

Zu den ausgestellten Objekten im **California Surf Museum** gehört das Board, auf dem die Profisurferin Bethany Hamilton stand, als sie vor Hawaii von einem Tigerhai angegriffen wurde. Das **Oceanside Museum of Art** zeigt u. a. Skulpturen und Glasobjekte lokaler Künstler.

California Surf Museum
312 Pier View Way tägl. 10–16 (Do bis 20) surfmuseum.org

Oceanside Museum of Art
704 Pier View Way Di–Sa 11–17 (Do, Fr bis 20), So 12–17 oma-online.org

20

Carlsbad

E7 115 000 400 Carlsbad Village Dr visitcarlsbad.com

In den 1880er Jahren wurden dem Wasser dieser Stadt gesundheitsfördernde Eigenschaften zugeschrieben wie dem in Karlsbad (Tschechien). Viele Menschen kamen, um von den therapeutischen Angeboten zu profitieren. Erinnerungen an diese Zeit bietet **Carlsbad Alkaline Water**.

Die **Leo Carrillo Ranch**, das ehemalige Zuhause eines Schauspielers und Naturschützers, ist ein malerischer Ort mit einem See und schöner Bepflanzung.

Carlsbad Alkaline Water
2802 Carlsbad Blvd tägl. 9–18 carlsbadalkalinewater.com

Leo Carrillo Ranch
6200 Flying Leo Carrillo Ln tägl. 9–17 carrillo-ranch.org

Bierlokale

Burgeon Beer Co
Die Brauerei wurde schon mit vielen Preisen ausgezeichnet.

E7 6350 Yarrow Dr, Carlsbad burgeonbeer.com

Wavelength Brewing Company
Die Brauerei bietet abwechslungsreiche Küche. Das Ambiente prägen viele Objekte zum Thema Weltraum (u. a. Teleskope).

E7 236 Main St, Vista wavelengthbrewco.com

Bagby Beer
Wählen Sie aus einer langen Bierkarte und suchen Sie sich einen Platz mit Meerblick.

E7 601 S Coast Hwy, Oceanside bagbybeer.com

21

Rancho Guajome Adobe County Park

E7 2210 N Santa Fe Ave, Vista Mi–So 9:30–16 sdparks.org

Die kalifornische Rancho-Periode wird in diesem gut erhaltenen mexikanisch-amerikanischen Lehmziegelhaus zum Leben erweckt. 1851 heirateten Offizier Cave Johnson Couts und Ysidora Bandini, die Tochter einer prominenten mexikanischen Familie. Das Land bekamen sie als Hochzeitsgeschenk. Couts baute dieses elegante Haus mit 22 Zimmern als Veranstaltungsort für Fiestas und Rodeos. Alles blieb so erhalten, wie es Mitte des 19. Jahrhunderts war.

Saguaro Hotel in Palm Springs (siehe S. 250f)

Inland Empire und Colorado-Wüste

In den südlichen Wüsten Kaliforniens lebten früher indigene Gruppen wie die Serrano, die Chemehuevi und die Cahuilla. Das Gebiet des heutigen Anza-Borrego Desert State Park bildete um 1850 für Zehntausende von Siedlern und Goldsuchern das Tor nach Kalifornien. Drei Jahrzehnte später entwickelten sich nordwestlich der Wüste einige kleine Feriensiedlungen – das sogenannte Inland Empire – zum Zentrum des Orangenanbaus. Die aus Brasilien stammende, gut transportierbare Navelorange wurde für Millionen von Amerikanern zum Symbol des guten, gesunden Lebens in Kalifornien.

Palm Springs entwickelte sich in den 1880er Jahren wegen seines trockenen Klimas und seiner heißen Quellen zu einem bevorzugten touristischen Ziel. In den 1940er und 1950er Jahren wurde seine Architektur zum Vorbild für Vorstädte in den USA. Ab den 1950er Jahren wurde die Stadt eine Hochburg der LGBTQ+ Community. Das 1999 ins Leben gerufene Coachella Valley Music and Arts Festival ist eines der größten Musikfestivals der Welt.

Inland Empire und Colorado-Wüste

Highlights

1. Palm Springs
2. Joshua Tree National Park

Sehenswürdigkeiten

3. Palms to Pines Highway
4. Coachella Valley
5. Yucca Valley
6. Idyllwild
7. Anza-Borrego Desert State Park
8. Salton Sea

Kelso
Mitchell Caverns Natural Preserve
Goffs
Granite Peak 2061 m
Ludlow
Essex
Mojave Desert
Amboy
Chambless
Bristol Lake
Cadiz Valley
Inland Empire und Colorado-Wüste
Turtle Mountains
Mojave-Wüste
Seiten 260–269
Danby Lake
Horn Peak 1486 m
Earp
Twentynine Palms
Vidal Junction
Vidal
Hidden Valley
Rice
Poston
2 Joshua Tree National Park
Granite Mountain
Rice Valley Wilderness Area
Chola Cactus Garden
Little San Bernardino Mountains
Eagle Mountain
Black Hill 361 m
Palen Dry Lake
Palen Mountains
Eagle Mountains
Colorado Aqueduct
Cottonwood Spring
Desert Center
Quartzsite
Indio
Ford Lake
Blythe
Coachella
Chiriaco Summit
Ehrenberg
4 Coachella Valley
Pilot Mountain 1235 m
Ripley
Mecca
Palo Verde
Chocolate Mountains
Oasis
Salton Sea Beach
Bombay Beach
ARIZONA
Salton City
Salvation Mountain
Sonoran Desert
8 Salton Sea
Niland
Colorado
Calipatria
Martinez Lake
Indian Pass Wilderness
7 Anza-Borrego Desert State Park
Westmorland
Brawley
Algodones Dunes
Mesquite Oasis
Imperial
Holtville
Bard
Plaster City
El Centro
Calexico International Airport
Ocotillo
Yuma
Fortuna Foothills
Calexico
Somerton
Mexicali
El Puebla
Progreso
San Luis
Yuma Desert
Ejido Nuevo León
Laguna Salada
MEXIKO
Delta Numero Una
Colonia Carranza
0 Kilometer 40
0 Meilen 40
N

1

Palm Springs

F6 45 000 1,5 km nordöstl. Indio 3111 N Indian Ave 70100 Hwy 111, Rancho Mirage (+1-800-967-3767) Palm Springs International Film Festival (Anfang – Mitte Jan) visitgreaterpalmsprings.com

Das Gebiet des späteren Palm Springs im Coachella Valley wurde von den Cahuilla bewohnt. Nach der Entdeckung von heißen Quellen kamen ab 1853 wohlhabende Europäer hierher. Zu Beginn des 20. Jahrhunderts war Palm Springs ein blühender Kurort. Mittlerweile ist die Stadt auch für ihre modernistische Architektur bekannt.

①

Village Green Heritage Center

221 S Palm Canyon Dr Zeiten der Website entnehmen Feiertage palmsprings.com

Die Enklave im Herzen des Einkaufsviertels von Palm Springs umfasst vier historische Gebäude: Das in den 1950er Jahren hierherverlegte McCallum Adobe wurde 1884 von John G. McCallum nahe dem Ureinwohnerdorf Agua Caliente erbaut.

Das Cornelia White House von 1893, zum Teil aus Eisenbahnschwellen errichtet, steckt noch heute voller Antiquitäten aus der Pionierzeit.

Das Agua Caliente Cultural Museum zeigt die Historie der hier lebenden Cahuilla, einer indigenen Gruppe, anhand von Bildern und Fotografien.

Das Ruddy's General Store Museum ist der exakte Nachbau eines Ladens aus der Zeit der Weltwirtschaftskrise.

Schon gewusst?

John G. McCallum, Erbauer des McCallum Adobe, war der erste weiße Bewohner der Stadt.

②

Palm Springs Aerial Tramway

1 Tram Way tägl. pstramway.com

Die Seilbahn mit zwei Gondeln aus der Schweiz für je 80 Personen ist eine der beliebtesten Attraktionen von Palm Springs. Ihre Talstation liegt zehn Kilometer nordwestlich der Stadt. Auf der vier Kilometer langen Fahrt zur Bergstation bewältigt man in rund zehn Minuten 1790 Meter Höhenunterschied.

Man schwebt durch fünf verschiedene Ökosysteme, von der Wüste bis zum alpinen Hochwald. Die Temperaturen ändern sich rasch, auf dem Gipfel kann es sehr kalt sein – nehmen Sie entsprechende Kleidung mit.

Oben auf dem Berg gibt es 85 Kilometer Wanderwege. Im Winter wird hier das Adventure Center betrieben, wo man etwa Langlaufskier ausleihen kann. Es gibt Zeltplätze und Picknickplätze.

Die Aussichtsplattform auf 2600 Meter Höhe bietet einen grandiosen Blick auf das Coachella Valley, Palm Springs und die San Bernardino Mountains.

Highlight

←

Nachmittagsstimmung am Palm Canyon Drive in Palm Springs

③

Palm Springs Air Museum

745 N Gene Autry Trail tägl. 10–17 palm springsairmuseum.org

Etwa 60 alte Flugzeuge werden hier in vier Hallen ausgestellt. Von November bis Mai finden samstagnachmittags Flugvorführungen statt. Mitarbeiter des Museums erzählen Geschichten von den Einsätzen der damaligen Piloten.

④

Palm Springs Art Museum

101 Museum Dr Di, Mi, Fr–So 10–17, Do 12–20 Feiertage psmuseum.org

Das Museum zeigt Gemälde und Skulpturen ab dem 19. Jahrhundert bis in die Gegenwart, indigenes Kunsthandwerk und Fotografien. Außerdem ist die William Holden Collection, eine Stiftung des 1981 verstorbenen beliebten US-Schauspielers, zu sehen.

Das benachbarte Annenberg Theater ist ein Bühnensaal mit 433 Plätzen, in dem Popkonzerte, Cabaret- und Comedy-Aufführungen auf dem Programm stehen.

Der drei Kilometer lange Museum Trail führt 240 Meter bergauf in den Mount San Jacinto State Park. Am Aussichtspunkt Desert Riders Overlook, von wo aus man auf Palm Springs und das Coachella Valley sehen kann, trifft er auf den Lykken Trail.

⑤

Palm Springs Art Museum Architecture & Design Center

300 S Palm Canyon Dr Fr–Di 10–17, Do 12–20 psmuseum.org

Ein früheres Bankgebäude dient heute als Museum für Zeichnungen, Fotos und architektonische Pläne der Gegend. Das Anwesen wurde 1961 von E. Stewart Williams, Architekt vieler Bauten in Palm Springs, entworfen. Einige Merkmale des früheren Bankgebäudes wurden bewahrt. Im ehemaligen Tresorraum ist heute ein Geschenkeladen.

TOP 3 LGBTQ+ Treffpunkte

Toucans Tiki Lounge
2100 N Palm Canyon Dr toucanstikilounge.com
Ort der am längsten laufenden Drag-Show der Stadt.

Hunters
302 E Arenas Rd hunterspalmsprings.com
Club mit Karaoke und Cabaret – und Gäste im Leder-Outfit.

Chill Bar
217 E Arenas Rd chillbarpalmsprings.com
Drag Queens, Go-Go-Tänzer, Striptease und dazu köstliche Drinks.

⑥

Indian Canyons

38520 S Palm Canyon Dr Mitte Juli–Aug: Fr–So 8–17; Sep–Mitte Juli: tägl. 8–17 indian-canyons.com

Rund acht Kilometer südlich von Palm Springs umgeben kahle Hügel vier spektakuläre Palmenoasen in Felsschluchten. Murray, Tahquitz, Andreas und Palm Canyon liegen an kleinen, von Bergquellen gespeisten Bächen auf dem Gebiet der Cahuilla. Felsenkunst und andere Spuren der Ureinwohner sind noch zu sehen.

Der 24 Kilometer lange Palm Canyon ist die größte der Schluchten. Neben dem Parkplatz werden Getränke verkauft.

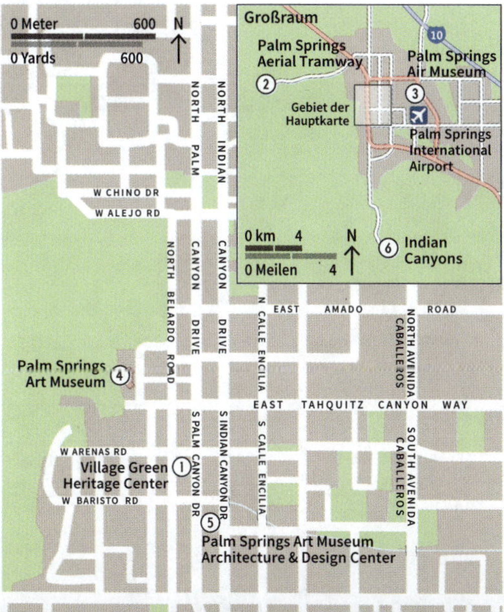

2

Joshua Tree National Park

F6 74485 National Park Dr, Twentynine Palms +1-760-367-5502
Desert Stage Lines von Palm Springs nach Twentynine Palms
25. Dez nps.gov/jotr

Der Joshua Tree National Park, der seinen Namen von den hier wachsenden Josua-Palmlilien hat, ist eine faszinierende 3200 Quadratkilometer große Wildnis. Die Formationen aus rosafarbenen, braunen und grauen Felsen machen das Areal zu einem Paradies für Kletterer und Wanderer.

Der Nationalpark wurde 1944 eingerichtet, um die Bestände der ungewöhnlichen, stachelblättrigen Josua-Palmlilie *(Yucca brevifolia)* zu schützen. Der Name des Baums geht auf mormonische Siedler zurück, die in seinen Ästen die zum Himmel erhobenen Arme des Propheten Josua sahen. Josua-Palmlilien sind eine nur hier lebende Yucca-Art, die bis neun Meter hoch und bis 300 Jahre alt werden kann.

Der Park umfasst Teile von zwei Wüsten – der höheren Mojave-Wüste im Westen und der unteren Colorado-Wüste im Osten. Entsprechend vielfältige Ökosysteme sind hier entwickelt. Im Frühling blüht die ganze Pracht an Wüstenblumen. Trotz der rauen Bedingungen ist auch die Tierwelt artenreich. Die Känguruatte z. B. bezieht Nahrung und Wasser allein aus Samenkörnern, der Eselhase tarnt sich mit sandfarbenem Fell vor Raubtieren wie Kojote, Luchs und Adler.

↑ *Wüstenkojoten sieht man meist nach Sonnenuntergang oder früh am Morgen*

Klettern und Rad fahren

Die zerklüfteten, rauen Granitfelsen des Parks sind ein beliebtes Kletterziel mit über 8.000 Routen sämtlicher Schwierigkeitsgrade, insbesondere im Wonderland of Rocks von Hidden Valley. Radfahrer können auf dem asphaltierten Park Boulevard fahren, mehrere Straßen im Hinterland sind auch für Mountainbiker geöffnet.

↑ *Typische Landschaft im Joshua Tree National Park; Wüstenblumen* (Detail)

Highlight

Attraktionen

Josua-Palmlilien

In der höher gelegenen und etwas kühleren Westhälfte des Parks wachsen die bizarren Bäume.

Cottonwood Spring

▷ Die Oase mit Palmen und Pappeln zieht Wüstenvögel an. In der Nähe befindet sich ein Besucherzentrum.

Key's View

Von diesem Aussichtspunkt genießt man einen wunderbaren Panoramablick.

Hidden Valley

◁ Gigantische Felsblöcke bilden hier eine natürliche Formation und früher ein legendäres Versteck für Viehdiebe des Wilden Westens.

Lost Horse Mine

Ein 3,2 Kilometer langer Pfad führt zur alten Goldmine, die von einem Cowboy entdeckt wurde. In den ersten Jahren förderte man Gold im Wert von 270 000 US-Dollar.

Cholla Cactus Garden

▷ Eine Gruppe von Feigenkakteen ist der Mittelpunkt eines Lehrpfads zu Wüstenflora und -fauna. Die Enden haben spitze Stacheln.

Lost Palms Oasis

Ein 6,4 Kilometer langer Weg führt zum größten Palmenhain im Park. Hier gibt es natürliche Wasservorkommen.

Keys Ranch

Bei einer geführten Tour auf dieser Ranch erfährt man viel über die harte Arbeit, die hier zum Überleben verrichtet werden musste.

Skull Rock

◁ Dieser Felsen an der Hauptstraße des Parks wurde durch Wassererosion geformt.

SEHENSWÜRDIGKEITEN

3
Palms to Pines Highway

F7 visitgreater palmsprings.com

Eine der landschaftlich interessantesten Strecken in Kalifornien beginnt an der Kreuzung von Highway 111 und Highway 74 in Palm Desert. Der Highway 74 führt aus der Wüste mit ihren Palmen, Creosote-Büschen und Eisenholzbäumen in eine Berglandschaft voller Kiefern, Wacholder und Bergmahagoni. Die Aussicht vom 1500 Meter hohen Santa Rosa Summit ist spektakulär. Folgen Sie dem Highway 74 nordwestlich zum Mountain Center und zu den üppigen Wiesen des Garner Valley.

Golfen in der Wüste

Dank der Bewässerung durch unterirdische Quellen ist Palm Springs heute als Golf-Hauptstadt der USA bekannt. Es gibt über 100 Golfplätze in der Region, die meist von Privatclubs oder Hotels betrieben werden. Manche Plätze sind recht kahl, andere hingegen üppig grün. Einige der Anlagen sind öffentlich zugänglich, darunter auch Desert Dunes mit relativ schwierigem Sandterrain.

4
Coachella Valley

F7 70100 Hwy 111, Rancho Mirage visit greaterpalmsprings.com

Atemberaubende Ausblicke auf die Bergwelt, schicke Resorts und Golfplätze prägen das Coachella Valley. Das Tal bietet einige bemerkenswerte Sehenswürdigkeiten. 1941 baute der Künstler Cabot Yerxa ein Pueblo im Stil der Hopi (ein indigenes Volk aus Arizona). Das Gebäude, das heute als **Cabot's Pueblo Museum** bekannt ist, beherbergt eine eindrucksvolle Sammlung von Kunstwerken der amerikanischen Ureinwohner.

↑ *Hoch aufragende Bergketten umrahmen das Coachella Valley*

Das **Palm Springs Art Museum in Palm Desert** zeigt zeitgenössische Gemälde und Fotos sowie Skulpturen im Freien. **Living Desert Zoo and Botanical Gardens** bilden Wüstenlebensräume Nordamerikas und Afrikas ab. Hier leben u. a. Steinadler und Berglöwen.

Viele Besucher pilgern zum Grab eines der berühmtesten Bewohner von Palm Springs: Der weltbekannte Entertainer Frank Sinatra wurde im Desert Memorial Park in Cathedral City begraben.

Über 250 000 Rock-, Hip-Hop- und Indie-Fans kommen jedes Jahr im April nach Indio zum Coachella Valley Music and Arts Festival, dem größten seiner Art weltweit.

Cabot's Pueblo Museum
67616 E Desert View Ave, Desert Hot Springs Okt – Mai: Di – So 9 –16; Juni – Sep: Di – So 9 –13 cabotsmuseum.org

Palm Springs Art Museum in Palm Desert
72567 Hwy 111, Palm Desert Di – So 10 –17 psmuseum.org/visit/palm-desert

Living Desert Zoo and Botanical Gardens
47900 Portola Ave, Palm Desert Okt – Mai: tägl. 8 –17; Juni – Sep: tägl. 7 –13:30 livingdesert.org

5 Yucca Valley

F6 21 000 56711 Twenty-nine Palms Hwy yuccavalley.org

Yucca Valley ist ein Ort westlich des Joshua Tree National Park *(siehe S. 252f)*. Im **Desert Christ Park** dokumentieren mehr als 40 Statuen aus den 1950er Jahren von Antone Martin das Leben Christi. Das **Hi-Desert Nature Museum** zeigt Kunsthandwerk und erläutert Geologie sowie Flora und Fauna der Region.

Sechs Kilometer nördlich liegt Pioneertown, eine 1947 als Filmkulisse errichtete Western-Stadt.

Expertentipp
Festival-App

Besucher des Coachella Valley Music and Arts Festivals im April können sich per App über Programm und Ablauf des Events informieren. Sie bekommen dabei auch Tipps zu Anreise und Aufenthalt.

Desert Christ Park
Am Ende des Mohawk Trail Sonnenauf- bis -untergang desertchristpark.org

Hi-Desert Nature Museum
57116 Twentynine Palms Hwy Mi – Sa 10 – 17 Feiertage hidesert naturemuseum.org

→ *Eine Skulpturengruppe im Desert Christ Park, Yucca Valley*

Restaurant

Red Kettle
Neben üppigen Portionen von Omeletts, Pfannkuchen, Burgern und Sandwiches genießt man hier die gemütliche Atmosphäre eines Landhauses. Das beliebte Restaurant ist nur zum Frühstück und Mittagessen geöffnet.

F6 · 54220 N Circle Dr, Idyllwild
perrysredkettle.com

$$$

6 Idyllwild

F6 · 2500
54325 North Circle
idyllwild.com

Das Bergdorf liegt im Mount San Jacinto State Park, dessen Wildnis durch Wanderwege von über 80 Kilometern Länge erschlossen wird. Eine malerische 13 Kilometer lange Route führt zur Bergstation der Palm Springs Aerial Tramway *(siehe S. 250)*, noch bekannter ist der Pacific Crest Trail. Kartenmaterial und Genehmigungen erhält man bei der Ranger-Station.

Tahquitz Rock und Suicide Rock in der beeindruckenden San Jacinto Range gehören zu den beliebtesten Zielen für Kletterer, es gibt Routen für alle Niveaus.

Im familienfreundlichen **Idyllwild Nature Center** nordwestlich von Idyllwild erfährt man in einem kleinen Museum alles über die indigene Kultur der Cahuilla und über die Naturräume im Gebirge. Das **Idyllwild Area Historical Society Museum** dokumentiert die Geschichte des Dorfes und seiner Umgebung. Es widmet sich auch Elvis Presley, der hier 1961 bei den Dreharbeiten zu *Kid Galahad* mehrere Wochen verbrachte.

Idyllwild Nature Center
25225 Highway 243
Mi–So 9–16
rivcoparks.org/idyllwild-nature-center

Idyllwild Area Historical Society Museum
54470 N Circle Dr
Fr–So 10–17
idyllwildhistory.org

7 Anza-Borrego Desert State Park

F7 · 200 Palm Canyon Dr · Escondido · tägl.
parks.ca.gov

Seit dem Goldrausch von 1849 *(siehe S. 47)* zogen Zehntausende von Gold-

Blütenteppich im Anza-Borrego Desert State Park; Skulptur, Galleta Meadows (Detail)

→

Spaziergang am sandigen Ufer des Salton Sea, Kaliforniens größtem See

suchern und Siedlern durch die Anza-Borrego-Wüste. Diese Route war zu jener Zeit der einzige ganzjährig zugängliche Landweg nach Kalifornien. Heute ist das einstige Tor nach Westen ein abgeschiedener, urtümlicher Park mit Wüstenlandschaften von einzigartiger Schönheit.

Das gut ausgestattete Besucherzentrum liegt in Borrego Springs. Hier befindet sich das Hotel Palms at Indian Head, das einst ein beliebter Treffpunkt von Hollywoodstars wie Marilyn Monroe und Clark Gable war. In Galleta Meadows in der Nähe entdeckt man eine Gruppe surreal wirkender Metallskulpturen des Künstlers Ricardo Breceda, darunter einen aus dem Sand auftauchenden Drachen.

Das Box Canyon Historical Monument liegt 50 Kilometer südwestlich des Besucherzentrums an der Landstraße S 2. Hier kann man noch den

In Galleta Meadows entdeckt man eine Gruppe surreal wirkender Metallskulpturen des Künstlers Ricardo Breceda, darunter einen aus dem Sand auftauchenden Drachen.

Pfad sehen, auf dem einst die Goldgräber dem Wüstenklima trotzten, um die etwa 800 Kilometer entfernten Goldfelder zu erreichen.

Die Anza-Borrego-Wüste ist fast das ganze Jahr über unwirtlich, doch zwischen März und Mai erwacht das dürre Land nach intensiven Regenfällen zu Leben. Kakteen und Wüstenblumen bieten dann eine wahre Farbenpracht.

Die geologische Beschaffenheit der Wüste ist ebenso faszinierend wie ihre Flora und Fauna. Im Verlauf der Jahrmillionen schoben sich die Erdschichten entlang der Verwerfungslinien übereinander und bildeten vielfarbige Felsformationen, steile Schluchten und schroffe Canyons, darunter auch die berühmten Borrego and Carizzo Badland.

8

Salton Sea

F7 · Mecca · Indio · tägl. · desertusa.com/salton-sea/about-salton-sea.html

Der Salton Sea entstand im Jahr 1905 eher zufällig, als der Colorado River über die Ufer trat und in einen frisch angelegten, zum Imperial Valley führenden Bewässerungskanal drang. Ein Team von Ingenieuren brauchte fast zwei Jahre, um die Fluten durch Baumaßnahmen zu stoppen. In der Zwischenzeit war im 70 Meter unter dem Meeresspiegel gelegenen Salton-Becken ein rund 55 Kilometer langer See entstanden.

In der Salton Sea State Recreation Area gibt es einige Wanderwege und Campingplätze sowie Möglichkeiten zum Bootfahren.

Der See verzeichnet einen zunehmenden Salzgehalt. Dies führte zu einer drastischen Verschlechterung der Lebensbedingungen der Fisch- und Vogelwelt.

Entdeckertipp
Salvation Mountain

Östlich von Salton Sea steht der künstliche Berg des Künstlers Leonard Knight. Die Struktur aus Lehmziegeln ist mit Bildern und Bibelversen bemalt (www.salvationmountain.us).

Tour: Rim of the World

Länge 185 km **Rasten** Im Ferienort Big Bear Lake gibt es viele Hotels, Blockhütten und Restaurants, darunter auch The Lodge at Big Bear Lake. Auch Redlands bietet eine gute Auswahl an Unterkünften und Restaurants. Picknickplätze und Campingplätze sind entlang der Route reichlich vorhanden.

Die Rundfahrt »Am Rand der Welt« führt durch die waldreichen San Bernardino Mountains und bietet spektakuläre Aussichten auf die Wüste jenseits der Berge. Wegen der Höhenlage sind die Jahreszeiten deutlich ausgeprägt. Wo im Sommer Kiefern duften, locken im Winter Langlaufstrecken. Die Route führt durch die Ferienorte an den Ufern von Lake Arrowhead und Big Bear Lake. Beide Seen sind beliebte Ausflugsziele bei allen, die der Hitze und dem Smog von Los Angeles entgehen wollen. Redlands, wo der Duft von Orangen in der Luft liegt, vermittelt einen Eindruck von der rauschenden viktorianischen Vergangenheit der Gegend.

Ein Lehrpfad (1,6 km) verläuft zum **Heaps Peak Arboretum** mit heimischen und anderen Baumarten. Hier wachsen u. a. Hartriegel, Jeffrey- und Ponderosa-Kiefern, Schwarz- und Weißeichen sowie Grautannen (Colorado-Tannen).

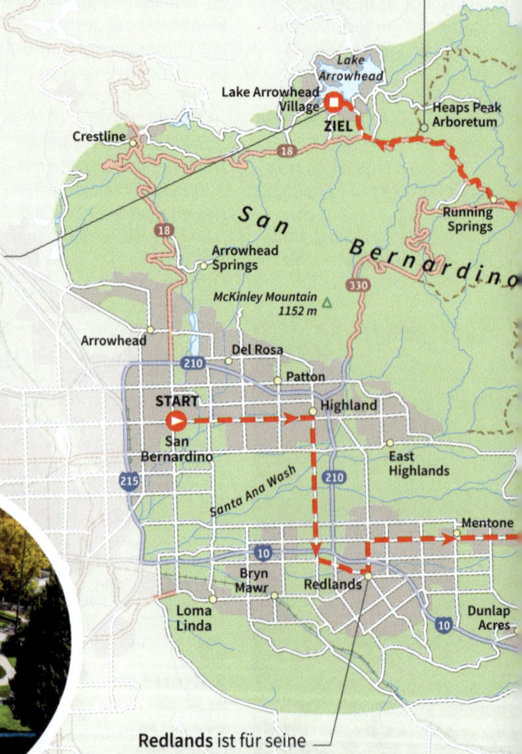

Im **Lake Arrowhead Village** am Südufer gibt es Läden, Restaurants sowie Unterkünfte (sowohl in Hotels als auch in Blockhütten). Die *Arrowhead Queen* befährt von hier aus den See. Das Nordufer ist überwiegend Privatgelände.

Kimberly Crest House, ein viktorianisches Herrenhaus in Redlands ↑

Redlands ist für seine viktorianischen Herrenhäuser berühmt, die gegen Ende des 19. Jahrhunderts von Großgrundbesitzern gebaut wurden.

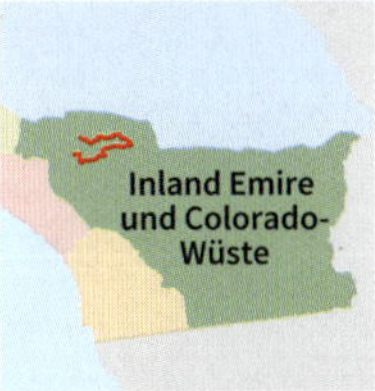

Zur Orientierung
Siehe Übersichtskarte S. 248f

↑ *Kajaktour auf dem Big Bear Lake im San Bernadino National Forest*

Das Areal **Children's Forest** im San Bernardino National Forest lässt Kinder und Jugendliche bei Anpflanzprogrammen mitarbeiten.

Die beliebte Feriengegend um den **Big Bear Lake** bietet gute Sportmöglichkeiten, darunter Angeln, Segeln, Schwimmen und Skifahren. Handelszentren sind die Orte Big Bear City im Osten und Big Bear Village im Süden.

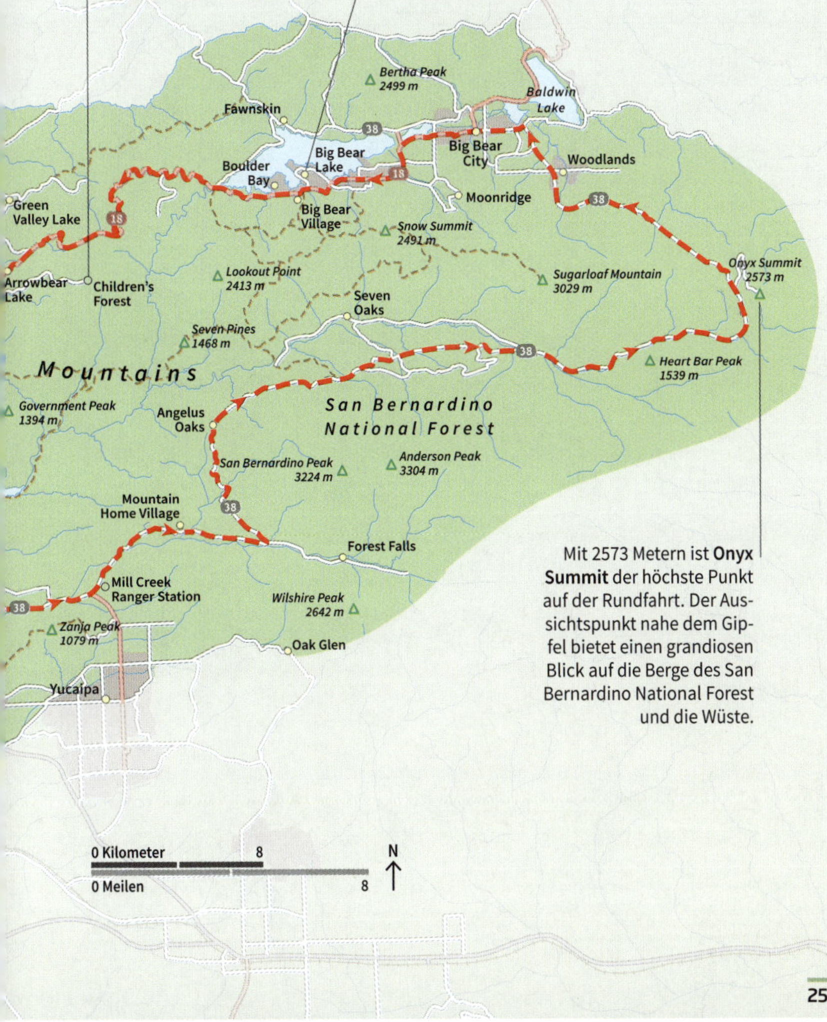

Mit 2573 Metern ist **Onyx Summit** der höchste Punkt auf der Rundfahrt. Der Aussichtspunkt nahe dem Gipfel bietet einen grandiosen Blick auf die Berge des San Bernardino National Forest und die Wüste.

Zabriskie Point, Death Valley National Park (siehe S. 264)

Mojave-Wüste

Das Gebiet der Mojave-Wüste war früher Siedlungsraum mehrerer indigener Gruppen, darunter der Timbisha, der Mojave und der Kawaiisu. 1775 erreichte mit dem spanischen Missionar Francisco Garcés erstmals ein Europäer die Gegend. Bis weit ins 19. Jahrhundert war die Mojave-Wüste der Landweg nach Kalifornien, der ganzjährig zugänglich war. Trapper, Händler und Siedler zogen Hunderte von Meilen entlang dem Old Spanish Trail von Santa Fe in New Mexico nach Los Angeles. Die Reise quer durch die Wüste war ebenso anstrengend wie gefährlich, häufig gab es Konflikte zwischen den indigenen Völkern und denen, die ihr Land durchquerten. In den 1860er Jahren ließ die US-Regierung Reservate einrichten, in die die indigene Bevölkerung umgesiedelt wurde.

Um 1870 fand man hier Gold, Silber und andere Rohstoffe, was zahllose Pioniere und Glücksritter anlockte. Städte wie Calico entstanden, doch viele der im Zuge des Bergbaus gegründeten Siedlungen wurden aufgegeben, als die Minen erschöpft waren. Mit der Eröffnung der Santa Fe Railroad 1883 entstand eine dauerhafte Bergbau-Industrie. Die Orte an der Bahnlinie wie Barstow blühten auf, die Bevölkerungszahl wuchs.

Der Tourismus entwickelte sich erst relativ spät: 1932 wurden die Mitchell Caverns öffentlich zugänglich, ein Jahr später wurde das Death Valley 1933 zum Nationaldenkmal und 1994 zum Nationalpark erklärt.

Oasis
266
Magruder Mountain
2765 m
Bishop
Deep Springs
168
Scotty's
Junction
Nellis Air
Force Range
Big Pine
Zurich
Eureka Valley
Scotty's
Castle
Ubehebe
Crater
Aberdeen
Beatty
Inyo
Mountains
Amargosa Range
395
Panamint Range
374
Hells
Gate
Amargosa
Valley
Independence
Mesquite
Dunes
Stovepipe
Wells
373
Hochsierra
Seiten 480–495
Lone Pine
Beatty
Junction
136
190
Keeler
Furnace Creek
Owens
Lake
Death Valley
National Park
1
190
190
190
Panamint
Springs
Death Valley
Junction
Olancha
Olacha Peak
3695 m
Darwin
Telescope Peak
3365 m
Badwater
Basin
Dante's View
1668 m
Camp Nelson
Argus Range
Alkalai
Flat
Panamint Range
178
Coso Junction
Black Mountains
Johnsondale
J41
Little Lake
395
Ashford
Junction
178
Owens Peak
2576 m
Pearsonville
Pioneer Point
Kernville
Searless
Lake
178
Westend
178
Weldon
Inyokern
Ridgecrest
Straw Peak
1602 m
Bodfish
14
Granite
Red Rock
Canyon
State Park
Searles
Garlock
Fort Irwin
Military
Reservation
6
Red Mountain
China Lake
Naval Weapons
Center
Südliches
Zentralkalifornien
Seiten 180–203
Cantil
Fort Irwin
395
California
City
Tehachapi
58
Aerial Acres
Harper
Lake
Calico Ghost
Town
15
Mojave
58
Boron
5
Harvard
58
Hinkley
14
Rogers
Lake
4
Barstow
Lenwood
Newberry
Springs
40
Rosamond
395
66
138
Helendale
247
Ord Mountains
66
15
Lancaster
Ord Mountain
1923 m
Lake Hughes
Palmdale
Adelanto
Victorville
Littlerock
Apple Valley
14
Castaic
18
18
138
Phelan
Hesperia
2
247
Santa Clarita
Cajon
Inland Empire und
Colorado-Wüste
Seiten 246–259
0 Kilometer
40
0 Meilen
40
N
15
San
Bernardino

Mojave-Wüste

Highlight

1. Death Valley National Park

Sehenswürdigkeiten

2. Route 66
3. Kelso Dunes
4. Barstow
5. Calico Ghost Town
6. Red Rock Canyon State Park
7. Cinder Cone National Natural Landmark

Schon gewusst?

Das Tal ist der Ort mit der höchsten in den USA gemessenen Temperatur: 57 °C im Schatten (Juli 1913).

1

Death Valley National Park

E4 Furnace Creek Visitor Center, Hwy 190 +1-760-786-3200
nps.gov/deva

Das Death Valley, eine abgelegene Region mit extremen Lebensbedingungen, erstreckt sich in einem geologischen Becken. Hier liegt mit 86 Metern unter dem Meeresspiegel der tiefste Punkt Nordamerikas. Das Tal wird zu beiden Seiten von schroffen Bergen umrahmt. Schluchten, Salzseen, Sanddünen und teils bizarre Felsformationen sind Kennzeichen dieser einzigartigen Welt.

Death Valley erstreckt sich von Norden nach Süden über eine Länge von etwa 225 Kilometern. Die von markanten Gipfeln geprägten Bergketten im Westen erreichen eine Höhe von bis zu 3350 Metern.

Jahrtausendelang grub sich Wasser durch die östlichen Hügel und schuf einen Zugang zum Death Valley. Einst waren die Quellen im Winter Ziel indigener Gruppen. Heute machen sie Furnace Creek zur Oase und zum Zentrum des Death Valley. Im Schatten von Dattelpalmen befinden sich Restaurants und Motels. Im Borax Museum Furnace Creek sind Bergbauwerkzeuge und Transportmaschinen ausgestellt. In der Nähe befinden sich die Ruinen der Harmony Borax Works. Ein Rest des ehemaligen Süßwassersees des Tals ist am Salt Creek zu sehen.

Zabriskie Point liegt sechs Kilometer südöstlich von Furnace Creek am Highway 178, von hier hat man einen atemberaubenden Panoramablick. Etwas südlicher erreicht man Devil's Golf Course mit seinen Salzsäulen. Als der letzte See ausgetrocknet war, blieben auf einer Fläche von rund 520 Quadratkilometern Salz- und Kieselschichten zurück, die bis zu 300 Meter mächtig sind. Das Badwater Basin ist der tiefste Punkt Nordamerikas. Die Lufttemperaturen erreichen hier oft 50 °C. Da die Bodentemperatur in diesem Gebiet um etwa 50 Prozent höher ist als die der Luft, kann man tatsächlich ein Ei auf der Erde braten.

Da die Bodentemperatur in diesem Gebiet um etwa 50 Prozent höher ist als die der Luft, kann man tatsächlich ein Ei auf der Erde braten.

Im westlichen Teil bedecken die Sanddünen bei Stovepipe Wells, der zweitgrößten Ortschaft des Death Valley, eine Fläche von rund 39 Quadratkilometern. In nördlichen Bereich des Tals liegen der Ubehebe-Krater und Scotty's Castle. Ein Spaziergang entlang den gewellten Sanddünen nördlich von Stovepipe Wells ist eines der besten Erlebnisse im Tal.

↑ *Beim Blick von Zabriskie Point sieht man Felsformationen mit beeindruckenden Farbspielen*

1 *Palmenbestände bei Furnace Creek, einer Oase in der Wüste*

2 *Borax wird für die Herstellung von hitzebeständigem Glas verwendet. In den 1880er Jahren wurde es in den Harmony Borax Works abgebaut.*

3 *Geometrische Muster in der Salzkruste des Badwater Basin*

Highlight

Hotels

Inn at Death Valley
Das historische Hotel mitten im Nationalpark war früher bei Hollywood-Stars beliebt und ist nach wie vor ein glamouröser Rückzugsort.

Hwy 190, Death Valley oasisat deathvalley.com

$$$

Panamint Springs Resort
Dieses familiengeführte Motel mit Campingplatz und herrlichem Blick auf Sanddünen und Berge liegt am westlichen Rand des Parks.

40440 Hwy 190, Panamint Springs panamint springs.com

$$

The Ranch at Death Valley
Das Resort in der Nähe des Besucherzentrums bietet gemütliche Zimmer und Hütten sowie einen von einer Quelle gespeisten Pool.

Hwy 190, Death Valley oasisat deathvalley.com

$$$

Stovepipe Wells Vintage Hotel
Das Hotel mit modernen Zimmern rund um einen Innenhof ist ein perfekter Ausgangspunkt für Wanderungen durch die Dünen.

51880 Hwy 190, Death Valley death valleyhotels.com

$$

Tour: Durch das Death Valley

Länge 380 km **Rasten** Die einzigen Orte mit Unterkunft und Verpflegung sind The Inn at Furnace Creek, Stovepipe Wells Village und Panamint Springs Resort *(siehe S. 265)*. Außerhalb des Parks gibt es Motels in Shoshone, Amargosa und Tecopas.

Das Death Valley – einst ein unüberwindbares Hindernis für Reisende und Bergleute – ist der Inbegriff von kalifornischer Wüste. Das Tal und seine Umgebung wurden 1994 zum Nationalpark erklärt. Kurze Spaziergänge führen von den Hauptstraßen zu spektakulären Aussichtspunkten. Die beste Zeit für einen Besuch des Death Valley ist von Oktober bis April, wenn die Temperatur durchschnittlich 18 °C beträgt. Von Mai bis September erreicht die Bodentemperatur Extremwerte. Informieren Sie sich über das Wetter, und nehmen Sie ausreichend Wasser, Landkarten, Erste-Hilfe-Set, Mittel gegen Schlangenbisse, Handy, Wagenheber und Ersatzreifen mit.

Scotty's Castle (Death Valley Ranch) wurde in den 1920er Jahren vom Geschäftsmann Albert Johnson in Auftrag gegeben. Sein Freund Walter Scott lebte nach Johnsons Tod auf der Ranch.

Der 2000 Jahre alte **Ubehebe-Krater**, einer von zwölf Vulkankratern der Mojave-Wüste, ist mehr als 800 Meter breit und 150 Meter tief.

↑ *Blick von Dante's View über das Badwater Basin auf den Telescope Peak*

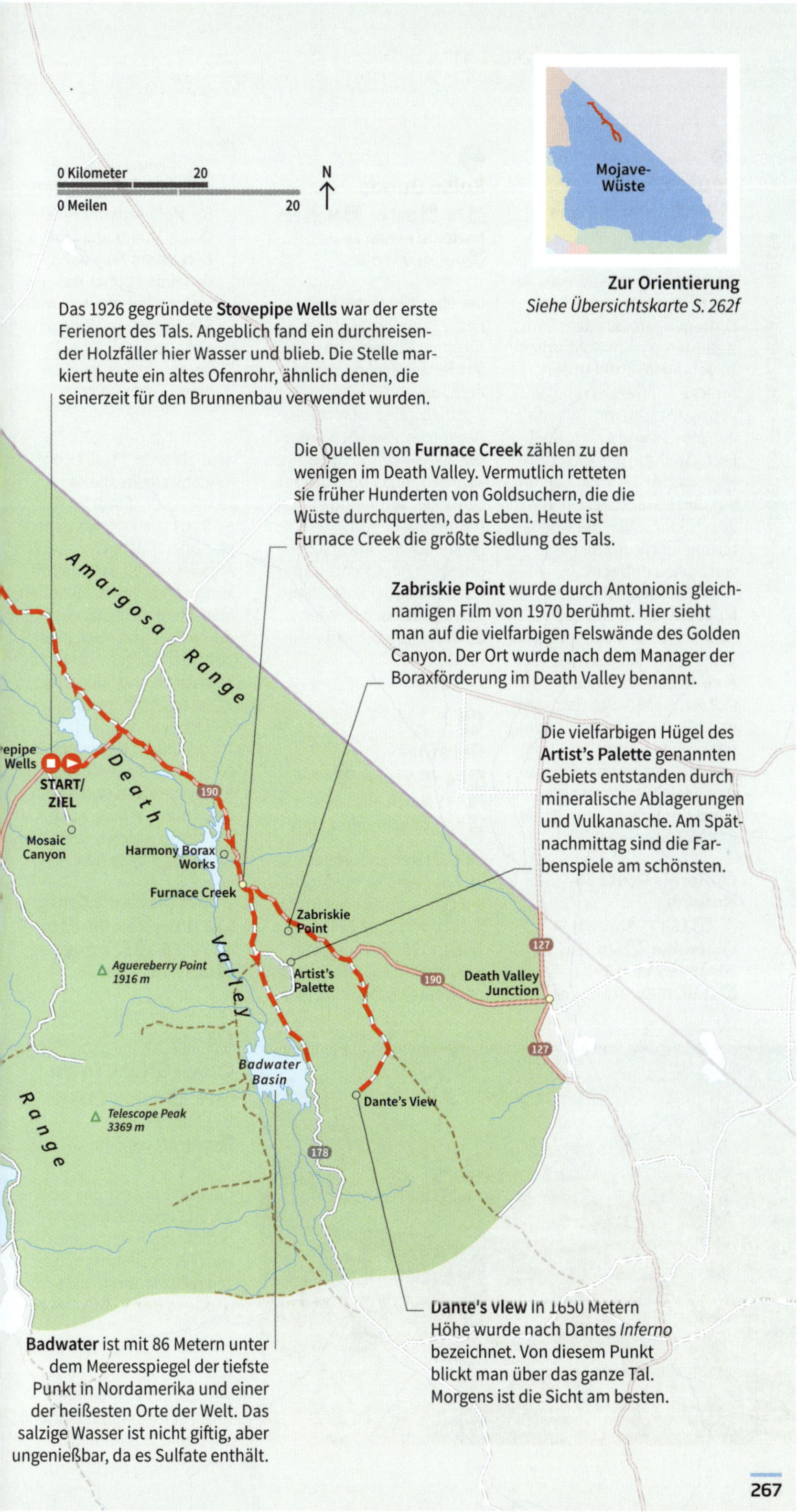

Zur Orientierung
Siehe Übersichtskarte S. 262f

Das 1926 gegründete **Stovepipe Wells** war der erste Ferienort des Tals. Angeblich fand ein durchreisender Holzfäller hier Wasser und blieb. Die Stelle markiert heute ein altes Ofenrohr, ähnlich denen, die seinerzeit für den Brunnenbau verwendet wurden.

Die Quellen von **Furnace Creek** zählen zu den wenigen im Death Valley. Vermutlich retteten sie früher Hunderten von Goldsuchern, die die Wüste durchquerten, das Leben. Heute ist Furnace Creek die größte Siedlung des Tals.

Zabriskie Point wurde durch Antonionis gleichnamigen Film von 1970 berühmt. Hier sieht man auf die vielfarbigen Felswände des Golden Canyon. Der Ort wurde nach dem Manager der Boraxförderung im Death Valley benannt.

Die vielfarbigen Hügel des **Artist's Palette** genannten Gebiets entstanden durch mineralische Ablagerungen und Vulkanasche. Am Spätnachmittag sind die Farbenspiele am schönsten.

Dante's View in 1650 Metern Höhe wurde nach Dantes *Inferno* bezeichnet. Von diesem Punkt blickt man über das ganze Tal. Morgens ist die Sicht am besten.

Badwater ist mit 86 Metern unter dem Meeresspiegel der tiefste Punkt in Nordamerika und einer der heißesten Orte der Welt. Das salzige Wasser ist nicht giftig, aber ungenießbar, da es Sulfate enthält.

SEHENSWÜRDIGKEITEN

2

Route 66

F6 historic66.com

Als sie 1926 ihre offizielle Bezeichnung erhielt, war die Route 66 eine der wenigen Optionen, um aus dem Landesinneren nach Kalifornien zu gelangen. Entlang der Strecke entstanden einige winzige Städte mit Tankstellen, Motels und Cafés. Nach Fertigstellung des Interstate Highway im Jahr 1973 gerieten diese Städte fast in Vergessenheit, doch die Begeisterung für die Route 66 wurde neu entfacht.

Im **California Route 66 Museum** kann man auch Geschenke und Souvenirs kaufen. Die Geisterstadt Amboy ist bekannt für Roy's Motel & Café (kalte Getränke) und für den bemerkenswerten Amboy Crater. Vor allem in den Wintermonaten kommen viele Wanderer zum Rand des Vulkans und genießen den Panoramablick.

California Route 66 Museum

16825 South D St, Victorville Mo, Do–Sa 10–16, So 11–15
califrt66museum.org

3

Kelso Dunes

F6 Baker Mojave National Preserve
nps.gov/moja

Die über 160 Meter hohen Kelso Dunes im Mojave National Preserve bestehen aus feinen Rosenquarzkörnern, die vom 56 Kilometer westlich gelegenen Mojave-Becken hergeweht werden. Die als »singende Dünen« bekannten Hügel produzieren bisweilen summende und rumpelnde Geräusche. Diese gehen auf das Abrutschen oberer Sandschichten zurück. Die dabei entstehenden Vibrationen werden durch tiefere Schichten verstärkt.

4

Barstow

E6 23 000
681 North First Ave
barstowchamber.com

Im 19. Jahrhundert gab es hier nur eine kleine Siedlung am Old Spanish Trail *(siehe S. 261)*. Von 1937 bis in die späten 1950er Jahre war Barstow ein wichtiger Ort an der Route 66, der einzigen asphaltierten Straße von Chicago zur Westküste. Heute ist die Stadt an der I-15 vor allem als Zwischenstation auf dem Weg von Los Angeles nach Las Vegas bekannt. Mehr als 40 Millionen Menschen reisen jährlich durch Barstow. Manche bleiben auch länger – wegen der Edelsteine und Mineralien, die in der umliegenden Wüste zu finden sind.

Das **Desert Discovery Center** in Barstow zeigt Ausstellungen zu Flora und Fauna der Mojave-Wüste. Auch Karten sowie Hotel- und Restaurantinfos gibt es hier.

Desert Discovery Center

831 Barstow Rd Di–Sa 11–16 Feiertage
desertdc.com

Entdeckertipp
Mitchell Caverns

Die Höhlen in der Providence Mountains State Recreation Area nahe den Kelso Dunes haben bizarre Stalagmiten und Stalaktiten auf. Eine Besichtigung ist nur bei einer Führung möglich (www.parks.ca.gov).

5

Calico Ghost Town

F6 Yermo tägl. 9–17 25. Dez
calicotown.com

Die Bergbausiedlung (spätes 19. Jh.) liegt 19 Kilometer östlich von Barstow und ist zum Teil authentisch, zum Teil rekonstruiert. 1881 wurde in den Calico Moun-

←

Besucher in Calico Ghost Town, einer Bergbausiedlung aus dem 19. Jahrhundert

↑ *Josua-Palmlilien vor einer steilen Felswand im Red Rock Canyon State Park*

tains Silber gefunden. Bald trafen zahlreiche Abenteurer ein. Zwei Jahre später fand man fünf Kilometer östlich von Calico Borax – die Zukunft schien gesichert. Doch als der Silberpreis fiel und die Boraxvorkommen erschöpft waren, zogen die Bergleute weiter. 1907 war Calico eine Geisterstadt.

Walter Knott, Gründer der Knott's Berry Farm *(siehe S. 214f)*, begann Ende der 1950er Jahre mit der Renovierung. Viele originale Bauten wurden erhalten. Besucher können in die Minen einfahren und die Stollen der Maggie Mine, eine der berühmtesten Silberminen der Westküste, erforschen. Es finden Führungen und Shows statt, darunter auch »Schießereien« auf der Main Street.

6

Red Rock Canyon State Park

E5 From Mojave, Ridgecrest tägl.
parks.ca.gov

Schichten von weißem Ton, rotem Sandstein, rosafarbenem Vulkangestein und brauner Lava wechseln sich im Red Rock Canyon auf spektakuläre Weise ab. Der Park liegt in den El Paso Mountains, am Südende der Sierra Nevada Mountains. Verschiedene Ökosysteme ermöglichen ein vielfältiges pflanzliches und tierisches Leben.

7

Cinder Cone National Natural Landmark

F5 tägl.
nps.gov/moja

Das ausgedehnte Areal mit den 32 Schlackenkegeln (engl. *cinder cones*), die im Mojave National Preserve aufragen, wurde 1973 zum National Natural Landmark erklärt. Die vorwiegend roten und schwarzen Hügel sowie die schwarzen Lavafelder gehen auf vulkanische Aktivitäten vor rund 7,6 Millionen Jahren zurück.

Schlackenkegel entstehen, wenn lockeres (pyroklastisches) Material aus kleineren Vulkanschloten nach oben befördert wird. Sie werden in der Regel nur durch die Schwerkraft zusammengehalten und bilden konische Hügel.

Man kann die Cinder Cones von der Kelbaker Road aus betrachten oder auch Wanderungen zu den Kegeln unternehmen.

Lokale

Bagdad Café
Das nach dem hier gedrehten Kultfilm benannte Café serviert Burger, Omeletts und Sandwiches.
F6 46548 National Trails Hwy, Newberry Springs +1-760-257-3101
$$$

Slash X Run
Hierher kommen viele Biker und Offroad-Fahrer zu Burgern und Bier.
E6 28040 Barstow Rd, Barstow Mo–Do +1-760-252-1197
$$$

Emma Jean's Holland Burger Café
Gönnen Sie sich in dem Café am Straßenrand ein üppiges Frühstück.
E6 17143 N D St, Victorville So hollandburger.com
$$$

SAN FRANCISCO UND BAY AREA

Blick über die Golden Gate Bridge auf San Francisco

SAN FRANCISCO UND BAY AREA
AUF DER KARTE

Dieses Kapitel gliedert San Francisco und die Bay Area in sieben Gebiete, die auf der Karte dargestellt sind.

Kalifornien
San Francisco
Bay Area
Seiten 396–419
Pazifischer Ozean
Alcatraz Island
San Francisco Bay
USS Pampanito
PIER 39
Fort Mason
FISHERMAN'S WHARF
MARINA
Fisherman's Wharf und North Beach
Seiten 324–34
Coit Tower
Exploratorium
COW HOLLOW
RUSSIAN HILL
NORTH BEACH
Ferry Building
Cable Car Museum
FINANCIAL DISTRICT
Pacific Heights und Civic Center
Seiten 342–359
Chinatown und Nob Hill
Seiten 306–323
Old St. Mary's Cathedral
PACIFIC HEIGHTS
DOWNTOWN
THEATER DISTRICT
SFMOMA
Japantown
Yerba Buena Gardens
St. Mary's Cathedral
CIVIC CENTER
Downtown und SoMa
Seiten 282–305
Asian Art Museum
City Hall
Oracle Park
SOMA
HAYES VALLEY
MISSION BAY
LOWER HAIGHT
HAIGHT-ASHBURY
Buena Vista Park
Mission Dolores
GLBT History Museum
MISSION
POTRERO
Haight-Ashbury und Mission District
Seiten 360–375
NOE VALLEY

DIE STADTTEILE VON SAN FRANCISCO UND BAY AREA

San Francisco, an drei Seiten von Wasser umgeben, liegt auf der Nordspitze einer Halbinsel auf rund 50 Hügeln, nach denen die berühmtesten Viertel benannt sind. Die Metropolregion ist ein weltweit führendes Technologiezentrum, wichtiger Kultur-Hotspot und Vorreiter in Sachen regionaler Bio-Lebensmittel.

Seiten 282–305

Downtown und SoMa

Im Geschäfts- und Finanzviertel Downtown ragen zu beiden Seiten der Hauptverkehrsader Market Street glänzende Wolkenkratzer in den Himmel. Gleich in der Nähe liegen im Fashion-Viertel rund um den Union Square Kaufhäuser und Shopping Malls. Weiter im Süden ist SoMa (South of Market) eine erste Adresse für Museen, Galerien und Nachtleben. Das einst heruntergekommene Viertel wurde im 21. Jahrhundert umgestaltet – unter anderem mit dem Salesforce Transit Center und den Yerba Buena Gardens.

Entdecken
Cable Cars, hippe Restaurants, Shopping, moderne Architektur und Kunstgalerien

Sehenswert
San Francisco Museum of Modern Art, Ferry Building

Genießen
Fahrten mit den berühmten Cable Cars über steile Hügel

Seiten 306 – 323

Chinatown und Nob Hill

In den Gassen von San Franciscos historischer Chinatown hängen rote Lampions, darunter drängen sich Restaurants, buddhistische Tempel, Märkte und Häuser im chinesisch inspirierten Stil. Hier kann man am besten die berühmten Cable Cars durch die Straßen rattern sehen. Sie bringen die Fahrgäste bis in das hoch über Downtown gelegene Nobelviertel Nob Hill, das neben opulenten Hotels und einer Kathedrale eine atemberaubende Aussicht bietet.

Entdecken
Chinesisches Essen und Tempel, Stadtansichten

Sehenswert
Cable Car Museum, Grace Cathedral

Genießen
Cocktails mit grandioser Aussicht im Top of the Mark

Seiten 324 – 341

Fisherman's Wharf und North Beach

Das Hafenviertel an der Bay gehört mit seinen Geschenkeläden, Cafés, Krabbenbuden und legendären Fischrestaurants zu den beliebtesten Zielen der Stadt. Die Kulturgeschichte von North Beach, dem »Little Italy«, halten das Beat Museum und der City Lights Bookstore lebendig. Gleich in der Nähe liegen weltberühmte Sehenswürdigkeiten wie der Coit Tower, die Lombard Street und das berüchtigte Gefängnis auf Alcatraz Island.

Entdecken
Seafood, klassische Cafés und Bars, Seefahrtgeschichte

Sehenswert
Alcatraz Island, Exploratorium

Genießen
Frisch gekochte Krabben in Fisherman's Wharf

→

Seiten 342 – 359

Pacific Heights und Civic Center

Pacific Heights ist heute ein exklusives Wohnviertel, dessen Straßen schöne viktorianische Häuser säumen. Nördlich davon gibt es im Marina District direkt am Ufer Fort Mason und reichlich Kunst zu entdecken. Südlich davon stehen im Civic Center die City Hall und die schönsten Beaux-arts-Gebäude der Stadt. Gleich um die Ecke bietet der Alamo Square mit den berühmten, »Painted Ladies« genannten bunten Häusern ganz besondere Architektur.

Entdecken
Viktorianische Architektur, asiatische Kunst und japanische Küche

Sehenswert
Asian Art Museum, Fort Mason

Genießen
Jazz-Konzert im SFJazz Center

Seiten 360 – 375

Haight-Ashbury und Mission District

Vintage-Kleidung, Tattoo-Studios und aus der Hippie-Ära und dem »Summer of Love« übriggebliebene Plattenläden bilden in Haight-Ashbury eine bunte Collage. Weiter südlich lebt im multikulturellen Mission District, wo der legendäre Mission Burrito erfunden wurde, eine große lateinamerikanische Community. Hier findet man zahllose Taquerias und auch viele Hipster-Bars. Im Osten ist die Castro Street seit den 1960er Jahren das Zentrum der LGBTQ+ Community.

Entdecken
Mexikanische Küche, Hippie-Souvenirs, LGBTQ+ Kultur und Streetart

Sehenswert
Haight-Ashbury, Castro Street

Genießen
Ein geführter Spaziergang zu den Murals im Mission District

Seiten 376 – 395

Golden Gate Park und Presidio

Der grandiose Golden Gate Park ist einer der größten Stadtparks der Welt. Zur Anlage gehören zahlreiche Museen, botanische Gärten, Rad- und Spazierwege, ein See zum Boot fahren und sogar eine Bisonherde. Gleich nördlich davon liegt das naturnahe Gebiet Land's End mit dem Kunstmuseum Legion of Honor. The Presidio oberhalb der San Francisco Bay und der Golden Gate Bridge ist ein Nationalpark mit ausgedehnten Wäldern und kulturellen Attraktionen.

Entdecken
Spazierwege, Museen, Parks und Gärten

Sehenswert
California Academy of Sciences, Legion of Honor, Golden Gate Bridge

Genießen
Eine Tasse Tee und ein Spaziergang im Japanese Tea Garden

Seiten 396 – 419

Bay Area

Das Marin County nördlich von San Francisco bietet schöne Parks, dichte Redwood-Wälder und Kleinstädte wie Tiburon und Sausalito. Die Museen und der Hafen von Oakland sowie die Gärten und die berühmte Universität von Berkeley dominieren die East Bay, weiter südlich liegen die Technologiezentren Silicon Valley und Stanford. San Jose, das derzeit als neues Wirtschafts- und Kulturzentrum der Region einen regelrechten Boom erlebt, besitzt hervorragende Museen und historische Gebäude.

Entdecken
Museen, berühmte Universitäten und exzellente Küche

Sehenswert
Berkeley, Oakland, San Jose

Genießen
Auf einem Spaziergang in den Marin Headlands den Blick auf die Golden Gate Bridge vor San Franciscos Skyline

1

2

3

7 TAGE
in San Francisco und der Bay Area

Tag 1
Starten Sie mit einem Bio-Frühstück bei HEYDAY (555 Mission St) im Mission District, ehe Sie auf dem Skydeck des Salesforce Tower *(siehe S. 298)* die Aussicht genießen. Dann verbrennen Sie ein paar Kalorien beim Spaziergang zum SFMOMA *(siehe S. 286–289)* und seiner exzellenten modernen Kunst. Nachmittags bummeln Sie durch Chinatown, wo Sie Kunsthandwerksläden und die Snacks in der Golden Gate Fortune Cookie Factory *(siehe S. 316f)* entdecken. Abends stehen in North Beach Tony's Pizza Napoletana (www.tonyspizzanapoletana.com) und im Vesuvio Café *(siehe S. 339)*, einem alten Beat-Lokal, Cocktails auf dem Programm.

Tag 2
Gestärkt vom amerikanischen Frühstück im Eagle Café am PIER 39 (www.eaglecafe.com), bummeln Sie durch die vielen Läden am Pier. Weiter geht es zu Fisherman's Wharf, wo Sie den Seelöwen beim Sonnenbaden zuschauen und im Maritime National Historical Park *(siehe S. 336)* historische Schiffe erkunden. Hier legen Fähren nach Alcatraz Island *(siehe S. 328–331)* und zur Golden Gate Bay ab. Alternativ rattern Sie mit dem Powell-Hyde Cable Car mit Blick auf die Stadt und das Meer die steilen Straßen zur Columbus Avenue hinauf und besichtigen im Coit Tower *(siehe S. 338)* die Gemälde aus den 1930er Jahren. Mit der historischen Trambahn geht es dann durch die Market Street hinunter zum Embarcadero Plaza und zur vietnamesischen Küche im Slanted Door im Ferry Building *(siehe S. 290f)*.

Tag 3
Nach dem Frühstück mit Meerblick im historischen Beach Chalet *(siehe S. 393)* spazieren Sie am Ocean Beach und zum Golden Gate Park. Dort schlendern Sie unter schattigen Bäumen, bewundern Kunst im de Young Museum *(siehe S. 388f)* und die Blüten im Japanese Tea Garden *(siehe S. 389)*. Wenn die Zeit reicht, fahren Sie mit dem Taxi nordwärts nach Land's End, einem Naturpark mit vielen Wanderwegen und Kunst im Museum Legion of Honor *(siehe S. 382f)*. Dinner und Drinks gibt es im Park Chalet Coastal Beer Garden (www.parkchalet.com).

1 *Vesuvio Café – Relikt aus der Beat-Ära* ↑
2 *Sonnenbadende Seelöwen am PIER 39*
3 *de Young Museum*
4 *Läden in Haight-Ashbury*
5 *Greek Theatre, Berkeley*

Tag 4

In Haight-Ashbury erkunden Sie die vielen Läden und Attraktionen in der Haight Street. Mittags essen Sie im Mexican Nopalito (www.nopalitosf.com) in Panhandle. Nicht weit entfernt sind der Alamo Square *(siehe S. 354)* und die viktorianische Häuserreihe »Painted Ladies«. Mit dem Taxi geht es anschließend zur Mission Dolores *(siehe S. 368f)*, dem ältesten Bauwerk der Stadt. Das umliegende Viertel lockt mit beeindruckenden Wandgemälden, dem Mission Cultural Center for Latino Arts *(siehe S. 370)* und Essen in La Taqueria (2889 Mission St).

Tag 5

Vom Pier 41 geht es mit der Fähre nach Oakland *(siehe S. 404f)* zum Frühstück am Wasser am Jack London Square. Im Oakland Museum of California lernen Sie Kaliforniens Geschichte kennen, mittags fahren Sie mit der BART nach Berkeley zu den Farm-to-Table-Lokalen an der Shattuck Avenue. Danach stehen das Berkeley Art Museum *(siehe S. 403)*, die University of California, der Berkeley Campus *(siehe S. 400)* und abends Live-Musik im Greek Theatre und Drinks an der Telegraph Avenue auf dem Programm.

Tag 6

Als Erstes fahren Sie nach Mill Valley im Marin County zum Frühstück im Dipsea Café (www.dipseacafe.com). Dann erkunden Sie Muir Woods and Beach *(siehe S. 410f)*, ein schönes Gebiet mit alten Redwoods, das zum (Strand-)Wandern und Rad fahren einlädt. Danach fahren Sie nach Sausalito *(siehe S. 410)*, wo Sie in der Cavallo Point Lodge (www.cavallopoint.com) ein Gourmet-Dinner und Cocktails mit Blick auf die Bay und die Golden Gate Bridge genießen.

Tag 7

Nach dem Frühstück im Bayside Café in Sausalito (1 Gate 6 Rd) geht es mit der Fähre von Tiburon nach Angel Island *(siehe S. 410)* zum Seafood-Lunch mit Blick auf die Bay Area. Erkunden Sie den State Park auf Wanderwegen, dann geht es zurück nach San Francisco – zu Kunst im Fort Mason *(siehe S. 348f)* und vegetarischer Küche im Green's Restaurant (www.greensrestaurant.com).

Schon gewusst?

Die originale Regenbogenfahne wurde von Gilbert Baker für die San Francisco Pride Parade 1978 kreiert.

SAN FRANCISCOS LGBTQ+ SZENE

Als »Gay Capital of the World« besitzt San Francisco eine pulsierende LGBTQ+ Szene, deren Wurzeln – anfänglich noch im Untergrund – in die 1920er Jahre zurückreichen. Konzentrierte sich die Community ursprünglich in der Castro Street, blüht sie heute auch in SOMA, dem Mission District und Haight-Ashbury.

Geschichte der Community

San Francisco ist eng mit der LGBTQ+ Historie verbunden. Hier gründete sich 1965 die erste Gay Liberation Organisation der USA und mit dem ersten Pride March 1970 outete sich die LGBTQ+ Community quer durch die ganze Stadt. Mehr zur LGBTQ+ Geschichte erfahren Sie im GLBT Historical Society Museum *(siehe S. 368)* und am Rainbow Honor Walk, dem LGBTQ+ »Walk of Fame« mit Bronzetafeln über LGBTQ+ Aktivist*innen und Berühmtheiten. Nicht weit entfernt erinnert im Pink Triangle Park eine in den USA einmalige Gedenkstätte an die Tausenden LGBTQ+ Mitglieder, die in Deutschland zur Zeit des Nationalsozialismus ermordet wurden.

↑ *Gedenktafel an San Franciscos Rainbow Honor Walk*

Weltberühmte Festivals

San Franciscos Pride Festival Ende Juni genießt Kultstatus. Hier steht zwar der Spaß im Vordergrund, es soll aber auch an die Höhen und Tiefen der LGBTQ+ Geschichte erinnern und aufklären. Zeitgleich finden das LGBTQ+ Filmfestival Frameline mit Vorführungen in ganz San Francisco sowie Fresh Meat Productions mit Live-Musik und Tanzaufführungen statt. Dessen Spektrum reicht von Oper über Pop und Voguing bis zu Hiphop.

← *Teilnehmer der weltberühmten San Francisco Pride Parade*

Harvey Milk

Der Geschäftsmann Harvey Milk wurde 1977 in das San Francisco Board of Supervisors (Stadtrat) und damit als einer der ersten offen Schwulen in den USA in ein politisches Amt gewählt. 1978 wurden er und Bürgermeister George Moscone im Rathaus von dem konservativen Ex-Stadtrat Dan White erschossen. Als White nur zu einer milden Gefängnisstrafe verurteilt wurde, kam es zu Protesten. 2009 wurde Milk posthum mit der Presidential Medal of Freedom ausgezeichnet.

↑ *Das Rathaus strahlt zum San Francisco Pride Festival in Regenbogenfarben*

↑ *Fußgängerübergang in Regenbogenfarben im Viertel um die Castro Street*

Castro Street

Das Viertel um die Castro Street *(siehe S. 366f)* ist San Franciscos beühmtester LGBTQ+ Stadtteil und mit seinen Läden, Clubs und Cafés eine Attraktion für Besucher. Einen Überblick über Geschichte und Sehenswürdigkeiten des Viertels bieten geführte Spaziergänge (www.sfcityguides.org). Ein Toptermin ist der Castro Street Fair am ersten Wochenende im Oktober mit Partys, Aufführungen und mehr.

CHASE
Grant

Zwischen den Wolkenkratzern von Downtown

Downtown und SoMa

Die ursprünglichen Bewohner im Gebiet des heutigen San Francisco waren die Ohlone. Mit der Ankunft der Spanier im Jahr 1776 wurden sie durch deren aggressive Kolonialpolitik und aus Europa einschleppte Krankheiten innerhalb weniger Generationen stark dezimiert. Der Grundstein für das moderne San Francisco wurde 1835 gelegt, als der frühere englische Seefahrer William Richardson die Erlaubnis erhielt, sich an der Yerba Buena Cove niederzulassen. Die Stadt entwickelte sich, ihre Bewohner tauschten Häute und Talg mit vorbeikommenden Schiffen. 1849 explodierte die Bevölkerung von San Francisco dank des kalifornischen Goldrauschs. Die Montgomery Street – heute im Herzen von Downtown – war eine Straße mit vielen Läden, in denen Goldsucher ihren Goldstaub wiegen ließen. Einen weiteren Schub brachte die Fertigstellung der transkontinentalen Eisenbahn 1869.

1906 zerstörten ein Erdbeben und der folgende Großbrand große Teile der Stadt. Unmittelbar danach begann der Wiederaufbau. Heute stehen Bankgebäude vom Beginn des 20. Jahrhunderts im Schatten von Wolkenkratzern aus Glas und Stahl. An dieses Zentrum grenzt SoMa (»South of Market«). Das frühere Wohngebiet ist heute ein modernes Viertel mit Galerien, gehobenen Restaurants und Bürotürmen.

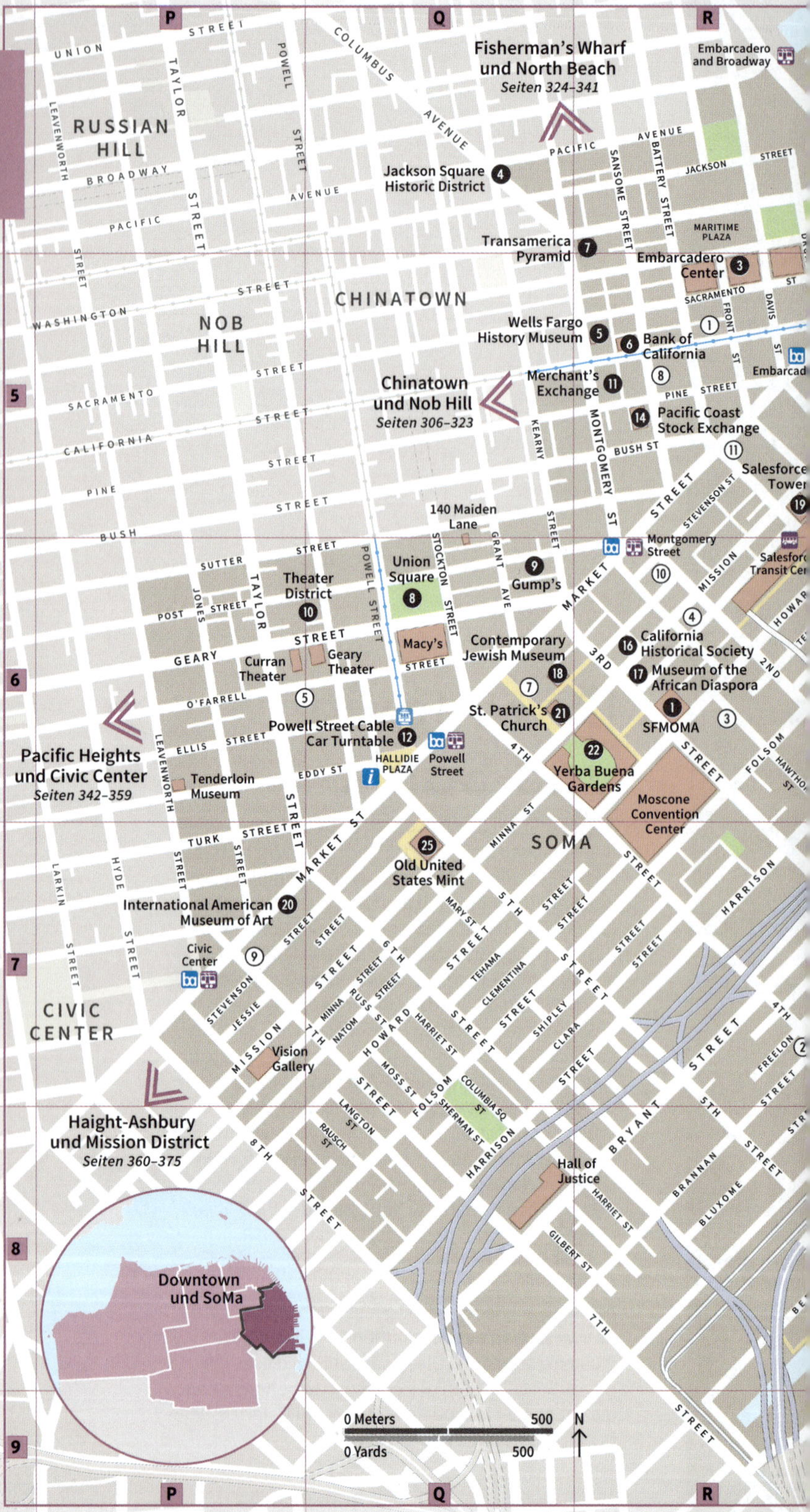

P
Q
R
5
6
7
8
9
Fisherman's Wharf und North Beach
Seiten 324–341
Embarcadero and Broadway
RUSSIAN HILL
NOB HILL
CHINATOWN
SOMA
CIVIC CENTER
Jackson Square Historic District
4
Transamerica Pyramid
7
Embarcadero Center
3
Wells Fargo History Museum
5
Bank of California
6
Merchant's Exchange
11
Chinatown und Nob Hill
Seiten 306–323
Pacific Coast Stock Exchange
14
Salesforce Tower
19
140 Maiden Lane
Montgomery Street
Salesforce Transit Center
Union Square
8
Theater District
10
Gump's
9
Macy's
Contemporary Jewish Museum
18
California Historical Society
16
Museum of the African Diaspora
17
Curran Theater
Geary Theater
St. Patrick's Church
21
SFMOMA
1
Powell Street Cable Car Turntable
12
Hallidie Plaza
Powell Street
Yerba Buena Gardens
22
Moscone Convention Center
Pacific Heights und Civic Center
Seiten 342–359
Tenderloin Museum
Old United States Mint
25
International American Museum of Art
20
Civic Center
Vision Gallery
Haight-Ashbury und Mission District
Seiten 360–375
Hall of Justice
Downtown und SoMa
Union Street
Columbus Avenue
Taylor Street
Powell Street
Leavenworth Street
Broadway
Pacific Avenue
Jackson Street
Sansome Street
Battery Street
Maritime Plaza
Washington Street
Sacramento Street
Front Street
Davis Street
California Street
Pine Street
Bush Street
Kearny Street
Montgomery St
Stevenson St
Sutter Street
Post Street
Jones Street
Stockton Street
Grant Ave
Market Street
Mission Street
Howard Street
Geary Street
O'Farrell Street
Ellis Street
Eddy St
3rd Street
2nd Street
4th Street
Folsom Street
Hawthorne St
Minna St
Turk Street
Larkin Street
Hyde Street
Mary St
5th Street
6th Street
Tehama
Clementina
Shipley
Clara
Harrison Street
Stevenson
Jessie
Russ St
Natom
7th Street
Harriet St
Moss St
Columbia Sq St
Sherman St
Langton St
Rausch St
8th Street
Bryant Street
Brannan Street
Bluxome Street
Gilbert St
Freelon Street
0 Meters 500
0 Yards 500
N

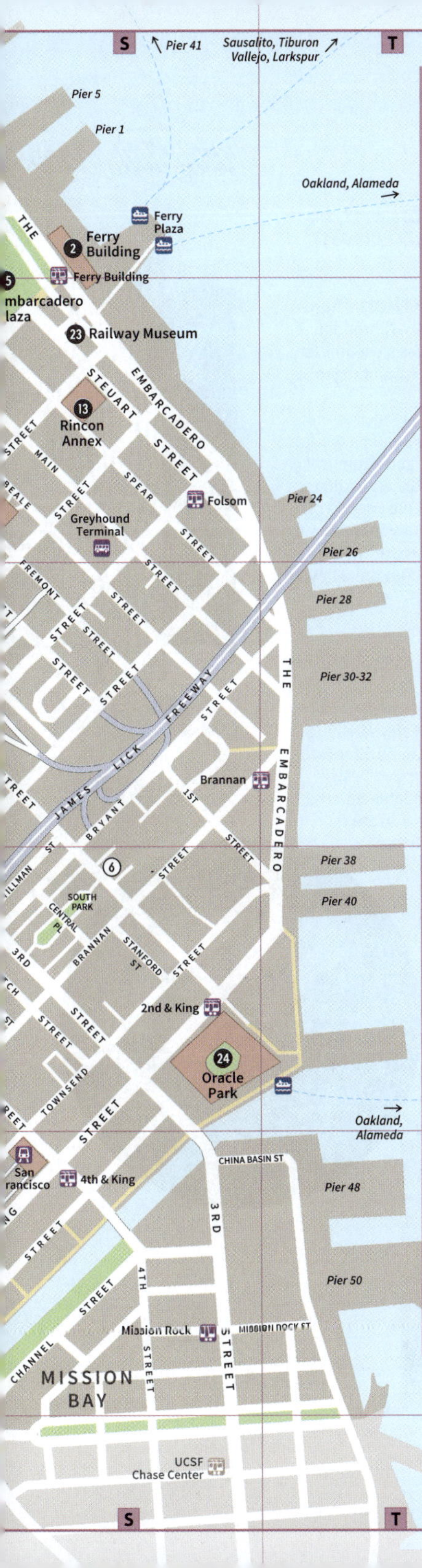

Downtown und SoMa

Highlights

1. SFMOMA
2. Ferry Building

Sehenswürdigkeiten

3. Embarcadero Center
4. Jackson Square Historic District
5. Wells Fargo History Museum
6. Bank of California
7. Transamerica Pyramid
8. Union Square
9. Gump's
10. Theater District
11. Merchant's Exchange
12. Powell Street Cable Car Turntable
13. Rincon Annex
14. Pacific Coast Stock Exchange
15. Embarcadero Plaza
16. California Historical Society
17. Museum of the African Diaspora
18. Contemporary Jewish Museum
19. Salesforce Tower
20. International American Museum of Art
21. St. Patrick's Church
22. Yerba Buena Gardens
23. Railway Museum
24. Oracle Park
25. Old United States Mint

Restaurants

① Tadich Grill
② Marlowe
③ Benu
④ The Bird

Bars

⑤ Cityscape Bar & Lounge
⑥ 21st Amendment Brewery
⑦ Press Club

Hotels

⑧ Loews Regency San Francisco
⑨ YOTEL San Francisco

Shopping

⑩ Alexander Book Company
⑪ Fog City News

SFMOMA

R6 151 3rd St +1-415-357-4000 5, 9, 12, 14, 30, 38, 45 J, K, L, M, N, T Do 10–21, Fr–Di 10–17 sfmoma.org

Das San Francisco Museum of Modern Art (SFMOMA) nordöstlich der Yerba Buena Gardens zählt zu den führenden Zentren moderner Kunst. Die Architektur des Museums ist ebenso künstlerisch und innovativ wie die Sammlungen.

Seinen Ruf als Kunstmetropole verdankt San Francisco maßgeblich dem SFMOMA. Das 1935 im Veterans Building eröffnete Gebäude *(siehe S. 354)* bezog 1995 seine jetzigen Räumlichkeiten. Nach dreijähriger Renovierung, bei der die Ausstellungsfläche etwa verdoppelt wurde, erfolgte 2016 die Wiedereröffnung. Der vom internationalen Architekturbüro Snøhetta konzipierte Erweiterungsbau ist eine wunderbare Ergänzung des 1995 errichteten modernistischen Gebäudes des Schweizer Architekten Mario Botta.

Highlights des Museums

Das San Francisco Museum of Modern Art ist nicht nur ein Hort der amerikanischen Kunstgeschichte, sondern auch ein Quell der Inspiration und Ermutigung für die heimischen Künstler. Die über 30 000 Kunstwerke umfassende Dauerausstellung zeigt Werke verschiedenster Genres – von Malerei über Fotografie und Medienkunst bis hin zu Architektur und Design. Schwerpunkte bilden US-amerikanische und lateinamerikanische Moderne, Fauvismus, Surrealismus, Abstrakter Expressionismus, Minimalismus und Post-Minimalismus, Pop-Art, deutsche Kunst der Nachkriegszeit und kalifornische Kunst. Das zur Neueröffnung 2016 erstmals präsentierte Pritzker Center for Photography bietet mit rund 1400 Quadratmetern landesweit die größte Ausstellungsfläche für diese Kunstform.

↑ *Fassade des SFMOMA; Besucher in der Abteilung Medienkunst* (Detail)

Kurzführer

Erdgeschoss	*1. Stock*
Museumsshop, das mit einem Michelin-Stern prämierte Restaurant In Situ, ein Theater und abstrakte Werke von Julie Mehretu	Dauerausstellung, einige Sonderausstellungen, Education Center und Bibliothek

↑ Figures with Sunset *(1978) – Werk des Pop-Art-Künstlers Roy Lichtenstein*

2. Stock

△ Pritzker Center for Photography, Skulpturenterrasse und die neun Meter hohe Living Wall

3. Stock

△ Agnes Martin und Kelly Elsworth Galleries, diverse Sonderausstellungen und Veranstaltungsräume

4. Stock

△ Oculus Bridge, Andy Warhol Gallery und Skulpturengarten

5. Stock

△ Anselm Kiefer und Gerhard Richter Galleries

6. Stock

Medienkunst und-Skulpturengarten

Untere Stockwerke

Kalifornische Kunst

Räume im ersten Stock zeigen die Werke kalifornischer Künstler. Von der besonderen Atmosphäre ihrer Heimat inspiriert, schufen sie einen eigenen Westküsten-Stil.

Collage- und Assemblage-Arbeiten von Bruce Conner, William T. Wiley und Jess aus dem Mission District sind ebenfalls vertreten. Die Verwendung von Schrott, Filzstiften und sonstigen Alltagsgegenständen für Kunstwerke machen diesen Kunststil der Westküste unverwechselbar.

Fotografie

Der Archivbestand des Pritzker Center for Photography im zweiten Stock mit rund 18 000 Fotografien gestattet einen umfassenden Überblick über diese Kunstrichtung.

Zur Sammlung moderner amerikanischer Meister gehören Berenice Abbott, Walker Evans, Edward Steichen und Alfred Stieglitz. Besondere Aufmerksamkeit gilt den kalifornischen Fotografen.

Das SFMOMA präsentiert die beste Sammlung japanischer Fotografie außerhalb Japans. Auch umfangreiche Sammlungsbestände aus Lateinamerika und Europa sind vorhanden, darunter die deutsche Avantgarde der 1920er sowie europäische Surrealisten der 1930er Jahre.

Schon gewusst?

Die Ausstellungsfläche des SFMOMA ist größer als die des New Yorker Museum of Modern Art.

Gemälde und Skulpturen

Zum festen Bestand gehören etwa 8000 Gemälde, Skulpturen und Grafiken. Der amerikanische abstrakte Expressionismus ist bestens vertreten mit Philip Guston, Franz Kline und Jackson Pollock, dessen erste Ausstellung überhaupt im SFMOMA stattfand.

Weitere hier vertretene prominente nord- und lateinamerikanische Künstler sind Frida Kahlo, Diego Rivera und Georgia O'Keeffe. Spezielle Ausstellungsräume sind außerdem der Anderson Collection of American Pop Art mit Werken von Jasper Johns, Robert Rauschenberg, Andy Warhol und anderen Künstlern gewidmet.

Auch die Kunst der europäischen Moderne ist mit bekannten Gemälden vertreten, u. a. mit Werken mehrerer Perioden von Pablo Picasso. Für die große Sammlung von Bildern des gebürtigen Schweizers Paul Klee und die Werke des berühmten französischen Fauvisten Henri Matisse (1869–1954) gibt es eigene Ausstellungsräume.

Ausstellung im 2016 eröffneten Pritzker Center for Photography ↓

Räume im ersten Stock zeigen die Werke kalifornischer Künstler. Von der Atmosphäre ihrer Heimat inspiriert, schufen sie einen Westküsten-Stil.

↑ *Skulpturen von Alexander Calder;* Frieda und Diego Rivera *(1931) von Frida Kahlo* (links)

Obere Stockwerke

Architektur und Design

Die Abteilung für Architektur und Design wurde 1983 gegründet. Ihre Aufgabe ist es, die Sammlung von historischen und zeitgenössischen Architekturzeichnungen, Modellen sowie Designer-Objekten auszubauen und ihren Einfluss auf die moderne Kunst darzustellen.

Beim gegenwärtigen Bestand von über 6000 Exponaten liegt der Akzent auf den Bereichen Architektur, Möbel-, Industrie- und Grafik-Design. Die Sammlung wird allgemein als eine der bedeutendsten in den Vereinigten Staaten angesehen.

Unter den Exponaten ragen u. a. Skizzen, Entwürfe, Drucke und Architekturmodelle bekannter Namen heraus. Zu ihnen zählt auch der Architekt Bernard Maybeck, der einige der wohl eindrucksvollsten Bauwerke der Bay Area geschaffen hat, darunter auch den Palace of Fine Arts *(siehe S. 68)*.

Weitere bekannte, hier vertretene Architekten aus der Bay Area sind Timothy Pflueger, William Wurster, William Turnbull und Willis Polk, der Erbauer des Hallidie Building (130 Sutter St), sowie das kalifornische Designerteam Charles und Ray Eames. Die Dauerausstellung zeigt auch Arbeiten von Frank Lloyd Wright, Frank Gehry und Fumihiko Maki.

Medienkunst

Die Abteilung Medienkunst widmet sich Multimedia-Arbeiten, Film, Video sowie interaktiver Medienkunst.

Die kontinuierlich wachsende Sammlung der Abteilung umfasst Arbeiten von renommierten Künstlern wie Nam June Paik, Don Graham, Peter Campus, Joan Jonas, Lynn Hershman Leeson, Bill Viola, Doug Hall und Mary Lucier.

Zeitgenössische Kunst und Veranstaltungen

Ein Teil der Museumsfläche ist Sonderausstellungen vorbehalten. Diese häufig wechselnden Ausstellungen zur Gegenwartskunst ergänzen die Sammlungen des Museums. Auch Filmdarbietungen und Diskussionen gehören zum Programm.

Restaurants

In Situ
Drei-Sterne-Restaurant des berühmten Gastronomen Corey Lee.
Level 1
insitu.sfmoma.org
$$$

Cafe 5
Entspanntes Restaurant im Skulpturengarten.
4. Stock
+1-415-615-0515
$$$

2

Ferry Building

S4 · Embarcadero Ecke Market St · 2, 6, 21, 31, 82 · E, F, J, K, L, M, N · California St · SF Bay Ferry · Zeiten der Website entnehmen · ferrybuildingmarketplace.com

Das einstige Tor zur Stadt ist heute ein schicker Marktplatz mit verführerischer Food Hall. Deren gastronomisches Angebot ist so reichhaltig wie verlockend. Sämtliche Gerichte werden aus regionalen Zutaten zubereitet.

Das Ferry Bulding beherbergt viele Restaurants, Imbissstände und Delikatessenläden mit frischen hausgemachten Waren. Dienstags, donnerstags und samstags findet vor dem Gebäude ein gut besuchter Bauernmarkt statt, auf dem die Landwirte der Umgebung ihre (häufig biologisch produzierten) Lebensmittel anbieten und Nachhaltigkeit im Vordergrund steht. Besucher erhalten somit auch einen Eindruck von der Landwirtschaft im Umland von San Francisco.

Altes Ferry Terminal

Das Gebäude (1896–1903) überstand den Brand von 1906, weil Boote Wasser aus der Bucht pumpten und das Feuer löschen konnten. Der 71 Meter hohe Uhrturm ist dem Turm der Kathedrale von Sevilla nachempfunden. In den frühen 1930er Jahren passierten jährlich mehr als 50 Millionen Menschen das Gebäude.

Nach der Einweihung der Bay Bridge 1936 verlor das Ferry Building seine Bedeutung als Tor nach San Francisco. Heute gibt es nur noch wenige Fähren nach Larkspur und Sausalito, Marin County, sowie nach Alameda und Oakland, East Bay.

Abendstimmung vor dem Ferry Building; Bauernmarkt (Detail) ↑

← *Der Uhrturm ist ein markantes Element der Skyline des Viertels*

→ *Die lichtdurchflutete Food Hall mit großem gastronomischen Angebot*

Highlight

Schon gewusst?

Die Bogen des Ferry Building wurden nach dem Vorbild des Aquädukts in Rom gestaltet.

Restaurants

Donut Farm
Vegane Gerichte, köstliche Donuts und großartige Frühstücksoptionen.
S4 · nur Sa · vegandonut.farm
$$$

El Porteño
Spezialität sind argentinische Empanadas nach alten Familienrezepten.
S4 · elportenosf.com
$$$

The Slanted Door
Renommiertes vietnamesisches Restaurant mit Blick auf die Bucht.
S4 · slanteddoor.com
$$$

Gott's Roadside
Das Restaurant im Stil der 1950er Jahre serviert Burger, Seafood und Sandwiches.
S4 · gotts.com
$$$

SEHENSWÜRDIGKEITEN

3

Embarcadero Center

R5 1, 32, 41 J, K, L, M, N California St embarcaderocenter.com

Das Embarcadero Center wurde 1981 fertiggestellt, es war das größte Stadterneuerungsprojekt in der Geschichte der Stadt. Der Komplex besteht aus fünf 35- bis 45-stöckigen Türmen, die ihre Umgebung eindrucksvoll überragen.

Neben dem vierten Turm des Embarcadero Center steht das Hyatt Regency, dessen 17 Stockwerke hohes Atrium mit Charles Perrys gigantischem Globus *Eclipse* sich anzusehen lohnt.

4

Jackson Square Historic District

Q4 12, 15, 41, 83

In dem Anfang der 1950er Jahre sanierten Viertel gibt es noch viele alte Ziegel-, Gusseisen und Granitfassaden. 1850–1910 war das Areal wegen seiner ruppigen Einwohner als »Barbary Coast« verschrien. Die anzüglichen Fassadenreliefs am einstigen Hippodrome Theatre (555 Pacific Street) erinnern an die pikanten Shows, die dort stattfanden.

Heute haben sich in dem Viertel Galerien, Anwaltsbüros und Antiquitätenläden niedergelassen. Die schönsten Gebäude stehen in der Jackson Street, der Gold Street, der Montgomery Street und am Hotaling Place.

5

Wells Fargo History Museum

R5 420 Montgomery St 1, 3, 10, 41 Montgomery St Mo–Fr 9–17 Feiertage wellsfargohistory.com

Wells Fargo & Co. wurde 1852 gegründet und entwickelte sich im Lauf der Zeit zur größten Bank- und Transportgesellschaft des Westens. Sie nahm auf die Erschließung Nordamerikas großen Einfluss. Die Firma transportierte Menschen und Waren von der Ost- zur Westküste. Außer Gold beförderte sie auch die Post. Ein weiterer Postdienst war der Pony Express.

Die Postkutschen des Museums sind nicht zuletzt wegen der Legenden berühmt, die sich um ihre mutigen Kutscher und die Banditen ranken, die sie ausraubten. Der bekannteste Räuber war Black Bart, der nach Überfällen Gedichte

→ *Eine der Postkutschen im Wells Fargo History Museum*

Eclipse – Skulptur in der Lobby des Hyatt Regency Hotel, Embarcadero Center

hinterließ.Einmal vergaß er ein Taschentuch mit einem Wäschezeichen, das ihn als Bergbauingenieur Charles Boles *(siehe S. 474)* enttarnte.

Besucher erfahren, wie es sich anfühlte, tagelang in einer Postkutsche zu sitzen. Sie können sich auch das auf Tonband gesprochene Tagebuch eines Einwanderers anhören.

6 Bank of California

R5 400 California St +1-415-705-7142 1, 3, 10, 12, 41 California St Museum: Mo – Fr 9 –17 Feiertage

William Ralston und Darius Mills gründeten 1864 die Bank. Ralston investierte erfolgreich in die Comstock-Minen. Durch seine Bank und sein Privatvermögen finanzierte er viele Projekte in San Francisco wie die Wasserversorgungsgesellschaft.

Das Gebäude wurde 1908 vollendet, das Bank of California Museum zeigt Gold, Münzen und alte Banknoten.

7 Transamerica Pyramid

R4 600 Montgomery St 1, 10, 12, 30, 41 Mo – Fr 8 –17 (nur Lobby) Feiertage thepyramidcenter.com

Markantestes Erkennungsmerkmal des 48-stöckigen, von weit außerhalb der Stadt sichtbaren Bauwerks ist die Spitze. Das 265 Meter hohe Gebäude ist ein Wahrzeichen von San Francisco. Die Pyramide wurde von William Pereira & Associates entworfen. Der Wolkenkratzer steht an der Stelle des 1853 errichteten Montgomery Blocks. In den 1860er Jahren mieteten sich dort Künstler ein. In den 1940er Jahren war der Block heruntergekommen und wurde 1959 abgerissen. Auf dem Gelände befand sich ein Parkplatz, bevor zwischen 1969 und 1972 die Transamerica Pyramid gebaut wurde.

Transamerica Pyramid – eines der markantesten Wahrzeichen der Stadt

Hotels

Loews Regency San Francisco

Das Luxushotel in den obersten Stockwerken eines Hochhauses verfügt über eine Dachterrasse mit Lounge. Von einigen Zimmern genießt man den wunderbaren Blick auf Alcatraz Island.

R5 222 Sansome St loewshotel.com

$$$

YOTEL San Francisco

Zur Ausstattung gehören eine Dachterrasse und Bäder mit Regenduschen. Die Gemeinschaftsräume sind von Airline-Lounges inspiriert. Das Gebäude hat als eines von wenigen der Stadt das Erdbeben von 1906 überstanden.

P7 1905 Market St yotel.com

$$

8

Union Square

Q6 30, 38, 45 J, K, L, M, N, T Powell–Mason, Powell–Hyde visitunionsquaresf.com

Der Name des Platzes leitet sich von den Kundgebungen ab, die hier während des Amerikanischen Bürgerkriegs (1861–65) stattfanden. Sie begeisterten die Einwohner für die Sache des Nordens und beschleunigten den Kriegsbeitritt Kaliforniens auf Seiten der Union.

Kirchen, Herrenclubs und die Synagoge aus jener Zeit wurden zu Läden und Büros umgewandelt. Der begrünte und palmengesäumte Platz befindet sich im Herzen des Einkaufs- und am Rand des Theaterviertels. An seiner Westseite steht das berühmte, ab 1904 erbaute Westin St. Francis Hotel. In der Mitte thront eine Bronzestatue der Siegesgöttin (1903) von Robert Aitken auf einer 27 Meter hohen korinthischen Säule. Dieses Denkmal soll an den Sieg von Admiral Dewey im Spanisch-Amerikanischen Krieg von 1898 in der Bucht von Manila erinnern.

9

Gump's

Q6 135 Post St 2, 3, 4, 30, 38, 45 J, K, L, M, N Powell–Mason, Powell–Hyde Mo–Sa 11–17 gumps.com

Das von deutschen Einwanderern 1861 gegründete Kaufhaus ist in San Francisco eine Institution. Gump's bietet eine riesige Auswahl an edlem Porzellan und Kristallwaren, darunter Produkte von Baccarat, Steuben und Lalique.

Das Haus ist auch für seine Orientabteilung, Möbel und die Schätze seiner Kunstabteilung bekannt. Vor allem die asiatische Kunst wird gepflegt, die Jade-Sammlung genießt Weltruf. 1949 erwarb Gump's einen großen Buddha aus Bronze und schenkte ihn dem Japanese Tea Garden im Golden Gate Park *(siehe S. 389)*.

Mit seinem exklusiven Flair zieht das Kaufhaus alle an, die Rang und Namen haben. Seine ausgefallenen Schaufensterdekorationen, die regelmäßig wechseln, sind legendär.

10

Theater District

P6 2, 3, 4, 38 J, K, L, M, N, T Powell–Mason, Powell–Hyde

In den sechs Straßenblocks beim Union Square befinden sich mehrere Theater. Die beiden größten liegen am Geary Boulevard: das 1922 erbaute Curran Theatre, das Broadway-Shows zeigt, und das edwardianische Geary

Entdeckertipp
Tenderloin Museum

Dieses Museum illustriert die Geschichte des Viertels Tenderloin nordöstlich des Theater District, das einst die Heimat vieler Jazzbars war (www.tenderloinmuseum.org).

↑ *Shopping-Center und Spitzenhotels umrahmen den weitläufigen Union Square*

Theater, die Heimat des American Conservatory Theater (ACT). Das Theater on the Square inszeniert Avantgarde- und Off-Broadway-Stücke. Die Vielfalt der Theaterszene in San Francisco zog schon immer berühmte Schauspieler an. In der nahe gelegenen Taylor Street wurde 1877 die legendäre Tänzerin Isadora Duncan geboren. Eine Tafel am Haus Nr. 501 erinnert daran.

Cable Car am Powell Street Cable Car Turntable ↑

⓫ ♿

Merchant's Exchange

R5 465 California St
1, 4, 10, 12, 41
Montgomery St
Banking Hall: Mo – Fr 9 – 17 clintreilly.com/the-merchants-exchange

Die 1903 von Willis Polk erbaute Börse, die einst die Skyline von San Francisco beherrschte, doch heute von Wolkenkratzern überragt wird, wurde durch das schwere Erdbeben von 1906 kaum beschädigt. Anfang des 20. Jahrhunderts, als man von den Ausgucken noch nach Überseeschiffen Ausschau hielt, war dort die Warenbörse untergebracht. Heute wird Merchant's Exchange von Wolkenkratzern umrahmt. Die California Bank befindet sich in der Haupthalle, deren Wände von William Coulters Meereslandschaften bedeckt sind. Sie zeigen eindrucksvolle maritime Szenen aus der Dampf- und Segelschiffzeit. Der Julia Morgan Ballroom im 15. Stock ist ein Veranstaltungsraum.

Schon gewusst?

San Franciscos Cable Cars sind eines der wenigen beweglichen National Historic Landmarks.

⓬

Powell Street Cable Car Turntable

Q6 Hallidie Plaza, Powell St u. Market St
viele Busse J, K, M, N
Powell – Mason, Powell – Hyde sfcablecar.com

Die Cable-Car-Linien Powell – Hyde und Powell – Mason sind die eindrucksvollsten San Franciscos. Ihre Fahrten nach Nob Hill, Chinatown und Fisherman's Wharf beginnen und enden an der Ecke von Powell und Market Street. Anders als die California-Street-Linie, deren Wagen an beiden Enden einen Fahrerstand haben, können die Wagen dieser Linien nur in eine Richtung fahren – daher gibt es am Streckenende jeweils Drehscheiben.

Wenn die Fahrgäste ausgestiegen sind, wenden die Fahrer und Schaffner den Wagen mit ihrer Körperkraft. Fahrgäste, die in die andere Richtung fahren wollen, warten inmitten der lebhaften Menge von Straßenmusikern, Kauflustigen, Besuchern und Büroangestellten auf die nächste Fahrt.

Die anderen beiden Turntables befinden sich Ecke Taylor und Bay Street sowie Ecke Hyde und Beach Street.

Bars

Cityscape Bar & Lounge
Ob zu einem Cocktail oder einem Glas Wein – genießen Sie von der Dachterrasse den Blick auf die Golden Gate Bridge.

P6 333 O'Farrell St cityscapesf.com

21st Amendment Brewery
Der beliebte Treffpunkt in der Nähe des Oracle Park ist bekannt für India Pale Ales und Spiced Ales.

S7 563 2nd St 21st-amendment.com/pub

Press Club
Die unter Straßenniveau gelegene Bar ist ideal für ein Craftbeer oder ein Glas Wein zur Happy Hour.

Q6 20 Yerba Buena Lane pressclubsf.com

Shopping

Alexander Book Company
Die unabhängige, labyrinthartige Buchhandlung bietet auf drei Ebenen ein gewaltiges Sortiment neuer und gebrauchter Bücher. Machen Sie es sich in einer der Leseinseln gemütlich, um in Ruhe zu schmökern.

R6 563 2nd St
alexanderbook.com

Fog City News
Tausende von Zeitschriften (darunter auch viele fremdsprachige), Postkarten und eine große Auswahl an Schokolade aus aller Welt machen den besonderen Reiz dieses skurrilen Ladens aus.

R5 455 Market St
fogcitynews.com

13

Rincon Annex

S5 14

Das Rincon Annex Post Office Building stammt aus dem Jahr 1940 und ist vor allem für die Wandmalereien des aus Russland stammenden Künstlers Anton Refregier bekannt. Die Tafeln im Stil des Sozialrealismus schmücken die Lobby und zeigen einzelne Perioden der Geschichte von San Francisco – u. a. Szenen der amerikanischen Ureinwohner, die das Gebiet zuerst besiedelten, von der Ankunft der spanischen Konquistadoren, der Gründung der ersten Missionen, dem Goldrausch von 1848, dem Erdbeben von 1906 und dem Bau der Golden Gate Bridge.

Einige Wandbilder stellen Begebenheiten und Personen kritisch dar, was bei der Eröffnung Kontroversen auslöste.

14

Pacific Coast Stock Exchange

R5 301 Pine St 3, 8, 30X, 41 für Besucher

Die einstmals zweitgrößte Aktienbörse der USA nach New York wurde 1882 gegründet. Den architektonisch eindrucksvollen Gebäudekomplex schufen Miller & Pflueger 1930. Die monumentalen Granitstatuen am Eingang in der Pine Street wurden von Ralph Stackpole errichtet.

Die Räumlichkeiten, in denen es früher so hektisch zuging, sind nun überflüssig geworden, da der Aktienhandel schon seit vielen Jahren elektronisch abläuft. In dem Gebäude ist nun ein exklusives Fitness-Center.

Säulenhalle am Eingang der Pacific Coast Stock Exchange ↓

15

Embarcadero Plaza

S5 viele Busse F, J, K, L, M, N California St

Der früher unter dem Namen Justin Herman Plaza bekannte Platz ist zur Mittagszeit immer mit Menschen überfüllt, die aus dem nahen Embarcadero Center *(siehe S. 292)* kommen. Bekannt ist er wegen der avantgardistischen Vaillancourt Fountain, ein Werk des kanadischen Künstlers Armand Vaillancourt von 1971. Viele finden den aus Betonblöcken gestalteten Bunnen hässlich, besonders wenn er bei Wasserknappheit im Sommer abgestellt wird. Doch er ist ein gutes Beispiel für Gebrauchskunst: Man darf auf ihm herumklettern und in Becken und Wassersäulen planschen. Mittags kann man oft Musikern zusehen, die Rockband U2 gab hier 1987 ein Konzert. Weil der Brunnen dafür ohne Erlaubnis der Stadt angemalt worden war, zog die Band Kritik auf sich.

Viele finden den aus Betonblöcken gestalteten Bunnen hässlich, besonders wenn er bei Wasserknappheit im Sommer abgestellt wird.

16

California Historical Society

R6 678 Mission St 9, 30, 45 Montgomery St Fr–So 12–17:30 californiahistorical society.org

Die California Historical Society erforscht und bewahrt das regionale Erbe Kaliforniens. Im Gebäude sind eine Bibliothek, ein Museum und eine gut sortierte Buchhandlung untergebracht. Zu sehen sind eine Fotosammlung und mehr als 900 Ölgemälde und Aquarelle. Eine Kunstausstellung und eine Sammlung historischer Kleider vervollständigen die Bestände.

↑ *Der umstrittene Vaillancourt Fountain auf dem Embarcadero Plaza*

17

Museum of the African Diaspora

R6 685 Mission St 5, 6, 9, 14, 30 J, K, L Mi–Sa 11–18, So 12–17 moadsf.org

Das 2005 eröffnete Museum gehört zu den wenigen auf der Welt, die sich afrikanischer Kultur außerhalb des Kontinents widmen. Zu den Schwerpunkten des MoAD gehören Lebensformen, Kunst und Kulturgeschichte vieler afrikanischer Kulturen. Das kulturelle Erbe wird Besuchern anhand von Musik- und Tanzdarbietungen sowie vielfältigen Kunstwerken und Kunsthandwerk vermittelt. Interaktive Stationen ergänzen das Angebot des Museums.

18 Contemporary Jewish Museum

Q6 736 Mission St
8, 14, 30, 45, 81X
J, K, L, M, N, T Do–Sa 11–17 einige jüdische Feiertage thecjm.org

Das mit vielen nationalen und internationalen Kulturinstitutionen kooperierende Museum zeigt zahlreiche Objekte jüdischer Kunst, darunter auch Fotografien und Installationen. Die Präsentation erfolgt auch mit Interaktivitäten, Filmen und Musik.

Frühere Ausstellungen widmeten sich Persönlichkeiten wie etwa dem Karikaturisten Rube Goldberg, Levi Strauss, dem Erfinder der Blue Jeans, und dem Tattoo-Künstler Lew Alberts.

Das hochinteressante Museum ist in einem Werk von Pacific Gas & Electric (PG&E) aus dem frühen 20. Jahrhundert untergebracht. Erbaut wurde es vom renommierten polnisch-amerikanischen Architekten Daniel Libeskind, der auch für die Umgestaltung in Form einer geometrischen Stahlkonstruktion verantwortlich zeichnete.

Schon gewusst?

Die Fundamente des Salesforce Tower reichen bis in rund 90 Meter Tiefe.

19 Salesforce Tower

R5 415 Mission St
salesforcetower.com

Der 2018 fertiggestellte Salesforce Tower (ehemals Transbay Tower) im Stadtviertel East Cut ist mit einer Höhe von 326 Metern das höchste Gebäude in San Francisco. Vorher gebührte dieser Superlativ der Transamerica Pyramid *(siehe S. 293)*.

An jedem letzten Samstag im Monat finden einstündige Führungen durch das 61. Stockwerk statt, bei denen die Besucher die wohl eindrucksvollste Aussicht über die Stadt erleben. Auf der Website finden Sie die genauen Termine. Reservieren Sie die Tickets möglichst frühzeitig, da nur ein Kontingent von 50 Besuchern zugelassen ist.

20 International American Museum of Art

P7 1023 Market St
Di–So 10–17
iamasf.org

Das International American Museum of Art ist eine Oase der Ruhe an einem ansonsten recht lebhaften Abschnitt der Market Street. Es präsentiert eine faszinierende und vielfältige Sammlung europäischer und asiatischer Kunst. Zu den Objekten gehören Tuschemalereien aus China, europäische und amerikanische Landschaftsbilder seit dem 17. Jahrhundert und 3-D-Kunst. Auf dem Gelände befinden sich auch die Tendergold Gallery, die Wechselausstellungen junger kalifornischer Künstler zeigt, und die Lightspace Gallery, die vierteljährlich wechselnde Ausstellungen von Installationen, Skulpturen und Fotografien bietet.

Die Galerie bietet regelmäßig Führungen an, einige

Contemporary Jewish Museum, erbaut von Daniel Libeskind ↓

←
Innenraum der im Stil der Spätgotik gestalteten St. Patrick's Church

sind auch für Kinder geeignet. An jedem dritten Sonntag im Monat sind die Führungen kostenlos.

21

St. Patrick's Church

Q6 756 Mission St Zeiten der Website entnehmen W stpatricksf.org

Die spätgotische Kirche aus rotem Backstein bietet einen starken Kontrast zu den Hochhäusern in ihrer Umgebung. Sie wurde 1851 vollendet und wurde schon von verschiedenen Gemeinden genutzt – erst von irischen Gläubigen, später von der spanischen und anschließend von der philippinischen Gemeinde San Franciscos.

Benannt ist St. Patrick's Church nach Irlands Schutzheiligem. Die farbenprächtigen Fenster illustrieren irische Traditionen sowie die Schutzpatrone aller 32 irischen Grafschaften. Die Säulen aus grünem, orangegoldenem und weißem Marmor spiegeln die Farben der irischen Flagge wider. Nach der Zerstörung beim Beben 1906 erfolgte der Wiederaufbau 1968 originalgetreu.

Entdeckertipp
140 Maiden Lane

Das einzige Gebäude von Frank Lloyd Wright in San Francisco ist der ehemalige V. C. Morris Gift Shop (140 Maiden Lane). Dieses 1948 fertiggestellte Bauwerk gestaltete der berühmte Architekt (1867–1959) mit einer auffälligen spiralförmigen Rampe.

Restaurants

Tadich Grill
Das seit 1848 betriebene Restaurant ist für seine üppigen Portionen köstlicher Seafood-Gerichte bekannt.

R5 240 California St So W tadichgrillsf.com

$$$

Marlowe
Genießen Sie in diesem Gastro-Pub Bacon-Cheeseburger und Bar-Snacks wie Rosenkohl-Pommes. Die Cocktails sind ebenfalls top.

R7 500 Brannan St W marlowesf.com

$$$

Benu
Der in Seoul geborene Küchenchef Corey Lee kombiniert in diesem mit drei Michelin-Sternen ausgezeichneten Restaurant koreanische, japanische und kantonesische Aromen.

R6 22 Hawthorne St So, Mo W benusf.com

$$$

The Bird
Das legere Restaurant ist berühmt für seine Hähnchensandwiches.

R6 115 New Montgomery St W thebirdsf.com

$$$

Gardens
n, 3rd,
St 🚌 9, 14,
J, K, L, M, N
yerbabu nagardens.com

Der 1981 fertiggestellte Bau des Moscone Center, des größten Konferenzzentrums San Franciscos, gab den Anstoß zu ehrgeizigen Planungen für Yerba Buena Gardens. Dabei wurde ein früheres Industriegebiet in einen Komplex für Einheimische wie Touristen umgewandelt. Wohnungen, Hotels, Museen, Kunstgalerien, Läden und Grünanlagen entstanden, die das einst heruntergekommene Viertel mit neuem Leben füllten.

Es gibt eine Reihe von Themengärten, darunter den Butterfly Garden, dessen farbenprächtige Bepflanzung Schmetterlinge wie etwa Monarchfalter anzieht. Die Sister City Gardens zeigen Pflanzen, die typisch für die Partnerstädte San Franciscos sind – von Assisi in Italien bis Sydney in Australien.

Das **Children's Creativity Museum** befindet sich im Yerba Buena Children's Garden. Das beliebte Museum präsentiert ein Programm von Kunstevents und bietet Jugendlichen und Künstlern eine Plattform, gemeinsam Dinge zu erfinden und zu bauen – seien es Roboter, Flugzeuge, futuristische Gebäude oder Skulpturen. Sehr populär sind auch das Making Music Studio und das Animation Studio, in dem Kinder ihre eigenen Filme drehen können.

Das **Yerba Buena Center for the Arts** ist ein Kunstforum mit Galerien und Darbietungen zeitgenössischer Filme, die Aufführungen im Lam Research Theater spiegeln die kulturelle Vielfalt von San Francisco wider.

SoMas LGBTQ+ Community

In den 1960er Jahren entwickelte sich SoMa zum Zentrum von San Franciscos LGBTQ+ Szene. 1961 eröffnete mit The Tool Box (339 4th St) die erste Gay-Bar. 1964 veröffentlichte das Magazin *Life* einen Artikel mit dem Titel »Homosexuality in America«, in dem The Tool Box vorgestellt wurde. Dadurch wurde der Ruf San Franciscos als Hotspot der LGBTQ+ Kultur zementiert. Der Leather and LGBTQ+ Cultural District (www.sfleatherdistrict.org) liegt nicht weit von den Yerba Buena Gardens entfernt.

Children's Creativity Museum
1-415-820-3349
Mi–So 10–16

Yerba Buena Center for the Arts
Do–Sa 12–20, Mi, So 12–18 **Feiertage**
ybca.org

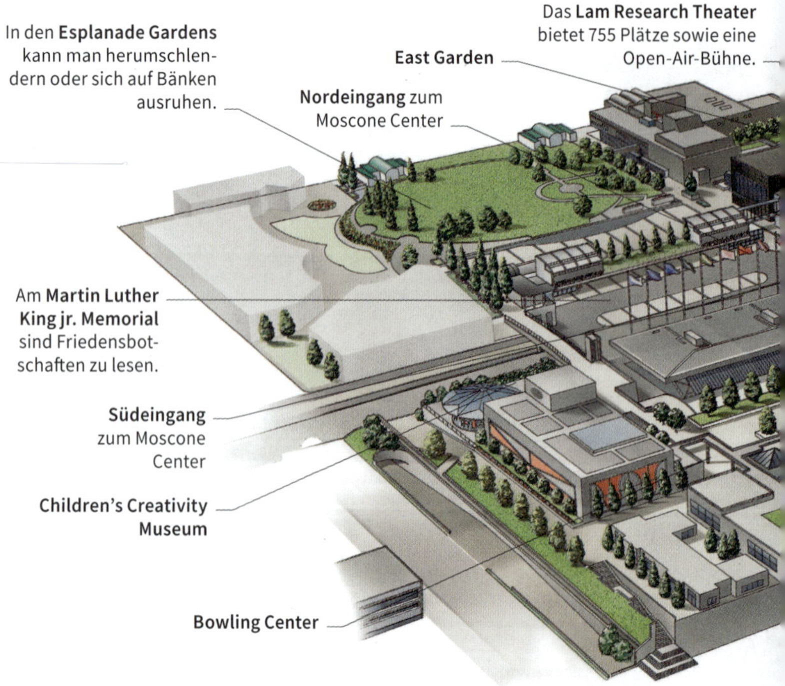

→
Oracle Park, Spielort des Baseballteams San Francisco Giants

23

Railway Museum

S5 77 Steuart St
Di–So 10–17
streetcar.org/museum

Die typischen Geräusche von Straßenbahnen bilden noch immer den Soundtrack vieler Straßen von San Francisco. Das Museum illustriert die Bedeutung des öffentlichen Nahverkehrs für die Stadt. Schwarz-Weiß-Fotos und die Nachbildung einer Straßenbahn von 1911, in der Kinder Zugbegleiter spielen können, wecken Erinnerungen an die frühe Zeit des ÖPNV.

Einen erheblichen Teil zur Beliebtheit des Museums trägt der gut sortierte Shop bei. Hier findet man Nostalgisches zum Thema Transport, darunter auch Vintage-Poster aus den 1920er und 1930er Jahren.

24

Oracle Park

S7 24 Mille Ways Plaza
N, T mlb.com

Nur einen kurzen Spaziergang von der Tourist-Info San Franciscos entfernt befindet sich das Stadion Oracle Park, in dem die San Francisco Giants ihre Heimspiele austragen. Zwischen März und September finden hier Baseballspiele vor der spektakulären Kulisse der San Francisco Bay statt.

Die Lizenz für die Giants zog 1958 von New York City nach San Francisco. Im ersten Baseballspiel der Major League an der Westküste besiegten die Giants die Los Angeles Dodgers – dies war die Geburtsstunde einer langjährigen Rivalität.

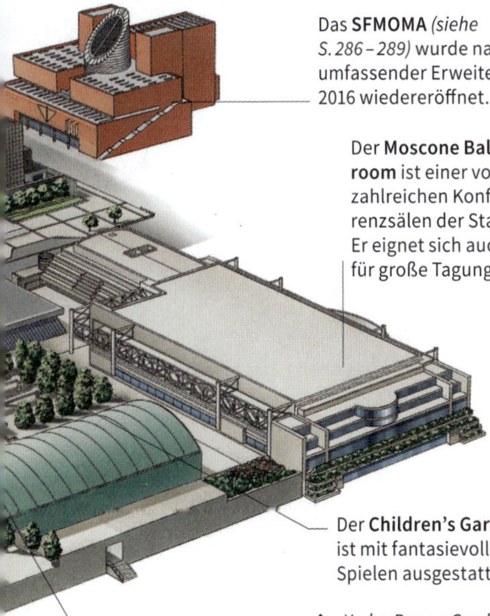

↑ *Yerba Buena Gardens – großer Konferenz- und Freizeitkomplex*

25

Old United States Mint

Q7 5th St and Mission St 14, 14L, 26, 27 J, K, L, M, N für Besucher

Die alte Münze wurde 1869–74 mit eisernen Fensterläden und einbruchssicherem Keller erbaut. 1937 prägte sie das letzte Geldstück. Den Spitznamen »Granite Lady« erhielt sie wegen ihrer klassizistischen Granitfassade. Das Gebäude gehörte zu den wenigen, die das katastrophale Erdbeben von 1906 überstanden.

Der östliche Teil wird für Events genutzt. Etwa einmal pro Monat findet eine Führung statt. Es gibt Pläne, die Old Mint zum Geschichtsmuseum zu machen.

Den Spitznamen »Granite Lady« erhielt die Old United States Mint wegen ihrer klassizistischen Granitfassade.

Spaziergang im Financial District

Länge 1 km **Bus** 1, 8AX, 8BX, 10, 12, 41
Dauer 15 Min.

Das Herz von San Franciscos Wirtschaft schlägt im Financial District, einem der führenden Wirtschaftszentren der USA. Es reicht vom modernen Embarcadero Center bis zur gesetzten Montgomery Street, die auch »Wall Street des Westens« genannt wird. Alle wichtigen Banken, Wertpapierhändler, Börsen- und Anwaltsbüros haben sich in diesem Viertel niedergelassen. Früher war der Jackson Square Historical District das geschäftliche Zentrum.

Das **Embarcadero Center** *(siehe S. 292)* beherbergt Läden und Büros. Auf den ersten drei Stockwerken gibt es Einkaufspassagen.

Jackson Square Historical District *(siehe S. 292)* erinnert an die Zeit des Goldrauschs.

Hotaling Place ist eine kleine Allee, die zum Jackson Square Historical District führt und schöne Antiquitätenläden hat.

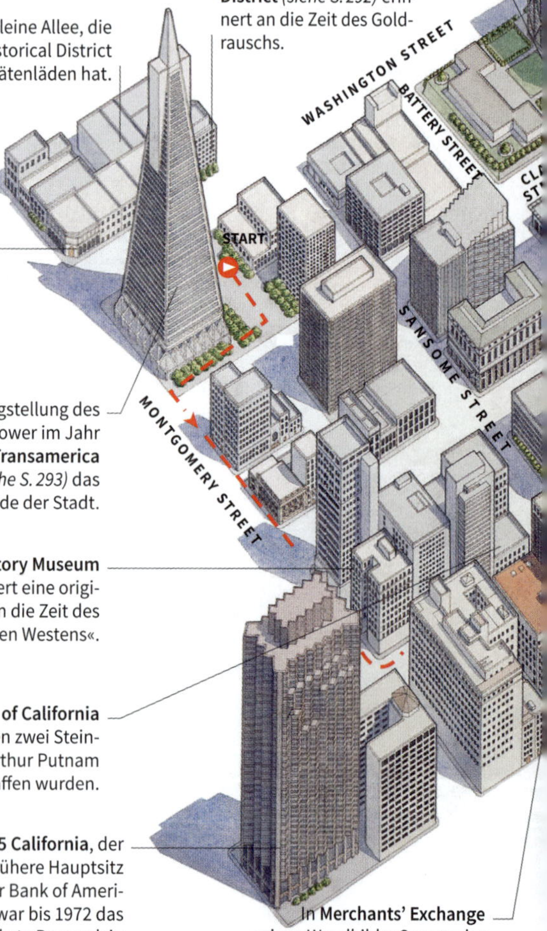

Das **Golden Era Building** wurde zur Zeit des Goldrauschs gebaut. Hier residierte die Zeitung *Golden Era*, für die Mark Twain schrieb.

Bis zur Fertigstellung des Salesforce Tower im Jahr 2018 war **Transamerica Pyramid** *(siehe S. 293)* das höchste Gebäude der Stadt.

Im **Wells Fargo History Museum** *(siehe S. 292f)* erinnert eine originale Postkutsche an die Zeit des »Wilden Westens«.

Das Foyer der **Bank of California** *(siehe S. 293)* bewachen zwei Steinlöwen, die von Arthur Putnam geschaffen wurden.

555 California, der frühere Hauptsitz der Bank of America, war bis 1972 das höchste Bauwerk in San Francisco.

In **Merchants' Exchange** zeigen Wandbilder Szenen der Schifffahrtsgeschichte *(siehe S. 295)*.

0 Meter 100
0 Yards 100
N

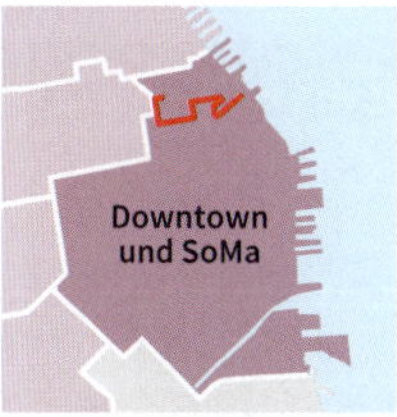

Zur Orientierung
Siehe Stadtteilkarte S. 284f

Schon gewusst?

Die Cable-Car-Linie California Street hat als einzige an beiden Enden Führerstände.

Das **Ferry Building** *(siehe S. 290f)* bietet Delikatessenläden und Restaurants.

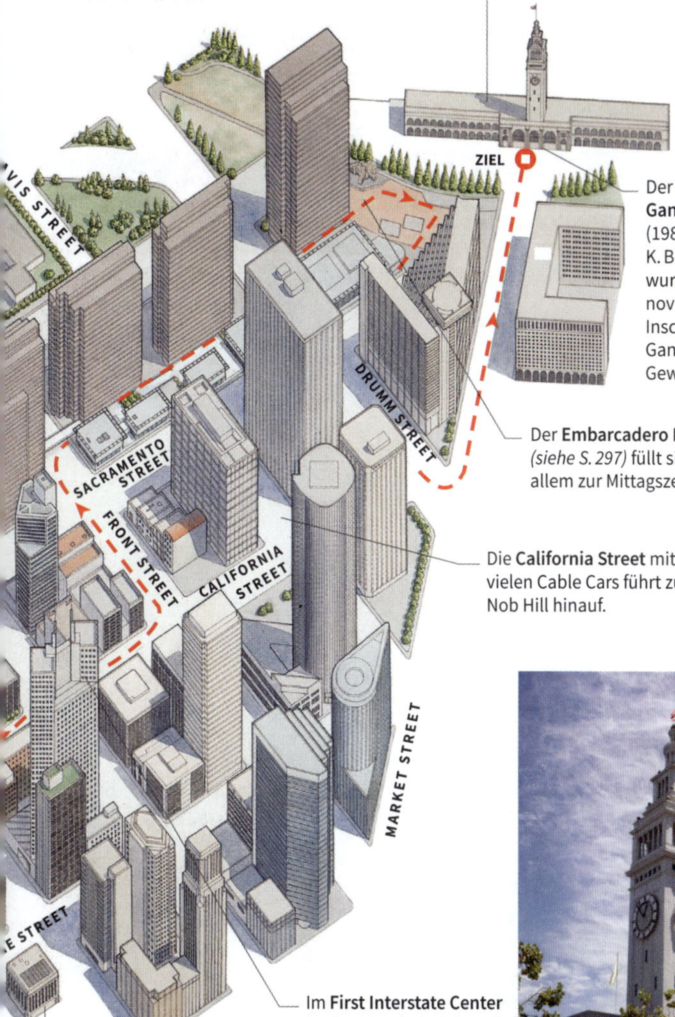

Der Entwurf des **Gandhi-Denkmals** (1988) stammt von K. B. Patel, gestaltet wurde es von Z. Pounov und S. Lowe. Die Inschrift nimmt auf Gandhis Credo von der Gewaltlosigkeit Bezug.

Der **Embarcadero Plaza** *(siehe S. 297)* füllt sich vor allem zur Mittagszeit.

Die **California Street** mit den vielen Cable Cars führt zum Nob Hill hinauf.

Im **First Interstate Center** ist das Mandarin Oriental Hotel untergebracht.

Pacific Coast Stock Exchange *(siehe S. 296)*, Sitz der früheren Handelsbörse

→ *Ferry Building – ein Wahrzeichen von San Francisco*

Spaziergang durch SoMa

Länge 3,5 km **BART** Powell Street
Dauer 1 Std.

South of Market (SoMa) – einst ein heruntergekommenes Viertel mit Fabriken und Lagerhallen – erlebte eine komplette Umgestaltung. Wo früher Produktionsstätten vorherrschten, entstand im Rahmen eines ambitionierten Stadterneuerungsprojekts ein anziehender Stadtteil. In der Gegend um das Moscone Center haben sich diverse Museen und Sammlungen, Luxushotels und spannende Läden angesiedelt. Auf dem Spaziergang entdecken Sie Spuren der Vergangenheit der Gegend wie auch eindrucksvolle Beispiele der architektonischen Trends des 21. Jahrhunderts.

↑ *Innenraum der spätgotischen St. Patrick's Church*

Folgen Sie der Howard Street nach links und biegen dann rechts in die 5th Street ein. An der Ecke Mission Street kommen Sie zur »Granite Lady«, der **Old United States Mint**, in der u. a. mit Gold aus Kalifornien Münzen geprägt wurden.

← *Daniel Libeskinds im Jahr 2005 vollendeter Erweiterungsbau des Contemporary Jewish Museum*

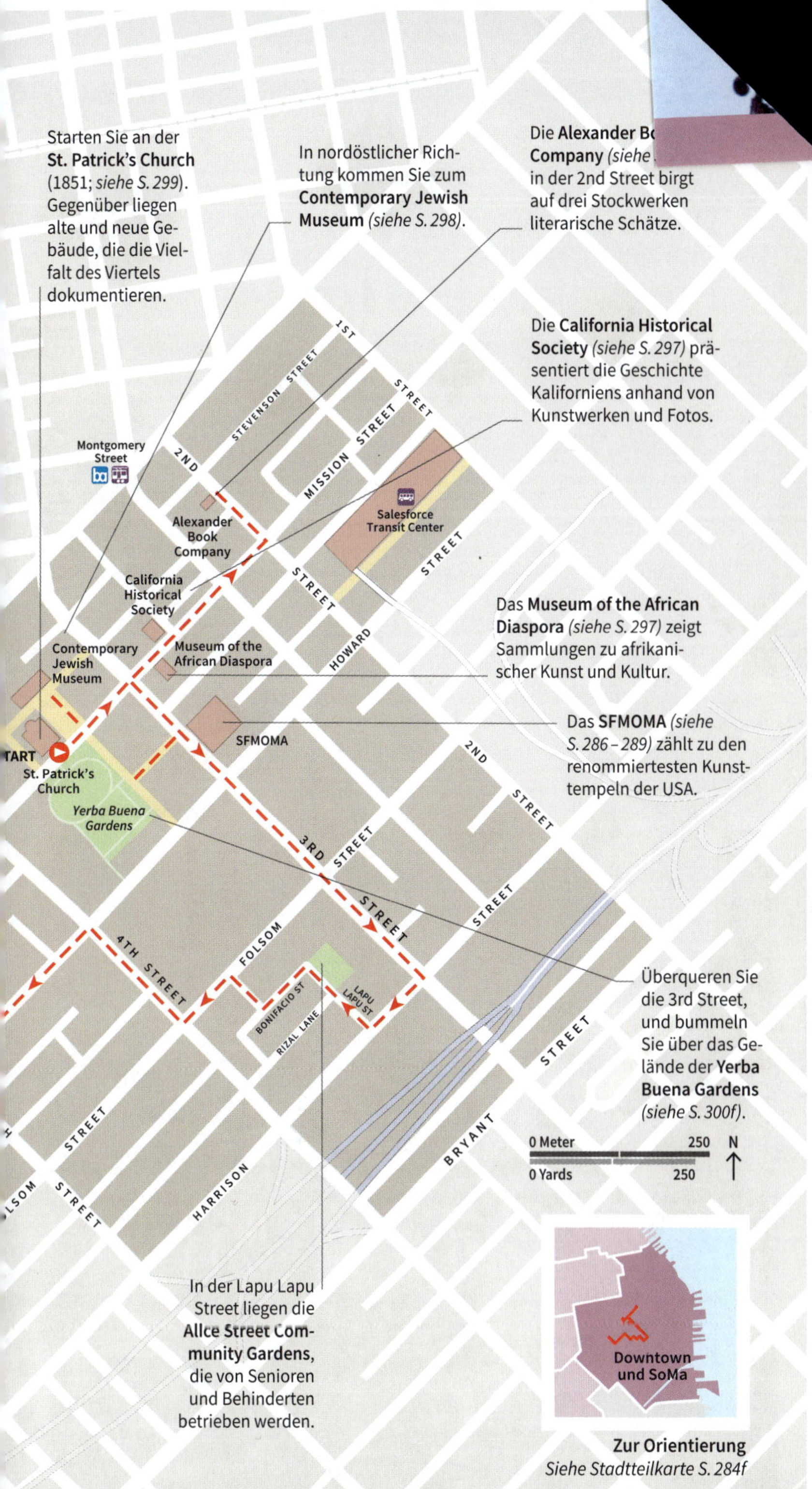
Starten Sie an der **St. Patrick's Church** (1851; *siehe S. 299*). Gegenüber liegen alte und neue Gebäude, die die Vielfalt des Viertels dokumentieren.
In nordöstlicher Richtung kommen Sie zum **Contemporary Jewish Museum** *(siehe S. 298)*.
Die **Alexander Bo**
Company *(siehe*
in der 2nd Street birgt auf drei Stockwerken literarische Schätze.
Die **California Historical Society** *(siehe S. 297)* präsentiert die Geschichte Kaliforniens anhand von Kunstwerken und Fotos.
Das **Museum of the African Diaspora** *(siehe S. 297)* zeigt Sammlungen zu afrikanischer Kunst und Kultur.
Das **SFMOMA** *(siehe S. 286–289)* zählt zu den renommiertesten Kunsttempeln der USA.
Überqueren Sie die 3rd Street, und bummeln Sie über das Gelände der **Yerba Buena Gardens** *(siehe S. 300f)*.
In der Lapu Lapu Street liegen die **Alice Street Community Gardens,** die von Senioren und Behinderten betrieben werden.
1ST STREET
STEVENSON STREET
MISSION STREET
2ND
Montgomery Street
Alexander Book Company
California Historical Society
Contemporary Jewish Museum
Museum of the African Diaspora
Salesforce Transit Center
STREET
STREET
HOWARD
SFMOMA
START
St. Patrick's Church
Yerba Buena Gardens
2ND STREET
3RD STREET
STREET
4TH STREET
FOLSOM
BONIFACIO ST
RIZAL LANE
LAPU LAPU ST
STREET
BRYANT
STREET
HARRISON
STREET
STREET
0 Meter 250
0 Yards 250
N
Downtown und SoMa
Zur Orientierung
Siehe Stadtteilkarte S. 284f

GIFTS & ARTS
Far East

Chinatown und Nob Hill

Mitte des 19. Jahrhunderts ließen sich in der Stockton Street die ersten chinesischen Einwanderer nieder – angezogen vom Goldrausch und von Jobs beim Bau der transkontinentalen Eisenbahn. Rasch entstand hier eine der weltweit größten chinesischen Communitys außerhalb Asiens. Die Zeiten waren jedoch hart, antichinesischer Rassismus griff um sich. Bei zwei Tage dauernden Unruhen wurden 1877 ganze Teile von Chinatown zerstört. Obwohl der Chinese Exclusion Act von 1882 die chinesische Einwanderung in die USA beendete, entwickelte sich Chinatown weiter. Heute erinnern seine Läden und Märkte an das Flair einer typischen chinesischen Stadt und ziehen Besucher und Einheimische gleichermaßen an.

Nob Hill thront über Chinatown, berühmt ist der Hügel vor allem für Cable Cars, noble Hotels und atemberaubende Ausblicke. »Nobs« war ein Name für die Unternehmer, die im Westen der USA große Reichtümer anhäuften. Mit den Cable Cars wurde Nob Hill ab Ende des 19. Jahrhunderts für Reiche interessant, später bauten die »Big Four« – die vier Eisenbahn Tycoone der Central Pacific Railroad, Leland Stanford, Collis P. Huntington, Mark Hopkins und Charles Crocker – hier ihre Villen. Das Erdbeben und der Brand von 1906 zerstörten alle bis auf eines dieser Anwesen, aber die Hotels der Gegend erinnern immer noch an Opulenz und Glanz der Viktorianischen Ära.

Chinatown und Nob Hill

Highlights

1. Cable Car Museum
2. Grace Cathedral

Sehenswürdigkeiten

3. Chinatown Gateway
4. Old St. Mary's Cathedral
5. Golden Gate Fortune Cookie Company
6. Tin How Temple
7. Kong Chow Temple
8. Chinese Historical Society of America
9. Portsmouth Square
10. Pacific Heritage Museum
11. Grant Avenue und Stockton Street

Lokale

① China Live
② Mister Jiu's
③ Far East Café
④ Mee Mee Bakery

Bars

⑤ Top of the Mark
⑥ Tonga Room and Hurricane Bar

Meter 300
Yards 300
N
TELEGRAPH HILL
Chinatown und Nob Hill
Fisherman's Wharf und North Beach
Seiten 324–341
NORTH BEACH
Transamerica Pyramid
Maritime Plaza
Golden Gate Fortune Cookie Company
Chinese Cultural Center
Cable Car Museum
Stockton Street
Tin How Temple
Portsmouth Square
Pacific Heritage Museum
Embarcadero Center
CHINATOWN
Grant Avenue
Chinese Historical Society of America
Kong Chow Temple
Old St. Mary's Cathedral
Merchant's Exchange
Fairmont Hotel
Hun'ton Park
St Marys Square
Pacific Coast Stock Exchange
InterContinental Mark Hopkins Hotel
NOB HILL
Chinatown Gateway
Notre Dame des Victoires
Montgomery St Station
Downtown und SoMa
Seiten 282–305
Union Square
Macy's
California Historical Society
SOMA
THEATER DISTRICT
SFMOMA
Powell St Cable Car Turntable
Powell Street Station
Yerba Buena Gardens
Moscone Convention Center

1

Cable Car Museum

P5 · 1201 Mason St · +1-415-474-1887 · 1, 10, 12 · Powell–Mason, Powell–Hyde · Apr–Okt: tägl. 10–18; Nov–März: tägl. 10–17 · 1. Jan, Thanksgiving, 25. Dez · cablecarmuseum.org

Machen Sie sich mit der Funktionsweise des berühmten Seilbahnsystems der Stadt vertraut. Hier sind Sie mitten im Geschehen, spüren die Vibrationen und hören das Surren der Maschinen.

Der Ziegelbau von 1909 ist sowohl ein Museum als auch das Maschinenzentrum der für das Stadtbild von San Francisco so charakteristischen Cable Cars *(siehe S. 120f)*. Im Erdgeschoss sind die Maschinen und Räder verankert, die die Stahlkabel unter der Straße über ein System von Rollen und Führungskanälen ziehen. Ihre Funktionsweise können Sie vom Zwischengeschoss aus beobachten. Eine Treppe tiefer ist es möglich, einen Blick unter die Straße zu werfen. Das Museum präsentiert auch eine alte Cable Car.

Das System ist das weltweit letzte seiner Art. Verpassen Sie bei Ihrem Aufenthalt in San Francisco also keinesfalls die Gelegenheit einer nostalgisch anmutenden Fahrt in einer Cable Car.

→ *Typisches Museumsobjekt: alte Ampel für Cable Cars*

Chronik

1869
△ Der Erfinder Andrew Hallidie will mit Cable Cars die Benutzung von Pferdebahnen als Transportmittel stoppen

1873
△ Der Bau der ersten Cable-Car-Linie in San Francisco beginnt im Mai, der reguläre Betrieb im September

1906
△ Das schwere Erdbeben zerstört auch die meisten Cable Cars. In der Folgezeit werden sie durch Straßenbahnen ersetzt

1947
△ Der Bürgermeister will den Betrieb der verbliebenen Linien einstellen; die Aktivistin Friedel Klussmann kämpft erfolgreich für die Erhaltung der Cable Cars

Highlight

↑ *Das Cable Car Museum bietet Einblick ins Innenleben dieser Verkehrsmittel*

Restaurierung der Cable Cars

San Franciscos Cable-Car-System wurde 1873 eingeführt und blieb auch nach der Entwicklung moderner öffentlicher Verkehrsmittel in Betrieb. Trotz regelmäßiger Wartung verschlechterte sich der Zustand vieler Wagen zusehends, sodass sie aus dem Verkehr gezogen werden sollten. Wegen ihrer geradezu emotionalen Bedeutung für die Bevölkerung konnte man die Linien jedoch nicht einfach schließen. Stattdessen rief die Stadtverwaltung das Cable Car System Rehabilitation Program ins Leben, das eine vollständige Sanierung der Wagen und Anlagen umfasste. Im Rahmen der 1982 begonnenen Arbeiten wurden alte Gleise ersetzt und viele Cable Cars weitgehend modernisiert. Im Juni 1984 wurde der Fahrbetrieb wiederaufgenommen, San Francisco feierte dies vier Tage lang.

Cable Cars

In ihrer Blütezeit verkehrten Cable Cars in San Francisco auf 23 Linien. Obwohl die Bewohner heute überwiegend andere öffentliche Verkehrsmittel benutzen, sind die Cable Cars immer noch ein markantes Symbol der Stadt.

Die Cable Cars nahmen 1873 den Betrieb auf, den ersten Wagen fuhr ihr Erfinder Andrew Hallidie. Er hatte die Idee zu dem neuen Transportsystem, als er den schweren Unfall einer Pferdebahn beobachtete: Sie war eine glatte steile Hügelstraße hinuntergerutscht und hatte die Pferde mitgerissen. 1889 gab es bereits acht Cable-Car-Linien. Doch nach der Erfindung des Verbrennungsmotors galten sie als altmodisch. 1947 wollte man sie durch Busse ersetzen. Dank des unermüdlichen Einsatzes des von der Aktivistin Friedel Klussmann initiierten Citizens' Committee to Save the Cable Cars gelang es, die heutigen drei Linien (25 km Strecke) zu erhalten.

↑ *Zwei Cable Cars bei ihrer Fahrt auf der California Street*

Schon gewusst?

Jedes Jahr im Juli findet am Union Square der Cable-Car-Signalglockenwettbewerb statt.

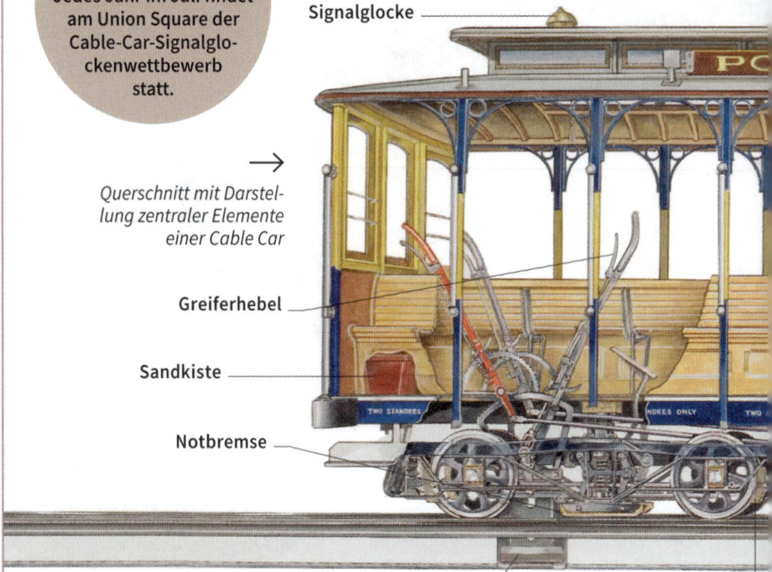

→ *Querschnitt mit Darstellung zentraler Elemente einer Cable Car*

Funktion von Cable Cars

Motorwinden im Maschinenzentrum (Cable Car Barn) halten Stahlseile in Kanälen unter den Straßen in Dauerbewegung. Wenn der *gripman* (Fahrer) den Greiferhebel bedient, klammert sich der Greifer durch eine Rille in der Straße an das Stahlseil und zieht so den Wagen (mit einer Geschwindigkeit von 15,5 km/h). Um anzuhalten, lässt der Fahrer den Hebel los und betätigt die Bremse. An Straßenecken, an denen das Kabel über eine Rolle läuft, ist besonderes Geschick erforderlich, damit die Cable Cars im Leerlauf über die Rolle fahren können.

Restaurierung

Die Wartung der Cable Cars geschieht unter besonderer Berücksichtigung der historischen Details. 1984 wurde zum Abschluss der zwei Jahre dauernden Restaurierungsarbeiten das Cable-Car-Fest gefeiert. Das gesamte Schienensystem und alle Waggons waren überholt worden.

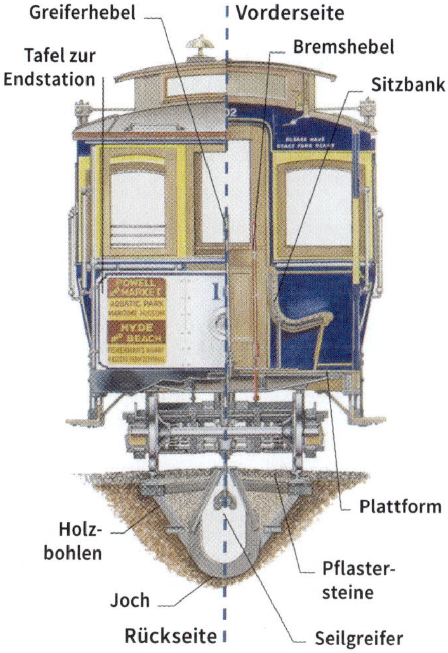

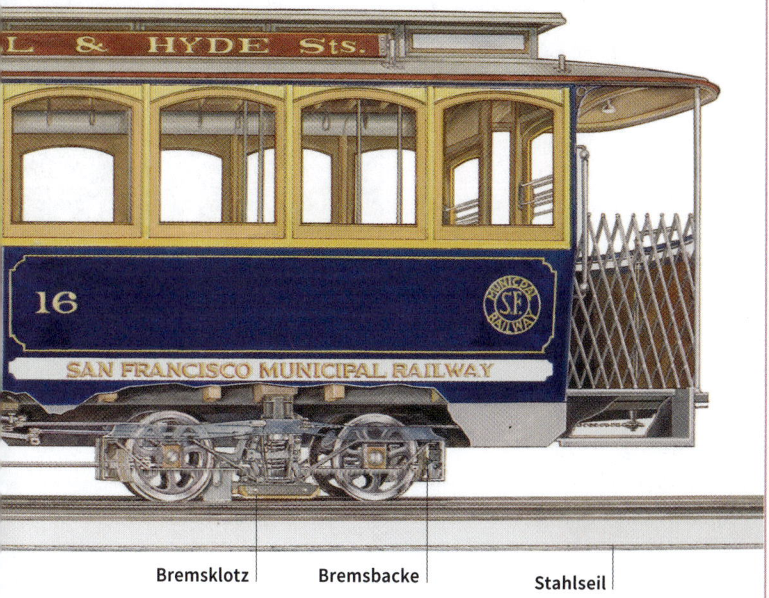

2

Grace Cathedral

P5 1100 California St +1-415-749-6300 1 California St Mo–Fr 7–18, Sa 8–18, So 7–19 gracecathedral.org

Die hoch aufragende neugotische Grace Cathedral auf dem Nob Hill beherbergt eine Vielzahl beeindruckender Kunstwerke aus unterschiedlichen Epochen.

Die von Lewis P. Hobart entworfene Grace Cathedral ist die drittgrößte Episkopalkirche der USA. Baubeginn war 1928, fertiggestellt wurde sie erst 1964. Trotz moderner Bauweise orientiert sich der Kirchenbau am Vorbild der Pariser Notre-Dame.

Die Portale der Kathedrale ähneln den Toren, die Lorenzo Ghiberti im 15. Jahrhundert für das Baptisterium in Florenz anfertigte und die als Meisterwerke der italienischen Frührenaissance gelten. Der Innenraum ist reich mit Marmor- und Glasarbeiten ausgestattet. Die 34 Bleiglasfenster stammen von Charles Connick, der sich dafür von den blauen Fenstern der Kathedrale von Chartres inspirieren ließ. Die von Lewis P. Hobart entworfene Rosette besteht aus 2,5 Zentimeter dickem Glas, das nachts von innen beleuchtet wird. Andere Fenster wurden von Marguerite Gaudin, Henry Willett und Gabriel Loire hergestellt. Dazu gehört die Serie *Human Endeavour*, die über 1000 Persönlichkeiten darstellt, darunter Albert Einstein.

Beachtenswert sind ein katalonisches Kruzifix (13. Jh.) und eine Brüsseler Tapisserie aus Seide und Gold (16. Jh.). Die AIDS Interfaith Memorial Chapel beherbergt ein dreiteiliges Altarbild aus Blattgold. Es ist das letzte Werk des Popkünstlers Keith Haring, der 1990 an AIDS verstarb.

Grace Cathedral – Kirchenbau im Stil von Notre-Dame in Paris

Schon gewusst?

Die Kirche wirkt wie ein Steinbau, wurde tatsächlich aber aus Beton errichtet.

1 *Die Fassade birgt Repliken von Ghibertis Portalen des Baptisteriums in Florenz.*

2 *Ein Labyrinth schmückt den Boden des Innenraums.*

3 *Das Altarbild von Keith Haring ist eine seiner wenigen religiösen Arbeiten.*

Expertentipp
Veranstaltungen

Informieren Sie sich auf der Website der Kirche über die vielfältigen Veranstaltungen. Zu den beliebtesten Events gehören Chorabende sowie Gospel-, Klassik- und Jazzkonzerte. Sehr stimmungsvoll sind die Meditationen bei Kerzenlicht, auch Yogakurse, Ausstellungen und Performances wie Theater- oder Tanzdarbietungen sind sehr populär.

SEHENSWÜRDIGKEITEN

3

Chinatown Gateway

Q5 Grant Ave Ecke Bush St 2, 3, 30, 45

Das Tor wurde von Clayton Lee entworfen und überspannt den Eingang zu Chinatowns Hauptattraktion, der Grant Avenue. Es wurde 1970 eingeweiht und knüpft an die Tradition chinesischer Zeremonientore an.

Die Dächer über den drei Torbogen sind mit grünen Ziegeln gedeckt und üppig mit Tierfiguren aus Keramik geschmückt. Das »Drachentor« wurde vom Chinatown Cultural Development Committee errichtet. Zwei steinerne Löwen, die ihre Jungen der Sage nach mit den Krallen stillen, bewachen das Tor.

Hinter dem Chinatown Gateway werden unter anderem Antiquitäten, Seidenstickereien und Edelsteine angeboten – oft zu überhöhten Touristenpreisen.

4

Old St. Mary's Cathedral

Q5 660 California St 2, 3, 8, 8AX, 8BX, 8X, 15, 30, 45 California St oldsaintmarys.org

San Franciscos älteste katholische Kirche wurde an Weihnachten 1854 als Sitz des katholischen Bischofs der Pazifikküste geweiht. Bis die neue St Mary's Church in der Van Ness Avenue gebaut wurde, diente sie einer überwiegend irischen Gemeinde als Gotteshaus. Der Glockenturm trägt die Inschrift »Son, observe the time and fly from evil«, die angeblich an die Besucher der Bordelle gegenüber gerichtet war.

Beim Erdbeben von 1906 blieb die Kirche unbeschädigt. So sind Fundamente und Mauern noch im Original erhalten. Der anmutige Innenraum mit Bleiglasfenstern und Empore wurde 1909 vollendet.

Wandbilder in Chinatown

Handgemalte Bilder mit Motiven von Buddha und Bruce Lee bis hin zu fröhlichen Tänzen und goldenen Drachen zieren die Fassaden in San Franciscos Chinatown. Drachen sind in der chinesischen Kultur Symbole für Macht, Stärke und Weisheit und sollen Glück bringen.

5

Golden Gate Fortune Cookie Company

Q4 56 Ross Alley 1, 8, 8AX, 8BX, 30, 45 California St, Powell–Hyde, Powell–Mason Mo–Fr 9–18:30, Sa, So 9–19 goldengatefortunecookies.com

Die Glückskeks-Bäckerei ist eine Institution in San Francisco. Es gibt zwar noch an-

↑ *Die drei mit grünen Ziegeln bedeckten Dächer des Chinatown Gateway*

Buntes Wandbild mit tanzenden Drachen in Chinatown

dere in der Stadt, doch dies ist die älteste (seit 1962). Die Keksmaschine füllt fast die gesamte kleine Bäckerei. Der Teig wird in Formen gegossen und dann auf einem Förderband gebacken. Danach werden die »Glücksstreifen« (Papierstreifen mit Sprüchen) hineingelegt und die Kekse gefaltet und geschlossen. Täglich werden fast 10 000 Glückskekse hergestellt – neben Vanille auch in anderen Geschmacksrichtungen, darunter etwa Schokolade, Erdbeere oder grüner Tee.

Kurioserweise sind die Glückskekse in China völlig unbekannt. Sie stammen aus dem Jahr 1909 und sind eine Erfindung von Magota Hagiwara, dem damaligen Chefgärtner des Japanese Tea Garden *(siehe S. 389)*.

Schon gewusst?

Die Altäre im Kong Chow Temple sind die wohl ältesten chinesischen Heiligtümer in den USA.

6

Tin How Temple

Q5 Oberster Stock, 125 Waverly Pl (+1-415-986-2520 1, 10, 12, 30, 41, 45 Powell–Hyde, Powell–Mason tägl. 9–16

Der ungewöhnliche Tempel ist Tin How (Tien Hau) gewidmet, Königin des Himmels und Beschützerin der Seefahrer und Gäste. 1852 wurde hier von Day Ju ein erstes Heiligtum errichtet.

Day Ju war einer der ersten drei Einwanderer, die San Francisco erreicht hatten. 1911 wurde der Tempel erbaut, der über drei steile Holztreppen zu erreichen ist – durch diese exponierte Lage ist er dem Himmel näher.

Der Raum ist vom Rauch der Opfergaben (verbrannte Wunschzettel und brennende Räucherstäbchen) erfüllt. Hunderte goldener und roter Laternen schaffen eine einzigartige Stimmung. Für die schummrige Beleuchtung des Raums sorgen rote Glühbirnen und brennende Dochte, die in Öl schwimmen. Vor dem Altar mit Tin Hows Holzstatue liegen fast immer Früchte als Opfergaben.

7

Kong Chow Temple

Q5 4. Stock, 55 Stockton St +1-415-788-1339 30, 45 tägl. 9–16

Der Tempel im obersten Stockwerk des Postgebäudes überblickt ganz Chinatown und das Finanzviertel. Das Gebäude wurde 1977 errichtet, der taoistische Tempel aber schon 1857. Einer der Holzaltäre wurde in Kanton gefertigt und im 19. Jahrhundert nach San Francisco gebracht. Der Hauptschrein wird von einer Holzstatue des Kuan Di (19. Jh.) dominiert, einer Gottheit, die in Schreinen kantonesischer Städte zu finden ist.

Lokale

China Live

Nach einem köstlichen Essen schmecken Cocktails, die mit Zutaten wie Zitronengrassirup, Agave und Kokos zubereitet werden.

Q4 644 Broadway
chinalivesf.com

$$$

Mister Jiu's

Das schicke Restaurant in einem historischen Gebäude serviert wunderschön präsentierte Speisen, darunter Schweinefleischbrötchen und *cheong fun* (Reisnudelrollen).

Q4 28 Waverly Pl
So, Mo
misterjius.com

$$$

Far East Café

Die amerikanisch-chinesische Speisekarte in diesem Restaurant hat sich seit den 1920er Jahren kaum verändert. Ein Favorit ist das Omelette *foo young*.

Q5 631 Grant Ave Mo
fareastcafesf.com

$$$

Mee Mee Bakery

Die seit 1950 betriebene Mee Mee Bakery ist vor allem für Mondkuchen bekannt (mit Honig und roten Bohnen gefüllte Pasteten). Aber auch die Mandelkekse sind ein Genuss.

Q1 1328 Stockton St
meemeebakery.com

$$$

Ausstellungsbereich in der Chinese Historical Society of America ↑

8

Chinese Historical Society of America

Q5 965 Clay St
1, 30, 45 Powell St
Mi–So 11–16 Feiertage chsa.org

Die 1963 gegründete Organisation ist die älteste ihrer Art in den Vereinigten Staaten, die sich der Bewahrung der reichen Geschichte und der vielfältigen Beiträge der Chinesen in Amerika widmet. Eine Multimedia-Ausstellung dokumentiert die Rolle der chinesischen Einwanderer anhand zahlreicher Exponate. Sehenswert sind auch Gemälde von chinesisch-amerikanischen Künstlern wie Jake Lee und Stella Wong sowie ein Wandbild von James Leong.

Der Beitrag der Chinesen zur Entwicklung Kaliforniens war beachtlich, trotz des Rassismus und der schlechten Behandlung, die sie erfuhren, wie das Museum an vielen Beispielen zeigt. Wohlhabende Kaufleute nutzten sie als billige Arbeitskräfte in den Goldminen. Chinesische Arbeiter halfen auch beim Bau des westlichen Teils der ersten transkontinentalen Eisenbahn, bauten Deiche im Delta des Sacramento River, waren Pioniere in der Fischereiindustrie und pflanzten in den Anfängen des kalifornischen Weinbaus Reben ein.

Schon gewusst?

Ein Denkmal am Portsmouth Square ehrt den schottischen Autor Robert Louis Stevenson.

9

Portsmouth Square

Q5 1, 41

Der traditionsreiche Platz wurde 1839 angelegt und bildete das gesellschaftliche Zentrum von Yerba Buena. Am 9. Juli 1846, kurz nachdem amerikanische Rebellen in Sonoma die Unabhängigkeit Kaliforniens von Mexiko erklärt hatten *(siehe S. 47)*, hissten Marinesoldaten auf diesem Platz die amerikanische Flagge und erklärten den Hafen zum Territorium der Vereinigten Staaten.

1848 verbreitete Samuel Brannan die Nachricht von Goldfunden in der Sierra Nevada. Danach wurde der Platz zum Mittelpunkt der expandierenden Stadt. In den 1860er Jahren verlagerte sich das Geschäftszentrum zur Bucht – der Platz verlor an Bedeutung.

Heute ist er das Zentrum von Chinatown. Die Einheimischen treffen sich morgens zum Tai-Chi und ab dem Mittag zum Kartenspiel.

10

Pacific Heritage Museum

R5 608 Commercial St
+1-415-399-1124
1, 8, 8AX, 8BX, 30X, 41
Di–Sa 10–16

Das Museum mit Wechselausstellungen asiatischer Kunst besteht aus zwei Gebäuden. Auf den Fundamenten von San Franciscos erster Münze baute William Appleton Potter 1875–77 eine Filiale des US-Schatzamts. In die alten Münzgewölbe kann

Autumn Moon Festival

Das jedes Jahr Anfang oder Mitte September veranstaltete Autumn Moon Festival in San Franciscos Chinatown hält die Tradition chinesischer Feste aufrecht, die gegen Ende des Sommers zum Dank für eine reiche Ernte stattfinden. Mitten in Chinatown gibt es eine Parade, Märkte mit vielen Ständen für Kunsthandwerk sowie Kampfkunstvorführungen. Bäckereien verkaufen traditionelle Mooncakes (Gebäck gefüllt mit Honig und roten Bohnen), Papierlaternen sorgen für stimmungsvolle Beleuchtung.

man durch einen Ausschnitt im Fußboden sehen oder mit dem Aufzug hinunterfahren.

1984 entwarfen die Architekten Skidmore, Owings und Merrill den 17-stöckigen Hauptsitz der Bank of Canton (heute East West Bank) und setzten ihn auf das bestehende Gebäude auf. Dabei wurde die Originalfassade im Erdgeschoss integriert.

11

Grant Avenue und Stockton Street

Q5 10, 12, 30, 45 California St sanfranciscochinatown.com

Die Grant Avenue ist heute die Hauptschlagader von San Franciscos Chinatown. Früher war sie die Hauptstraße von Yerba Buena, dem Dorf, aus dem sich San Francisco entwickelte. Am Haus Nr. 823 weist eine Tafel auf den Platz hin, an dem William A. Richardson und seine aus Mexiko stammende Frau, María Antonia Martínez, am 25. Juni 1835 ihre erste Behausung – ein Leinenzelt – errichteten. Vier Monate später war es bereits durch ein Holzhaus ersetzt worden, im folgenden Jahr stand hier ein Haus aus Adobe-Ziegeln, das Casa Grande genannt wurde.

Die Straße erhielt zuerst den Namen Calle de la Fundación (Gründungsstraße). Während des Goldrauschs Mitte des 19. Jahrhunderts kamen etwa 25 000 Chinesen nach San Francisco und ließen sich in diesem Viertel nieder. 1885 wurde die Straße in Grant Avenue umbenannt, nach Ulysses S. Grant, dem im selben Jahr verstorbenen US-Präsidenten. Die meisten Häuser entlang der Straße wurden nach dem Erdbeben von 1906 errichtet.

Heute wird die Grant Avenue von zahllosen Läden gesäumt, die vor allem Souvenirs verkaufen. Über der Straße hängen markante rote Laternen, die in den 1930er Jahren installiert wurden. Viele der früher hier ansässigen authentischeren Läden und Märkte sind von der Grant Avenue in die benachbarte Stockton Street umgezogen, die ein schöneres Einkaufserlebnis bietet.

In den Chinatown Alleys, den Gassen um Grant Avenue und Stockton Street, gibt es viele alte Gebäude mit Restaurants, Tempeln und Kräuterläden. Die größte, Waverley Place, ist für ihre bemalten Balkone bekannt.

Bars

Top of the Mark

Diese Cocktailbar im 19. Stock des Hotels InterContinental Mark Hopkins ist vor allem bei Sonnenuntergang ein beliebter Ort. Begehrt ist auch der Sonntagsbrunch (unbedingt reservieren!).

Q5 999 California St topofthemark.com

Tonga Room and Hurricane Bar

Lichterketten und Südseeklänge erzeugen in dieser Bar pazifisches Flair. Genießen Sie zu hawaiianischen Snacks einen Cocktail.

Q5 950 Mason St tongaroom.com

Grant Avenue mit ihren typischen roten Laternen; Körner, Kerne und Gewürze an einem Marktstand (Detail)

Spaziergang durch Chinatown

Länge 1,5 km **Bus** 8, 30, 45, 91 **Dauer** 25 Min.

Das touristische Chinatown liegt in der Grant Avenue. Hier gibt es mit Drachen verzierte Laternenpfähle, chinesische Dächer und bis unters Dach vollgestopfte Eisenwarengeschäfte. Die Einheimischen kaufen eher in der Stockton Street ein, wo Gemüse und Fisch am frischesten sind. In den Gassen dazwischen finden Sie traditionelle Tempel, Läden und familiengeführte Restaurants.

In der **Golden Gate Fortune Cookie Company** *(siehe S. 316f)* kann man bei der Herstellung von Glückskeksen zusehen.

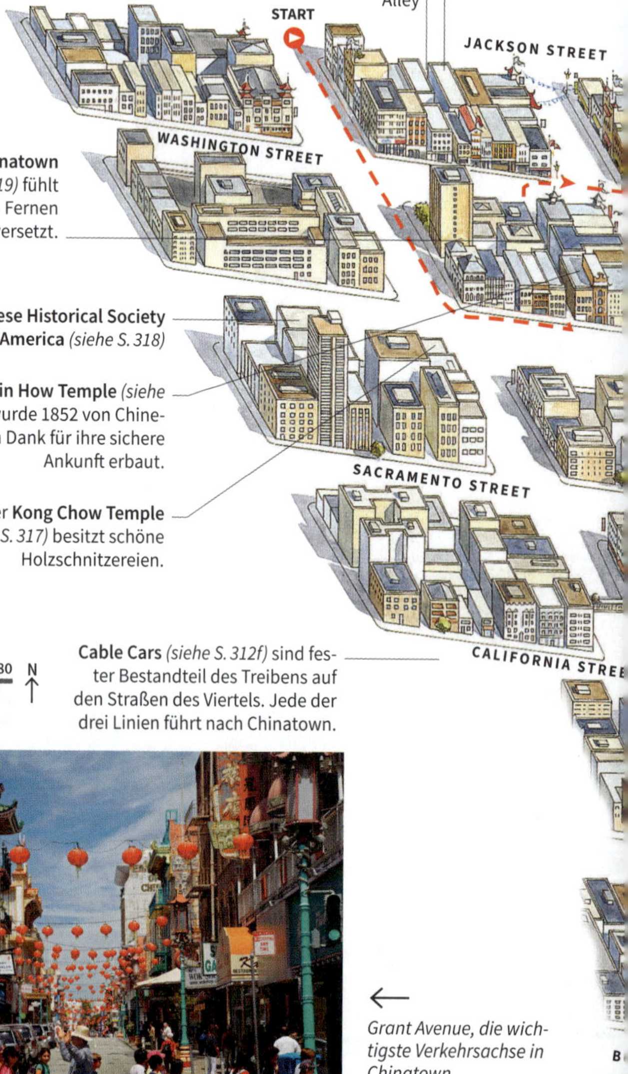

In den **Chinatown Alleys** *(siehe S. 319)* fühlt man sich in den Fernen Osten versetzt.

Chinese Historical Society of America *(siehe S. 318)*

Der **Tin How Temple** *(siehe S. 317)* wurde 1852 von Chinesen zum Dank für ihre sichere Ankunft erbaut.

Der **Kong Chow Temple** *(siehe S. 317)* besitzt schöne Holzschnitzereien.

Cable Cars *(siehe S. 312f)* sind fester Bestandteil des Treibens auf den Straßen des Viertels. Jede der drei Linien führt nach Chinatown.

0 Meter 80
0 Yards 80
N

← *Grant Avenue, die wichtigste Verkehrsachse in Chinatown*

Cable Cars sind in den Gassen Chinatowns ein vertrauter Anblick

Zur Orientierung

Siehe Stadtteilkarte S. 308f

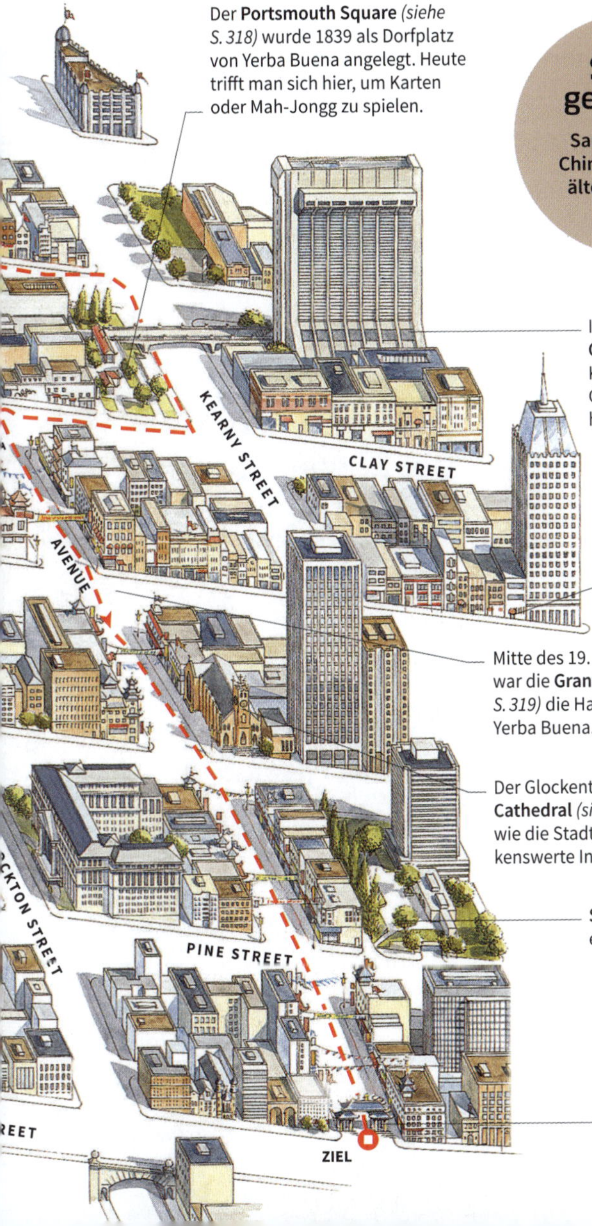

Der **Portsmouth Square** *(siehe S. 318)* wurde 1839 als Dorfplatz von Yerba Buena angelegt. Heute trifft man sich hier, um Karten oder Mah-Jongg zu spielen.

Schon gewusst?

San Franciscos Chinatown ist die älteste in Nordamerika.

Im **Chinese Cultural Center** gibt es eine Kunstgalerie und ein Geschäft mit Kunsthandwerk.

Das **Pacific Heritage Museum** *(siehe S. 318f)* zeigt Ausstellungen asiatischer Kunst.

Mitte des 19. Jahrhunderts war die **Grant Avenue** *(siehe S. 319)* die Hauptstraße von Yerba Buena.

Der Glockenturm von **Old St. Mary's Cathedral** *(siehe S. 316)* ist fast so alt wie die Stadt und trägt eine bedenkenswerte Inschrift.

St. Mary's Square ist eine Oase der Ruhe.

Chinatown Gateway *(siehe S. 316)*, das »Drachentor«, steht am Südeingang von Chinatown.

[illegible]gang [illegible] Hill

Länge [illegible] **Bus** 8, 30, 45, 91 **Dauer** 15 Min.

Von den Hügeln des Stadtzentrums ist der Nob Hill mit 103 Metern der höchste. Seine steilen Hänge waren für Kutschen kaum zu bewältigen, sodass vornehme Bürger das Viertel bis zur Eröffnung der Cable-Car-Linie 1878 mieden. Erst dann bauten reiche »(S)Nobs« hier ihre Häuser. Obwohl die Prachtvillen beim Erdbeben und Brand von 1906 vernichtet wurden, gibt es heute noch Luxushotels, die die Wohlhabenden anlocken.

The Pacific-Union Club, heute ein exklusiver Herrenclub, ist in der Villa des Comstock-Millionärs James Flood untergebracht.

Huntington Park nimmt das Gelände ein, auf dem Collis P. Huntingtons großes Anwesen stand.

Vorbild für die **Grace Cathedral** *(siehe S. 314f)* war Notre-Dame in Paris.

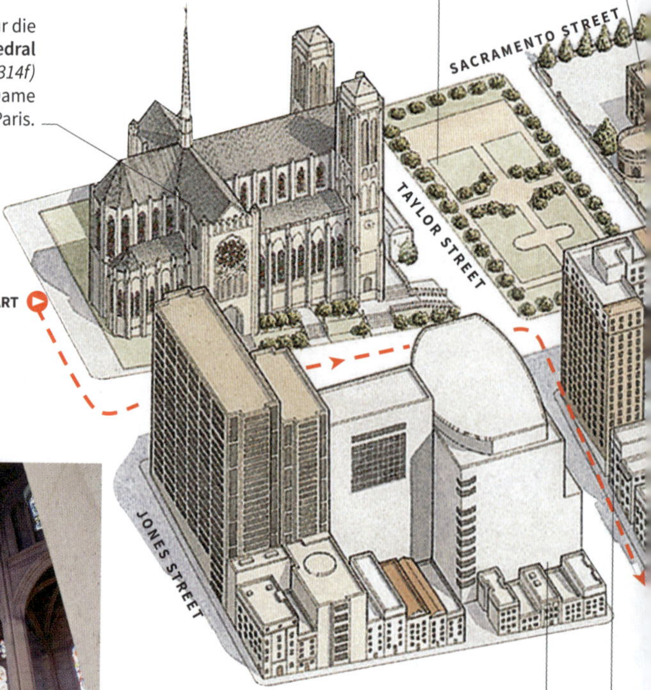

Das **Nob Hill Masonic Auditorium** ehrt die Freimaurer, die in amerikanischen Kriegen starben.

Huntington Hotel mit der Big Four Bar plus Restaurant lässt das üppige Leben der viktorianischen Ära auf dem Nob Hill wiederauferstehen.

← *Hohe Bleiglasfenster lassen viel Licht in den Innenraum der Grace Cathedral*

←

Lobby des Fairmont Hotel, einer der ersten Adressen am Nob Hill

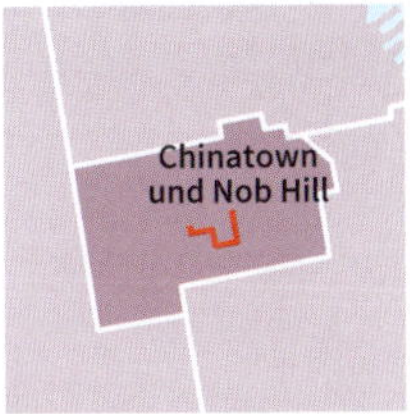

Zur Orientierung

Siehe Stadtteilkarte S. 308f

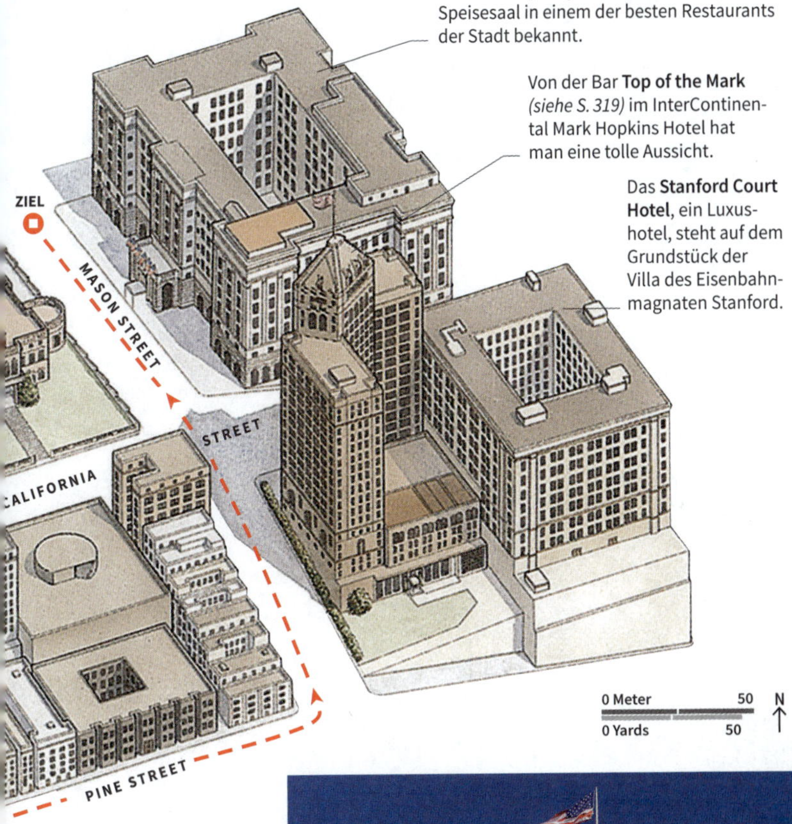

Das luxuriöse **Fairmont Hotel** ist für seine Marmor-Empfangshalle und den eleganten Speisesaal in einem der besten Restaurants der Stadt bekannt.

Von der Bar **Top of the Mark** *(siehe S. 319)* im InterContinental Mark Hopkins Hotel hat man eine tolle Aussicht.

Das **Stanford Court Hotel**, ein Luxushotel, steht auf dem Grundstück der Villa des Eisenbahnmagnaten Stanford.

→

Großartige Fassade des InterContinental Mark Hopkins Hotel

PIER 39

Blick über Fisherman's Wharf auf Alcatraz Island (siehe S. 328 – 331)

Fisherman's Wharf und North Beach

Zur Zeit des Goldrauschs Mitte des 19. Jahrhunderts verdienten chinesische und italienische Einwanderer an der Nordküste von San Francisco ihren Lebensunterhalt mit Fischfang und begründeten somit San Franciscos Fischindustrie. 1893 siedelte der aus Genua stammende Chocolatier Domingo Ghirardelli am heutigen Ghirardelli Square den Hauptsitz seiner Schokoladenfirma an. Seit den 1950er Jahren hat Tourismus die Fischindustrie als zentrale Einnahmequelle abgelöst – 1951 wurde der San Francisco Maritime National Historical Park gegründet, 1978 entstand der Vergnügungspark am PIER 39. Aber noch immer starten jeden Morgen Boote vom Hafen zu Angelausflügen.

Südlich von Fisherman's Wharf liegt North Beach, auch bekannt als »Little Italy«. Die italienische Einwanderung gewann nach dem Erdbeben von 1906 an Dynamik, immer mehr italienische Cafés, Bäckereien und Delikatessenläden entstanden auf vorher leeren Grundstücken. Baseballheld Joe DiMaggio wuchs in den 1920er Jahren in der Gegend auf, Lawrence Ferlinghetti eröffnete 1953 den City Lights Bookstore. Die noch immer betriebene Buchhandlung war Treffpunkt führender Vertreter der Beat Generation, einige ihrer Beatniks genannten Vertreter wie Allen Ginsberg und Gregory Corso lebten in North Beach. Heute zieht das Viertel Hipster und junge Berufstätige an, aber nur noch wenige Italo-Amerikaner leben hier.

M
N
P
Sausalito, Tiburon, Angel Island
Fisherman's Wharf und North Beach
1 Alcatraz Island
Alcatraz
Pier 33
San Francisco Bay
2
5 SS Jeremiah O'Brien
Pier 45
Pier 41
4 USS Pampanito
Musée Mécanique 8
Municipal Pier
Hyde Street Pier
Balclutha
Eureka
Pier 47
Seaman's Chapel
FISHERMAN'S WHARF
FISH ALLEY
Madame Tussauds und San Francisco Dungeon 6
Ripley's Believe It Or Not! Museum
JEFFERSON ST
The Cannery
Jones and Beach St
BEACH STREET
San Francisco Maritime National Historic Park 10
Fort Mason
Ghirardelli Square 7
12 Cartoon Art Museum
BEACH STREET
NORTH POINT STREET
MASON
POWELL
COLUMBUS AVENUE
BAY
VANDEWATER STREET
3
HYDE
BAY STREET
Russian Hill Park
FRANCISCO STREET
WATER ST
San Francisco Art Institute 11
CHESTNUT STREET
VAN NESS AVENUE
Lombard Street 13
Pacific Heights und Civic Center
Seiten 342–359
CHESTNUT STREET
LOMBARD STREET
LOMBARD ST
TAYLOR
LEAVENWORTH
SOUTHARD PL
GREENWICH STREET
GREENWICH STREET
LARKIN
JONES
FILBERT STREET
FILBERT STREET
HYDE STREET
UNION STREET
UNION STREET
GREEN STREET
GREEN STREET
Ina Coolbrith Park
4
GOUGH STREET
FRANKLIN STREET
RUSSIAN HILL
VALLEJO STREET
VALLEJO STREET
BROADWAY
Chinatown und Nob Hill
Seiten 306–323
PACIFIC AVENUE
Cable Car Museum
5

Fisherman's Wharf und North Beach

Highlights

1. Alcatraz Island
2. Exploratorium

Sehenswürdigkeiten

3. PIER 39
4. USS *Pampanito*
5. SS *Jeremiah O'Brien*
6. Madame Tussauds™ und San Francisco Dungeon
7. Ghirardelli Square
8. Musée Mécanique
9. The Beat Museum
10. San Francisco Maritime National Historical Park
11. San Francisco Art Institute
12. Cartoon Art Museum
13. Lombard Street
14. Coit Tower
15. Saints Peter and Paul Church
16. Levi's Plaza
17. Washington Square

Restaurants

① Crab Shacks
② Liguria Bakery
③ Mario's Bohemian Cigar Store Café
④ Caffè Trieste

Bars

⑤ Vesuvio Café
⑥ Tony Nik's

Shopping

⑦ City Lights Bookstore

1

Alcatraz Island

P1 Pier 33 +1-415-561-4900 tägl. (Details den Websites entnehmen) 1. Jan, Thanksgiving, 25. Dez nps.gov/alcatraz alcatrazcruises.com

Beim Blick von der Küste und bei der Anfahrt mit dem Schiff auf die vorgelagerte felsige Insel spürt man noch heute die Trostlosigkeit des wie eine Festung wirkenden Gefängnisses.

Alcatraz ist das spanische Wort für Pelikan und eine Reminiszenz an die ersten Bewohner der felsigen, steil abfallenden Insel fünf Kilometer östlich vom Golden Gate. 1859 errichtete die US-Armee hier eine Festung, die die San Francisco Bay bis 1907 schützte. Später wurde sie zum Militärgefängnis. Von 1934 bis 1963 diente dieses als Hochsicherheitsgefängnis. Bis 1969 stand es leer. Dann wurde die Insel von Mitgliedern der Indians of All Tribes (IAT) besetzt. Die Gruppe wurde 1971 vertrieben. Heute gehört Alcatraz zum Erholungsgebiet Golden Gate National Recreation Area.

Der Leuchtturm überragt die Felseninsel ↑

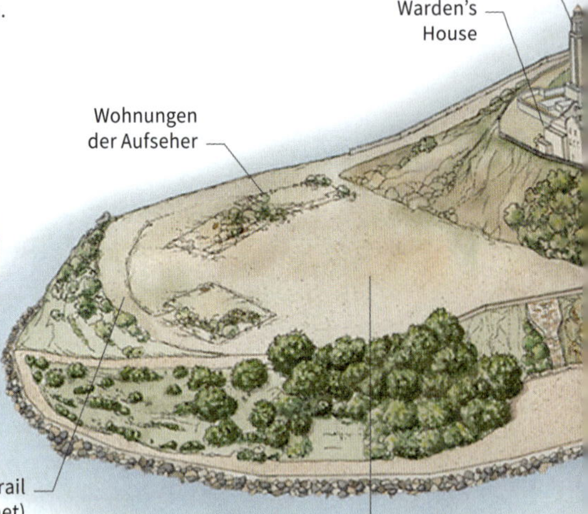

Schon gewusst?

In den 29 Jahren, in denen das Gefängnis in Betrieb war, gab es 14 Fluchtversuche.

Chronik

1775

△ Der spanische Entdecker Juan de Ayala nennt die Insel nach den dort lebenden Pelikanen Alcatraz

1848

△ John Fremont, Militärgouverneur von Kalifornien, kauft Alcatraz

1850

Präsident Fillmore erklärt Alcatraz zum Militärgebiet

1854

▽ Erster Pazifik-Leuchtturm

1859

△ Fertigstellung von Fort Alcatraz mit 100 Kanonen und 300 Mann Besatzung

Highlight

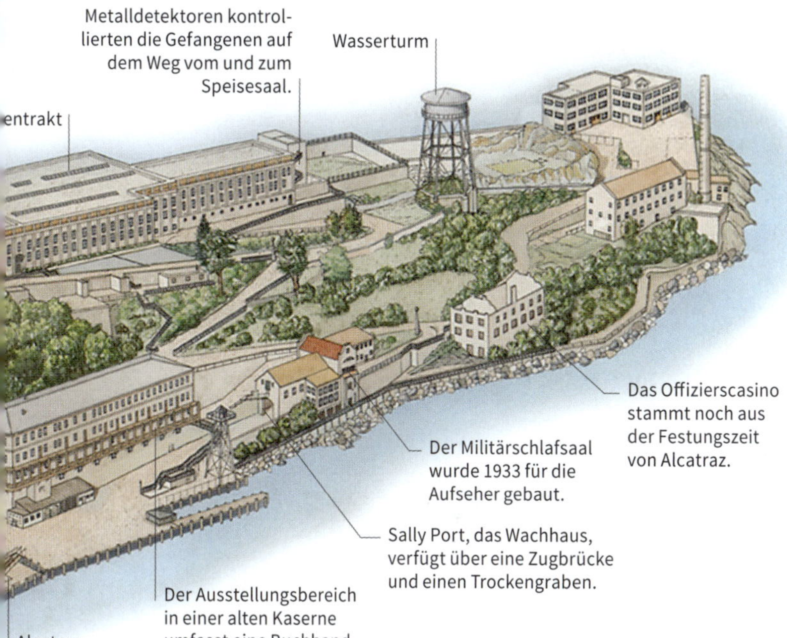

↑ *Alcatraz Island mit dem Gefängnis*

1909
▽ Militärgefangene bauen den Zellentrakt

1934
△ Der Staat macht aus Alcatraz ein Zivilgefängnis

1962
▽ Frank Morris und die Brüder Anglin entkommen

1963
Gefängnisschließung

1972
△ Alcatraz wird Nationalpark

Alcatraz: Gefängnis

Das Hochsicherheitsgefängnis auf der Insel Alcatraz wurde von der US-Armee »The Rock« (Felsen) genannt. Durchschnittlich waren hier 264 Kriminelle untergebracht, die wegen Ungehorsams in einem anderen Gefängnis der USA nach Alcatraz strafversetzt wurden. Die strenge Disziplin in diesem Gefängnis wurde mit harten Strafen durchgesetzt: Isolierzelle, Verlust der Privilegien, Freizeitentzug, Bibliotheksverbot oder keine Besuchserlaubnis.

Expertentipp
Planung

Tickets für Alcatraz werden 90 Tage im Voraus verkauft, für den Sommer sind sie besonders schnell vergriffen. Nehmen Sie Jacke oder Pullover mit, auf der Insel kann es viel kälter als auf dem Festland sein.

↑ *Dem Gang, der Block B von Block C trennte, gaben die Gefangenen den Namen Broadway*

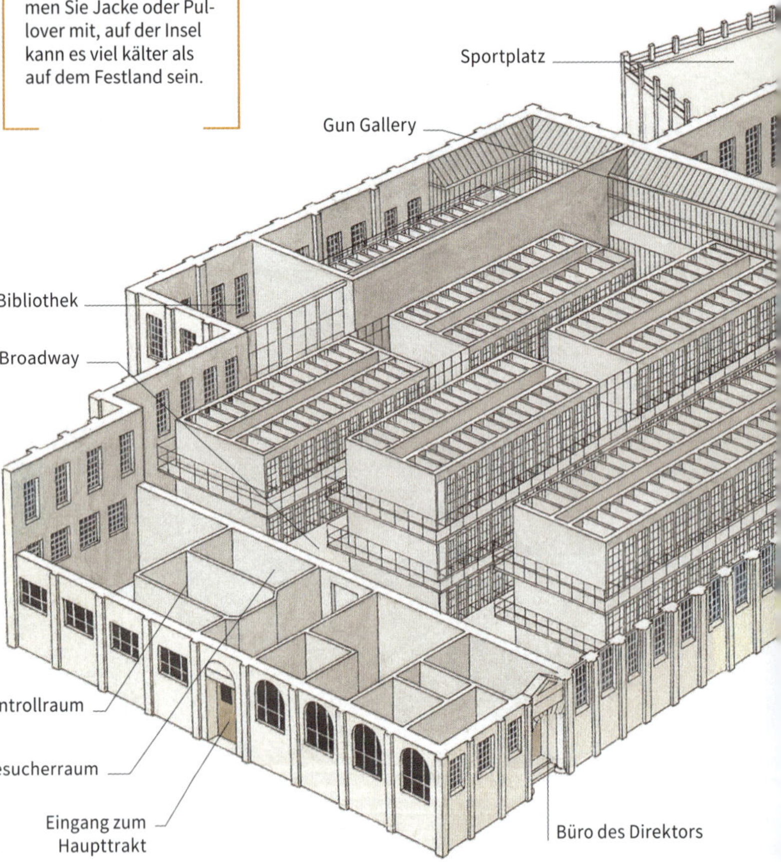

↑ *Illustration des Bundesgefängnisses Alcatraz*

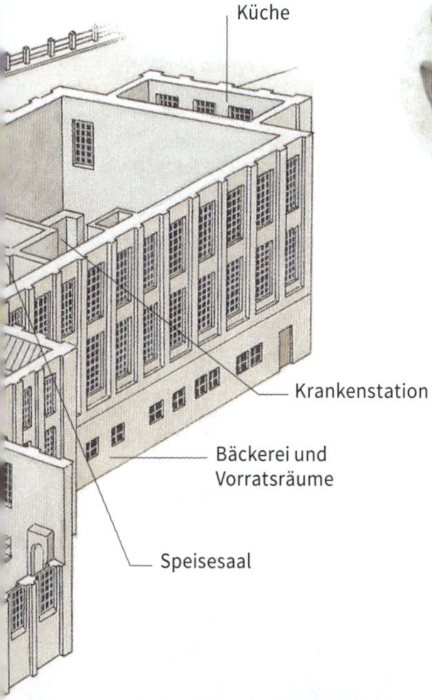

↑ *In der Gefängnisküche neben dem Speisesaal wurde das Essen zubereitet*

Highlight

Berühmte Insassen

Al Capone

▷ Al »Scarface« (Narbengesicht) Capone wurde 1934 wegen Steuerhinterziehung eingesperrt. Die meiste Zeit verbrachte er in einer Isolierzelle der Krankenstation. Er verließ das Gefängnis in psychisch labilem Zustand.

Robert Stroud

◁ Seine gesamte Gefangenschaft (17 Jahre) war Stroud in Einzelhaft. Trotz gegenteiliger Darstellung in dem Film *Der Gefangene von Alcatraz* (1962) durfte er keine Vögel in seiner Zelle halten.

Carnes, Thompson, und Shockley

Im Mai 1946 überwältigten Gefangene unter der Führung von Clarence Carnes, Marion Thompson und Sam Shockley die Wärter. Ein Ausbruch gelang ihnen aber nicht. Drei Insassen und zwei Wärter wurden getötet. Carnes erhielt zusätzlich lebenslänglich, Shockley und Thompson wurden als Anführer des Aufstands im Gefängnis San Quentin hingerichtet.

Anglin Brothers

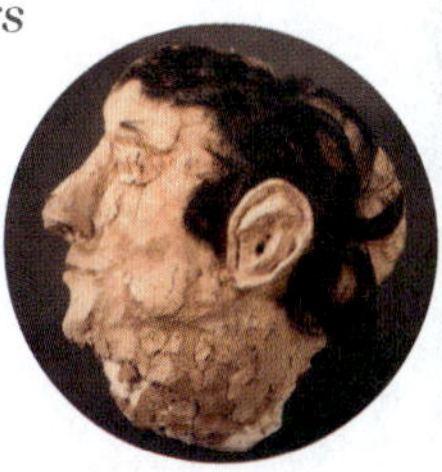

▷ John und Clarence Anglin sowie Frank Morris kratzten sich durch die Rückwände ihrer Zellen, legten Gipsköpfe in ihre Betten und bauten ein Floß, um zu entkommen. Sie wurden nie gefasst. Ihre Flucht lieferte die Vorlage zu dem Film *Flucht von Alcatraz* (1979).

George Kelly

▷ »Maschinengewehr« Kelly war einer der gefürchtetsten Insassen. Er saß 17 Jahre wegen Entführung und Erpressung ab.

2

Exploratorium

R3 Pier 15 +1-415-528-4444 1, 2, 6, 10, 12, 14, 21, 31, 38, 41 E, F Embarcadero Mi–Sa 10–17, So 12–17 exploratorium.edu/visit

Allein schon mit kuriosen Namen einzelner Ausstellungen wie etwa Tinkering Studio und Tactile Dome zieht das Exploratorium Besucher in seinen Bann. Hier ist Mitmachen angesagt. Das Themenspektrum reicht von der Erforschung menschlichen Verhaltens über Geografie der Region bis zu physikalischen Phänomenen.

Seit 1969 begeistert das Wissenschaftsmuseum Besucher jeden Alters mit seinen kreativen Exponaten. Das Museum arbeitet mit interaktiven Darstellungen und ermuntert zu spielerischem Lernen, um die Neugierde der Besucher anzuregen und ihnen Wissenswertes über ein breites Themenspektrum zu vermitteln. Erfahren Sie, wie Reflexe funktionieren, wie bestimmte Gene von Eltern an Kinder weitervererbt werden, und untersuchen Sie Mikroorganismen und ihre Biotope in der Bay Area. Verwenden Sie nur Ihren Tastsinn, um den Weg aus dem Tactile Dome zu finden, einem dunklen Netzwerk aus Kammern und Labyrinthen. Wenn Sie nach dieser Aufregung eine kurze Pause brauchen – die Fisher Bay Observatory Gallery und die Terrasse bieten grandiose Ausblicke auf die Bay.

Zu den vielfältigen Veranstaltungen des Museums gehören ein geführter Spaziergang während des höchsten Wasserstands im Jahresverlauf (»King Tide«). Donnerstagabends ist das Museum im Rahmen des After Dark Thursday nur für Erwachsene geöffnet.

→

Impressionen mit farbigem Licht in der Bechtel Gallery; Kind beim Seifenblasen (Detail)

Highlight

Kurzführer

Die Ausstellungen gliedern sich in fünf Bereiche. Die Bernard and Barbro Osher Gallery 1 enthält die Ausstellung Human Phenomena zu Themen wie Emotionen und menschliches Verhalten. In Gallery 2 (Tinkering Studio) können Besucher eigene Exponate bauen, in der Bechtel Gallery 3 geht es um Sehen und Hören, Gallery 4 widmet sich lebenden Systemen. Gallery 5 (im Freien) und Fisher Bay Observatory Gallery auf der oberen Ebene decken Naturwissenschaften, Geografie und Geschichte ab.

↑ *Blick vom Exploratorium auf Downtown San Francisco*

SEHENSWÜRDIGKEITEN

3

PIER 39

Q2 25 in der Regel tägl. 10–21 (Details der Website entnehmen) pier39.com

Die Landungsbrücke von 1905 wurde 1978 in einen ausgedehnten Vergnügungspark umgewandelt, der einem malerischen Fischerdorf nachempfunden ist. Auf zwei Ebenen sind Andenkenläden und Spezialitätengeschäfte untergebracht. Die Darbietungen der Straßenkünstler und Attraktionen wie das Karussell, die Spiele in der Riptide Arcade, der Turbo Ride und das Aquarium of the Bay mit mehr als 20 000 Lebewesen sind bei Familien beliebt.

Im Sea Lion Center erleben Sie die berühmtesten Bewohner des Piers: Zu den Exponaten zählen das Skelett eines Seelöwen und interaktive Videos.

4

USS Pampanito

P2 Pier 45 8X, 47 F tägl. 9–18 (an manchen Tagen länger) maritime.org

Das U-Boot überstand im Zweiten Weltkrieg mehrere schwere Gefechte im Pazifischen Ozean, versenkte sechs feindliche Schiffe und beschädigte zahlreiche andere. Tragischerweise waren darunter auch zwei Schiffe mit britischen und australischen Kriegsgefangenen.

Auf der anderen Seite konnte die *Pampanito* aber 73 Männer retten und in die Vereinigten Staaten in Sicherheit bringen. Das Schiff ist während einer Führung zu besichtigen: mit Torpedokammer, winziger Kombüse und den Offiziersquartieren. Beim Einsatz der *Pampanito* taten dort zehn Offiziere und rund 70 Mannschaftsmitglieder Dienst.

Restaurant

Crab Shacks

Wenn Sie Fisherman's Wharf in der Krabbensaison (Nov–Juni) besuchen, genießen Sie Krabbengerichte in den Shacks (Hütten) entlang der Taylor Street.

P2 Taylor St (nördl. Ende)

$$$

5

SS Jeremiah O'Brien

P2 Pier 45
Fr–So 10–17
ssjeremiahobrien.org

Das Schiff am Pier 45 ist das letzte *Liberty*-Kriegsschiff – eines von 2710 in den USA gebauten Schiffen, die im Zweiten Weltkrieg im Einsatz waren. Die SS *Jeremiah*

→ *Backsteingebäude am Eingang zum Ghirardelli Square*

O'Brien ist nach dem ersten Amerikaner benannt, dem es gelang, im Unabhängigkeitskrieg ein britisches Schiff zu erobern. Insgesamt sieben Mal umrundete das Schiff die Erde, bevor es an seinen festen Platz kam. Doch erst nach 33 Jahren wurde es restauriert und ist nun eindrucksvolles Dokument des Marinelebens. Ein Besuch des SS *Jeremiah O'Brien* lohnt sich vor allem am 4. Juli, denn von hier hat man einen unvergleichlichen Ausblick auf das Feuerwerk.

6

Madame Tussauds™ und San Francisco Dungeon

P2 145 Jefferson St 32 F Mo – Do 10 – 19, Fr – So 10 – 20 madame tussauds.com/sanfrancisco

Nachdem die Familie Fong rund 50 Jahre lang das Wax Museum betrieben hatte, übergab sie dessen Schlüssel den Betreibern von Madame Tussauds™, die mehrere Wachsfigurenkabinette auf der ganzen Welt unterhalten. 2014 erfolgte die Neueröffnung. Nach wie vor können Besucher hier über Wachsfiguren von Berühmtheiten aus Sport, Musik, Film, Fernsehen und anderen Bereichen staunen.

In dem Gebäude ist auch San Francisco Dungeon untergebracht, wo man sich auf eine Zeitreise durch dunkle Kapitel der Stadt begeben kann (nur für starke Nerven geeignet).

← *Bronze einer riesenhaften Krabbe am Eingang von PIER 39*

7

Ghirardelli Square

N3 900 North Point St 19, 30, 47, 49 F Powell – Hyde Zeiten der Website entnehmen ghirardellisq.com

Die frühere Schokoladenfabrik und Wollweberei ist die am schönsten umgebaute Fabrik der Stadt. Hier bilden die alten roten Backsteingebäude mit der modernen Architektur eine gelungene Einheit.

Der Original Ghirardelli Ice Cream & Chocolate Shop ist ein Café mit alten Geräten und Maschinen zur Herstellung von Schokolade. Der Ghirardelli Chocolate Marketplace verkauft Süßwaren, die jetzt in San Leandro hergestellt werden. Das Markenzeichen der Fabrik, der Ghirardelli-Glockenturm, und die Originalleuchtschrift auf dem Dach blieben erhalten.

Ghirardelli Chocolate

Schokolade von Ghirardelli ist berühmt. Ihr Erfinder, Domingo Ghirardelli, kam 1849 aus Italien in die USA. Mit seinem Know how entwickelte er das so genannte Broma-Verfahren. Bei dieser Technik der Schokoladenveredelung wird Kakaobutter von der Kakaotrockenmasse getrennt, um eine glatte, aromatische Schokolade herzustellen.

8

Musée Mécanique

P2 Pier 45 Ende der Taylor St 1 E, F tägl. 10 – 20 museemecaniquesf.com

Kinder und Erwachsene werden die Spielautomaten aus dem frühen 20. Jahrhundert bewundern – und können daran auch aktiv werden. Die in Privatbesitz befindliche Sammlung zählt zu den weltweit größten ihrer Art. Sie umfasst über 300 Objekte, darunter neben klassischen Spielautomaten auch frühe Exemplare von Flippern, nach Einwurf einer Münze spielende Klaviere, sprechende Figuren und mehr.

Lange Zeit waren hier nur junge Einheimische zu Gast. Mittlerweile kommen auch Besucher San Franciscos gern in dieses nostalgische Museum.

Der Eintritt ist frei, die Kosten für das Spielen reichen von einem Cent bis zu einem Dollar.

9

The Beat Museum

Q4 540 Broadway 30, 41, 45 Do–Mo 10–19 kerouac.com

Das Museum widmet sich der Beat-Bewegung der 1950er Jahre. Es präsentiert Memorabilien von Künstlern der Beat-Generation, darunter Fotos, Bücher, Plattencover, Magazine und Briefe. Zu den Highlights der Sammlung gehört eines der seltenen Exemplare von Allen Ginsbergs 1956 erschienenem Buch *Howl and Other Poems*. Überhaupt wird auf Ginsbergs Gedicht *Howl* starker Bezug genommen.

10

San Francisco Maritime National Historical Park

N3 900 Beach St Ecke Polk St 10, 19, 30, 47 Powell–Hyde tägl. 9:30–17 nps.gov/safr

Das 1939 fertiggestellte Gebäude, in das 1951 das Aquatic Park Bathhouse einzog, erinnert an einen Ozeandampfer. Zu sehen ist eine interessante Sammlung von Schiffsmodellen, nautischen Instrumenten, Gemälden und Fotos.

Ganz in der Nähe – am Hyde Street Pier – liegt die USA-weit größte Sammlung alter Schiffe vor Anker. Zu den bekanntesten gehört die *SS Balclutha*, ein Dreimaster, der insgesamt 17-mal Kap Hoorn passierte. Diese Landspitze an der südlichen Spitze Südamerikas stellt Kapitäne bei der Navigation eines Schiffs vor große Herausforderungen.

Am Pier liegt zudem die *Eureka*, eine 2320 Tonnen schwere Fähre mit Schaufelradantrieb. Sie wurde 1890 gebaut und beförderte Züge zwischen dem Pier und den Bezirken nördlich von San Francisco. Mit einem Fassungsvermögen von rund 120 Autos und 2300 Passagieren war sie die größte Fähre ihrer Zeit.

> Entdeckertipp
> **Beat Generation**
> Jack Kerouac, Vertreter der Beat Generation, hat nie wirklich in San Francisco gelebt, sein Name ist aber fest mit der Stadt verbunden. Eine Gasse südlich des City Lights Bookstore wurde 2007 nach ihm benannt und zeigt der Beat Generation gewidmete Gedenktafeln.

11

San Francisco Art Institute

P3 800 Chestnut St 30, 45, 91 sfai.edu

Die Kunstakademie von San Francisco wurde 1871 gegründet und befand sich zunächst in der Holzvilla des Eisenbahnmagnaten Mark Hopkins auf dem Nob Hill. Das Anwesen fiel 1906 den Flammen zum Opfer.

Heute ist die Akademie in einem auch architektonisch interessanten Gebäude im spanischen Kolonialstil von 1926 untergebracht – mit Kreuzgängen, einem Springbrunnen und einem Glockenturm. 1969 erhielt dieses einen modernen Anbau. Links vom Haupteingang befindet sich die **Diego Rivera Gallery**, benannt nach dem mexikanischen Künstler. Das Art Institute bietet Wechselausstellungen (u. a. Design, zeitgenössische Fotografie und Technologie).

Diego Rivera Gallery
tägl. 9–17 Feiertage sfai.edu/exhibitions-public-events/diego-rivera-gallery

Balclutha, eine Attraktion im San Francisco Maritime National Historical Park ↓

Autos auf der sich in engen Kurven windenden Lombard Street ↑

⓬

Cartoon Art Museum

N3 781 Beach St
Do–Di 11–17
cartoonart.org

Das in einem 1912 fertiggestellten Gebäude untergebrachte Cartoon Art Museum beleuchtet die bunte Welt der Comics. Unter den rund 7000 ausgestellten Exponaten finden sich Karikaturen, Graphic Novels, Cartoons und vieles mehr von Warner Bros. und Walt Disney. Geradezu legendären Comic-Helden wie Snoopy und Donald Duck wird viel Platz eingeräumt.

Teilnehmer der gelegentlich stattfindenden Workshops können Geschichten zu einzelnen Comics erfinden. Das Museum ist klein, bietet aber einen guten Überblick über die weite Welt der Cartoons. Dienstags ist der Eintrittspreis flexibel, die Besucher können entscheiden, wie viel sie bezahlen möchten.

⓭

Lombard Street

N3 45 Powell–Hyde

Mit einem Gefälle von 27 Prozent war Russian Hill zu steil für Fahrzeuge. In den 1920er Jahren wurde der Teil der Lombard Street nahe dem Gipfel des Russian Hill erneuert und das Gefälle durch acht Kurven entschärft.

Autos können auf der »kurvenreichsten Straße der Welt« nur abwärts und mit 8 km/h fahren. Für Fußgänger gibt es Treppen. Von der Kuppe aus genießt man eine fantastische Sicht auf San Francisco und die Bucht.

Shopping

City Lights Bookstore
Die 1953 vom Autor Lawrence Ferlinghetti gegründete Buchhandlung war Treffpunkt der Beat Generation *(siehe S. 336)*. Beim Stöbern in den Regalen fühlt man sich leicht in die 1960er Jahre zurückversetzt. Im Obergeschoss liegt der Fokus auf Lyrik. Dort kann man es sich in einer der vielen bequemen Ecken mit einem Buch in der Hand gemütlich machen.

Q4 261 Columbus Ave citylights.com

14 Coit Tower

Q3 Telegraph Hill Blvd
39 Mai – Okt: tägl. 10 – 18; Nov – Apr: tägl. 10 –17
sfrecpark.org

Auf der 86 Meter hohen Spitze des Telegraph Hill wurde 1933 der Coit Tower errichtet, finanziert mit dem Geld, das Lillie Hitchcock Coit, eine exzentrische Pionierin und Philanthropin, der Stadt hinterlassen hatte. Der Rundblick von der per Lift erreichbaren Aussichtsplattform über die Bucht ist absolut eindrucksvoll.

In der Lobby des Turms sieht man Wandbilder *(siehe S. 372f)*. Sie wurden 1934 durch ein Regierungsprogramm gesponsert, das Künstlern während der Wirtschaftskrise zu Lohn und Brot verhelfen sollte. 25 Künstler arbeiteten hier an der Darstellung des modernen Lebens in Kalifornien. Viele Gesichter tragen die Züge der Künstler – und die von Colonel William Brady, dem Hausmeister des Coit Tower. Die politische Ausrichtung des Förderprogramms führte zu Kontroversen, weshalb die Einweihung erst verspätet stattfand.

Vom Telegraph Hill Boulevard führen die Filbert Steps hinab. Entlang dieser Treppe aus Holz, Ziegeln und Beton wachsen Fuchsien, Rhododendren und Bougainvilleen. Von hier hat man einen großartigen Panoramablick. Etwa parallel zu den Filbert Steps verläuft die Treppe an der Greenwich Street mit ihren üppig bepflanzten Gärten, auch von ihr hat man eine traumhafte Aussicht. Bei einem Spaziergang die eine Treppe hinauf und die andere hinunter genießt man die gesamte Pracht.

15 Saints Peter and Paul Church

Q3 666 Filbert St
8X, 30, 39, 45 Powell – Mason tägl. 7:30 –16
salesiansspp.org

Die große Kirche im Herzen von North Beach wird auch »italienische Kathedrale« genannt. Das eindrucksvolle Bauwerk, das Charles Fantoni entworfen hatte, besitzt eine Fassade im italienischen Stil und einen Innenraum mit zahlreichen Säulen und reich verziertem Altar. Die Beton-Stahl-Konstruktion der Kirche mit ihren die gesamte Umgebung überragenden Zwillingstürmen wurde 1924 vollendet.

←
Coit Tower mit faszinierenden Wandmalereien im Eingangsbereich (Detail), *die Alltagsszenen darstellen*

↑ *Saints Peter and Paul Church, die »italienische Kathedrale«*

Cecil B. De Mille filmte die Arbeiter, die am Fundament der Kirche bauten, und verwendete die Szene für den Tempelbau von Jerusalem in seinem Film *Die Zehn Gebote* aus dem Jahr 1923.

16

Levi's Plaza

R3 10, 12, 39, 42, F

An diesem Platz befindet sich die Hauptniederlassung des Jeansherstellers Levi Strauss & Co. Der Platz wurde 1982 von Lawrence Halprin gestaltet und sollte an die lange kalifornische Geschichte der Firma erinnern. Er ist mit Granitblöcken bestückt und wird von einem künstlichen Bach durchschnitten. Dies soll die Schluchten der Sierra Nevada symbolisieren, in denen jene Bergleute arbeiteten, die erstmals Jeans trugen.

Jeans mehrerer Generationen sind in der Lobby des Levi's Plaza Store ausgestellt, das angrenzende Museum The Vault dokumentiert die Entwicklung der Jeans von 1873 bis heute.

Levi Strauss und die Jeans

Beim Goldrausch *(siehe S. 47)* wurden die ersten Jeans in San Francisco hergestellt. In den 1860er Jahren begann der Oberfranke Levi Strauss, Arbeitshosen aus blauem Segeltuch zu fertigen und sie an Bergleute zu verkaufen. Als die Firma um 1870 begann, die stark beanspruchten Nahtstellen der Hosen mit Metallnieten zu verstärken, stieg die Nachfrage enorm. Levi's Jeans werden schon lange weltweit getragen.

17

Washington Square

Q4 8BX, 8X, 30, 39, 41, 45, 91 Powell – Mason

Der Platz besteht aus einer von Bäumen umrahmten Rasenfläche. Die nahezu südländische Atmosphäre entspricht dem Flair von »Little Italy«. In der Mitte des Platzes steht eine Statue von Benjamin Franklin. Eine Kapsel mit Zeitzeugnissen wurde 1979 darunter vergraben, die 2079 geöffnet werden soll. Sie enthält angeblich eine Jeans, eine Flasche Wein und ein Gedicht von Lawrence Ferlinghetti, einem der berühmten Poeten der Beat-Generation *(siehe S. 336)*.

Restaurants

Liguria Bakery

In der traditionsreichen italienischen Bäckerei wird Focaccia z. B. mit schwarzen Oliven gefüllt oder mit Kräutern wie Rosmarin bestreut.

Q3 1700 Stockton St So

$$$

Mario's Bohemian Cigar Store Café

Gesunde Hausmannskost lockt zahlreiche Stammkunden in dieses italienische Lokal.

Q4 566 Columbus Ave

$$$

Caffè Trieste

Francis Ford Coppola schrieb hier Passagen des Drehbuchs für *Der Pate*. Lassen Sie sich bei einem Espresso von der Atmosphäre inspirieren.

Q4 601 Vallejo St caffetrieste.com

$$$

Bars

Vesuvio Café

Jack Kerouac und Allen Ginsberg waren Stammgäste in dieser Café-Bar mit Künstlerflair.

Q4 255 Columbus Ave vesuvio.com

Tony Nik's

Die Bar überzeugt vor allem mit nostalgischem Ambiente und klassischen Cocktails.

Q4 1534 Stockton St tonyniks.com

Spaziergang in Fisherman's Wharf

Länge 1,5 km **Tram** E, F **Dauer** 25 Min.

In diesem pulsierenden Stadtviertel – dem Zentrum der Fischerei San Franciscos – liegt der Fokus auf Gastronomie, Shopping und Entertainment. Kosten Sie eines der Gerichte mit *dungeness crabs* (Taschenkrebsen), die von November bis Juni in Restaurants und an Imbissständen angeboten werden. Beobachten Sie Fischer bei der Arbeit, besuchen Sie die Museen, und stöbern Sie in den Läden. Die Werft ist Ausgangspunkt für Schifffahrten in der Bucht. Tickets nach Alcatraz Island können an Pier 33 gekauft werden.

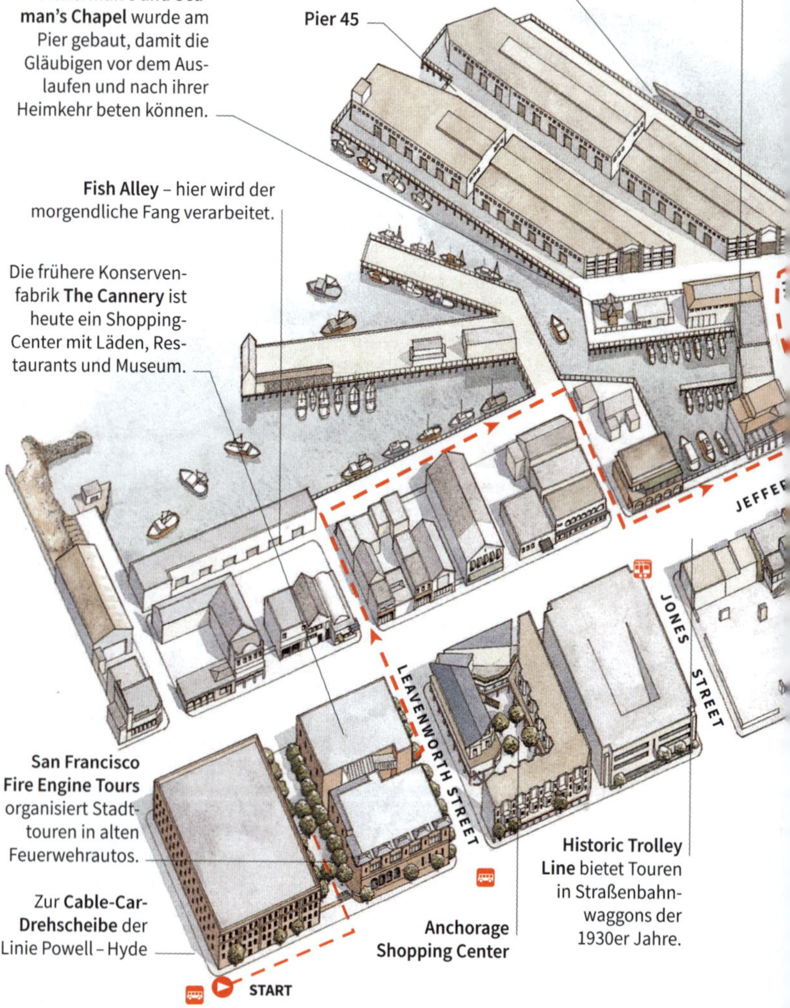

Schon gewusst?

Fisherman's Wharf verzeichnet mehr Besucher als die Golden Gate Bridge und Chinatown.

Seelöwen aalen sich ab Januar auf den Bootsstegen von PIER 39 in der Sonne – eine Attraktion für Besucher, zum Ärger für Bootfahrer.

Zur Orientierung
Siehe Stadtteilkarte S. 326f

Tickets für **Blue & Gold Fleet** und Ausflugsfahrten

Die Boudin Sourdough Bakery backt das herzhafte Sauerteigbrot, für das San Francisco bekannt ist. Sie können es hier kaufen und dann ins Museum gehen.

Tickets für **Red & White Fleet**

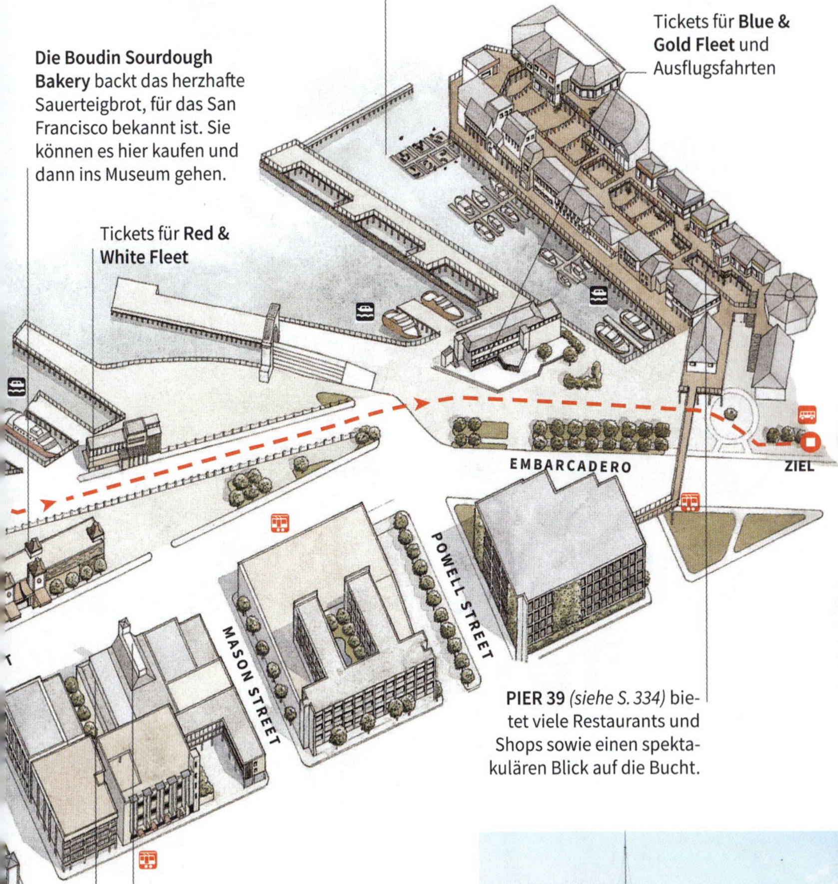

PIER 39 *(siehe S. 334)* bietet viele Restaurants und Shops sowie einen spektakulären Blick auf die Bucht.

Etwa 300 lebensgroße Wachsfiguren lebender und verstorbener Persönlichkeiten erwarten den Besucher bei **Madame Tussauds™** *(siehe S. 335)*.

Ripley's Believe It Or Not! Museum *(siehe S. 101)* präsentiert eine Auswahl der Kuriositätensammlung des bekannten Cartoonisten.

→

Seelöwen auf Holzstegen am PIER 39 vor einem Touristenboot

0 Meter 100 N
0 Yards 100

Viktorianische Häuser in Pacific Heights (siehe S. 356f)

Pacific Heights und Civic Center

Pacific Heights entstand in den 1880er Jahren, nachdem es durch die Cable Cars eine Verbindung zum Stadtzentrum gab. Wegen der fantastischen Aussicht wurde es schnell zu einem begehrten Wohnviertel, elegante viktorianische Häuser säumen die von Bäumen beschatteten Straßen. Die Gebäude an den nördlich des Broadway steil abfallenden Straßen wurden auf dem Marschland gebaut, das für die Panama-Pazifik-Ausstellung von 1915 trockengelegt wurde. Heute ist Pacific Heights nicht nur wegen seiner noblen Boutiquen und Restaurants in der Fillmore Street eines der teuersten Viertel der USA.

Nach dem Erdbeben von 1906 wurde südlich von Pacific Heights das Civic Center angelegt. Hier sind einige der bedeutendsten Bauwerke der Stadt versammelt. Im 1934 vollendeten 50 United Nations Plaza Federal Office Building wurde 1945 die UN-Charta unterzeichnet, ebenso wie 1951 der Friedensvertrag von San Francisco, der den Pazifikkrieg endgültig beendete. Heute ist das Civic Center Sitz des Obersten Gerichtshofs von Kalifornien und Regierungssitz der Stadt und des County San Francisco.

Pacific Heights und Civic Center

Highlights

❶ Asian Art Museum
❷ Fort Mason

Sehenswürdigkeiten

❸ Palace of Fine Arts
❹ Spreckels Mansion
❺ Haas-Lilienthal House
❻ Wave Organ
❼ Fillmore District
❽ Japantown
❾ Cow Hollow
❿ African American Art and Culture Complex
⓫ Octagon House
⓬ Bill Graham Civic Auditorium
⓭ San Francisco War Memorial and Performing Arts Center
⓮ Cathedral of St. Mary of the Assumption
⓯ Alamo Square
⓰ City Hall
⓱ Hayes Valley

Restaurants

① Jane on Fillmore
② Café Boho
③ Nopa
④ State Bird Provisions

Bars

⑤ The Snug
⑥ The Tipsy Pig

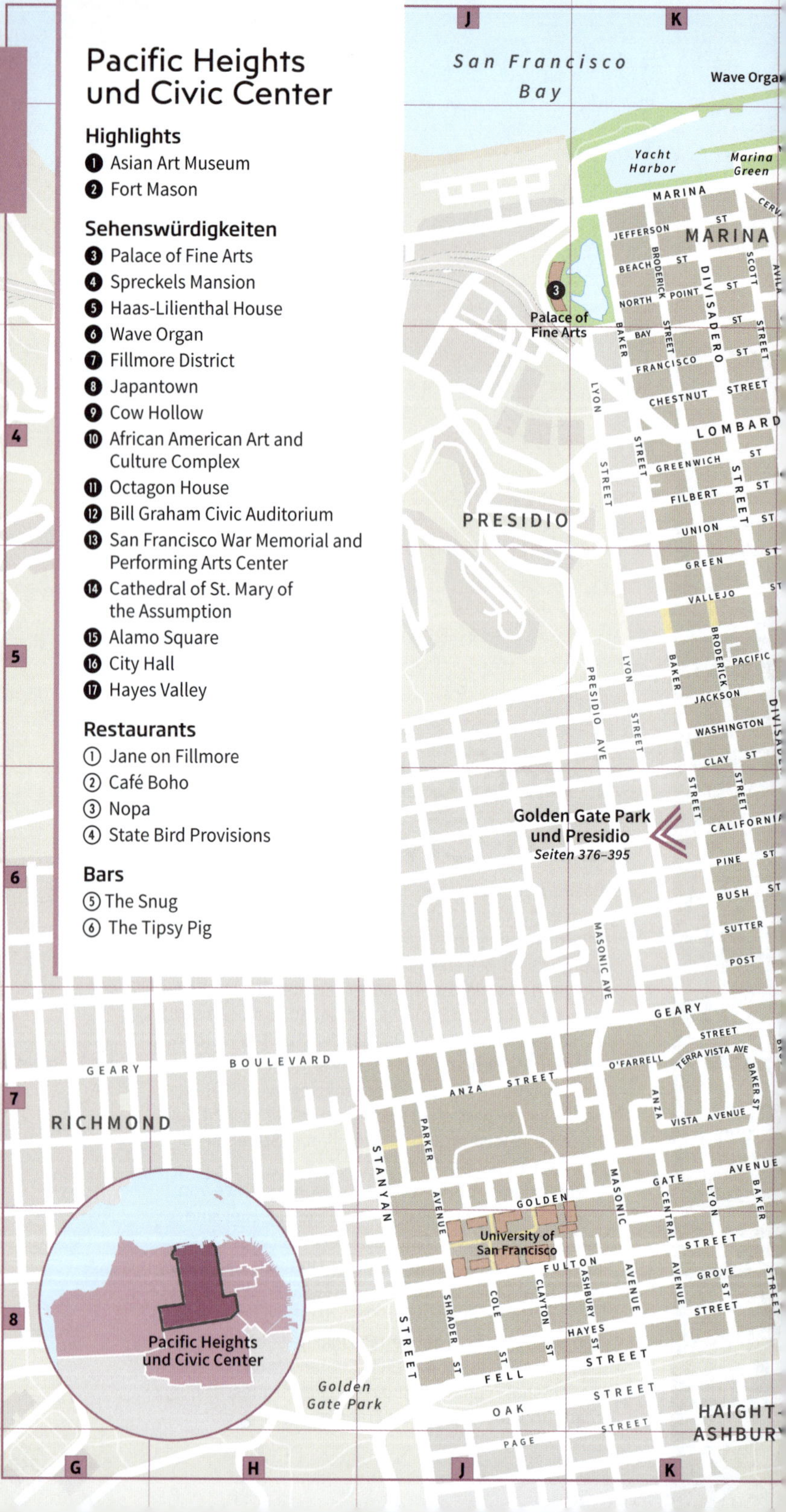

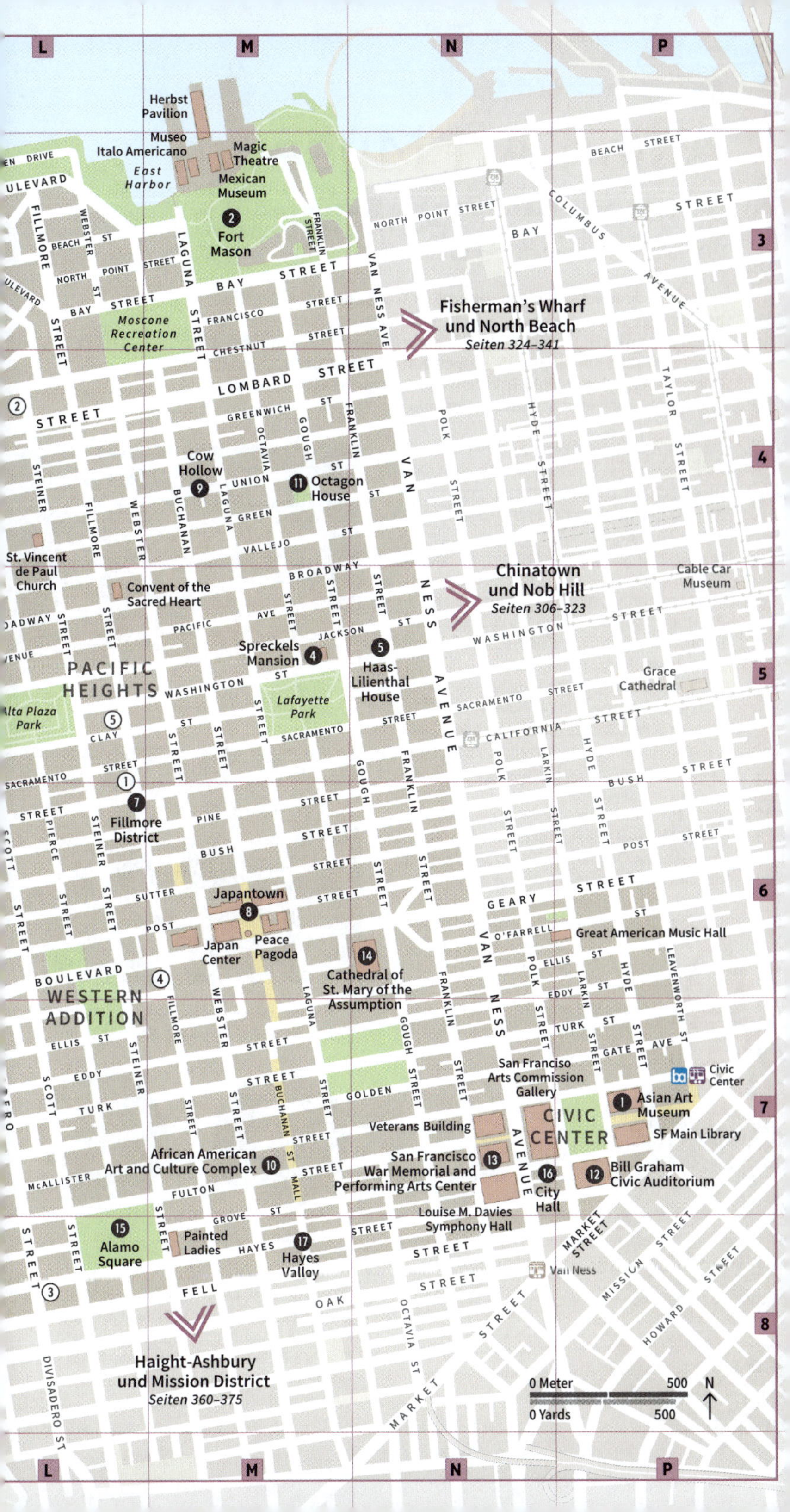

L
M
N
P
Herbst Pavilion
Museo Italo Americano
Magic Theatre
East Harbor
Mexican Museum
2 Fort Mason
Moscone Recreation Center
Fisherman's Wharf und North Beach
Seiten 324–341
Cow Hollow
11 Octagon House
St. Vincent de Paul Church
Convent of the Sacred Heart
Chinatown und Nob Hill
Seiten 306–323
Cable Car Museum
Spreckels Mansion
5 Haas-Lilienthal House
PACIFIC HEIGHTS
Lafayette Park
Alta Plaza Park
Grace Cathedral
7 Fillmore District
Japantown
Japan Center
Peace Pagoda
14 Cathedral of St. Mary of the Assumption
Great American Music Hall
WESTERN ADDITION
San Francisco Arts Commission Gallery
Civic Center
1 Asian Art Museum
SF Main Library
CIVIC CENTER
Veterans Building
13 San Francisco War Memorial and Performing Arts Center
10 African American Art and Culture Complex
16 City Hall
12 Bill Graham Civic Auditorium
Louise M. Davies Symphony Hall
15 Alamo Square
Painted Ladies
17 Hayes Valley
Van Ness
Haight-Ashbury und Mission District
Seiten 360–375
0 Meter 500
0 Yards 500
N
3
4
5
6
7
8
LOMBARD STREET
VAN NESS AVENUE
MARKET STREET

1

Asian Art Museum

P7 200 Larkin St +1-415-581-3500 5, 7X, 9, 19, 21, 31, 47, 49 F, J, K, L, M, N, T Civic Center Mo, Fr–So 10–17, Do 13–20 1. Jan, Thanksgiving, 25. Dez asianart.org

Schon mit dem Hinaufsteigen der großen Treppe des Asian Art Museum begeben Sie sich auf eine spannende historische und kulturelle Reise durch den größten Kontinent der Welt. Die in dem auch architektonisch ansprechenden Kunstmuseum ausgestellten Objekte unterschiedlichster Genres zelebrieren sowohl Tradition und Geschichte als auch zeitgenössische Kulturen vieler asiatischer Regionen.

Das im ehemaligen Gebäude der Stadtbibliothek untergebrachte Asian Art Museum beherbergt eine der größten Sammlungen von Gemälden, Skulpturen, Keramiken und Textilien aus Asien in den USA. Die einzelnen Galerien sind nach Regionen und Zeiträumen angeordnet. Besonders reich bestückt ist die dritte Ebene mit religiösen Statuen aus Indien, Pakistan, Bangladesch und Sri Lanka sowie Puppen und kostbarem Goldschmuck aus Indonesien (Saal 11).

Die chinesische Sammlung beginnt mit filigran gearbeiteten Jadeobjekten (Saal 13) und alten rituellen Bronzegefäßen aus der Shang-Dynastie (Saal 14). Ein Highlight ist die älteste bekannte chinesische Buddhafigur, eine vergoldete Bronzestatue aus dem Jahr 338 n. Chr. (Saal 16). Die chinesische Sammlung setzt sich in Ebene 2 mit Porzellan und Bildern aus der späteren Qing-Dynastie fort. Hier finden sich auch die koreanischen und japanischen Sammlungen. Letztere beginnt mit alter Jōmon-Keramik (Saal 25), weitere Höhepunkte sind Miniaturskulpturen und Samurai-Rüstungen (Saal 27) sowie erlesene Wandmalereien (Saal 28). Der erste Stock wird in der Regel für Wechselausstellungen genutzt.

↑ *Im Beaux-Arts-Stil gestaltete Fassade des Asian Art Museum*

↑ *Kinder beim Abmalen von Werken des Museums für asiatische Kunst*

Chronik

1000 v. Chr.
Das Skulpturenpaar von Shiva und Parvati stammt aus einem Hindu-Tempel in Kambodscha

um 1500
◁ Die Buddha-Statue entstand in der Zeit der chinesischen Ming-Dynastie

1870
△ Das als Aquarell gestaltete Porträt Maharaja Mahinder Singhs aus Patiala wurde von einem Foto abgemalt

2014
△ Vor dem Museum steht die von Hung Yi gefertigte farbenprächtige Statue *Dragon Fortune*

Zu den Kunstwerken des Asian Art Museum gehören auch zahlreiche Gemälde

2

Fort Mason

M3 2 Marina Blvd +1-415-345-7500 22, 28, 30, 30X, 43, 49 Mo–Fr 9–17 fortmason.org

Der frühere Militärstützpunkt ist heute ein pulsierendes Kunst- und Kulturzentrum und ein absoluter Hotspot für Feinschmecker. Viele Besucher kommen auch wegen der fantastischen Aussicht.

Fort Mason spiegelt die Militärgeschichte San Franciscos wider. Die in den 1850er Jahren errichteten privaten Gebäude wurden während des Amerikanischen Bürgerkriegs (1861–65) von der US-Regierung konfisziert. Das Fort diente bis in die 1890er Jahre als Gefechtsstand der Armee und beherbergte 1906 Erdbeben-Flüchtlinge. Im Zweiten Weltkrieg war Fort Mason Einschiffungsort für 1,6 Millionen Soldaten.

Seit 1972 wird das Fort nicht mehr militärisch genutzt. Einige Gebäude sind für die Öffentlichkeit zugänglich. Dazu gehören die erhaltenen Kasernen und das alte Krankenhaus, in dem heute das Besucherzentrum und das Hauptquartier der Golden Gate National Recreation Area (GGNRA) untergebracht sind. Fort Mason kann neben seiner historischen und kulturellen Bedeutung auch noch mit schönen Ausblicken auf die Bucht aufwarten.

↑ *Ausstellungssaal im Fort Mason Center for Arts and Culture*

Fort Mason Center for Arts and Culture

Ein Teil des Forts wird von einem der führenden Kulturzentren der Stadt belegt. Zum Fort Mason Center for Arts and Culture gehören über 25 kulturelle und Kunsteinrichtungen mit Galerien, Museen und Theatern. Die SFMOMA Artist Gallery verkauft und verleiht Kunstwerke von nordkalifornischen Künstlern. Italienische und italoamerikanische Künstler stellen im Museo Italo Americano aus. Das Mexican Museum präsentiert eine einzigartige Sammlung von rund 12 000 Objekten, die mehrere Epochen mexikanischer Kulturgeschichte dokumentieren. In dem Komplex kann man auch sehr gut essen, etwa bei Greens, einem der besten vegetarischen Restaurants der Stadt. Im Fort Mason Center finden das ganze Jahr über kulturelle Veranstaltungen statt.

↑ *Gebäude des ausgedehnten Komplexes Fort Mason im Marina District*

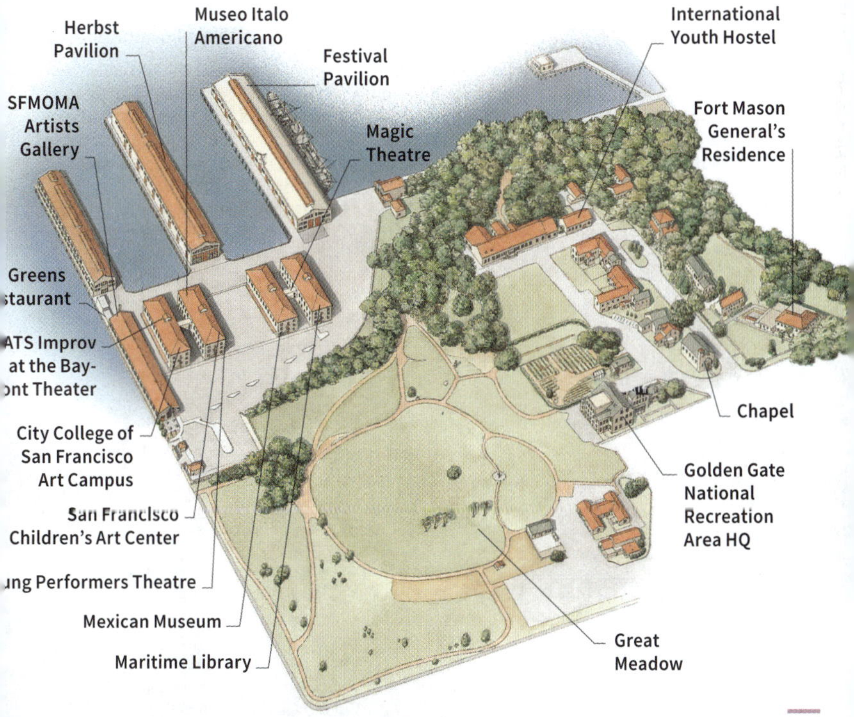

SEHENSWÜRDIGKEITEN

3

Palace of Fine Arts

J3 3601 Lyon St
22, 28, 29, 30, 43, 45, 47, 49 palaceoffinearts.org

Der Palace of Fine Arts, ein klassizistischer Zierbau, blieb als einziger der Monumentalbauten übrig, die für die Panama Pacific Exposition 1915 errichtet worden waren. Heute ist er Bühne für Konzerte sowie Theater- und Tanzdarbietungen. Der große Saal bietet 1000 Zuschauern Platz.

Entworfen wurde das Anwesen vom Architekten Bernard R. Maybeck, der sich von Piranesis Radierungen und von Arnold Böcklins *Toteninsel* inspirieren ließ. Der ursprünglich aus Holz und Gips errichtete Palast begann zu zerfallen. Ein engagierter Bürger der Stadt sammelte 1959 Geld für die Sanierung. Von 1962 bis 1968 wurde die alte Pracht des Gebäudes wiederhergestellt – nun jedoch in Stahlbeton.

Herzstück des Komplexes ist die Rotunde, die am Ufer einer künstlichen Lagune voller Schwäne thront. Ihre Kuppel zieren allegorische Gemälde, die die Verteidigung der Kunst gegen den Materialismus darstellen.

Panama Pacific Exposition

Mit dieser Ausstellung feierte San Francisco 1915 sein Wiedererstehen nach dem Erdbeben und der Feuersbrunst von 1906. Die Hallen und Pavillons errichtete man auf einem Stück Land, das dem Meer abgetrotzt worden war. Sämtliche Bundesstaaten der USA sowie 25 andere Staaten präsentierten sich bei dieser Ausstellung. Der glitzernde Tower of Jewels im Zentrum des Geländes war mit Glasperlen übersät und wurde beleuchtet. Im Westen steht der Palace of Fine Arts, den Besucher mit einer Gondelfahrt über eine Lagune erreichten.

4

Spreckels Mansion

M5 2080 Washington St
1, 47, 49 für Besucher

Die imposante Beaux-Arts-Villa dominiert die Nordseite des Lafayette Park. Das manchmal auch als »Parthenon des Westens« bezeichnete Gebäude wurde 1912 für die extravagante Alma de Bretteville Spreckels, die eine Schwäche für französische Architektur hatte, und ihren Mann Adolph, Erbe des Zuckerbarons Claus Spreckels, erbaut. Das Haus verfügt über 26 Badezimmer und einen Swimmingpool, den Alma Spreckels noch mit 80 Jahren nutzte. Architekt war George Applegarth, der 1916 den California Palace of the Legion of Honor im Lincoln Park entwarf *(siehe S. 382f)*. 1924 vermachten Alma und Adolph Spreckels das Haus der Stadt.

Heute ist Spreckels Mansion im Besitz der renommierten Schriftstellerin Danielle Steel.

5

Haas-Lilienthal House

N5 2007 Franklin St
1, 12, 19, 27, 47, 49, 76X, 83, 90 Mi, Sa 12–15, So 11–16
haas-lilienthalhouse.org

Das stattliche Gebäude im Queen-Anne-Stil *(siehe S. 357)* wurde 1886 für den Kaufmann William Haas errichtet. Bis zum Jahr 1972, als es dem San Francisco Architectural Heritage übereignet wurde, lebte hier

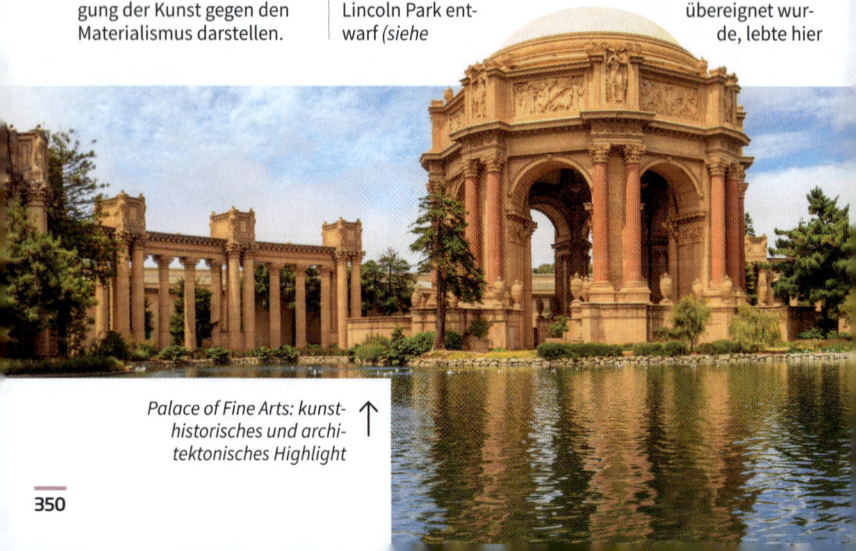

Palace of Fine Arts: kunsthistorisches und architektonisches Highlight ↑

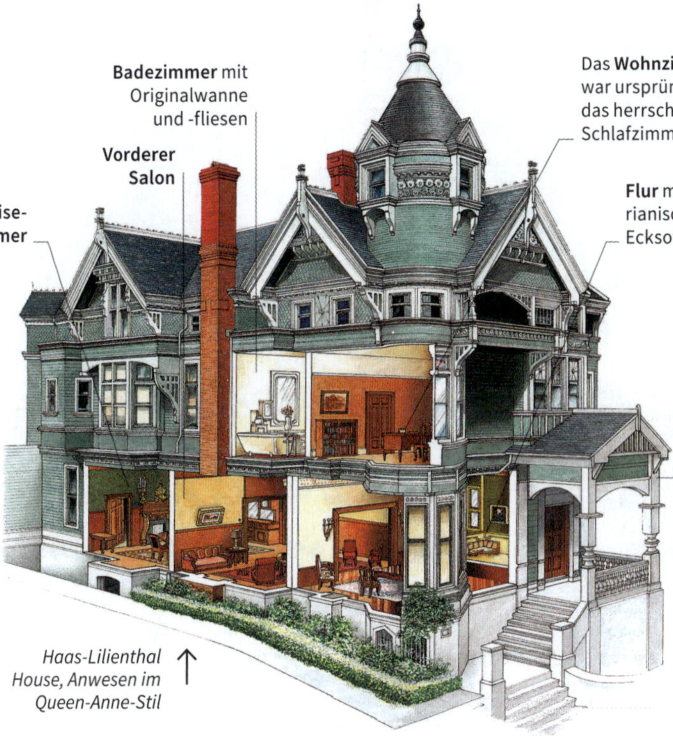

Haas-Lilienthal House, Anwesen im Queen-Anne-Stil ↑

Williams Tochter Alice Lilienthal. Das Gebäude ist San Franciscos einziges vollständig erhaltenes Wohnhaus aus jener Zeit.

Mittlerweile fungiert das Gebäude mit seinem authentischen Mobiliar als Museum. Die gutbürgerliche Villa ist mit mehreren kunstvoll geschnitzten Holzgiebeln, einem runden Eckturm und üppigem Fassadenschmuck ausgestattet.

Fotografien im Untergeschoss dokumentieren die Geschichte des Hauses und belegen, dass sich das Bauwerk noch bescheiden ausnimmt im Vergleich zu den Villen, die durch das Erdbeben von 1906 zerstört wurden *(siehe S. 48)*.

6

Wave Organ

L2 1 Yacht Rd 30
exploratorium.edu

An der Spitze des Damms, der den Marina District schützt, finden Sie ein recht sonderbar anmutendes Musikinstrument, das von den Wissenschaftlern des Exploratoriums *(siehe S. 332f)* gebaut wurde. Die *wave organ* (Wellenorgel) besteht aus Unterwasserpfeifen, die je nach Gezeiten Töne produzieren. Lauschen kann man dieser »Musik« mittels Hörrohren. Sie sind in ein Mini-Open-Air-Theater integriert.

Restaurants

Jane on Fillmore
Der Duft von frischem Kaffee und hausgemachtem Sauerteigbrot weht durch dieses Lokal, das ein populärer Ort zum Mittagessen ist.
L6 2123 Fillmore St itsjane.com
$$$

Café Boho
Meeresfrüchte aus der Region stehen hier auf der Speisekarte ganz oben. Spezialität des Hauses: *seacuterie board*, eine Platte mit Thunfischpastrami und Octopus-Dip.
L4 3321 Steiner St cafebohosf.com
$$$

↓ *Fünfstufige Pagode im Peace Pagoda Garden, Japantown*

7 Fillmore District

L6 1, 2, 3, 22, 24

Der Fillmore District überstand das Erdbeben und den Brand von 1906 weitgehend unbeschadet, weshalb er mehrere Jahre als Verwaltungszentrum der Stadt diente. Verwaltungen, aber auch Geschäftszentralen waren in Läden, Wohnungen und sogar in Kirchen untergebracht. Heute verbindet das Geschäftszentrum zwischen Jackson Street und den Ausläufern des Japan Center um die Bush Street Pacific Heights mit dem Finanzviertel. Hier findet man edle Buchhandlungen, schicke Restaurants und exklusive Boutiquen.

Geschichte des Fillmore Jazz

In den 1940er und 1950er Jahren hatte der Fillmore District die größte Jazz-Community an der Westküste der USA, Stars wie Louis Armstrong, Ella Fitzgerald und Billie Holiday traten in den Clubs auf. Ab Ende der 1960er Jahren wurde das Gebiet umgestaltet, die Jazzszene suchte sich neue Spots. Heute steht der Jazz vor allem im SFJAZZ Center (www.sfjazz.org) im nahe gelegenen Bezirk Hayes Valley *(siehe S. 355)* zu Hause.

8 Japantown

M6 2, 3, 38
sfjapantown.org

Anfang des 20. Jahrhunderts lebte in diesem lebhaften Stadtviertel eine der größten japanischen Gemeinden der westlichen Welt. Japantown verströmte damals das Flair von Tokyo.

Dies änderte sich schlagartig, als im Zweiten Weltkrieg Bürger japanischer Abstammung interniert wurden. Erst in den 1960er Jahren erhielt Japantown seinen historischen Charakter zurück, die Shopping Mall **Japan Center** wurde im Rahmen eines Projekts zur Wiederbelebung des Fillmore District errichtet. Im Herzen des Komplexes liegt der von einer fünfstufigen Betonpagode überragte Peace Pagoda Garden. Zum Kirschblütenfest im April treten hier Daiko-Trommler und andere Künstler auf. Zu beiden Seiten der Pagode erstrecken sich Shopping-Passagen im Stil des Ginza-Viertels in Tokyo mit Läden, Sushi-Bars, Badehäusern und Shiatsu-Massagezentren. Auch eines der schönsten Kinos der Stadt, das Sundance Kabuki Cinema, liegt hier.

Jenseits der Post Street gibt es in einer Passage, die zwei Stahlskulpturen der Künstlerin Ruth Asawa flankieren, weitere japanische Läden.

Anfang des 20. Jahrhunderts lebte in diesem lebhaften Stadtviertel eine der größten japanischen Gemeinden der westlichen Welt.

Japan Center
Geary, Post, Fillmore u. Laguna St
tägl. 7–24

9 Cow Hollow

M4 · Bus 22, 41, 45

Die Shopping-Meile entlang der Union Street erhielt ihren Namen von den Milchkühen, die dort bis Mitte des 19. Jahrhunderts grasten. Später wurde das Areal erschlossen und zum reinen Wohngebiet. Im Lauf der 1950er Jahre kam die Gegend in Mode. Die Krämerläden verschwanden, und schicke Boutiquen und Galerien zogen in die sanierten Häuser aus dem 19. Jahrhundert, die mit ihrem altmodischen Charme einen krassen Kontrast zur edlen Innenausstattung der Läden bilden.

Die Union Street allein hat 300 Boutiquen, zudem gibt es hier regelmäßig Kunsthandwerks- und Gourmet-Veranstaltungen im Freien.

10 African American Art and Culture Complex

M7 · 762 Fulton St · Mo–Fr 9–20, Sa 9–17; Galerie: Di–12–17 · aaacc.org

Der African American Art and Culture Complex ist ein wahres Epizentrum afrikanischer Kunst und Musik. Neben der Präsentation steht auch der Austausch im Blickpunkt. Der Komplex besteht aus mehreren Räumen, in denen neben Performances auch Konferenzen, Festivals und Ausstellungen auf dem randvollen Veranstaltungskalender stehen.

Die Aufführungen finden im Buriel Clay Theatre und in der Hall of Culture mit ihren 206 Sitzplätzen statt, Tanzstudios und andere Räumlichkeiten stehen auch der Öffentlichkeit zur Verfügung. In der Galerie sind Kunstwerke, die sich afroamerikanischen Communitys widmen, zu sehen.

11 Octagon House

M4 · 2645 Gough St · Bus 10, 41, 42, 45, 47, 49, 70, 80, 90 · Feb–Dez: 2. So sowie 2. und 4. Do im Monat 12–15 · nscda-ca.org/octagon-house

Das 1861 von William C. McElroy errichtete Haus mit achteckiger Kuppel repräsentiert einen Baustil, der einst in den USA überaus beliebt war. Heute betreiben die Colonial Dames of America das Haus als Museum. Das Erdgeschoss wurde zu einem einzigen großen Raum umgebaut und beherbergt zusammen mit dem ersten Stock eine Sammlung von Kunstgegenständen und historischen Dokumenten aus der Frühzeit der USA. Zu den Ausstellungsstücken gehören Möbel, Gemälde, Porzellan, Silber, Zinn, Stickereien, Spielkarten aus der Zeit der Amerikanischen Revolution und Unterschriften von 54 der 56 Unterzeichner der Unabhängigkeitserklärung.

Bars

The Snug

In der stilvollen, von vier Freunden geführten Bar werden klassische Cocktails modern interpretiert. Auf den gemütlichen Ledersofas der Lounge genießt man u. a. Himbeernegronis oder Bourbon mit chinesischer Pflaume.

L5 · 2301 Fillmore St · the snugsf.com

$$$

The Tipsy Pig

Gedämpftes Licht und Holzmöbel verleihen dieser Bar ein gemütliches, geradezu nostalgisches Flair. Die köstlichen, mit viel frischem Obst und Kräutern zubereiteten Drinks sind jedoch absolut zeitgemäß. Bei schönem Wetter genießt man sie auf der Terrasse.

L4 · 2231 Chestnut St · thetipsypigsf.com

$$$

→

Das viktorianische Octagon House beherbergt eine kunsthandwerkliche Sammlung

12

Bill Graham Civic Auditorium

P7 99 Grove St
5, 19, 21, 47, 49, 71 J, K, L, M, N Civic Center
billgrahamcivic.com

Das Gebäude wurde während der architektonischen Renaissance nach dem Erdbeben von 1906 *(siehe S. 48)* nach Plänen von John Galen Howard im Beaux-Arts-Stil errichtet. Bei der Eröffnung 1915 trat der Komponist und Pianist Camille Saint-Saëns auf. Heute ist das Auditorium das wichtigste Konferenzzentrum der Stadt mit Platz für rund 7000 Menschen.

1964 wurde es zu Ehren von Bill Graham, dem verdienstvollen Impresario der Stadt in der Hippie-Zeit, umbenannt.

13

San Francisco War Memorial and Performing Arts Center

N7 401 Van Ness Ave
sfwarmemorial.org

Dieser stattliche Komplex im Fillmore District verbindet Geschichte und Kunst auf besondere Weise. Das War Memorial Opera House ist Heimstätte der San Francisco Opera und des San Francisco Ballet, das Veterans Building umfasst weitere Aufführungsräume – das kunstvolle, im Beaux-Arts-Stil gestaltete Herbst Theatre und den Green Room mit vergoldeten Details und hoch aufragenden Säulen. 1980 wurde das Ensemble um die Louise M. Davies Symphony Hall (2739 Plätze) erweitert, sie wurde zur Heimat der San Francisco Symphony.

Sie können an Führungen (Mo 10–14) teilnehmen oder im Café Valor in der Lobby des War Memorial Veterans Building zu Mittag essen (Mo–Fr).

14

Cathedral of St. Mary of the Assumption

N6 1111 Gough St
2, 3, 31, 38 Mo–Fr 8:30–17, Sa 9–17:30, So 9–17 stmarycathedralsf.org

Die Kirche auf der Spitze des Cathedral Hill wurde von Pietro Belluschi und Pier Luigi Nervi entworfen und 1971 vollendet. Das vierbogige, gewölbte Dach ragt wie ein Schiff mit Segeln empor.

Das 60 Meter hohe Betongebilde, das über dem Kirchenschiff zu schweben scheint, trägt die Decke mit Bleiglasfenstern, die die vier Elemente darstellen. Im Innenraum sieht man über dem Altar einen Baldachin aus Aluminium.

Entdeckertipp

Great American Music Hall

In diesem Musiktempel geben sich Größen aus Blues, Jazz, Folk und Rock 'n' Roll die Ehre. Stars wie B. B. King, Duke Ellington und Van Morrison traten bereits auf (www.gamh.com).

15

Alamo Square

L8 21, 22

Die meistfotografierten viktorianischen Häuser der Stadt säumen die Ostseite des begrünten Platzes. Er liegt 68 Meter oberhalb des Civic Center. Von hier sieht man die City Hall und die Wolkenkratzer von Downtown. Alamo Square wurde zwar zur gleichen Zeit wie die Plätze in Pacific Heights angelegt, doch erst später von fast gleichförmigen Spekulationsobjekten umbaut.

Wegen der vielen prächtigen viktorianischen Häuser wurde das Areal zu einem Historical District erklärt.

→

»Painted Ladies« – schmucke viktorianische Häuser am Alamo Square

16

City Hall

N7 400 Van Ness Ave 5, 8, 19, 21, 26, 47, 49, 71 J, K, L, M, N Mo–Fr 8–17 sfgov.org/cityhall

Die City Hall wurde von dem Architekten Arthur Brown auf dem Höhepunkt seiner Karriere entworfen – und gerade noch rechtzeitig zur Panama Pacific Exposition 1915 *(siehe S. 350)* fertiggestellt. Die neobarocke Kuppel ist der Peterskirche in Rom nachempfunden. Sie ist für die Öffentlichkeit zugänglich und höher als das Kapitol in Washington, DC.

Das Gebäude im Herzen des Civic Center ist ein wahres Meisterwerk. Allegorische Figuren im Giebel über dem Hauptportal in der Polk Street stellen die Zeit des Goldrauschs dar. Der Eingang an der Polk Street führt in die Rotunde mit ihrem Marmorfußboden. Sie gilt als einer der schönsten Räume in San Francisco.

17

Hayes Valley

M8 21, 22

Die Häuserblocks in der Hayes Street westlich der City Hall haben sich zu einer von San Franciscos beliebtesten Shopping-Meilen entwickelt. Der Highway 101 hatte einst Hayes Valley von der eleganten Welt der Mächtigen und der Kulturelite im restlichen Civic Center abgeschnitten. Durch das Loma-Prieta-Erdbeben von 1989 war er so beschädigt worden, dass er abgerissen werden musste.

Zunächst richteten sich dort einige wenige unkonventionelle Cafés und Restaurants wie Ivy's und Mad Magda's Russian Tea Room zwischen all den Möbel- und Trödelläden ein. Mittlerweile haben sich aber auch nette Cafés sowie Kunstgalerien und edle Boutiquen niedergelassen, die der gesamten Gegend gehörig Eleganz verleihen.

Restaurants

Nopa

Das Restaurant bietet bewährte Gerichte wie Schweinekotelett mit Sauerkraut und andere herzhafte Speisen.

L8 560 Divisadero St nopasf.com

$$

State Bird Provisions

Nicole Krasinki und Stuart Brioza kreieren aus saisonalen Zutaten innovative Gerichte im Tapas-Stil. Zu den Highlights zählen die in Buttermilch gebratene Wachtel.

M6 1529 Fillmore St statebirdsf.com

$$$

Viktorianische Häuser

Trotz mehrerer Erdbeben, Großbränden und umfassenden Modernisierungen – es säumen noch immer Tausende dekorativer Häuser aus dem späten 19. Jahrhundert die Straßen von San Francisco. In einigen Wohngegenden sind sie sogar noch immer in der Mehrzahl. Viktorianische Häuser ähneln sich alle aufgrund der Holzrahmen-Bauweise und der in Massenproduktion hergestellten Ornamente. Die meisten von ihnen wurden nach dem gleichen Grundriss auf kleinen Grundstücken errichtet. Sie unterscheiden sich allerdings durch ihre Fassaden. In San Francisco lassen sich vier Hauptstile unterscheiden, wobei viele Häuser durchaus zwei oder mehr Stile miteinander kombinieren.

Die **Balustraden** der Veranda verraten die Herkunft des Stils aus dem Süden der USA.

Auf die großen Veranden führt eine **zentrale Treppe**.

Ein **Giebeldach** mit verzierten Randeinfassungen ist klares Kennzeichen der Neogotik.

Das **Spitzdach** verläuft oft parallel zur Fassade und ermöglicht so den Einbau von Dachfenstern.

Ein **hoher Sims mit Stützbalken** verbirgt die Dachschräge.

Chronik

Neogotik (1850–80)

Diese Häuser sind leicht zu erkennen. Sie haben Spitzbogen über den Fenstern und manchmal auch über den Türen. Typisch sind geneigte Giebeldächer, verzierte Randeinfassungen und Veranden, die über die ganze Hausbreite führen. Die kleineren, einfacheren Häuser dieses Typs sind gewöhnlich weiß, lebhafte Farben sind Kennzeichen späterer Stile.

Italienisierter Stil (1850–85)

Häuser im italienisierten Stil waren hier beliebter als sonstwo in den USA, da ihre kompakte Form gut zur dichten Bebauung der Grundstücke passte. Charakteristisch ist der hohe Sims, meist mit verzierten Stützbalken, der auch einfachen Häusern das Flair eines Palasts verleiht. Sehr typisch sind auch Verzierungen an Türen und Fenstern.

↑ *Eingangsbereich eines Hauses im italienisierten Stil*

Hauseingänge werden von einem einzelnen **Vorbau** geschützt.

Weiße Zierleisten bilden oft dekorative Schnüre, die die Grundstruktur eines Stick-Hauses betonen.

Rundfenster sind kein Kennzeichen für den Queen-Anne-Stil, doch viele der Häuser haben Anleihen bei anderen Stilen gemacht.

Runde, quadratische und mehreckige **Türme** sind typisch für Häuser im Queen-Anne-Stil.

Ziergiebel mit Zierfenstern haben oft **dekorative Paneele**.

Dekorative **Giebel mit Sonnenmotiven** findet man an Fensterrahmen und Portalen.

Stick-Stil (1860–90)

Er ist wohl der dominierende Stil bei viktorianischen Häusern. Der nach dem Londoner Möbeldesigner Charles Eastlake auch »Stick-Eastlake« genannte Baustil sollte zu einer »ehrlichen« Architektur führen. Die vertikalen Linien werden durch Holzrahmen und Ornamente betont. Erkerfenster, falsche Giebel und rechte Winkel sind typisch.

Queen-Anne-Stil (1875–1905)

Der Name bezieht sich nicht auf eine konkrete historische Periode, sondern wurde vom Architekten Richard Shaw geprägt. Queen-Anne-Häuser kombinieren viele dekorative Stilelemente, sind aber an ihren Türmen und großflächigen Vertäfelungen zu erkennen. Die meisten Häuser zeigen Drechslerarbeiten an Balustraden, Veranden und Dachkanten.

Viktorianische Häuser

Haas-Lilienthal House *(siehe S. 350f)*

Octagon House *(siehe S. 353)*

Pacific Heights *(siehe S. 358f)*

Painted Ladies *(siehe S. 354f)*

Clarke's Folly (250 Douglass St)

Spaziergang in Pacific Heights

Länge 1,5 km **Bus** 3, 10, 24 **Dauer** 20 Min.

Das traumhaft schöne Gebiet zwischen Alta Plaza Park und Lafayette Park bildet das Herz von Pacific Heights. Die ruhigen Straßen werden von Apartmenthäusern und Luxusvillen gesäumt. Einige stammen aus dem 19. Jahrhundert, andere wurden nach dem Erdbeben und dem Brand von 1906 gebaut *(siehe S. 48)*. Im Norden des Viertels fallen die Straßen steil zum Marina District ab. Von hier aus bietet sich eine fantastische Aussicht auf die Bucht. Alta Plaza Park und Lafayette Park sind ideal für Spaziergänge. Danach kann man in einer der Bars, einem Café oder Restaurant in der Fillmore Street relaxen.

↑ *Pastellfarbene viktorianische Häuser entlang der Washington Street*

In der **Webster Street** stehen einige denkmalgeschützte Reihenhäuser. Sie wurden 1878 für die kaufkräftige Mittelschicht errichtet.

In dem um 1850 angelegten **Alta Plaza Park** *(siehe S. 80)* genießt man wundervolle Aussichten.

Washington Street im Osten der Alta Plaza besitzt einen ganzen Block an viktorianischen Häusern verschiedener Stile.

Zur Orientierung
Siehe Stadtteilkarte S. 344f

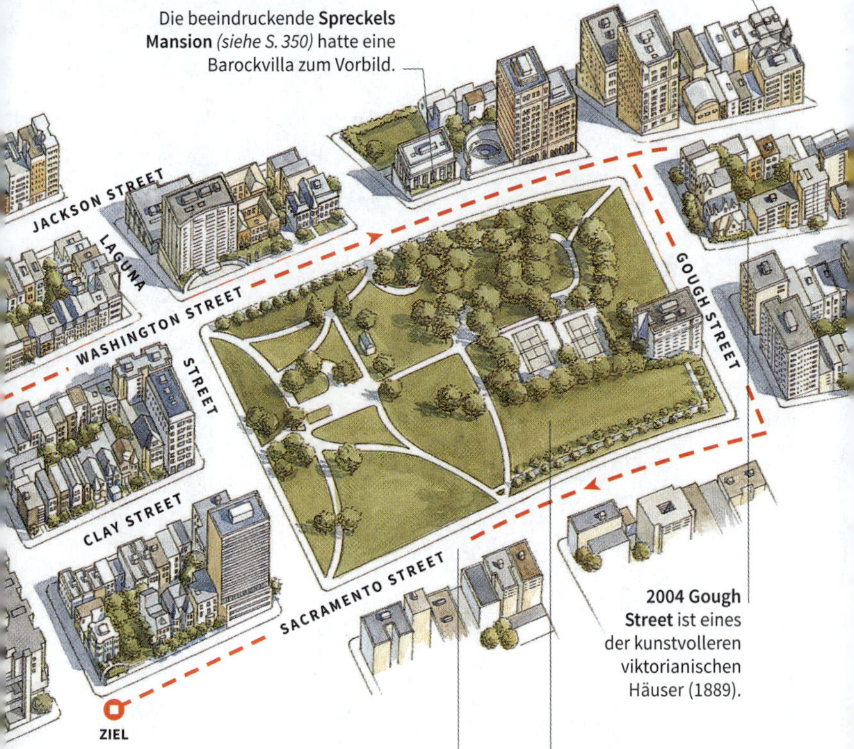

Das **Haas-Lilienthal House** *(siehe S. 350f)* ist Sitz der Architectural Heritage Foundation.

Die beeindruckende **Spreckels Mansion** *(siehe S. 350)* hatte eine Barockvilla zum Vorbild.

2004 Gough Street ist eines der kunstvolleren viktorianischen Häuser (1889).

Der ruhige **Lafayette Park** wird von vielen viktorianischen Häusern umrahmt.

2151 Sacramento Street ist eine Villa im französischen Stil. Eine Tafel erinnert an den Besuch des Schriftstellers Sir Arthur Conan Doyle im Jahr 1923.

Schon gewusst?

Etwas nördlich dieser Karte, 2640 Steiner St, wurde *Mrs. Doubtfire* gedreht.

JAM

Laden mit Mode im Stil der 1960er Jahre, Haight-Ashbury

Haight-Ashbury und Mission District

Das von spätviktorianischen Häusern geprägte Viertel Haight-Ashbury entwickelte sich in den 1880er Jahren im Zuge der Anbindung ans Stadtzentrum durch Cable Cars. Nach dem Zweiten Weltkrieg zog die obere Mittelschicht in die Vororte, die Mieten in Haight-Ashbury gingen zurück, was die Gegend in den 1960er Jahren zu einem Paradies für Hippies machte. Das Viertel war das Epizentrum des »Summer of Love« 1967, den die Musik von Grateful Dead, Janis Joplin und vielen anderen prägte. Obwohl diese rebellische Vergangenheit lange vorbei ist, hat Haight-Ashbury seine alternativen Kulturszenen bewahrt.

Der Castro District im Osten ist der Hotspot der lebhaften LGBTQ+ Community von San Francisco mit vielen Bars und Clubs. Der Mission District noch weiter östlich hat seinen Namen von der 1776 von spanischen Franziskanern gegründeten Mission San Francisco de Asis. Von den 1940er bis 1960er Jahren zogen viele mittel- und südamerikanische Einwanderer hierher. Trotz der Gentrifizierung in den 1990er Jahren blüht hier die lateinamerikanische Kunst- und Kulturszene – sichtbar auch an den vielen Wandgemälden.

Haight-Ashbury und Mission District

Highlights

1. Haight-Ashbury
2. Castro Street

Sehenswürdigkeiten

3. Randall Museum
4. Golden Gate Park Panhandle
5. GLBT Historical Society Museum
6. Mission Dolores
7. Mission Cultural Center for Latino Arts
8. Carnaval Mural
9. Buena Vista Park
10. Twin Peaks
11. Vulcan Street Steps
12. Lower Haight

Lokale

1. Bi-Rite Creamery
2. Craftsman & Wolves
3. Foreign Cinema

Bars

4. Ritual Coffee Roasters
5. Woods Cervecería

Shopping

6. Amoeba Music
7. Booksmith
8. 826 Valencia Pirate Supply Store

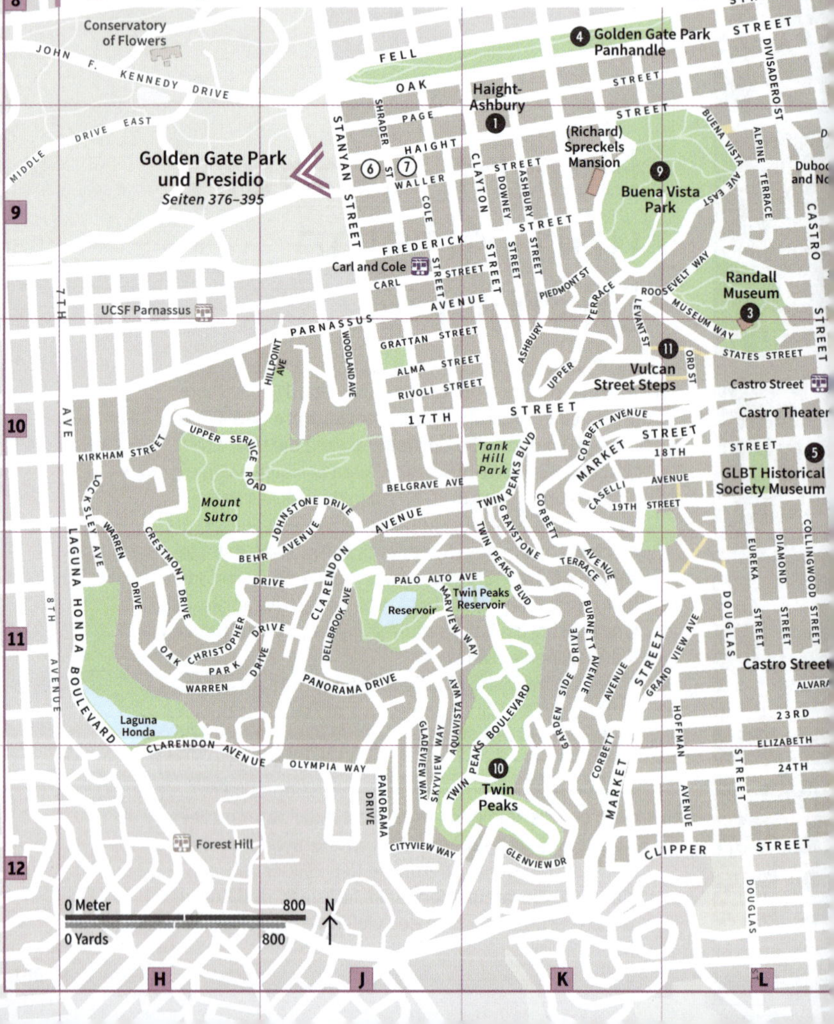

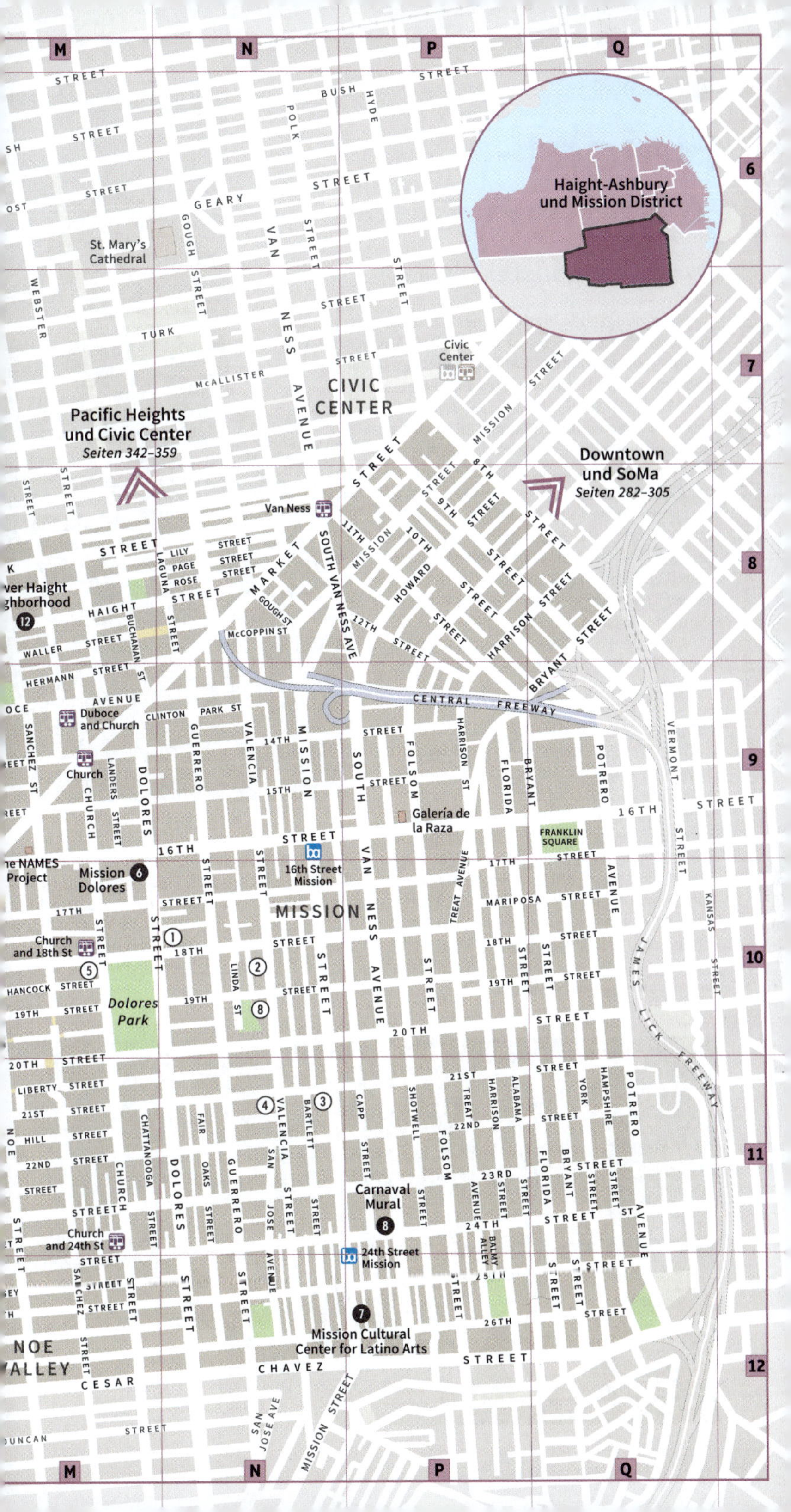

Haight-Ashbury und Mission District
Pacific Heights und Civic Center
Seiten 342–359
Downtown und SoMa
Seiten 282–305
CIVIC CENTER
MISSION
NOE VALLEY
St. Mary's Cathedral
Civic Center
Van Ness
Duboce and Church
Church
Church and 18th St
Church and 24th St
16th Street Mission
24th Street Mission
Galería de la Raza
Mission Dolores
Dolores Park
Carnaval Mural
Mission Cultural Center for Latino Arts
FRANKLIN SQUARE
CENTRAL FREEWAY
JAMES LICK FREEWAY

1

Haight-Ashbury

K9 5, 6, 7, 24, 31, 33, 37, 43 N

Das stimmungsvolle Viertel ist der Geburtsort der Hippie-Kultur. Bis heute hat es sich seinen alternativen Charakter bewahrt, durch manche Cafés und Vintage-Läden weht noch immer ein Hauch von Flower Power.

Seinen Namen verdankt das Viertel der Kreuzung zweier Straßen, die nach den beiden ehemaligen kalifornischen Politikern Henry Haight und Monroe Ashbury benannt sind. Es wird von viktorianischen Häusern, alternativen Buchläden, Cafés und hippen Modeläden geprägt. Nachdem der Golden Gate Park angelegt war *(siehe S. 394f)* und nach Eröffnung des großen Vergnügungsparks »The Chutes« wurde das Areal in den 1890er Jahren rasch als Vorort der Mittelschicht erschlossen – daher die vielen schönen Häuser im Queen-Anne-Stil *(siehe S. 357)*.

Hippie-Szene in Haight

Nachdem 1928 der Straßenbahntunnel unter dem Buena Vista Park fertig war, begann der Auszug der Mittelschicht in die Vororte des Sunset District. Der Niedergang setzte sich nach dem Zweiten Weltkrieg fort, als die viktorianischen Häuser in Apartments unterteilt wurden und die niedrigen Mieten ein neues Publikum anlockten. Während North Beach in den 1950er Jahren der Ort für die Beat Generation *(siehe S. 336)* wurde, wagten sich viele Aussteiger nach Haight-Ashbury, da man hier weitaus günstiger leben konnte.

In den 1960er Jahren kamen Bohemiens ins Viertel, das Nährboden einer Subkultur wurde. Bis 1967 blieb es hier recht ruhig. Dann lockte der »Summer of Love« etwa 75 000 junge Leute auf der Suche nach freier Liebe, Musik und Drogen an – das Viertel wurde Brennpunkt der Jugendkultur.

← *Terrasse des Cafe Cole und bunte Fassaden*

← *Fotomotiv par excellence – viktorianische Häuser in Haight-Ashbury*

Während North Beach in den 1950er Jahren der Ort für die Beat Generation wurde, wagten sich viele Aussteiger nach Haight-Ashbury, da man hier weitaus günstiger leben konnte.

← *Secondhand-Kleidung im beliebten Modeladen Decades of Fashion*

Berühmte Bewohner

Zu den berühmtesten Bewohnern von Haight-Ashbury gehörte die Sängerin Janis Joplin, die 1967 mit ihrer Geliebten Peggy Caserta eine Wohnung in 635 Ashbury Street bezog. Die Mitglieder der Band Grateful Dead lebten von 1965 bis 1968 in 710 Ashbury Street. Der Singer-Songwriter Graham Nash wohnte in den 1960er und 1970er Jahren in einem Haus gegenüber vom Buena Vista Park.

2

Castro Street

L11 24, 33, 35, 37 F, K, L, M, T

Das hügelige Viertel um die Castro Street, zwischen Twin Peaks und Mission District, ist das Zentrum der LGBTQ+ Community San Franciscos. Es ist ein Stadtviertel mit pulsierendem Nightlife, wunderschöner Architektur und stolzer Geschichte.

Die »Gayest Four Corners of the World«, die Kreuzung von Castro und 18th Street, wurden in den 1970er Jahren zum absoluten Dreh- und Angelpunkt der Szene. Homosexuelle der Flower-Power-Generation zogen in das frühere Arbeiterviertel ein und restaurierten zahlreiche alte viktorianische Häuser. Sie eröffneten darüber hinaus eine Reihe von Szenekneipen, zu den wohl bekanntesten gehört die von Mary Ellen Cunha und Peggy Forster betriebene Twin Peaks Tavern (www.twinpeakstavern.com) Ecke Castro und 17th Street. Während sich woanders die Gäste in Bars eher »versteckten«, wurden hier große Fenster eingebaut. Obwohl das Viertel mit seinen vielen Läden und Restaurants alle Besucher San Franciscos anzieht, ist es durch sein eindeutiges Bekenntnis zur Homosexualität vor allem zu einem Pilgerziel von Angehörigen der LGBTQ+ Szene geworden. Für diese Community symbolisiert es eine Freiheit, die nicht überall auf der Welt zu finden ist.

Die Castro Street ist zu einem Pilgerziel von Angehörigen der LGBTQ+ Szene geworden.

Regenbogenfahnen an einer Kreuzung der Castro Street; Twin Peaks Tavern (Detail) ↑

Castro Theatre

Die hell erleuchtete Neonfassade des 1922 errichteten Castro Theatre ist eines der Wahrzeichen der Castro Street. Das Kino ist der prächtigste und besterhaltene Filmpalast in San Francisco. Allein die Wurlitzer-Orgel, die zwischen den Vorstellungen aus dem Boden aufsteigt, ist den Eintrittspreis wert. Hier findet jedes Jahr im Juni das San Francisco International LGBTQ+ Film Festival statt.

Rainbow Honor Walk

Bronzetafeln auf dem Bürgersteig der Castro Street erinnern an wichtige Persönlichkeiten der internationalen LGBTQ+ Community. Auch wenn die Genannten in verschiedensten Bereichen aktiv waren, hat sich jede*r auf seine Art für die Gleichberechtigung eingesetzt und für die Akzeptanz der LGBTQ+ Szene gekämpft. Zu den bekanntesten Unterstützern zählen der Musiker Freddie Mercury und der Baseballspieler Glenn Burke.

SEHENSWÜRDIGKEITEN

3

Randall Museum

L9 199 Museum Way
24, 37 Di–Sa 10–17
randallmuseum.org

Corona Heights Park ist ein Felshügel, an dessen Flanke sich ein Kindermuseum befindet: Das Randall Museum für Naturgeschichte, Wissenschaft und Kunst beherbergt über 100 Tiere, u. a. Waschbären, Eulen, Schlangen, Schildkröten und verschiedene Meerestiere. Darüber hinaus gibt es Ausstellungen über die indigene Tradition des Korbmachens sowie über Erdbeben und das Leben in den Meeren.

Vom Hügel hat man einen großartigen Blick über die Stadt und die East Bay.

4

Golden Gate Park Panhandle

K8 3, 5, 6, 21, 43, 66, 71

Der einen Häuserblock breite und acht Blocks lange Grünstreifen bildet den »Pfannenstiel« der weitläufigen, rechteckigen »Pfanne« des Golden Gate Park *(S. 394f)*. In den 1870er Jahren wurden die kurvenreichen Reit- und Kutschenwege angelegt, auf denen die Gutbetuchten lustwandelten, die sich bald großzügige Villen am Rand des Parks bauten. Heute tummeln sich auf den Wegen zumeist Spaziergänger, Jogger und Radfahrer.

Während der Hochphase der Hippie-Ära strömten junge Leute zum Panhandle, um den spontanen Konzerten neuer psychedelischer Bands aus Haight-Ashbury zu lauschen. Noch heute treffen sich hier Straßenmusiker zu spontanen Konzerten.

5

GLBT Historical Society Museum

L10 4127 18th St
24, 33, 35, 37 F, K, L, M, S, T Mo, Mi–Sa 11–18, So 12–17 Herbst u. Winter: Di glbthistory.org

Dies ist das erste Museum, das sich der Geschichte der Schwulen-, Lesben-, Bisexuellen- und Transgender-Communities in den USA widmet. Hier begibt man sich auf einen Streifzug durch die queere Vergangenheit von San Francisco. Fotos und andere Objekte aus den Archiven der GLBT Historical Society dokumentieren die Geschichte der Communities.

6

Mission Dolores

M10 16th St u. Dolores St 22, 33 J tägl. 9–16:30 (Winter: bis 16)
Thanksgiving, 25. Dez
missiondolores.org

Das Baujahr 1776 macht die Mission Dolores zum ältesten Gebäude von San Francisco. Das steinerne Relikt aus der spanisch-kolonialen und religiösen Vergangenheit *(siehe S. 47)* der Stadt wurde von Pater Junípero Serra zu Ehren des hl. Franziskus von Assisi gegründet.

Schöne Aussicht
Dolores Park

Der Park nahe der Mission Dolores liegt auf einem Hügel und bietet eine schöne Aussicht. Im Süden und Westen oberhalb des Parks steigen die Straßen steil an, dort gibt es lange Fußgängertreppen.

Aussicht vom Hügel Corona Heights, der bemerkenswerte Felsformationen aufweist (Detail)

Das Gebäude wirkt recht schlicht, doch seine dicken Mauern haben die Zeiten unbeschadet überstanden. Die Malereien der renovierten Decke stammen von Indigenen. Neben dem Barockaltar ist auch das Museum mit historischen Dokumenten sehenswert. Auf dem Friedhof gibt es ein Massengrab von 5000 Ureinwohnern, die bei den Masernepidemien von 1804 und 1826 starben. Die Statue des Grabs wurde gestohlen, doch das Podest mit der Inschrift »Zum frommen Gedenken an unsere treuen Indianer« blieb erhalten.

Mission Dolores (1776) – kulturelles Erbe aus der spanischen Kolonialzeit ↓

Shopping

Amoeba Music

Stöbern Sie in diesem Kultladen durch eine große Auswahl an Schallplatten und CDs.

J9 **1855 Haight St** **amoeba.com**

Booksmith

In dieser Buchhandlung finden Sie ein großes Sortiment an Titeln.

J9 **1727 Haight St** **booksmith.com**

826 Valencia Pirate Supply Store

T-Shirts mit Piratenmotiven, Augenklappen und Enterhaken, dazu Haushaltswaren, Spielzeug und Geschenke.

N10 **826 Valencia St** **shop.826valencia.org**

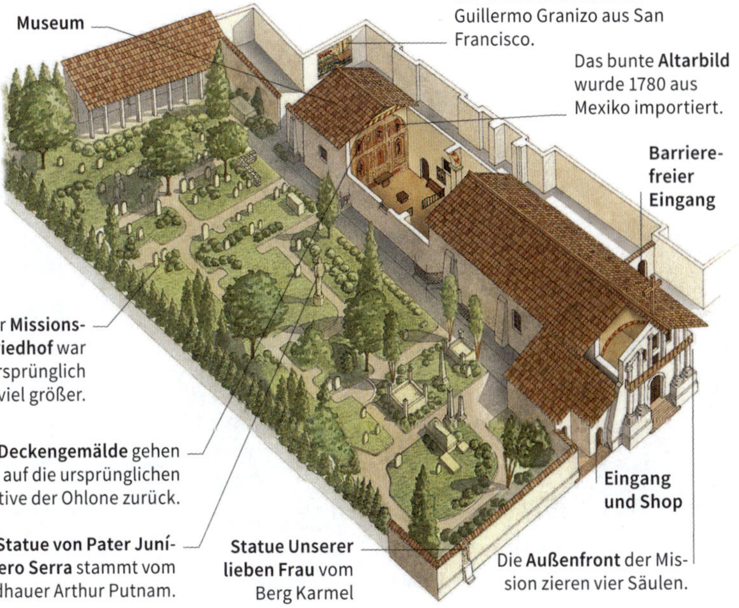

7

Mission Cultural Center for Latino Arts

P12 2868 Mission St
14, 22, 27, 48, 49 J
24th Street Mission
Di – Fr 10 –18:30, Sa 10 –17
missionculturalcenter.org

In dem Kunstzentrum finden Workshops sowie Musik- und Theateraufführungen statt. Es gibt zwei Kunstgalerien und einen Laden für bedruckte Seidentücher. Am 1. November wird hier der traditionelle Día de los Muertos *(siehe S. 45)* gefeiert.

8

Carnaval Mural

P11 3195 24th St u. South Van Ness Ave
12, 14, 48, 49, 67 J
24th Street Mission
sfmuralarts.com

Carnaval Mural, eines der vielen farbenfrohen Wandbilder im Mission District, wurde 1983 von einer Künstlergruppe unter Leitung von Daniel Galvez gemalt. Es zeigt unterschiedlichste Menschen beim gemeinsamen Karneval. Führungen zu Wandmalereien im Mission District werden von der **Precita Eyes Muralists Association** angeboten.

Calle 24 Latin American Cultural District

Die Organisation Calle 24 (www.calle24sf.org) hat sich zum Ziel gesetzt, den lateinamerikanischen Charakter im Mission District zu bewahren. Erfolge sind entlang der 24th Street zwischen Mission Street und Potrero Avenue sichtbar: Das Künstlerkollektiv Galería de La Raza (www.galeriadelaraza.org) organisiert Ausstellungen, Workshops und Lesungen. Zu den schönsten Wandgemälden gehören die an der Balmy Alley (www.balmyalley.com).

In der Balmy Alley *(siehe S. 373)* findet sich eine Art Freilichtgalerie mit Wandgemälden. Viele dieser Bilder vermitteln politische Botschaften.

Precita Eyes Muralists Association
precitaeyes.org

9

Buena Vista Park

K9 6, 7, 37, 43, 66, 71
sfrecpark.org

Der 1894 angelegte Park mit fantastischem Blick auf die Bay Area steigt in der Mitte San Franciscos auf bis zu 174 Meter an. Das Areal bildet ein Stück unberührte Natur. Überwachsene Pfade führen von der Haight Street hinauf, ein gepflasterter Weg geht von der Buena Vista Avenue ab. Bei Dunkelheit sollte man den Park meiden.

10

Twin Peaks

K12 33, 36, 37

Auf Spanisch hießen die beiden Hügel zunächst Pecho de la Chola, »Brüste der Indianerin«. Sie befinden sich im Herzen San Franciscos und erreichen eine Höhe von 274 Metern. Ihre Spitze bedeckt ein Park mit steilen Grashängen. Der Twin Peaks

Carnaval Mural – *ein Feuerwerk an Farben über mehrere Fassaden*

↑ *Wundervoller Rundumblick von einem Aussichtspunkt auf den Twin Peaks*

Boulevard verläuft um beide Hügel in Höhe des Gipfels und bietet Parkplätze und gute Aussichtspunkte. Wer sich die Mühe macht, die Hügel zu Fuß zu erklimmen, wird mit einem schier atemberaubenden Rundblick belohnt.

11 Vulcan Street Steps

L10 · Vulcan St · 37

Abgesehen von einer winzigen Figur von Mr. Spock auf einem Briefkasten, gibt es keine Verbindung zwischen der TV-Serie *Raumschiff Enterprise* und den Häusern zwischen Ord und Levant Street. Die Vulcan Street Steps scheinen gleichwohl Lichtjahre vom Castro District entfernt zu sein. Malerisch wuchern die Gärten der Häuser bis auf die Stufen. Die ausladenden Kiefern dämpfen die Geräusche der Stadt. Die Aussicht auf den Mission District ist grandios.

12 Lower Haight

M8 · 6, 7, 22, 66, 71 · K, L, M, N, T

Lower Haight liegt zwischen City Hall und Haight-Ashbury sowie am südlichen Rand des überwiegend afroamerikanischen Viertels Fillmore. Es ist eine Gegend im Übergang. Ungewöhnliche Galerien und Boutiquen – etwa Used Rubber USA, ein Laden, der Kleidung und Accessoires aus recyceltem Gummi verkauft – haben sich hier seit Mitte der 1980er Jahre neben vielen preiswerten Kneipen und Restaurants niedergelassen. Das aufstrebende Szeneviertel gehört deswegen zu den quirligsten in San Francisco.

Ebenso wie am nahe gelegenen Alamo Square *(siehe S. 354)* sieht man in Lower Haight Dutzende von viktorianischen Häusern *(siehe S. 356f)* aus der zweiten Hälfte des 19. Jahrhunderts, einschließlich einiger überaus malerischer »Cottages« wie etwa das Nightingale House (201 Buchanan Street) aus den 1880er Jahren. Die Sozialbauten der 1950er Jahre haben eine Gentrifizierung bisher verhindert.

Bei Dunkelheit sollte man die Gegend ebenso wie den Alamo Park aus Sicherheitsgründen meiden.

Lokale

Bi-Rite Creamery
Karamelleis und Sorbets gehören zu den gefragtesten Eissorten des Eiscafés. Es gibt auch vegane Optionen.
N10 · 3692 18th St · biritemarket.com
$

Craftsman & Wolves
Spezialität des Hauses ist The Rebel Within – ein Muffin mit italienischem Käse, Frühlingszwiebeln und Wurst.
N10 · 746 Valencia St · craftsman-wolves.com
$

Foreign Cinema
Das Lokal mit Filmthemen ist für neue kalifornische Küche bekannt.
N11 · 2534 Mission St · foreigncinema.com
$$

Bars

Ritual Coffee Roasters
Die Café-Bar ist wegen ihres Espressos und ihres trendigen Dekors einen Besuch wert.
N11 · 1026 Valencia St · ritualcoffee.com

Woods Cervecería
Zu den angebotenen Biersorten gehört Mate-Veza, das vom südamerikanischen Matetee inspiriert ist.
M10 · 3801 18th St · woodsbeer.com

Wandbilder *(murals)* in San Francisco

San Francisco ist sehr stolz auf seinen Ruf als weltoffene Metropole mit einer überaus vielseitigen Kulturszene. Die Kreativität spiegelt sich auch in den farbenfrohen Wandbildern *(murals)* einzelner Viertel wider. Viele dieser Bilder wurden in den 1930er Jahren gemalt, noch mehr in den 1970er Jahren. Einige entstanden spontan, andere waren Auftragsarbeiten.

Vergangenheit

Beispiele historischer Wandmalerei sind im Coit Tower *(siehe S. 338)* zu sehen. Die Bilder entstanden während der Depression der 1930er Jahre und wurden durch New-Deal-Programme von Präsident Roosevelt finanziert. Es sind eindrucksvolle Zeitdokumente. Viele einheimische Künstler waren beteiligt, manche von ihnen ließen sich vom mexikanischen Maler Diego Rivera inspirieren. Der in Russland geborene Anton Refregier schuf von 1941 bis 1948 im Rincon Annex *(siehe S. 296)* den aus 27 Wandgemälden bestehenden Zyklus *The History of California*.

↑ City Life *(1934) von Victor Arnotauff im Coit Tower*

Gegenwart

In den 1970er Jahren wurde der Mission District zu einem Hotspot für Wandmalerei, ein großer Teil der Werke entstand

MaestraPeace *am Women's Building, eines der größten Murals der Stadt* ↑

durch die Förderung der städtischen Organisation Precita Eyes Muralists Association *(siehe S. 370)*, die Susan und Luis Cervantes gegründet hatten. Las Mujeres Muralistas, ein rein weibliches Künstlerkollektiv, begann Anfang der 1970er Jahre mit der Ausschmückung der Balmy Alley, 1985 fügten diverse Künstler weitere Wandgemälde hinzu. Noch heute ist die Dichte an farbenprächtigen Murals nirgendwo in der Stadt so hoch wie hier.

Seit 1992 ist auch die Clarion Alley in ähnlicher Weise mit Streetart geschmückt, zu den wichtigsten hier vertretenen Künstlern gehören Maya Hayuk, Rigo 23 und Megan Wilson. Der Calle 24 Latin American Cultural District *(siehe S. 370)* an der von Bäumen gesäumten 24th Street dokumentiert das kulturelle und künstlerische Erbe der Gegend mit bemerkenswerten Wandgemälden im 24th Mini Park.

Heute organisiert Precita Eyes Besichtigungstouren durch den Mission District, betreibt zwei Kunstzentren und sponsert weiter neue *murals*: *Strengh of Community* in der 1296 Shotwell Street wurde 2020 fertiggestellt, das riesige *Baobab Rising* in der 350 Ellis Street im Jahr 2018.

↑ After the Storm *von Tina Wolfe in der Balmy Alley*

↑ Swan *von Daniel Doherty in der Clarion Alley*

TOP 5 San Franciscos Murals

Carnaval Mural
Großes Wandgemälde *(siehe S. 370)*.

No Ceiling
⌂ Jessie u. Mission St, SoMa
Feministisches Bild von BiP (Believe in People; 1971).

Fantasy for Children
⌂ 24th St Mini Park, Mission
Wandgemälde (1975) von Las Mujeres Muralistas.

MaestraPeace
⌂ 3543 18th St, Mission
Mural (1994) von sieben Künstlerinnen.

Women of the Resistance
⌂ Balmy Alley, Mission
Darstellung bedeutender Frauen (2018).

Spaziergang durch Haight-Ashbury

Länge 1,5 km **Bus** 7, 33 **Dauer** 25 Min.

Haight-Ashbury erstreckt sich vom Buena Vista bis zum Golden Gate Park. In den 1880er Jahren war es ein Zufluchtsort vor dem Lärm und der Hektik des Zentrums und entwickelte sich zu einem überaus beliebten Wohngebiet. Zwischen 1930 und 1960 wandelte sich der Vorort der Mittelschicht grundlegend – er wurde Zentrum der Flower-Power-Bewegung und zog viele Hippies schier magisch an. Noch heute ist es ein unkonventionelles Viertel mit multikulturellem Flair, schönen Buch- und Plattenläden und gemütlichen Cafés.

Im **Wasteland,** (1660 Haight Street), einem bunt bemalten Gebäude, gibt es vor allem Secondhand-Kleidung, Antiquitäten und Möbel.

Nach der Kreuzung von **Haight Street** und **Ashbury Street** wurde das Viertel benannt.

Der **Golden Gate Park Panhandle** *(siehe S. 368)* führt nach Westen in den Golden Gate Park.

Im **Cha Cha Cha** (1801 Haight St), einem der buntesten Restaurants der Stadt, gibt es lateinamerikanische Snacks in großer Auswahl.

Das **Red Victorian Bed and Breakfast** (1665 Haight St) ist ein Relikt aus Hippie-Zeiten. Später hielt das New Age hier Einzug – mit Bio-Kost und Esoterik.

↑ *Die Skyline San Franciscos vom Buena Vista Park aus gesehen*

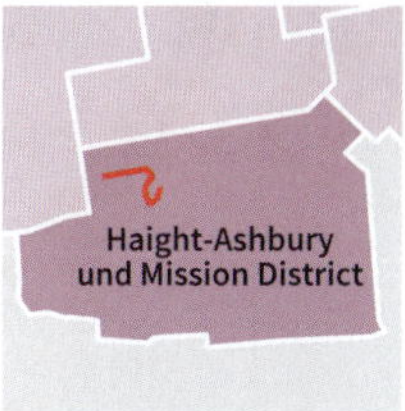

Zur Orientierung
Siehe Stadtteilkarte S. 362f

Vom idyllischen **Buena Vista Park** *(siehe S. 370)* blickt man weit über die Stadt.

1220 Masonic Avenue ist die Adresse eines der vielen prächtigen viktorianischen Häuser am Steilhang südlich der Haight Street.

← *Piedmont Boutique in der Haight Street – Shop für schrille Outfits*

Blick von Presidio auf die Golden Gate Bridge (siehe S. 384–387)

Golden Gate Park und Presidio

Presidio entwickelte sich um eine 1776 errichtete spanische Festung. Nachdem Mexiko 1821 seine Unabhängigkeit von Spanien erlangt hatte, geriet das Anwesen unter mexikanische Kontrolle. Im Mexikanisch-Amerikanischen Krieg (1846–48) wurde es erneut vom US-Militär besetzt, im Zweiten Weltkrieg war es als Hauptquartier an der Westküste ein wichtiger Stützpunkt im Pazifikkrieg. Heute ist das Areal ein Mix aus Parklandschaft mit knapp 40 Kilometern Wanderwegen und Wohngebieten, Kulturstätten und Unternehmen wie Lucasfilm.

Im Süden schließt der spektakuläre Golden Gate Park an. Er wurde 1871 nach Plänen von Frederick Law Olmsted, dem Schöpfer des New Yorker Central Park, aus einer Sandwüste geschaffen und in den 1890er Jahren vom schottischen Gartenbauer John McLaren fertiggestellt. Bäume wurden dort angepflanzt, wo sie später den besten Windschutz boten. Einige der Gebäude des Parks entstanden zur California Midwinter Exposition 1894, der ersten Weltausstellung in Kalifornien. Weitere Grünflächen liegen im Norden und Westen, wo das schroffe Land's End hinaus ins Meer ragt.

Golden Gate Park und Presidio

Highlights

1. California Academy of Sciences
2. Legion of Honor
3. Golden Gate Bridge

Sehenswürdigkeiten

4. San Francisco Botanical Garden
5. Conservatory of Flowers
6. de Young Museum
7. Shakespeare Garden
8. Japanese Tea Garden
9. Queen Wilhelmina Tulip Garden
10. Beach Chalet
11. Bison Paddock
12. Stow Lake
13. Land's End
14. Letterman Digital Arts Center
15. Holy Virgin Cathedral
16. Presidio
17. The Walt Disney Family Museum
18. Fort Point und Crissy Field

Lokale

① Louis'
② Beach Chalet Brewery and Restaurant
③ Warming Hut Park Store and Café

F
G
H
J
K
3
4
5
6
7
8
9
10
0 Meter
800
0 Yards
800
N
Fort Point
3
Golden Gate Bridge Welcome Center
Crissy Field Center
18
Crissy Field
MARINA
Palace of Fine Arts
17
The Walt Disney Family Museum
14
Letterman Digital Arts Center
San Francisco National Military Cemetery
Presidio Officers' Club
16
Presidio
Presidio Army Golf Course
Pacific Heights und Civic Center
Seiten 342–359
Arguello Park
5
Conservatory of Flowers
6
de Young Museum
8
Japanese Tea Garden
Music Concourse
1
California Academy of Sciences
7
Shakespeare Garden
4
San Francisco Botanical Garden
Koret Playground
Kezar Stadium
HAIGHT-ASHBURY
Haight-Ashbury und Mission District
Seiten 360–375
UCSF Parnassus
Judah and 9th Av
Golden Gate Park und Presido
MARINE DRIVE
MARINA BLVD
OLD MASON STREET
PRESIDIO PARKWAY
LINCOLN BLVD
STOREY AVE
RALSTON AVE
GORGAS AVE
LOMBARD ST
MONTGOMERY STREET
GRAHAM ST
MORAGE AVE
MESA STREET
FUNSTON AVE
LETTERMAN DR
MACARTHUR AVE
ARGUELLO BLVD
PORTOLA STREET
SIMONDS LOOP
PRESIDIO BLVD
LYON STREET
PARK BLVD
BOULEVARD
WASHINGTON
WEST PACIFIC AVENUE
JACKSON STREET
CHERRY ST
MAPLE ST
LOCUST STREET
LAUREL STREET
WALNUT STREET
PRESIDIO AVE
BAKER STREET
DIVISADERO STREET
CLAY ST
SACRAMENTO STREET
PINE ST
CALIFORNIA
MAYFAIR DRIVE
COLLINS STREET
MASONIC AVENUE
SUTTER ST
POST ST
LAKE STREET
EUCLID AVENUE
PARK PRESIDIO BOULEVARD
GEARY BOULEVARD
ANZA STREET
TURK BOULEVARD
STANYAN STREET
FULTON STREET
FELL STREET
OAK STREET
JOHN F. KENNEDY DRIVE
KEZAR DRIVE
MARTIN LUTHER KING JUNIOR DRIVE
LINCOLN WAY
HUGO STREET
CARL ST
IRVING STREET
JUDAH STREET
KIRKHAM STREET

1

California Academy of Sciences

Schon gewusst?

Die Website des Museums bietet Webcams zu einzelnen Bereichen (u. a. die Penguin Cam).

G9 55 Music Concourse Dr +1-415-379-8000 5, 44 N
Mo – Sa 9:30 –17, So 11 –17 Thanksgiving, 25. Dez calacademy.org

In dieser Welt der Forschung und des Wissens können neugierige Besucher in unterschiedlichsten Abteilungen wie einem Regenwald, einem riesigen Aquarium und einem Gezeitenpool die Natur hautnah erleben. Der Gebäudekomplex fügt sich perfekt in die idyllische Umgebung des Golden Gate Park ein, das Dach ist mit vielfältigen einheimischen Gewächsen bepflanzt.

Die 1853 gegründete California Academy of Sciences befindet sich seit 1916 im Golden Gate Park und zog Ende 2008 in ein neues, nach ökologischen Aspekten gestaltetes und betriebenes Gebäude um. Der Komplex umfasst das Steinhart Aquarium, das Morrison Planetarium und das Kimball Natural History Museum. Dieses Ensemble naturkundlicher Stätten vereint innovative »grüne« Architektur mit flexiblen Ausstellungsflächen. Auch die hübsche Piazza im Zentrum und das begrünte Dach von rund einem Hektar Fläche sollte man keinesfalls versäumen. Besucher kommen bei der Erkundung der faszinierenden Exponate aus dem Staunen nicht heraus. Darüber hinaus kann man an zahlreichen Workshops teilnehmen oder spannende Vorträge hören.

↑ *Besucher im Osher Rainforest, der sich über vier Stockwerke erstreckt*

Kurzführer

Die Sammlungen des Steinhart Aquarium sind über das gesamte Museum verteilt, die meisten Wasserbecken befinden sich unterhalb der Piazza. Von dieser erreicht man alle anderen wichtigen Bereiche, u. a. Kimball Natural History Museum, Morrison Planetarium und Osher Rainforest. Einige Exponate erstrecken sich über mehrere Etagen. Im Auditorium oberhalb des Cafés werden Sonderausstellungen und Performances gezeigt. Die zweite Etage birgt Geologiesammlung und Naturkundezentrum. Auf dem Dach befindet sich eine Aussichtsplattform.

Highlight

Attraktionen

Morrison Planetarium

In atemberaubenden Filmen erleben Besucher völlig neue Dimensionen.

Living Roof

▽ Die Aussichtsplattform des begrünten Dachs bietet Blick über den Golden Gate Park.

Discovery Tidepool

Hier kann man lebende Meerestiere, die in Gezeitentümpeln an der Küste leben, anfassen.

T. Rex

▷ Das Skelett eines Tyrannosaurus Rex steht neben dem Museumseingang. Das riesige Raubtier war der größte Fleischfresser, der jemals auf der Erde lebte.

Steinhart Aquarium

◁ Das höchst eindrucksvolle Aquarium zeigt die Meereslebewesen eines Korallenriffs.

Tusher African Hall

▷ Modelle von Tieren aus Afrika werden hier in lebensnahen Dioramen ausgestellt. Auch eine Population von Pinguinen ist zu sehen.

2

Legion of Honor

C6 Lincoln Park, 100 34th Ave Ecke Clement St
+1-415-750-3600 1, 18, 38 Di–So 9:30–17:15
Thanksgiving, 25. Dez legionofhonor.famsf.org

Das inmitten der wunderschönen Landschaft von Land's End gelegene Museum ist in einem Nachbau des Pariser Palais de la Légion d'Honneur untergebracht. Gezeigt wird europäische Kunst vom Mittelalter bis zum 20. Jahrhundert.

Alma de Bretteville Spreckels (Gattin von »Zuckerkönig« Adolph) ließ das Museum in den 1920er Jahren zum Gedenken an die Gefallenen des Ersten Weltkriegs erbauen – und um französische Kunst in Kalifornien populär zu machen. Das Beaux-Arts-Gebäude präsentiert europäische Kunst der letzten 800 Jahre, darunter Gemälde von Künstlern wie Monet, Rubens und Rembrandt sowie über 70 Skulpturen von Rodin. Weitere Abteilungen widmen sich der Kulturgeschichte der vergangenen rund 6000 Jahre sowie der Fotografie. Werke der insgesamt etwa 90 000 grafische Objekte umfassenden Sammlung der Achenbach Foundation werden in Wechselausstellungen gezeigt.

Kurzführer

Die Dauerausstellung des Kunstmuseums umfasst 19 Abteilungen im Erdgeschoss mit chronologischer Anordnung der Ausstellungräume– vom Mittelalter (links vom Haupteingang) bis zum 20. Jahrhundert.

Chronik

1642

△ *Die Auferweckung des Lazarus* – eines von vielen Bildern Rembrandts aus der Sammlung der Achenbach Foundation

um 1880

▽ Diese dekorative Platte wurde in der Manufaktur von Wedgwood gefertigt

1889

△ Konstantin Makovskis *Russische Braut im Hochzeitsgewand* zeigt Vorbereitungen einer Hochzeit

um 1904

▽ Der Bronzeguss von Rodins *Der Denker* stammt von Rodins Schüler Henri Lebossé

↑ *Ausstellungssaal mit europäischen Skulpturen; Fassade* (Detail) *nach dem Vorbild eines Pariser Palais*

1924

▽ Die Orgel aus dem Hause der Ernest M. Skinner Organ Company wird noch für Orgelkonzerte eingesetzt

um 1914

△ Diese Version von *Seerosen* ist nur eines von rund 250 Gemälden, die Monet von den Seerosen in seinem Garten schuf

→ *Kopie von Auguste Rodins* Der Denker *(um 1904) im Außenbereich*

→

Golden Gate Bridge – eines der berühmtesten Bauwerke der USA

Chronik

11. Aug 1930

△ Nach jahrzehntelangen Debatten wird die Baugenehmigung für eine Hängebrücke über die Meerenge Golden Gate erteilt

5. Jan 1933

Beginn der Arbeiten am Fundament

26. Feb 1933

△ Feierlicher Spatenstich mit Zeremonie – rund 100 000 Gäste feiern den offiziellen Beginn des lange Zeit ersehnten Brückenprojekts

14. Aug 1933

△ Ein Schiff zerstört Teile des Gerüsts

Dez 1933

▽ Schäden am Gerüst durch einen Sturm

3

Golden Gate Bridge

F2 2, 28, 76 +1-415-921-5858 Zeiten der Website entnehmen goldengate.org

Die 2737 Meter lange Hängebrücke ist ein Bauwerk der Superlative. Sie ist das architektonische Wahrzeichen der Bay Area und eines der wichtigsten Symbole der Vereinigten Staaten. Ob Sie die Golden Gate Bridge selbst überqueren oder von der Küste aus betrachten – der Anblick ist schier überwältigend. Nicht umsonst gehört die Brücke zu den meistfotografierten Bauten der Welt.

Die Brücke ist nach dem natürlichen Eingang zur San Francisco Bay benannt, dem John Fremont 1844 den Namen »Golden Gate« gab. Die Golden Gate Bridge verbindet seit 1937 die Stadt mit Marin County. Das Wahrzeichen mit der atemberaubenden Aussicht hat sechs Fahrbahnen und einen Fuß- und Radweg. Der Bau ist die neuntgrößte von nur einem Spannbogen getragene Brücke. Bei ihrem Bau war sie die weltweit längste Hängebrücke.

Beim Befahren der Brücke in südlicher Richtung müssen Autofahrer eine Maut entrichten.

Expertentipp
Welcome Center

Das Welcome Center (tägl. 9–18) bietet praktische Infos, Ausstellungen zur Geschichte der Brücke und einen Shop mit Souvenirs.

Einweihung der Brücke

Die Golden Gate Bridge wurde nicht nur termingerecht fertig, sondern kostete sogar weniger als geplant. Joseph B. Strauss hatte zur Zeit der Großen Depression eine breite finanzielle Unterstützung für sein 35 Millionen Dollar teures Projekt gefunden. Am 27. Mai 1937 wurde die Brücke zunächst nur für Fußgänger eröffnet, rund 200 000 Menschen überquerten sie am ersten Tag. Am folgenden Tag rollten die ersten Limousinen über die Brücke.

→ *Fußgänger beim Überqueren der Brücke am Tag der Eröffnung*

Zahlen und Fakten

Verkehrsdichte
Gut 41 Millionen Fahrzeuge überqueren jährlich die Brücke, pro Tag sind es etwa 112 000.

Konstruktion
Die zwei großen Seile sind über einen Meter dick und aus 129 000 Kilometern Stahldraht – genug, um die Erde am Äquator dreimal zu umwickeln.

Material
Der Beton, der in die Pfeiler und Verankerungen der Brücke gegossen wurde, würde ausreichen, um einen 1,5 Meter breiten Bürgersteig von San Francisco nach New York zu bauen (4000 km).

Bollwerk gegen Wind und Wellen
Die Brücke hält Windgeschwindigkeiten von 160 Stundenkilometern aus. Jeder Pfeiler muss einer Tidenströmung von 97 km/h standhalten und einen Stahlturm mit 22 000 Tonnen Gewicht stützen.

Chronik

Juni 1934
△ Der Marin Tower genannte Turm an der Nordseite ist vollendet

Juni 1935
Fertigstellung des Südturms

Highlight

TOP 3 Ansichten der Brücke

Baker Beach
Der größte Strand der Stadt ist nicht gerade ideal zum Schwimmen, macht dies aber mit atemberaubender Aussicht wett.

Fort Point
Vom nördlichsten Punkt der Stadt erkennt man die wahren Ausmaße der Brücke *(siehe S. 393)*.

Vista Point
Von diesem Aussichtspunkt in Marin County erlebt man die Brücke vor der eindrucksvollen Kulisse der Metropole.

↑ *Blick vom Baker Beach auf die Golden Gate Bridge*

Juni 1936
△ Nach Fertigstellung der Stahlseile beginnen die Arbeiten an der Fahrbahn

17. Feb 1937
Beim Riss eines Sicherheitsnetzes sterben zehn Arbeiter

27. Apr 1937
▽ Nach dem Setzen der letzten Niete führt Joseph B. Strauss Würdenträger über die Brücke

27. Mai 1937
△ Am Eröffnungstag erklingen alle Glocken und Sirenen San Franciscos. Am folgenden Tag eröffnet Präsident Roosevelt über Telegraf die Brücke für den Straßenverkehr

Wundervoller Anblick: Bunte Blütenpracht im San Francisco Botanical Garden ↑

SEHENSWÜRDIGKEITEN

4 San Francisco Botanical Garden

G9 · 99th Ave u. Lincoln Way, Golden Gate Park · 44, 71 · Apr–Okt: tägl. 7:30–18; Nov–März: tägl. 7:30–17 · sfbotanicalgarden.org

Hier gedeihen mehr als 8000 Pflanzenarten, Bäume und Sträucher aus aller Welt. Es gibt einen mexikanischen, einen afrikanischen, einen südamerikanischen, einen australischen und einen kalifornischen Garten.

Einen Besuch lohnt auch der Moon-Viewing Garden mit fernöstlicher Flora. Der Garden of Fragrance, in dem Heilkräuter und Gewürzpflanzen wachsen, ist mit Hinweistafeln in Blindenschrift versehen. Der Schwerpunkt liegt hier auf Berühren und Riechen.

In einem anderen Areal gedeiht ein kalifornischer Redwood-Hain. Hier erlebt man die Vegetation eines nordkalifornischen Küstenwalds. Auch ein Nebelwald mit der alpinen Flora Mittelamerikas wurde angepflanzt.

In einem kleinen Laden kann man Samen und Bücher kaufen. Die Helen Crocker Horticultural Library ist öffentlich zugänglich. Im Frühling findet hier eine Blumenschau mit Verkauf statt.

5 Conservatory of Flowers

H8 · 100 John F. Kennedy Drive, Golden Gate Park · 5, 33, 44 · Di–So 10–16:30 · conservatoryofflowers.org

Das Gewächshaus ist demjenigen in Londons Kew Gardens nachempfunden und das älteste Bauwerk des Golden Gate Park. Mehr als 100 Jahre gedieh hier ein Dschungel aus Farnen, Palmen und Orchideen, bis ein Hurrikan im Dezember 1995 das Gewächshaus zerstörte. Die Instandsetzung wurde von einer Bürgerinitiative durchgesetzt und 2003 abgeschlossen.

6 de Young Museum

G8 · 50 Tea Garden Drive, Golden Gate Park · 5, 21, 44 · Di–So 9:30–17:15 (Apr–Nov: Di bis 20:45) · deyoung.famsf.org

Das de Young wurde 1895 gegründet und besitzt eine der edelsten Kunstsammlungen der an Museen reichen Stadt. 2005 wurde

der spektakuläre Museumsneubau – ein Werk von Herzog & de Meuron – eröffnet. Zu erleben gibt es ein überaus breites Spektrum amerikanischer Kunstwerke vom 17. bis 21. Jahrhundert. Mit Objekten von amerikanischen Ureinwohnern, frühen Einwanderern und aus Afrika stammenden Sklaven bietet die Sammlung einen tiefen Einblick in die Vielfalt amerikanischer Kunst und Kulturen. Neben Exponaten amerikanischer Herkunft sind Stücke aus Afrika und der ozeanischen Inselwelt zu sehen, der überwiegende Teil der Sammlung wurde aus Schenkungen zusammengetragen. Somit entstand ein reichhaltiges und faszinierendes Sortiment aus Exponaten von Kulturen der ganzen Welt. Die Modesammlung gehört zu den beeindruckendsten der Vereinigten Staaten.

← *Skulptur der Diana im de Young Museum*

7

Shakespeare Garden

G9 Music Concourse, Golden Gate Park 44

Die Gärtner dieser Anlage kultivieren hier über 200 Pflanzenarten – darunter alle, die in den Werken William Shakespeares erwähnt werden. Schilder an der hinteren Mauer enthalten entsprechende Zitate. Eine Büste des Dichters (19. Jh.) ist nur ab und zu zu sehen.

8

Japanese Tea Garden

G9 Music Concourse, Golden Gate Park
5, 38, 44 März – Okt: tägl. 9 – 17:30; Nov – Feb: tägl. 9 – 16:45
japaneseteagardensf.com

Der vom Kunsthändler George Turner Marsh für den California Midwinter Fair 1894 gestaltete Garten wurde vom japanischen Gärtner Makota Hagiwara gepflegt. Er und seine Familie erweiterten den Garten, bis sie 1942 bis zum Ende des Zweiten Weltkriegs interniert wurden. Am schönsten ist ein Aufenthalt im Garten zur Zeit der Kirschblüte im April.

Die Wildrinder mit ihren kurzen Hörnern und dem runden Buckel sind auch ein Symbol der amerikanischen Prärie. Sie werden daher auch als Prärie-Bisons bezeichnet.

9

Queen Wilhelmina Tulip Garden

A9 1690 John F. Kennedy Dr, Golden Gate Park 5, 18

Der Garten ist nach der holländischen Königin Wilhelmina benannt und erhält jährlich Tulpenzwiebeln vom niederländischen Tulpenzwiebelzüchter-Verband als Geschenk. Im Frühjahr ist das Areal von einem einzigen Blütenmeer bedeckt. Die holländische Windmühle nahe der Nordwestecke des Golden Gate Park wurde 1903 errichtet. Zusammen mit der Murphy Windmill von 1905 in der Südwestecke sollte sie die Bewässerung des Parks gewährleisten. Die benötigte Menge von täglich 230 Millionen Litern konnten sie jedoch nicht bewältigen und wurden deshalb außer Betrieb genommen.

10

Beach Chalet

A9 1000 Great Hwy, Golden Gate Park 5, 5R, 31, 31AX, 38 Zeiten der Website entnehmen beachchalet.com

Wo der Golden Gate Park auf den Ozean trifft, finden Sie dieses charmante historische Gebäude, in dem eine Brauerei und mehrere Restaurants untergebracht sind. Der berühmte Architekt Willis Polk entwarf das Chalet im Jahr 1925. Die Works Progress Administration gab 1936 die aufwendig gestalteten Wandgemälde beim renommierten Künstler Lucien Adolphe Labaudt in Auftrag. Die spektakulären Bilder zeigen diverse prominente Orte und Menschen in San Francisco.

Fein gearbeitete Holzschnitzereien von Michael von Meyer stellen maritime Motive wie Meerjungfrauen, Kraken und alte Schiffe dar. Durch die Fenster des Beach Chalet hat man einen weiten Blick auf den Pazifischen Ozean.

Blumenbeete vor der holländischen Windmühle im Queen Wilhelmina Tulip Garden

11

Bison Paddock

C9 John F. Kennedy Dr, Golden Gate Park 5, 29

Die zotteligen Bisons, die auf diesem eigens für sie angelegten Gehege weiden, sind die größten Landtiere Nordamerikas. Die Wildrinder mit ihren kurzen Hörnern und dem runden Buckel sind auch ein Symbol der amerikanischen Prärie. Sie werden daher auch als Prärie-Bisons bezeichnet.

Das Gehege wurde 1892 eröffnet, um die Spezies vor der drohenden Ausrottung zu bewahren. Die erste Herde, die aus Wyoming kam, starb jedoch während einer Tuberkulose-Epidemie. Heute leben hier etwa 100 Bisons.

12

Stow Lake

F9 Stow Lake Dr, Golden Gate Park 28, 29, 44

Der künstliche See wurde um den Strawberry Hill angelegt, sodass der Hügel nun eine Insel ist, von der zwei steinerne Brücken auf das »Festland« führen. Um die Insel kann man Ruderausflüge vom Bootshaus aus unternehmen.

Der rot-grüne chinesische Pavillon auf der Insel ist ein

↑ *Ruderpartie auf dem Stow Lake, einer der größten Attraktionen im Golden Gate Park*

Geschenk der Stadt Taipeh in Taiwan, der Partnerstadt San Franciscos. Er wurde in 6000 Einzelteilen verschifft und auf der Insel zusammengebaut.

Der millionenschwere Eisenbahnmagnat Collis Porter Huntington stiftete 1894 das Geld zum Bau des Stausees und des Wasserfalls, die nach ihm benannten Huntington Falls, deren Kaskaden in den Stow Lake stürzen und einen wesentlichen Teil zur Popularität des Sees beitragen.

Entdeckertipp
Sutro Baths
Die Anlage wurde 1890 von Adolph Sutro, einem ehemaligen Bürgermeister der Stadt, entwickelt. Sie umfasste die größten Meerwasserbecken des Landes. Davon sind heute nur noch Ruinen erhalten.

13
Land's End

B6 1, 1AX, 18, 38

Seine schroffen Klippen und die Zypressenhaine machen Land's End zum rauesten Areal der Stadt. Man erreicht es zu Fuß über den Coastal Trail – entweder vom Museum Legion of Honor oder vom Point-Lobos-Parkplatz (Sutro Heights Park) aus. Der Coastal Trail endet bei einem Aussichtspunkt mit Blick auf die Golden Gate Bridge *(siehe S. 384–387)*. Verlassen Sie diesen Weg keinesfalls. Sie riskieren sonst, dass Ihnen von der hereinkommenden Flut der Weg abgeschnitten wird (Infos über Gezeiten gibt es beim Visitor Center des National Park Service, Tel. +1-415-561-4700).

14
Letterman Digital Arts Center

J4 Chestnut St u. Lyon St 28, 43 Mo–Fr 9–17 presidio.gov/places/letterman-digital-arts-center

Das Letterman Digital Arts Center, ein Wallfahrtsort für Fans von *Star Wars*, wurde 2005 vom Filmemacher George Lucas und dem Presidio Trust gegründet. Das weitläufige Gelände mit vier Gebäuden umfasst neben Standorten von Medienunternehmen wie Industrial Light & Magic und einigen Abteilungen von Lucasfilm Ltd. auch Landschaftsgärten und eine natürliche Lagune. Die Aussichten auf Golden Gate Bridge und Palace of Fine Arts sind grandios. Ein Anziehungspunkt ist die lebensgroße Statue von Yoda, einer Figur der *Star-Wars*-Reihe. In der Lobby stehen weitere Figuren – von Darth Vader bis Boba Fett.

→ *Lebensgroße Statue von Yoda, Letterman Digital Arts Center*

↑ *Prachtvoll ausgestatteter Innenraum und helle Fassade der Holy Virgin Cathedral* (Detail)

15 Holy Virgin Cathedral

D7 6210 Geary Blvd 2, 29, 38 Di, Mi 9:30–11:30 sfsobor.com

Golden leuchten die Zwiebeltürme der russisch-orthodoxen Holy Virgin Cathedral der russischen Exilgemeinde im Vorort Richmond. Die Kirche wurde Anfang der 1960er Jahre errichtet.

Die Kathedrale und die vielen russischen Geschäfte in der Umgebung, etwa das Restaurant Russian Renaissance, bilden das Zentrum der großen russischen Gemeinde in San Francisco. Seit Beginn des 19. Jahrhunderts strömten Russen nach Kalifornien. Höhepunkt der Einwanderung war die Zeit nach der Russischen Revolution 1917.

16 Presidio

H5 tägl. 10–17 210 Lincoln Blvd, an der Main Post www.presidio.gov

Die kurvigen Straßen und die üppige Vegetation täuschen über die militärische Vergangenheit des Geländes hinweg. Die exponierte Lage des Landstrichs, der länger besiedelt ist als irgendein anderer Teil der Stadt, spielte eine wesentliche Rolle in der Geschichte San Franciscos. Die gut erhaltenen Kasernen sind zu besichtigen. Es gibt knapp 40 Kilometer Wanderwege, dazu Radwege und Strände. Der PresidiGo-Bus hält an mehr als 40 Zielen. Das William Penn Mott jr. Presidio Visitor Center informiert über geführte Wanderungen und Veranstaltungen.

Der Presidio Officers' Club (50 Moraga Ave) wurde im spanischen Missionsstil gebaut. Er überblickt den Exerzierplatz bei den Kasernen. Beim Bau in den 1930er Jahren wurden die Adobe-Reste der spanischen Mission (18. Jh.) verwendet. Der Club ist Bühne für Veranstaltungen, u. a. Ausstellungen.

Geschichte des Presidio

José Joaquin Moraga ließ 1776 an der Bucht von San Francisco zum Schutz der Mission Dolores *(siehe S. 368f)* ein Fort bauen. Nachdem Mexiko seine Unabhängigkeit erklärt hatte, wurde das Fort zur nördlichsten Festung des ebenfalls unabhängigen Kalifornien. 1847 wurde es von den USA annektiert und bis 1990 militärisch genutzt. Ab der Mitte des 19. Jahrhunderts bis in die 1930er Jahre ersetzte man die Lehmziegelbauten durch hölzerne Kasernen, dann durch Betonhäuschen im georgianischen oder Missionsstil. Sie dienten als Offiziersunterkünfte.

17

The Walt Disney Family Museum

H4 104 Montgomery St 28L, 43 Mi – Mo 10 –18 1. Jan, Thanksgiving, 25. Dez waltdisney.org

Das Museum dokumentiert Leben und Werk von Walt Disney (1901–1966), der es mit der Erfindung so beliebter Comicfiguren wie Mickey Mouse und Goofy zu Weltruhm brachte. Das von seiner Tochter Diane Disney Miller gegründete Museum illustriert das bemerkenswerte Leben des Trickfilmzeichners und Filmproduzenten anhand von Fotografien, Dokumenten, Animationskunst und unterhaltsamen interaktiven Exponaten. Das Museum veranstaltet außerdem regelmäßige Kunst- und Animationsworkshops, darüber hinaus gibt es Vorführungen von Disney-Filmen, Vorträge und andere Veranstaltungen.

↑ *Erwachsene und Kinder sind fasziniert vom Walt Disney Family Museum*

18

Fort Point und Crissy Field

F2 u. H3 Marine Dr Do – Di 10 –17 (Winter: nur Fr – So) nps.gov/fopo

Die Festung wurde 1861 von der US-Armee fertiggestellt. Sie sollte die San Francisco Bay schützen und die Schiffe verteidigen, die mit Gold der kalifornischen Minen beladen waren. Fort Point ist unter den vielen Festungen an der Küste die berühmteste. Sie ist ein klassisches Beispiel für die Backsteinbauweise vor dem Bürgerkrieg. Doch sie war schnell veraltet: Die drei Meter dicken Wände hätten modernen Waffen nie standgehalten. 1900 wurde sie aufgelöst.

Backsteingewölbe sind in San Francisco ungewöhnlich, da es Holz im Überfluss gab und deshalb Holzkonstruktionen den Vorrang hatten. Vielleicht hat dieser Umstand die Festung beim Erdbeben von 1906 gerettet.

Beinahe wäre die Festung in den 1930er Jahren dem Bau der Golden Gate Bridge zum Opfer gefallen, doch sie überstand auch dies und ist beliebter Aussichtspunkt mit Blick auf die Brücke. Mitarbeiter des Nationalparks bieten Führungen an.

Crissy Field war früher Marschland. Nach 200 Jahren als Militärgebiet wurde es in einen Erholungs- und Themenpark umgewandelt.

Lokale

Louis'

Genießen Sie zu klassisch amerikanischer Küche den herrlichen Blick auf die raue Küste.

A7 902 Point Lobos Ave louissf.com

$$$

Beach Chalet Brewery and Restaurant

Zu den Spezialitäten des Hauses im Westteil des Golden Gate Parks gehören Seafood und Steaks.

A9 1000 Great Hwy beachchalet.com

$$$

Warming Hut Park Store and Café

Gönnen Sie sich vor einem langen Spaziergang im Presidio eine gefüllte Ciabatta oder eine Zimtschnecke.

F2 983 Marine Dr parksconservancy.org/services/warming-hut-park-store-cafe

$$$

Westlich von Crissy Field bietet das am Strand gelegene Besucherzentrum des Greater Farallones National Marine Sanctuary (Mi – So) ein kleines Aquarium und Informationen zu lokalen Ökosystemen. Nur ein paar Gehminuten östlich liegt das Crissy Field Center mit einer großen Auswahl an Aktivitäten, darunter viele auf Kinder ausgerichtete Programme wie Wildtierwanderungen und Drachenfliegen.

Spaziergang im Golden Gate Park

Länge 0,8 km **Bus** 5, 44 **Dauer** 15 Min.

Der Golden Gate Park ist einer der größten Stadtparks der Welt. Er reicht vom Pazifischen Ozean bis ins Zentrum von San Francisco. In dieser Oase der Natur, einer Zufluchtsstätte vor dem Lärm der Stadt, gibt es ein breites Angebot an sportlichen und kulturellen Aktivitäten. Der Parkabschnitt um den Music Concourse mit seinen Brunnen, Platanen und Bänken ist am beliebtesten und vielseitigsten. Im Spreckels Temple of Music kann man sonntags kostenlos Konzerte hören. Zu beiden Seiten des Concourse stehen Museen. Der Japanische Garten und der Shakespeare Garden sind weitere Attraktionen.

Das **de Young Museum** *(siehe S. 388f)* zeigt Exponate aus aller Welt.

Der **Große Buddha** ist fast drei Meter hoch – und wohl der größte außerhalb Asiens.

Der **Japanese Tea Garden** *(siehe S. 389)* mit den exotischen Pflanzen ist eines der Glanzlichter des Parks.

Die **Brücke** im Japanese Tea Garden (»Mondbrücke«) ist steil aufgewölbt und spiegelt sich im Wasser als vollkommene Rundung.

Verdis Büste ist ein Zeugnis der Opernbegeisterung der Bewohner San Franciscos.

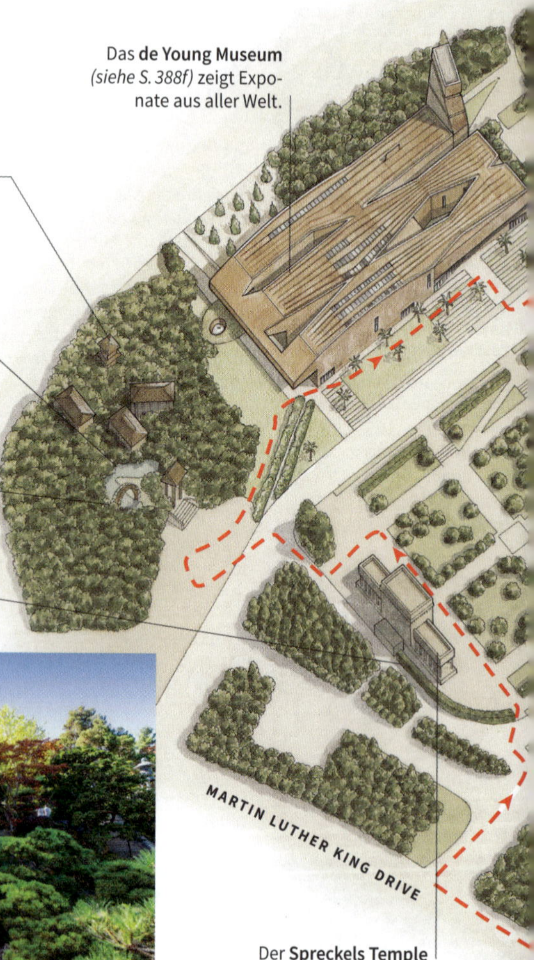

Der **Spreckels Temple of Music** bietet seit 1899 kostenlose Sonntagskonzerte.

↑ *Japanese Tea Garden, der älteste seiner Art in den Vereinigten Staaten*

Säulenhalle des Spreckels Temple of Music

Zur Orientierung
Siehe Stadtteilkarte S. 378f

Das **Standbild** der *Apple Cider Press* von Thomas Shields-Clarke ist eines der wenigen Denkmäler, die noch aus der Zeit des California Midwinter Fair von 1894 stammen.

Die **Büste von Miguel de Cervantes** stammt von Jo Mora. Der spanische Autor ist mit seinen Romanfiguren Don Quijote und Sancho Panza dargestellt.

Der **John McLaren Rhododendron Dell** wurde zur Erinnerung an den Direktor des Golden Gate Park angelegt.

Die **California Academy of Sciences** *(siehe S. 380f)* umfasst ein Aquarium, ein Planetarium, ein Museum und wissenschaftliche Abteilungen.

Im **Music Concourse**, einem Ziergarten mit Brunnen, Bänken und Bäumen, tritt sonntags die Golden Gate Park Band auf (Apr–Okt).

Im **Shakespeare Garden** *(siehe S. 389)* wachsen über 150 Pflanzenarten – sie werden alle in den Werken von William Shakespeare erwähnt.

Sather Tower auf dem Campus der UC Berkeley (siehe S. 402)

Bay Area

San Francisco ist das kleinste der neun Countys rund um die San Francisco Bay. Die wilde, windgepeitschte Küste und die Redwood-Wälder von Marin County nördlich der Golden Gate Bridge waren einst die Heimat des Volks der Miwok. Oakland an der East Bay entwickelte sich um das 1868 angelegte Gebiet Oakland Long Wharf. Dieses immer weiter wachsende Hafengelände wurde ein wichtiger Knotenpunkt für die Schifffahrt. Auch die Industrie boomte ab den 1920er Jahren und zog zahlreiche Afroamerikaner aus dem Süden an, Huey Newton und Bobby Seale gründeten hier 1966 die Black Panther Party. Vom wirtschaftlichen Niedergang in den 1970er Jahren hat sich die Stadt längst erholt. Das 1868 gegründete Berkeley ist vor allem für die University of California bekannt.

Die Peninsula (Halbinsel) südlich von San Francisco ist die Heimat des Silicon Valley, das sich ab 1938 entwickelte. Viele Technologiekonzerne – vom Chip-Produzenten Intel bis zu Hightech-Giganten wie Google und Facebook – haben hier ihren Ursprung. Das weiter südlich gelegene San José wurde 1777 von Spaniern gegründet. Die Stadt war bis zum Zweiten Weltkrieg ein Agrarzentrum, erlebte seither jedoch ein enormes Wachstum, mittlerweile leben dort mehr Menschen als in San Francisco.

Sebastopol
Kenwood
Bodega Bay
Rohnert Park
Valley Ford
Wine Country
Seiten 446–459
Oak Knoll
Napa
Vichy Springs
Union
Sonoma
Dillon Beach
Tomales
Petaluma
Shipyard Acres
Lakeville
Fairfield
Lombard
Fairville
Marshall
Six Flags Discovery Kingdom
Millerton
Inverness
Novato
Vallejo
Point Reyes Station
Ignacio
San Pablo Bay
Benicia
Point Reyes National Seashore
San Rafael
Martinez
Fairfax
John Muir National Historic Site
Concord
Larkspur
Richmond
Pleasant Hill
Bolinas
Walnut Creek
Muir Woods
Tiburon
Berkeley
Lafayette
Muir Beach
Sausalito
Marin Headlands
Tao House
San Francisco
Seiten 270–395
Oakland
Daly City
Oakland International Airport
Castro Valley
South San Francisco
Pacific Manor
Hayward
Russell City
San Francisco International Airport
Millbrae
Pedro Valley
Union City
San Mateo
Foster City
Montara
Belmont
Moss Beach
Newark
El Granada
Filoli
Redwood City
Pazifischer Ozean
Half Moon Bay
Stanford University
Woodside
Mountain View
Silicon Valley
Loyola
San Gregorio
La Honda
Cupertino
Pescadero
Saratoga
Bay Area
Boulder Creek
Año Nuevo
Scotts Valley
Davenport
Santa Cruz

Bay Area

Highlights

1. Berkeley
2. Oakland
3. San José

Sehenswürdigkeiten

4. Sausalito
5. Tiburon
6. Muir Woods, Muir Beach
7. Six Flags Discovery Kingdom
8. Point Reyes National Seashore
9. John Muir National Historic Site
10. Benicia
11. Tao House
12. Mount Diablo State Park
13. Stanford University
14. Filoli
15. Pescadero
16. Silicon Valley

Läden und Cafés an der bei Studenten beliebten Telegraph Avenue ↑

1

Berkeley

F1 120 000 Oakland, 20 km südwestl. 2160 Shattuck Ave 2015 Center St (+1-415-345-7500) Taste of North Berkeley (Mai); Fourth of Juli Fireworks; Salano Ave Stroll (Sep) visitberkeley.com

Berkeleys Aufstieg begann nach dem Erdbeben von 1906, als viele Bewohner aus dem zerstörten San Francisco flüchteten und sich hier niederließen. Doch erst die Free Speech Movement und die Studentenbewegung gegen den Vietnamkrieg machten Berkeley berühmt. Heute ist die Stadt bekannt für ihre Kunststätten, Buchhandlungen und ihre liberale Politik.

①

University of California, Berkeley

2227 Piedmont Ave
berkeley.edu

Der Ruf der 1868 gegründeten Universität als Keimzelle von politischen Bewegungen stellt manchmal ihre hohe akademische Bedeutung in den Schatten. Gleichwohl ist sie eine der angesehensten Bildungseinrichtungen der Welt – mit über 30 000 Studenten und zehn Nobelpreisträgern unter den Lehrkräften. Den Campus legte der Architekt Frederick Law Olmsted an, auf dem Gelände befinden sich mehrere Museen und Denkmäler. Das Koret Visitor Center bietet kostenlose Führungen an.

②

Lawrence Hall of Science

Centennial Dr, UC Berkeley Di – So 10 – 17 Feiertage lawrencehallofscience.org

Hier wird Wissenschaft zum reinsten Vergnügen. Man kann ein Hologramm beeinflussen, Erdbeben nachspüren oder die Bahn der Sterne im Planetarium verfolgen. Darüber hinaus gibt es Wechselausstellungen.

Bei Dunkelheit bietet der Plaza einen außergewöhnlichen Blick auf die Lichter in der nördlichen Bay Area.

③

Telegraph Avenue

Berkeleys faszinierendste Straße ist zweifellos die Telegraph Avenue zwischen Dwight Way und Universität. Hier gibt es Cafés, Lokale und Läden mit Kleidung und allerlei Schnickschnack. Das Areal war in den 1960er Jahren Zentrum der Studentenunruhen. Auch heute drängen sich hier Studenten – gemeinsam mit Straßenverkäufern, Musikanten, Demonstranten und vielen Exzentrikern.

④

Claremont Club & Spa

41 Tunnel Rd
claremontresort.com

Die Hügel von Berkeley bilden die Kulisse für dieses Fachwerk-Märchenschloss. Die Bauarbeiten dauerten von 1906 bis 1915. Zunächst lief das Hotel schlecht, zum Teil wegen eines Gesetzes, das den Alkoholausschank im Umkreis von 1,6 Kilometern um den Campus verbot. Ein Student maß 1937 nach und fand heraus, dass die Grenze durch das Gebäude verlief. Daraufhin entstand in einer Ecke des Hotels außerhalb des Bannkreises die Terrace Bar.

Das Claremont ist eines der feudalsten Hotels der Bay Area – genießen Sie die Aussicht bei einem köstlichen Drink.

⑤

University of California Botanical Garden

🏠 200 Centennial Dr, Berkeley Hills 🕒 tägl. 9–17 Feiertage **W** botanical garden.berkeley.edu

Im milden Klima von Berkeleys Strawberry Canyon gedeihen mehr als 12 000 Pflanzenarten aus aller Welt. Sie dienen der Forschung, sind aber in Themengärten angelegt. Es gibt unter anderem asiatische, afrikanische, südamerikanische, europäische und kalifornische Gärten. Sehenswert: der chinesische Kräutergarten, die Orchideenhäuser, der Kaktusgarten und die fleischfressenden Pflanzen.

⑥

Magnes Collection of Jewish Art and Life

🏠 2121 Aliston Way 🕒 Mitte Sep – Mitte Dez, Feb – Mai: Di – Fr 11 –16 Feiertage (auch jüdische) **W** magnes.berkeley.edu

In dieser 1962 eröffneten Sammlung wird anhand von annähernd 15 000 Objekten jüdische Kultur in ihrer gesamten Vielfalt dokumentiert und der bedeutende Beitrag jüdischer Gemeinden zum weltweiten kulturellen Erbe gewürdigt. Zu den Exponaten gehören u. a. rituelle Gegenstände, historische Dokumente und Kunstobjekte. Die Ausstellungen der Magnes Collection of Jewish Art and Life wechseln regelmäßig.

Highlight

Buchläden

Moe's Books
Die 1959 von Moe Moskowitz gegründete Buchhandlung bietet Raritäten in Bereichen wie bildende Kunst, Fotografie, Architektur.

🏠 2476 Telegraph Ave
W moesbooks.com

Pegasus Books
Allein schon die Präsentation der Bücher lohnt hier einen Besuch.

🏠 1855 Solano Ave
W pegasusbook store.com

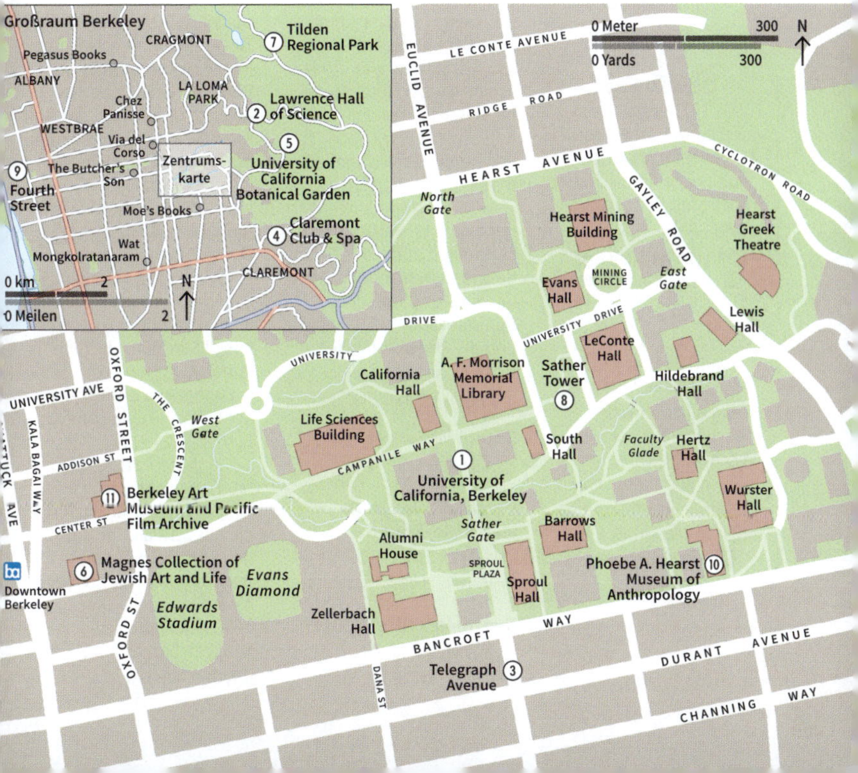

Restaurants

Wat Mongkolratanaram
Mönche bereiten in diesem Tempel einen reichhaltigen Brunch zu. Genießen Sie köstliches grünes Curry, Pad Thai und anschließend ein Stück Kokosnusskuchen.

1911 Russell St **nur So**

$$$

The Butcher's Son
Hier wird rein vegane amerikanische Hausmannskost serviert. Tofu bildet die Basis des »Steak and Eggs«: Gebratene Mozzarella-Burger aus pflanzlichen Zutaten. Tipp für das Dessert: Käsekuchen.

1954 University Ave **thebutchersveganson.com**

$$$

Chez Panisse
Das 1971 gegründete Restaurant ist ein gelungenes Beispiel nachhaltiger kalifornischer Küche mit Speisen aus regionalen Zutaten.

1517 Shattuck Ave **chezpanisse.com**

$$$

Via del Corso
Eine erlesene Auswahl italienischer Weine begleitet die toskanischen Gerichte. Ein Cocktail rundet den Besuch hier ideal ab.

1788 Shattuck Ave **viadelcorso.net**

$$$

Der Sather Tower ragt hoch über den Campus der Universität auf ↑

⑦

Tilden Regional Park

Eingang Ecke Wildcat Canyon Rd u. Grizzly Peak Blvd **ebparks.org/parks/tilden**

Der weitgehend naturbelassene Park bietet eine Reihe von Attraktionen. Er ist für seinen zauberhaften **Botanical Garden** bekannt, der Kaliforniens Flora abbildet. Von Almwiesen schlendert man durch einen Redwood-Hain zu Wüsten-Kakteengärten hinab. Es werden auch Führungen durch das Gelände angeboten. Kinder lieben das Karussell **Herschell-Spillman Merry-Go-Round** und die **Redwood Valley Railway**, die das Areal gemütlich durchquert.

Botanical Garden
tägl. 8:30–17

Herschell-Spillman Merry-Go-Round
Fr–So 11–17 (Sommer: tägl.)

Redwood Valley Railway
Sa, So 11–17 (Sommer: tägl.)

⑧

Sather Tower

Carillon Rd **Mo–Fr 10–15:45, Sa 10–16:45, So 10–13:30, 15–16:45** **visit.berkeley.edu**

Der weithin sichtbare Sather Tower erhebt sich 94 Meter über den Campus der UC Berkeley. Er ist der dritthöchste Universitätsglockenturm der Welt – nach denen der Universitäten von Moskau und Birmingham (England). Der von Laubbäumen umgebene, 1916 fertiggestellte Turm wird von den Einheimischen »Campanile« genannt, weil seine Gestalt an den berühmten Campanile di San Marco in Venedig erinnert.

Benannt ist der Turm nach der Philanthropin Jane K. Sather (1824–1911), einer der einflussreichsten Wohltäterinnen der Universität. Mit dem Aufzug erreicht man die Aussichtsplattform, von der man einen Panoramablick über die Bay Area genießt. Das aus 61 Glocken bestehende Glockenspiel erklingt im Frühling und Herbst dreimal täglich.

Highlight

⑨

Fourth Street

n 1834 4th St
W fourthstreet.com

Diese Straße nördlich der University Avenue wird von Kunstgalerien und Boutiquen gesäumt. Hier können Sie elegante Möbel, nachhaltige Mode oder Pflegeprodukte auf Pflanzenbasis kaufen. Am Wochenende erwacht die Straße zum Leben, wenn Schnäppchenjäger auf der Suche nach dem besonderen Etwas sind. Es gibt mehrere Cafés und Restaurants mit Sitzgelegenheiten im Freien.

Schon gewusst?

Die neue kalifornische Küche trat ihren Siegeszug von Berkeley aus an.

⑩

Phoebe A. Hearst Museum of Anthropology

102 Kroeber Hall Mi, Fr, So 11–17, Do 11–20, Sa 10–18 W hearstmuseum.berkeley.edu

Knapp vier Millionen Objekte aus allen Kontinenten und sämtlichen historischen Epochen sind in dieser Fundgrube in der UC Berkeley angehäuft. Die größte Abteilung widmet sich Nordamerika, sie umfasst unter anderem rund 8000 Körbe kalifornischer Ureinwohner. Zudem gibt es afrikanische Skulpturen und Metallarbeiten sowie zahlreiche altägyptische Artefakte aus vier Jahrtausenden. Die ursprünglichen Sammlungen des 1901 gegründeten Museums wurden von der Philanthropin Phoebe Apperson Hearst zusammengestellt, 1991 wurde das Museum nach ihr benannt.

⑪

Berkeley Art Museum and Pacific Film Archive (BAMPFA)

2155 Center St
Mi–So 11–19
W bampfa.org

Etwa 23 000 Kunstwerke und rund 17 500 Filme und Videos gehören zum permanenten Bestand der multikulturellen Sammlungen dieses führenden Zentrums für bildende Kunst.

Alljährlich finden mehr als 20 hochrangige Ausstellungen mit Schwerpunkten wie Bildhauerei, Fotografie und Grafik statt, daneben gibt es Hunderte von Filmvorführungen.

Stahlkonstruktion des Berkeley Art Museum and Pacific Film Archive ↑

2

Oakland

F1 · 420 000 · 8 km südwestl. · 1245 Broadway St · 475 14th St (+1-510-874-4800) · Annual Holiday Parade (1. Sa im Dez) · visitoakland.org

Oakland war einst ein kleiner Arbeitervorort von San Francisco. Er entwickelte sich zur Stadt, als hier der westliche Endbahnhof der transkontinentalen Eisenbahn entstand. Viele Afroamerikaner, die bei der Eisenbahn arbeiteten, ließen sich in Oakland nieder, gefolgt von hispanischen Einwanderern. Sie gaben der Stadt den multikulturellen Charakter, den man heute noch spürt. Schriftsteller wie Jack London und Gertrude Stein trugen zu Oaklands Ruf als bedeutendes kulturelles Zentrum bei.

①

Lake Merritt

Lake Merritt und der dazugehörige Park bilden eine in Grün- und Blautönen leuchtende Oase im Herzen von Oakland.

Das Gelände wurde 1870 zum ersten staatlichen Tierreservat der USA erklärt. Am West- und Nordufer des Salzwassersees kann man Boote leihen. Um den See führt ein fünf Kilometer langer Weg. Im Lakeside Park am Nordufer gibt es Blumengärten und ein Vogelhaus.

②

Jack London Square

Jack London, Autor von Abenteuerromanen wie *Der Ruf der Wildnis*, wuchs in den 1880er Jahren in Oakland auf und besuchte oft das alte Hafenviertel. Heute befindet sich in dem nach ihm benannten Areal eine Promenade mit Läden, Restaurants und Vergnügungsdampfern. Die Spur Londons lässt sich noch bis zum einstigen First and Last Chance Saloon und bis zur Yukon-Hütte verfolgen, die London 1898 bezog.

Black Panther Party

Die Black Panther Party wurde 1966 in Oakland von den Studenten Huey P. Newton und Bobby Seale gegründet. Die revolutionäre politische Organisation engagierte sich für soziale und wirtschaftliche Gleichberechtigung der Afroamerikaner. Ihr Einfluss breitete sich bald auf andere Großstädte in den USA und andere Teile der Welt aus. Nach internen Spannungen löste sich die Partei 1982 auf.

③

African American Museum and Library

659 14th St · Di–Sa 12–17:30 · oaklandlibrary.org

Hier werden Geschichte und Kultur der Afroamerikaner in Nordkalifornien und der Bay Area illustriert. Im Museum gibt es Wechselausstellungen, die Bibliothek verfügt

Am Ufer des Lake Merritt ragen die Wolkenkratzer von Downtown auf ↑

über eine Sammlung von mehr als 12 000 Büchern, darunter Werke von Martin Luther King, Malcolm X und der Black Panther Party.

④

Old Oakland Farmers' Market

Ecke Clay u. 9th St Fr 8–14 uvfm.org/old-oakland-fridays

Der Farmers' Market um die Clay und 9th Street zieht freitags viele Kunden an. Die Stände bieten frische Produkte wie Gemüse, Obst, Käse, Eier, Backwaren, Fisch und Blumen sowie eine Auswahl an Kunsthandwerk an.

⑤

Mormon Temple

4770 Lincoln Ave Fruitvale, dann Bus AC Transit 46 churchofjesuschrist.org

Seit 1963 thront hier der einzige Mormonentempel in Nordkalifornien – sein vollständiger Name lautet Oakland Temple of the Church of Jesus Christ of Latter-day Saints. Wenn das Bauwerk nachts angestrahlt ist, kann man es von San Francisco aus sehen. Den Stufenturm umgeben vier kleinere Türme, verkleidet mit weißem Granit und gekrönt von Goldpyramiden. Von der Tempelanlage blickt man auf die Bay Area.

⑥

Oakland Museum of California

Oak u. 10th St Mi–So 11–17 (Sa bis 21) museumca.org

Das Museum widmet sich Kunst, Geschichte sowie Natur und Ökologie von Kalifornien. Sei seiner Eröffnung 1960 wurde es mehrfach renoviert und erweitert.

Die Kunstsammlung besteht aus über 70 000 Werken von lokalen Künstlern und Designern, die Geschichtsabteilung umfasst eine Auswahl an Kunsthandwerk der Ureinwohner Kaliforniens, die Sammlungen zur Natur betonen die enorme Artenvielfalt. Besucher können sich auch mit interaktiven Exponaten und digitalen Objekten beschäftigen.

↑ *Zeitgenössische Kunst im Oakland Museum of California*

3

San José

G3 1 Mio. 5 km nordwestl. 65 Cahill St 70 Almeden St 150 W San Carlos St (+1-800-792-4173) Tapestry Arts Festival (Sep) sanjose.org

San José wurde 1777 gegründet und ist heute die drittgrößte Stadt des Bundesstaats. Das Wirtschafts- und Kulturzentrum im Süden der Bay Area ist auch gesellschaftliches Zentrum des Silicon Valley *(siehe S. 415)*. Doch das moderne San José ist auch eine Kulturmetropole mit historischen Gebäuden.

①

Mission Santa Clara de Asis

500 El Camino Real
+1-408-554-023 tägl.
scu.edu

Die Missionskirche auf dem Campus der Jesuit University of Santa Clara ist ein Nachbau des alten Lehmziegelgebäudes. Dieses wurde 1777 errichtet und später mehrfach neu aufgebaut. Sehenswert sind die Glocken, ein Geschenk des spanischen Königshauses.

Expertentipp
Comicmesse

Am Wochenende um den Memorial Day findet in der Innenstadt mit FanimeCon eine der größten Anime- und Comicmessen der USA statt. Die Straßen sind dann voller Roboter und Superhelden.

②

De Saisset Museum at Santa Clara University

500 El Camino Real
Di–So 11–16
scu.edu/desaisset

Das Museum zeigt eine Reihe von Artefakten der Mission aus dem 18. Jahrhundert sowie aus anderen Epochen Kaliforniens, zudem Gemälde, Drucke und Fotos.

③

Rosicrucian Egyptian Museum and Planetarium

Naglee Ave u. Park Ave
Mo–Fr 9–17, Sa, So 11–18 1. Jan, Ostersonntag, Thanksgiving, 25. Dez
egyptianmuseum.org

Das Museum birgt die größte Sammlung antiker ägyptischer Artefakte westlich des Mississippi. Jede der Abteilungen, die im ägyptischen und maurischen Stil gehalten sind, präsentiert einen anderen Aspekt ägyptischer Kultur. Zu den Exponaten gehören Mumien, Grabmäler und Figuren.

④

Peralta Adobe

175 W St. John St
+1-408-287-2290 Mo–Fr 8–17 Feiertage

Einen Block westlich der Market Street steht Peralta Adobe, das älteste Gebäude von San José. Das 1797 von Manuel González erbaute Haus ist der einzige Überrest des spanischen Pueblos. Die Räume wurden wieder originalgetreu eingerichtet.

←

Blick über das Zentrum von San José, der drittgrößten Stadt in Kalifornien

⑤

San José Museum of Art

110 S Market St
Di–So 11–17 1. Jan, Thanksgiving, 25. Dez
sjmusart.org

Das Museum ist für seine interessanten Kunstausstellungen in der Bay Area berühmt. Die Dauerausstellung präsentiert einige bekannte zeitgenössische Künstler Kaliforniens.

⑥

The Tech Interactive

201 S Market St tägl. 10–17 thetech.org

Das Technikmuseum ermöglicht einen Blick in die Zukunft. Zahlreiche Ausstellungsstücke zum Anfassen und Ausprobieren ermuntern Besucher aller Altersstufen, technische Erfindungen zu verstehen. Das Imax Dome Theater des Museums lohnt ebenfalls einen Besuch.

⑦

History San José

1650 Senter Rd Di–So 12–17 1. Jan, 4. Juli, Thanksgiving, 25. Dez
historysanjose.org

Das sich über mehrere historische Gebäude erstreckende Museum dokumentiert die Geschichte von San José. Das Pasetta House (19. Jh.) zeigt eine Sammlung von Gemälden von Künstlern aus dem Santa Clara Valley, im Pacific Hotel (1880) finden wechselnde Kunstausstellungen statt. Weitere Gebäude sind eine Arztpraxis und eine Druckerei (18. Jh.) und eine Tankstelle aus den 1920er Jahren.

⑧

California's Great America

4701 Great America Pkwy
Zeiten siehe Website
cagreatamerica.com

Der beste Vergnügungspark Nordkaliforniens bietet auf 40 Hektar Fläche viele Attraktionen. Das Areal ist in Bereiche untergliedert, von denen jeder eine andere Region von Nordamerika repräsentiert, darunter Orleans Place, Yankee Harbor und Yukon Territory. Zudem erinnern viele Fahrgeschäfte, zum Teil mit rasanten Berg- und Talbahnen, an Sequenzen aus Filmen und Fernsehshows, die die Paramount Studios produzierten, darunter *Top Gun* und *Krieg der Sterne*.

Restaurants

Original Joe's
Das italienische Restaurant ist ein Dauerbrenner in der sich schnell verändernden Gastro-Szene von San José.

301 S 1st St
sanjoseoriginaljoes.com
$$$

Paper Plane
Das smarte Bar-Restaurant mit Backsteinwänden serviert auch originelle Cocktails.

72 S 1st St
paperplanesj.com
$$$

9

Winchester Mystery House

525 S Winchester Blvd @ 25, 60, 85 tägl. 9–17 (Ende Apr – Mitte Juni: So – Do 9–17, Fr, Sa 9–19 25. Dez
winchestermysteryhouse.com

Ohne architektonisches Vorbild und wohl auch ohne durchdachtes Konzept wurde Sarah Winchesters Haus in San José von einem unfertigen Bauernhaus mit acht Zimmern zu einer kuriosen Fundgrube umgebaut. Noch immer bietet es Überraschungen – 2016 wurde ein geheimer Dachboden entdeckt.

Das Winchester Mystery House hat eine mehr als seltsame Geschichte. Sarah Winchester erbte ein gewaltiges Vermögen. Sie zog 1884 von Connecticut nach San José, wo sie ein kleines Bauernhaus kaufte. Ein Medium sagte ihr, dass die Geister von denen, die durch ein Winchester-Gewehr starben, so lange gebannt wären, wie der Ausbau anhalte. Die Hausherrin beschäftigte daher bis zu ihrem Tod 1922 Handwerker – 38 Jahre lang 24 Stunden täglich. Das Ergebnis ist ein bizarrer Komplex mit 160 Räumen, Treppen, die ins Nichts führen, und Fenstern in Böden. Das renovierte Haus ist mit Originalmöbeln (19. Jh.) ausgestattet. In den viktorianischen Gärten gibt es Statuen und Brunnen.

Das **Gewächshaus** besitzt 13 Glaskuppeln.

→

Illustration von Sarah Winchester's Haus mit Gartenanlage

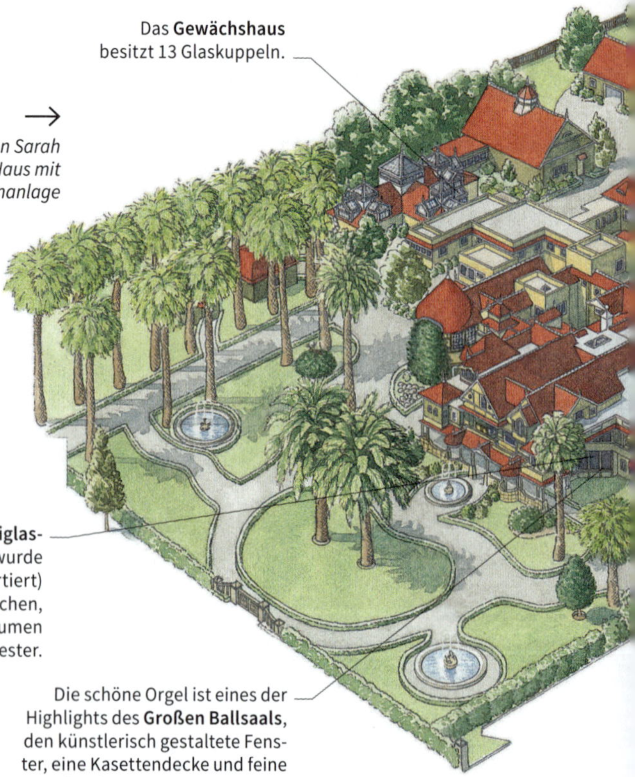

Das **Tiffany-Bleiglasfenster** (ein Set wurde aus Wien importiert) zeigt Gänseblümchen, die Lieblingsblumen von Sarah Winchester.

Die schöne Orgel ist eines der Highlights des **Großen Ballsaals**, den künstlerisch gestaltete Fenster, eine Kasettendecke und feine Holzschnitzereien schmücken.

↑ *Brunnenanlage in den viktorianischen Gärten des Anwesens*

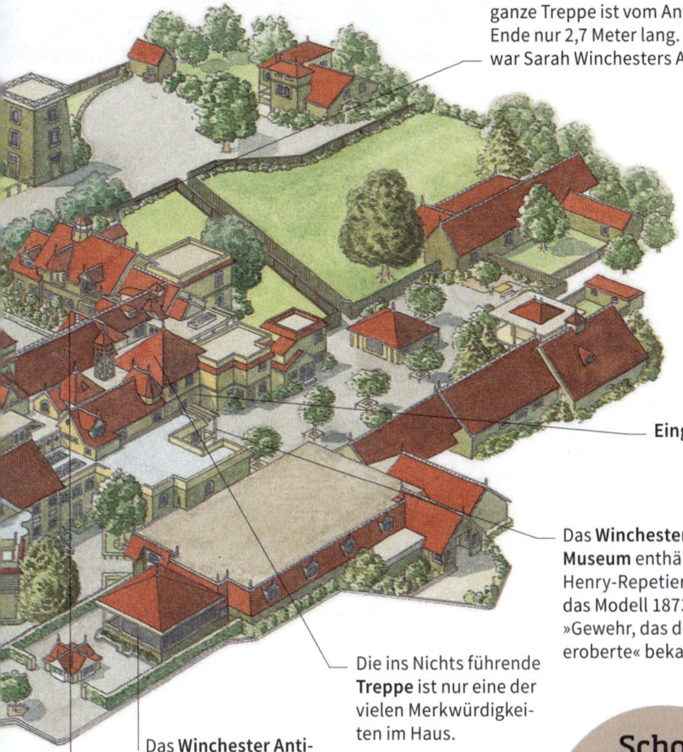

Schon gewusst?

Das gewaltige Anwesen umfasst u. a. 13 Badezimmer, 40 Schlafzimmer und über 1200 Fenster.

Bewaldete Hügel mit bunten Häuserfassaden säumen die Küste von Sausalito ↑

SEHENSWÜRDIGKEITEN

4

Sausalito

F1 7000
780 Bridgeway Ave
sausalito.org

In dem einstigen Fischerdorf stehen einige schmucke viktorianische Bungalows an den steilen Abhängen zur San Francisco Bay. Auf der Bridgeway Avenue am Ufer, mit Restaurants und Boutiquen, promenieren die Wochenendbesucher und genießen die Aussicht.

The **US Army Corps of Engineers Bay Model Visitor Center** ist ein faszinierendes Hydraulikmodell (das einzige in den USA), das die Gezeiten und Strömungen der San Francisco Bay simuliert.

US Army Corps of Engineers Model Visitor Center
2100 Bridgeway Ave
Sep–Mai: Di–Sa 9–16; Juni–Aug: Di–Fr 9–16, Sa 10–17 Feiertage
spn.usace.army.mil

5

Tiburon

F1 7000
96B Main St
townoftiburon.org

An der Hauptstraße der eleganten Küstenstadt haben sich einige Läden und Restaurants in »Archen« eingerichtet. Bei diesen einmaligen Lokalitäten handelt es sich um Hausboote vom Beginn des 20. Jahrhunderts, die man an Land verankert und neu eingerichtet hat. Jetzt stehen diese Boote in der sogenannten Ark Row.

Expertentipp
Angel Island
Die bis 237 Meter hohe, bewaldete Insel ist mit der Fähre von Tiburon und San Francisco aus gut zu erreichen. Angel Island ist autofrei und eignet sich zum Wandern und Radfahren.

Tiburon ist ruhiger als Sausalito: In den Parks am Meer kann man schön spazieren oder Rad fahren gehen und dabei auf die Bucht blicken.

6

Muir Woods, Muir Beach

E1 1 Muir Woods Rd Mill Valley Hwy 1, Mill Valley nps.gov/muwo

Am Fuß des Mount Tamalpais liegt das Muir Woods National Monument mit Restbeständen von Küsten-Redwoods. Diese Baumriesen – der älteste von ihnen ist mindestens 1000 Jahre alt – bedeckten vor dem Aufkommen der Holzindustrie im 19. Jahrhundert die Küste Kaliforniens. Die Wälder wurden nach John Muir *(siehe S. 412)* benannt, dem Naturforscher, der für den Yosemite National Park verantwortlich zeichnet.

Der aus den Muir Woods kommende Redwood Creek

mündet am Muir Beach ins Meer. Der Strand ist bei Badegästen sehr beliebt.

An Wochenenden – vor allem in den Sommermonaten – ist der Strand oft sehr voll, doch wer sich nicht scheut, 15 Minuten weiter an der Küste entlangzugehen, wird mit einem weitaus ruhigeren Plätzchen belohnt.

7

Six Flags Discovery Kingdom

F1 1001 Fairgrounds Dr Zeiten der Website entnehmen sixflags.com/discoverykingdom

Der einzigartige Themen- und Tierpark (mit Ozeanarium) zieht jedes Jahr rund 1,6 Millionen Besucher an. Six Flags Discovery Kingdom will nicht nur ein Spektakel bieten, sondern auch Wissen über die Tiere vermitteln.

Bei der Shark Experience passieren Besucher einen transparenten Tunnel, der von einem Becken voller Haie und tropischer Fische umgeben ist. Ähnlich wie SeaWorld in San Diego *(siehe S. 238)* wurde Six Flags schon mehrfach von Tierschützern kritisiert, auch wenn die früher hier stattfindenden Elefantenritte mittlerweile eingestellt wurden.

8

Point Reyes National Seashore

B3 Hwy 1 nach Olema, dann den Schildern folgen Busse 70 u. 101 von Golden Gate Transit zum San Rafael Center, dann Richtung West Marin Stage 68 nps.gov/pore

Die wilde, windgepeitschte Halbinsel Point Reyes ist ein Paradies für Wildtiere, darunter auch Elche. Sie liegt westlich des San-Andreas-Grabens, der durch das verheerende Erdbeben von 1906 *(siehe S. 283)* entstand. Ein verschobener Zaun auf dem Earthquake Trail in der Nähe des Bear Valley Visitor Center zeigt, wie sich die Halbinsel ganze 6 Meter vom Festland nach Norden bewegte.

←

Wandern unter gigantischen Redwoods im Muir Woods National Monument

Restaurants

Sausalito an der Richardson Bay bietet viele Möglichkeiten zum Essen mit Meerblick.

The Spinnaker
Seafood in einem Speisesaal mit bodentiefen Fenstern.

F1 100 Spinnaker Dr spinnakersasausalito.us

$$$

The Trident
Bekannt für bunte Wandmalereien und als Geburtsort des Cocktails Tequila Sunrise.

F1 558 Bridgeway thetrident.net

$$$

Barrel House Tavern
Neue kalifornische Küche, elegantes Flair.

660 Bridgeway F1 barrelhousetavern.com

$$$

Fish.
Seafood-Gerichte aus dem Fang des Tages.

F1 350 Harbor Dr 331fish.com

$$$

Der Leuchtturm (19. Jh.) von Point Reyes an der Spitze der Halbinsel steht an der vielleicht windigsten Stelle der Pazifikküste. Man erreicht ihn über 307 Stufen vom **Lighthouse Visitor Center.**

Lighthouse Visitor Center
27000 Sir Francis Drake Blvd Fr–Mo 10–16:30 nps.gov/pore/planyourvisit/lighthouse.htm

9

John Muir National Historic Site

F1 · 4202 Alhambra Ave, Martinez · tägl. 10–17 · 1. Jan, Thanksgiving, 25. Dez · nps.gov/jomu

Im Vorort Martinez kümmert sich die John Muir National Historic Site um das Heim des Naturforschers, der hier von 1890 bis zu seinem Tod 1914 lebte. Das Haus im italienischen Stil besitzt 17 Räume und ist typisch für einen spätviktorianischen Wohnsitz der oberen Mittelschicht, doch es entspricht kaum der Einfachheit und Bodenständigkeit Muirs. Nur die Bibliothek, Muirs *»scribble den«* (Kritzelhöhle), vermittelt einen authentischen Eindruck. Von dem früher über 1000 Hektar großen Obstgarten neben dem Haus existiert nur noch ein einziger Baum.

Das Besucherzentrum wurde entsprechend Muirs ökologischen Vorstellungen mit umweltfreundlichen Materialien ausgestattet. Ausstellungen informieren über Muirs Leben und vermitteln Umweltbewusstsein. Dabei geht man besonders auf Kinder ein, die hier auch eine Vorstellung davon bekommen, was es bedeutet, Park Ranger zu sein.

In der Nähe erstreckt sich ein 130 Hektar großes Gelände mit Wanderwegen, auf denen man an Obstgärten und Feldern mit zahlreichen Arten von Wildblumen vorbeikommt. Bei Vollmond werden hier auch Führungen angeboten.

John Muir

John Muir (1838–1914) widmete sein Leben der Bewahrung der Naturlandschaften der USA. Seine Bemühungen führten zur Gründung des National Parks Service (NPS), der Behörde zu Erhaltung und Verwaltung historischer und natürlicher Schätze. Sein Vermächtnis wurde aber von amerikanischen Ureinwohnern in Frage gestellt, die sich vor Ankunft der Weißen um ihr Land gekümmert hatten. Muir schloss die Ureinwohner bei der Umwandlung ihres Landes für Erholungszwecke weitgehend aus.

10

Benicia

F1 · 27 000 · Benicia Chamber of Commerce, 601 1st St · visitbenicia.com

Benicia ist eine geschichtsträchtige kalifornische Kleinstadt. Sie liegt auf der Nordseite der Carquinez Straits, der Wasserstraße, durch die der Sacramento/San Joaquin River von der Sierra Nevada in die San Francisco Bay fließt.

Von Februar 1853 bis Februar 1854 war Benicia Hauptstadt des Bundesstaats Kalifornien. In dem staatlich geschützten Greek-Revival-Gebäude, früher der Regierungssitz, ist noch vieles an Inventar und Mobiliar aus dieser Epoche zu sehen. Neben dem ehemaligen Kapitol wurde das Fisher-Hanlon House, ein ehemaliges Hotel aus der Hochphase der Goldgräberzeit, als Teil des **Benicia Capitol State Historic Park** wiederhergestellt.

Am anderen Ende der Hauptstraße erstreckt sich die Waterfront von Benicia. Vor hier aus setzten in den 1850er Jahren die Fähren nach Port Costa über. Im einstigen Benicia Arsenal, in dem früher Waffen der Armee lagerten, wurden Studios und der Ausstellungsbereich **Arts Benicia** eingerichtet, in denen Künstler und Handwerker arbeiten und ihre Werke zeigen.

Benicia Capitol State Historic Park
115 West G St · Sa, So 10–17 · parks.ca.gov

Arts Benicia
991 Tyler St, Suite 114 · Mi–So 12–17 · artsbenicia.org

←

Raum mit Originalmobiliar, John Muir National Historic Site

Idyllische Seenlandschaft vor der spektakulären Kulisse des Mount Diablo ↑

11

Tao House

F1 Danville Mi–So 10, 13.30 Uhr, nur nach Voranmeldung eugeneoneill.org/about-tao-house

Als der amerikanische Dramatiker Eugene O'Neill (1888–1953) im Jahr 1936 den Nobelpreis für Literatur erhielt, baute er mit dem Geld für sich und seine Frau in dem damals ländlichen San Ramon Valley am Fuß des Mount Diablo ein Haus im spanischen Kolonialstil mit orientalischem Touch. 1937 wurde das Gebäude fertiggestellt.

Während der folgenden sechs Jahre arbeitete O'Neill hier an der zum Teil autobiografischen Reihe tragischer Stücke, die heute zu seinen besten zählen, darunter *Der Eismann kommt*, *Ein Mond für die Beladenen* und *Eines langen Tages Reise in die Nacht*. 1944 erkrankte er an der Parkinson-Krankheit. Durch die isolierte Lage des Gebäudes und den Mangel an Pflegepersonal während des Kriegs war O'Neill schließlich gezwungen, sein geliebtes Haus zu verlassen. Er starb 1953 in einem Bostoner Hotel.

Die Täler der Umgebung sind nun Vororte San Franciscos, doch das denkmalgeschützte Tao House und seine Umgebung sind einen Abstecher wert. Das Ambiente ist so erhalten, wie der Dramatiker es verlassen hat.

12

Mount Diablo State Park

G1 Walnut Creek Walnut Creek Visitor Center, Summit Rd parks.ca.gov

Der Mount Diablo (1173 m) beherrscht die Ostseite der Bucht. Der Ausblick vom Gipfel ist einer der imposantesten in Nordamerika. An einem klaren Tag beträgt die Sicht in jede Richtung bis zu 300 Kilometer – vom Mount Lassen *(siehe S. 440f)* und den Cascade Mountains im Norden zum Mount Hamilton im Süden sowie von den Sierra Nevada Mountains im Osten bis zu den Farallon Islands im Pazifik im Westen.

Um den Berg erstreckt sich ein Staatspark (90 km^2) mit vielen Wander-, Reit- und Radwegen. Eine Straße führt in zahlreichen Kurven bis nahe an den Gipfel heran. Hier befindet sich ein Picknickplatz, von dem man eine schöne Aussicht genießt.

Im Besucherzentrum erhält man Informationen zur Flora und Fauna des Bergs, darunter auch zu den vielen Wildblumen, die die Almwiesen im Frühling bedecken.

Bars

The Rellik Tavern

Diese Bar in Downtown bietet Craftbeere, erlesene Weine und Live-Musik. Bequeme Sofas tragen zur entspannten, freundlichen Atmosphäre bei.

F1 726 1st St, Benicia therelliktavern.com

Auburn Lounge & Wine Bar

Die entspannte Bar mitten in Danville lockt mit Cocktails und Spitzenweinen. Am Wochenende gibt es Live-Musik.

F1 321 Hartz Ave, Danville auburnlounge.com

13

Stanford University

F2 Junípero Serra St
Mo – Fr 8:30 – 17, Sa, So 10 – 17 Semesterferien
215 Galvez St
stanford.edu

Palo Alto gehört zu den schönsten Vororten der Bay Area und entstand quasi als Nebenprodukt der renommierten Stanford University.

Der Eisenbahnmagnat Stanford ließ die Universität bauen, ihre Eröffnung erfolgte 1891. Der Campus liegt am Fuß des Küstengebirges auf der ehemaligen Farm der Familie Stanford – ein Gebiet, das mit 3300 Hektar größer ist als die Innenstadt von San Francisco. Der Architekt Frederick Law Olmsted realisierte hier einen Mix aus Romanik und Missionsstil, mit Sandsteingebäuden und Arkaden.

Das Herz des Campus ist der Main Quadrangle mit der Memorial Church, die Mosaiken zieren. Das Stanford Museum of Art auf dem Campus besitzt eine der größten Skulpturensammlungen von Auguste Rodin, darunter die *Höllentore*. Die Anderson Collection präsentiert Sammlungen moderner und zeitgenössischer Kunst der Vereinigten Staaten.

↑ *Rundbogen an der Fassade der Memorial Church, Stanford University*

Hotels

Stanford Park Hotel
Dieses Hotel überzeugt mit besonderem Stil – von den erlesenen Antiquitäten in der Lobby bis zum eleganten Außenbereich.

F1 100 El Camino Real, Menlo Park
stanfordpark hotel.com
$$$

Pescadero Creak Inn
Das Gästehaus in einem alten Bauernhaus ist wegen seiner charmanten Umgebung ein idealer Rückzugsort für alle, die die Natur genießen wollen. Sandstrände und Redwood-Wälder sind in der Nähe.

F3 393 Stage Rd, Pescadero
pescadero creekinn.com
$$$

14

Filoli

F2 86 Cañada Rd
tägl. 10 – 17 Feiertage
filoli.org

Die Filoli-Villa, eines der beeindruckendsten öffentlich zugänglichen Herrenhäuser Nordkaliforniens, war Domizil des Goldminenmillionärs William Bourn, Besitzer der Empire Gold Mine. Der Architekt Willis Polk entwarf sie 1916 im palladianischen Stil. Die Backsteinfassade erinnert an ein georgianisches Reihenhaus. Die zwei komplett eingerichteten Etagen ergeben etwa 3300 Quadratmeter Wohnfläche. Der 6,5 Hektar große Garten besticht das ganze Jahr über durch besondere Farbenpracht.

15

Pescadero

F3 500 235 Main St, Half Moon Bay
visithalfmoonbay.org

Der kleine Ort ist zwar nur eine halbe Stunde mit dem Auto von San Francisco entfernt, doch er wirkt, als lägen Lichtjahre zwischen ihm und der modernen Welt.

→ *Pigeon Point Lighthouse an der felsigen Steilküste bei Pescadero*

Pescadero ist ein Bauerndorf, in dem viel Gemüse angebaut wird. Im Zentrum gibt es eine weiß getünchte Kirche, einen Laden, eine Post und die Duarte's Tavern. Dass die Häuser weiß getüncht werden, geht auf das 19. Jahrhundert zurück, als eine Ladung weißer Farbe aus einem Schiffswrack gerettet wurde.

Zwölf Kilometer südlich liegt der **Pigeon Point Light Station State Historic Park**, in dem man unberührte Landschaften und weite Ausblicke genießen kann. Führungen durch die Gegend finden donnerstags bis montags um 13 Uhr statt (Tel. +1-650-879-2120).

Elf Kilometer südlich von Pescadero kann man auf **Coastways Ranch U-Pick** sein eigenes Obst pflücken.

Pigeon Point Light Station State Historic Park
210 Pigeon Point Rd tägl. 8 bis Sonnenuntergang parks.ca.gov

Coastways Ranch U-Pick
640 Hwy 1 Mai–Okt: tägl. 8–17 swantonberryfarm.com

16 Silicon Valley

F2

Im südlichen Teil der Bay Area ließen sich dank der Universitäten und der Entwicklung modernster Technologien ab den 1970er Jahren viele Hightech-Firmen nieder. Das Gebiet wurde als Silicon Valley berühmt. San Jose *(siehe S. 406–409)*, seine größte Stadt, ist Hauptsitz von Hewlett Packard, Palo Alto der von Tesla, Inc.

Die meisten Firmengelände sind für Besucher nicht zugänglich. Sie können jedoch beim Googleplex genannten Hauptsitz von Google in Mountain View neben Android Lawn Statues posieren. Auch das »Daumen-hoch-Schild« bei der Zentrale von Facebook in Menlo Park ist ein beliebtes Motiv für Selfies.

Das **Computer History Museum** dokumentiert die Geschichte der Computertechnologie von Lkw-großen Prozessoren bis zu selbstfahrenden Autos. Im Shop des **NASA Ames Research Center** kann man nach Souvenirs mit Weltraumthemen stöbern. Im **Intel Museum** fühlt man sich wie in einer Chipfabrik.

Schon gewusst?

Silicon Valley setzt sich aus 30 Städten und fünf Universitäten zusammen.

Computer History Museum
1401 N Shoreline Blvd, Mountain View Mo–Fr 10–18, Sa, So 10–17 computerhistory.org

NASA Ames Research Center
Mountain View Mo–Sa 10–18 nasa.gov/ames

Intel Museum
2200 Mission College Blvd, Santa Clara +1-408-765-5050 Mo–Fr 9–18, Sa 10–17 (vorher anrufen)

Wanderung in den Marin Headlands

Länge 3 km **Bus** 76X bis Bunker Rd bzw. Field Rd
Dauer 45 Min. **Gelände** hügelig; einige Straßen sind gepflastert, der Coastal Trail ist ein Waldweg

Mit ihrem Nordende liegt die Golden Gate Bridge in den grünen Hügeln der Marin Headlands. Die unberührte Landschaft der windgepeitschten Bergrücken, geschützten Täler und einsamen Strände, die einst zur Verteidigung genutzt wurde, ist heute Teil der ausgedehnten Golden Gate National Recreation Area. An mehreren Stellen gibt es traumhafte Ausblicke auf San Francisco und auf den Pazifik. Im Herbst kann man Adler am Hawk Hill vorbeiziehen sehen.

In den **Kasernen** untergebracht sind: das Headlands District Office, das Golden Gate Raptor Observatory und ein Energie- und Versorgungszentrum.

Vom Strand geht es wieder landeinwärts. Nahe der Spitze der Lagune überqueren Sie eine hölzerne **Fußgängerbrücke**.

Nach 15 Minuten erreichen Sie den Sandstrand **Rodeo Beach**, von wo aus Sie vielleicht ein paar Fischerboote sehen. Der Strand ist meist leer.

Vom Rodeo Beach hat man nach Süden Blick auf **Bird Island**.

Zur Orientierung
Siehe Übersichtskarte S. 398f

←
Stimmungsbild: Rodeo Lagoon in der Abenddämmerung

Im **Marine Mammal Center** kümmert man sich um kranke oder verletzte Meeressäugetiere. Seelöwen, Seehunde und auch Elefantenrobben werden untersucht und gepflegt, bis sie sich wieder erholt haben.

Bevor die asphaltierte Straße eine **Brücke** überquert, halten Sie an, um Wasservögel zu beobachten, die sich im Schilf tummeln.

Hinter der Brücke zweigt ein **Pfad** rechts ins dichte Gestrüpp ab. Wandern Sie von dort hügelaufwärts, bis ein paar Stufen Sie wieder auf den Weg zum Parkplatz des Visitor Center zurückführen.

Gehen Sie vor der Wanderung ins **Marin Headlands Visitor Center**. Hier erfahren Sie mehr über die Geschichte der Gegend.

Gehen Sie die Rosenstock Road zurück bis zum **Coastal Trail**. Halten Sie sich Richtung Meer.

Nach dem Visitor Center schauen Sie sich das dreistöckige **Marin Headlands Hostel** an. Es diente früher u. a. als Krankenhaus und als Militärbasis.

→ *Im Marine Mammal Center kann man Tierärzten bei der Arbeit zusehen*

Tour entlang der Bay Area Coast

Länge 200 km **Rasten** Saltwater Oyster Depot (www.saltwateroysterdepot.com), ein Seafood-Restaurant in Inverness, eignet sich für eine Pause in Point Reyes. Pacifica, Pillar Point Harbor und Half Moon Bay haben viele Restaurants und Cafés mit Meerblick.

Die Pazifikküste nördlich und südlich von San Francisco ist sehr vielfältig, schroffe Klippen wechseln mit sandigen Badebuchten – die gesamte Szenerie bietet immer wieder neue Eindrücke vom landschaftlichen Reichtum der Küste. Wenn Sie auf dem Hwy 1 fahren, der nördlich des Golden Gate als Shoreline Highway und als Cabrillo Highway im Süden bekannt ist, passieren Sie ein Highlight nach dem anderen – von Point Reyes National Seashore im Norden bis Pigeon Point im Süden. Etwa auf halbem Weg überqueren Sie die Golden Gate Bridge.

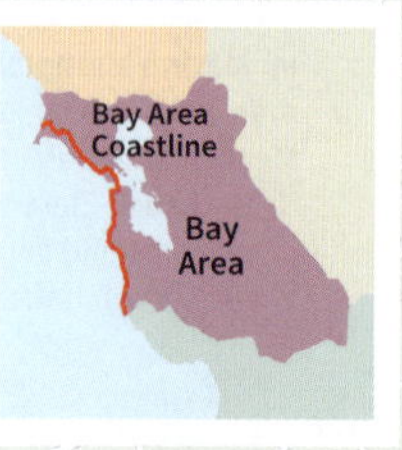

Zur Orientierung
Siehe Übersichtskarte S. 398f

Point Reyes National Seashore *(siehe S. 411)* ist für seine reiche Vogelwelt und einen Leuchtturm bekannt.

Nach dem Goldrausch wurde **Bolinas** zum Erholungsort für die Einwohner San Franciscos. Einige viktorianische Gebäude sind noch erhalten.

↑ *Chimney Rock Point am östlichen Ende von Point Reyes National Seashore*

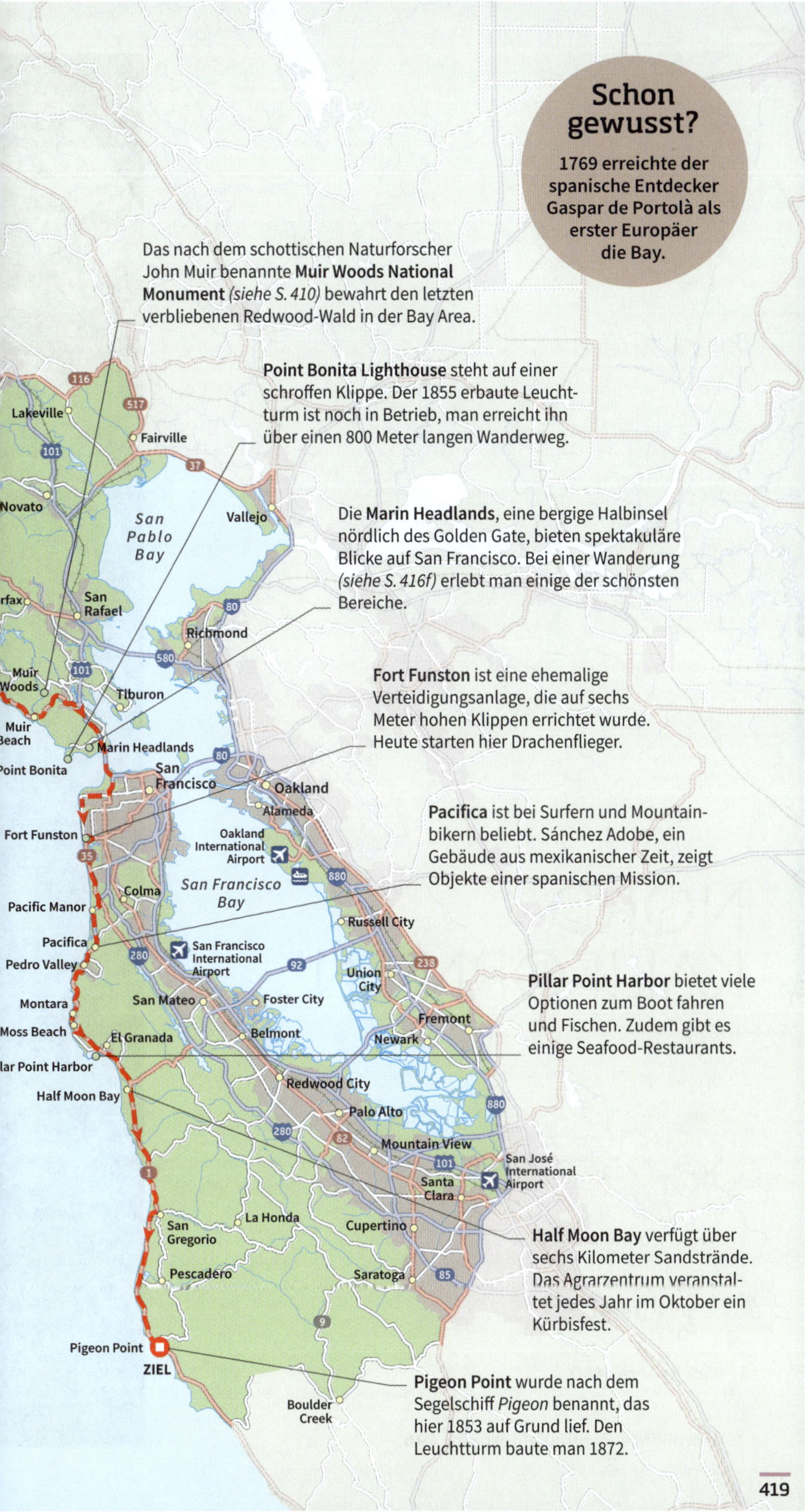

Schon gewusst?

1769 erreichte der spanische Entdecker Gaspar de Portolà als erster Europäer die Bay.

Das nach dem schottischen Naturforscher John Muir benannte **Muir Woods National Monument** *(siehe S. 410)* bewahrt den letzten verbliebenen Redwood-Wald in der Bay Area.

Point Bonita Lighthouse steht auf einer schroffen Klippe. Der 1855 erbaute Leuchtturm ist noch in Betrieb, man erreicht ihn über einen 800 Meter langen Wanderweg.

Die **Marin Headlands**, eine bergige Halbinsel nördlich des Golden Gate, bieten spektakuläre Blicke auf San Francisco. Bei einer Wanderung *(siehe S. 416f)* erlebt man einige der schönsten Bereiche.

Fort Funston ist eine ehemalige Verteidigungsanlage, die auf sechs Meter hohen Klippen errichtet wurde. Heute starten hier Drachenflieger.

Pacifica ist bei Surfern und Mountainbikern beliebt. Sánchez Adobe, ein Gebäude aus mexikanischer Zeit, zeigt Objekte einer spanischen Mission.

Pillar Point Harbor bietet viele Optionen zum Boot fahren und Fischen. Zudem gibt es einige Seafood-Restaurants.

Half Moon Bay verfügt über sechs Kilometer Sandstrände. Das Agrarzentrum veranstaltet jedes Jahr im Oktober ein Kürbisfest.

Pigeon Point wurde nach dem Segelschiff *Pigeon* benannt, das hier 1853 auf Grund lief. Den Leuchtturm baute man 1872.

NORD-KALIFORNIEN

Baumriesen im Redwood National Park (siehe S. 436f)

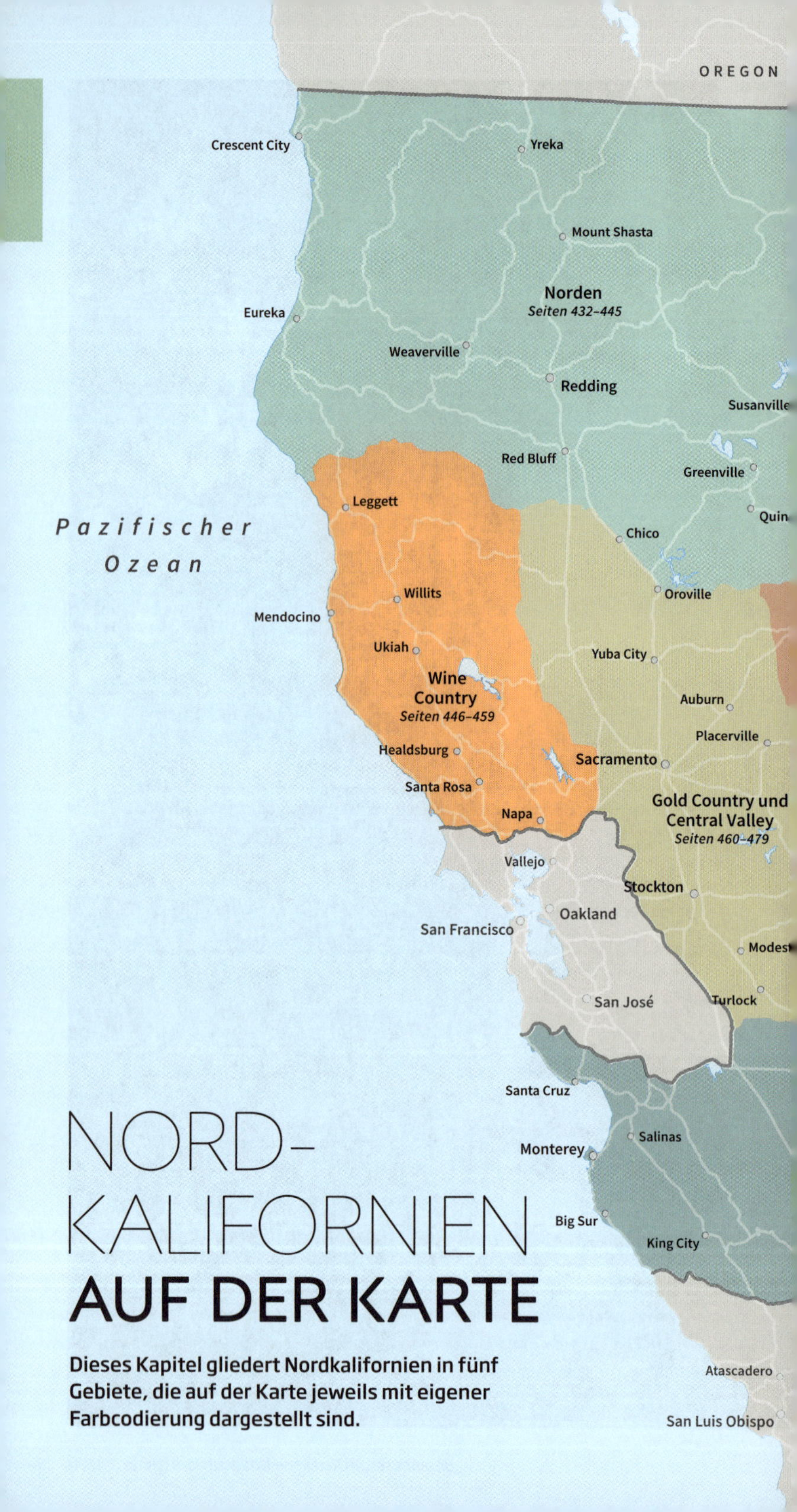

NORD-KALIFORNIEN AUF DER KARTE

Dieses Kapitel gliedert Nordkalifornien in fünf Gebiete, die auf der Karte jeweils mit eigener Farbcodierung dargestellt sind.

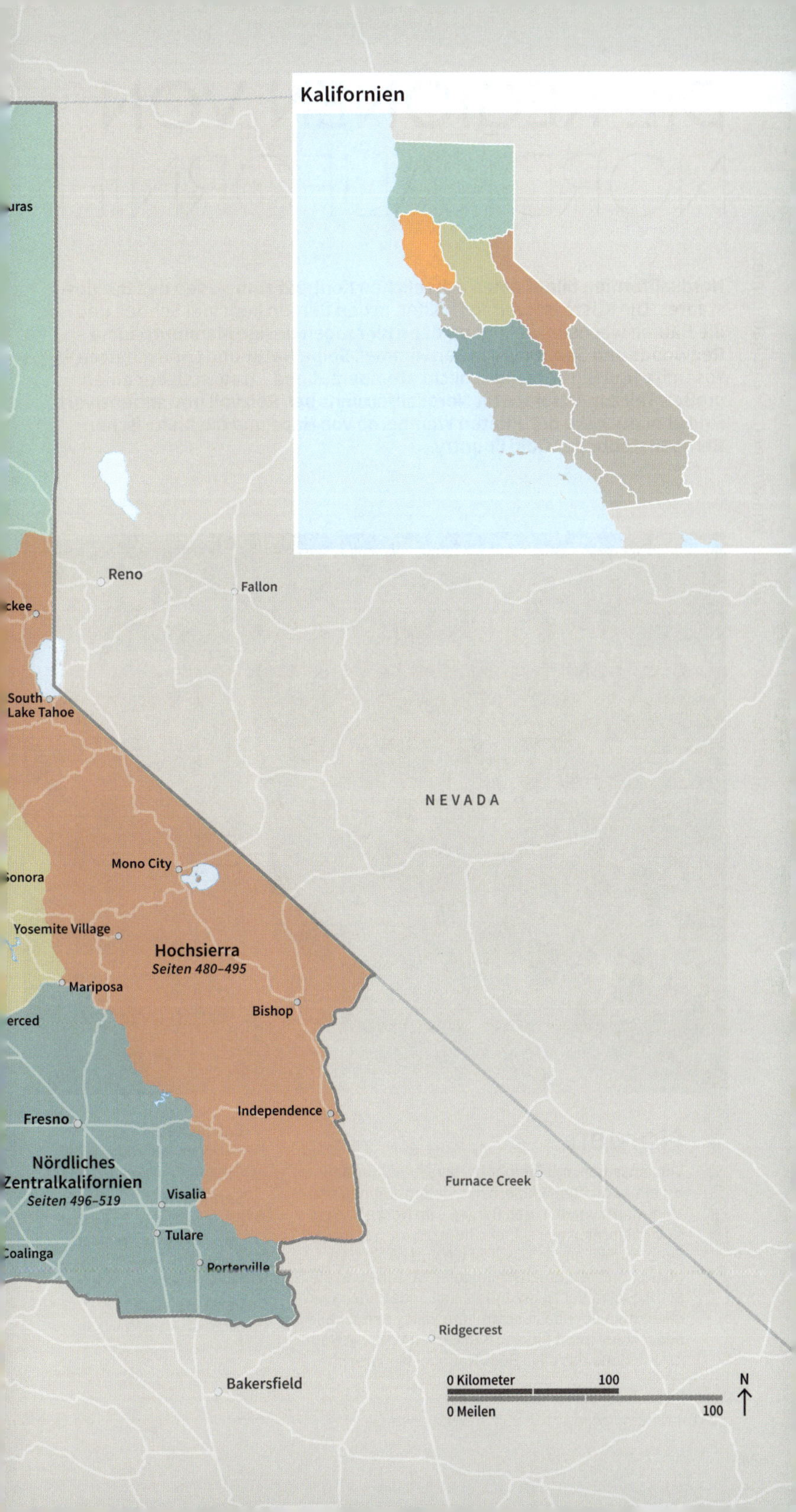
Kalifornien
uras
Reno
Fallon
ckee
South Lake Tahoe
NEVADA
Mono City
Sonora
Yosemite Village
Hochsierra
Seiten 480–495
Mariposa
Bishop
erced
Independence
Fresno
Nördliches Zentralkalifornien
Seiten 496–519
Visalia
Furnace Creek
Tulare
Coalinga
Porterville
Ridgecrest
Bakersfield
0 Kilometer 100
0 Meilen 100
N

DIE REGIONEN VON NORDKALIFORNIEN

Nordkalifornien bildet einen erheblichen Kontrast zum Süden des Bundesstaates: Die Küste ist weitaus wilder, in den Bergen liegt viel Schnee und die Bäume wachsen viel höher, denn hier ragen riesige Mammutbäume - Redwoods und Sequoias - in den Himmel. Seine Natur und Landschaften - Yosemite und Big Sur sind schlicht atemberaubend - tragen sicher einen großen Teil zur Attraktivität Nordkaliforniens bei. Reizvoll und sehenswert sind aber auch die berühmten Weinberge von Napa und die historischen Bergbaustädte des Gold Country.

Seiten 432–445

Norden

Von einsamen, mit Treibholz übersäten Stränden bis hin zu dichten Wäldern mit Kiefern, Tannen und Mammutbäumen in den Bergen – im Norden zeigt sich Kalifornien von seiner wildesten und rauesten Seite. Eureka an der Küste ist ein guter Ausgangspunkt, um die oft menschenleeren Strände und die Redwoodwälder zu erkunden. Im Landesinneren erreicht man über das Sacramento Valley den schneebedeckten Mount Shasta, den Lassen Volcanic National Park und das Lava Beds National Monument.

Entdecken
Skifahren, Redwoodwälder, Berge und Vulkane

Sehenswert
Redwood National und State Park, Lava Beds National Monument, Lassen Volcanic National Park

Genießen
Bergtouren am Mount Shasta

Seiten 446–459

Wine Country

Im milden Klima des Wine Country von Napa und Sonoma wachsen auf schier endlosen Weinbergen Reben für weltberühmte Weine. Die hiesigen Weingüter zeigen eine teils spektakuläre Architektur, vom Mission Style wie Robert Mondavi bis zu Inglenook, das einem französischen Chateau gleicht. Die kleine Stadt Calistoga begeistert mit riesigen Geysiren, erholsamen Schlamm- und mineralreichen Thermalbädern. Im Westen liegen die beeindruckenden Küstengebiete von Sonoma und Mendocino. Sehr gutes Essen und – natürlich – erstklassige Weine sind überall erhältlich.

Entdecken
Wein und Weingüter, historische Stätten, Gourmetrestaurants

Sehenswert
Napa Valley Wine Country, Sonoma

Genießen
Führungen über die Weingüter im Napa Valley

Seiten 460 – 479

Gold Country und Central Valley

Der Name des Gold Country geht auf den Goldrausch zurück, der Kalifornien grundlegend veränderte. Dreh- und Angelpunkt ist die Hauptstadt Sacramento mit ihren vielen Sehenswürdigkeiten. Das Highlight der Region sind die traumhaften Panoramastraßen, die auch durch historische Goldgräberorte wie Sutter Creek und Nevada City führen. Das benachbarte Sacramento Valley mit seinen zahlreichen alten Kleinstädten liegt im Zentrum von Kaliforniens blühender Agrarindustrie.

Entdecken
Restaurants, Goldgräberstädte und -museen, viktorianische Architektur

Sehenswert
Sacramento

Genießen
Bootsfahrt auf dem Sacramento River

Seiten 480 – 495

Hochsierra

Die bis zu 4270 Meter hohe Hochsierra bietet dichte Wälder, Baumriesen, kristallklare Seen, Wasserfälle, Loipen und Pisten – und eine ganze Reihe fantastischer Nationalparks. Hier liegen der Yosemite National Park – eines der absoluten Must-sees Kaliforniens – sowie der Sequoia und der Kings Canyon National Park, die die letzten Mammutbäume hüten. Im Norden erreicht man den unfassbar blauen Lake Tahoe und fantastische Skigebiete.

Entdecken
Berge, Felsklettern, Wasserfälle, Redwood- und Mammutbäume, Bergseen, Skigebiete

Sehenswert
Yosemite National Park, Sequoia und King's Canyon National Park, Lake Tahoe

Genießen
Bergtour auf den Half Dome

Seiten 496–519

Nördliches Zentralkalifornien

Von den Sandstränden bei Santa Cruz bis zu den Klippen von Big Sur – das Highlight ist die fantastische Küste. In der Region gibt es eine Fülle von Landschaften zu entdecken, seien es goldene Sandstrände, unberührte Natur oder im Landesinneren das flache San Joaquin Valley, eines der produktivsten Agrargebiete der Welt. Monterey bezaubert mit historischer Architektur und spanischem Flair, nicht weit entfernt liegen auf einer zerklüfteten Halbinsel das wohlhabende Pacific Grove mit seinen viktorianischen Villen und das malerische Künstlerstädtchen Carmel.

Entdecken
Strände, Wanderungen, spanische Kolonialarchitektur und Geschichte

Sehenswert
Santa Cruz, Monterey, Big Sur

Genießen
Ein Bad in den Esalen Hot Springs

1

2

3

4

←

1 *Weinberge im Napa Valley*

2 *Old Faithful Geyser, Calistoga*

3 *Weinprobe bei Sterling Vineyards nahe Calistoga*

4 *Lunch im The Girl and the Fig, Sonoma*

3 TAGE
im Wine Country

Tag 1

Vormittags Die Tour durch Kaliforniens bekannteste Weingebiete beginnt mit einem Frühstück bei Jax White Mule Diner (www.jaxwhitemulediner.com) in Napas historischem Zentrum. Engagieren Sie einen Fahrer, damit Sie den Tag mit Führungen und Weinproben auf möglichst vier oder mehr Weingütern zwischen hier und St. Helena, 29 Kilometer nördlich am Hwy 29, verbringen können. Beginnen Sie mit Schaumwein auf der landschaftlich traumhaften Domaine Chandon *(siehe S. 451)* in Yountville. Dann führt eine kurze Fahrt durch das sonnige Napa Valley zu einer Führung und einem Mittagessen auf der Robert Mondavi Winery *(siehe S. 450f)* im spanischen Missionsstil.
Nachmittags Die nächsten Stopps sind das Weingut Inglenook Estate (www.inglenook.com) des Regisseurs Francis Ford Coppola, auf dem ein prächtiges Chateau steht, und die weitläufige Charles Krug Winery *(siehe S. 450)* – Napas ältestes Weingut mit dem Redwood Cellar aus dem 19. Jahrhundert.
Abends Beenden Sie den Tag mit einem Bummel zu den Galerien, hübschen Läden und Weinstuben an St Helenas Main Street. Nach dem Abendessen im Gastropub The Goose & Gander (www.goosegander.com) übernachten Sie im Wydown Hotel (www.wydownhotel.com).

Tag 2

Vormittags Mit einem Mietwagen fahren Sie von St. Helena zwölf Kilometer nordwärts nach Calistoga *(siehe S. 459)*, wo der beeindruckende Old Faithful Geyser kochendes Wasser speit. Fünf Kilometer weiter Richtung Osten bietet das Weingut Clos Pegase winery (www.clospegase.com) Weinproben, moderne Kunst und Mittagessen.
Nachmittags In zehn Gehminuten erreichen Sie die Seilbahn zu den hoch gelegenen Sterling Vineyards (www.sterlingvineyards.com). Bei einer Tour über das mediterran wirkende Weingut haben Sie einen herrlichen Blick auf das Napa Valley.
Abends Verwöhnen Sie sich schließlich in Calistoga mit einem mineralhaltigen Moorbad, danach mit amerikanischer Küche im Café Sarafornia (www.cafesarafornia.com) und einer Übernachtung im Craftsman Inn (www.lodginginnapavalley.com).

Tag 3

Vormittags Weiter geht es 27 Kilometer südwestlich nach Santa Rosa *(siehe S. 458f)* und zu den Comics von Charles M. Schulz in Snoopy's Gallery and Gift Shop. Danach führt Sie der Weg in den Rosengarten von Luther Burbank Home and Gardens, bevor Sie ins Sonoma Valley *(siehe S. 452–455)* und in die hübsche Stadt Sonoma weiterfahren. Dort checken Sie im Sonoma Hotel von 1879 ein, wo Sie auch gleich im Hotelrestaurant The Girl and the Fig (www.sonomahotel.com) zu Mittag essen.
Nachmittags Entdecken Sie das stimmungsvolle Viertel mit den spanisch-mexikanischen Hausern rund um den Sonoma Plaza – und anschließend den Jack London State Historic Park *(siehe S. 459)*.
Abends Zum schönen Abschluss Ihrer Tour genießen Sie hervorragenden Wein, Käse und Wurst in den schicken Pangloss Cellars (www.panglosscellars.com) in Sonoma.

1

2

3

4

→

1 *Der tiefblau schimmernde Lake Tahoe*

2 *California State Railroad Museum, Sacramento*

3 *Beim Goldwaschen im Columbia State Historic Park*

4 *Yosemite Falls, einer der höchsten Wasserfälle der Welt, Yosemite National Park*

5 TAGE
im Gold Country und in der Sierra Nevada

Tag 1
Los geht es in Kaliforniens Hauptstadt Sacramento *(siehe S. 464–467)*, die 1848 während des Goldrauschs entstand. Dort besuchen Sie das California State Railroad Museum und würdigen Kaliforniens chinesisches Kulturerbe mit einem Mittagessen im Frank Fat's *(siehe S. 467)*, einer Institution seit 1939. Nach einer Führung durch das California State Capitol *(siehe S. 466)* locken Dinner und Cocktails im Ambiente der 1920er Jahre des Shady Lady Saloon (www.shadyladybar.com), eine Show im Sacramento Theatre (www.sactheatre.org) und Übernachtung an Bord des Delta King Riverboat *(siehe S. 465)*.

Tag 2
Mit einem Mietwagen fahren Sie durch die Sierra-Vorberge nach Nevada City *(siehe S. 468)*. Dort besichtigen Sie im Empire Mine State Historic Park *(siehe S. 469)* eine Goldmine aus dem 19. Jahrhundert und essen im Crazy Horse Saloon and Grill (www.crazyhorsenc.com). Weiter geht es durch Kiefernwälder in die Wildweststadt Truckee *(siehe S. 492f)* und auf dem Highway 267 zum Lake Tahoe *(siehe S. 490f)*. Dort essen Sie im Gar Woods Grill & Pier (www.garwoods.com) und übernachten in der Franciscan Lakeside Lodge (www.franciscanlodge.com).

Tag 3
Am Lake Tahoe fahren Sie am Westufer entlang mit herrlichem Blick auf den Emerald Bay State Park and Vikingsholm. Dann folgen Sie dem schönen Lincoln Highway (Route 50) nach Placerville *(siehe S. 471)* und besuchen das El Dorado County Historical Museum. Danach erreichen Sie weiter südlich Sutter Creek *(siehe S. 473)*, eine Stadt aus der Goldrauschzeit mit vielen Antiquitätenläden. Übernachtung und Abendessen bietet das Hotel Sutter *(siehe S. 472)*.

Tag 4
Von Sutter Creek fahren Sie hinauf in den malerischen Weiler Volcano zum Indian Grinding Rock State Historic Park *(siehe S. 472)*. 74 Kilometer weiter südlich schürfen Sie im Columbia State Historic Park *(siehe S. 476)* in der perfekt erhaltenen Goldgräberstadt selbst Gold. In Sonora *(siehe S. 477)* essen Sie Burger im Diamondback Grill (www.diamondbackgrillsonora.com) und übernachten im Gunn House Hotel (www.gunnhousehotel.com).

Tag 5
Heute geht es in die Hochsierra und in den Yosemite National Park *(siehe S. 484–487)*. Zuerst erkunden Sie das Yosemite Valley mit seinen spektakulären Monolithen und Wasserfällen. Dann genießen Sie am Glacier Point *(siehe S. 485)* die sensationelle Aussicht auf das Yosemite Valley und den Half Dome. Danach spazieren Sie im Mariposa Grove unter Mammutbäumen. Abschließend übernachten Sie im Wawona Hotel (8308 Wawona Rd).

Bridalveil Falls, Yosemite National Park (siehe S. 484–487)

Norden

Wie Höhlenmalereien belegen, war der Norden Kaliforniens vermutlich spätestens ab 10 000 v. Chr. von den Stämmen der Wiyot, Yurok, Karok, Chilula und Whilkut besiedelt. Mit Ankunft der Europäer im 19. Jahrhundert ging die ursprüngliche Bevölkerung aufgrund eingeschleppter Krankheiten stark zurück.

Die ersten europäischen Siedler waren Pelztierjäger auf der Suche nach Bibern, Seeottern und anderer Beute. Bald darauf tauchten Goldsucher auf – in der Hoffnung auf ähnliche Reichtümer wie in der Sierra Nevada. Zwar fanden sie etwas Gold, doch reich wurde nur die Holzindustrie mit der großflächigen Rodung der Küsten-Redwoods. Eureka und Mendocino wurden zu Zentren für den lukrativen Holzhandel. Angesichts zunehmender Entwaldung entstand 1918 die Save the Redwoods League. Heute sind die schönsten und artenreichsten Wälder im Red Wood National Park geschützt.

Die Fertigstellung der Central Pacific Railroad 1887 löste zunächst um den Mount Shasta einen touristischen Boom aus. Die Popularität der Region wurde nach Gründung des Lassen Volcanic National Park und des Lava Beds National Monument gefestigt.

Norden

Highlights

1. Redwood National and State Parks
2. Lava Beds National Monument
3. Lassen Volcanic National Park

Sehenswürdigkeiten

4. Eureka
5. Samoa Cookhouse
6. Avenue of the Giants
7. Ferndale
8. Willow Creek
9. The Lost Coast
10. Tule Lake National Wildlife Refuges
11. Shasta State Historic Park
12. Mount Shasta
13. Weaverville

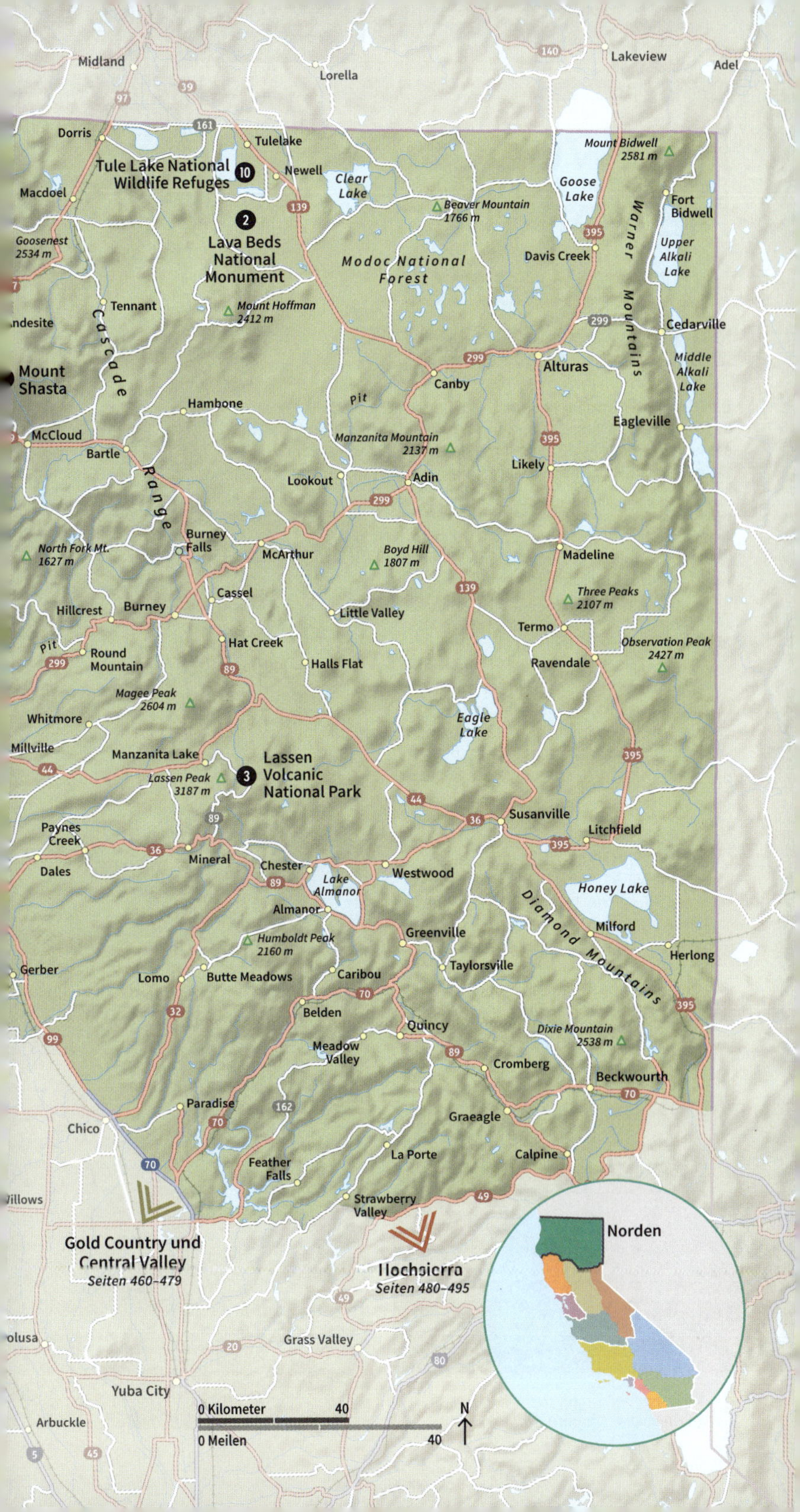

Midland
Lorella
Lakeview
Adel
Dorris
Tulelake
Tule Lake National Wildlife Refuges
10
Newell
Clear Lake
Mount Bidwell 2581 m
Goose Lake
Fort Bidwell
Macdoel
2
Lava Beds National Monument
Beaver Mountain 1766 m
Warner Mountains
Upper Alkali Lake
Goosenest 2534 m
Modoc National Forest
Davis Creek
Tennant
Mount Hoffman 2412 m
Cedarville
Andesite
Cascade Range
Mount Shasta
Canby
Alturas
Middle Alkali Lake
Pit
Hambone
Eagleville
McCloud
Bartle
Manzanita Mountain 2137 m
Likely
Lookout
Adin
Burney Falls
McArthur
Boyd Hill 1807 m
Madeline
North Fork Mt. 1627 m
Cassel
Three Peaks 2107 m
Hillcrest
Burney
Little Valley
Termo
Pit
Round Mountain
Hat Creek
Halls Flat
Ravendale
Observation Peak 2427 m
Magee Peak 2604 m
Whitmore
Eagle Lake
Millville
Manzanita Lake
3
Lassen Volcanic National Park
Lassen Peak 3187 m
Susanville
Paynes Creek
Litchfield
Dales
Mineral
Chester
Westwood
Lake Almanor
Honey Lake
Diamond Mountains
Almanor
Greenville
Milford
Humboldt Peak 2160 m
Herlong
Gerber
Lomo
Butte Meadows
Caribou
Taylorsville
Belden
Quincy
Dixie Mountain 2538 m
Meadow Valley
Cromberg
Beckwourth
Paradise
Graeagle
Chico
La Porte
Calpine
Feather Falls
Strawberry Valley
Willows
Gold Country und Central Valley
Seiten 460–479
Hochsierra
Seiten 480–495
Norden
Colusa
Grass Valley
Yuba City
Arbuckle
0 Kilometer 40
0 Meilen 40
N

1

Redwood National and State Parks

A1 432 1st St, Eureka +1-800-346-3482
visitredwoods.com nps.gov/redw

Die Redwood National and State Parks erstrecken sich über rund 60 Kilometer entlang der zerklüfteten Küste Nordkaliforniens. Hier stehen einige der größten ursprünglichen Redwood-Wälder und viele der höchsten und ältesten Bäume der Erde unter Schutz.

Drei State Parks – Prairie Creek Redwoods, Del Norte Coast Redwoods und Jedediah Smith Redwoods – bilden gemeinsam mit dem Redwood National Park die Redwood National and State Parks. Dieses von der UNESCO 1968 zum Weltkulturerbe erklärte internationale Biosphärenreservat umfasst neben Redwood-Wäldern u. a. auch Prärien und Eichenwälder. Die angrenzenden Staatsparks Humboldt Lagoons und Patrick's Point schützen auch Lagunen, Feuchtgebiete und die Küste. Viele indigene Gruppen wie Yurok und Chilula haben historische Verbindungen zur Region.

Expertentipp
Besuch der Parks

September und Oktober sind die idealen Monate für einen Besuch. Frühling und Sommer können neblig sein, aber auch dann sind viele blühende Pflanzen zu sehen. Der Winter ist oft regnerisch und eignet sich am besten zur Walbeobachtung. Crescent City, Arcata und Eureka sind die nächstgelegenen Städte.

↑ *Stone Lagoon – malerische Landschaft im Humboldt Lagoons State Park*

Highlight

Attraktionen

Humboldt Lagoons State Park

Big Lagoon, ein fünf Kilometer langer Süßwassersee, und zwei Flussmündungen bilden den Humboldt Lagoons State Park.

Trees of Mystery

◁ Zu den Attraktionen des Parks gehören die riesigen Fiberglasstatuen vom legendären Holzfäller Paul Bunyan und seinem Ochsen Babe. Die beiden wurden Anfang des 20. Jahrhunderts durch Erzählungen ihrer Reise von Maine nach Kalifornien populär.

Gold Bluffs Beach

Der 18 Kilometer lange Strand ist für viele der schönste Nordkaliforniens.

Patrick's Point State Park

Im Winter kann man von der Landzunge aus Grauwale sehen. In den Gezeitenbecken gibt es viele kleinere Meerestiere.

Del Norte Coast Redwoods State Park

▷ Der Park entstand 1926 als erstes Schutzgebiet. Ein Teil des alten Redwood Highway ist als Wanderweg erhalten. Wildblumen bedecken die Hügel im Frühjahr.

Jedediah Smith Redwoods State Park

Der Park ist nach dem Pelztierjäger Jedediah Smith benannt, dem ersten weißen Mann, der die Vereinigten Staaten durchquerte. Er entdeckte das Areal 1828.

Prairie Creek Redwoods State Park

▷ Einer der höchsten Bäume der Welt (115 m) steht im Tall Trees Grove am südlichen Ende des Prairie Creek Redwoods State Park. Im Park lebt auch eine der letzten verbliebenen Herden von Roosevelt-Elchen auf der Erde.

↑ *Faszinierende Baumriesen im Redwood National Park*

2

Lava Beds National Monument

C1 Klamath Falls 1 Indian Well, Tulelake +1-530-667-8113
nps.gov/labe

Lava Beds National Monument ist eine überaus beeindruckende, fast schon surreal wirkende Landschaft mit vulkanischen Hochebenen aus verfestigten Lavaströmen und Aschekegeln. Zu den bemerkenswertesten Elementen gehören auch einige der insgesamt rund 700 Höhlen.

Trotz ihres insgesamt eher kargen Charakters weisen die Vulkanfelder eine überraschend große Vielfalt an Pflanzen- und Tierleben auf. Inmitten der trockenen Weiten gedeihen viele Arten von Wildblumen, in den Höhleneingängen wachsen vor allem Farne, Flechten und Moose. Maultierhirsche, Gabelböcke, Rotluchse, Kojoten sowie zahlreiche Vogel- und mehrere Fledermausarten sind an die hier herrschenden Lebensbedingungn sehr gut angepasst.

←

Felszeichnung an der Symbol Bridge Cave, Lava Beds National Monument

Bis zur Ankunft der ersten weißen Siedler im 19. Jahrhundert war diese Region Heimat der indigenen Modoc, was Felszeichnungen belegen. Petroglyph Point enthält eine der größten Felsmalereien amerikanischer Ureinwohner in den USA.

Das Gebiet hat die größte Dichte an Lavaröhren in Nordamerika. Die zylindrischen Tunnel entstanden, als die obere Schicht eines Lavastroms abkühlte und aushärtete, während die heiße Lava darunter weiterfloss. Im Inneren befinden sich faszinierende Höhlen. Die Cave Loop Road, drei Kilometer südlich des Besucherzentrums, führt zur größten Höhlenansammlung. Für Besichtigungen erkundigen Sie sich beim Besucherzentrum, da einige Höhlen geschlossen sein können, um überwinternde Fledermäuse zu schützen.

Schon gewusst?

Auch im Sommer sind die Höhlen erstaunlich kühl, in einigen gibt es dann sogar Eis.

↑ *Einige Bereiche im Lava Beds National Monument weisen dichte Bestände an Büschen auf*

Bis zur Ankunft der ersten weißen Siedler im 19. Jahrhundert war diese Region Heimat der indigenen Modoc, was Felszeichnungen belegen.

Durch das Gelände verlaufen 13 Wanderwege, die meisten sind kürzer als zwei Kilometer, einige längere führen tiefer ins Hinterland. Zu den beliebten Routen gehören der Petroglyph Point Trail, der Captain Jack's Stronghold Trail und der Big Nasty Loop Trail.

↑ *Mushpot Cave, die einzige beleuchtete unter den zahlreichen Höhlen*

Modoc War

Das Gebiet war Schauplatz des Modoc War (1872/73), des Kriegs zwischen den USA und den Ureinwohnern Kaliforniens. Nach Umsiedlung der Modoc in ein Reservat in Oregon kehrte eine Gruppe unter der Führung von Häuptling Kintpuash, auch »Captain Jack« *(links)* genannt, zurück. Sechs Monate lang entkamen sie der Kavallerie, dann wurde Captain Jack gefangen und gehängt. Seine Gruppe trieb man in ein Reservat im heutigen Oklahoma. An der Nordgrenze des Parks erinnert Captain Jack's Stronghold an das Ereignis.

Schon gewusst?

Mit 2,5 Kubikkilometern Volumen ist der Lassen Peak größter Lavadom der Erde.

Schöne Aussicht

Cinder Cone

Der Cinder Cone Trail (6 km) schlängelt sich von Butte Lake durch kahle Lavalandschaft zum Gipfel des Cinder Cone, einem erloschenen Vulkan. Genießen Sie die Aussicht auf den Lassen Peak und steigen dann in den Krater hinunter.

Der schneebedeckte Lassen Peak überragt die bizarre Landschaft des Parks ↑

Highlight

3

Lassen Volcanic National Park

C2 38050 Hwy 36 East, Mineral (+1-530-595-4480)
Chester, Red Bluff nps.gov/lavo

In diesem abgelegenen und wunderschönen Nationalpark gibt es eine schier atemberaubende Vulkanwelt zu entdecken. Schreiten Sie auf einem der Holzplankenwege durch dampfende, schwefelhaltige Becken mit blubberndem Wasser und wandern oder radeln Sie unter schneebedeckten Gipfeln zu farbenprächtigen Wildblumenwiesen und klaren Bergseen.

Noch vor gut einem Jahrhundert war die heute friedlich wirkende Gegend ein überaus gefährlicher Ort. Denn zwischen 1914 und 1917 brach der Lassen Peak fast 300 Mal aus und verwüstete dabei mehr als 40 000 Hektar Land. Der 3187 Meter hohe, wohl noch immer aktive Vulkan überragt den 1916 gegründeten Nationalpark, der zu den ältesten der USA gehört – eine unberührte Wildnis mit faszinierenden vulkanischen Elementen und stellenweise noch weitgehend unberührten Berglandschaften.

Der gewundene Lassen Volcanic Scenic Byway verläuft über eine Länge von 48 Kilometern durch den Park und führt zu den meisten Sehenswürdigkeiten. An zahlreichen Aussichtspunkten kann man die wundervolle Szenerie auf sich wirken lassen. Die Straße ist nur im Sommer geöffnet, da in diesem hochgelegenen Park zwischen Oktober und Juni gewaltige Schneemengen fallen.

Der 3187 Meter hohe, wohl noch immer aktive Lassen Peak überragt den 1916 gegründeten Nationalpark, der zu den ältesten der Vereinigten Staaten gehört.

Ein dichtes Netz von Wanderwegen von insgesamt 240 Kilometern Länge durchzieht den Nationalpark. Beliebte Routen führen nicht nur zum Gipfel des Lassen Peak, sondern auch zum Summit Lake, zu brodelnden Schlammtöpfen und zischenden Fumarolen sowie zur Devastated Area, einer kargen grauen Landschaft. Dort, in der nordwestlichen Ecke des Parks, befindet sich das Loomis Museum mit einer Sammlung von Fotos, die viele Ausbrüche des Lassen Peak illustriert.

↑ *Beste Aussicht auf den Lassen Peak vom Ufer des Lake Helen*

Bumpass Hell – benannt nach dem Bergführer, der in einem Schlammloch ein Bein verlor ↓

SEHENSWÜRDIGKEITEN

4

Eureka

A1 · 28 000 · Arcata/Eureka Airport, 24 km nördl. von Eureka · 240 E St · visiteureka.com

Eureka wurde im Jahr 1850 von Goldsuchern gegründet, die von ihren Goldfunden so begeistert waren, dass sie die Stadt nach dem griechischen Begriff »Eureka« (»Ich hab's gefunden«) benannten.

Sie hat sich im Lauf der Zeit zum größten Industriezentrum der Nordküste mit vielen Holz- und Fischereibetrieben entwickelt. In der Altstadt hinter der Uferpromenade stehen restaurierte Gebäude aus dem 19. Jahrhundert, in einigen sind Cafés, Bars und Restaurants untergebracht. Das faszinierende **Clarke Historical Museum** widmet sich der Geschichte der Region.

In der Nähe befindet sich die extravagante Carson Mansion (M u. 2nd St), die 1885 für den schwerreichen Holzbaron William Carson erbaut wurde. Sehenswert sind auch das **Morris Graves Museum of Art** mit seinem eindrucksvollen Skulpturengarten, das **Kinetic Museum Eureka** mit Fahrzeugen des alljährlich veranstalteten Kinetic Sculpture Race und der **Fort Humboldt State Historic Park**.

Clarke Historical Museum
240 E St · Mi–So 10–16 · clarkemuseum.org

Morris Graves Museum of Art
636 F St · Mi–So 12–16 · humboldtarts.org

Kinetic Museum Eureka
518 A St · Fr–So 14:15–18:30 · kineticgrandchampionship.com

Fort Humboldt State Historic Park
3431 Fort Ave · +1-707-445-6547 · tägl. 8–17 · parks.ca.gov

5

Samoa Cookhouse

A1 · 908 Vance Ave, Samoa · So–Do 9–20, Fr, Sa 9–21 · Thanksgiving, 5. Dez · samoacookhouse.net

Das Samoa Cookhouse entstand 1890 als Kantine für die Arbeiter des Louisiana-Pacific-Sägewerks, eines von vielen auf der Samoa Peninsula. In den 1960er Jahren wurde es öffentlich zugänglich, da die Anzahl der Arbeiter durch die Automatisierung gesunken war und kein Bedarf mehr bestand. Geblieben sind die rustikale Einrichtung und die Riesenportionen amerikanischer Gerichte, die das Restaurant serviert. Alte Fotos tragen zum Ambiente bei.

6

Avenue of the Giants

B2 · Garberville · Weott · avenueofthegiants.net

An den Ufern des Eel River, im beeindruckenden, mehr als 200 Quadratkilometer großen Humboldt Redwoods State Park, gedeihen die

Der Humboldt Redwoods State Park liegt an der Avenue of the Giants ↑

Schon gewusst?

Die ältesten Redwood-Bäume haben ein Alter von über 2000 Jahren.

weltweit größten Redwood-Bäume und die ausgedehntesten urzeitlichen Redwood-Haine.

Eine Fahrt entlang der überaus imposanten 53 Kilometer langen Avenue of the Giants, einer zweispurigen Straße, die sich parallel zum Highway 101 durch den Park schlängelt, bietet den besten Eindruck dieser Riesen. Um sie hautnah zu erleben, sollten Sie durch die prachtvollen Wälder schlendern.

Das Besucherzentrum etwa auf halber Strecke der Avenue of the Giants präsentiert die Geschichte dieser gewaltigen Wälder. Hier erhalten Sie auch Karten und Informationen zu den vielen Wander- und Campingmöglichkeiten im Park.

7

Ferndale

A2 1400 Arcata/Eureka Airport, 64 km nördl. von Ferndal visitferndale.com

Dänische, italienisch-schweizerische sowie portugiesische Einwanderer gründeten den Ort 1852. Das **Ferndale Museum** zeigt Exponate der Geschichte des Orts.

Am bekanntesten ist Ferndale wohl wegen des jährlichen Kinetic Sculpture Race, bei dem die Wettkämpfer mit selbst gebastelten Fahrzeugen von Arcata zum Centerville Country Beach außerhalb Ferndales fahren.

Ferndale Museum
Shaw Ave u. 3rd St Mi–Sa 11–16, So 13–16 Jan ferndalemuseum.com

8

Willow Creek

B1 1700 Arcata/Eureka Airport, 70 km östl. von Willow Creek willowcreekchamber.com

Bekannt ist der Ort für das **Willow Creek – China Flat Museum** mit der Bigfoot Collection. Die Sammlung widmet sich dem legendären Bigfoot, einem gewaltigen Fabelwesen mit starker Behaarung. Der Begriff »Bigfoot« entstand 1958 nach dem Fund gigantischer Fußspuren und Berichten von Einheimischen, die angaben, das Wesen gesehen zu haben. Ausgestellt sind u. a. Bilder, Fußspuren und Karten. Alljährlich am Wochenende des Labor Day werden in dem Ort die Bigfoot Days gefeiert.

Willow Creek – China Flat Museum
38949 CA-299 Willow Creek Mai–Sep: Mi–So 10–16; Okt: Fr–So 12–16 bigfootcountry.net

Brauereien

Lost Coast Brewery & Café
Hier können Sie eine große Auswahl an Bieren und Apfelwein probieren. Brauereiführungen werden angeboten.
A1 617 Fourth St, Eureka lostcoast.com

Dunsmuir Brewery Works
Diese stimmungsvolle Mikrobrauerei ist bekannt für ihre reiche Auswahl an Biersorten.
B1 5701 Dunsmuir Ave, Dunsmuir dunsmuirbreweryworks.com

Etna Brewing Company
Die gemütliche Mikrobrauerei in einer abgelegenen Ecke des weiten Nordens produziert besondere Ales, die man mit einem Snack genießen kann.
B1 131 Callahan St, Etna etnabrewing.com

Hotel

Lost Whale Inn
Das romantische und luxuriöse B&B liegt auf einer bewaldeten Klippe über einem Strand, an dem sich oft Robben tummeln. Es bietet Zimmer mit Meer- und Gartenblick und liegt günstig für einen Besuch des Redwood National Park.
A1 3452 Patrick's Point Dr, Trinidad lostwhaleinn.com
$$$

Restaurants

Black Bear Diner
Pfannkuchen und weitere klassische amerikanische Diner-Gerichte.
B1 401 W Lake St, Mount Shasta
blackbeardiner.com
$$$

Café Maddalena
Von mediterraner Küche inspirierte Speisen.
B1 5801 Sacramento Ave, Dunsmuir
cafemaddalena.com
$$$

VI: 400
Sowohl Diner-Klassiker als auch gehobene kalifornische Gerichte.
A2 400 Ocean Ave, Ferndale
victorianvillageinn.com
$$$

9

The Lost Coast

A2 Garberville
782 Redwood Dr
garberville.org

Die »verlorene Küste« ist ein 64 Kilometer langer, wilder Küstenabschnitt, an dem keine Straße gebaut werden konnte.

In der Mitte der Lost Coast befindet sich in einer winzigen Bucht Shelter Cove, ein Hafen für Lachsfischerei. Der abgeschiedene Ort ist zwar klein, doch ein idealer Ausgangspunkt für Wanderer und Naturliebhaber. Über die Klippen verläuft ein 25 Kilometer langes Netz von Wanderwegen mit einigen Zeltplätzen. Auf diesen Routen kann man auf Schwarzbären, Hirsche, Nerze und Weißkopfseeadler treffen. Shelter Cove ist nur über eine kurvenreiche, aber gute Straße zu erreichen.

Einen sehr guten Überblick über den gesamten Küstenabschnitt gewinnt man vom Highway 211 aus (westlich des Highway 101) sowie von der beliebten Panoramastrecke zwischen Humboldt Redwoods State Park und Ferndale *(siehe S. 443)*. Die schöne, ungefähr 80 Kilometer lange Straße führt zum Pazifischen Ozean bei Cape Mendocino, dem westlichsten Punkt an der kalifornischen Küste.

10

Tule Lake National Wildlife Refuges

C1 Klamath Falls
4009 Hill Rd fws.gov/refuge/Tule_Lake

Sechs Reservate locken Vogelbeobachter an. Ein großer Teil des Gebiets, vor allem am Tule Lake und am Lower Klamath River, steht unter Naturschutz – ein Paradies zur Vogelbeobachtung. Im Herbst kommen Hunderttausende von Wildenten und -gänsen hierher, um auf ihrem Weg von Kanada ins Central Valley einen Zwischenstopp zu machen. Der Tule Lake ist auch Winterquartier für rund 1000 Weißkopfseeadler. Auch viele Säugetiere, Reptilien und Amphibien sind zu sehen.

←

Die Lost Coast zählt zu den spektakulärsten Abschnitten der kalifornischen Küste

11 Shasta State Historic Park

B2 Redding
parks.ca.gov

Um 1850 war Shasta eines der größten Goldminencamps des Bundesstaats und Ausgangspunkt für Goldsucher, die entlang dem Sacramento, Trinity, McCloud und Pit River nach Gold schürften. Das Ende des Goldrauschs bedeutete auch das Ende der Stadt. Heute ist Shasta eine Geisterstadt. Zu Beginn der 1920er Jahre erkannte man in Kalifornien die historische Bedeutung des Orts und begann mit Restaurierungsarbeiten. Das **Shasta Courthouse** (mit Besucherzentrum) wurde wieder in seinen ursprünglichen Zustand versetzt.

1,5 Kilometer westlich von Shasta bildet das Areal um den Lake Whiskeytown die kleinste Parzelle der dreiteiligen Shasta-Whiskeytown-Trinity National Recreation Area. Das Waldreservat ist von drei Staubecken umgeben, deren größtes der Lake Shasta ist. Trinity Lake wird zu Ehren der Politikerin, die zur Verwirklichung des Projekts beitrug, auch Clair Engle Lake genannt. Alle drei Seen sind bei Anglern und Wasserskifahrern beliebt.

Entdeckertipp
Burney Falls

Präsident Theodore Roosevelt bezeichnete diesen Wasserfall nordöstlich des Shasta State Historic Park als »das achte Weltwunder«. Die 40 Meter hohen Wasserfälle führen das ganze Jahr über viel Wasser.

Shasta Courthouse
Main St +1-530-243-8194 Do – So 10 –17

12 Mount Shasta

B1 Dunsmuir Siskiyou, Shasta 300 Pine St mtshastaca.gov

Mount Shasta (4316 m) ist nach dem Mount Rainier (Washington) zweithöchster Berg der Cascade Mountains. Der letzte Ausbruch des Vulkans erfolgte 1786. Der praktisch ganzjährig schneebedeckte Gipfel ist noch aus 160 Kilometern Entfernung zu sehen und ein beliebtes Ziel von Bergsteigern. Die unteren Lagen ziehen als **Mount Shasta Ski Park** im Winter Skifahrer an, im Sommer kommen viele Wanderer hierher.

Shasta-Trinity National Forest hat viele Seen und eine gute touristische Infrastruktur.

Mount Shasta Ski Park
4500 Ski Park Hwy, McCloud
skipark.com

Shasta-Trinity National Forest
fs.usda.gov/stnf

13 Weaverville

A2 3500 Redding Municipal Airport, 64 km östl. von Weaverville 509 Main St weavervilleca.org

Das ländliche Weaverville hat sich seit seiner Gründung durch Goldsucher kaum verändert. Im Zentrum präsentiert das **Jake Jackson Museum and History Center** die Geschichte von Weaverville und des umliegenden Goldminen- und Holzfällergebiets. Joss House State Historic Site neben dem Museum ist der älteste und am besten erhaltene chinesische Tempel des Landes. Er wurde 1874 errichtet und erinnert an die vielen chinesischen Einwanderer, die in die USA kamen, um Gold zu suchen, und später als billige Arbeitskräfte beim Bau der kalifornischen Eisenbahnen endeten.

Nördlich von Weaverville erheben sich die Trinity Alps. Sie sind im Sommer bei Wanderern und im Winter bei Langläufern beliebt.

Jake Jackson Museum and History Center
780 Main St
Do, Sa 11 –16 (Sommer: tägl.)
trinitymuseum.org

→

Holzstatue eines Bergarbeiters in Weaverville

Ballonfahrt über die Weinregion Napa Valley (siehe S. 450f)

Wine Country

In einem der am längsten besiedelten Gebiete Kaliforniens lebten rund 10 000 Jahre lang die indigenen Völker der Wappo, Pomo und Miwok. Sie gründeten Dörfer und lebten von der Landwirtschaft. Dies änderte sich dramatisch mit der Ankunft der Spanier, die 1823 in Sonoma ihre nördlichste Mission errichteten. Viele Indigene starben an eingeschleppten Krankheiten, Überlebende wurden von ihren Ländereien vertrieben. Franziskanermönche begannen mit dem Anbau von Reben, um Messwein für die Missionen herzustellen. Dies markiert den Beginn der florierenden kalifornischen Weinindustrie.

Im Jahr 1857 verhalf der ungarische Graf Agoston Haraszthy dem Gewerbe zu einer neuen Blütezeit: Er bepflanzte den ersten großen Weinberg der Buena Vista Winery im Sonoma Valley mit Rebsorten aus Europa. Damit wurde nicht nur Haraszthy berühmt – er gilt als »Vater des kalifornischen Weins« –, sondern auch die zuvor unbekannte Weinbauregion.

Im Lauf der Jahre traten zahlreiche Weinbauern in die Fußstapfen des Grafen. Die meisten von ihnen bevorzugten den ertragreichen, fruchtbaren Boden des Napa Valley. Heute florieren in diesem Tal Hunderte von Weinkellereien, von denen viele Besichtigungen und Weinproben anbieten. Einige sind auch architektonisch sehr interessant, darunter die im Missionsstil errichtete Robert Mondavi Winery.

Wine Country

Highlights

❶ Napa Valley Wine Country
❷ Sonoma

Sehenswürdigkeiten

❸ Mendocino
❹ Van Damme State Park
❺ Point Arena Lighthouse und Museum
❻ Leggett
❼ Russian River Valley
❽ Bodega Bay
❾ Fort Ross State Historic Park
❿ Santa Rosa
⓫ Calistoga
⓬ Healdsburg
⓭ Jack London State Historic Park

Gas Point
Anderson
Platina
Hooker
Red Bluff
Red Bank
Gerber
South Yolla Bolly Mt. 2466 m
Ball Rock 2031 m
Government Flat
Paskenta
Corning
Newville
Hamilton City
Orland
Paradise
Chico
Durham
Elk Creek
Bald Mountain 2054 m
Lake Oroville
Gold Country und Central Valley
Seiten 460–479
Oroville
Biggs
Palermo
Stonyford
Potter Valley
Fouts Springs
Maxwell
Pennington
Colusa
Upper Lake
Indian Valley Reservoir
Williams
Yuba City
Sycamore
Olivehurst
Clear Lake
Lucerne
Lakeport
Clearlake Oaks
Arbuckle
Kelseyville
Clearlake
Mayacamas Mountains
Rumsey
Dunnigan
Nicolaus
Trowbridge
Cloverdale
Cobb
Guinda
Asti
Middletown
Zamora
Knights Landing
Geyserville
Brooks
Vaca Mountains
Sacramento International Airport
Madison
Woodland
Pope Valley
12 Healdsburg
11 Calistoga
Lake Berryessa
Sacramento
7 Russian River Valley
Winters
Davis
St. Helena
Florin
Monte Rio
Santa Rosa
10
Napa Valley Wine Country
1
Jenner
Dixon
Sebastopol
13 Jack London State Historic Park
Vacaville
Elmira
8
Courtland
Bodega Bay
Sonoma
2
Napa
Fairfield
Tomales
Petaluma
Ryde
Galt
Montezuma
Rio Vista
Terminous
San Francisco und Bay Area
Seiten 270–419
Vallejo
Point Reyes Station
Benicia
Pittsburg
Richmond
Mill Valley
Berkeley
0 Kilometer 30
0 Meilen 30
N
Wine Country

1

Napa Valley Wine Country

B3 600 Main St, Napa (+1-707-251-5895) visitnapavalley.com

Seit der geradezu legendären Weinprobe von Paris im Jahr 1976, als die Höchstnoten für die verkosteten Tropfen nicht wie erwartet an die französischen, sondern an die kalifornischen Rot- und Weißweine gingen, ist Napa Valley unter Weintrinkern auf der ganzen Welt ein Begriff. Das ausgedehnte Anbaugebiet umfasst rund 450 Weingüter, viele Winzer bieten Besichtigungstouren mit Weinproben an. Jeder Talabschnitt hat charakteristische Weine, die Sie natürlich auch in vielen renommierten Restaurants kosten können.

①

Charles Krug Winery

2800 Main St, St. Helena tägl. 10:30–17 charleskrug.com

Charles Krug, der dieses Weingut 1861 gründete, war der erste Unternehmer, der französische Eichenfässer für die Weinreifung importierte. Eine Premiere in Kalifornien war, dass der Verkostungsraum 1882 der Öffentlichkeit zugänglich gemacht wurde. Der Außenbereich ist im toskanischen Stil gestaltet, im eleganten Interieur werden tägliche Verkostungen edler Tropfen mit limitierter Auflage angeboten.

②

V. Sattui

1111 White Lane, St. Helena tägl. 9–18 (Winter: 9–17) vsattui.com

Auch wer (noch) kein Weinliebhaber ist, kann dieses weitläufige Anwesen mit seiner schönen Hügellandschaft und einigen schattigen Picknickplätzen erkunden. Buchen Sie einen Rundgang durch die Keller möglichst im Voraus, und hören Sie die faszinierende Geschichte dieses familiengeführten Weinguts. Es wurde ursprünglich im 19. Jahrhundert in San Francisco gegründet, zur Zeit der Prohibition zerstört und 1976 schließlich hier wiedereröffnet.

③

Robert Mondavi Winery

7801 St. Helena Hwy, Oakville 10 tägl. 10–16 robertmondaviwinery.com

Das renommierteste Weingut eines der bekanntesten Winzer im Napa Valley ähnelt mit seinen Bogen und dem großen Innenhof spanischen Missionen Kaliforniens.

↑ *Ein Glas Twin Oaks, serviert in der Robert Mondavi Winery*

Highlight

↑ *Golden leuchtende Reben in der Hügellandschaft des Napa Valley*

Robert Mondavi war bis zu seinem Tod im Jahr 2008 ein Botschafter für Weine aus dem Napa Valley, er trug maßgeblich dazu bei, das Gebiet zu einer der bekanntesten Weinregionen der Welt zu machen. Das immer noch in Familienbesitz befindliche Weingut hat sich insbesondere mit seinen Cabernets und Fumé Blancs einen Namen gemacht. Besucher können an Verkostungen und Führungen teilnehmen.

4

Opus One Winery

7900 St. Helena Hwy, Oakville 10 nach Voranmeldung
opusonewinery.com

Opus One wurde 1979 als Joint Venture zweier Weinlegenden gegründet – Robert Mondavi aus dem Napa Valley und Baron Philippe de Rothschild, Gründer des Château Mouton Rothschild in der französischen Weinhochburg Bordeaux. Sie wollten damit Bordeaux-Wein keltern, der auf kalifornischem Cabernet basiert. Ihr Erbe ist ein Wein, der als einer der besten im Napa Valley gilt.

Das markante Steingebäude des Weinguts unten am Hang offeriert Degustationen des aktuellen Jahrgangs. Sie können auch eine Tour buchen, um das ausgedehnte Gelände und die Produktionsbereiche der Weine zu erkunden.

5

Domaine Chandon

1 California Dr, Yountville 29 Shop: tägl. 10–16; Weinproben: Do–Mo nach Voranmeldung
chandon.com

Die 1973 von Moët & Chandon gegründete Domaine Chandon zählt zu den erfolgreichsten Weingütern im Napa Valley. Obwohl das gesamte Anwesen französische Eleganz und Erhabenheit ausstrahlt, ist die Atmosphäre locker.

Das Angebot für Besucher der Domaine Chandon reicht von Verkostungen mit einem breiten Spektrum an Weinen bis zu Kursen, bei denen die Teilnehmer Cocktails mit dem Sekt des Weinguts mixen und trinken können.

Restaurant

The French Laundry
Das von Thomas Keller geführte französische Restaurant mit drei Michelin-Sternen ist ein Paradies für Gourmets. Bei jedem der neun Gänge wird höchste Kreativität zelebriert.

6640 Washington St, Yountville Zeiten der Website entnehmen
thomaskeller.com
$$$

↑ *Großflächiger Weinanbau im sanften Hügelland des Sonoma Valley*

2

Sonoma

B3 10 000 Sonoma County Airport, 10 km nördl. von Santa Rosa 90 Broadway u. W Napa St, Sonoma Plaza 453 1st St E (+1-707-996-1090 sonoma.com

Im schmalen, 27 Kilometer langen Sonoma Valley, das im Osten von den Mayacama Mountains und im Westen von den Sonoma Mountains eingerahmt wird, erfolgt auf ausgedehnten Flächen Weinbau. Die Sehenswürdigkeiten des Hauptortes Sonoma sind einige weltweit berühmte Kellereien und die attraktive, historisch genau rekonstruierte Sonoma. Diesen drei Hektar großen schattigen Platz säumen Dutzende von historischen Bauten. In den zahlreichen Lehmziegel-Gebäuden befinden sich Weinhandlungen, ansprechende Boutiquen und schicke Restaurants, die die exzellente Küche des Wine Country servieren.

①

General Joseph Hooker House

414 1st St East, El Paseo Mi–Sa 11–15:30 nach Vereinbarung bedrockwineco.com

Das Giebeldachhaus (1855) gehörte dem Bürgerkriegshelden »Fighting Joe« Hooker, der es den Siedlern Pedro und Catherine Vasquez verkaufte. Das Haus wird heute für Weinproben der Bedrock Wine Company genutzt und umfasst eine Ausstellung von Fotografien zur Geschichte von Sonoma.

②

Toscano Hotel

20 E Spain St +1-707-938-5889 tägl. 10–17

Das renovierte Toscano Hotel steht unter Denkmalschutz. Das zweistöckige Holzhaus entstand in den 1850er Jahren und diente als Laden und Buchhandlung. 1886 wurde es zum Hotel für Goldsucher umgebaut, heute gehört es dem Bundesstaat Kalifornien. Ein Teil der ursprünglichen Möblierung ist noch erhalten.

③

Lachryma Montis

3rd St W tägl. 10–17 1. Jan, Thanksgiving, 25. Dez parks.ca.gov

Der Besuch von Lachryma Montis (»Tränen des Bergs«, der Name der Mineralquelle auf dem Grundstück) gibt Einblicke in den üppigen Lebensstil seines ehemaligen Besitzers, des mexikanischen Generals Mariano Vallejo. Das gelb-weiße Redwood-Haus entstand 1851 im neogotischen Stil. Zu sehen sind vielerlei Exponate – von den Silberepauletten des Generals über ein Viehbrenneisen bis hin zu seinen Lieblingsbüchern.

→ *Sonoma Barracks – die frühere Kaserne ist heute historisches Wahrzeichen*

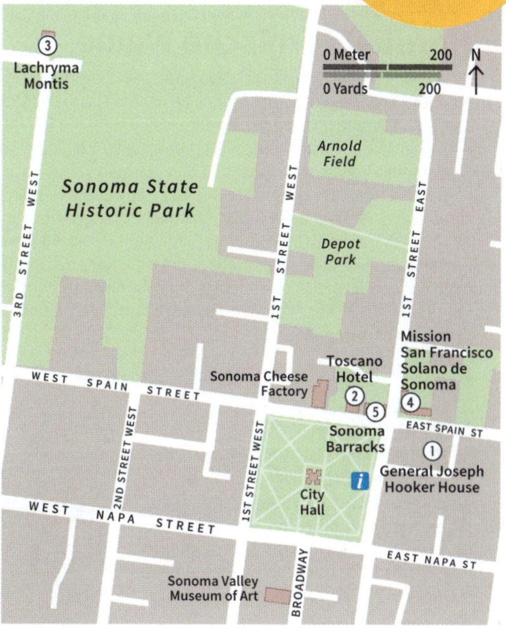

④

Mission San Francisco Solano de Sonoma

114 E Spain St
tägl. 10–17 1. Jan, Thanksgiving, 25. Dez
sonomaparks.org

Die wunderschön restaurierte Mission, die nach einem peruanischen Heiligen benannt ist (und für gewöhnlich einfach »Sonoma Mission« heißt), war die letzte der 21 in Kalifornien erbauten Franziskaner-Missionen.

Pater José Altimira aus Spanien gründete sie 1823, als Kalifornien zu Mexiko gehörte. Vom ursprünglichen Gebäude ist nur noch der Korridor mit den Zimmern von Pater Altimira erhalten. Die Adobe-Kapelle ließ General Vallejo 1840 für die Familien der Soldaten errichten, die in der Kaserne auf der anderen Straßenseite untergebracht waren. Bei dem Erdbeben von 1906 erlitt die Kapelle schweren Schaden, wurde aber später sorgfältig restauriert.

⑤

Sonoma Barracks

20 E Spain St
tägl. 10–17 1. Jan, Thanksgiving, 25. Dez
sonomaparks.org

Indigene errichteten dieses zweistöckige Adobe-Bauwerk zwischen 1836 und 1840 als Hauptquartier für General Vallejo und seine Truppen. Nach der Bear Flag Revolt von 1846, als eine kleine Gruppe amerikanischer Siedler, die eine eigene kalifornische Republik gründen wollte, gegen die mexikanische Regierung rebellierte, diente die Kaserne zehn Jahre lang als Außenposten der US-Armee.

Der Staat kaufte und renovierte das Gebäude Ende der 1950er Jahre. Heute gelten die Sonoma Barracks als wichtiges historisches Wahrzeichen des Bundesstaats.

Weinkellereien im Sonoma Valley

Im Sonoma Valley erlaubt der Mix aus guten Böden, viel Sonnenschein und ergiebigen Winterregen die Kultivierung erstklassiger Rebsorten. Jede Region hat ein anderes Mikroklima, was den Anbau unterschiedlicher Rebsorten (u. a. Cabernet Sauvignon und Chardonnay) ermöglicht. 1824 pflanzte Pater José Altimira die ersten Weinstöcke, um Messwein für die Mission San Francisco Solano de Sonoma zu gewinnen. Heute gibt es hier über 300 Kellereien. Zu den bekanntesten gehören Sebastiani Vineyards, Gundlach-Bundschu Winery und Château St Jean. Viele dieser Weinkellereien bieten Weinproben und Besichtigungen an.

Nordkalifornische Weine

Kalifornien ist das größte Weinbaugebiet der Vereinigten Staaten. Auf mehr als 2500 Quadratkilometern Fläche werden hier rund 90 Prozent der amerikanischen Weine produziert. Ungefähr die Hälfte der Reben wächst auf dem fruchtbaren Boden im Landesinneren, vor allem auf dem Areal zwischen Sacramento Valley im Norden und San Joaquin Valley im Süden.

Die Region an der Nordküste macht zwar weniger als ein Viertel der gesamten Weinanbaufläche Kaliforniens aus, hier gedeihen jedoch einige der besten Trauben: Chardonnay, Sauvignon Blanc, Cabernet Sauvignon und Merlot. Aus diesem Grund befindet sich hier auch der Großteil der 3300 Weingüter des Bundesstaats. Chardonnay und Pinot noir werden hauptsächlich in der zentralen Küstenregion zwischen der Bay Area und Santa Barbara angebaut.

Lage und Klima

Kaliforniens Klima ist aufgrund der Breitenlage, der Nähe zum Meer und der geschützten Täler recht angenehm. Die Winter sind kurz und mild, die Reifezeit ist lang und heiß, doch durch Sommernebel abgemildert. Mit fruchtbaren Böden bildet die Region ein ideales Weinbaugebiet.

Rebsorten

Überwiegend wird Chardonnay angebaut, woraus ein trockener Wein gewonnen wird. Weitere beliebte Weißweine sind Sauvignon blanc (auch als Fumé Blanc bekannt), Chenin blanc, Pinot blanc, Gewürztraminer und Johannisberg Riesling. Die trockenen Rotweine wie Cabernet Sauvignon, Merlot, Shiraz, Pinot noir und Zinfandel haben deutliche Tanninnoten.

↑ *Weinberg im Alexander Valley, Sonoma County*

Weinregionen

Lake County

▽ Die Weinberge von Lake County nördlich des Napa Valley liegen relativ hoch. Die klare Luft lässt exzellente Trauben reifen – u. a. für Cabernet Sauvignon und Sauvignon blanc.

Mendocino County

△ Das größte und vielfältigste Weinanbaugebiet Kaliforniens ist eines der führenden Gebiete des Bundesstaates für Bio-Weine.

Anderson Valley

△ Im Anderson Valley werden vor allem Pinot noir, Chardonnay, Riesling, Gewürztraminer, Pinot blanc und Pinot gris von Weltklasse produziert.

Erzeuger

In Nordkalifornien gibt es über 800 Weingüter. Die Produzenten reichen von kleinen Winzereien, die ein paar Hundert Kisten pro Jahr herstellen, bis zu riesigen Industriebetrieben wie Ernest and Julio Gallo sowie Kendall-Jackson.

Viele Weingüter erweitern ihre Flächen für nachhaltigen Anbau. Fetzer in Mendocino war ein Pionier des ökologischen Weinbaus in Kalifornien, unter seinem Label Bonterra produziert das Weingut immer noch Bio-Weine. Die Weißweine sind frisch, die Rotweine eher fruchtig. Navarro im Anderson Valley stellte einige der besten Rieslinge Kaliforniens her.

Einige der bekanntesten Weinerzeuger Kaliforniens findet man im Napa Valley und im Sonoma Valley *(siehe S. 450–453)*.

↑ *In vielen Weingütern werden Besichtigungstouren angeboten*

Zinfandel

Die Geschichte der vielseitigen Rebe ist eine Erfolgsstory. Zinfandel kam um 1850 von der dalmatinischen Küste Kroatiens nach Kalifornien, erlangte jedoch erst in jüngerer Zeit Berühmtheit und nimmt heute Platz drei aller Rebsorten ein. Roter Zinfandel, vor allem aus den Tälern des Dry Creek und des Russian River, ist heute sehr beliebt. Einige Weine haben Eichennoten, andere sind sehr fruchtig.

Redwood Valley

▽ Redwood Valley ist für Rotweine wie Merlot, Cabernet Sauvignon, Pinot noir und Zinfandel bekannt. Der rote Boden verleiht Trauben einen unverwechselbaren Charakter.

Napa Valley

▽ Napa Valley zählt zu den führenden Weinregionen der Welt. Das mediterrane Klima bringt u. a. Cabernet Sauvignon, Merlot, Cabernet Franc, Pinot noir und Zinfandel hervor.

Sonoma Valley

△ In den 1950er Jahren war die Region Geburtsort der kalifornischen Weinindustrie. Heute beherbergt sie mehr als 300 Weingüter, zu den Top-Trauben gehören wie Zinfandel, Merlot und Cabernet Sauvignon.

SEHENSWÜRDIGKEITEN

3 Mendocino

A3 900 45035 Main St mendoparks.org/visitor-centers

Siedler aus Neuengland errichteten das Fischerdorf 1852. Sie schmückten ihre neuen Häuser mit Spitzgiebeln und Holzvertäfelungen – genau wie jene, die sie an der Ostküste der USA hatten. Die Küste Mendocinos wird deshalb häufig »Kaliforniens Neuengland-Küste« genannt. Mendocino thront spektakulär auf einem Steilufer oberhalb des Pazifiks und besitzt noch den alten Charme aus seinen Tagen als Fischerdorf und Zentrum der Holzindustrie. Der kleine Tempel von Kwan Tai in der Albion Street 45160 stammt aus dem 19. Jahrhundert.

Nun ist zwar der Tourismus Haupteinnahmequelle, der Ort blieb allerdings weitgehend vom Kommerz verschont. Typisch für Mendocino sind die vielen Galerien und Buchhandlungen.

Entdeckertipp
Glass Beach

Der Glass Beach zehn Gehminuten nördlich von Fort Bragg ist mit einer großen Menge winziger Glasstücke bedeckt, die vom Meer geschliffen wurden – Folge einer Glasdeponie in der Nähe.

Skunk Train

Seit 1885 fährt der »Stinktier«-Zug (www.skunktrain.com) von Fort Bragg, einem Zentrum der Holzindustrie an der Küste nördlich von Mendocino, zu den Redwood-Hainen. Wegen des intensiven Geruchs des Diesel- und Benzingemischs, das die Lok einst antrieb, war der Zug schon zu riechen, bevor er zu sehen war – daher der Name. Heute können Besucher mit einer der Dampf-, Diesel- oder Elektroloks auf eine Halb- oder Ganztagestour gehen.

4 Van Damme State Park

B3 Comptche Ukiah Rd von Point Arena Zeiten der Website entnehmen parks.ca.gov

Das Reservat (890 ha) bietet einige der landschaftlich schönsten Waldwanderwege Kaliforniens unter gigantischen Redwoods und riesigen Farnen. Die Küstengebiete sind bei Tauchern, die nach Abalone suchen, sehr beliebt. Der schöne Fern Canyon Trail lädt zum Wandern oder Joggen ein. Außerdem gibt es mehrere Radwege.

Sehenswert ist der eigentümliche Pygmy Forest, ein Hain mit alten, verkrüppelten Bäumen, die wegen des nährstoffarmen Bodens und der Wasserknappheit nur etwa 1,2 Meter hoch werden. Er liegt rund fünf Kilometer nördlich des Parks und ist mit dem Auto oder zu Fuß zu erreichen. Der Pygmy Forest Trail im Südosten des Parks ist auch für Rollstuhlfahrer zugänglich.

Gebäude im New-England-Style oberhalb von einem Strand in Mendocino ↑

5 Point Arena Lighthouse und Museum

A3 · 45500 Lighthouse Rd · tägl. 10:30–15:30 · pointarenalighthouse.com

Der imposante 35 Meter hohe Leuchtturm steht 1,6 Kilometer nördlich des Fischerdorfs Point Arena. Das 1870 errichtete Backsteingebäude wurde bei dem Erdbeben von 1906 zerstört und durch den jetzigen Betonbau ersetzt.

Wenn man die 145 Stufen des Leuchtturms hinaufsteigt, bietet sich eine tolle Aussicht – die Mühe lohnt sich vor allem an nebelfreien Tagen. Bei einer Führung (ganzjährig angeboten) sieht man die Fresnel-Linse. Sie wurde in Frankreich hergestellt, hat einen Durchmesser von über 1,8 Metern, wiegt mehr als zwei Tonnen und schwimmt in einem großen Quecksilberbecken.

Im angrenzenden Nebelsignalgebäude von 1869 befindet sich jetzt ein Museum mit verschiedenen Druckluft-Nebelhörnern und Schaukästen zur Geschichte des Leuchtturms.

6 Leggett

B2 · 70400 Hwy 101 · visitmendocino.com

Das durch die King Mountain Range vom Pazifischen Ozean getrennte grüne Tal ist wegen seiner vielen majestätischen Redwoods bekannt. In den 1930er Jahren wurde in den Stamm eines gigantischen Redwoods ein Loch gefräst – um Autos die Durchfahrt zu ermöglichen.

Wanderer können im Tal und seiner Umgebung den Redwood-Wald genießen (in einem Teil des Walds ließ George Lucas Szenen des Science-Fiction-Films *Krieg der Sterne* drehen). Hier leben Waschbären und Hirschwild. Über den Bäumen gleiten bisweilen Steinadler auf der Suche nach Beute.

Der an Lachsen und Regenbogenforellen reiche South Fork Eel River lockt viele Vögel an, darunter auch Reiher. Der Fluss ist bei Anglern und Badegästen gleichermaßen beliebt.

↑ *Reihen von Rebstöcken auf einem Hügel im Russian River Valley*

7 Russian River Valley

B3 · von Healdsburg · 16209 First St, Guerneville · russianriver.com

Das vom Russian River und seinen Nebenflüssen unterteilte Russian River Valley ist so weitläufig, dass es mehrere kleine Täler umfasst. Hier finden sich Weinberge, Apfelgärten, Redwood-Wälder, Bauernhöfe und sandige Strände. Verstreut über das Tal liegen 60 Kellereien, von denen einige auch Weinproben anbieten.

In den 1930er Jahren wurde in den Stamm eines gigantischen Redwoods ein Loch gefräst – um Autos die Durchfahrt zu ermöglichen.

Der kleine, freundliche Ort Guerneville, südwestlich von Healdsburg, ist bei den Bewohnern der Bay Area, vor allem bei der LGBTQ+ Community, beliebt. Jedes Jahr im September findet am Johnson's Beach in Guerneville das Russian River Jazz Festival statt. Der Strand ist ein guter Ausgangspunkt für Kanu- oder Floßfahrten auf dem ruhig dahinfließenden Russian River, an dessen Ufern häufig Schildkröten, Flussotter und Kanadareiher (große Graureiher) zu sehen sind.

Wanderer und Reiter kommen wegen des 330 Hektar großen **Armstrong Redwoods State Reserve** mit einem der wenigen noch verbliebenen ursprünglichen Redwood-Wälder Kaliforniens. Ein ungefähr 1400 Jahre alter, 94 Meter hoher Baumriese mit dem Namen Colonel Armstrong gab dem Reservat seinen Namen.

Armstrong Redwoods State Natural Reserve
17020 Armstrong Woods Rd, Guerneville · tägl · parks.ca.gov

↑ *Brandung an der schroffen Felsküste der Bodega Bay; Seehund* (Detail) *am Goat Rock Beach*

8

Bodega Bay

B3 1300 913 Hwy 1 bodegabay.com

Der Ort war 1963 mit seinen weißen Schindelhäusern Schauplatz von Hitchcocks Filmklassiker *Die Vögel*.

Bodega Head, eine Bodega Bay schützende Halbinsel, gehört zu den geeignetsten Plätzen in Kalifornien, um Wale zu beobachten.

An der Nordspitze von Bodega Bay beginnt der Sonoma Coast State Beach (16 km) – zehn Strände, die felsige Steilufer voneinander trennen. Am nördlichsten Ende liegt die charmante Stadt Jenner. Hier mündet der breite Russian River in den Pazifik. Hunderte von Seerobben genießen am Goat Rock Beach ein Sonnenbad und ziehen ihre Jungen groß. Lohnenswert für einen Besuch ist die »Heulerzeit« von März bis Ende Juni.

9

Fort Ross State Historic Park

B3 1900 Coast Hwy 1, Jenner von Point Arena tägl. Sonnenauf- bis Sonnenuntergang Thanksgiving, 25. Dez parks.ca.gov

Auf einer windgepeitschten Landzunge 19 Kilometer nördlich von Jenner befindet sich der Fort Ross State Historic Park. Der einstige russische Außenposten wurde 1812 gegründet und war bis 1841 in Betrieb (der Name leitet sich von russisch *Rossija* = Russland ab).

Das 1836 errichtete Haus des letzten russischen Kommandanten Aleksandr Rotschew steht noch. Andere Gebäude innerhalb des Palisadenzauns wurden rekonstruiert. Glanzstück ist die russisch-orthodoxe Kapelle von 1824 aus Redwood-Holz.

Alljährlich am letzten Samstag im Juli wird hier ein »Geschichtstag« veranstaltet, an dem über 200 kostümierte Teilnehmer Szenen der Zeit um 1800 nachstellen.

10

Santa Rosa

B3 175 000 Sonoma County Airport, 10 km nördl. von Santa Rosa 9 4th St visitsantarosa.com

Santa Rosa ist vor allem wegen einiger berühmter Bewohner bekannt: Der Gartenbauexperte Luther Burbank (1849–1926) und der Comiczeichner Charles M. Schulz (1922–2000), Schöpfer der *Peanuts*. Burbank wurde berühmt durch die Züchtung von rund 800 neuen Pflanzenarten. Bei einem Besuch von **Luther Burbank Home and Gardens** (0,5 ha) sieht man u. a. einen Rosen- und Obstgarten sowie einen viktorianischen Garten mit typischen Pflanzen der Privatgärten um 1880.

In einem alten Postamt von 1909 ist das **Sonoma County Museum** untergebracht. Es illustriert die Geschichte Sonomas mit eindrucksvollen Fotografien, Dokumenten und anderen Ausstellungsstücken.

Liebhaber der Figuren von Charles M. Schulz lockt **Snoopy's Gallery and Gift Shop** mit der weltweit größten Sammlung von Fanartikeln zu *Charlie Brown* und den *Peanuts*.

Luther Burbank Home and Gardens
204 Santa Rosa Ave
Haus: Di–So 13–16; Gärten: Sa–Mo, Mi 8 bis Sonnenuntergang, Di, Do, Fr 13 bis Sonnenuntergang
lutherburbank.org

Sonoma County Museum
425 7th St Di–So 11–17 museumsc.org

Snoopy's Gallery and Gift Shop
1665 West Steele Lane
tägl. 10–18 Feiertage
snoopygift.com

11 Calistoga

B3 5000
1133 Washington St
visitcalistoga.com

Seit der Gründung des kleinen Kurorts um die Mitte des 19. Jahrhunderts genießen Besucher hier die belebenden Mineral- und Schlammbäder.

Drei Kilometer nördlich der Stadt speit der Geysir **Old Faithful** etwa alle 40 Minuten eine rund 18 Meter hohe Fontäne kochenden Wassers in den Himmel. Im Westen liegt der **Petrified Forest** mit Redwoods, die durch einen Vulkanausbruch vor über drei Millionen Jahren in versteinerter Form überdauert haben.

Old Faithful Geyser
1299 Tubbs Lane
tägl. oldfaithfulgeyser.com

Petrified Forest
4100 Petrified Forest Rd tägl. 9–18 25. Dez
petrifiedforest.org

12 Healdsburg

B3 12 000
217 Healdsburg Ave
healdsburg.com

Healdsburg ist ein wunderschönes Städtchen mit viktorianischen Häusern, die viele Boutiquen, Cafés, Restaurants und Weinproberäume beherbergen. In seinem Zentrum befindet sich ein Platz im spanischen Stil des 19. Jahrhunderts, der von riesigen Redwood-Bäumen beschattet und von Antiquitätengeschäften umgeben ist.

Auf dem durch Healdsburg fließenden Russian River kann man Kanu- und Kajakfahrten unternehmen.

13 Jack London State Historic Park

B3 2400 London Ranch Rd, Glen Ellen
Park: tägl. 9–17; Museum: tägl. 10–17 25. Dez
jacklondonpark.com

Anfang des 20. Jahrhunderts ließ sich der Autor von Romanen wie *Der Ruf der Wildnis* *(siehe S. 404)* nach einem hektischen Leben in dem beschaulichen Areal (325 ha) mit Eichen, Kalifornischen Rosskastanien und Redwood-Bäumen nieder. London (1876–1916) nannte es treffend »Beauty Ranch«. Ställe, Weinberge und das Cottage, in dem er schrieb und starb, sind erhalten.

Nach Londons Tod errichtete seine Witwe Charmian Kittredge (1871–1955) das House of Happy Walls, in dem sich jetzt ein Museum befindet. Hier ist die Kunstsammlung des Autors ausgestellt.

Restaurants

SingleThread
Das Elf-Gänge-Menü wird aus Zutaten der eigenen Landwirtschaft kreiert. Das mit einem Michelin-Stern ausgezeichnete Restaurant ist beliebt, reservieren Sie rechtzeitig.
B3 131 North St, Healdsburg singlethreadfarms.com
$$$

Chalkboard
Genießen Sie kleine Gerichte aus saisonalen Produkten der Region, begleitet von erlesenen Weinen und Cocktails.
B3 29 North St, Healdsburg chalkboardhealdsburg.com
$$

↑ *Das Cottage, in dem Jack London seine letzten Lebensjahre verbrachte, ist Teil des Jack London State Historic Park*

Alte Trucks im Empire Mine State Historic Park (siehe S. 469)

Gold Country und Central Valley

Lange Zeiten lebten indigene Völker wie Nisenan, Patwin, Miwok und Yokuts in dieser Region. Die zu Beginn des 19. Jahrhunderts ankommenden spanischen Siedler hatten keinen Einfluss auf die Lebensweise dieser Gruppen, das Aufeinandertreffen beider Kulturen verlief friedlich. Doch der Goldrausch, der nach den ersten Goldfunden in Sutter's Mill 1848 einsetzte, veränderte alles. Scharen von Glücksrittern strömten in die Region und brachten Krankheiten mit, die die indigene Bevölkerung rasch dezimierten. Nachdem die Goldvorkommen 15 Jahre später erschöpft waren, kehrte wieder Ruhe ein, einige Bergbaudörfer wie Placerville, Murphys, Nevada City und Sonora überlebten diese Entwicklung jedoch. Besonders stark entwickelte sich das 1848 gegründete Sacramento, das Hauptstadt von Kalifornien wurde.

Nach dem Goldrausch erlebte die Region erneut einen kurze Zeit andauernden Boom, als die transkontinentale Eisenbahn durch die Sierra Nevada Mountains von vielen Billiglohnarbeitern, von denen die meisten Chinesen waren, errichtet wurde. Im 20. Jahrhundert entwickelte sich das Central Valley zum herausragenden Zentrum der kalifornischen Agrarwirtschaft. Bis heute werden Obst und Gemüse von den Plantagen, die zum Teil bis zum Horizont reichen, in alle Welt exportiert.

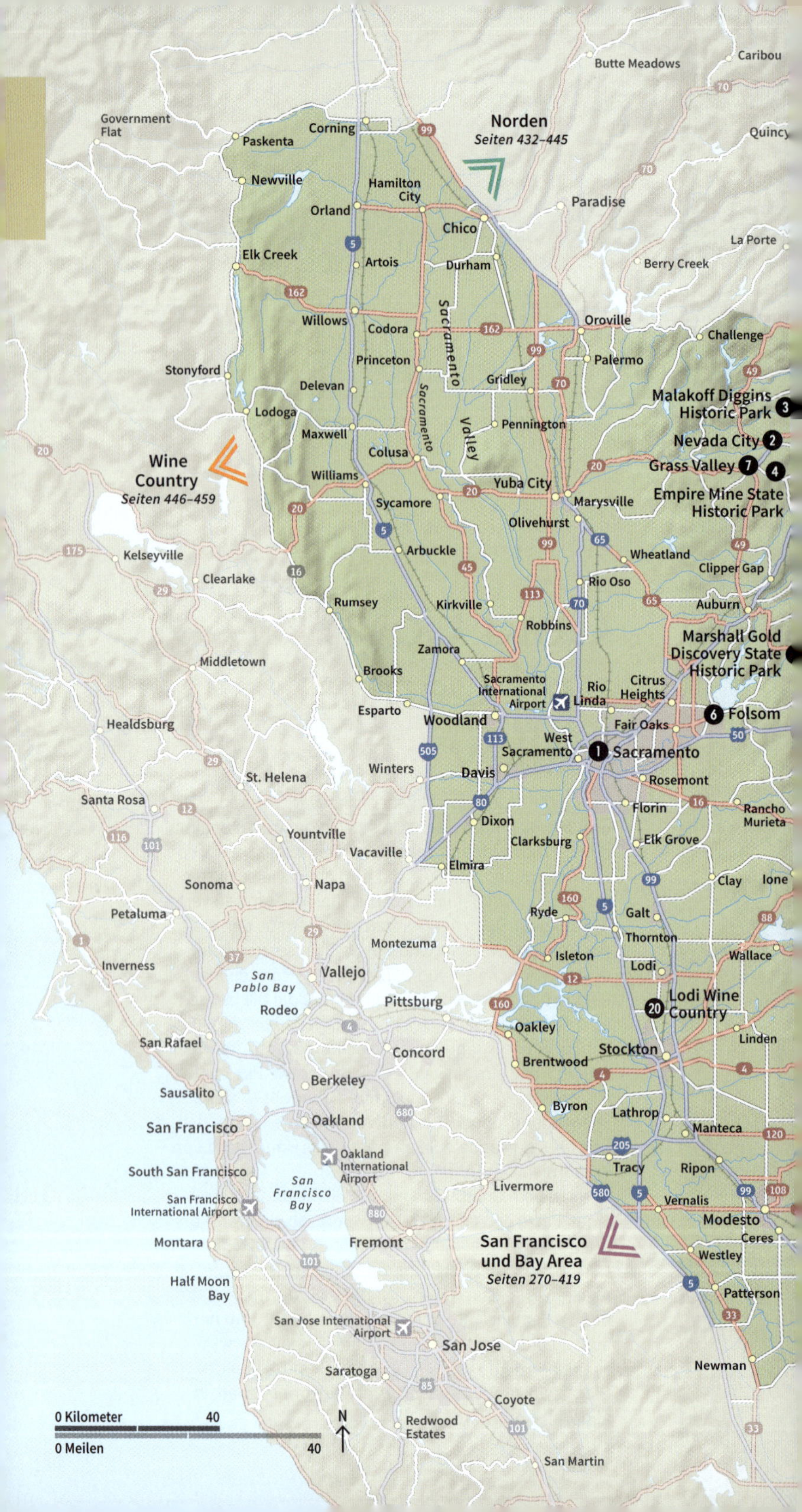

Norden
Seiten 432–445
Wine Country
Seiten 446–459
San Francisco und Bay Area
Seiten 270–419
Malakoff Diggins Historic Park
Nevada City
Grass Valley
Empire Mine State Historic Park
Marshall Gold Discovery State Historic Park
Folsom
Sacramento
Lodi Wine Country
Butte Meadows
Caribou
Quincy
Government Flat
Paskenta
Corning
Newville
Hamilton City
Orland
Chico
Paradise
La Porte
Berry Creek
Elk Creek
Artois
Durham
Willows
Codora
Oroville
Challenge
Princeton
Palermo
Stonyford
Delevan
Gridley
Lodoga
Pennington
Maxwell
Colusa
Williams
Yuba City
Marysville
Sycamore
Olivehurst
Wheatland
Clipper Gap
Kelseyville
Arbuckle
Rio Oso
Clearlake
Rumsey
Kirkville
Auburn
Robbins
Zamora
Middletown
Brooks
Sacramento International Airport
Rio Linda
Citrus Heights
Healdsburg
Esparto
Woodland
Fair Oaks
West Sacramento
Winters
Davis
Rosemont
St. Helena
Santa Rosa
Florin
Rancho Murieta
Dixon
Yountville
Clarksburg
Elk Grove
Vacaville
Elmira
Sonoma
Napa
Clay
Ione
Petaluma
Ryde
Galt
Thornton
Montezuma
Isleton
Wallace
Inverness
Lodi
San Pablo Bay
Vallejo
Rodeo
Pittsburg
Oakley
Linden
San Rafael
Concord
Stockton
Brentwood
Berkeley
Sausalito
Byron
Lathrop
Manteca
San Francisco
Oakland
Oakland International Airport
Tracy
Ripon
South San Francisco
San Francisco Bay
Livermore
San Francisco International Airport
Vernalis
Modesto
Ceres
Montara
Fremont
Westley
Half Moon Bay
Patterson
San Jose International Airport
San Jose
Newman
Saratoga
Coyote
Redwood Estates
San Martin
Sacramento Valley
0 Kilometer 40
0 Meilen 40
N

Gold Country und Central Valley

Highlight

1. Sacramento

Sehenswürdigkeiten

2. Nevada City
3. Malakoff Diggins Historic Park
4. Empire Mine State Historic Park
5. Marshall Gold Discovery State Historic Park
6. Folsom
7. Grass Valley
8. Placerville
9. Indian Grinding Rock State Historic Park
10. Volcano
11. Jackson
12. Sutter Creek
13. Angels Camp
14. San Andreas
15. Mokelumne Hill
16. Murphys
17. Moaning Caverns
18. Columbia State Historic Park
19. Jamestown
20. Lodi Wine Country
21. Sonora

↑ *Blick über den Sacramento River auf die Hauptstadt von Kalifornien*

1

Sacramento

C3 520 000 5 km nordwestl. 1002 2nd St (+1-916-442-7644) California State Fair (Aug/Sep) visitsacramento.com

Die Hauptstadt Kaliforniens zählt zu den ältesten Städten des Bundesstaats. Historische Bauwerke prägen das Stadtbild, die meisten entstanden in den 1860er und 1870er Jahren. Einige Museen dokumentieren die Stadtgeschichte. Die Lage am Fluss ist für Spaziergänge und Radtouren ideal.

①

California State Railroad Museum

111 I St tägl. 10–17 1. Jan, Thanksgiving, 25. Dez californiarailroad.museum

Die Sammlung illustriert anhand restaurierter Lokomotiven und Waggons die Geschichte der kalifornischen Eisenbahn und wie sie den Alltag veränderte.

Zwischen April und Oktober betreibt das Museum die Sacramento Southern Railroad, dabei nimmt eine alte Lokomotive Passagiere auf eine 45-minütige Rundtour entlang einem Teil der ehemaligen Southern Pacific Railroad mit.

②

The Sacramento History Museum

101 I St tägl. 10–17 1. Jan, Thanksgiving, 24. u. 25. Dez sachistorymuseum.org

Das in einem Backsteingebäude untergebrachte Museum widmet sich der reichen Historie der Stadt. Im Fokus stehen die Themen Bergbau und Goldrausch, indigene Völker und Landwirtschaft.

In den 1860er Jahren ließ die Stadt zum Schutz vor Überschwemmungen das allgemeine Straßenniveau erhöhen. Vom Museum organisierte Führungen durch Old Sacramento Underground zeigen die Reste früherer Straßen.

Schon gewusst?

Sacramento war die Heimat des Postzustelldienstes Pony Express, der bis Missouri führte.

③

Leland Stanford Mansion State Historic Park

800 North St +1-916-324-0575 tägl. 10–17

Das imposante pastellfarbene Herrenhaus ist ein schönes Beispiel viktorianischer Architektur. Das 1856 errichtete Gebäude wurde zweimal vom Eisenbahnbaron Leland Stanford umgestaltet, der von 1862 bis 1863 auch Gouverneur von Kalifornien war.

Das Anwesen ist inzwischen ein Museum, gezeigt werden vergoldete Spiegel, historische Gemälde und altes Mobiliar. Die im Stil des 19. Jahrhunderts gestalteten Gärten locken zu Spaziergängen.

Hotel

Delta King Riverboat
Ein fest vertäuter Schaufelraddampfer (1927) wurde in ein stimmungsvolles Hotel mit Restaurant umgewandelt.

1000 Front St
deltaking.com
$$$

④

Cathedral of the Blessed Sacrament

1019 11th St
tägl. 10–16
cathedralsacramento.org

Die 1889 eingeweihte Kathedrale wurde nach den Vorstellungen von Sacramentos erstem Bischof Patrick Manogue errichtet. Er hatte an einem Pariser Seminar studiert und war von der Église de la Sainte-Trinité beeindruckt. Nach ihrem Vorbild wurde die Fassade der Cathedral of the Blessed Sacrament im Stil der italienischen Renaissance erbaut. Sie ist eine der größten Kirchen westlich des Mississippi. Die bemerkenswerte Uhr wurde dem zentralen Turm 1902 hinzugefügt, die Glocken waren eine weitere spätere Ergänzung.

Den Innenraum im viktorianischen Stil zieren farbintensive Deckenfresken und Buntglasfenster. Ein Bild oben in der 35 Meter hohen Kuppel zeigt eine Taube, die den Heiligen Geist symbolisiert.

⑤

Old Schoolhouse Museum

1200 Front St
+1-916-483-8818
Mo–Sa

Das nur einen einzigen Raum umfassende Gebäude ist die Nachbildung eines typischen kalifornischen Schulhauses aus dem 19. Jahrhundert, das Originalmobiliar ist noch weitgehend erhalten. In historischen Kostümen gekleidete Führer bieten Einblicke in den Schulalltag jener Zeit. Jüngere Besucher können an lustigen Rollenspielen teilnehmen.

↑ *Old Schoolhouse Museum in einer Schule aus dem 19. Jahrhundert*

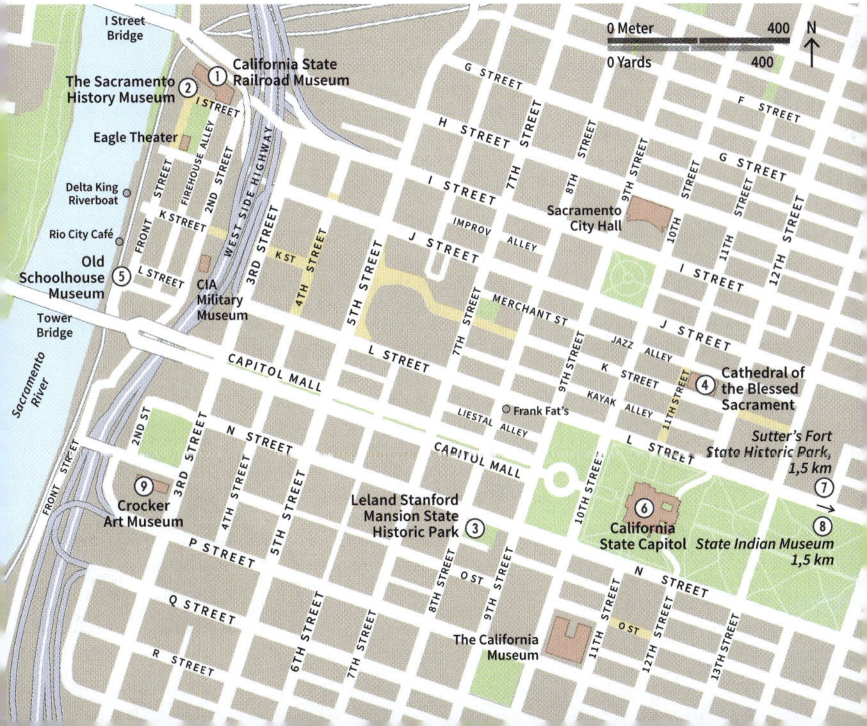

Illustration des California State Capitol

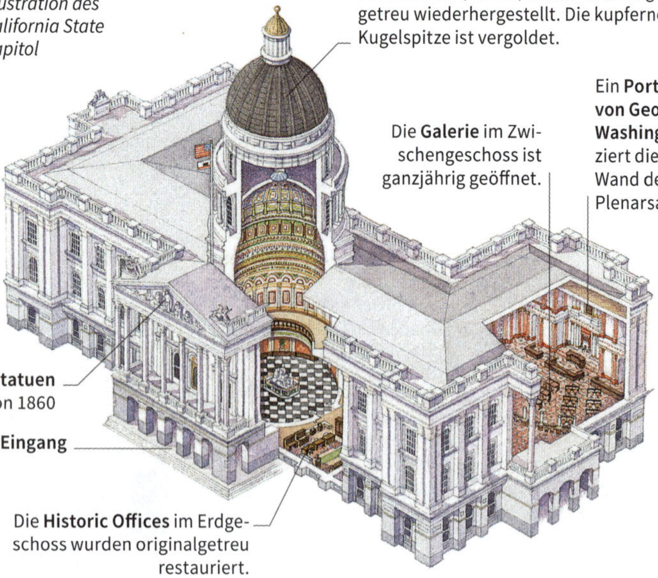

6

California State Capitol

10th St u. L St, Capitol Mall, Capitol Park Mo–Fr 8–17, Sa, So 9–17 1. Jan, Thanksgiving, 25. Dez capitolmuseum.ca.gov

Inmitten einer Parklandschaft erhebt sich das California State Capitol, das Wahrzeichen Sacramentos. Reuben Clark und Miner F. Butler entwarfen den klassizistischen Kuppelbau mit korinthischen Säulengängen im Jahr 1860. Nach 14 Jahren Bauzeit war er 1874 fertiggestellt.

In den 1920er und 1950er Jahren wurde das Gebäude erweitert. Als Relikt der glanzvollen Epoche des Sonnenstaats ist es bis heute Regierungssitz des kalifornischen Gouverneurs. Neben den Plenarsälen, die Besuchern auch während der Debatten zugänglich sind, beherbergt das California State Capitol ein Museum zur Geschichte und Kultur des Landes.

7

Sutter's Fort State Historic Park

2701 L St tägl. 10–17 1. Jan, Thanksgiving, 25. Dez suttersfort.org

Inmitten von Vorortstraßen liegt Sutter's Fort, einst die berühmteste Stätte der frühen Geschichte Kaliforniens.

Die 1839 von John Sutter gegründete Siedlung war in den Jahren vor dem Goldrausch das kulturelle und wirtschaftliche Zentrum Nordkaliforniens. Mit Ausnahme der 21 spanischen Missionen war Sutter's Fort die einzige angloeuropäische Siedlung Kaliforniens. In den 1840er Jahren war sie Zwischenstopp auf dem mühseligen Weg der Neuankömmlinge aus dem Osten. Diese nahmen hier die Dienste des Hufschmieds, des Müllers und anderer Handwerker in Anspruch.

John Sutter

Die Geschichte von John Sutter ist beispielhaft für das abenteuerliche Leben eines Glücksritters. Nach Bankrott in der Heimat wanderte der Schweizer 1839 nach Kalifornien aus. Nach seiner Einbürgerung gründete er die Kolonie New Hevetia. Innerhalb weniger Jahre brachte John Sutter fast ganz Nordkalifornien in seinen Besitz. Die Entdeckung einer Goldader beim Bau eines Sägewerks 1848 läutete das Ende seines Imperiums ein. Ein ständig wachsender Strom von Goldgräbern ergoss sich über sein Land. Sutter starb 1880 als armer Mann.

Highlight

Das 1873 gegründete Crocker Art Museum ist das älteste Kunstmuseum westlich des Mississippi.

Das dreistöckige Hauptgebäude ist noch authentisch, alles andere wurde zur Dokumentation des Pionieralltags originalgetreu rekonstruiert. Hinter der 5,5 Meter hohen Hofmauer beginnt der Rundgang (Audio-Führung) zum Gefängnis, zur Bäckerei und zur Schmiede. Übrigens weht an dem Gebäude die mexikanische Fahne, eine Seltenheit in Kalifornien.

8

State Indian Museum

2618 K St tägl. 10–17 1. Jan, Thanksgiving, 25. Dez parks.ca.gov

Dieses Gebiet war einst von den Maidu besiedelt. Das faszinierende Museum liegt in einem Park neben Sutter's Fort und vermittelt die Kultur der amerikanischen Ureinwohner, die einst in Kalifornien lebten. Glanzstücke der kunsthandwerklichen Sammlung sind schöne Weidenkörbe, die praktischen und spirituellen Zwecken dienten. Dioramen vermitteln lebendige Eindrücke vom Alltag in einer Siedlung der Ureinwohner. Dias, Videos und Filme dokumentieren weitere Aspekte, die von der Sprache bis zu den verschiedenen Ackerbaumethoden reichen.

Am Wochenende finden spezielle Veranstaltungen statt, in denen das Überleben der alten indigenen Kulturen im Mittelpunkt steht.

9

Crocker Art Museum

216 O St Di–So 10–17 1. Jan, Thanksgiving, 25. Dez crockerart.org

Das 1873 gegründete Museum ist das älteste Kunstmuseum westlich des Mississippi. Es zeigt viktorianische Gemälde und Plastiken aus Europa, Asien und den USA, vor allem aber kalifornische Kunst und Fotografie. Sonderausstellungen sind ebenfalls zu sehen.

Sehenswert ist auch das italienisch inspirierte viktorianische Bauwerk. Der Entwurf stammt von Seth Babson. Mehrfarbige Bodenfliesen und Schnitzereien zieren das Gebäude, das 1869 für den Bruder des Eisenbahnbarons Charles Crocker, einen der »Big Four«, errichtet wurde. Eine Erweiterung erfolgte 2010 mit dem Teel Family Pavilion. An Feiertagen ist der Eintritt ins Museum frei.

Restaurants

Rio City Café

Das Restaurant mit Blick auf den Fluss bietet einen Querschnitt kalifornischer Küche.

1110 Front St
riocitycafe.com

$$$

Frank Fat's

Dieses Restaurant in Familienbesitz besteht seit 1939 und serviert hervorragende chinesische Speisen.

806 L St
frankfats.com

$$$

↑ *Saal im Crocker Art Museum, einem höchst renommierten Kunsttempel*

↑ *Gemütliches Straßencafé in Nevada City, einer alten Goldgräberstadt*

SEHENSWÜRDIGKEITEN

2

Nevada City

C3 3000
132 Main St
nevadacitychamber.com

Viktorianische Häuser und Geschäftsbauten säumen die steilen Straßen – das malerische Nevada City wird seinem Ruf als »Königin der nördlichen Minen« gerecht. Die Stadt am nördlichen Ende der Goldfelder hatte ihre Blütezeit in den 1860er Jahren, geriet in der Folgezeit in Vergessenheit und erlebte ein Jahrhundert später ihr Comeback mit zahlreichen Galerien, Restaurants und Bars, die mit ihrem Goldgräberflair die Besucher noch heute in Scharen anlocken.

Der Highway 49 bringt Besucher direkt zum Beginn der Broad Street von Nevada City. Von hier aus erkennt man zur Linken das National Hotel, eines der ältesten Hotels Kaliforniens, das Mitte der 1850er Jahre eröffnet wurde.

Einen Block weiter östlich vom Hotel steht das **Firehouse Number 1 Museum** mit der meistfotografierten Fassade der Region. Zierliche Balkone und eine weiße Kuppel zieren das Äußere. Das kleine Museum zeigt Exponate der Maidu, einer lokalen indigenen Ethnie, Relikte aus der Pionierzeit und von der tragischen Donner Party *(siehe S. 495)* sowie den Altar eines chinesischen Tempels. Uralte Gerätschaften sind im Park gegenüber zu sehen. Tafeln an den Hauswänden dokumentieren die Geschichte der Stadt.

In der Broad Street befindet sich das **Nevada Theatre**, das seit 1865 als Bühne fungiert. Ein Block weiter südlich liegt die Miner's Foundry, eine Gießerei, in der das innovative Pelton-Rad entwickelt wurde. Einen Block weiter in Richtung Norden gelangt man zur Art-déco-Fassade des Nevada County Courthouse, eines der wenigen Bauwerke aus dem 20. Jahrhundert.

Firehouse Number 1 Museum
214 Main St Zeiten der Website entnehmen
nevadacountyhistory.org

Nevada Theatre
401 Broad St
nevadatheatre.com

3

Malakoff Diggins Historic Park

C3 von Nevada City
Park: Sonnenauf- bis Sonnenuntergang; Museum: Do 12–16, Fr–So 10–16
Okt–Apr (Gebäude)
sierragoldparks foundation.org

Als gegen Ende der 1850er Jahre die traditionellen Abbauverfahren unergiebig wurden, wechselten die Goldwäscher zunehmend zu hochleistungsfähigen, umweltzerstörerischen Techniken, um das kostbare Metall zu gewinnen. War die obere Erdschicht einmal abgetragen, wurde das Erdreich mit Wasserwerfern ins Tal gespült. Bei einem stündlichen Wasserdurchfluss von über 115 000 Litern im Hochdruck-Hydraulik-Verfahren wurden ganze Gebirgshänge abgetragen. Erst 1884 wurde das Abladen von Geröll in den Flüssen gesetzlich untersagt. Doch weite Teile der Umwelt waren schon zerstört. Die Flüsse waren streckenweise mit Abraumschutt verstopft.

Die größte Hydraulik-Anlage lag seinerzeit in Malakoff Diggins, 45 Kilometer nordöstlich des Highway 49, oberhalb von Nevada City. Die Hangerosion schuf eine Schlucht – heute ein Historic Park mit Gebäuden der Bergarbeiterstadt North Bloomfield aus den 1870er Jahren.

4

Empire Mine State Historic Park

C3 10791 Empire St, Grass Valley von Nevada City tägl. 10–17 (Winter: 10–16) 1. Jan, Thanksgiving, 25. Dez parks.ca.gov

Die berühmte Empire Mine war bis zum Jahr 1956 in Betrieb und steht seither unter Denkmalschutz. Die Mine begann in den 1850er Jahren mit dem oberirdischen Abbau und setzte die Schürfarbeit in der Tiefe über ein Schachtsystem von ungefähr 600 Kilometern Länge fort. Die Goldausbeute belief sich auf insgesamt rund 164 Tonnen.

Alte Fördertürme und andere Grubengeräte sind über das 318 Hektar große Gelände verstreut. Ein Besuch im Empire Cottage vermittelt einen Eindruck davon, welch immense Schätze hier zutage gefördert wurden und unter welchen Bedingungen die Bergarbeiter tätig waren.

Der Architekt Willis Polk aus San Francisco entwarf 1897 für den Minenbesitzer William Bourn das Gebäude aus Granit und Backstein im Stil einer englischen Villa. Das Interieur ist aus Redwood-Holz. Der Garten unmittelbar neben dem Cottage beherbergt ungefähr 1000 Rosenbüsche und ein Gewächshaus.

Weitere Exponate zur Historie der Empire Mine und der Goldgewinnung sind, neben Fundstücken des kostbaren Metalls, im Besucherzentrum ausgestellt.

Restaurants

Friar Tuck's

Fondue- und Pastagerichte sind Spezialitäten des Lokals; jeden Abend Live-Musik.

C3 111 N Pine St, Nevada City friartucks.com

$$$

Three Forks

Genießen Sie Sandwiches und Holzofenpizza mit hier gebrautem Craft Ale.

C3 211 Commercial St, Nevada City threeforksnc.com

$$$

Kaido

Erstklassiges Sushi, Sashimi und Tempura sind Favoriten in dem eleganten Restaurant.

C3 207 W Main St, Grass Valley kaidosushi.com

$$$

← *Bergbau-Equipment auf dem Gelände des Empire Mine State Historic Park*

5

Marshall Gold Discovery State Historic Park

C3 310 Back St, Coloma von Placerville tägl. 8–18 1. Jan, Thanksgiving, 25. Dez parks.ca.gov

Der Staatspark umfasst eine Fläche von gut 100 Hektar entlang dem American River. In dieser Gegend entdeckte James Marshall im Januar 1848 das erste Gold in der Grube des Sägewerks, das er mit seinen Arbeitern für John Sutter bauen sollte *(siehe S. 466)*.

Innerhalb von nur einem Jahr hatten rund 10000 Goldgräber Coloma in eine florierende Stadt verwandelt. Doch wurden anderswo noch weitaus größere Vorkommen entdeckt. Der Boom war aber so schnell vorbei, wie er begonnen hatte. Heute gibt es kaum noch Spuren jener Zeit.

Über der historischen Stätte wurde die Mühle in Originalgröße nachgebaut, eine Statue markiert das Grab von James Marshall. Das Besucherzentrum beherbergt das **Gold Discovery Museum** mit einer sehr eindrucksvollen Sammlung von indigenem Kunsthandwerk, Filmen und einer interessanten Auswahl von Exponaten aus dem Bergbau (u. a. Schürfgeräte). Außerdem gibt es Erinnerungsstücke an James Marshall.

Statue von James Marshall im Marshall Gold Discovery State Historic Park

Schon gewusst?

James Marshall starb mittellos, weil die Goldmine, an der er beteiligt war, keinen Ertrag brachte.

Gold Discovery Museum
310 Back St, Coloma März–Okt: tägl. 10–17; Nov–Feb: tägl. 9–16 Thanksgiving, 25. Dez parks.ca.gov

6

Folsom

C3 72 000 200 Wool St folsom.ca.us

Folsom ist ein hübscher Vorort von Sacramento. Dort befindet sich das Staatsgefängnis, das Johnny Cash in den 1970er Jahren in seinem »Folsom Prison Blues« besang.

Folsom war die Endstation des Pony Express und der transkontinentalen Eisenbahn und verfügt noch über einen der wenigen alten Bahnhöfe an der Strecke, was das **Folsom History Museum** dokumentiert. Einige Antiquitätenläden säumen die sehenswerte Sutter Street im Wildwest-Look, die von Güterwagen und alten Gerätschaften eingerahmt ist.

Im See unterhalb der Riley Street hinter dem Folsom Dam kann man im Sommer Boot fahren und angeln. Ein weiterer See, der Folsom Lake, ist über den Johnny Cash Trail zu erreichen, einen Fahrrad- und Fußgängerweg, der durch das historische Viertel führt.

Alte Gebäude in Placerville, einem früheren Versorgungszentrum für die Bergleute

Folsom History Museum
823 Sutter St Di–So 11–16 Feiertage folsomhistoricalsociety.org

7

Grass Valley

C3 13 000 128 E Main St grassvalleychamber.com

Grass Valley war einst die größte Goldgräberstadt im Norden von Gold Country nahe der Empire Mine und anderen Goldlagerstätten.

In den 1870er und 1880er Jahren nahm Grass Valley den Zustrom englischer Arbeiter aus Zinnminen von Cornwall auf. Das Know-how der »Cousin Jacks« ermöglichte den unterirdischen Abbau von Gold, als andere Minen in der Umgebung den Betrieb eingestellt hatten.

Grass Valley besitzt eines der sehenswertesten Bergbaumuseen von Kalifornien, das **North Star Mine Power-**

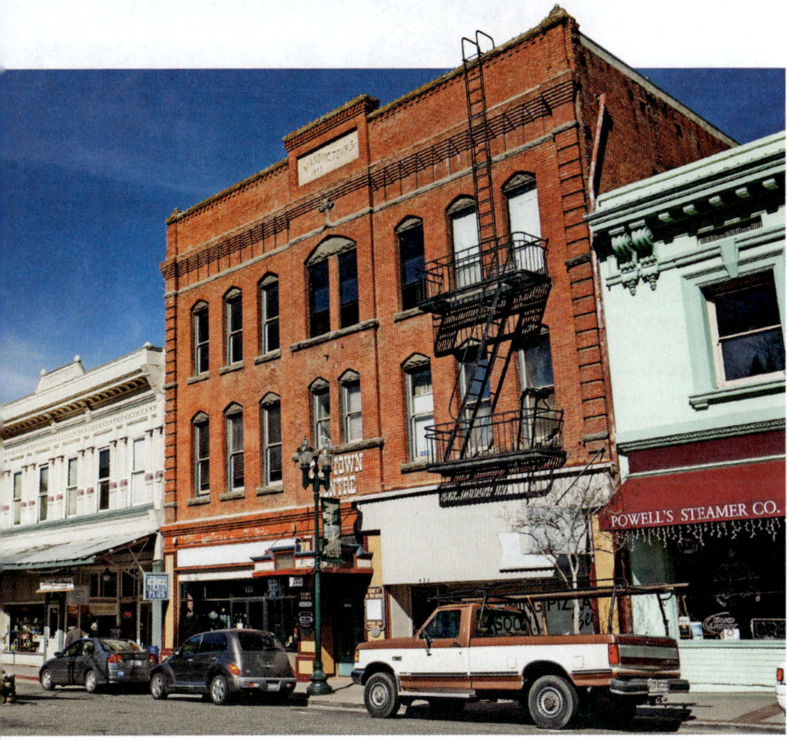

house and Pelton Wheel Museum im Kraftwerk der ehemaligen North Star Mine. Den Eingang umgeben die Pelton-Räder, durch die der Untertagebau immens gesteigert werden konnte. Die Sammlung enthält u. a. ein Pochwerk zum Zerkleinern von Erz, eine Pumpe zum Abpumpen des Grundwassers und andere Exponate, die aus der Heimat der englischen Arbeiter stammen.

North Star Mining Museum and Pelton Wheel Exhibit
Mill St at Allison Ranch Rd Mai–Okt: Mi–So 12–16 nevadacountyhistory.org

8

Placerville

C3 10 000 542 Main St visit-eldorado.com/placerville

Während des Goldrauschs war Placerville ein geschäftiges Versorgungszentrum für die umliegenden Camps. Da es an einer der Hauptstraßen nach Sacramento liegt, ist Placerville nach wie vor ein wichtiger Knotenpunkt, auch wenn heute statt der Postkutschen viele Autos und Lastwagen über den Highway rasen.

Im Zentrum sind noch einige historische Gebäude erhalten. Den besten Einblick in die Vergangenheit Placervilles erhält man im Placerville History Museum in der Main Street und im **El Dorado County Historical Museum**. Die zahlreichen Exponate umfassen u. a. Goldgräberausrüstungen, Exponate zu den chinesischen Einwanderern und die Nachbildung eines Ladens aus dem 19. Jahrhundert.

Ein wenig außerhalb der Stadt liegt der **Gold Bug Park**. Diese ehemalige Goldmine kann man ebenso wie das angegliederte Museum besichtigen, Kinder können nach Edelsteinen suchen.

El Dorado County Historical Museum
104 Placerville Dr
Mi–Sa 10–16, So 12–16
Feiertage
museum.edcgov.us

Gold Bug Park
2635 Goldbug Lane
tägl. 10–17
goldbugpark.org

Hotel

Cary House Hotel
Das stimmungsvolle Boutique-Hotel im Zentrum von Placerville ist voll von eleganten Möbeln aus der Mitte des 19. Jahrhunderts.

C3 300 Main St, Placerville
caryhousehotel.com

$$$

Restaurants

The Sutter Restaurant
Das elegante Restaurant des Victorian Hotel Sutter bietet hochwertige kalifornische Küche und eine verlockende Weinkarte.
C3 53 Main St, Sutter Creek
hotelsutter.com
$$$

Taste
Auf der Speisekarte stehen innovative Gerichte wie Alaska-Heilbutt mit Quinoa.
C3 9402 Main St, Plymouth
restauranttaste.com
$$$

Mel & Faye's Diner
Das klassische Diner am Straßenrand ist ideal, um sich mit reichhaltigem Frühstück, Sandwiches oder einem saftigen Steak zu stärken.
C3 31 Hwy 88, Jackson meland fayes.homestead.com
$$$

Union Inn & Pub
Das Pub in einem ehemaligen Saloon serviert gute Hausmannskost.
C3 21375 Consolation St, Volcano
volcanounion.com
$$$

Grounds
Klassisches amerikanisches Frühstück, Mittag- und Abendessen.
C3 402 Main St, Murphys grounds restaurant.com
$$$

»Mörserlöcher« im Indian Grinding Rock State Historic Park

9

Indian Grinding Rock State Historic Park

C3 14881 Pine Grove, Volcano Rd, Pine Grove von Sacramento von Sacramento oder Jackson Park: Sonnenauf- bis Sonnenuntergang; Museum: tägl. 10–16 parks.ca.gov

In den Eichenwäldern der Hügel über Jackson erstreckt sich der 55 Hektar große Park zur Dokumentation der Kultur der Ureinwohner, einer der umfassendsten Kaliforniens. Dies war früher Siedlungsgebiet der Miwok. Das Museum setzt den Fokus auf die indigenen Völker, die an den Ausläufern der Berge lebten. Die Sammlung präsentiert u. a. Korbwaren, Utensilien für Tänze sowie altes Werkzeug.

Die Hauptattraktion des Parks bilden die markanten steinernen »Mörserlöcher«, die von den Miwok zu Hunderten in den Kalkstein gebohrt wurden und in denen Eicheln zu Mehl zerrieben wurden. Zu sehen sind darüber hinaus Felszeichnungen, Nachbauten der Miwok-Unterkünfte und ein zeremonielles Rundhaus.

10

Volcano

C3 150 71A Main St, Sutter Creek amadorcounty chamber.com

Wer noch das Flair aus den großen Tagen des Goldrauschs erleben möchte, kann dies in Volcano tun, einem malerischen Goldgräberort mit zahlreichen historischen Sehenswürdigkeiten.

Während des Goldrauschs war der Ort so etwas wie ein Kulturzentrum. Hier gab es die erste öffentliche Bibliothek und das erste Observatorium. Das alte Gefängnis, die Postkutschenstation, die Brauerei und eine Kanone aus dem Bürgerkrieg zählen

Holzhäuser aus dem 19. Jahrhundert säumen die Main Street in Sutter Creek

zu den Attraktionen des »Vier-Block-Orts«. Attraktivstes viktorianisches Gebäude ist das historische St. George Hotel.

Im Frühjahr sollte man dem Schild nach Daffodil Hill folgen. Etwa fünf Kilometer nördlich von Volcano entfaltet sich die gelbe Farbenpracht von rund 300 000 wilden Narzissen, die an den Hängen wachsen.

11

Jackson

C3 5000 115 Main St amadorcountychamber.com

Am Kreuzungspunkt zweier Routen aus der Zeit des Goldrauschs liegt Jackson, einst eine florierende Goldgräberstadt, die sich ab 1850 zu einem Zentrum der Holzindustrie entwickelte.

In der Ortsmitte stehen einige Gebäude aus der Blütezeit von Jackson. Sehenswert ist auch das auf einem Hügel über der Stadt thronende **Amador County Museum**, in dem man ein Pochwerk und andere alte Minengerätschaften besichtigen kann.

Nördlich der Stadt befindet sich in einem Park am High-way 49 die Kennedy Mine, die zu den tiefsten Gruben der USA zählt. Die gigantischen, 18 Meter hohen Abraumräder dienten der Beseitigung der ausgewaschenen Felsbrocken. Im Park steht auch die St. Sava's Serbian Orthodox Church mit weißer Turmspitze. Sie wurde 1894 errichtet und ist Vermächtnis einer der Ethnien, die im Gold Country architektonische Spuren hinterließen.

Amador County Museum
225 Church St Fr–So 11–15 Feiertage amadorgov.org

12

Sutter Creek

C3 2000 71-A Main St suttercreek.org

Der nach John Sutter *(siehe S. 466)* benannte Ort, eines der nettesten Goldgräberstädtchen, besitzt noch viele alte Läden und einige weiß getünchte Gasthäuser. Um 1860 entwickelte sich der Ort um die Old Eureka Mine, die Hetty Green, der »reichsten Frau der Welt«, gehörte.

Hier begann die Karriere von Leland Stanford, der zu den »Big Four« im Eisenbahngeschäft gehörte. Die Beteiligung mit 5000 US-Dollar an der stadteigenen Lincoln Mine brachte ihm viele Millionen ein. Zusammen mit seinen Partnern Charles Crocker, Collis Huntington und Mark Hopkins investierte er das Geld in Eisenbahnen und wurde 1861 Gouverneur der Central Pacific Railroad und später der achte Gouverneur von Kalifornien.

Mitten in Sutter Creek befindet sich **Knight Foundry**. Die Gießerei wurde 1873 gegründet, um Ausrüstung für Goldminen bereitzustellen.

Knight Foundry
81 Eureka St tägl. 10–16 knightfoundry.com

Expertentipp
Scott Harvey Wines Tasting

Weine aus dem Amador County kann man bei Scott Harvey in Sutter Creek probieren. Zu empfehlen ist auch eine Tour durch das Weingut in Shenandoah (www.scottharveywines.com).

13
Angels Camp

C3 3000 753 S Main St gocalaveras.com

Angels Camp, eine einstige Goldgräberstadt, ist als Schauplatz von Mark Twains Kurzgeschichte *Der berühmte Springfrosch von Calaveras* bekannt. Heute ist Angels Camp das Handels- und Versorgungszentrum der Umgebung. Historische Bauwerke wie das Angels Hotel, in dem Mark Twain erstmals von dem Springfrosch hörte, säumen die steilen Straßen des Zentrums, in dem alljährlich im Mai der Springfrosch-Wettbewerb stattfindet.

Zwei gewaltige Lokomotiven aus dem 19. Jahrhundert stehen am Highway 49 vor dem **Angels Camp Museum**, das sich anhand von Gerätschaften der Goldgräber der Geschichte des Bergbaus in der Region widmet. Außerdem sind kunsthandwerkliche Produkte indigener Gruppen und – natürlich – Erinnerungsstücke an Mark Twains springenden Frosch zu sehen.

Angels Camp Museum
753 S Main St
tägl. 10–16
Thanksgiving, 25. Dez
angelscamp.gov

14
San Andreas

C3 1500 753 S Main St, Angels Camp
gocalaveras.com

Das kleine pulsierende San Andreas ist Verwaltungssitz von Calaveras County. Zur Zeit des Goldrauschs war es nur ein einfaches Camp. Ursprünglich hatten sich hier Mexikaner angesiedelt, die jedoch nach der Entdeckung von Goldadern von den Weißen vertrieben wurden. San Andreas war auch der Ort, wo 1883 der legendäre Straßenräuber Black Bart verhaftet wurde.

Von den Tagen des Goldrauschs sind nur wenige historische Gebäude an der Main Street erhalten, u. a. die Odd Fellows Hall (1856) und die Calaveras County Archives (1855), das älteste Gebäude der Stadt.

Das **Calaveras County Historical Museum** im alten Gerichtsgebäude nördlich des Highway 49 gehört zu den interssantesten im Gold Country. Es dokumentiert die Zeit von 1848 bis in die 1930er Jahre sehr anschaulich. Zu sehen sind darüber hinaus Exponate der Miwok sowie der Gerichtssaal, in dem der Räuber Black Bart verurteilt wurde. Seine einstige Gefängniszelle befindet sich hinter dem Museum und ist heute von einem Garten mit heimischen Sträuchern und Bäumen umgeben.

Black Bart

Der Räuber Black Bart machte mit Knittelversen, die er an den Tatorten zurückließ, von sich reden. Von 1877 bis 1883 überfiel er viele Postkutschen. Nach langer Suche wurde er gefasst, nachdem die Spur – ein Wäschezeichen auf einem Taschentuch, das er verloren hatte – nach San Francisco führte: Es war der Bergbauingenieur Charles Boles. Nach Ende seiner fünfjährigen Haftzeit 1888 verschwand er spurlos.

Calaveras County Historical Museum
30 N Main St
tägl. 10–16 1. Jan, Thanksgiving, 25. Dez
calaverascohistorical.com

15
Mokelumne Hill

C3 1200 753 S Main St, Angels Camp
gocalaveras.com

Mokelumne Hill in einer Schleife des Highway 49 zählt zweifellos zu den faszinierendsten Goldgräberstädten des Gold Country. Das kompakte Geschäftsviertel besteht aus einem

←
Ol' Beth, eine Lokomotive aus dem 19. Jahrhundert, vor dem Angels Camp Museum

→
Weinanbau in den Ironstone Vineyards in der Nähe von Murphys

einzigen Häuserblock, hier befinden sich auch das Hotel Leger und die alte Postkutschenstation von Wells Fargo. Doch dieses beschauliche Ambiente von »Moke Hill« kann die üble Vergangenheit des Städtchens nicht überdecken.

In der Hochphase des Goldrauschs drängten sich hier die Gesetzlosen in den Hotels und Saloons. Im Durchschnitt ein Menschenleben pro Woche kosteten die Auseinandersetzungen. Manches Opfer landete direkt auf dem protestantischen Hügelfriedhof westlich des Orts. Hier stehen auch einige Grabsteine mit fremdsprachigen Inschriften – Dokumente einer Zeit, als sich in Mokelumne Hill viele Glücksritter aus aller Herren Länder tummelten.

Grabsteine mit fremdsprachigen Inschriften – Dokumente einer Zeit, als sich in Mokelumne Hill viele Glücksritter aus aller Herren Länder tummelten.

16

Murphys

C3 2000 753 S Main St, Angels Camp gocalaveras.com

Alte Platanen, Ulmen und Robinien (Scheinakazien) säumen die ruhigen Straßen des hübschesten Städtchens im Süden des Gold Country. Hier kann man sich sehr gut vom Besucherrummel der anderen Ziele rund um die Goldminen erholen.

Das renovierte Murphys Hotel (1855) an der Ecke Main und Algiers Street, in dem auch Prominente wie Ulysses S. Grant, Mark Twain und Will Rogers verkehrten, ist das Wahrzeichen des Orts. Gegenüber präsentiert das **Old-Timers' Museum** bizarre Erinnerungsstücke an die Goldgräberzeit. Tafeln und Anekdoten zur spannenden Stadtgeschichte zieren die Außenwände.

Nach einer kurzen Autofahrt nördlich von Murphys erreicht man die **Mercer Caverns** mit ihren faszinierenden Felsformationen aus Stalagmiten, Stalaktiten und anderen bemerkenswerten Formen.

Old-Timers' Museum
470 Main St Fr–So 12–16 1. Jan, Thanksgiving, 25. Dez murphysoldtimers museum.com

Mercer Caverns
1665 Sheep Ranch Rd tägl. 9–17 (Winter: tägl. 10–16:30) Thanksgiving, 25. Dez mercercaverns.net

TOP 3

Murphys Weintouren

Ironstone Vineyards
C3 1894 Six Mile Rd ironstone vineyards.com
Weintour durch ein sehr malerisches Weingut.

Aloria Vineyards
C3 448 Main St aloriavineyards.com
Bekannt für edle Tropfen höchster Qualität.

Hovey Winery
C3 350 Main St hoveywine.com
Tour und Weinprobe mit 13 Weinen.

17

Moaning Caverns

C3 5350 Moaning Cave Rd, Vallecito Zeiten der Website entnehmen
moaningcaverns.com

Die Moaning Cavern verdankt ihren Namen dem Ächzen und Stöhnen des Winds, das aus der Höhle drang. Durch die Erweiterung des Höhleneingangs wurde das Phänomen zerstört. Im Mittelpunkt der einstündigen Führung steht der ungefähr 50 Meter hohe »Hauptsaal«. Zwei Touren werden angeboten.

18

Columbia State Historic Park

C3 Hwy 49
22708 Broadway St
parks.ca.gov

Auf dem Höhepunkt des Goldrauschs war Columbia eine der größten und bedeutendsten Städte des Gold Country. Nachdem das Gold Ende der 1850er Jahre erschöpft war, wurden die meisten Camps rasch aufgelöst. Seltsamerweise blieb Columbia bewohnt und wurde von den Zurückgebliebenen liebevoll intakt gehalten. 1945 erklärte die Regierung von Kalifornien die gesamte Stadt zum historischen Monument. Einige Bauwerke wurden rekonstruiert und wirken wie zur Zeit des Goldrauschs.

Der State Historic Park bietet einen guten Einblick in das Leben während einer ereignisreichen Epoche.

19

Jamestown

C4 193 S Washington St, Sonora visit tuolumne.com/jamestown

Bis 1993 befand sich hier die größte Goldmine. 1966 brannte ein Teil der Altstadt ab, doch in der Main Street gibt es noch eine Reihe alter Häuser.

Der **Railtown 1897 State Historic Park** nördlich der Ortsmitte besitzt alte Dampfloks und Waggons der Sierra Railroad. Von April bis Oktober werden am Wochenende Fahrten angeboten.

Railtown 1897 State Historic Park
5th Ave u. Reservoir Rd Apr–Okt: tägl. 9:30–16:30; Nov–März: tägl. 10–15 1. Jan, Thanksgiving, 25. Dez
railtown1897.org

20

Lodi Wine Country

C3 Stockton, 25 km südl. von Lodi
2545 W Turner Rd
lodiwine.com

Wichtigstes Zentrum des Lodi Wine Country ist die Stadt Stockton. Das **Haggin Museum** illustriert die Geschichte der Stadt, einen Schwerpunkt bildet Kunsthandwerk der amerikanischen Ureinwohner.

Das fruchtbare Tal um Lodi nördlich von Stockton zählt mit seinem mediterranen Klima zu den beliebtesten Zielen für Weintouren in Kalifornien. 1850 wurden hier erstmals Reben gepflanzt. Nachdem die Prohibition die

Von Bäumen gesäumte Straße im Columbia State Historic Park; Blick in die Schmiede (Detail)

Blütezeit der Weinindustrie jäh beendet hatte, erfolgte ab den 1940er Jahren ein Boom bei Dessertweinen. Ende der 1960er Jahre verlagerte sich der Schwerpunkt auf Premium-Rebsorten aus Europa, seit 1986 ist Lodi eine Herkunftsbezeichnung edler Tropfen.

Heute werden von mehr als 80 Weingütern Hunderte von Weinen produziert, viele davon im Rahmen nachhaltiger Anbaumethoden.

Haggin Museum
1201 N Pershing Av
Mi–Fr 13:30–17, Sa, So 12–17 1. Jan, 23.–25., 30. u. 31. Dez
hagginmuseum.org

↑ *St. James Episcopal Church aus dem 19. Jahrhundert in Sonora*

22

Sonora

C4 5000 193 S Washington St visit tuolumne.com/sonora

Sonora, bekannt als die »Königin der südlichen Minen«, wurde 1848 von Bergleuten gegründet, die aus dem mexikanischen Bundesstaat Sonora ausgewandert waren. Wie bei vielen anderen Orten in der Gegend war der Goldbergbau der Grund für die frühe Entwicklung der Stadt. Als der Bergbau gegen Ende des 19. Jahrhunderts zurückging, wurde mit Fertigstellung der Sierra Railroad 1899 die Holzindustrie wichtigste Einnahmequelle.

Heute ist Sonora der Sitz des Tuolumne County und ein Handelszentrum, das hauptsächlich vom Tourismus lebt. Viele historische Bauwerke sind erhalten, u. a. die St. James Episcopal Church an der Washington Street. Zudem schmücken viele viktorianische Häuser die Stadt. Sonoras altes Gefängnis wurde 1857 erbaut und 1866 nach einem Brand renoviert. Heute beherbergt es das **Tuolumne County Museum and History Center** mit Exponaten aus der Zeit des Goldrauschs wie Nuggets und alten Fotografien.

Tuolumne County Museum and History Center
158 W Bradford Ave
So–Fr 10–16, Sa 10–15:30
1. Jan, 25. Dez
tchistory.org

Bars

Zane Iron Horse Lounge
Diese gemütliche Bar lockt mit köstlichen Drinks, sehr schönem Ambiente und einer Retro-Jukebox.
C4 97 S Washington St, Sonora
+1-209-532-4482

Sonora Tap Room
Probieren Sie in dieser kleinen Bar einige der 20 Craftbeere vom Fass oder großartige Weine. Abends gibt es regelmäßig Live-Musik.
C4 1 Linoberg St, Sonora
+1-209-288-2423

Spaziergang im Columbia State Historic Park

Länge 1,5 km **Bus** 4 **Dauer** 25 Min.

Die frühere Goldgräberstadt Columbia *(siehe S. 476)* war Mitte des 19. Jahrhunderts auch eine der größten Städte Kaliforniens. Gold von hier wurde zur Finanzierung der US-Regierung und der Unionsarmee während des Bürgerkriegs verwendet. Obwohl die Einwohnerzahl nach dem Niedergang des Bergbaubooms in den 1860er Jahren zurückging, wurde Columbia nie aufgegeben. In den 1920er und 1930er Jahren arbeitete man an der Restaurierung der historischen Gebäude. Heute können Besucher durch ein bewohntes Freilichtmuseum spazieren. Postkutschenfahrten und Touren werden von Guides in historischen Kostümen durchgeführt.

Schon gewusst?

Ab 1850 wurde hier Gold im Wert von rund 150 Millionen Dollar abgebaut.

Straße mit alten Gebäuden im Columbia State Historic Park

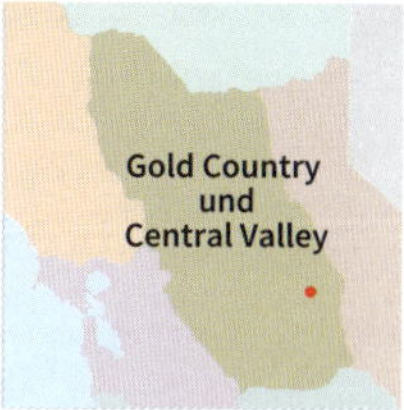

Zur Orientierung
Siehe Übersichtskarte S. 462f

Der letzte Unterricht im **Columbia Schoolhouse** fand 1937 statt. Die Restaurierung erfolgte 1960 mit Spenden, die kalifornische Schulkinder gesammelt hatten.

Altes Gefängnis

Der **Chinese Herb Shop** offeriert traditionelle chinesische Heilmittel, die die chinesischen Einwanderer mitbrachten.

Columbia State Historic Park Museum

Die gut erhaltene Postkutschenstation Wells Fargo Express Office

Skipiste oberhalb des Lake Tahoe (siehe S. 490f)

Hochsierra

Die naturräumlich sehr vielfältige Region war früher Lebensraum der indigenen Völker der Paiute, Mono, Panamint und Miwok. Im bewaldeten Hochgebirge Sierra Nevada ragen einige der imposantesten Berge des nordamerikanischen Festlands auf. Die wilde, in vielen Bereichen noch immer recht ursprüngliche Landschaft zählt mit ihren grandiosen Nationalparks voller Berge, Wälder, Seen und Wasserfälle zu den beliebtesten Outdoor-Destinationen des Bundesstaats.

Ein absolutes Highlight in der Hochsierra ist der Yosemite National Park, eines der spektakulärsten Naturwunder in Kalifornien. Das Schutzgebiet umfasst eine ganze Reihe landschaftlicher Attraktionen und ist dementsprechend gut besucht. Südlich von Yosemite liegen der Sequoia und der Kings Canyon National Park. Beide Schutzgebiete erstrecken sich ebenfalls in größeren Höhenbereichen und umfassen Sequoia-Wälder mit den größten Bäumen der Welt.

Der Lake Tahoe im Norden lockt mit seinem glasklaren Wasser seit mehr als einem Jahrhundert das ganze Jahr über Wanderer, Camper und Wassersportler an. Im Winter verwandelt sich das Gebiet in ein Skiparadies mit vielen Skiorten.

Norden
Seiten 432–445
Paradise
Berry Creek
Loyalton
Downieville
Sierraville
Sparks
Fernley
Oroville
Graniteville
Reno
Silver Springs
Truckee
Washington
6
Donner Memorial State Park
12
Nevada City
Dayton
Olympic Valley
Yuba City
Tahoe City
3
Lake Tahoe
Carson City
Colfax
Tahoma
Foresthill
Rubicon
Yerrington
Minden
Trowbridge
South Lake Tahoe
Auburn
Kyburz
Roseville
Placerville
Woodfords
Wellington
Sacramento
Kit Carson
Gold Country und Central Valley
Seiten 460–479
Sacramento International Airport
Mokelumne
Coleville
Lake Alpine
Cottage Springs
Dardanelle
Jackson
Dorrington
Herald
Bridgeport
San Andreas
Rio Vista
Lodi
Pinecrest
Long Barn
Mono City
Milton
Stockton
Sonora
Lee Vining
Mather
Manteca
Buck Meadows
1
Yosemite National Park
Tracy
Moccasin
Oakdale
Coulterville
Yosemite Village
El Portal
Vernalis
Modesto
Merced Peak 3574 m
Westley
Merced Falls
Midpines
Devils Postpi
Nation
Monume
Turlock
Diablo Range
Fish Camp
Winton
Bass Lake
Merced
Newman
San Joaquin Valley
Nördliches Zentralkalifornien
Seiten 496–519
San Joaquin
North Fork
Big Cree
Los Banos
Santa Rita Park
Auberry
Friant
Miller
Tollhouse
Madera
San Juan Bautista
Firebaugh
Pinedale
Piedra
Mendota
Paicines
Fresno
Kerman
Panoche
Parlier
Auckland
Gonzales
Pinnacles
Dinuba
Idria
Hanford
Visalia
Lemoore
Huron
0 Kilometer 50
0 Meilen 50
N

Hochsierra

Highlights

1. Yosemite National Park
2. Sequoia and Kings Canyon National Parks
3. Lake Tahoe

Sehenswürdigkeiten

4. Mono Lake
5. Devils Postpile National Monument
6. Truckee
7. Bodie State Historic Park
8. Mammoth Lakes
9. White Mountains
10. Owens Valley
11. Mount Whitney
12. Donner Memorial State Park

1

Yosemite National Park

D4 Yosemite Valley PO Box 577, Yosemite (+1-209-372-0200) nach Merced, dann YARTS-Shuttle Richtung Yosemite Valley nps.gov/yose

Hoch aufragende Klippen, spektakuläre Wasserfälle, klare Bergseen und tiefe Schluchten – einige der eindrucksvollsten Landschaften der Welt liegen im Nationalpark Yosemite. Millionen Jahre Gletschertätigkeit haben diese grandiose Gebirgsszenerie unter schneebedeckten Gipfeln geformt.

Die Silhouette des hoch aufragenden Berges Half Dome ist das Symbol von Yosemite. Seine markant abgerundete Südseite fällt senkrecht ab. Dieses Wahrzeichen zählt zu den meistfotografierten Motiven des Nationalparks. Ein sehr schöner, mit Drahtseilen gesicherter Weg führt hinauf zum Gipfel, von wo sich ein traumhafter Panoramablick bietet. Doch Half Dome ist keinesfalls die einzige Attraktion von Yosemite – die nackten Wände des markanten Felsens El Capitan am westlichen Eingang des Tals ziehen Kletterer magisch an. Wer es etwas ruhiger mag, kann das Yosemite Museum oder die Yosemite Chapel besichtigen, die Aussicht vom Glacier Point genießen oder eine einfache Wanderung unternehmen. Jede Jahreszeit hat hier ihren eigenen Reiz. Zahlreiche Straßen, Bustouren, Radwege und Wanderwege verbinden viele der schönsten Aussichtspunkte miteinander.

Hotel

The Ahwahnee
Rustikale Architektur, elegantes Dekor und eine wunderschöne Aussicht sind Markenzeichen dieses Hotel. Das 1920 errichtete Haus setzt Maßstäbe im Bereich Berghotels.

D4 1 Ahwahnee Drive, Yosemite Valley travelyosemite.com

$$$

Aussicht vom Tunnel View Lookout mit El Capitan (links) *und dem Bridalveil Fall* (rechts) ↑

1 *Eine sehr beliebte Halbtageswanderung führt auf dem Mist Trail zum Vernal Fall (97 m) und zum Nevada Fall (180 m).*

2 *In Mariposa Grove, einem Hain am südlichen Ende des Parks, stehen mehr als 500 Sequoias (Riesenmammutbäume), einige von ihnen sind über 3000 Jahre alt und 75 Meter hoch.*

3 *Das großartige Yosemite-Panorama kann man am Glacier Point erleben, der auf 980 Metern Höhe über dem Tal »schwebt«.*

Schon gewusst?

El Capitan (2307 m) ist der größte einzeln stehende Fels der Welt.

ÜBERBLICK: YOSEMITE NATIONAL PARK

Mehr als vier Millionen Menschen besuchen jedes Jahr den gut 3000 Quadratkilometer großen Nationalpark Yosemite, die meisten von ihnen im Sommer. Von den Parkplätzen, an denen viele Wander- und Radwege beginnen, kommen Sie mit den kostenlosen Shuttle-Bussen weiter. Das Netz an Wanderwegen hat eine Gesamtlänge von mehr als 1200 Kilometern, das Angebot reicht von einfachen Spazierwegen bis zu anspruchsvollen Bergrouten für mehrtägige Wanderungen.

Ein idealer, mit dem Auto leicht erreichbarer Ausgangspunkt für Unternehmungen ist das spektakuläre Yosemite Valley. Weitere Gebiete sind durch ein etwa 320 Kilometer langes Straßennetz bestens erschlossen. In den verschneiten Wintermonaten sind allerdings einige Straßen nicht befahrbar. In Yosemite Village gibt es ein Besucherzentrum, ein Museum und viele Restaurants. Dort kann man sich nach einem ereignisreichen Tag sehr gut entspannen.

Lower Yosemite Falls ist mit 740 Metern der höchste Wasserfall in den USA.

Besucherzentrum

Das **Yosemite Museum** erzählt die Geschichte der Miwok and Paiute.

Die winzige **Yosemite Chapel** (1879) ist der einzige Rest des Old Village (19. Jh.)

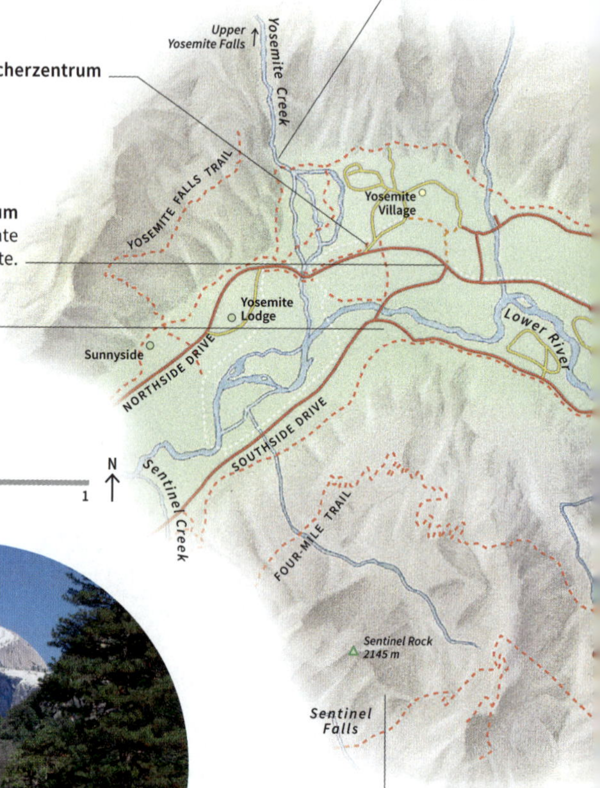

Sentinel Dome erreicht man zu Fuß von Glacier Point aus.

← *Die aus Holz gebaute Yosemite Chapel vor der sensationellen Kulisse des Half Dome*

Mirror Lake – letzter verbliebener Rest eines großen Gletschersees, der einst das Yosemite Valley füllte

Das Hotel **The Ahwahnee** gehört zu den Top-Adressen der USA *(siehe S. 484)*.

Da die Ranger der Natur heute freien Lauf lassen, verlandet der **Mirror Lake** am Fuß des Half Dome allmählich zu einer Wiese.

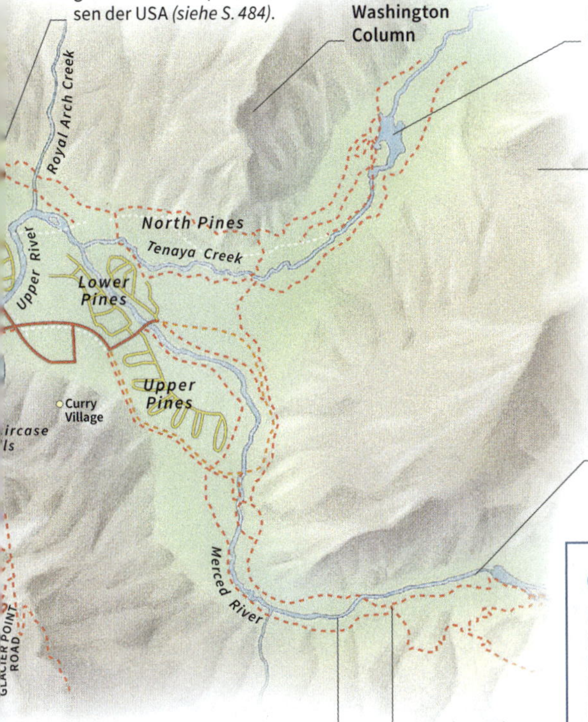

Half Dome erreicht man über einen gut begehbaren Weg.

In den **Vernal Falls** ergießt sich das Wasser des Merced River 97 Meter tief in die Schlucht.

Den **Merced River** erreicht man auf dem Mist Trail und dem Panorama Trail. Angler fischen hier nach Forellen.

Der **John Muir Trail** verläuft durch die Nationalparks Yosemite, Kings Canyon und Sequoia.

Entdeckertipp
Hetch Hetchy
In das etwas versteckt im Nordwesten des Nationalparks gelegene Hetch Hetchy Valley kommen weniger Besucher als in andere Teile. Es lockt zu herrlichen Wanderungen inmitten von Berggipfeln, Wildblumenwiesen und hohen Wasserfällen.

2

Sequoia und Kings Canyon National Park

D4 47050 Generals Highway Three Rivers +1-559-565-3341
nps.gov/seki

Die beiden Zwillingsparks bieten grandiose Landschaften mit üppigen Wäldern, Granitgipfeln und von Gletschern ausgefrästen Canyons. Die Schutzgebiete sind Heimat einer vielfältigen Tierwelt.

Die Nationalparks Sequoia und Kings Canyon schützen rund 40 Bestände von Sequoias, der größten Baumart der Welt. Der südliche Kings River hat über Jahrmillionen den rund 2500 Meter tiefen Kings Canyon geschaffen – Amerikas tiefste Schlucht. Die Ostgrenze des Sequoia Parks markiert der Mount Whitney *(siehe S. 494)*, der höchste Berg der USA außerhalb Alaskas. Unter der Erdoberfläche erstreckt sich ein Netz von unterirdischen Tunneln und Höhlen mit zum Teil bizarren Felsformationen. In den Nationalparks finden Bären, Pumas und andere Wildtiere Lebensraum.

Die Westseite beider Parks ist durch Straßen erschlossen, andere Gebiete sind nur zu Fuß oder mit gemieteten Maultieren zu erreichen. Im Winter kann man Skilanglauf treiben.

Schöne Aussicht
Moro Rock
Eine in den Felsen gehauene Treppe führt zur Spitze dieses markanten Berges. Der Aufstieg über 350 Stufen lohnt sich, der Panoramablick reicht über Hochsierra und Central Valley.

Blick von einer Flanke des Moro Rock über die Hochsierra; Braunbären (Detail) ↑

Highlight

↑ *Im Bann des Giganten: Besucher am General Sherman Tree*

Mineral King

△ Die steile, schmale Mineral King Road schlängelt sich 40 Kilometer hinauf zu diesem Tal. Wandern Sie unter hoch aufragenden, schroffen Gipfeln.

Tunnel Log

▷ Der über 2000 Jahre alte Tunnel Log fiel 1937 auf die Crescent Meadow Road. Kleinere Fahrzeuge können darunter durchfahren.

Giant Forest

Einige schöne Wanderwege verlaufen durch einen der größten Sequoiawälder der Erde. Erfahren Sie im Giant Forest Museum alles über diese Baumgiganten. Zahlreiche Mammutbäume säumen Crescent Meadow, ein Feuchtgebiet voller Wildtiere.

General Sherman Tree

Der 84 Meter hohe und vom Volumen her größte Baum der Welt hat an seiner Basis einen Stammdurchmesser von 11 Metern.

Crystal Cave

Die Kalksteinhöhle ist voll mit Tropfsteinformen wie Stalagmiten und Stalaktiten. Als eine von wenigen Höhlen in den Parks kann sie mit Führung besichtigt werden.

General Grant Tree

Der General Grant Tree im Grant Grove zählt zu den höchsten Bäumen der Welt. Er ist auch als der »Weihnachtsbaum der Nation« bekannt, jedes Jahr findet hier eine Weihnachtsfeier statt.

Cedar Grove

◁ Der Kings Canyon Scenic Byway führt zu diesem weniger besuchten Tal. Folgen Sie den Pfaden zu Roaring River Falls, Mist Falls und Zumwalt Meadow.

Schon gewusst?

Das zerklüftete Ostufer des Sees ist durch einen Felstunnel erschlossen.

3

Lake Tahoe

D3 Ecke I-89 u. US Highway 50 Truckee South Lake Tahoe
+1-800-288-2463 visitinglaketahoe.com

Der von atemberaubenden, schneebedeckten Gipfeln und üppigen Wäldern umrahmte Lake Tahoe ist nicht nur ein wunderschöner See mit kristallklarem Wasser, sondern bietet auch zahlreiche Optionen für Outdoor-Aktivitäten.

↑ *Von den Kabinen der Heavenly Mountain Gondola hat man einen tollen Ausblick*

Der 501 Meter tiefe Lake Tahoe liegt in rund 1900 Metern Höhe in der Sierra Nevada und ist der größte und wohl auch schönste Gebirgssee Nordamerikas. Kurvige Straßen verlaufen entlang dem rund 115 Kilometer langen Ufer, das neben einigen Häfen und Stränden auch in State Parks geschützte Landschaften aufweist. Die Entwicklung zum Erholungsgebiet begann 1915 mit Fertigstellung der ersten Straßenanbindung. In den 1930er Jahren eröffneten die Casinos an der Grenze zu Nevada.

Abgesehen vom Glücksspiel ist die Umgebung mit hervorragenden Wander- und Radwegen ein Paradies für Outdoor-Sportler, auch alle Arten von Wassersport können betrieben werden. Im Winter sind hier die Bedingungen zum Schneeschuhwandern und Langlaufen ideal. Am Nordufer des Sees geht es entspannter zu, hier findet man gute Möglichkeiten zum Angeln und Raften.

↑ *Stille Idylle: Blick von der Emerald Bay am Westufer über den Lake Tahoe*

1 *Der anspruchsvolle Tahoe Rim Trail führt bis etwa 3150 Meter Höhe, er verläuft durch eine wundervolle Bergwildnis.*

2 *Die Berge um den Lake Tahoe – vor allem die auf kalifornischer Seite – sind berühmt für ihre Skigebiete.*

3 *Mit seinem kurzen Sandstrand und der faszinierenden Bergumrahmung eignet sich Baldwin Beach am Südufer sehr gut für einen entspannten Aufenthalt. Kajaks können ausgeliehen werden.*

1

2

3

SEHENSWÜRDIGKEITEN

4 Mono Lake

D4 Merced
Hwy 395 u. 3rd St
monolake.org

Der 180 Quadratkilometer große Salzsee liegt eingebettet zwischen zwei Vulkaninseln. Er gilt als einer der bizarrsten Orte der USA. Der vielleicht älteste See der Welt ohne einen natürlichen Abfluss schrumpfte aufgrund der hochgradigen Verdunstung im Sommer und der Wasserentnahme für Los Angeles auf ein Fünftel seiner ursprünglichen Größe. Die Salzkonzentration ist nun dreimal so hoch wie im Meer. Aus dem See ragen seltsame Kalksteinformen, die ein ungewöhnliches Landschaftsbild kreieren. Auch deshalb steht der See unter Naturschutz.

Infos erhalten Besucher beim **Mono Lake Committee Information Center & Bookstore** und beim **Mono Basin National Forest Scenic Area Visitor Center**.

Mono Lake Committee Information Center & Bookstore
Hwy 395 u. 3rd St, Lee Vining monolake.org/visit/infocenterbookstore

Mono Basin National Forest Scenic Area Visitor Center
1 Visitor Center Dr, Lee Vining fs.usda.gov

5 Devils Postpile National Monument

D4 Shuttlebus vom Mammoth Mountain Inn
Mitte Juni – Okt: tägl.
nps.gov/depo

Westlich der Sierra Nevada Mountains, aber leichter zugänglich über das weiter östlich gelegene Gebiet der Mammoth Lakes, erstreckt sich eine der großartigsten geologischen Formationen Kaliforniens: meist fünf- bis sechseckige Basaltsäulen von über 18 Metern Höhe. Ihre Form erhielten sie durch Aufbrechen erstarrter Lava vor etwa 100 000 Jahren. Im 320 Hektar großen Park wirken sie, von oben gesehen, wie ein Fliesenmosaik. Das Areal ist den überwiegenden Teil des Jahres schneebedeckt und nur im Sommer per Shuttlebus erreichbar.

Die drei Kilometer von Postpile entfernten Rainbow Falls verdanken ihren Namen dem Sonnenlicht, das sich in den Wassertropfen bricht.

6 Truckee

D3 16 000
10065 Donner Pass Rd
truckee.com

Der Name der höchstgelegenen, kältesten kalifornischen Stadt stammt von einem Paiute-Indigenen, der die ersten weißen Ankömmlinge mit dem Wort »Trokay« (Frieden) willkommen hieß.

Schon gewusst?

In den 1860er Jahren nannte Autor Mark Twain den Mono Lake »Totes Meer von Kalifornien«.

→ *Wie aus einer anderen Welt: Bizarre Kalksteinsäulen ragen aus dem Mono Lake*

↑ *Zeichen des Verfalls: Rostendes Auto vor verlassenen Häusern, Bodie State Historic Park*

Truckee liegt an der Interstate 80 neben dem Schienenstrang, der durch die Sierra Nevada Mountains führt. Die Geschichte des Orts begann 1863 als Stopp für die Arbeitertrupps, die an der transkontinentalen Eisenbahn bauten.

Der Wildwest-Charakter und die Spuren der Vergangenheit als Holzfällerstadt haben vor allem an der Commercial Row überdauert. Dort zieht sich eine Reihe alter Backstein- und Holzhäuser die Schienen entlang. Viele davon beherbergen heute Läden, Restaurants und Cafés.

Das 1875 gegründete Gefängnis **Old Truckee Jail** ist nun ein Museum und berichtet vom Leben der Pioniere.

Old Truckee Jail
Jibboom u. Spring St
Zeiten der Website entnehmen Feiertage
truckeehistory.org

7

Bodie State Historic Park

D3 von Bridgeport
März – Okt: tägl. 9 – 18; Nov – Feb: tägl. 9 – 16
Ende des Hwy 270
parks.ca.gov

In den Ausläufern der östlichen Sierra Nevada liegt die Geisterstadt Bodie. In der zweiten Hälfte des 19. Jahrhunderts war sie ein Bergbauort, 1880 hatte sie 8000 Einwohner. Waterman S. Bodey, der hier 1859 das erste Gold entdeckte, gab ihr den Namen. Mitte der 1870er Jahre boomte der Ort, als goldhaltige Erzlagerstätten gefunden wurden, doch bereits im Jahr 1882 waren die Goldvorräte erschöpft. Bodie verfiel innerhalb kurzer Zeit.

Später wüteten Brände, die praktisch die ganze Stadt zerstörten. Nur die Standard Mine blieb weiter in Betrieb, sie wurde erst 1942 wegen des Kriegs geschlossen.

1962 ging die Stadt in den Besitz des Bundesstaats über. 170 Gebäude wurden in einem Zustand des *arrested decay*, des gestoppten Verfalls, erhalten. Das Resultat ist sehenswert: ein stimmungsvoller Ort mit leeren, von unbewohnten Holzhäusern gesäumten Straßen. Die Miners' Union Hall beherbergt ein Besucherzentrum und ein Museum zur Stadtgeschichte.

Hotel

Donner Lake Inn B&B
Diese Lodge im Tahoe National Forest verfügt über charmante Gästezimmer, eine Terrasse, einen Whirlpool und ein Wohnzimmer mit Kamin.
D3 10070 Gregory Pl, Truckee
donnerlakeinn.com
$$$

8
Mammoth Lakes

D4 2510 Main St
visitmammoth.com

Das Gebiet um die Mammoth Lakes ist das ganze Jahr über ein Ausflugsziel. Im Winter strömen Besucher in Scharen in die Resorts rund um Mammoth, Old Mammoth, June Lake und Snowcreek zum Skif ahren und Snowboarden an den Hängen des Mammoth Mountain. Im Frühling und Sommer stehen Wandern, Mountainbiken und Angeln im Vordergrund.

9
White Mountains

E4 798 Main St, Bishop (+1-760-873-2500)

Die bis zu 3660 Meter hohen White Mountains erheben sich an der Ostseite des Owens Valley. Hier gedeiht wenig Vegetation, eine überlebende Art ist die uralte Grannen-Kiefer (Pinus aristata). Diese knorrigen, seltsam wirkenden Bäume, die an den unteren Hängen wachsen, können bis zu 4000 Jahre alt werden. Sehr eindrucksvoll ist auch der Palisade Glacier.

10
Owens Valley

E4 Lone Pine
120 S Main St, Lone Pine
lonepinechamber.org

Das Owens Valley hat mehr mit Nevada als mit Kalifornien gemeinsam. Das einst von Acker- und Weideland bedeckte Areal wurde 1905 von Beauftragten der Stadt Los Angeles heimlich aufgekauft, um die Wasserversorgung von L.A. zu gewährleisten. Bis heute wird Wasser von hier in die Stadt geleitet.

1942 entstand in Manzanar ein Internierungslager für 100 000 Amerikaner japanischer Herkunft, die als Sicherheitsrisiko angesehen und bis Kriegsende dort eingesperrt wurden. Das ehemalige Lager ist erhalten und kann in der **Manzanar National Historic Site** besichtigt werden. Exponate zu diesem Kapitel japanisch-amerikanischer Geschichte und weitere Aspekte des Owens Valley werden im **Eastern California Museum** in Independence beleuchtet.

Manzanar National Historic Site
5001 Hwy 395, Independence tägl. 9–16:30 nps.gov/manz

Eastern California Museum
155 N Grant St, Independence tägl. 10–17 1. Jan, Ostersonntag, Thanksgiving, 25. Dez inyocounty.us

Vor allem im Sommer sieht man am Mount Whitney viele Wanderer ↑

11
Mount Whitney

E4 640 S Main St, Lone Pine fs.usda.gov

Der Mount Whitney bildet eine 4420 Meter hohe Wand oberhalb von Lone Pine. Ein 18 Kilometer langer Weg führt über die Whitney Portal Road auf den Gipfel, der eine tolle Sicht bietet. Für den Aufstieg ist eine Sondergenehmigung nötig.

← *Der für sein klares Wasser bekannte Lake George im Gebiet der Mammoth Lakes*

12 Donner Memorial State Park

A D3 · Truckee
Sonnenauf- bis Sonnenuntergang · parks.ca.gov

Der 140 Hektar große Park südlich der Interstate 80 war während der Besiedelung Nordamerikas Schauplatz einer Tragödie.

Im Winter 1846/47 wurde ein Donner Party genannter Trupp von 89 Pionieren, die von Independence in Missouri auf dem Oregon Trail nach Kalifornien unterwegs waren, vom Schnee überrascht. Auf halbem Wege beschlossen sie, eine Abkürzung zu nehmen. Die strapaziöse Reise verlängerte sich um drei Wochen. Erst im Oktober 1846, nach dem Verlust vieler Tiere und Habseligkeiten, erreichten sie die östlichen Vorberge der Sierra Nevada Mountains.

Nach einer einwöchigen Ruhepause überraschte sie der Winter. Einige Mitglieder der Gruppe begaben sich zu Fuß in die Berge, um in Sutter's Fort *(siehe S. 466f)* Hilfe zu holen. Die anderen verharrten an Ort und Stelle. Sie verzehrten das Fleisch der Toten, um zu überleben. Als Mitte Februar 1847 Rettung eintraf, waren 42 der 89 Pioniere tot.

An dieser Stelle steht nun die Statue einiger Mitglieder der Donner Party auf einem 6,7 Meter hohen Sockel, der die damalige Schneehöhe markiert. Das **Visitor Center** erinnert an ihre Geschichte.

Visitor Center
12593 Donner Pass Rd
+1-530-582-7892
tägl. 10–17

↓ *Statue zum Gedenken an das tragische Schicksal der Donner Party*

Restaurants

Mt. Whitney Restaurant
Das holzgetäfelte Diner serviert eine große Auswahl amerikanischer Klassiker.

A E4 · 227 S Main St, Lone Pine · +1-760-876-5751 · So
$

Still Life Café
Wer französische Gerichte wie Schnecken und Zwiebelsuppe mag, ist hier genau richtig.

A E4 · 135 S Edwards St, Independence · +1-760-878-2555
$$

Erick Schat's Bakkery
Probieren Sie in diesem Café ein baskisches Brot, das als Sheepherder Bread bekannt ist.

A E4 · 763 N Main St, Bishop · schatsbakery.com
$

Mahogany Smoked Meats
Geräuchertes Fleisch wird hier auch zum Belegen von Sandwiches verwendet.

A E4 · 2345 N Sierra Hwy, Bishop · smokedmeats.com
$

Whiskey Creek
Die Speisekarte bietet Calamari mit Kräuterkruste und Nudeln mit geräucherter Ente.

A E4 · 524 N Main St, Bishop · whiskeycrk.com
$$

Blick von der Monterey Peninsula aufs Meer (siehe S. 506f)

Nördliches Zentralkalifornien

Indigene Völker wie die Salinan, Esselen, Awaswas und Yokuts lebten mehr als 6000 Jahre an der Küste und in den Tälern des Hinterlands. Im 17. Jahrhundert kamen Europäer hierher. Mit Gründung ihrer ersten Siedlung am 3. Juni 1770 in Monterey legten sie den Grundstein für das moderne Kalifornien. Monterey war Hauptstadt von Alta California, bis es 1848 in die Vereinigten Staaten eingegliedert wurde. Die gut erhaltene Stadt verströmt ein einzigartiges Ambiente und beherbergt viele, nun restaurierte historische Baudenkmäler.

Hoch über dem Pazifik aufragende, zerklüftete Felsen und dicht bewaldete Küstengebirge prägen diese Region, die den Übergang zwischen dem Süden und dem Norden Kaliforniens bildet. Die bezaubernde Landschaft verwöhnt ihre Besucher mit Sandstränden und urtümlicher Wildnis. In den Tälern liegen einige der größten Agrarflächen der USA.

Das nördliche Zentralkalifornien inspirierte einige der wichtigsten literarischen Werke – von den Gedichten Robinson Jeffers' bis zu den Romanen des Nobelpreisträgers John Steinbeck. Hier wohnten und wirkten renommierte Fotografen, darunter etwa Ansel Adams und Edward Weston.

Nördliches Zentralkalifornien

Highlights

1. Santa Cruz
2. Monterey
3. Big Sur

Sehenswürdigkeiten

4. San Juan Bautista
5. Big Basin Redwoods State Park
6. Año Nuevo State Park
7. Roaring Camp Railroads
8. Hanford
9. Pinnacles National Park
10. Fresno
11. Salinas
12. Colonel Allensworth State Historic Park

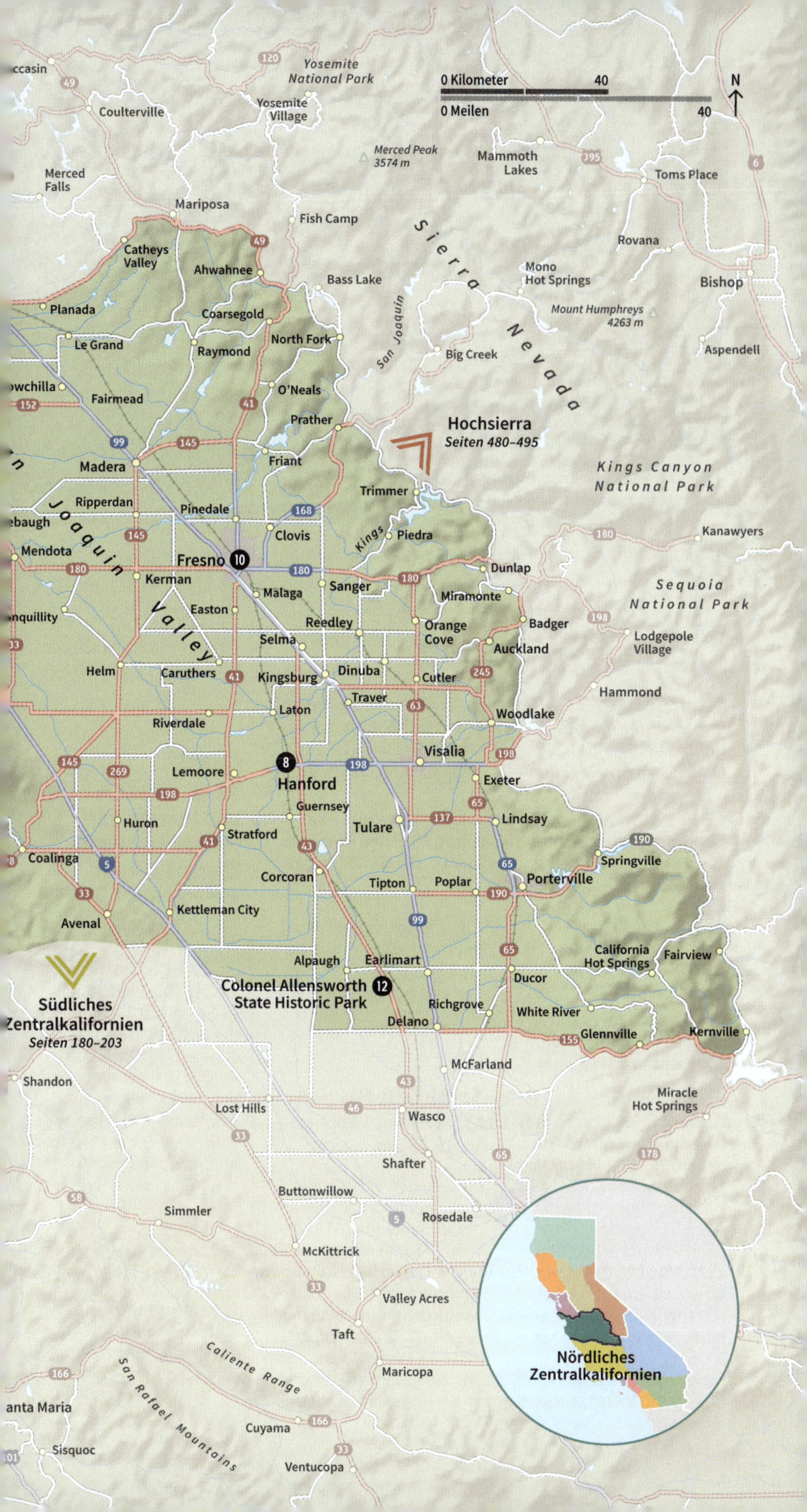

Yosemite National Park
0 Kilometer 40
0 Meilen 40
N
Coulterville
Yosemite Village
Merced Peak 3574 m
Mammoth Lakes
Toms Place
Merced Falls
Mariposa
Fish Camp
Sierra Nevada
Rovana
Catheys Valley
Ahwahnee
Bass Lake
Mono Hot Springs
Bishop
Planada
Coarsegold
San Joaquin
Mount Humphreys 4263 m
Le Grand
Raymond
North Fork
Big Creek
Aspendell
Chowchilla
Fairmead
O'Neals
Prather
Hochsierra
Seiten 480–495
Madera
Friant
Kings Canyon National Park
Ripperdan
Pinedale
Trimmer
San Joaquin Valley
Clovis
Kings
Piedra
Kanawyers
Mendota
Fresno
Kerman
Malaga
Sanger
Dunlap
Miramonte
Sequoia National Park
Tranquillity
Easton
Reedley
Orange Cove
Badger
Lodgepole Village
Selma
Auckland
Helm
Caruthers
Kingsburg
Dinuba
Cutler
Hammond
Traver
Laton
Riverdale
Woodlake
Visalia
Lemoore
Hanford
Exeter
Guernsey
Lindsay
Huron
Tulare
Stratford
Springville
Coalinga
Corcoran
Tipton
Poplar
Porterville
Kettleman City
Avenal
California Hot Springs
Fairview
Alpaugh
Earlimart
Ducor
Colonel Allensworth State Historic Park
Richgrove
White River
Delano
Glennville
Kernville
Südliches Zentralkalifornien
Seiten 180–203
Shandon
McFarland
Lost Hills
Wasco
Miracle Hot Springs
Shafter
Buttonwillow
Simmler
Rosedale
McKittrick
Valley Acres
Taft
Caliente Range
Maricopa
San Rafael Mountains
Santa Maria
Cuyama
Sisquoc
Ventucopa
Nördliches Zentralkalifornien

Blick über den Vergnügungspark Boardwalk mit der Achterbahn Giant Dipper

❶

Santa Cruz

B4 63 000 San Jose International Airport, Monterey Peninsula Airport 920 Pacific Ave 303 Water St, No. 100 (+1-800-833-3494) Santa Cruz Fungus Fair (Jan); Clam Chowder Cook-Off (Feb) santacruz.org

Am Nordende der Monterey Bay thront Santa Cruz, eine kalifornische Kleinstadt mit ländlichem Flair. Die im Osten aufragenden, dicht bewaldeten Santa Cruz Mountains grenzen Santa Cruz vom Silicon Valley ab.

①

Santa Cruz Beach Boardwalk

400 Beach St Zeiten der Website entnehmen beachboardwalk.com

Der letzte Vergnügungspark der Westküste im alten Stil liegt direkt am Strand. Hier haben die Besucher die Wahl zwischen vielen Attraktionen.

Highlight des Parks ist der Giant Dipper, eine Achterbahn von Arthur Looffs von 1924. Mit 88 km/h sausen die Wagen über das 1,6 Kilometer lange Holzgestänge. Die hölzernen Rösser und Kutschen für das Karussell daneben stellte Looffs Vater Charles 1911 her. Die Musik einer rund 100 Jahre alten Orgel begleitet jede Fahrt. Der Park besitzt 27 andere – modernere – Attraktionen und eine Art-déco-Tanzhalle.

②

Santa Cruz Mission

126 High St Do – Mo 10 – 16 parks.ca.gov

Auf einem Hügel über der Stadt gründete Pater Lasuén am 25. September 1791 die Mission Santa Cruz als zwölfte der kalifornischen Franziskaner-Missionen. Der Bau wurde drei Jahre später fertiggestellt. Großen Erfolg hatte die Mission nicht, was an häufigen Erdstößen und an der Abgeschiedenheit gelegen haben mag – von der ursprünglichen Einrichtung blieb nichts übrig. Heute liegt hier ein Park. 1931 entstand eine Nachbildung der Mission mit einem kleinen Museum.

③

Museum of Art and History im McPherson Center

705 Front St Do – So 12 – 18 1. Jan, Thanksgiving, 25. Dez santacruzmah.org

Das 1860 Quadratmeter große Kulturzentrum mit interessanten Sammlungen zu Kunst und Geschichte eröffnete 1993. Die Art Gallery widmet sich vor allem Werken einheimischer Landschaftsmaler. Die History Gallery präsentiert Exponate zur Entwicklung des Santa

Schon gewusst?

Das Museum of Art and History wurde auf dem Gelände eines ehemaligen Gefängnisses errichtet.

Cruz County, von der präkolonialen Zeit über die Missionsära bis heute.

Dort befinden sich auch Ausstellungsstücke zum agrarischen und industriellen Erbe der Region mit Fotos der Farm- und Holzfällerbetriebe an der Wende vom 19. zum 20. Jahrhundert. Die Octagon Gallery, die 1882 zur Unterbringung der County Hall of Records vollendet wurde, ist Bestandteil des Museums.

④

Natural Bridges State Beach

2531 W Cliff Dr tägl. 8 Uhr bis Sonnenuntergang parks.ca.gov

Der Natural Bridges State Beach wurde nach den Bogen, die von der Meeresbrandung gebildet wurden, benannt. Heute steht nur noch einer von einst drei Bogen vor der Sandbucht. Der Park beherbergt auch einen Eukalyptushain. Ein Naturlehrpfad informiert über das Leben der Monarchfalter.

⑤

Santa Cruz Surfing Museum

Lighthouse Point, 701 W Cliff Dr +1-831-420-6289 Fr–So 12–16 Feiertage

Im Leuchtturm gibt es eine Ausstellung über den Surfsport, der aus Hawaii kam und durch die Beach Boys in den 1960er Jahren ein Teil des kalifornischen Lifestyles wurde. Somit gilt Santa Cruz als Wiege des Surfens am Festland der USA.

Highlight

Expertentipp

Abbott Square Market

Ein spannender Ort in der Nähe des Museum of Art and History – der Bereich um die Food Hall bietet Platz für Live-Musik und Theater. Wandmalereien und weitere Kunstwerke zieren das Gelände.

⑥

Mystery Spot

465 Mystery Spot Rd Mo–Fr 10–16, Sa, So 10–17 mysteryspot.com

Drei Kilometer östlich von Santa Cruz lockt ein mysteriöses Redwood-Gehölz seit seiner Entdeckung 1940 die neugierigen Massen an. In diesem werden scheinbar Naturgesetze durch aufwärtsrollende Bälle und konvergierende Parallellinien außer Kraft gesetzt. Touristenfalle oder Wunder – bilden Sie sich selbst ein Urteil!

2

Monterey

B4 30 000 Tyler, Pearl u. Munras St 401 Camino El Estero (+1-888-221-1010) Monterey Blues Festival (Juli); Monterey Jazz Festival (Sep); Laguna Seca Races (Mai – Okt) seemonterey.com

Monterey wurde 1776 Hauptstadt des mexikanischen Alta California, verlor diesen Status aber 1848 an San Francisco. Nach dem Goldrausch entwickelte sich die Stadt zum Fischereihafen, Marktzentrum und Militärstützpunkt. Monterey lockt Besucher mit historischen Stätten, dem jedes Jahr im September stattfindenden Jazz Festival und der spektakulären Küstenlandschaft der Monterey Peninsula.

①

Custom House

20 Custom House Plaza
Di – So 10 – 16
parks.ca.gov

Unter mexikanischer Herrschaft war der Hafen von Monterey ein Wirtschaftszentrum, das Händler aus vielen Teilen der Welt anzog. Die mexikanische Regierung ließ in den 1820er Jahren das Adobe Custom House bauen, um Steuern auf importierte Waren wie Zucker, Kaffee und Reis zu erheben. Bis in die 1840er Jahre wurde es in dieser Funktion genutzt. Es ist das älteste Regierungsgebäude in Kalifornien und an der US-Westküste. Heute ist es ein Museum, das eine wichtige Phase der Historie Montereys beleuchtet.

Vom Kai genießen Sie einen Panoramablick über die Bucht - beobachten Sie Pelikane und Robben, die sich auf den Felsen räkeln.

②

Larkin House

464 Calle Principal
nur nach Vereinbarung
parks.ca.gov

Thomas Larkin, ein Kaufmann aus Neuengland, baute dieses Haus 1832. Die Bauweise mit zwei Stockwerken aus Lehmziegeln und einem hölzernen Portikus wurde repräsentativ für den Monterey-Stil. Das Haus ist immer noch mit Mobiliar des frühen 19. Jahrhunderts ausgestattet.

③

Old Fisherman's Wharf

montereywharf.com

Im früheren Zentrum der Fischerei- und Walfangindustrie locken heute zahlreiche Fischrestaurants und Shops sowie einige Märkte Besucher an. Kosten Sie unbedingt die Muschelsuppe, eine lokale Spezialität. Vom Kai genießen Sie einen Panoramablick über die Bucht – beobachten Sie Pelikane und Robben, die sich auf den Felsen räkeln. Von hier starten Walbeobachtungsfahrten und Trips durch die Monterey Bay sowie Kajak- und Jachtausflüge.

Ein 1847 errichtetes Gasthaus wurde im folgenden Jahr in **California's First Theater** umgewandelt.

Die **Sherman Quarters** waren von 1847 bis 1849 General Shermans Militärstützpunkt.

← *Karte des historischen Zentrums von Monterey*

Die **Royal Presidio Chapel** wurde von 1791 bis 1794 erbaut. Sie ist das älteste Gebäude der Stadt.

Der **Cooper-Molera Complex** umfasst Erinnerungsstücke der Familie, die das Haus von 1832 bis 1900 bewohnte.

④

Old Whaling Station

391 Decatur St
+1-831-375-5356 Di – Fr 10 – 14 (Garten tägl.)

Der 1847 vom schottischen Abenteurer David Wight als Wohnsitz für seine Familie erbaute Lehmziegelbau wurde 1855 zum Hauptstandort der Old Monterey Whaling Company. Der Bürgersteig vor dem Gebäude wurde aus Walknochen hergestellt. Im Inneren sind vielfältige Objekte zur lokalen Walfangindustrie zu sehen. Das Haus gibt Einblick in kalifornische Wohnkultur des 19. Jahrhunderts. Auch die umliegenden Gärten lohnen einen Besuch.

← *Seafood-Restaurants und Shops säumen Old Fisherman's Wharf*

⑤

Presidio of Monterey Museum

76th Artillery St u. Corporal Ewing Rd +1-831-646-3456 Mo 10 – 13, Di – Sa 10 – 16, So 13 – 16

Wegen seiner strategisch wichtigen Lage hat Monterey eine lange Militärgeschichte. Das Museum auf dem Gelände des Presidio (1770) dokumentiert die Geschichte des sich ständig wandelnden Ortes und der von hier aus geführten Militäroperationen. Das Spektrum reicht von den indigenen Völkern über die Zeit spanischer und mexikanischer Herrschaft bis in die Gegenwart.

Ein Wandbild einer amerikanischen Ureinwohnerin empfängt die Besucher am Eingang – eine Hommage an die indigenen Völker, für die dieses Gelände mehr als 6000 Jahre lang Heimat war, lange bevor es zu einer Militärbasis wurde.

↑ *Ausstellungsraum mit vielen Gemälden im Pacific House Museum; Fassade des Gebäudes* (Detail)

⑥

Pacific House Museum

10 Custom House Plaza
Di–So 10–16
parks.ca.gov

Das 1847 erbaute zweistöckige Lehmhaus war früher ein Regierungsgebäude. Heute beherbergt es ein informatives Museum zur Geschichte Kaliforniens. Als ehemalige Hauptstadt von Alta California hat Monterey eine stolze Vergangenheit. Interaktive Ausstellungen geben einen Überblick über wichtige Ereignisse. Im Obergeschoss zeigt das Monterey Museum of the American Indian Töpferwaren und anderes Kunsthandwerk sowie historische Artefakte.

Der Memory Garden umfasst eine schön gepflegte Pflanzensammlung. Der Museumsladen ist eine großartige Quelle für Bücher zur Geschichte der Region.

⑦

Monterey Museum of Art

559 Pacific St **Di–Sa 11–17** **monterey art.org**

Der zentrale Standort des Monterey Museum of Art wurde 1959 gegründet und verfügt über acht Galerien mit einem Schwerpunkt auf amerikanischer sowie früher kalifornischer Malerei (1875–1945), Fotografie und zeitgenössischer Kunst. Unter den rund 14 000 Objekten sind Arbeiten von M. Evelyn McCormick, Armin Hansen, William Frederic Ritschel, Nathan Oliveira und Ansel Adams. Das Museum besitzt auch eine Sammlung asiatischer Kunst, darunter Holzschnitte, Jade- und Lackobjekte sowie Keramik.

La Mirada, eine Außenstelle des Museums, ist in einem mexikanischen Lehmziegelhaus in der Via Marida 720 untergebracht und wird von schönen Gärten umrahmt. Seine vier Galerien werden für Sonderausstellungen genutzt und präsentieren Vorträge und Workshops.

⑧

Robert Louis Stevenson House

530 Houston St
Zeiten tel. erfragen
+1-831-649-7118

Der Schriftsteller Robert Louis Stevenson wohnte in seiner Jugend 1879 für einige Monate in diesem Gebäude, das damals als French Hotel bekannt war. Hier verfasste Stevenson *The Old Pacific Capital*, einen Bericht über seinen Aufenthalt in Monte-

→ *Colton Hall – hier wurde 1849 die Verfassung Kaliforniens unterzeichnet*

Highlight

Schon gewusst?

Im Juni 1967 fand in Monterey ein Festival statt, das als Geburtsstunde der Hippie-Kultur gilt.

rey. Viele glauben, dass ihn die Landschaft der Monterey Peninsula zu seinem Roman *Die Schatzinsel* inspirierte. Inzwischen wurde das Gebäude zum Robert Louis Stevenson House umgestaltet, einem Museum, das anhand zahlreicher Objekte an Leben und Werk des Schriftstellers erinnert.

⑨

MHAA Salvador Dalí Museum

5 Custom House Plaza
tägl. 11–20
mhaadali.com

Im Jahr 2016 bot Dimitri Piterman seine umfangreiche Salvador-Dalí-Sammlung der Monterey History and Art Association (MHAA) an. Es handelt sich um eine der größten Sammlungen von Werken Dalís in den USA, sie umfasst etwa 580 Werke des berühmten surrealistischen Künstlers. Neben vielen Bildern, für die Dalí berühmt ist, präsentiert das Museum auch Radierungen, Wandteppiche und seltene Skulpturen. Andere Exponate stellen lokale Bezüge zu Dalí her, der in den 1940er Jahren in Pebble Beach lebte.

⑩

Colton Hall Museum

570 Pacific St
+1-831-646-3933
tägl. 10–16

Das frühere Schul- und Rathaus beherbergt heute ein Museum mit einer Nachbildung des Versammlungsraums, in dem 1849 die Verfassung des Bundesstaats Kalifornien unterzeichnet wurde. Andere Exponate dokumentieren die Geschichte Montereys. Neben dem Museum befindet sich das Old Monterey Jail (1854).

Lokale

Old Monterey Cafe
Dieses schmale, überaus gemütliche Café im historischen Zentrum von Monterey wird vor allem für sein reichhaltiges Frühstück geschätzt.

489 Alvaro St
+1-831-646-1021
nur früh und abends

Alvarado Street Brewery & Grill
Mehr als 20 Biersorten vom Fass stehen hier zur Auswahl. Das Angebot an Speisen ist üppig, es umfasst Steaks, Burger, Pizzen und vieles mehr.

426 Alvarado St
asb.beer.com

ÜBERBLICK: MONTEREY PENINSULA

⑪

Carmel-by-the-Sea

Carmel Plaza, 2nd floor, Ocean Avee carmel california.com

Die malerische Stadt Carmel hat ein reiches künstlerisches, musikalisches und literarisches Erbe. Highlights unter den Veranstaltungen sind ein Theater-Wettbewerb, Kunstausstellungen und das Bach-Festival.

Expertentipp
Pebble Beach Golf Course

Pebble Beach liegt an einem spektakulären Küstenstreifen nördlich von Carmel-by-the-Sea und ist Standort eines der besten Golfplätze in den USA (www. pebble beach.com).

Sehr malerisch schmiegen sich die Häuser an die Steilküste. Straßenbeleuchtung, Postkästen und Gehwege unterliegen strengen Vorschriften.

⑫

Carmel River State Beach

Carmelo u. Scenic Rd
parks.ca.gov

Der über 100 Hektar große Staatspark umfasst das Mündungsgebiet des Carmel River mit einer Lagune und Feuchtgebieten. Diese Areale sind Rückzugsgebiete für heimische Vögel und Zugvögel. Man darf am Strand angeln. Vom Schwimmen ist wegen der gefährlichen Strömungen abzuraten. Die Einwohner von Carmel kommen gern für ein Picknick an den Strand.

⑬

Cannery Row

800 Cannery Row, Monterey canneryrow.com

Das aus sechs Blocks bestehende Areal wurde von John Steinbeck in seinen sozialkritischen Romanen *Die Straße der Ölsardinen* und *Wonniger Donnerstag (siehe S. 517)* verewigt. Es umfasste einst über 20 Konservenfabriken, in denen die Sardinen aus der Monterey Bay verarbeitet wurden. Die Fabriken boomten ab Anfang der 1920er Jahre. 1945 verschwanden die Sardinen – wohl wegen Überfischung. Die meisten Fabriken wurden aufgegeben, später zerstört oder niedergebrannt. Die noch erhaltenen Gebäude beherbergen nun Läden und Restaurants. Im Haus Nr. 800 war einst das Labor von »Doc« Rickett, einem Meeresbiologen und Trinkbruder von John Steinbeck. Heute residiert hier ein Privatclub.

↑ *Auge in Auge mit der Unterwasserwelt im Monterey Bay Aquarium*

⑭

Monterey Bay Aquarium

886 Cannery Row, Monterey Do – Mo 10 –17 montereybayaquarium.org

Das Aquarium, eines der größten der USA, beherbergt über 500 Arten. Zehntausende von Meeresbewohnern dokumentieren die große Vielfalt des Lebens in den Gewässern der Monterey Bay. Es gibt u. a. Becken mit Kelpwäldern (Seetang), Gezeitenbecken und Quallenbecken. Besucher dürfen Seesterne und Kalifornische Adlerrochen (Stachelrochenart) berühren.

Ein Becken ist mit der Bucht verbunden und lockt Otter an. Im Outer Bay Wing werden Meeresbedingungen simuliert. Hier tummeln sich Gelbflossen-Thunfische, Mondfische, Suppenschildkröten und Barrakudas. Im Research Institute kann man Wissenschaftlern bei der Arbeit zusehen. Die Splash Zone ist ein Ort für Kinder.

⑮

Pacific Grove

584 Central Ave
pacificgrove.org

Der Ort wurde 1889 als religiöse Stätte gegründet, in der Alkohol, Tanz und sogar die Sonntagszeitung verpönt waren. Heute ist er bekannt für die schönen Holzhäuser, die Küstenparks und die Monarchfalter, die zwischen Oktober und April auftauchen. Die alljährliche Ankunft der Schmetterlinge wird jeweils am ersten Samstag im Oktober mit einem Umzug und einem Markt ausgiebig gefeiert.

Point Pinos Lighthouse ist der älteste Leuchtturm an der Westküste Kaliforniens (1852) – und immer noch in Betrieb.

Highlight

17-Mile-Drive

Der 17-Mile-Drive bildet den krönenden Abschluss eines Besuchs der Monterey Peninsula. Die Benutzung der Straße mit dem Auto ist kostenpflichtig. Die gesamte Route bietet fantastische Ausblicke auf Brandung, Küstenflora und den Del-Monte-Wald. Wegen der Naturschönheit haben hier viele Wohlhabende imposante Anwesen errichten lassen. Ganz besonders attraktiv und begehrt sind die Country Clubs und die Weltklasse-Golfplätze der Gegend.

↓ *Einzigartiger Baum im historischen Zentrum von Pacific Grove*

16

Carmel Mission

3080 Rio Rd, Carmel +1-831-624-1271 Mi, Do 10–16, Fr, Sa 10–17, So 12:30–17 Ostern, Thanksgiving, 24.–26. Dez carmelmission.org

Die Carmel Mission, eine der am schönsten restaurierten katholischen Kirchen in Kalifornien, wurde 1770 von Pater Junípero Serra gegründet und von indigenen Arbeitern aus Lehmziegeln erbaut. Der Innenhof und die üppigen Gärten sind Orte zum Verweilen.

Der Adobe-Bau war das Zentrum der 21 nordkalifornischen Missionen. Pater Junípero Serra *(siehe S. 225)*, der diese Missionen errichten ließ, lebte hier bis zu seinem Tod im Jahr 1784 und wurde auch in der Mission bestattet. Nach der Säkularisierung im Jahr 1834 verfiel die Mission allmählich. 1924 begannen Rekonstruktion und Neubepflanzung des Gartens. Die wiederhergestellten Wohnbereiche dokumentieren den Alltag im 18. Jahrhundert. In der Kirche werden noch katholische Gottesdienste abgehalten.

Glockenturm

Der **Sarkophag** zeigt den toten Pater Serra, umringt von Mönchen. Das Werk zählt zu den eindrucksvollsten seiner Art in den USA.

Die rekonstruierte **Küche** besitzt einen mexikanischen Backofen. Ein Teil der ursprünglichen Adobe-Mauer ist noch zu sehen.

Speisesaal

→ *Darstellung der rekonstruierten Carmel Mission*

Die **Zelle** verdeutlicht Pater Serras spartanische Lebensweise. Holzpritsche, Stuhl, Schreibtisch und Kerze bildeten die karge Ausstattung.

Mitten im prächtigen Vorhof erhebt sich **Serras Statue** vor der Missionskirche.

← *Statue von Pater Junípero Serra, dem Gründer der Carmel Mission*

Highlight

Schon gewusst?

Pater Serra gründete die Mission in Monterey und verlegte sie ein Jahr später nach Carmel.

→

Fassade der Carmel Mission; Blick in den Innenraum mit dem üppig geschmückten Hauptaltar (Detail)

3

Big Sur

C5 +1-831-667-2100 Nepenthe Park
bigsurcalifornia.org

Der Schriftsteller Robert Louis Stevenson sprach von der »weltweit großartigsten Begegnung zwischen Land und Meer« – der rund 160 Kilometer lange Küstenabschnitt mit Bergen, Klippen und Felsbuchten raubt einem bis heute den Atem. Die Küste ist in State Parks unterteilt, die mit dichten Wäldern, Flüssen und starker Brandung faszinieren.

①

Andrew Molera State Park

30 km südl. von Carmel, nahe Hwy 1
parks.ca.gov

Der 1972 eröffnete State Park ist noch relativ unerschlossen, bisher gibt es 16 Kilometer Wanderwege durch Wiesen, über Bergrücken und durch Wälder mit Mammutbäumen und Platanen. Beliebt ist der ruhige Sandstrand, ein Höhepunkt sind die Highbridge Falls.

Das **Discovery Center** zeigt Ausstellungen über die Tierwelt der Region. Bemerkenswert ist die Aktion »Bringing the Condors Home«, die den kalifornischen Kondoren gewidmet ist, und den Bemühungen, die Vögel in die Wildnis zurückzubringen. Touren zur Vogelbeobachtung werden angeboten.

Discovery Center
Andrew Molera State Park Sa, So 10–16

②

Sand Dollar Beach

95 km südl. von Carmel, nahe Hwy 1
californiabeaches.com

Der Strand auf halbem Weg zwischen Cambria und Big Sur Station ist einer der wenigen Surfspots an diesem Küstenabschnitt. Der Name des Strands ist irreführend, da es hier keine Sanddollars (eine Art von Wirbellosen, die mit Seeigeln verwandt sind) gibt. Sand Dollar Beach ist breit und flach, deshalb ideal für Familien. Man kann hier nach Jadesteinen suchen, die hier angespült werden. Übernachten kann man auf dem Plaskett Creek Campground.

Die Bixby Creek Bridge überspannt ein Tal an einem Küstenabschnitt von Big Sur

③

Point Lobos State Reserve

5 km südl. von Carmel, nahe Hwy 1 tägl. 8 bis Sonnenuntergang
pointlobos.org

Das nach den vorgelagerten Felsen bei Punta de los Lobos Marinos (»Punkt der Seewölfe«) benannte Gelände umfasst Landvorsprünge, Buchten und Hügelland. Das Meer in diesem Bereich ist besonders artenreich, wes-

halb viele Taucher herkommen. Robben, Seelöwen, Seeotter und wandernde Grauwale (meist von Dezember bis Mai) können beobachtet werden. Das Reserve bietet auch Lebensraum für Seevögel sowie für die Monterey-Zypressen, die sich in der Brise biegen.

↑ *Gruppe von Seelöwen an der Küste von Point Lobos State Reserve*

Wanderwege entlang der Küste führen zu einigen versteckten Buchten. Das Gebiet war Anfang des 20. Jahrhunderts ein Standort der Walfangindustrie. Eine kleine Hütte, die damals von chinesischen Fischern in Whalers Cove gebaut wurde, beherbergt ein kulturhistorisches Museum. Es präsentiert Objekte der Völker, die in der Region lebten und arbeiteten – von indigenen Gruppen über Chinesen bis zu Portugiesen und Amerikanern.

④

Peiffer Beach

50 km südl. von Carmel, nahe Hwy 1
californiabeaches.com

Dieser Strand weist einige besondere Merkmale auf – schroffe, geradezu bizarre Felsnadeln, die aus dem Wasser ragen, und den unverwechselbaren violetten Sand. Die Farbe basiert auf dem natürlichen Abfluss von Mineralien aus den umliegenden Hügeln. Beachten Sie, dass es vom Pfeiffer Big Sur State Park keinen Zugang zum Strand gibt.

Sechs Kilometer auf dem Highway nach Osten erreicht man das beliebte Restaurant Nepenthe *(siehe S. 513)*, ein Farorit in Big Sur. Der Blick von der Terrasse zählt zu den schönsten der ganzen Küste.

Entdeckertipp
Henry Miller Memorial Library

Das Kunstzentrum mit Buchhandlung sechs Kilometer östlich vom Pfeiffer Beach ist Henry Miller (1891–1980), einem Schriftsteller, Künstler und Einwohner von Big Sur, gewidmet. Es beherbergt eine große Anzahl an Büchern, Manuskripten und Briefen des Autors und veranstaltet regelmäßig Konzerte, Vorträge, Signierstunden und weitere Aktionen (www.henrymiller.org).

←
Wanderweg mit Holztreppe durch einen Redwood-Wald, Pfeiffer Big Sur State Park

Big Sur Lodge
47225 Hwy 1
bigsurlodge.com

Pfeiffer Big Sur State Park Campground
Pfeiffer Big Sur Rd, km 47,2 am Hwy 1
reservecalifornia.com

⑤

Pfeiffer Big Sur State Park

Pfeiffer Big Sur Rd, 40 km südl. von Carmel
parks.ca.gov

Dieser malerische Park erstreckt sich entlang dem fruchtbaren Ufer des Big Sur River. Hier erlebt man eine spektakuläre Fülle an Natur, von Mammutbäumen bis zu den ausgedehnten Wiesen. Auf kilometerlangen Wanderwegen können Besucher nach Wildtieren Ausschau halten, darunter Rotluchsen, Schwarzwedelhirschen und Stinktieren.

Der Park eignet sich sehr gut zum Campen, Radfahren, Schwimmen und Angeln. Die **Big Sur Lodge** bietet alles – von einfach eingerichteten Zimmern bis zu voll ausgestatteten Cottages mit Kaminen und möblierten Terrassen. Der stark frequentierte **Pfeiffer Big Sur State Park Campground** ist sehr gut ausgestattet. Dort beginnen mehrere Naturpfade. Der Campingplatz kann auch im Winter Monate im Voraus ausgebucht sein.

Trotz seines Namens hat man von diesem Park keinen Zugang zum Pfeiffer Beach.

⑥

Julia Pfeiffer Burns State Park

Km 35,8 an Hwy 1, 60 km südl. von Carmel, 20 km südl. vom Pfeiffer Big Sur SP am Hwy 1
tägl. 8 bis Sonnenuntergang parks.ca.gov

Dieser Park ist kleiner, aber noch spannender als der Pfeiffer Big Sur State Park. Benannt ist er nach Julia Pfeiffer Burns, die ihr ganzes Leben in Big Sur verbrachte, wo sie Vieh züchtete und Führungen anbot. Der Park erstreckt sich von der Küste bis ins angrenzende Bergland, dort gedeihen Wälder mti Redwood-Beständen und der Chaparral genannten Hartlaubvegetation.

Vom Parkplatz führt der Overlook Trail unter dem Highway 1 durch einen Fußgängertunnel zur 30 Meter hohen Klippe, von der aus die McWay Falls in einer bezaubernden Bucht ins Meer hinabstürzen. Etwas nördlich der McWay Falls führt der Partington Cove Trail durch einen in den Felsen gehauenen Tunnel zu einer einsamen Bucht. Eine andere Route führt zu einem schmalen Strand, der von gewaltigen Felsbrocken begrenzt wird. Von den höher gelegenen Punkten an den Wanderwegen hat man wundervolle Ausblicke.

Schon gewusst?

Schon vor Jahrtausenden nutzten Indigene die Esalen Hot Springs zu Heilzwecken.

⑦ Esalen Hot Springs

65 km südl. von Carmel, nahe Hwy 1
esalen.org

Big Sur verfügt auch über natürliche heiße Quellen. Esalen Hot Springs ist die bekannteste. Das 1962 hier gegründete Esalen Institute war Geburtsort der Human Potential Movement – einer quasi-spirituellen Rebellion gegen jede Form von Mainstream-Psychologie und Religion. In den folgenden Jahren wurde Esalen zu einem gefragten Rückzugsort und Wellnesszentrum. Das Angebot an Aktivitäten und Workshops reicht von Meditation über Yoga und Massagen bis zu Workshops für Theater und kreativem Schreiben.

Esalen bietet seinen Gästen rund um die Uhr Zugang zu den heißen Quellen, zwischen 1 und 3 Uhr nachts sind sie nach vorheriger Reservierung aber auch für die Öffentlichkeit zugänglich. Falls Sie nicht im Resort übernachten, sollten Sie sich also bei Bedarf auf einen langen, aber wohltuenden Abend einstellen. Das Resort verfügt über eine Reihe von (sehr teuren) Unterkünften, selbst die einfachste Option – mit Schlafsack in einem Mehrbettzimmer – kostet mehrere Hundert Dollar. Die Preise beinhalten Essen, Workshops und Zugang zu allen Einrichtungen (einschließlich Whirlpools im Innen- und Außenbereich).

↑ *Die McWay Falls stürzen von einer Klippe ins Meer, Julia Pfeiffer Burns State Park*

Highlight

Lokale

Deetjen's Big Sur Inn
Das in einer Art Hütte untergebrachte Restaurant gilt als kulinarische Institution.
48865 Hwy 1
deetjens.com
$$$

Nepenthe / Café Kevah
Das Nepenthe serviert herzhafte, moderne amerikanische Küche, das Café Kevah Snacks wie etwa Sandwiches.
48510 Hwy 1
nepenthe.com
$$$

Fernwood Resort Bar & Grill
Viele Gäste schätzen das gediegene Ambiente und die bodenständigen Gerichte.
47200 Hwy 1
fernwoodbigsur.com
$$$

Big Sur Bakery & Restaurant
Für köstliches Gebäck und Pizza aus dem Holzofen stehen die Kunden vor diesem Ranchhaus Schlange.
47540 Hwy 1
bigsurbakery.com
$$$

Big Sur Roadhouse
Saisonal, biologisch und frisch lautet die Devise in diesem modern-rustikalen Restaurant.
47080 Hwy 1
glenoaksbigsur.com
$$$

SEHENSWÜRDIGKEITEN

4 San Juan Bautista

C4 1650 von Hollister 319 Third St sanjuanbautistaca.com

Wohl kein Ort kann einen besseren Einblick in die facettenreiche Geschichte des Bundesstaats Kalifornien vermitteln als San Juan Bautista, ein Städtchen, das sich seinen ländlichen Charme bis heute bewahrt hat, obwohl das berühmte Silicon Valley *(siehe S. 415)* nur 50 Kilometer entfernt ist.

Die bedeutendste Sehenswürdigkeit der Stadt ist die Mission San Juan Bautista an der Westseite des Hauptplatzes. Sie ist die größte spanische Mission in Kalifornien und die einzige mit Seitenschiffen. Alfred Hitchcock verwendete die Fassade als Kulisse einiger Szenen in *Vertigo* (1958). Das angrenzende Kloster beherbergt ein Museum mit Objekten der Mission und Fotos zur Stadtentwicklung. An der Nordseite der Kirche verläuft neben dem Friedhof ein verwachsener Pfad, der 1050 Kilometer lange El Camino Real – früher die Verbindung zwischen den 21 Missionen Kaliforniens, die jeweils einen Tagesmarsch voneinander entfernt lagen. Der Pfad folgt dem San-Andreas-Graben, an dem die Erde in Kalifornien schon öfter bebte. Ein kleiner Seismograf am Rand des Platzes registriert tektonische Bewegungen in der Umgebung.

Drei historische Gebäude, die nun als Teil des San Juan Bautista State Historic Park unter Denkmalschutz stehen, erheben sich an der Ost- und Südseite des Platzes. Ins Plaza Hotel sind auch Teile der Kasernen von 1813 integriert. Die früheren Ställe beherbergen alte Kutschen. Das Castro House gehörte einst Patrick Breen, einem Überlebenden der Donner Party *(siehe S. 495)*.

Alfred Hitchcock verwendete die Fassade als Kulisse einiger Szenen in *Vertigo* (1958).

↑ *Fassade mit Garten sowie Innenraum* (Detail) der *spanischen Mission San Juan Bautista*

5 Big Basin Redwoods State Park

B4 Santa Cruz, Boulder Creek 21600 Big Basin Way, Boulder Creek parks.ca.gov

Im Jahr 1900 gründeten einige Naturschützer den Sempervirens Club zur Rettung der Redwoods, was 1902 zur Errichtung des Big Basin Redwoods State Park führte, des ersten Staatsparks in Kalifornien. Das Gebiet (6475 ha) umfasst die südlichsten Redwood-Haine sowie Douglas-Fichten- und andere Nadelwälder, in denen u. a. Pumas und Maultierhirsche leben.

Verschiedene Wege führen unter den Redwoods zu den zahlreichen Wasserfällen des

Parks, etwa zu den Berry Creek Falls. Zum 160 Kilometer umfassenden Routennetz gehört auch der Skyline-to-Sea Trail, der bei Waddell Creek direkt zum Pazifischen Ozean führt.

6

Año Nuevo State Park

B4 Santa Cruz, Waddell Creek 1 New Years Creek Rd, Pescadero parks.ca.gov

Das Año Nuevo State Reserve liegt 95 Kilometer nördlich von Monterey. Es ist ein Schutzgebiet für See-Elefanten. Ein kurzer, schmaler Sandstrand mit einer vorgelagerten Insel bildet den Treffpunkt für die Riesensäuger aus allen Teilen des Pazifischen Ozeans, die sich hier alljährlich im Winter zu Hunderten einfinden, um sich zu paaren und ihre Jungen zur Welt zu bringen.

Ihren Namen verdanken die bis zu sechs Meter langen und zwei Tonnen schweren Robben der rüsselförmigen Nase der männlichen Tiere. Im Dezember, wenn die männlichen Tiere eintreffen, beginnen die Kämpfe um die Führung der Kolonie. Nur die kräftigsten Männchen paaren sich – dann pro Saison allerdings mit rund 50 Weibchen! Die weiblichen Tiere, die den größten Teil des Jahrs im Meer verbringen, kommen im Januar an die Küste und bringen dort den Nachwuchs zur Welt. Die neuerliche Paarung erfolgt nach der Geburt, sobald sich die Muttertiere erholt haben.

Der Name Año Nuevo (Neujahr) geht auf den Entdecker Sebastián Vizcaíno zurück, der hier am 1. Januar 1603 vorbeisegelte.

Das Schutzgebiet ist das ganze Jahr über geöffnet. Im Winter, wenn die See-Elefanten vor Ort sind, ist der Besuch allerdings nur im Rahmen einer Führung möglich. Reservierungen und Tickets gibt es über State Park Reservations.

7

Roaring Camp Railroads

B4 5401 Graham Hill Rd, Felton Santa Cruz Zeiten der Website entnehmen Feiertage roaringcamp.com

Hoch oben in den Santa Cruz Mountains bei Felton gibt es noch ein paar historische Holzfällerbahnen. Sie gehören zu den Attraktionen eines interessanten Themenparks zur Rolle der Holzindustrie gegen Ende des 19. und zu Beginn des 20. Jahrhunderts. Zu sehen sind unter anderem das Opernhaus und das nur einen Raum umfassende Schulhaus.

Eine Schmalspurbahn fährt am Wochenende die zehn Kilometer lange Strecke durch die angrenzenden Wälder des Henry Cowell Redwoods State Park. Von April bis Anfang Herbst verbindet eine traditionelle Eisenbahn im Rahmen einer einstündigen Fahrt durch die Berge Roaring Camp und Santa Cruz, wo die Fahrgäste bei einer zweistündigen Pause dem Strand und dem Vergnügungspark einen Besuch abstatten können *(siehe S. 500)*, bevor sie wieder zurückfahren. Diese Tour kann aber auch als komplette Rundfahrt von Santa Cruz aus gebucht werden.

Hotels

Brookdale Lodge

Nur eine kurze Fahrt vom Big Basin Redwoods State Park entfernt, liegt dieser Rückzugsort mit seinen geräumigen Zimmern.

B4 11570 Hwy 9, Brookdale brookdalelodge.com

$$$

Costanoa

Das umweltfreundliche Resort nahe dem Año Nuevo State Park verfügt auch über Spa-Einrichtungen.

B4 2001 Rossi Rd, Pescadero costanoa.com

$$$

→

Dampfeisenbahn auf ihrer Strecke durch dichten Wald, Roaring Camp Railroads

8 Hanford

D5 · 53 000 · 113 Court St · hanfordchamber.com

Hanford, eine der vielen mittelgroßen Farmerstädte der Gegend, hat ein reiches multikulturelles Erbe. Im Umfeld der China Alley lebte einst die größte chinesische Gemeinde Kaliforniens. Viele Chinesen arbeiteten beim Bau der transkontinentalen Eisenbahn. Im Osten des Zentrums steht der **Taoist Temple**, der 1893 erbaut wurde. Er diente als Unterkunft für chinesische Einwanderer, als Schule und religiöser Schrein.

Children's Storybook Garden and Museum mit seinen spannenden Themengärten, die auf Kunst und Klassikern der Kinderliteratur basieren, lohnt auch für Erwachsene einen Besuch.

Lokale

La Elegante Taqueria
Dieser winzige Taco-Laden im chinesischen Viertel ist wegen seiner grandiosen *adobada*-Tacos sehr beliebt.
D4 · 1423 Kern St, Fresno · +1-559-497-5844 · Mo abends
$$$

Roger Rocka's Dinner Theater
Lehnen Sie sich zurück und genießen Sie zu moderner amerikanischer Küche eine Theateraufführung.
D4 · 1226 N Wishon Ave, Fresno · rogerrockas.com
$$$

Taoist Temple
12 China Alley · nur nach Voranmeldung · chinaalley.com

Children's Storybook Garden and Museum
175 E Tenth St · Sa–Mo 9–12, Di–Do 18–21 · childrensstorybookgarden.org

9 Pinnacles National Park

C5 · 500 Hwy 146, Paicines · King City u. Soledad · Zeiten der Website entnehmen · nps.gov/pinn

In den Hügeln des Salinas Valley liegt die ungefähr 6500 Hektar große vulkanische Landschaft Pinnacles National Monument. Ein Rücken aus erstarrter Lava, der über Jahrmillionen zu bizarren Felsformationen erodierte und 150 Meter hohe Steilwände bildete, zieht sich durch den Park. Es gibt hier keine Straßen, dafür aber Wanderwege.

Die Balkon-Formation ist über einen 2,5 Kilometer langen einfachen Weg erreichbar. Hier erheben sich prächtige rote und goldfarbene Steilwände, die Felskletterer, Fotografen und Ornithologen begeistern. Am schönsten ist es hier zur Blütezeit im Frühjahr.

10 Fresno

D4 · 525 000 · Fresno Air Terminal · 1180 E Shaw Ave, Suite 201 · visitfresnocounty.org

Fresno, die fünftgrößte Stadt Kaliforniens, liegt etwa im geografischen Zentrum des Bundesstaats. Wegen seiner Rosinenproduktion hat es den Namen »Rosinen-

Eigentümliche Felsformationen im Pinnacles National Park ↓

hauptstadt der Welt« erhalten. Einen Besuch lohnen **Forestiere Underground Gardens**, ein Netzwerk aus Tunneln und Grotten, die 1906 ausgegraben wurden. In der Nähe befindet sich das viktorianische **Meux Home Museum** (1890) mit vielen Antiquitäten.

Im Kearney Park, elf Kilometer westlich von Fresno, liegt **Kearney Mansion**, das Theodore Kearney 1903 im französischen Renaissance-Stil errichten ließ. Kearney war einer der Begründer des kalifornischen Weinbaus.

Forestiere Underground Gardens
5021 W Shaw Ave Mitte März – Mitte Dez: tägl. 9 –15 underground gardens.com

Meux Home Museum
1007 R St Fr – So 12 –15 meuxhomemuseum.org

Kearney Mansion
7160 W Kearney Blvd, Hwy 99 +1-559-441-0862 Zeiten tel. erfragen

↑ *Vielfältige Exponate in einem Ausstellungsraum im National Steinbeck Center Museum*

11 Salinas

C4 150 000
119 E Alisal St
salinaschamber.com

Am Nordende des Salinas Valley, das sich über mehr als 80 Kilometer von San Francisco bis nach San Luis Obispo erstreckt, liegt Salinas, das herausragende Agrar- und Handelszentrum der Region.

Der berühmteste Sohn der Stadt ist zweifellos Nobelpreisträger John Steinbeck (1902 –1968), der hier zahlreiche seiner Erzählungen angesiedelt hat. Eine große Auswahl an Büchern, Manuskripten, Fotomaterial und Erinnerungsstücken des Schriftstellers ist in einer Dauerausstellung des **National Steinbeck Center Museum** zu sehen. Das Steinbeck House (132 Central Ave), Geburtsort des Autors, ist heute ein Restaurant. Jedes Jahr im August findet in Salinas das Steinbeck-Festival statt.

National Steinbeck Center Museum
1 Main St Mi – So 10 –17 Feiertage steinbeck.org

12 Colonel Allensworth State Historic Park

D5 4011 Grant Dr, nahe Hwy 99 an der County Rd J22, Earlimart tägl. 9 bis Sonnenuntergang parks.ca.gov

Um dem Rassismus zu begegnen, gründete Colonel Allen Allensworth *(siehe Kasten)* 1908 an diesem abgelegenen Ort im San Joaquin Valley mit einer Gruppe afroamerikanischer Familien eine bäuerliche Gemeinschaft. Trotz der schwierigen landwirtschaftlichen Bedingungen und anderer Rückschläge hielten sie ihre Vision von Selbstbestimmung über Jahrzehnte aufrecht. Einige Familien blieben bis Anfang der 1960er Jahre an diesem Ort.

Erinnerungsstücke der unabhängigen Gemeinde sind jetzt in alten Bauernhäusern und restaurierten Gebäuden im Colonel Allensworth State Historic Park südlich von Hanford zu sehen.

Colonel Allen Allensworth

Allen Allensworth wurde 1842 in die Sklaverei hineingeboren, entkam jedoch und kämpfte im Bürgerkrieg auf Seiten der Nordstaaten. Als erster Afroamerikaner erreichte der den Rang eines Colonel und wurde Armeekaplan. Er glaubte, dass seine afroamerikanischen Landsleute Rassismus bekämpfen könnten, indem sie ihre eigene Zukunft aufbauen, und gründete 1908 seine gleichnamige Stadt. Er starb 1914 bei einem Motorradunfall in Monrovia.

Tour entlang der Küste

Länge 130 km **Rasten** In Monterey, Capitola und Santa Cruz gibt es viele Restaunts und Cafés mit Meerblick.

Die Küste des nördlichen Zentralkalifornien umfasst lange, schmale Strände mit starker Wirkung der Gezeiten und hübsche Küstenstädte mit spanischen Wurzeln wie Monterey, Santa Cruz und Carmel-by-the-Sea. Die Fahrt beginnt im Año Nuevo State Park, das Naturschutzgebiet mit Stränden und riesigen Dünen ist die Heimat von See-Elefanten und Schwärmen von Pelikanen. Die Route folgt dann dem Highway 1 (Cabrillo Hwy), der die meiste Zeit über an der Küste entlangführt. Zwischen den Städten ist das Gebiet noch überraschend unerschlossen und zeigt eine artenreiche Tierwelt mit Robben, Seeottern und Seevögeln. Die Tour endet in Carmel-by-the-Sea, zu dessen Attraktionen eine Kunstgalerie, gute Restaurants, ein weißer Sandstrand und eine sehenswerte spanische Mission gehören.

Der goldene **Waddell Creek Beach** ist Teil des Big Basin Redwoods State Park *(siehe S. 514f)* und ein beliebter Ort für Picknickausflüge, zum Angeln und zum Surfen.

Der **Wilder Ranch State Park** nördlich von Santa Cruz war eine Milchfarm mit Bauernhaus und Scheune aus den 1890er Jahren. Man kann die Tiere beobachten und auf den Klippen wandern.

↑ *Bei Flut überspült der Pazifische Ozean die flachen Strände im Wilder Ranch State Park*

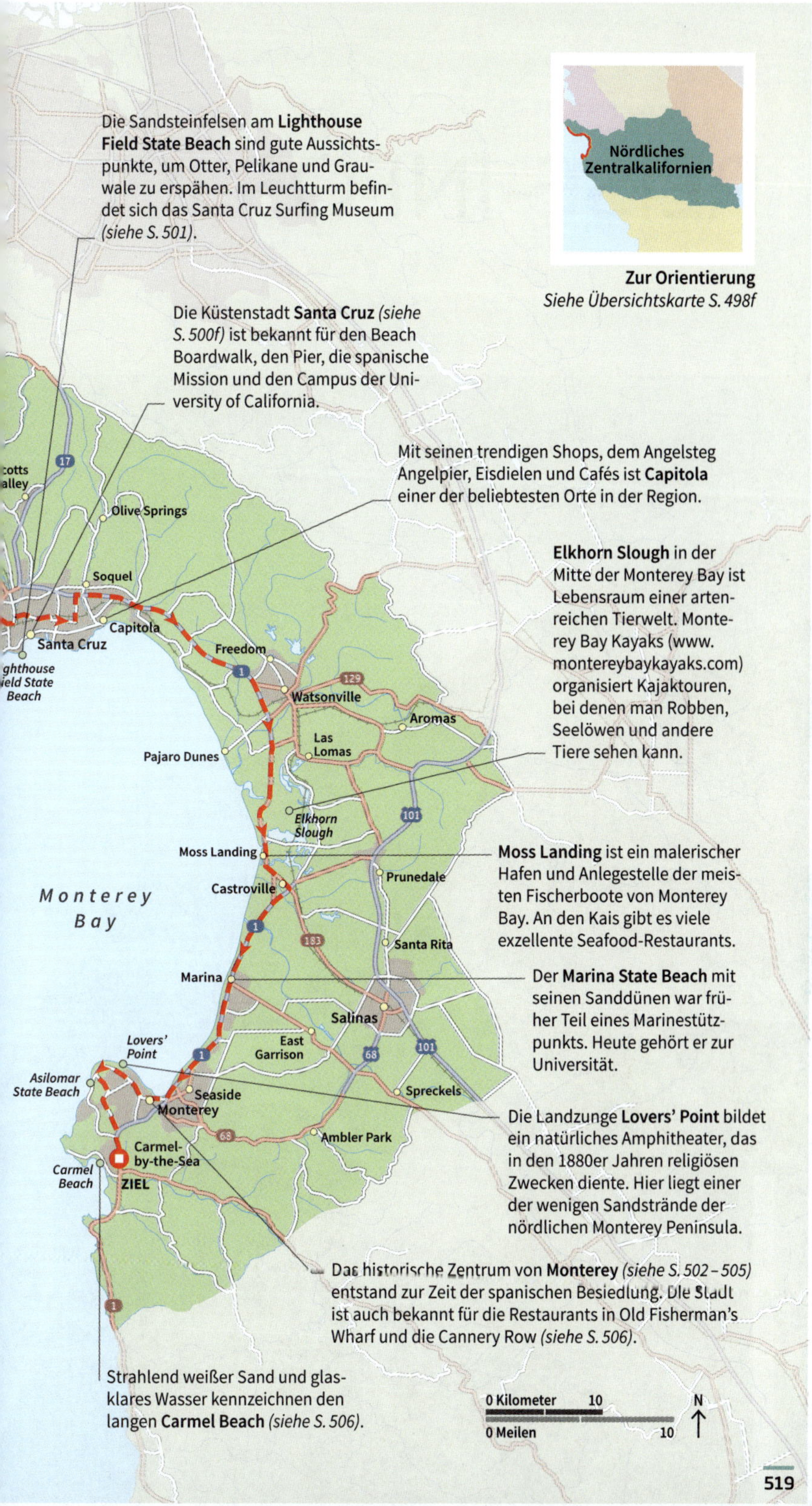

Die Sandsteinfelsen am **Lighthouse Field State Beach** sind gute Aussichtspunkte, um Otter, Pelikane und Grauwale zu erspähen. Im Leuchtturm befindet sich das Santa Cruz Surfing Museum *(siehe S. 501)*.

Die Küstenstadt **Santa Cruz** *(siehe S. 500f)* ist bekannt für den Beach Boardwalk, den Pier, die spanische Mission und den Campus der University of California.

Mit seinen trendigen Shops, dem Angelsteg Angelpier, Eisdielen und Cafés ist **Capitola** einer der beliebtesten Orte in der Region.

Elkhorn Slough in der Mitte der Monterey Bay ist Lebensraum einer artenreichen Tierwelt. Monterey Bay Kayaks (www.montereybaykayaks.com) organisiert Kajaktouren, bei denen man Robben, Seelöwen und andere Tiere sehen kann.

Moss Landing ist ein malerischer Hafen und Anlegestelle der meisten Fischerboote von Monterey Bay. An den Kais gibt es viele exzellente Seafood-Restaurants.

Der **Marina State Beach** mit seinen Sanddünen war früher Teil eines Marinestützpunkts. Heute gehört er zur Universität.

Die Landzunge **Lovers' Point** bildet ein natürliches Amphitheater, das in den 1880er Jahren religiösen Zwecken diente. Hier liegt einer der wenigen Sandstrände der nördlichen Monterey Peninsula.

Das historische Zentrum von **Monterey** *(siehe S. 502–505)* entstand zur Zeit der spanischen Besiedlung. Die Stadt ist auch bekannt für die Restaurants in Old Fisherman's Wharf und die Cannery Row *(siehe S. 506)*.

Strahlend weißer Sand und glasklares Wasser kennzeichnen den langen **Carmel Beach** *(siehe S. 506)*.

REISE-INFOS

Bixby Creek Bridge in Big Sur

KALIFORNIEN REISEPLANUNG

Mit etwas Planung sind die Vorbereitungen für die Reise schnell zu erledigen. Die folgenden Seiten bieten Ihnen Tipps und Hinweise für Anreise und Aufenthalt in Kalifornien.

Auf einen Blick

Währung
US-Dollar (USD)

Ausgaben pro Tag

Sparsam	Preisbewusst	Luxus
100 $	250 $	500+ $

Mineralwasser	Kaffee	Bier	Menü (2 Pers.)
2 $	2–3 $	8 $	80 $

Klima

Im Süden scheint die Sonne am meisten, nach Norden nimmt die jährliche Sonnenscheindauer ab.

Der überwiegende Teil Kaliforniens hat warme, trockene Sommer und milde, feuchte Winter.

Der meiste Regen fällt zwischen November und März, dann kann es in den Hochlagen auch schneien.

Strom
In den USA beträgt die Stromspannung 110 Volt, 60 Hz. Für europäische Elektrogeräte benötigen Sie einen Adapter.

Einreise
Das Visa Waiver Program (VWP) für visumfreies Reisen in die USA gilt für Deutsche, Österreicher und Schweizer für einen Aufenthalt von bis zu 90 Tagen. Erforderlich dafür ist ein elektronischer Reisepass (ePass mit Chip). Auch Kinder jeden Alters benötigen ein eigenes Ausweisdokument.

Von allen Reisenden werden bei der Einreise digitale Fingerabdrücke genommen und digitale Fotos gemacht. Vor Reiseantritt ist ein APIS-Formular auszufüllen. Diese Daten werden vor Abflug an die US-Behörden übermittelt (das Formular erhalten Sie bei Ihrer Fluglinie bzw. unter www.drv.de).

VWP: Für die Einreise per Flugzeug ohne Visum müssen Sie eine gültige elektronische Einreisegenehmigung **(ESTA)** haben, die spätestens 72 Stunden vor Reiseantritt online einzuholen ist: Der Antrag kann ausschließlich auf der ESTA-Website gestellt werden. Die fällige Gebühr von 14 US-Dollar ist per Kreditkarte zu bezahlen. Die ESTA-Genehmigung ist zwei Jahre lang gültig und ermöglicht in diesem Zeitraum mehrmalige Einreisen in die USA.

Die Einreisebestimmungen für die USA wurden 2017 erneut verschärft, Reisende müssen sich sowohl bei der Einreise als auch bei der Ausreise einer Sicherheitsbefragung unterziehen, was zu einer erhöhten Wartezeit führen kann. Empfohlen wird derzeit, mindestens drei Stunden vor Abflug am Airport zu sein.

ESTA
W esta.cbp.dhs.gov/esta

Sicherheitshinweise
Aufgrund unvorhersehbarer Entwicklungen kann es zu Änderungen und Einschränkungen kommen. Aktuelle Hinweise zur Einreise sowie Sicherheitshinweise bieten das deutsche Auswärtige Amt (www.auswaertiges-amt.de), das österreichische Bundesministerium für europäische und internationale Angelegenheiten (www.bmeia.gv.at) oder das Eidgenössische Departement für auswärtige Angelegenheiten der Schweiz (www.eda.admin.ch).

Zoll

Während des Flugs erhalten Sie ein blaues Formular für die Zollerklärung – hier benötigen Sie zwingend eine erste Übernachtungsadresse in den USA.

Geringe Mengen Tabak (200 Zigaretten pro Person ab 18 Jahren) und Alkohol (ein Liter pro Person ab 21 Jahren) dürfen Sie mitbringen, Einfuhrverbot herrscht für Fleischprodukte und Pflanzen.

U.S. Customs and Border Protection
W cbp.gov/travel/international-visitors/know-before-you-visit

Versicherungen

Die Notfall- oder zahnärztliche Behandlung kann in den USA sehr teuer werden. Daher ist der Abschluss einer Auslandskrankenversicherung, die auch den Rücktransport im Notfall einschließt, sehr zu empfehlen. Doch auch mit einer derartigen Versicherung müssen Sie in der Regel Behandlungen selbst bezahlen und können sich den Betrag später von Ihrer Versicherung erstatten lassen. Medizinische Basisversorgung *siehe S. 529*.

Neben Versicherungen für (zahn-)ärztliche Behandlungen sind auch Gepäck-, Diebstahl- und Unfallversicherungen zu erwägen. Viele Anbieter bieten Kombinationen.

Hotels

Kalifornien bietet Übernachtungsmöglichkeiten aller Preiskategorien. Das Spektrum reicht von Luxushotels und -resorts über gemütliche Gästehäuser mit historischem Flair und gemütliche Bed and Breakfasts bis zu bequemen Motels und komfortabel ausgestatteten Campinganlagen (auch für Wohnmobile). Eine große Rolle für Angebote und Preise spielt die Reisezeit. Für die Sommermonate kann es durchaus schwierig werden, eine Unterkunft zu finden, deshalb sollten Sie so früh wie möglich reservieren.

Bezahlen

Kreditkarten von **MasterCard**, **Visa**, **American Express** oder **Diners Club** werden in den USA fast überall akzeptiert, zudem fungieren sie oft als Sicherheitsleistung (z. B. bei Hotels und Autovermietungen). Auch mit Debitkarten wie etwa der **girocard** (mit Maestro-Logo) können Sie bisweilen bezahlen bzw. Geld abheben. Geldautomaten sind in fast allen Banken und an nahezu jeder Ecke zu finden.

Bei Verlust Ihrer Kredit- oder Debitkarte lassen Sie diese sofort sperren.

Allgemeine Notrufnummer
☎ 011-49-116-116

Reisende mit besonderen Bedürfnissen

Die meisten Hotels und Restaurants sind auf Menschen mit eingeschränkter Mobilität eingestellt, in engen Fluren historischer Gebäude kann es für Rollstühle jedoch eng werden. **Mobility International USA** und die **Society for Accessible Travel & Hospitality** bieten Infos für behinderte Reisende. Viele Nationalparks haben rollstuhlgerechte Wege, **Accessible Features in State Parks** informiert über die entsprechende Ausstattung der Parks.

Accessible Features in State Parks
W access.parks.ca.gov/home.asp
Mobility International USA
W miusa.org
Society for Accessible Travel & Hospitality
W sath.org

Öffnungszeiten

Montag Viele Museen bleiben geschlossen.
Sonntag Die meisten Banken haben zu.
November – März Viele Restaurants, Museen und Läden schließen im Winter früher.
Feiertage Einige Museen sind geschlossen.

Feiertage

1. Jan	New Year (Neujahr)
Jan (3. Mo)	Martin Luther King, Jr. Day
Feb (3. Mo)	President's Day
März/Apr	Easter (Ostern)
Mai (letzter Mo)	Memorial Day
19. Juni	Juneteenth Independence Day (Tag der Befreiung der afroamerikanischen Bevölkerung)
4. Juli	Independence Day (Nationalfeiertag)
Sep (1. Mo)	Labor Day (Tag der Arbeit)
Okt (2. Mo)	Columbus Day
11. Nov	Veterans Day
Nov (4. Do)	Thanksgiving (Erntedank)
25. Dez	Christmas (Weihnachten)

IN KALIFORNIEN UNTERWEGS

Ob für eine Rundreise durch die Nationalparks oder eine Städtereise – hier erhalten Sie detaillierte Informationen zur Anreise und zu den Transportmöglichkeiten in Kalifornien.

Auf einen Blick

Ticketpreise

Long Beach
1,25 $
Einzelticket für Bus

Los Angeles
1,75 $
Einzelticket für Bus und U-Bahn

Palm Springs
1 $
Einzelticket für Bus

Tipp:
Tickets müssen bei Antritt der Fahrt entwertet werden.

Tempolimits

Freeways
65 mph (105 km/h)

Zweispurige Highways
55 mph (90 km/h)

Innerhalb von Ortschaften
35 mph (55 km/h)

Verkehrsberuhigte Zonen
25 mph (40 km/h)

Anreise mit dem Flugzeug

Kaliforniens größte internationale Flughäfen befinden sich in Los Angeles (LAX), San Francisco (SFO) und San Diego (SAN). Im Großraum Los Angeles gibt es mit John Wayne Airport (SNA), Ontario International Airport (ONT), Hollywood Burbank Airport (BUR) (BUR) und Long Beach Airport (LGB) weitere Optionen. Die Bay Area erreicht man auch über Oakland International Airport (OAK) und San Jose International Airport (SJC).

Alle internationalen Flughäfen sind sehr gut mit Bussen, Taxis und Mietwagen zu erreichen, kleinere Flughäfen am besten mit Taxis. In der Tabelle auf Seite 525 finden Sie Transportoptionen, ungefähre Fahrzeiten und Kosten für die Fahrt zwischen Flughäfen und den Zentren einiger Metropolen.

Anreise mit dem Zug

Züge von **Amtrak**, dem größten Eisenbahnunternehmen der USA, verbinden die meisten großen Städte miteinander. Im Rahmen des Projekts California High-Speed Rail entsteht derzeit zwischen Los Angeles und San Francisco eine Hochgeschwindigkeitsverbindung. Auf vielen Bahnstrecken ist eine Platzreservierung erforderlich. Je früher man bucht, desto günstiger sind die Ticketpreise.

Besucher, die mit dem Zug nach San Francisco reisen, kommen am Amtrak-Bahnhof in Emeryville im Norden von Oakland an. Amtrak betreibt von dort einen kostenlosen Shuttle-Bus in die Innenstadt (Fahrzeit ca. 45 Min.). Amtrak-Reisende, die in San José ankommen, gelangen von dort per **CalTrain** nach San Francisco. **Metrolink** betreibt Nahverkehrszüge in Südkalifornien.

Mit dem bei Amtrak online erhältlichen **California Rail Pass** (159 $) kann man innerhalb von drei Wochen an sieben Tagen alle Züge in Kalifornien nutzen.

Amtrak
W amtrak.com
CalTrain
W caltrain.com
Metrolink
W metrolinktrains.com

Vom Flughafen in die Stadt

Flughafen	Entfernung zum Zentrum	Preis (Taxi)	Verkehrsmittel	Fahrzeit
Los Angeles (LAX)	15 Meilen (24 km)	50–65 $	Bus/Light Rail	60–90 Min.
San Francisco (SFO)	14 Meilen (22 km)	60–70 $	Light Rail (BART)	20–40 Min.
San Diego (SAN)	3 Meilen (5 km)	15–22 $	Bus	15–30 Min.
Oakland (OAK)	19 Meilen (30 km)	40–50 $	Light Rail (BART)	60 Min.

Fahrzeiten mit dem Auto

Diese Karte zeigt Autoverbindungen zwischen den wichtigsten Städten und Sehenswürdigkeiten Kaliforniens. Die angegebenen Zeiten gelten für die direktesten Routen, außerhalb der Hauptverkehrszeiten und ohne Pausen.

Downtown LA – Death Valley National Park	3 Std. 40 Min.
Downtown LA – Joshua Tree National Park	2 Std. 30 Min.
Downtown LA – Palm Springs	2 Std.
Downtown LA – San Diego	3 Std.
Downtown LA – San Francisco	7 Std.
Downtown LA – Santa Barbara	2 Std.
Downtown LA – Sequoia und Kings Canyon Nationalparks	3 Std. 45 Min.
San Francisco – Big Sur	2 Std. 45 Min.
San Francisco – Lake Tahoe	4 Std.
San Francisco – Monterey	2 Std.
San Francisco – Napa	1 Std. 20 Min.
San Francisco – Redwood National Park	6 Std. 30 Min.
San Francisco – Sacramento	2 Std.
San Francisco – Yosemite National Park	4 Std.

••• Hauptstrecken

Fernbusreisen

Fernbusreisen sind eine großartige und dazu kostengünstige Möglichkeit, Kalifornien kennenzulernen. **Greyhound**, die größte Busgesellschaft des Landes, bietet regelmäßige Verbindungen zwischen fast allen Städten. Eine Fahrt zwischen Los Angeles und San Francisco dauert etwa neun Stunden. Auch Bakersfield, Barstow, Eureka, El Portal (Yosemite), Fresno, Monterey, Palm Springs, Redding, Sacramento, San Diego, San Jose, San Luis Obispo, Santa Barbara und Santa Cruz sind an das Busnetz von Greyhound angeschlossen.

Megabus bedient Los Angeles, San Francisco und die Bay Area zu besonders günstigen Tarifen. In den meisten Bussen steht kostenfreies WLAN zur Verfügung.

Weniger Komfort (dafür mehr Abenteuer) bieten die Busfahrten mit **Green Tortoise**, hier müssen sich die Passagiere selbst verpflegen. Die Busse halten an vielen Sehenswürdigkeiten.

Green Tortoise
W greentortoise.com
Greyhound
W greyhound.com
Megabus
W us.megabus.com

Öffentliche Verkehrsmittel

Die meisten Städte verfügen über ein zuverlässiges und benutzerfreundliches ÖPNV-System mit diversen Optionen wie Bussen, U-Bahnen und Stadtbahnen, teilweise sogar auch Fähren. Mit diesen Verkehrsmitteln ist man effizient und zudem umweltfreundlich unterwegs. Einige Transportsysteme bieten Mehrtagespässe an, über die man sich auf den entsprechenden Websites informieren kann. Infos über Verkehrsangebote mit Fahrplänen, Streckennetzen und Ticketpreisen erhalten Sie an Kiosken und über die Online-Auftritte der Verkehrsunternehmen.

LA Metro betreibt Busse, U-Bahnen und Stadtbahnen in Los Angeles. Im Großraum LA und in den angrenzenden Counties verkehren Nahverkehrszüge von **Metrolink**. **San Francisco Municipal Railway (MUNI)** umfasst Busse, Cable Cars und Stadtbahnen, die Bay Area wird von den Zügen der **Bay Area Rapid Transit (BART)** bedient. Die Busse, Stadtbahnen und Straßenbahnen von San Diego werden vom **San Diego Metropolitan Transit System** betrieben.

In manchen Gegenden ergänzen Fähren das ÖPNV-Angebot. Die Boote von **Catalina Express** bieten schnelle Verbindungen zwischen Los Angeles und Catalina Island. **San Francisco Bay Ferry** und **Golden Gate Ferry** fahren zwischen San Francisco und einigen anderen Orten der Bay Area. **Coronado Ferry** betreibt Fährverkehr zwischen San Diego und Coronado.

Bay Area Rapid Transit (BART)
W bart.gov
Catalina Express
W catalinaexpress.com
Coronado Ferry
W flagshipsd.com
Golden Gate Ferry
W goldengate.org
LA Metro
W metro.net
Metrolink
W metrolinktrains.com
San Diego Metropolitan Transit System
W sdmts.com
San Francisco Bay Ferry
W sanfranciscobayferry.com
San Francisco Municipal Railway (MUNI)
W sfmta.com/muni-transit

Auto fahren

Mit dem Auto unterwegs zu sein bietet Reisenden natürlich die größtmögliche Flexibilität, insbesondere wenn Sie auch abgelegene Gegenden oder Nationalparks besuchen möchten. Das Verkehrsnetz von vielspurigen Highways bis zu kurvigen Panoramastraßen ist sehr dicht und lädt zur entspannten Erkundung des gesamten Bundesstaates ein. Die Straßen sind im Allgemeinen in sehr gutem Zustand.

In Städten wie Los Angeles und San Francisco hingegen muss man vor allem in den Hauptverkehrszeiten mit langen Staus rechnen. Auch die Suche nach einem Parkplatz kann viel Zeit in Anspruch nehmen, zudem sind meist hohe Parkgebühren *(siehe S. 526)* zu entrichten. Dort kommt man mit öffentlichen Verkehrsmitteln in der Regel schneller und kostengünstiger voran.

Autovermietung

Um in den Vereinigten Staaten einen Wagen zu mieten, müssen Sie mindestens 21 Jahre (bei manchen Verleihern auch 25 Jahre) alt sein, einen gültigen Führerschein besitzen (ein internationaler Führerschein ist nützlich), Ihren Reisepass, eine Kreditkarte und vereinzelt auch Ihr Rückflugticket vorlegen. Im Unterschied zu vielen anderen US-Bundesstaaten sind in Kalifornien für alle zusätzlichen Fahrer keine Extragebühren zu entrichten, Sie müssen deren Namen jedoch trotzdem im Vertrag vermerken lassen.

Die international bekannten Autovermietungen betreiben Niederlassungen an den Flughäfen und in den größeren Städten. Häufig liegen die Gebühren bei Anmietung am Airport etwas niedriger als bei einem Anbieter in der Stadt. In der Regel muss das Fahrzeug mit vollem Tank zurückgegeben werden. Es ist kostengünstiger, das Auto an der Verleihstelle und nicht an einer anderen Niederlassung der Mietwagenfirma abzugeben. Die meisten Autos haben Automatikschaltung. Kindersitze und behindertengerechte Autos müssen reserviert werden.

Überprüfen Sie, ob im Mietpreis eine unbeschränkte Kilometeranzahl und eine gesetzlich vorgeschriebene Haftpflichtversicherung sowie die zu entrichtende Steuer inbegriffen sind. Informieren Sie sich über die Möglichkeit, eine Teil- bzw. Vollkaskoversicherung (*Collision Damage Waiver*; CDW) abzuschließen, wenn diese Option nicht ausdrücklich im Vertrag enthalten ist.

Verkehrsregeln

Alle Entfernungen werden in Meilen angegeben. Das Anlegen der Sicherheitsgurte ist Pflicht, dies gilt auch für Insassen auf der Rückbank. Wenn kein Gegenverkehr herrscht, kann man an einer roten Ampel nach rechts abbiegen, wobei jederzeit auf Fußgänger zu achten ist. Alle Fahrzeuge müssen Rettungsdienste unverzüglich passieren lassen. Beachten Sie, dass der Verkehr in beiden Richtungen für einen Schulbus anhalten muss, bis dieser sich wieder entfernt.

Die Benutzung von Mobiltelefonen am Steuer ist nur mit einer Freisprechanlage erlaubt, Zuwiderhandlungen werden mit hohen Geldstrafen belegt. Dies gilt auch für Geschwindigkeitsübertretungen *(siehe S. 522)* und Überschreitungen der erlaubten Alkoholgrenze von 0,8 Promille (für Fahrer unter 21 Jahre: 0,0 Promille). Trinken Sie daher am besten gar keinen Alkohol, wenn Sie Auto fahren wollen.

Vor allem in abgelegenen Gebieten weisen Schilder oft auf Gefahren hin, halten Sie sich an die Warnungen. Bei Unfällen oder Pannen sollten Sie zunächst Ihre Autovermietung verständigen. Mitglieder der **American Automobile Association (AAA)**, eines Partnerclubs des ADAC, können ihre Autos bis zur nächsten Service-Station abschleppen lassen. Kleinere Probleme wird die AAA gegen Gebühr an Ort und Stelle beheben.

American Automobile Association (AAA)
W aaa.com

Gebührenpflichtige Straßen

In Kalifornien gibt es einige Mautstraßen, aber keine Mautstellen, an denen man anhält und bezahlt. Die entsprechenden Gebühren werden über ein Prepaid-System, für das man angemeldet sein muss, elektronisch eingezogen. Die meisten Autovermieter stellen gegen eine Gebühr von ein paar US-Dollar pro Tag einen Transponder bereit. Nach Rückgabe des Wagens werden die Mautgebühren über die Kreditkarte eingezogen. Weitere Informationen erteilen die Mietwagenfirmen und **FasTrak**, der Betreiber des elektronischen Systems zur Mauterhebung.

FasTrak
W fastrak.org

Parken

Das Parken in den Zentren von Großstädten ist in der Regel sehr teuer. Hotels verlangen für das Parken auf ihrem Gelände zwischen 25 und 60 US-Dollar pro Tag. Selbst die billigsten Parkplätze in der Innenstadt von San Francisco kosten 16 US-Dollar am Tag, die Gebühren für kürzere Parkzeiten liegen zwischen 2 und 6 US-Dollar pro Stunde.

Rad fahren

Die meisten Städte verfügen über ein dichtes Netz an Radwegen, auf denen man gut vorwärtskommt. In fast allen Städten kann man Fahrräder in öffentlichen Verkehrsmitteln mitnehmen. Radtouren auf dem Land sind ebenfalls sehr beliebt, in den meisten Nationalparks, State Parks und vielen anderen Erholungsgebieten gibt es Radwege. Die **California Bicycle Coalition** bietet umfassende Informationen für Radfahrer.

California Bicycle Coalition
W calbike.org

Fahrradvermietung

In allen größeren Städten gibt es Geschäfte, die Fahrräder vermieten, auch E-Bikes und Mountainbikes sind dort erhältlich. **Metro Bike Share** in Los Angeles, **Breeze** in Santa Monica, **Bay Wheels** in San Francisco und **HOPR** in Santa Barbara betreiben Verleihsysteme, bei denen man das Mietrad an einem beliebigen Ort wieder abstellen kann.

Bay Wheels
W lyft.com/bikes/bay-wheels
Breeze
W santamonicabikeshare.com
HOPR
W gohopr.com/ucsb
Metro Bike Share
W bikeshare.metro.net

Wandern

Die Nationalparks und State Parks werden von gut ausgebauten Wanderwegen durchzogen, auf denen man den ganz besonderen Zauber der Landschaften am besten erleben kann. Für die Benutzung einiger Wege benötigt man eine Sondergenehmigung, die man schon lange im Voraus einholen sollte, da es Beschränkungen bei den täglichen Besucherkontingenten geben kann.

PRAKTISCHE HINWEISE

Kalifornien ist ein spannendes und dazu noch unkompliziertes Reiseziel. Mit folgenden Hinweisen und Tipps für Ihren Aufenthalt kommen Sie vor Ort bestens zurecht.

Auf einen Blick

Notfälle

Generelle Notrufnummer

911

Zeit

In Kalifornien gilt Pacific Time (PT, – 9 Stunden gegenüber MEZ); die Sommerzeit gilt vom zweiten Sonntag im März bis zum ersten Sonntag im November.

Leitungswasser

Falls nicht anders angegeben, ist Leitungswasser in Kalifornien bedenkenlos trinkbar. Trinken Sie nicht aus Brunnen.

Trinkgelder

Bedienung	20 %
Gepäckträger	1,50 $ pro Gepäckstück
Zimmermädchen	2 $ am Tag
Hotelrezeption	5–10 $ beim Auschecken
Taxifahrer	15–20 %

Information

Überaus hilfreiche Quellen sind die Internet-Portale **Visit California** und **California Office of Tourism**, auf deren Websites man sich schon vor der Reise umfassend über das Reiseziel informieren kann. Das Angebot reicht von Hotels und Restaurants über Sightseeing und Outdoor-Aktivitäten bis zu Events und Tipps für Kunstliebhaber.

Vor Ort helfen Ihnen die Touristenbüros weiter. Dort erhalten Sie kostenlose Stadtmagazine sowie Tipps u. a. für Ausflugsmöglichkeiten, kulturelle Veranstaltungen und Verkehrsmittel.

California Office of Tourism
W tourism.ca.gov
Visit California
W visitcalifornia.com

Persönliche Sicherheit

Kalifornien ist insgesamt ein sicheres Reiseziel. In Metropolen wie Los Angeles oder San Francisco sollte man jedoch die für Städte üblichen Vorsichtsmaßnahmen ergreifen. Generell sind vor allem bei Dunkelheit abgelegenere Stadtviertel zu meiden. Wird Ihnen trotzdem etwas gestohlen, melden Sie dies unverzüglich auf dem nächsten Polizeirevier.

Für Ausflüge in die Natur sollten Sie auf genügend Proviant und Wasser achten. Bei hoher Sonneneinstrahlung verwenden Sie Kopfbedeckung und Sonnenschutz.

Beim Verlust von Pass oder Personalausweis oder wenn Sie anderweitig in größere Schwierigkeiten geraten, wenden Sie sich an ein Konsulat Ihres Heimatlandes.

Deutsches Generalkonsulat
6222 Wilshire Blvd, Suite 500, Los Angeles, CA 90048 +1-323-930-2703
W los-angeles.diplo.de
Österreichisches Generalkonsulat
11859 Wilshire Blvd, Suite 501, Los Angeles, CA 90025 +1-310-444-9310
W bmeia.gv.at/gk-los-angeles
Schweizer Generalkonsulat
Pier 17, Suite 600, San Francisco, CA 94111 +1-415-788-2272
W eda.admin.ch/sf

Gesundheit

In Kalifornien gibt es einige Krankenhäuser. Beim Besuch eines Arztes oder Zahnarztes müssen Sie die Kosten für medizinische Behandlungen in der Regel vorstrecken. Bewahren Sie alle Zahlungsbelege auf, um sie zu Hause mit Ihrer Versicherung abzurechnen.

Bei kleineren Beschwerden helfen Apotheken, von denen einige rund um die Uhr geöffnet sind. Fragen Sie in Ihrem Hotel nach der nächstgelegenen. Der Abschluss einer Auslandskrankenversicherung ist empfehlenswert *(siehe S. 523)*.

Alkohol und Rauchen

In den USA ist es erst ab 21 Jahren erlaubt, Alkohol zu trinken. Jüngere Leute sollten am besten Ihren Pass dabeihaben. Es ist verboten, geöffnete Flaschen mit Alkohol im Auto zu haben. Die Strafen für Autofahren unter Alkoholeinfluss sind hoch *(siehe S. 527)*.

Rauchen ist in allen öffentlichen Gebäuden, Bars und Restaurants verboten. Für den Kauf von Tabakwaren muss man über 18 Jahre alt sein (eventuell Pass mitnehmen).

Ausweispflicht

Sie müssen sich in den USA jederzeit ausweisen können, jedoch nicht ständig Ihren Pass bei sich tragen. Falls die Polizei Ihre Identität überprüfen will, genügt meist eine Kopie oder ein Scan Ihres Ausweises.

Mobiltelefone und WLAN

Mit einem europäischen Handy (in den USA *cell phone* oder *mobile phone*) kann man nur telefonieren, wenn es sich um ein Smartphone handelt. Alte GSM-Handys funktionieren nur als Triband- oder Quadband-Mobiltelefone.

Für günstige Telefonate brauchen Sie eine US-SIM-Karte. Eine sehr komfortable Lösung bietet **Cellion**. Hier bekommen Sie eine kostenlose SIM-Karte mit eigener US-amerikanischer Telefonnummer. Die Kosten werden von Ihrem Konto abgebucht.

Fast alle Hotels sowie viele Restaurants, Cafés und Bars bieten ihren Gästen WLAN. Vor allem in den Städten gibt es immer mehr WLAN-Hotspots.

Cellion
W cellion.de

LGBTQ+

Die LGBTQ+ Community von San Francisco gehört traditionell zu den größten der Welt. Zentrum der Szene ist der Castro District. Einige Hotels sind ausschließlich auf LGBTQ+ ausgerichtet.

Post

Das Porto für einen Standardbrief bzw. eine Postkarte nach Europa beträgt 1,30 Dollar. Briefmarken erhält man in Postämtern und an Zeitungskiosken.

Steuern

Den meisten Waren sowie den Rechnungsbeträgen in Hotels und Restaurants wird die Sales Tax aufgeschlagen. Diese Steuer ist der europäischen Mehrwertsteuer vergleichbar und beträgt in Kalifornien 7,25 Prozent, hinzu können – je nach Stadt und County – lokale Steuern kommen.

Ermäßigungen

Für den Besuch mehrerer Nationalparks lohnt sich der ein Jahr gültige **America the Beautiful Pass** für 80 $ (für Senioren: 20 $). In einigen Städten gibt es attraktive Ermäßigungen für den Eintritt zu Sehenwürdigkeiten – in Los Angeles, San Francisco und San Diego mit dem Pass **Go City**.

America the Beautiful Pass
W store.usgs.gov/pass
Go City
W gocity.com/en-us

Websites und Apps

W parks.ca.gov
Praktische Informationen zu allen Nationalparks in Kalifornien und Tipps für den Aufenthalt dort

W fire.ca.gov
Website des Department of Forestry and Fire Protection mit Informationen zur jeweils aktuellen Waldbrandsituation

GasBuddy
App mit Auflistung der aktuell günstigsten Tankstellen in der Nähe

Parknow
App, die freie Parkplätze anzeigt und Parkplatzreservierung ermöglicht

REGISTER

Fett gedruckte Seitenzahlen beziehen sich auf Haupteinträge.

D

E

Q

R

S

DANKSAGUNG

Dorling Kindersley möchte sich bei allen bedanken, die dieses Buch möglich gemacht haben.

Mary-Ann Gallagher, Ben Ffrancon Davies, John Ardagh, David Baird, Vicky Hayward, Adam Hopkins, Lindsay Hunt, Nick Inman, Paul Richardson, Martin Symington, Nigel Tisdall, Roger Williams

BILDNACHWEIS

l = links; r = rechts; o = oben; u = unten; m = Mitte; d = Detail.

Dorling Kindersley hat sich bemüht, alle Copyright-Inhaber zu ermitteln. Sollte das in einigen Fällen nicht gelungen sein, bitten wir, dies zu entschuldigen. In der nächsten Auflage werden wir Versäumtes gern nachholen.

123RF.com: Jon Bilous 153ur; coralimages 346ul; Brian Kinney 88 – 89u; Nick Kontostavlakis 384 – 385o; Chon Kit Leong 234 – 235o; Wasin Pummarin 328 – 329o.

4Corners: Pietro Canali 174m, 180 – 181; Susanne Kremer 176mu, 246 – 247.

Alamy Stock Photo: agefotostock / Douglas A. Holck 512 – 513u, / Herbert Hopfensperger 310mru, / Lucid Images 50 – 51o, / Tono Balaguer 358 – 359o, 364 – 365o; Agencja Fotograficzna Caro / Kaiser 458mlo; All Canada Photos / Chris Cheadle 253mru; andreamful / Stockimo 231ur; Arcaid Images / Michael Halberstadt 298 – 299u; Kevin Archive 50ul; Archwhite 410 – 411o; Art Directors / Spencer Grant 372mro; Artokoloro 81mro; Gonzalo Azumendi 365mlu; Sergio Torres Baus 338ul; Debra Behr 23u, 71u; Nancy Hoyt Belcher 459ur; Judy Bellah 16ul; Benoneimages 479ur; Bildagentur-online / Schickert 169ol, 315or; Jon Bilous 368 – 369o; Russ Bishop 37or; blickwinkel / AGAMI / M. Verdoes 253ol; Phillip Bond 31u, 417ur; Kanwarjit Singh Boparai 380 – 381o; Richard Broadwell 38ur; Allen Brown 139ol; Larry Brownstein 99ol, 102 – 103u; Evan Burnett 13mr; David L. Moore – CA 72o, 72mr; California California 504o; Ed Callaert 437mru, 444 – 445o, 454mlu, 489um; Cannon Photography LLC / BrownWCannonIII 178mru, 428mru; Cavan Images 28 – 29o; Cavan Images / Aurora Open / Josh Miller Photography 469u; / CI2 29ur, 455mu; / Kevin Steele / Aurora Photos 33o; cfc photography 218ur; Lorne Chapman 18mro; Felix Choo 281ur, 356 – 357m, 372 – 373u; Chronicle 386mru; Ronnie Chua 295or; Chuck Place 196ol; Citizen of the Planet / Peter Bennett 151ul, 163or, 200ul, 237ur; Classic Collection A17 47ur; Classic Image 310mu, 328mu, 439ul; Robert Clay 50mu, 301or, Corbin17 266ul; Core Imagery 73ur; Dennis Cox 23ml; Gary Crabbe 489mro, 491ur; Gary Crabbe / Enlightened Images 475o; John Crowe 18ol, 198ol, 241ur; Richard Cummins 465mro; Curved Light USA 319mlu; Ian Dagnall 51or, 62ul, 91ol, 430ur, 453ul, 468o, 472or, 476 – 477u; Ian G. Dagnall 21or, 119ol, 221ul, 400o, 489ol; Rachid Dahnoun 454mr; Danita Delimont / John Alves 454mru, / Peter Bennett 16ml, 144ul, / Stuart Westmorland 190u, / Walter Bibikow 20mro, / Chuck Haney 310 – 311o, / Jaynes Gallery / Christopher Talbot Frank 243or; © David Zanzinger 254ul; David R. Frazier Photolibrary; Inc. 109ur; Oden's Dawn 132mru; Design Pics Inc / Brand B / Debra Brash 252mr, 253um; Directphoto Collection 338mru; Terry Donnelly 20 – 21om; California Dreamin 148ur, 335or, 458o; Randy Duchaine 236 – 237o, 287mu (Oculus), 310mo; DumbTube 455ml; Eagle Visions Photography / Craig Lovell 44mlu, 253or; ekunau / Stockimo 31or; Enlightened Images / Gary Crabbe 201or, 436ul, 455ul; EuroStyle Graphics 40 – 41u; Everett Collection Historical 46o; Everett Collection Inc 387mru; Everett Collection Inc / CSU Archives 69or; Eye Ubiquitous / Nick Bonetti 74ul, 162 – 163u; eye35 stock 357mr; eye35.pix 493o; EyeEm / Hosni Marharvie 100 – 101u; Michele Falzone 322ul; Ryan Fidrick 152ul; Stephen Finn 375ol; Tim Fleming 370u; Neil Fraser 304ul; Dennis Frates 269o, 455ur; Robert Fried 455or; Gado Images / Smith Collection 353ur; Tom Gardner 476mlu; Larry Geddis 252 – 253u; David George 101or, 106 – 107u; Benjamin Ginsberg 222om; GL Archive 329um, 331mo, 331ur; Paul Christian Gordon 389ul; GoUSA 221mru; Jeremy Graham 114 – 115o, 139mlo, 258ul; Granger Historical Picture Archive; NYC 49or, 191ur, 310mu (cable-car); Brian Green 240ur; Michele and Tom Grimm 60ol, 110 – 111; Have Camera Will Travel | North America 341ur; Yuval Helfman 390ul, 416ul; Hemis.fr / Marc Dozier 68o, / Støphane Lemaire 101mro, / Walter Bibikow 102mro; Heritage Image Partnership Ltd / Curt Teich Postcard Archives 48 – 49o; The Jon B. Lovelace Collection of California Photographs in America Project; Prints and Photographs Division; Gift; The Capital Group Companies Charitable Foundation im Gedenken an Jon B. Lovelace; 2012; (DLC/PP–2012:063); Teil der Jon B. Lovelace Collection of California Photographs in America Project in the Archive; 2012 445ur; Historic Images 26ol, 27ur; History and Art Collection 346mu, 474mr; The History Collection 310mlu; Radek Hofman 222 – 223u; Peter Horree 268ul, 321ol; Ken Howard 99ur; Della Huff 290 – 291o; imageBROKER / Moritz Wolf 394ul; Images-USA 39or, 189mro, 316u; incamerastock / ICP 167om; INTERFOTO / Personalities 331or; INTERFOTO / Travel 239mru; Anton Ivanov 381mru; J.H.Miller 101ol; Jamie Pham Photography 141mro, 142 – 143o; Brian Jannsen 270 – 271; jejim120 356ur; Inge Johnsson 191ol; Dee Jolie 391ur; Jon Arnold Images Ltd 274m, 282 – 283, 427, 496 – 497; Jim Kidd 485or; Paul Kim 178o; Victor Korchenko 159ml; Art Kowalsky 381mu; Ken L. Howard 178mr; Robert Landau 24 – 25o, 25mlo, 62mr, 62mru, 114ul, 123or, 125mro; Chon Kit Leong 146or; 152o, 208mro; LHB Photo 45mlo; Michael Lingberg 367mro; David Litschel 265ul; lucky-photographer 414 – 415u; m–images 392ml; Stefano Politi Markovina 315mro; Benny Marty 115ul; mauritius images GmbH / Axel Schmies 323ur; Buddy Mays 36u; Chad McDermott 211or; Brian McGuire 328um; Jon McLean 39mlo; Michael DeFreitas North America 209ur; Mike Kipling Photography 387um; Diane Modafferi 99or; David L. Moore 27mlu; Geoffrey Morgan 348 – 349o; Robert Mullan 279ol; Naeblys 296u; Jonathan Nguyen 21mlo; Ron Niebrugge 45mru; Nikreates 293ur, 304or, 346mro; NiKreative 338 – 339o; North Wind Picture Archives 466ur; Oldtime 328mlu; Jonathan ORourke 103ur; Efrain Padro 236ul, 311ur; David Parker 329mru; parkerphotography 278ol; Sean Pavone 148 – 149o; Susan Pease 315ol, 322 – 323o; PersimmonPictures.com 452o; Jamie Pham 142ur, 175, 204 – 205; Pictorial Press Ltd 189om, 365ur, 412mro; The Picture Art Collection 103or; Eric Plante 511ul; Prisma by Dukas Presseagentur GmbH / Heeb Christian 87ol, / Raga Jose Fuste 504mlo; RAIMUND KOCH – VIEW 59ul, 92 – 93, 109mlo; RGB Ventures / SuperStock / Fred Hirschmann 47ol; Ed Rhodes 371ol; Robertharding / Alan Copson 502u, / Frank Fell 16o, / Michael Defreitas 259ol, / Miles Ertman 456u, / Richard Cummins 61, 131ul, 154 – 155, / Roy Rainford 486ul, / Toms Auzins 485mro; Rohan Van Twest Creative 369mo; RooM the Agency / shutterjack 8mlo; RooM the Agency / tristan 13o; scott sady / tahoelight.com 12o, 37mlo; Nandakumar Sankaran / Crooked Trunk 412ul, 514mro; Maurice Savage 240o; R. Scapinello 374 – 375um; Peter Schickert 250o; Duncan Selby 18mlo, 192 – 193o; Macjules Sevilla 317ol; Hayk Shalunts 122ur; Ian Shaw 290mru, 507ol; SiliconValleyStock 104ol, 332 – 333u, 409o, 504 – 505u; Shangara Singh 146 – 147u; Witold Skrypczak 474ul, 477or; Smith Collection / Gado Images 333or; Inga Spence 436 – 437; Spring Images 438ul; Rosemarie Stennull 168ul; Stephen

Saks Photography 437mo, 470ul; StockimoNews / Lisa Werner 44mro; Rebecca Stunell 500–501o; SuperStock 491ul; tahoelight.com / scott sady 437ur, 491mru; Jeff Tangen 454um; Leta Taylor 70ol; The Reading Room 517ur; Terry Thomas 18–19om; Bryan Toro 489or; Tribune Content Agency LLC / McClatchy 430mlu; Scott Tucker 158–159u; Rohan Van Twest 367ol, 391o; UPI / Jim Ruymen 44mlo; UrbanTexture 292ur, 403u; Michael Urmann 395ol; Yoshiki Usami 210mru; Martin Valigursky 414or; Greg Vaughn 194ur, 253m, 517or; Michael Ventura 430o; Jurgen Vogt 118u; Ike Waits 265mu; David Wall 320ul; Anthony Wallbank 473u; WaterFrame_jdo 10mlu; Nik Wheeler 495ul; Philip Willcocks 232–233u; Scott Wilson 387mr; Wim Wiskerke 188ul; Richard Wong 22mlo, 148ul; World History Archive 49ur, 328mru; David Zaitz 512ol, 516ur; Alberto Zanoni 278or; ZUMA / Southcreek Global / © Tony Leon 147mro; ZUMA Press / Ringo Chiu 36or, 45mlu, / Â © The Bakersfield Californian 37mr, / © Jerome Brunet 279or, / Katrina Kochneva 44mr, / Nancee E. Lewis / San Diego Union–Tribune 19or.

AWL Images: Aurora Photos 12mlu; Jordan Banks 276mu, 360–361; Jordan Banks 4; Walter Bibikow 290–291um; Matteo Colombo 6–7, 8mlu; Matteo Colombo 275o, 306–307; Michele Falzone 13ur; Tom Mackie 143ur, 424m, 432–433; Jan Miracky 484–485u.

Battleship IOWA Museum: 160–161u, 161mlo, Greg Bishop 161mo.

Bridgeman Images: © California Historical Society Collections 47mlo; Peter Newark American Pictures 47or.

California Shakespeare Theater: 41ml.

Chinese Historical Society of America Museum: 318o.

Depositphotos Inc: Bertl123 350–351u; zrfphoto 478–479o.

Digital image Getty's Open Content Program: © 2017 J. Paul Getty Trust 80–81u; © 2017 J. Paul Getty Trust / Elon Schoenholz 82–83u, 82or, 83or, 83mlo, 83ur; J. Paul Getty Museum / Paul Cézanne (1839–1906) 81mlo.

Disney: 393ul.

Dreamstime.com: Aguina 105u; Andreistanescu 19mlo, 430ml, 518u; Kushnirov Avraham 265mlu; Jay Beiler 25mru; Bennymarty 275ul, 324–325; Jon Bilous 166ul; Alexander Cimbal 11ur; Coralimages2020 108–109o, 346mr, 347; Steven Cukrov 20ol; Debsta75 329ul; David Edelman 280ur; F8grapher 331ul; Maria Feklistova 488–489u; Frank Fell 31mlo; Sheila Fitzgerald 217ur; Galinasavina 30–31u; Yuval Helfman 281ml, 299ol, 418u, 515ur; Pablo Hidalgo 89or; Jaskvas 22–23o; Wangkun Jia 150–151o; Tzogia Kappatou 121or; Erik Lattwein 86u, 98ml, 106ol; Legacy1995 383ur; Chon Kit Leong 141o, 144–145o, 161ol, 164ur, 467u; Miroslav Liska 131ml; James Mattil 192ur; Meinzahn 509mru, 509ur; Minnystock 277o, 376–377; Luciano Mortula 276ol, 342–343; Sean Pavone 96o, 134–135o, 164–165o; William Perry 30–31o, 264–265o; Pikappa 43mru, 352o; Radkol 381ur; Ronniechua 334u; Sherry-vsmith 245ml; Joe Sohm 45ol; Andrei Gabriel Stanescu 254–255o; Enrique Gomez Tamez / Frieda und Diego Rivera, 1931 © Banco de México Diego Rivera Frida Kahlo Museums Trust, Mexico, D.F. / DACS 2021 289mlo; Trekandshoot 60mu; 126–127; Vitalyedush 132–133o, 388–389o; Jeff Whyte 209mlu; Ken Wolter 198ul; Hakan Can Yalcin 292–293o; Zrfphoto 440, 514o.

Gallery of California Art; Oakland Museum of California; 2012: 405ur.

Getty Images: 500px / Stass Gricko 441u; 500Px Unreleased Plus / The Orthodox Photographer 392–393o; AFP / Gabriel Bouys 81ol; AFP / Josh Edelson 51ur, 286mu; / Robyn Beck 29mlo; Archive Photos / Al Greene Archive / Frederic Lewis 384mlu; / Buyenlarge 373mro; / Carol M. Highsmith 382ur; / Icon Communications / Hulton Archive / FPG 49mu; / Smith Collection / Gado 46mlu; / Underwood Archives 384mru; Bettmann 46ur, 48ul; Corbis Documentary / Charles O'Rear 425, 428o, 446–447; Corbis Historical 48ol; Corbis News / Barry Lewis 255ur; Corbis News / Martyn Goddard 12–13um; Corbis Premium Historical / Ted Streshinsky Photographic Archive 50ol; Corbis Unreleased / Reed Kaestner 494–495o; Lachlan Cunningham 348ul; Danita Delimont 184o; Kevork Djansezian 51mu; Greg Doherty 220ol; E+ / Pgiam 450–451o; FilmMagic; Inc 45mr; Rich Fury 45or; GC Images / AaronP / Bauer–Griffin 213ul; Sylvain Grandadam 386–387; Hearst Newspapers / San Francisco Chronicle / Leah Millis 40ol; Adam Hester 411ul; jasantiso 290ul; Keystone–France 384ur; Jean-Pierre Lescourret 364u; Los Angeles Times / Allen J. Schaben 210ol; Emma McIntyre 41ur; MediaNews Group / Orange County Register / Jeff Gritchen 208–209o, 210–211u, 212–213o, 213mr; Medioimages / Photodisc 59o, 76–77; Moment / Carmen Martínez Torrón 420–421; Moment / Claude LeTien 10–11um; Moment / drcooke 494ul; Moment / Michael Marfell 490–491o; Moment / Museimage 116o; Moment / Foto von Chris Axe 506–507u; Timothy Norris 41or; peeterv 319u; George Rose 187ol, 212um, 256mlu, 457or; San Francisco Chronicle / Hearst Newspapers / Gabrielle Lurie 280–281o; Smith Collection / Gado 346mru; Stone / Jon Hicks 124ul; ullstein bild / Dünzl 39u; ullstein bild / Historic Maps 47mu; Universal Images Group / Hoberman Collection 428ul; Universal Images Group / Universal History Archive 48mru; UniversalImagesGroup 34–35o; VisualCommunications 177, 260–261; Westend61 489mlu; Moritz Wolf 22ul.

iStockphoto.com: Cheri Alguire 487o; AlizadaStudios 217o; AraM182 176ol, 224–225; Justin Bartels 244–245; bluejayphoto 178ul, 312mro; Manny Chavez 464o; ChrisBoswell 303ur; dancestrokes 8–9u; delray77 196–197u; DianeBentleyRaymond 337o; 404u; E+ / Art Wager 228–229o, / benedek 199u, 441mru, / ferrantraite 492–493u, / franckreporter 38–39o, / jimveilleux 426mu, 480–481, / lechatnoir 257or, / LeoPatrizi 98–99u, / Ron und Patty Thomas 256–257u, / Spondylolithesis 354–355u, / toddarbini 413o, / xavierarnau 366–367u; Georgejason 197om; GiancarloThomae 33ur; gregobagel 90mlo, 296–297o; halbergman 11mr; JeffGoulden 437–438o; JimFeliciano 426ol; 460–461; jmoor17 470–471o; Joecho-16 278–279mo; KKStock 32ur; Kondor83 450ur; Ingus Kruklitis 58m, 64–65; littleny 16mru; lucky-photographer 238–239u; LUNAMARINA 510–511o; Ershov_Maks 134ul; mbbirdy 2–3; narvikk 146ml; Joseph Christopher Oropel 294u; S. Greg Panosian 120–121u; paule858 28ul; Pgiam 508ul; Debbie Ann Powell 231ol; powerofforever 439mru; SpVVK 406o; Stone / Peter Griffith 8ml; Sundry Photography 402or; Frederick Thelen 520–521; Ron und Patty Thomas 195o; Michael Warren 136o; Wolterk 84–85u; xavierarnau 26ur; YaskoCreative 203.

Knott's Berry Farm: 215o.

Legion of Honor Fine Arts Museums of San Francisco: 382mlu, 382mu, 382mu (1889), 382um, 382–383o, 383mlu, 383um.

Library of Congress; Washington, D.C.: LC–DIG–highsm–20965 / Highsmith; Carol M 373or.

Los Angeles County Museum of Art: The Edwin Binney; 3rd; Collection of Turkish Art 103mu.

Mary Evans Picture Library: Grenville Collins Postcard Collection 384mu; Süddeutsche Zeitung Photo 386mo.

Robert Harding Picture Library: Arcaid 381mro; Sylvain Grandadam 99m.

San Francisco Museum of Modern Art: Iwan Baan 286ul; Alexander Calder sculptures in the garden © 2021 Calder Foundation, New York / DACS, London 289or; Figures with Sunset, 1978 © Estate of Roy Lichtenstein / DACS 2021 286–287o; Joe Fletcher 288u; Henrik Kam 287mlu, 287mu, 287mru.

Shutterstock.com: 42or; Bertl123 24–25u; Black Label Media / Kobal / Dale Robinette 43o; Andriy Blokhin 75ol; Dancestrokes 32ol; Danita Delimont 170–171; Simon Dannhauer 485ol; Everett Collection 49mro; Sheila Fitzgerald 44ml, 44mru; gg5795 490ul; Michael Gordon 35u; Chris Grant 218–219o; Ryan Kelehar 442–443u; Keneva Photography 33ml; Kohls / imageBROKER 330–331o; Hans Kwiotek 333ur; Rafael Ramirez Lee 277ul, 396–397; Kit Leong 11o, 115mru, 138–139u, 139mo; Let Go Media 35mro; LnP images 62o; melissamn 428mr; meunierd 242–243u; Moviestore 42mlo; Harun Ozmen 230ul; pablopicasso 10mo; Paramount / Kobal 42u; UA / Lions Gate / Kobal 43ml; Umomos 37ul.

Sarah Snelling: 34mlo.

TopFoto.co.uk: AP 329mlu; The Image Works 386ul, 387mlu.

Universal Studios Hollywood: 130–131o, 131or, 132ml, 132mlu, 133mu, 133ul.

Unsplash: Jack Finnigan / @jackofallstreets 52–53; Gerson Repreza / @gersonrepreza 54–55.

Volakis Gallery: 27o.

Wolfgang Puck Fine Dining Group: 34ul.

Umschlag

Vorderseite und Buchrücken: **4Corners:** Jordan Banks.
Rückseite: **4Corners:** Jordan Banks u; **Getty Images**: Moment/Claude LeTien m; **iStockphoto.com**: LUNAMARINA mlo; **Shutterstock.com**: Bertl123 or.

Alle anderen Bilder © Dorling Kindersley
Weitere Informationen: **www.dkimages.com**

Dieser Reiseführer wird regelmäßig aktualisiert. Angaben wie Telefonnummern, Öffnungszeiten, Adressen, Preise und Fahrpläne können sich jedoch ändern. Der Verlag kann für fehlerhafte oder veraltete Angaben nicht haftbar gemacht werden. Für Hinweise, Verbesserungsvorschläge und Korrekturen ist der Verlag dankbar. Bitte richten Sie Ihr Schreiben an:

Dorling Kindersley Verlag GmbH
Redaktion Reiseführer
Arnulfstraße 124 • 80636 München
travel@dk-germany.de

DK | Penguin Random House

Hauptautoren Stephen Keeling, Christopher Baker, Pamela Barrus, Anita Isalska, Nick Edwards, Paul Oswell, Jamie Jensen, Barry Parr, Ellen Payne, J. Kingston Pierce, Rebecca Poole Forée, Nigel Tisdall, John Wilcock, Stanley Young
Senior Editor Alison McGill
Senior Designers Sarah Snelling, Tania Da Silva Gomes, Stuti Tiwari
Project Art Editors Bharti Karakoti, Van Anh Le, Ben Hinks
Project Editor Rada Radojicic
Editors Sophie Adam, Parnika Bagla, Rebecca Flynn, Matthew Grundy Haigh, Arushi Mathur, Zoë Rutland, Mark Silas, Sands Publishing Solutions, Lucy Sara-Kelly, Danielle Watt
Updater Pamela Barrus, Anita Isalska, Matt Charnock
Korrektur Kathryn Glendenning
Register Hilary Bird
Bildredaktion Åsa Westerlund
Illustrationen Arcana Studios, Joanna Cameron, Stephen Conlin, Dean Entwhistle, Nick Lipscombe, Lee Peters, Robbie Polley, Kevin Robinson, John Woodcock
Assistant Picture Research Administrator Vagisha Pushp
Koordination Umschlag Bella Talbot
Design Umschlag Jordan Lambley
Senior Cartographic Editor Casper Morris
Cartographic Editor Ashif, Subhashree Bharati
Cartography Manager Suresh Kumar
Senior DTP Designer Tanveer Zaidi
Senior Production Editor Jason Little
Production Controller Kariss Ainsworth
Deputy Managing Editor Beverly Smart
Managing Editors Hollie Teague, Shikha Kulkarni
Managing Art Editor Bess Daly
Senior Managing Art Editor Priyanka Thakur
Art Director Maxine Pedliham
Publishing Director Georgina Dee

Zuerst erschienen 1997 in Großbritannien bei Dorling Kindersley Ltd., London

Aktualisierte Neuauflage 2022 / 2023

Programmleitung Monika Schlitzer, DK Verlag
Redaktionsleitung Stefanie Franz, DK Verlag
Projektbetreuung Theresa Fleichaus, DK Verlag
Übersetzung Barbara Rusch, München; Gerhard Bruschke, München
Redaktion Gerhard Bruschke, München
Schlussredaktion Birgit Annecke-Patsch, Unterschleißheim
Umschlaggestaltung Ute Berretz, München
Satz und Produktion DK Verlag, München
Druck RR Donnelley Asia Printing Solutions Ltd., China

ISBN 978-3-7342-0673-3

14 15 16 17 25 24 23 22

DK Vis-à-Vis

Vis-à-Vis-Reiseführer

Nordamerika
Kanada
USA
Alaska
Chicago
Florida
Hawaii
Kalifornien
Las Vegas
Neuengland
New Orleans
New York
San Francisco
USA Nordwesten & Vancouver
USA Südwesten & Nationalparks
Washington, DC

Mittelamerika und Karibik
Costa Rica
Karibik
Kuba
Mexiko

Südamerika
Argentinien
Brasilien
Chile
Peru

Afrika
Ägypten
Marokko
Südafrika

Südeuropa
Italien
Apulien
Bologna & Emilia-Romagna
Florenz & Toskana
Gardasee
Ligurien
Mailand
Neapel
Rom
Sardinien
Sizilien
Südtirol
Umbrien
Venedig & Veneto

Spanien
Barcelona & Katalonien
Gran Canaria
Madrid
Mallorca
Nordspanien
Sevilla & Andalusien
Teneriffa

Portugal
Lissabon

Westeuropa
Irland
Dublin

Großbritannien
London
Schottland
Südengland

Niederlande
Amsterdam

Belgien & Luxemburg
Brüssel

Frankreich
Bretagne
Korsika
Loire-Tal
Paris
Provence & Côte d'Azur
Straßburg & Elsass
Südwestfrankreich

Nordeuropa
Dänemark
Kopenhagen

Schweden
Stockholm

Norwegen

Mitteleuropa
Deutschland
Berlin
Bodensee
Dresden
Hamburg
München & Südbayern

Österreich
Wien
Schweiz
Slowenien
Kroatien
Tschechien & Slowakei
Prag
Polen
Danzig & Ostpommern
Krakau
Baltikum
Budapest (Ungarn)

Osteuropa
Moskau
Sankt Petersburg

Südosteuropa
Griechenland Athen & Festland
Griechische Inseln
Kreta

Östliches Mittelmeer
Türkei
Istanbul
Zypern
Jerusalem (Israel)

Südasien
Indien
Delhi, Agra & Jaipur
Indiens Süden
Sri Lanka

Südostasien
Bali & Lombok
Kambodscha & Laos
Malaysia & Singapur
Myanmar
Thailand
Thailand – Strände & Inseln
Vietnam & Angkor

Ostasien
China
Beijing & Shanghai
Japan
Tokyo

Australasien
Australien
Neuseeland

Kalifornien
A
B
C
1
2
3
4
5
6
7
Crescent City
Klamath
Tule Lake National Wildlife Refuges
Yreka
Lava Beds National Monument
Redwood National and State Parks
Weed
Mount Shasta
Alturas
Dunsmuir
Adin
Samoa Cookhouse
Eureka
Arcata
Willow Creek
Shasta Lake
Weaverville
Ferndale
Fortuna
Shasta State Historic Park
Redding
Lassen Volcanic National Park
Avenue of the Giants
Susanville
The Lost Coast
Red Bluff
Chester
Leggett
Quincy
Chico
Graeagle
Fort Bragg
Willits
Oroville
Malakoff Diggins HP
Reno
Mendocino
Van Damme SP
Nevada City
Grass Valley
Empire Mine SHP
Ukiah
Yuba City
Point Arena Lighthouse und Museum
Auburn
Marshall Gold Discovery SHP
Cloverdale
Russian River Valley
Healdsburg
Sacramento
Folsom
Placerville
Fort Ross SHP
Calistoga
Davis
Volcano
Santa Rosa
Sutter Creek
Indian Grinding Rock
Jack London SHP
Bodega Bay
Sonoma
Napa
Jackson
Mokelumne Hill
San Andreas
Murphys
Point Reyes National Seashore
Vallejo
Lodi
Moaning Cave
Angels Camp
Columbia SHP
Stockton
Jamestown
Sonora
Oakland
San Francisco
Modesto
Mariposa
Siehe Karte San Francisco und Bay Area (rechts oben)
San Jose
Turlock
Merced
Big Basin Redwoods SP
Año Nuevo State Park
Santa Cruz
Madera
Roaring Camp Railroads
Watsonville
San Juan Bautista
Fresno
Pazifischer Ozean
Salinas
Monterey
Carmel-by-the-Sea
Pinnacles National Park
Soledad
Hanford
Big Sur
Posts
King City
Coalinga
Abkürzungen:
HP Historic Park
SHP State Historic Park
SP State Park
Mission San Miguel Arcángel
Hearst Castle®
San Simeon
Paso Robles
Cambria
Atascadero
Morro Bay
San Luis Obispo
Pismo Beach
Santa Maria
Lompoc Valley
Solvang
Chumash Painted Cave SHP
0 Kilometer
0 Meilen
Los Angeles und Orange County
Tarzana
Warner Bros. Studios Tour
Altadena
Glendale
Universal Studios Hollywood
Griffith Park
Pasadena
Topanga
Bel Air
Hollywood
Alhambra
Covina
Brentwood
Beverly Hills
Los Angeles
Walnut
Santa Monica
Exposition Park
Venice
Downey
Whittier
Inglewood
Los Angeles
Watts
Nixon Presidential Library und Museum
Manhattan Beach
Compton
Hermosa Beach
Knott's Berry Farm & Soak City
Anaheim
Redondo Beach
Disneyland® Resort
Christ Cathedral
Torrance
Garden Grove
Palos Verdes
San Pedro
Long Beach
Naples
Bowers Museum
Heritage Museum of Orange County
0 km
15
0 Meilen
15
N
Huntington Beach
Newport Beach